Mes Mémoires

. I

1802 à 1821

Alexandre Dumas

(Traducteur : EM Waller)

Writat

Cette édition parue en 2024

ISBN : 9789359940410

Publié par
Writat
email : info@writat.com

Contenu

ALEXANDRE DUMAS

PAR ANDREW LANG

Il n'existe pas de véritable biographie d'Alexandre Dumas. Personne n'a rassemblé et passé au crible toute sa correspondance, n'a suivi chacun de ses mouvements et ne l'a pas poursuivi à travers les journaux et les documents juridiques. Les lettres et autres papiers (s'ils ont été conservés) devraient être aussi abondants chez Dumas que rares chez Molière. Mais ils sont laissés dans la poussière de bureaux non fouillés ; et il est curieux qu'en France, on ait si peu écrit systématiquement sur son romancier le plus populaire, sinon le plus grand. Il existe de nombreux traités sur l'un ou l'autre point de la vie et de l'œuvre de Dumas, mais rien ne vaut *le Johnson de Boswell* ou le Scott de Lockhart . Les *Mémoires* du romancier lui-même ne couvrent qu'une partie de sa carrière, *Les Enfances Dumas* ; et ils ressemblent autant à une autobiographie sérieuse et consciencieuse que *Vingt Ans Après* à l'Histoire d'Angleterre de M. Gardiner . Ils contiennent des faits, certes, mais des faits vus à travers l'imagination prismatique rayonnante de l'auteur, qui, s'il avait une bonne histoire à raconter, l'habillait « d'un bicorne et d'une épée », comme c'était le cas d'un romancier antérieur. . Les volumes de voyage et le délicieux ouvrage sur la ménagerie domestique de Dumas, *Mes Bêtes* , contiennent également des confessions personnelles, tout comme le roman *Ange Pitou* , avec les *Causeries* , et d'autres livres. Heureusement, Dumas a surtout écrit sur ses débuts, et les débuts de la plupart des gens sont plus intéressants que les récits de leurs dernières années.

Dans leur limitation à ses années de jeunesse, les *Mémoires* de Dumas ressemblent à ce livre tout aussi délicieux qu'est le long fragment autobiographique de George Sand. Les deux peuvent contenir beaucoup de *Dichtung* aussi bien que *de Wahrheit* : du moins nous voyons la jeunesse des grands romanciers telle qu'ils aimaient la voir eux-mêmes. Les *Mémoires* , avec *Mes Bêtes* , possèdent cet avantage sur la plupart des livres, que le critique le plus grincheux ne peut pas dire que Dumas ne les a pas écrits lui-même. Dans ces travaux, il ne fut certainement pas aidé par Maquet ni par aucun autre collaborateur. Ils sont tous de lui, et l'essentiel est qu'ils affichent tout l'humour, la bonté de cœur, la joie de vivre débordante qui font le charme des romans. Nous avons ici, sans mélange, sans mélange, cette essence de Dumas avec laquelle il transfigurait la « copie » apprivoisée rédigée par Maquet et d'autres sous sa direction. Il leur a dit où trouver leurs documents historiques, il leur a donné les idées principales de l'intrigue, leur a expliqué comment bloquer les chapitres, puis il a pris ces chapitres et y a insufflé son propre esprit, l'esprit qui, dans sa pure pureté. forme, imprègne chaque page des *Mémoires*. Ils démontrent que, s'il recevait l'aide mécanique de collaborateurs, leur prenait des mains les ossements desséchés de ses romans, c'était lui qui faisait vivre les ossements desséchés. Il est tantôt d'Artagnan, tantôt Athos, tantôt Gorenflot, tantôt Chicot, tous ces personnages et bien d'autres ne sont que des aspects de l'immortel, du créateur Alexandre.

L'autobiographie de Dumas, pour autant qu'elle est présentée dans ce fragment colossal, ne nous transporte pas dans l'époque de ses grands romans (1844-1850). Même ce Porthos de plume trouvait *trop lourde la tâche d'écrire l'intégralité de son autobiographie*. L'œuvre (en combien de volumes ?) aurait été monumentale : il a laissé sa « pyramide pointée par des étoiles » incomplète, et aucun mortel ne peut accomplir la tâche qu'il a laissée inachevée.

Malgré sa vanité géniale et humoristique, Alexandre Dumas n'a jamais pu se prendre au sérieux. Cet aimable défaut est partout une erreur si un homme veut être pris au sérieux par un monde où la majorité n'a aucun sens de l'humour. Les Français sont plus éminents en esprit ; leurs maîtres de l'humour sont Rabelais, Montaigne, Molière, Pascal et, à l'époque moderne, Dumas, Théophile Gautier et Charles de Bernard. Parmi ceux-ci, peut-être seulement deux ont reçu une juste reconnaissance au cours de leur vie. Dumas, bien entendu, n'était pas méconnu ; peu d'hommes de plume ont fait plus de bruit dans le monde. Il a connu nombre des personnalités les plus distinguées, de Victor Hugo et Louis Philippe à Garibaldi. Dickens, il le connaissait peut-être, mais quand Dickens était à Paris, Dumas l'invita à se rendre à un certain endroit à minuit, lorsqu'une voiture mystérieuse le conduirait vers un endroit sans nom. MRL Stevenson aurait eu un rendez-vous galant, Dickens ne l'a pas fait ; il ne pouvait pas dire quelle farce cet éternel garçon avait en tête. Étant de cet humeur, Dumas, si éminents que soient ses associés, si grandes que soient les affaires dont il s'occupait, apparaissait toujours au monde plutôt comme Mousqueton que comme Porthos, un homme de grande taille, certes, mais aussi un personnage plutôt comique. , souvent une sorte de mégot. Bavard, gai, faisant toutes choses avec emphase et panache, traitant une révolution à la manière d'un opéra-comique, Dumas n'était pas *un homme sérieux*. En littérature, c'était pareil. Il ne pouvait s'empêcher d'être joyeux ; le monde lui semblait un endroit très joyeux ; il n'a jamais hué, disait-il, au grand spectacle du drame de la Vie.

Ses propres dons extraordinaires d'industrie, de connaissances, de génie, d'ingéniosité, de sympathie étaient pour lui des jouets. Il répandait son esprit comme il répandait ses richesses, abondamment, à deux mains, étant si imprudent qu'il lui arrivait de signer des ouvrages dans lesquels il n'avait rien mis de lui-même. Dumas a porté son manque de sérieux à un point tel que le dernier quart de sa vie, ou plus, en fait une lecture plutôt désolante. "La poursuite de la pièce de monnaie" peut être amusante dans la jeunesse, mais lorsque l'âge moyen entre en jeu à la poursuite de la pièce de monnaie évasive, le spectacle cesse d'être grisant. Dumas était vraiment d'une nature très généreuse, mais il ne tenait pas compte de la moyenne aristotélicienne : il était imprudemment prodigue. Dès lors, il était bien entendu la proie de parasites des deux sexes, odieux adeptes de la littérature, du théâtre et des arts plastiques. Lui, qui ne pouvait pas repousser un chien errant volontairement invité, réussissait à supporter des personnes bien pires que la plupart de cette étrange classe d'êtres humains, les amis professionnels des hommes de génie. "Quel décor, quel monde !" » dit M. Matthew Arnold en contemplant le cercle Godwin qui entourait Shelley. "Quel ensemble !" exprime les sentiments de Lockhart à l'égard de certains amis de Sir Walter Scott. Nous ne pouvons pas imaginer pourquoi les grands hommes tolèrent ces gens, mais ils le font trop souvent ; un célèbre poète anglais était horrifié par « ceux qui concernaient » George Sand. La société qui se tournait professionnellement autour de Dumas était pire : le *cher maître* était volé de toutes parts. Il « s'est fait un personnage hétéroclite », et comme tout cela a atteint son paroxysme après l'écriture de ses grands romans – qui nous intéressent principalement –, j'ai l'intention de passer très légèrement sur l'histoire de son déclin.

Le grand-père d'Alexandre Dumas, Antoine Alexandre Davy de la Pailleterie, était plus ou moins noble. Je n'ai pas eu la chance de rencontrer le nom de sa famille dans le domaine de l'histoire. Ils peuvent avoir « porté la compagnie de Saint-Louis » ou chargé sous la bannière de la Pucelle à Orléans et à Pathay ; on peut seulement remarquer qu'on n'en a jamais entendu parler. Le grand-père, en tout cas, partit pour Saint-Domingue et devint le père, par une femme noire , du père du romancier. Comme il est peu crédible qu'il ait épousé sa maîtresse, Marie Dumas, on ne voit pas bien comment le grand Alexandre avait droit à un marquisat. Mais sur ce point, il aurait dû être mieux informé que nous, qui n'avons pas vu ses parchemins. Son père en tout cas, avant 1789, s'engagea dans l'armée sous le nom maternel de Dumas. Durant la Révolution, il accède au grade de général. C'était une sorte de Porthos. Serrant son cheval entre ses genoux et saisissant une poutre au-dessus de lui avec ses mains, il souleva le cheval du sol. Constatant qu'un mur s'opposait à une charge qu'il dirigeait, il jeta son régiment, un à un, par-dessus le mur, puis l'escalada lui-même. En 1792, il épousa la fille d'un aubergiste de Villers-Cotterêts, bonne épouse pour lui et bonne mère pour son fils. En Égypte, il n'aimait pas les procédures arbitraires de Napoléon, rentra chez lui et ne fut plus jamais employé. Il avait atténué, autant qu'il le pouvait, les férocités sanguinaires des révolutionnaires. Bon homme et bon sportif, il mourut alors qu'Alexandre, né le 24 juillet 1802, était un petit garçon. L'enfant avait été envoyé dormir dans une maison voisine de celle de son père, et fut réveillé par un grand coup au moment de la mort du général. Cela correspond aux coups qui annoncent des décès dans la famille de Woodd : ils sont enregistrés en 1661, 1664, 1674, 1784, 1892, 1893 et 1895. Nous ne savons pas si le phénomène est héréditaire dans la maison de la Pailleterie. Dumas lui-même croyait fermement en ses propres pouvoirs d'hypnotiseur, mais pensait que l'hypnotisme ne servait à rien. Tennyson était à peu près dans le même cas.

Madame Dumas resta très pauvre et songea à élever son enfant comme candidat aux ordres sacrés. Mais Dumas n'avait d'Aramis que son amour, et s'enfuit dans une forêt locale plutôt que de faire les premiers pas éducatifs vers la profession ecclésiastique. Plus tard dans sa vie, il n'était pas voltairien, il tenait Voltaire très bas et il croyait aux principes essentiels de la religion. Mais il n'a pas été construit par une nature somptueuse pour la vie célibataire, même s'il a peut-être exagéré lorsqu'il a dit qu'il avait cinq cents enfants. Le garçon, comme la plupart des garçons intelligents, aimait presque autant les livres que les sports de terrain. Son éducation était décontractée ; il avait un peu de latin (plus que la plupart des romanciers anglais vivants) et un peu d'allemand. Plus tard, il apprit l'italien. Son écriture était excellente ; son maître d'écriture lui dit que les écritures illisibles de Napoléon laissaient perplexes ses généraux, et que Napoléon avait certainement écrit l'une des pires mains du monde. Peut-être ses ordres à Grouchy, les 17 et 18 juin 1815, étaient-ils indéchiffrables. Quoi qu'il en soit, Dumas a vu l'Empereur traverser Villers-Cotterêts le 12 juin et revenir le 20 juin. Il avait battu les Britanniques le 18 à 17h30, dit Dumas, mais ensuite Blücher arriva à 6h30 et Napoléon cessa d'être victorieux. Ce que faisaient les Britanniques dans l'heure qui suivit leur défaite, Dumas ne l'explique pas, mais il exprime une admiration chevaleresque pour leur valeur, en particulier pour celle de nos Highlanders.

Après la défaite britannique à Waterloo, le monde n'a pas beaucoup changé pour un grand garçon bruyant dans une petite ville de campagne. Il fut promu au poste de chasse-pièce, et ou bien le gibier était abondant à cette époque, ou bien la fantaisie du quadroon rivalisait avec celle de Tartarin de Tarascon. Les lièvres semblent avoir été traités comme du gros gibier, le chasseur se tenant en embuscade pendant que la proie condamnée en avait assez de lui, lorsqu'il tirait, blessait le lièvre à la jambe, courait après lui et l'embrassait à la manière de M. Briggs. avec son premier saumon. L'instinct des premiers génies, ou plutôt des parents des premiers génies, pointe directement vers la fonction d'avocat, de notaire ou d'« écrivain ». Comme Scott et d'autres immortels, Dumas, âgé d'environ seize ou dix-huit ans, entra dans un cabinet d'avocat. Il n'y resta pas longtemps, car lui et un ami, pendant l'absence de leur maître, braconnaient jusqu'à Paris, subvenant à leurs dépenses avec les perdrix et les lièvres qu'ils mettaient en sac. Tout garçon est un braconnier, mais dans sa vie adulte, Dumas aurait abattu une grosse truite dans le Loch Zoug — je trouve que j'ai écrit ; il s'agit du lac de Zoug. C'est peut-être la tache la plus sombre de sa renommée.

Son escapade à Paris a été découverte par son employeur, qui a laissé entendre qu'il n'aimait pas un tel comportement. Le sang de de la Pailleterie coula et Dumas démissionna de son poste. Il avait fait la connaissance à Villers-Cotterets d'Auguste de Louvain, un noble Suédois, « tenu à l'écart des siens » pour des raisons politiques. De Leuven connaissait Paris et les gens des théâtres ; il s'est également essayé à l'écriture dramatique. Dumas, dans sa société, prit la fièvre de la scène, et il lui arriva aussi de voir jouer *Hamlet de Ducis, un Hamlet* très français , mais Dumas devinait en quelque sorte la grandeur de Shakespeare à travers le voile de Ducis. Il ne connaissait pas plus l'anglais que la plupart des lettrés français. Comme M. Jules Lemaître, il lisait Shakespeare et Scott, « dans des crèches », je suppose, mais il les lisait avec délice. Homère aussi, il étudia uniquement dans des crèches, mais il perçut la grandeur des épopées grecques, la faiblesse des crèches, et jura qu'il traduirait Homère lui-même. Il n'a cependant pas franchi l' étape préliminaire d'apprendre le grec. Ceux qui le connaissent disent que le drame français de l'époque était une affaire d'eau. Les grands maîtres anciens étaient sortis, Dumas et Hugo n'étaient pas encore là. Dumas commença par collaborer avec le jeune de Leuven dans de brillantes petites pièces patriotiques. Ainsi, ses premiers efforts étaient collaboratifs, comme ils ont continué à l'être, sur lesquels il y aura beaucoup à dire plus tard. De la même manière que Burns avait habituellement besoin que la note clé soit frappée pour lui par une vieille chanson ou un poème du jeune Fergusson — par un prédécesseur quelconque — de même Dumas semble avoir eu besoin de compagnie pour composer. C'est un curieux phénomène mental, car il avait plus d'idées que quiconque. Il pouvait maîtriser un sujet plus rapidement que n'importe qui d'autre, mais il avait besoin de compagnie, de contact avec d'autres esprits engagés sur le même thème. J'ai tendance à penser que cela était le résultat du caractère éminemment social de Dumas. Charles II, comme nous l'apprenons *les Mémoires de Lord Ailesbury* , ne supportait pas d'être seul et devait avoir Harry Killigrew pour le faire rire, même dans les occasions où l'intimité est courtisée par l'humanité. La plupart des gens aiment écrire seuls ; ce n'est pas le cas de Dumas. Il devait avoir de la camaraderie, même dans la composition, et c'était, à mon avis, le véritable secret de sa collaboration invétérée.

En tout cas, il commença, enfant, chez de Leuven. Grâce à lui, après avoir débauché un jour ou deux à Paris, il fait la connaissance de Talma, le célèbre acteur. De retour à Paris après cette escapade, il se fit instantanément connaître de toutes sortes de personnes utiles et intéressantes. Ce don de faire des connaissances lui fut d'une grande utilité : on se demande souvent comment cela se fait. Dans une biographie récente d'un Écossais de lettres, nous trouvons le héros arrivant en ville, pas, semble-t-il, un héros éminemment attrayant, mais il connaît à la fois George Lewes, George Eliot, Tennyson, Browning et d'autres *sommités*. Comment est-il fait? Le père de Dumas avait connu le général Foy, le général Foy connaissait le duc d'Orléans

(Louis Philippe), et avait obtenu un petit commissariat à son service pour le jeune quadrion. Quelques jours plus tard, il va au théâtre, et à qui doit-il s'asseoir ensuite sinon Charles Nodier, alors célèbre, et Nodier doit lire l'Elzevir *Pastissier Français* , dont je doute qu'il existe une douzaine d'exemplaires. La façon dont Nodier s'est lié d'amitié avec Dumas et a sifflé sa propre pièce est une anecdote des plus connues. Cela ressemble à un rêve, un rêve qui a franchi la porte d'ivoire. Passé d'un poste à un autre, tantôt snobé, tantôt lié d'amitié par les fonctionnaires, Dumas a certainement lu beaucoup de littérature moderne à cette époque, notamment Schiller et Scott. Sans Scott, il n'aurait peut-être jamais écrit ses grands romans, car l'idée de romans historiques, basés sur une réelle connaissance de l'histoire et sur une réalisation vivante des personnages historiques en tant qu'hommes et femmes réels, est propre à Sir Walter. La composition audacieuse et turnérienne de Scott a également été léguée à Dumas. Sir Walter n'avait aucun scrupule à donner vie à Amy Robsart une quinzaine d'années ou plus après sa mort, ni à faire de Shakespeare un dramaturge à succès quinze ans avant son arrivée dans la ville.

Mais les pièces de théâtre, et non les romans, occupaient alors Dumas. Le hasard lui fit connaître l'histoire de Christine de Suède et celle d'Henri III. de France. Une petite comédie collaborative a été jouée, un volume de *contes* a été publié, mais n'a pas été acheté. Un fils naquit à Dumas en 1824, le célèbre Alexandre Dumas *fils,* dont le talent était si différent de celui de son père. Le parent a tenté, avec Soulié, de dramatiser *la Vieille Mortalité* , de la « Terrifier », comme aurait dit Scott. Ils n'achevèrent pas leur tentative, mais Dumas voyait maintenant Shakespeare joué par Kemble, Liston et une troupe anglaise. Il a découvert « ce qu'était réellement le théâtre » et il a développé de nombreux « rôles à déchirer un chat ». Les pièces romantiques qui naissent désormais en France sont plus « dans la veine d'Ercles » que dans la veine de Shakespeare : les passions et les scènes d'intrigues violentes étaient à la portée de Dumas ; il avait aussi de l'humour et une grande habileté dans les effets et dans *charpentage.* Le style, le charme, la poésie sont absents, *carmina desunt.*

Christine et le meurtre de Monaldeschi fournissaient le premier sujet. Après d'innombrables ennuis et complications (il y avait trois *Christine* sur le terrain), la pièce de Dumas fut écrite, reconstruite et acceptée. Dans l'intervalle, il avait fait, pour la joie des hommes, la connaissance d'Henri III. et Saint-Mégrin, de Catherine de Médicis et Chicot, et Guise, dans les *Mémoires* de L'Estoile. Nous étions maintenant en 1828-30. Dumas quitta son travail officiel ; les autorités ne le considéraient pas comme un commis modèle, il fut beaucoup interrompu par des actrices sous *Henri III.* était en répétition. Juste avant la première nuit, sa mère fut victime d'un choc d'apoplexie ; son attention était partagée entre la scène et son chevet. Avec une confiance en lui colossale, il invite le duc d'Orléans à sa pièce. Le duc avait un dîner, mais qu'en est-il ?

Le parti doit se réunir plus tôt ; la pièce doit commencer plus tôt que les heures habituelles, et toute la fête doit venir. Mais l'aventure de la duchesse de Guise et de Saint-Mégrin, l'apparition de cet Elagabalus du Valois, Henri III, avec ses *mignons* , ses bilboquets, ses bêtises et son ascèse, excitèrent et divertirent un public nombreux et distingué dans le Théâtre Français. Dumas triompha ; malheureusement sa mère ne pouvait pas partager sa joie. Sa fortune était faite et il prenait plaisir à sa publicité. Il était sans doute plus connu à l'époque et plus médiatisé que Victor Hugo, dont la renommée vraiment sonore ne date guère d'avant la première nuit d' *Hernani*.

Bien que Dumas ait ainsi mené les *Romantiques* de 1830 à travers la brèche, bien qu'il ait été le premier dans l'espoir désespéré qui a pris l'acropole du vieux drame classique, on ne le considère pas comme un *Romantique*. Pour une raison ou une autre, il se tient un peu à l'écart de Hugo, Gautier, Alfred de Musset et du groupe de Pétrus Borel, aussi intime qu'il ait pu être avec Augustus Mackeat (Maquet).

La pièce suivante de Dumas, de forme « classique », fut *Christine* , *la Christine* longtemps différée , pour l'Odéon. Les anecdotes sur les difficultés avec l'actrice classique Mile. Mars, nous sont familiers. Dumas était désormais l'un des hommes les plus remarquables de Paris et, dans les jours de juillet 1830, il ajouta à sa notoriété en se comportant à peu près comme M. Jingle lors de la même occasion historique. Il joua un rôle important, avec une pièce de chasse, dans les combats de rue, et il semble qu'il s'empara réellement de la poudrière de Soissons, par ce « culot indigène » qui ne lui manquait jamais en cas de besoin. Les détails sont aussi bons que tout dans ses romans, mais Dumas a sûrement inventé la dame qui, le voyant armé de pistolets, déclarait que c'était « une révolte des noirs ». Sa couleur malheureuse et ses cheveux épais et crépus donnaient tant d'occasions de plaisanteries que Dumas anticipait le monde et faisait lui-même les plaisanteries. Peut-être que l'accident de sang et de teint était l'une des raisons qui l'empêchaient de se prendre au sérieux. On ne s'attardera pas sur ses aventures politiques : elles le conduisirent en Vendée, où il trouva les éléments du romanesque. Dumas, je crois, était par nature aussi royaliste qu'Athos, qui, dans ses conseils à Raoul, exprime la croyance même du grand Montrose. Il aurait dû se battre pour la duchesse de Berry et la reine de Naples, mais les circonstances le jetèrent du côté des orléanistes et de Garibaldi, bien qu'il n'aimât pas Louis-Philippe plus que les autres gentilshommes. Il essaya de se faire élire à l'Assemblée : autant essayer d'entrer à l'Académie, ce n'était pas *un homme sérieux*.

La carrière de romancier de Dumas fut la plus brillante dans les années quarante du XIXe siècle. Dans les années trente, il s'occupait beaucoup plus de pièces de théâtre, dont *Antoine* faisait le plus de bruit. Il continue à produire des pièces de théâtre des genres les plus divers : il voyage, il se marie, mais bientôt « passe », il fait des compilations historiques et se glisse dans le domaine qui nous concerne principalement, celui du roman historique. En omettant *Le Capitaine Paul* (Paul Jones) de 1838, et *Le Capitaine Pamphile* , livre des plus amusants (1840), on trouve *Le Chevalier d'Harmental* (1843), *Les Trois Mousquetaires* (1844), *Vingt Ans Après* (1845), *La Reine Margot* (1845), *Le Comte de Monte Cristo* (1845), *La Dame de Monsoreau* (1846), *Joseph Balsamo* (1846-1848), *Les Quarante Cinq* (1848), *Le Vicomte de Bragelonne* (1848-1850), sans oublier précisez-en des dizaines d'autres, dont des choses inutiles comme *Jeanne d'Arc* , des choses charmantes comme *La Tulipe Noire*, et les romans sur la Régence, et les longues séries sur la Révolution française.

Prenons les romans de 1844-1850. Le cycle *Mousquetaire* , le cycle Valois, *Monte Cristo* ! Scott, ou même Dickens, à leur meilleur et leur plus prolifique, ont-ils jamais égalé ce taux de production ? Peut-être devrions-nous donner le prix à Scott pour l'œuvre de 1814-1820, dont *Waverley, The Antiquary, Old Mortality, The Heart of Midlothian, Rob Roy* , etc. Ce record ne peut être battu, et Scott travaillait à des heures irrégulières ou pendant ses vacances, alors qu'il travaillait *seul.* Mais à tous les grands romans de Dumas, Maquet, le *ci-devant* Augustus Mackeat, collabora. Mais qui peut nier que l'œuvre soit l'œuvre du Dumas des *Mémoires* et de *Mes Bêtes ?* C'est la même main, le même esprit informateur, la même gaieté brillante, la même éthique honnête, la même fertilité éblouissante de ressources. Maquet a fait quelque chose, cela ne fait aucun doute, les hommes ont constamment travaillé ensemble.

Mais qu'a fait Maquet ? Il a peut-être fait – il a fait – des « recherches ». Dieu sait qu'ils n'étaient pas très profonds. Peut-être a-t-il découvert que Newcastle est sur la Tweed et que l'armée écossaise qui, dirons-nous, n'adhère pas à Charles Ier, était en grande partie composée de Highlanders. Peut-être a-t-il suggéré que Charles Ier voudrait entendre une messe la veille de son exécution. Peut-être a-t-il représenté le joyeux Charles II. comme *un beau ténébreux* , chez le *Vicomte de Bragelonne.* Je pense que là je retrouve la main de Maquet. Quoi qu'il fasse, Maquet a fait quelque chose. Je suggère qu'il a fait ces recherches remarquables, qu'il a écouté Dumas parler, qu'il a « fait des objections » (comme le *père* invitait les *fils* à le faire), que parfois il a « masqué » un chapitre que Dumas prenait et en faisait. une chose nouvelle, ou laissée debout, comme ce déplorable Charles II. à Blois. Dans l'ensemble, je conçois que (en ce qui concerne les grands romans) Maquet satisfaisait le besoin de compagnie de Dumas, qu'il était à l'homme de génie ce qu'Harry Killigrew était au véritable Charles II.

Devant la loi, en 1856 et en 1858, M. Maquet réclama le droit d'être déclaré co-auteur de dix-huit romans, tous les meilleurs d'entre eux. La loi reconnaissait qu'il avait prêté main-forte, mais il n'en prenait pas davantage par ses aventures judiciaires. M. Glinel publie deux de ses lettres à son avocat : « Ce n'est pas la justice qui a gagné, mais Dumas », s'écrie Auguste. Il se plaint également d'être menacé d'un nouveau procès *« avec l'éternel coquin qu'on appelle Dumas »*. Le temps tue bien des animosités. Selon M. About, M. Maquet a vécu pour parler gentiment de Dumas, ainsi que sa légion d'autres collaborateurs. " Les plus fiers se félicitent d'avoir été formés dans une si bonne école ; et M. Auguste Maquet, le chef d'entre eux, parle avec une vraie révérence et une réelle affection de son grand ami. " Monsieur Henri Blaze de Bury décrit ainsi la méthode de Dumas :

"L'intrigue a été réfléchie par Dumas et son assistant. Le collaborateur a écrit le livre et l'a apporté au maître, qui a travaillé sur le brouillon et a tout réécrit. D'un volume, souvent mal construit, il allait faire évoluer trois volumes. ou quatre. *Le Chevalier d'Harmental* de Maquet était au début un conte de soixante pages. Souvent et souvent, Dumas était le collaborateur anonyme des autres. M. Blaze de Bury a vu une vingtaine de pièces signées d'autres noms, dont Dumas a écrit chacune les deux tiers. M. About confirme le récit de M. Blaze de Bury. Il a su que Dumas donnait les idées à son collaborateur. Ce monsieur remit alors un croquis, écrit sur de petites feuilles de papier. Dumas copiait chaque feuille sur grand papier, agrandissant, modifiant, améliorant, *et sémant l'esprit à pleines mains*.

Par cette méthode de collaboration, Dumas a réellement fait le travail lui-même. Il fournissait les idées et l' *esprit*, et donnait au collaborateur une leçon d'art de fiction, tout comme un précepteur enseigne la composition en grec ou en latin. Dans d'autres exemples, comme *Le Chevalier d'Harmental*, l'idée, on le sait, est venue de Maquet, qui avait écrit un *conte* sur le sujet. Personne ne voulait du *conte* et Dumas en fit un roman, dont Maquet en profita également. En Angleterre, la collaboration à l'écriture de romans est inhabituelle. Dans le cas de M. Rice et de Sir Walter Besant, nous avons la description de Sir Walter de « comment cela a été fait », et il semble que c'est lui qui a fait l'essentiel du travail. Dans un autre cas qui me est familier, A, un auteur impopulaire, a trouvé dans ses recherches un sujet historique intéressant et dramatique. Sur ce, il écrivit un conte de sept chapitres et le plaça dans un tiroir, où il resta pendant des années. Il l'a ensuite montré à B, qui en a fait une pièce de théâtre. La pièce a été grignotée, mais pas acceptée. B s'empara alors du sujet et, allant au-delà de l'histoire originale, travailla jusqu'au point où elle commençait, d'où B et A la continuèrent, et maintenant l'affaire était un roman qui ne rivalisait pas en popularité avec les œuvres de Dumas. Il est probable que dans chaque cas de collaboration, les méthodes diffèrent. Dans un cas, chaque auteur a écrit l'intégralité du livre séparément, puis les versions ont été mélangées.

Ce sont des pratiques légitimes, mais dans ses dernières années, Dumas devint moins consciencieux. Il y a une histoire, nous l'avons vu, selon laquelle Maquet inséra un jour seize *questions* dans une phrase et la montra à ses amis. Dumas ne la regardait jamais, et la phrase avec ses seize *ques* figurait dûment dans le *feuilleton* du journal du lendemain, car dans les journaux les romans étaient « feuilletonnés », comme disent certaines revues littéraires. Je n'ai jamais trouvé cette phrase dans aucun roman, je n'ai jamais rencontré plus de cinq *ques* dans une phrase de Dumas, ni plus de cinq « whiches » dans un de Sir Walter Scott. A mesure que son âge et son indolence augmentaient, la nature des choses se vengeait de la renommée et de la fortune de Dumas. L'auteur des romans ultérieurs, comme le dit M. Henri Blaze de Bury, est « Dumas-Légion ».

Les véritables collaborateurs de Dumas étaient la nature humaine et l'histoire. Les hommes sont éternellement intéressants pour les hommes, mais dans les écrits historiques, avant Scott, les hommes (à l'exception des rois et des autres acteurs principaux) étaient laissés dans le vague. Eux, leurs actes et leurs personnages étaient cachés dans des mémoires et des lettres non imprimées. Un homme tel que le Cavalier, Edward Wogan, « une très belle personne », dit Clarendon, a été évoqué brièvement et de manière inexacte par ce noble auteur. Plus de justice lui est rendue par son parent, l'aventurier Sir Charles Wogan, dans une lettre à Swift. Il n'a pas échappé à Scott, qui a écrit un poème à sa mémoire. Or, un personnage tel que Wogan, courageux, beau, ingénieux comme d'Artagnan, débarquant en Angleterre avec la potence sous les yeux, et portant une troupe de cavalerie à travers le pays hostile de Cromwell, « partout où pourrait le conduire l'ombre de Montrose, " Rejoindre les Clans et porter un grand coup au roi Charles, tel était précisément le caractère de Dumas. Des hommes comme Wogan, des femmes comme Jane Lane et Lady Ogilvy, Dumas les a redécouverts et ils ont été son inspiration. Le passé n'était pas vraiment ennuyeux, même si les livres des historiens universitaires pouvaient être ennuyeux. Ils ont omis l'élément humain, la vie, la couleur et, nous dit-on, « l'histoire scientifique » devrait donc être impartiale. Le grand public se détourne de l'histoire scientifique pour se tourner vers Dumas et ses imitateurs modernes, bons et mauvais, et comme certains de ses disciples peuvent être excessivement mauvais ! Un critique américain désespère à moitié de son pays parce que certains romans idiots, prétendant être historiques, sont populaires. Le symptôme est plutôt bon que mauvais. Sans formation et sans direction, tombant sur les nouveaux romans stupides et ignorants annoncés à haute voix, les jeunes Américains s'émancipent de la tyrannie d'aujourd'hui, et leur propre imagination donne un glamour à quelque roman inepte du passé. Ils vivent avec la tragédie et avec Marie Stuart, même si elle est la Marie Stuart d'un gribouilleur ennuyeux et incompétent. Ils peuvent entendre parler de Scott et de Dumas et les suivre.

Dumas a été accusé par des moralistes comme M. Fitzgerald de dépraver les mœurs de la France ! Qu'il ait donné sur scène un exemple de violence et de frénésie, de crime et de licence, cela ne peut être facilement nié. Mais dans les *Mousquetaires,* il améliore nettement le goût et les mœurs de la France des années 1630-1660, qu'ils soient testés par *les Mémoires de d'Artagnan* ou par les œuvres plus authentiques de Tallemant et de Retz. Il est infiniment plus délicat, il s'excuse de ce qu'il appelle avec raison les « infamies » de certains procédés de ses héros, et il met du cœur et du sentiment même dans l'amour léger de la *soubrette de Milady.* Si d'Artagnan « n'avait ni jeunesse, ni cœur, seulement de l'ambition », il acquiert un cœur à mesure qu'il avance : et il n'en manque jamais, en effet, pour les amis de son sexe.

Dumas était aux antipodes d'un Galahad ou d'un Joseph. Sa vie, en ce qui concerne les femmes, ressemblait beaucoup à celle de Burns ou de Byron. Sa moralité sur ce point est celle du camp ou du théâtre dans lequel il a tant vécu. Cela doit être reconnu comme un fait indéniable. Mais il existe d'autres domaines de conduite, et en vertus de courage, de dévouement, de courage, d'amitié et de loyauté, les Mousquetaires sont assez riches. Leurs vices, heureusement, ne sont pas ceux de notre époque mais d'un siècle beaucoup moins sensible sur certains points d'honneur, comme le remarque Dumas et comme le prouve l'histoire. Mais les vertus des Mousquetaires ne sont, à aucune époque, un mauvais exemple.

Dumas n'écrit jamais pour attiser les passions, pour corrompre ou pour instruire une curiosité lascive. Le niveau de son travail est bien supérieur à celui de son modèle ou de l'époque sur laquelle il écrit. Sa devise est *sursum corda* ; il n'a pas un mot pour inciter au pessimisme, ni au goût du sordide. Lui et ses hommes affrontent la Fortune avec audace, supportant ce que les mortels doivent endurer, et le supportant bien et gaiement. Son éthique est sauvée par son humour, sa générosité et son humanité sincère. Ces qualités augmentent et deviennent plus manifestes à mesure que ce grand cycle atteint son point culminant héroïque dans la mort de d'Artagnan, la mort de Porthos, les larmes insolites d'Aramis.

Pendant de nombreuses années, les critiques français « hautement renifleurs » se sont moqués de Dumas en le qualifiant de peintre de scènes, de barbouilleur, de bébé en connaissances psychologiques, etc. Mais nous avons vu récemment, dans le succès de *Cyrano de Bergerac de M. Rostand,* que la France se souvient avec amour de ses anciens idéaux d'une vie franche et saine en plein air, une vie de vaillants épéistes, de bons amis et de vrais amants. Dans le major Marchand, de l'affaire Fachoda, on reconnaît un gentilhomme et un soldat de l'école de Dumas, non de Maupassant, ni de Flaubert, ni de Zola. Connaître sa tâche et l'accomplir malgré les obstacles les plus cruels ; affronter toute forme de péril avec gaieté ; accepter la déception avec une courtoisie virile, gagnant la plus vive admiration de ses adversaires politiques, voilà des réalisations selon le cœur de Dumas ; et c'est une morale que l'étude de Dumas encourage et que notre époque exige.

Les auteurs qui détendent, découragent et dépravent peuvent être considérés comme de meilleurs artistes (opinion que je ne partage pas), mais ils sont moins des hommes que l'auteur des *Trois Mousquetaires*. Qui le lit, mais veut continuer à lire la suite, et la suite de celle-ci, et, si c'était possible, encore une autre suite ? Mais Aramis seul des quatre reste sur scène, et nous aspirons à une autre suite – avec Aramis comme pape.

Je me suis arrêté sur les *Mousquetaires* et leurs sources historiques comme un type des pouvoirs et des méthodes de Dumas. On pourrait en dire autant en détail des sources des autres grands romans, notamment ceux du cercle Valois. L'histoire ne donne guère plus que le nom de Chicot et sa férocité dans les massacres de la Saint-Barthélemy. La Mole, Coconnas et *le brave Bussy* étaient en réalité « plutôt des bêtes qu'autrement », comme le dit le garçon de *Human Boy de M. Eden Philpotts* à propos des pirates. Catherine de Médicis est la Catherine des *Mémoires*, qui sont probablement dans l'ensemble véridiques, quoi qu'en disent les critiques. Dumas remplit de gaieté ces vieux temps de perfidie et de cruauté ; il ajoute Gorenflot et Chicot ; il humanise Coconnas ; il fait même regretter Henri III ; il a un amour et une tolérance shakespearienne pour ses personnages. Les critiques peuvent renifler et reniflent, mais Dumas a plu à George Sand, Thackeray et M. Stevenson, qui l'ont si bien loué que de faibles applaudissements sont impertinents. Thackeray choisit surtout *La Tulipe Noire* comme complément et contraste avec les *Mousquetaires*. Monte-Cristo, riche et revanchard, n'a jamais été mon préféré ; Je le quitte lorsque sa chasse au trésor est terminée et que le cycle de Cagliostro traite de sujets trop cruels pour la fiction.

Bref, même si le reste de la vie de Dumas fut plein de labeur, les *anni mirabiles* de 1844-1850 sont la fleur de sa récolte. En 1844, lors d'une tournée avec le fils de Jérôme Napoléon (qui avait certainement un étrange chef d'ours), Dumas aperçut l'actuelle île de Monte-Cristo ; elle habitait son imagination d'enfant et devint la première de toutes les îles au trésor ; mais son utilisation comme première partie d'un conte à la manière d' Eugène Sue était une réflexion secondaire, comme les scènes américaines et Mme Gamp dans *Martin Chuzzlewit*. En 1843-44, Dumas, étant riche, construit son Abbotsford, Monte Cristo, entre Saint Germain et Marly le Roi. C'était désormais la farce dont le véritable Abbotsford est la tragédie. C'était une journée portes ouvertes et des invités sans fin, très différents des invités qui visitaient la villa sur la Tweed. Dans les deux maisons, on gardait beaucoup de chiens, et à Monte-Cristo seulement, on laissait traîner des tas d'or pour que chacun puisse se servir. Le Théâtre Historique fut également fondé, que Dumas ne pouvait laisser indifférent le chemin de la ruine, et il abandonna tous ses projets de visiter l'Espagne et Alger avec le duc de Montpensier, comme Buckingham avec le prince Charles. Le célèbre vautour Jugurtha était maintenant acquis et ramené à la maison pour remplir sa niche dans la galerie de *Mes Bêtes* , un des livres les plus délicieux du monde.

À son retour, Dumas trouva, comme Ulysse, « des troubles dans sa maison », des rédacteurs en colère réclamant à grands cris des « copies » tardives. Puis vinrent les parasites, puis la Révolution de 1848, passionnante mais coûteuse pour un homme de lettres politique. Le Théâtre Historique est ruiné et Dumas choisit une autre voie vers l'effondrement financier : devenir propriétaire d'un journal. En 1851, Dumas se rend à Bruxelles, se dispute avec Maquet (un créancier parmi tant d'autres), écrit ses *Mémoires* , tente de se retrancher, mais se lance dans un nouveau journal, *Le Mousquetaire*. Il était l'inverse d'un homme d'affaires ; *Le Mousquetaire* n'était pas rentable comme *Household Words*. Le bureau était un jardin d'ours. On écrivait davantage de pièces de théâtre, on écrivait davantage de choses de toutes sortes, on essayait un journal hebdomadaire, et tandis que l'étoile d'Alexandre *fils* se levait, l'étoile d'Alexandre *père* descendait dans les espaces ombragés du ciel. Dumas a voyagé en Russie et a écrit à ce sujet ; il rejoint Garibaldi en 1860, et obtient en Italie une nomination archéologique ! La population de Naples ne prenait pas Dumas au sérieux, pas plus que ne l'aurait fait le personnel du British Museum. Pour des raisons connues ou inconnues de la foule, ils huèrent et menacèrent le directeur des fouilles : le rédacteur en chef d'un journal garibaldien, le père de la filleule de Garibaldi, un enfant dont la mère avait accompagné Dumas en costume de marin. Le héros avait alors cinquante-huit ans, et peut-être les Napolitains décelèrent-ils quelque incongruité entre l'âge et les démarches du directeur des fouilles. Peut-être que *la vertu va se nicher* dans le cœur des classes inférieures des « grandes rues pécheresses » de la ville de Néapolis.

En 1864, Dumas et le nouveau gouvernement italien n'étaient pas en bons termes. Il laissa à Pompéi son journal libéral et ses méritoires fouilles ; il revint à Paris accompagné d'une dame qui portait le joli nom de Fanny Gordosa. La générosité, si je puis utiliser ce terme, de Fanny dépassait de loin ses capacités de gouvernante et de directrice de maison, et le vétéran invaincu dut poursuivre cette chasse à la *pièce de cent sous* dont nous avons parlé. *La jeunesse n'a qu'un temps* , mais Dumas était déterminé à « être un garçon pour toujours ». On raconte à son sujet des histoires qu'il vaut mieux ne pas répéter, qu'elles soient vraies ou fausses. La jeunesse sénile, en ce qui concerne le sexe, ne peut pas être convenable. L'argent est devenu plus rare à mesure que le travail a cessé d'être un véritable travail. Dumas se mit à donner des conférences publiques. Une fille vint l'assister, tandis que la duchesse d'Albany présidait et plus ou moins réformait les dernières années de son royal père. En 1869-70 la force de ce Porthos de la plume fut brisée : *c'est trop lourd !* À l'automne 1870, à l'époque du désastre de Sedan, Dumas jeune emmena son père dans un village près de Dieppe. On lui cachait les chagrins de ces jours : son esprit était tourné vers le passé et les morts. Il mourut le 5 décembre et le même jour, à Dieppe, les Allemands atteignirent la mer. Son corps repose à Villers-Cotterets, aux côtés de son père et de sa mère.

ANDRÉ LANG.

LIVRE I

CHAPITRE I

Ma naissance— Mon nom est contesté—Extraits des registres officiels de Villers-Cotterets—Club du Corbeil—Acte de mariage de mon père—Ma mère—Mon grand-père maternel—Louis-Philippe d'Orléans, père de Philippe-Égalité—Madame de Montesson— M. de Noailles et l'Académie. — Un mariage morganatique.

Je suis né à Villers-Cotterets, petite ville du département de l'Aisne, située sur la route de Paris à Laon, à environ deux cents pas de la rue de la Noue, où mourut Demoustier ; à deux lieues de La Ferté-Milon, où est né Racine ; et à sept lieues de Château-Thierry, patrie de La Fontaine.

Je suis né le 24 juillet 1802, rue de Lormet, dans la maison appartenant aujourd'hui à mon ami Cartier. Il faudra certainement qu'il me la vende un jour, afin que je meure dans la même chambre où je suis né. J'avancerai dans les ténèbres de l'autre monde à l'endroit qui m'a reçu lorsque je suis sorti des ténèbres du passé pour sortir de ce monde.

Je suis né le 24 juillet 1802, à cinq heures et demie du matin ; ce qui me fait avoir quarante-cinq ans et trois mois à la date où je commence ces Mémoires, c'est-à-dire le lundi 18 octobre 1847.

La plupart des faits concernant ma vie ont été contestés, même mon nom de *Davy de la Pailleterie* , sur lequel je ne suis pas très tenace, puisque je ne l'ai jamais porté. On ne le trouvera qu'après mon nom de *Dumas* dans les actes officiels que j'ai passés devant avocat, ou dans les actions civiles où j'ai joué soit le rôle principal, soit été témoin.

Je demande donc la permission de transcrire mon acte de naissance, pour apaiser toute discussion ultérieure sur le sujet.

Extrait des Registres de la Ville de Villers-Cotterets.

« Le cinquième jour du mois de Thermidor an X de la République française.

« Acte de naissance d'Alexandre Dumas-Davy de la Pailleterie, né ce jour à cinq heures et demie du matin, fils de Thomas-Alexandre Dumas-Davy de la Pailleterie, lieutenant général, né à Jérémie, sur la côte de l'île de Saint-Domingue, demeurant à Villers-Cotterets ; et de Marie-Louise-Élisabeth Labouret, née à Villers-Cotterets susnommée, *sa femme.*

"Le sexe de l'enfant est indiqué comme étant de sexe masculin.

"Premier témoin : Claude Labouret, grand-père maternel de l'enfant.

"Deuxième témoin : Jean-Michel Deviolaine, inspecteur des forêts du quatrième arrondissement communal du département de l'Aisne, vingt-sixième juridiction, demeurant à Villers-Cotterets susnommé. Cette déclaration nous a été faite par le père de l'enfant. , et est signé par

"Al. Dumas, Labouret et Deviolaine.

" Prouvé conformément à la loi par Me Nicolas Brice-Mussart, maire de la ville de Villers-Cotterets, en sa qualité d'agent de l'Etat Civil,

Signé : MUSSART."

J'ai mis en italique les mots *« sa femme »*, car ceux qui contestaient mon droit au nom de *Davy de la Pailleterie* cherchaient à prouver que j'étais illégitime.

Or, si j'avais été illégitime, j'aurais tranquillement accepté le barreau comme des salauds plus célèbres que je ne l'ai fait, et, comme eux, j'aurais travaillé dur avec mon esprit et mon corps jusqu'à ce que j'aie réussi à donner une valeur personnelle à mon nom. Mais que faire, messieurs ? Je ne suis pas illégitime, et il est grand temps que le public suive mon exemple et se résigne à ma légitimité.

Ils se sont ensuite tournés vers mon père. Dans un club de Corbeil — c'était en 1848 — vivait, en effet, un monsieur extrêmement bien habillé, dont on m'a dit qu'il appartenait à la magistrature ; un fait que je n'aurais jamais cru si je n'en avais pas été assuré par des personnes dignes de confiance ; eh bien, ce monsieur avait lu, dans je ne sais quelle biographie, que ce n'était pas moi mais mon père qui était un salaud, et il m'a dit que la raison pour laquelle je ne me suis jamais signé de mon nom de Davy de la Pailleterie, c'était parce que mon père ne fut jamais vraiment appelé ainsi, puisqu'il n'était pas le fils du marquis de la Pailleterie.

J'ai commencé par appeler ce monsieur du nom qu'on donne habituellement aux gens qui vous disent de telles choses ; mais comme il en paraissait aussi insensible que s'il s'agissait de son nom de famille, j'écrivis à Villers-Cotterets pour obtenir un second acte de naissance relatif à mon père, semblable à celui qu'on m'avait déjà envoyé sur moi.

Je demande maintenant au lecteur la permission de lui présenter ce deuxième certificat ; s'il a le mauvais goût de préférer notre prose à celle du secrétaire de la mairie de Villers-Cotterets, qu'il en discute avec ce monsieur de Corbeil.
[1]

Acte de naissance provenant des Registres de la Ville de Villers-Cotterets.

« L'an 1792, première de la République française, le 28 du mois de novembre, à huit heures du soir, après la publication des bans affichés à la porte principale de l'Hôtel de Ville, le dimanche 18 le mois présent, et apposé là depuis cette date en vue de proclamer le projet de mariage entre le citoyen *Thomas-Alexandre Davy de la Pailleterie* , âgé de trente ans et huit mois, colonel aux hussards du Midi, né à la Guinodée, Trou- Jérémie, Amérique, *fils de feu Alexandre-Antoine Davy de la Pailleterie* , ancien commissaire d'artillerie, décédé à Saint-Germain en Laye, juin 1786, et de feu Marie-Cessette Dumas, décédée à la Guinodée, près de Trou. -Jérémie, Amérique, en 1772; son père et sa mère, d'une part;

« Et la citoyenne Marie-Louise-Élisabeth Labouret, fille aînée du citoyen Claude Labouret, commandant de la garde nationale de Villers-Cotterets et propriétaire de l'hôtel de *l'Écu* , et de Marie-Joseph Prévot, ses père et mère, du autre partie;

« Lesdites personnes domiciliées, savoir, le futur époux en caserne à Amiens et la future épouse dans cette ville ; leurs *actes de naissance* ayant également été inspectés et rien n'y étant trouvé erroné ; Moi, Alexandre-Auguste-Nicolas Longpré, officier public et municipal de cette commune, les soussignés, ayant reçu la déclaration de mariage des susnommés, ont prononcé au nom de la loi qu'ils sont unis par le mariage. Cet acte a eu lieu en présence de citoyens : Louis-Brigitte-Auguste Espagne. , lieutenant-colonel du 7e régiment de hussards stationné à Cambrai, originaire d'Audi, dans le département du Gers ;

« Jean-Jacques-Étienne de Béze, lieutenant dans le même régiment de hussards, originaire de Clamercy, département de la Nièvre ;

« Jean-Michel Deviolaine, registraire de la corporation et citoyen éminent de cette ville, tous trois amis du mari ;

« Françoise-Élisabeth Retou, *belle-mère* de l'époux, veuve de feu Antoine-Alexandre Davy de la Pailleterie, demeurant à Saint-Germain en Laye.

"Présents, le père et la mère de la mariée, tous majeurs, qui, de concert avec les cocontractants, ont signé de leurs mains cet acte en notre présence :

" *Signé au greffe* :

« MARIE LOUISE ÉLISABETH LABOURET ; THOMAS-ALEXANDRE DUMAS-DAVY DE LA PAILLETERIE ; veuve de LA PAILLETERIE ; LABOURET ; MARIE-JOSEPH PRÉVOT ; LA ESPAGNE ; JEAN-JACQUES-ÉTIENNE DE BÉZE ; JEAN-MICHEL DEVIOLAINE, et LONGPRÉ, Officier Public. "

Ayant établi que ni mon père ni moi n'étions des salauds, et me réservant de prouver à la fin de ce chapitre que mon grand-père n'était pas plus illégitime que nous, je continuerai.

Ma mère, Marie-Louise-Élisabeth Labouret, était la fille de Claude Labouret, comme on l'a vu, commandant de la garde nationale et propriétaire de l'hôtel de l' *Écu* , au moment où il signa le contrat de mariage de sa fille, mais autrefois premier intendant. de Louis-Philippe d'Orléans, fils de ce Louis d'Orléans qui faisait si peu de bruit, et père de Philippe-Joseph, plus tard connu sous le nom de Philippe-Égalité, qui faisait tant !

Louis-Philippe mourut d'une crise de goutte, au château de Sainte-Assise, le 18 novembre 1785. L'abbé Maury, qui s'était si violemment disputé en 1791 avec le fils, avait prononcé en 1786 l'oraison funèbre du père à Nôtre. -Dame.

Je me souviens avoir souvent entendu mon grand-père parler de ce prince comme d'un homme excellent et en somme charitable, quoique enclin à l'avarice. Mais bien avant tout, mon grand-père adorait Madame de Montesson jusqu'à l'idolâtrie.

On sait comment Louis-Philippe d'Orléans, laissé veuf après son premier mariage avec cette célèbre Louise-Henriette de Bourbon-Conti, dont le libertinage avait scandalisé jusqu'à la cour de Louis XV, avait, le 24 avril 1775, épousé comme sa seconde épouse Charlotte-Jeanne Béraud de la Haie de Riou, marquise de Montesson, qui en 1769 était devenue la veuve du marquis de Montesson, lieutenant des armées du roi.

Ce mariage, bien que tenu secret, fut conclu avec le consentement de Louis XV. Soulavie donne sur sa célébration et son accomplissement quelques détails curieux qui sont suffisamment intéressants pour être confiés à ces pages.

Nous sommes sûrs que ces détails ne sont pas déplacés maintenant que les mœurs sont devenues si différentes de ce qu'elles étaient alors.

Insistons d'abord à nos lecteurs que Mme de Montesson était censée par la cour et la ville avoir l'idée extraordinaire de ne vouloir devenir la femme de M. le duc d'Orléans qu'après qu'il l'ait épousée.

M. de Noailles a écrit depuis un livre qui lui a ouvert les portes de l'Académie, sur la résistance de Mme de Maintenon aux sollicitations de Louis XIV. dans des circonstances similaires.

Voilà de quelles légères causes dépend l'homogénéité des associations constituées ! Si la veuve Scarron n'avait pas été servante lors de son second mariage, ce qui était fort possible, M. de Noailles n'aurait pas écrit son livre, et l'Académie, qui sentait le besoin de la présence de M. de Noailles, aurait sont restés incomplets, et par conséquent imparfaits.

Cela n'aurait pas eu d'importance à M. de Noailles, qui serait toujours resté M. de Noailles.

Mais que serait devenue l'Académie ?

Mais revenons à M. le duc d'Orléans, à son mariage avec madame de Montesson, et à l'anecdote de Soulavie, que nous reproduirons dans ses propres mots.

« La Cour et la capitale connaissaient les tortures endurées par le duc d'Orléans et la sévérité de Madame de Montesson.

« Le prince amoureux ne rencontrait presque jamais le roi ou le duc de Choiseul sans renouveler sa demande d'épouser Madame de Montesson.

"Mais le roi s'était fixé comme objectif de politique d'État de ne permettre la légitimation ni de ses enfants naturels ni de ceux des princes, et cette règle fut respectée tout au long de son règne.

« Pour les mêmes raisons, il refusa à la noblesse du royaume la permission de contracter mariage avec des princes du sang.

« Les luttes interminables entre les princes légitimes et ceux légitimés par Louis XIV, les dangereuses intrigues de M. de Maine et de madame de Maintenon, furent les derniers exemples cités pour servir de motif aux refus avec lesquels le roi et ses ministres » confronta M. le duc d'Orléans. Le sang royal de la maison de Bourbon était encore considéré comme divin, et le contaminer était tenu pour un crime politique.

« Dans le Sud, la maison de Bourbon était alliée du côté d'Henri IV, prince béarnais, à plusieurs familles nobles inférieures. La maison de Bourbon ne reconnaissait pas de telles alliances, et si quelque gentilhomme peu instruit en ces matières tentait de les soutenir, c'était un motif tout à fait suffisant pour l'exclure des faveurs de la Cour.

« D'ailleurs, le ministre était si sûr de maintenir la suprématie sur la famille d'Orléans, que Louis XV refusa obstinément de faire de Madame de Montesson la première princesse du sang par un mariage solennel, obligeant le duc d'Orléans à se contenter d'un secret. mariage. Ce mariage, bien qu'il s'agisse d'une union conjugale légale, n'était admis à aucune des distinctions propres aux mariages des princes du sang, et ne devait pas être rendu public.

« Madame de Montesson n'avait pas l'ambition de jouer le rôle de première princesse du sang contre la volonté du roi, ni encore d'entretenir des hostilités en matière d'étiquette avec les princesses : ce n'était pas dans sa nature de le faire.

« Déjà habituée à observer les règles de la pudeur avec M . le duc d'Orléans, elle semblait bien contente de l'épouser de la même manière que Madame de Maintenon avait épousé Louis XIV.

« L'archevêque de Paris fut informé du consentement du roi et accorda aux deux époux une dispense de la triple publication de leurs bans.

" Le chevalier de Durfort, premier gentilhomme de la chambre du prince, par réversion du comte de Pons, et Périgny, ami du prince, furent témoins du mariage, qui fut béni par l'abbé Poupart, curé de Saint-Eustache, en présence de M. de Beaumont, archevêque de Paris.

"Le jour de son mariage, le duc d'Orléans tenait une très grande cour à Villers-Cotterêts.

« La veille au soir, ainsi que le matin de la cérémonie, il dit à M. de Valençay et à ses amis les plus intimes qu'il était enfin parvenu à une époque de sa vie, et que son bonheur présent n'avait que l'inconvénient de pouvoir ne soit pas rendue publique.

« Le matin du jour où il reçut la bénédiction nuptiale à Paris, il dit :

« Je quitte le monde, mais j'y reviendrai plus tard ; je n'y reviendrai pas seul, mais accompagné d'une dame à qui vous témoignerez l'attachement que vous portez désormais à moi et à mes intérêts. »

" Le château était dans la plus grande attente ce jour-là ; car M. d'Orléans s'en allant sans prononcer le mot *de mariage* avait pris la clef des mystères de cette journée.

« La nuit, on le vit rentrer dans la salle de réception bondée, conduisant par la main Mme de Montesson, sur laquelle tous les regards étaient fixés.

« La pudeur était le plus attrayant de ses charmes ; toute la société fut touchée par son embarras momentané.

« Le marquis de Valençay s'avança vers elle et, la traitant avec la déférence et la soumission dues à une princesse du sang, lui fit les honneurs de la maison comme un initié aux mystères du matin.

"L'heure de la retraite est arrivée.

« Il était d'usage chez le roi et dans les établissements des princes que le plus haut noble reçoive la robe de nuit des mains du valet de chambre et la présente au prince lorsqu'il se couche : à la Cour, la prérogative de la donner au roi appartenait au premier prince du sang ; dans son propre palais, il la recevait du premier chambellan.

" Madame de Sévigné dit dans une lettre du 17 janvier 1680 que :

"'Dans les mariages royaux, les nouveaux mariés étaient mis au lit et leurs robes de nuit leur étaient données par le roi et la reine. Lorsque Louis XIV eut donné la sienne à M. le prince de Conti, et la reine la sienne à la princesse, le roi il l'embrassa tendrement lorsqu'elle était au lit, et la pria de ne s'opposer en aucune manière à M. le prince de Conti, mais d'être obéissante et soumise.

" Aux noces de M. le duc d'Orléans, la cérémonie de la robe de nuit se fit de cette façon. Il y eut d'abord quelque embarras, le duc d'Orléans et le marquis de Valençay temporisant quelques instants, le premier avant le demander, ce dernier avant de le recevoir.

« M. d'Orléans se comportait en homme qui se piquait de sa modération dans les plaisirs les plus licites.

" Valençay le présenta enfin au prince, qui, ôtant jusqu'à la taille ses vêtements de jour, laissa voir à toute la compagnie sa peau glabre, exemple de la mode à laquelle se livrait la plus haute frimousse du temps.

« Les princes ou les grands seigneurs ne consommeraient leurs mariages, ni ne recevraient les premières faveurs d'une maîtresse, qu'après s'être soumis à cette opération préliminaire.

« La nouvelle de ce fait se répandit aussitôt dans la salle et dans le palais, et elle mit fin à tous les doutes sur le mariage entre le duc d'Orléans et madame de Montesson, sur lequel il y avait eu tant de controverses et d'oppositions.

« Après son mariage le duc d'Orléans vécut dans la plus étroite intimité avec son épouse, celle-ci lui rendant sans réserve l'hommage dû au premier prince du sang.

« En public, elle l'appelait *Monseigneur*, et parlait avec respect aux princesses du sang, leur cédant leur préséance coutumière, soit dans leurs sorties, soit dans leurs entrées, et lors de leurs visites aux appartements d'apparat du Palais-Royal.

" Elle gardait son nom de veuve de M. de Montesson ; son mari l'appelait *Madame de Montesson* ou simplement *madame*, parfois *ma femme*, selon les circonstances. Il lui parlait ainsi en présence de ses amis, qui l'entendaient souvent dire à » alors qu'il se retirait de leur compagnie : « Ma femme, allons-nous maintenant nous coucher ?

« Le caractère solide de Madame de Montesson fut longtemps la source du bonheur du prince, de son vrai bonheur.

« Elle consacrait ses journées à l'étude de la musique et à la chasse, passe-temps qu'elle partageait avec le prince. Elle possédait aussi un théâtre dans la maison qu'elle habitait chaussée d'Antin, sur la scène de laquelle elle jouait souvent avec lui. .

« Le duc d'Orléans était naturellement bon et simple de goût, et le rôle de paysan lui convenait ; tandis que Madame de Montesson jouait bien les rôles de bergère et d'amante.

« La défunte duchesse d'Orléans avait tellement dégradé le caractère de cette maison qu'aucune femme n'y pénétrait qu'avec la plus grande et constante méfiance. Madame de Montesson en rétablit le ton et la dignité ; elle ouvrit la voie aux plaisirs raffinés. , éveilla l'intérêt pour les goûts intellectuels et les beaux-arts, et ramena une fois de plus un esprit de gaieté et de bonne camaraderie.

Sainte-Assise et ce château de Villers-Cotterets où, comme le raconte Soulavie, se réalisa ce mariage ardemment désiré, étaient tous deux des résidences appartenant au duc d'Orléans.

Le château faisait partie du patrimoine familial depuis le mariage de Monsieur, frère du roi Louis XIV, avec Henriette d'Angleterre.

L'édifice, presque aussi grand que la ville elle-même, est devenu un asile de travail et constitue aujourd'hui une maison de refuge pour sept ou huit cents pauvres. Elle n'a rien de remarquable au point de vue architectural, si ce n'est un coin de l'ancienne chapelle, qui appartient, autant qu'on peut en juger par le peu qui en reste, à la plus belle époque de la Renaissance. Le château fut commencé par François Ier et achevé par Henri II.

Le père et le fils y ont laissé leurs propres marques.

François Ier y sculpta des salamandres, et Henri II. ses armoiries avec celles de son épouse, Katherine de Médicis.

Les deux bras sont composés des lettres K et H, et sont cerclés des trois croissants de Diane de Poitiers.

Un curieux entremêlement des bras de l'épouse et de la maîtresse est encore visible dans le coin de la prison qui surplombe la petite ruelle qui mène à l'abreuvoir.

Il faut ici signaler que Madame de Montesson était la tante de Madame de Genlis, et c'est sous son influence que l'auteur d' *Adèle et Théodore* entra chez Madame la duchesse d'Orléans, épouse de Philippe-Joseph, comme servante de honneur; un poste qui l'a amenée à devenir la maîtresse de Philippe-Égalité et la gouvernante des trois jeunes princes, le duc de Valois, le duc de Montpensier et le comte de Beaujolais. Le duc de Valois devint duc de Chartres à la mort de son grand-père, et, le 9 août 1830, il devint Louis-Philippe Ier, aujourd'hui roi des Français.

[1] Il faut dire que cet incident, survenu en 1848, est interpolé dans MS. écrit
en 1847.

CHAPITRE II

Mon père. Sa naissance. Les armes de la famille. Les serpents de la Jamaïque. Les alligators de Saint-Domingue. Mon grand-père. L'aventure d'un jeune homme. Un premier duel. M. le duc de Richelieu sert de second à mon père. — Mon père s'engage comme simple soldat. — Il change de nom. — Décès de mon grand-père. — Son acte de décès.

Mon père, qui a déjà été mentionné à deux reprises au début de cette histoire, d'abord à propos de mon acte de naissance, puis à propos de son propre contrat de mariage, était le général républicain Thomas-Alexandre Dumas-Davy de la Pailleterie.

Comme déjà indiqué dans les documents cités par nous, il était lui-même le fils du marquis Antoine-Alexandre Davy de la Pailleterie, colonel et commissaire général de l'artillerie, et il hérita du domaine de la Pailleterie, élevé au rang de marquisat. par Louis XIV, en 1707.

Les armes de la famille étaient trois aigles *d' azur* aux ailes déployées *ou* , deux ailes en travers d'une, l'une avec un anneau *d'argent* au milieu ; serré à gauche et à droite par les serres des aigles à la tête de l'écusson et reposant sur la crête de l'aigle restant.

A ces armes, mon père, en s'enrôlant comme soldat, ajouta une devise, ou plutôt il la prit à la place de ses armes lorsqu'il renonça à son titre : c'était « *Deus dedit, Deus dabit* » ; un dispositif qui aurait été présomptueux si la Providence ne l'avait pas contresigné.

J'ignore quel motif de cour ou de spéculation a décidé mon grand-père à quitter la France, vers 1760, pour vendre sa propriété et aller s'établir à Saint-Domingue.

Dans ce but, il avait acheté une vaste étendue de terre à l'est de l'île, près du cap Rose, et connue sous le nom de la Guinodée, près de Trou-Jérémie.

Ici, le 25 mars 1762, est né mon père, fils de Louise-Cessette Dumas et du marquis de la Pailleterie.

Le marquis de la Pailleterie, né en 1710, avait alors cinquante-deux ans.

Les yeux de mon père s'ouvrirent sur les plus beaux paysages de cette glorieuse île, reine du golfe dans lequel elle se trouve, et dont l'air est si pur qu'on dit qu'aucun reptile venimeux ne peut y vivre.

Un général, envoyé pour reconquérir l'île, alors que nous l'avions perdue, eut l'ingénieuse idée d'importer de la Jamaïque à Saint-Domingue toute une cargaison des reptiles les plus meurtriers qu'on pût trouver, comme auxiliaires. Des charmeurs de serpents noirs furent chargés de les emmener sur une île et de les relâcher sur l' autre.

La tradition raconte qu'un mois plus tard, tous les serpents avaient péri.

Saint-Domingue ne possède donc ni le serpent noir de Java, ni le serpent à sonnettes de l'Amérique du Nord, ni le cobra à capuchon du Cap ; mais Saint-Domingue a des alligators.

Je me souviens avoir entendu mon père raconter, alors que je devais être un tout jeune enfant, puisqu'il est mort en 1806 et que je suis né en 1802. Je me souviens, dis-je, en entendant mon père raconter qu'un jour, alors qu'il avait dix ans, et revenait de la ville à sa maison, lorsqu'il aperçut, à sa grande surprise, un objet qui ressemblait à un tronc d'arbre posé au bord de la mer. Il ne l'avait pas remarqué lorsqu'il était passé au même endroit deux heures auparavant ; et il s'amusait à ramasser des cailloux et à les lancer sur la bûche ; quand, tout à coup, au contact des cailloux, la bûche se réveilla.

La bûche était un alligator qui somnolait au soleil. Aujourd'hui, il semble que les alligators se réveillent dans un état d'esprit des plus désagréables ; celui-ci a aperçu mon père et s'est mis à courir après lui. Mon père était un vrai fils des Colonies, un fils des bords de mer et des savanes, et savait courir vite ; mais il semblerait que l'alligator courait ou plutôt sautait encore plus vite que lui, et cette aventure aurait pu m'avoir laissé pour toujours dans les limbes, si un nègre assis à califourchon sur un mur en train de manger des patates douces n'avait pas remarqué ce qui se passait. et j'ai crié à mon père déjà essoufflé :

« Cours à droite, petite Sah ; cours à gauche, petite Sah.

Ce qui, traduit, signifiait « Cours en zigzag, jeune gentleman », un style de locomotion totalement répugnant au mécanisme de l'alligator, qui ne peut que courir droit devant lui, ou sauter à la manière d'un lézard.

Grâce à ce conseil, mon père rentra sain et sauf à la maison ; mais, une fois là, il tomba, haletant et essoufflé, comme le Grec de Marathon, et, comme lui, il était sur le point de se relever.

Cette race, où la bête était la chasseuse et l'être humain le chassé, a profondément marqué l'esprit de mon père.

Mon grand-père, élevé dans le milieu aristocratique de Versailles, n'avait guère de goût pour le genre de vie de colon : d'ailleurs, sa femme, à laquelle il avait été chaleureusement attaché, était décédée en 1772 ; et à mesure qu'elle gérait le domaine, sa valeur se détériorait chaque jour après sa mort. Le marquis loua le domaine moyennant un loyer à lui payer régulièrement et revint en France.

Ce retour eut lieu vers 1780, alors que mon père avait dix-huit ans.

Au milieu de la jeunesse dorée de cette époque, les Fayette, les Lameth, les Dillon, les Lazun, qui étaient tous ses compagnons, mon père vivait en fils de gentilhomme. Beau d'apparence, bien que son teint de mulâtre lui donnait une apparence curieusement étrangère ; gracieux comme un créole, avec une belle taille à une époque où l'on pensait beaucoup à une silhouette bien mise, et avec des mains et des pieds comme ceux d'une femme ; étonnamment agile dans tous les exercices physiques, et l'un des élèves les plus prometteurs du premier maître d'armes de son temps, Laboissière ; luttant pour la suprématie en dextérité et en agilité avec Saint-Georges, qui, quoique âgé de quarante-huit ans, prétendait être encore un jeune homme et justifiait pleinement ses prétentions, il fallait s'attendre à ce que mon père ait bien des aventures, et il l'avait : nous n'en répéterons qu'un, qui mérite cette distinction en raison de son caractère original.

D'ailleurs, il s'y rattache un nom célèbre, et ce nom apparaît si souvent dans mes drames ou dans mes romans, qu'il me semble presque de mon devoir d'expliquer au public comment je suis arrivé à avoir pour lui une telle prédilection.

Le marquis de la Pailleterie avait été camarade du duc de Richelieu, et était, au moment de cette anecdote, son aîné de quatorze ans ; il commanda une brigade au siège de Philipsbourg en 1738, sous les ordres du marquis d'Asfeld.

Mon grand-père était alors premier gentilhomme du prince de Conti.

Comme on le sait, le duc de Richelieu était, du côté de son grand-père (qui s'appelait Vignerot), d'assez basse descendance.

Il avait bêtement changé le *t* de la terminaison de son nom en *d*, pour réfuter les chasseurs de race en leur faisant croire qu'il était d'origine anglaise. Ces arracheurs héraldiques prétendaient que le nom Vignerot avec un *t* et non un *d* à la fin était originaire d'un joueur de luth, qui avait séduit la nièce du grand cardinal, ainsi qu'Abélard, la nièce du chanoine Fulbert ; mais, plus heureux qu'Abélard, il termina sa course en l'épousant après l'avoir séduite.

Le maréchal, qui à cette époque n'était pas encore maréchal, était, par son père, un Vignerot, et seulement du côté de sa grand-mère, une Richelieu. Cela ne l'empêcha pas cependant de prendre pour sa première épouse Mademoiselle de Noailles, et pour sa seconde Mademoiselle de Guise, cette dernière alliance le liant à la maison impériale d'Autriche, et le faisant cousin du prince de Pont et du prince de Lixen.

Or il arriva un jour que le duc de Richelieu avait une crise de coliques et n'avait donc pas pris les soins habituels pour sa toilette ; il arriva, dis-je, qu'il revint au camp avec mon grand-père et partit à la chasse, tout couvert de sueur et de boue.

Les princes de Pont et de Lixen chassaient en même temps, et le duc, qui avait hâte de rentrer chez lui pour se changer, passa près d'eux au galop et les salua.

"Oh ! oh !" dit le prince de Lixen, c'est toi, cousin ? Comme tu es boueux ! Mais peut-être es-tu un peu plus propre depuis que tu as épousé ma cousine.

M. de Richelieu arrêta son cheval et sauta à terre, faisant signe à mon grand-père d'en faire autant, et il s'avança vers le prince de Lixen :

« Monsieur, dit-il, vous m'avez fait l'honneur de m'adresser la parole.

"Oui, monsieur le duc", répondit le prince.

« Je crains d'avoir mal compris les paroles que vous m'avez fait l'honneur de m'adresser. Aurez-vous la bonté de me les répéter exactement telles que vous les avez dites ?

Le prince de Lixen baissa la tête pour l'affirmative et répéta mot pour mot la phrase qu'il avait prononcée.

C'était si insolent qu'il n'y avait aucun moyen de s'en sortir. M. de Richelieu salua le prince de Lixen et porta la main à son épée.

Le prince emboîta le pas.

Le prince de Pont était naturellement obligé d'être le second de son frère et de mon grand-père Richelieu.

Une minute après, M. de Richelieu plongeait son épée dans le corps du prince de Lixen, qui retombait mort dans les bras du prince de Pont. [1]

Cinquante-cinq ans s'étaient écoulés depuis cet événement. M. de Richelieu, le plus âgé des maréchaux de France, avait été nommé en 1781 président du tribunal des affaires d'honneur, dans sa quatre-vingt-cinquième année.

Il aurait donc quatre-vingt-sept ans lorsque se produisit l'anecdote que nous allons raconter.

Mon père aurait vingt-deux ans.

Mon père était un soir au théâtre de la Montansier en petite tenue, dans la loge d'une très belle créole qui faisait fureur à l'époque. Que ce soit à cause de l'immense popularité de la dame ou à cause de sa toilette imparfaite, il restait au fond de la loge.

Un mousquetaire, qui avait reconnu la dame de l'orchestre, ouvrit la porte de la loge et, sans aucunement demander la permission, s'assit près d'elle et commença à engager la conversation.

" Pardonnez-moi, monsieur, " dit la dame en l'interrompant dès les premiers mots qu'il prononça, " mais je crois que vous ne vous rendez pas assez compte que je ne suis pas seule. "

"Qui donc est avec toi ?" demanda le mousquetaire.

"Eh bien, ce monsieur, bien sûr", répondit la dame en désignant mon père.

"Oh ! pardonnez- moi !" dit le jeune homme ; "J'ai pris monsieur pour votre laquais."

Cette impertinence fut à peine prononcée que le mousquetaire mal élevé fut lancé comme d'une catapulte au milieu de la fosse.

Cette descente inattendue produisit une grande sensation.

C'était une question d'intérêt à la fois pour le corps qui tombait et pour les personnes sur lesquelles il tombait.

À cette époque, les gens devaient se tenir debout dans la fosse, il n'était donc pas nécessaire qu'ils se lèvent ; ils se tournèrent vers la loge d'où le mousquetaire avait été précipité et poussèrent de grands cris.

En même temps, mon père, qui s'attendait naturellement à la suite habituelle d'un pareil procédé, quittait la loge pour aller à la rencontre de son ennemi dans le couloir. Mais il trouva un agent de police qui le toucha avec une matraque d'ébène à tête d'ivoire et l'informa que par ordre des maréchaux de France il était attaché à sa personne.

C'était la première fois que mon père rencontrait le bras de la justice. Élevé à Saint-Domingue, où il n'y avait pas de tribunal des maréchaux, il n'était pas au courant des usages de cette institution.

« Pardonnez-moi, monsieur, dit-il au gardien, ai-je raison de supposer que vous allez me suivre ?

"J'ai cet honneur, monsieur", répondit le garde.

« Aurez-vous la gentillesse de m'expliquer ce que cela signifie ?

"Cela veut dire, monsieur, qu'à partir de ce moment et jusqu'à ce que le Tribunal des Affaires d'Honneur ait tranché votre cas, je ne vous quitterai pas."

"Tu ne me quitteras pas ?"

"Non, monsieur."

"Quoi ! tu me suivras ?"

"Oui, monsieur."

"Partout où je vais?"

"Partout."

"Même chez Madame ?"

Le garde s'inclina avec une politesse exquise.

"Même chez Madame", répondit-il.

"Même pour moi-même ?" continua mon père.

"Même chez toi."

"Dans ma chambre ?"

"Dans ta chambre."

"Oh ! c'est trop !"

— C'est quand même vrai, monsieur.

Et le garde s'inclina avec la même politesse qu'au début.

Mon père éprouvait une forte inclination à se dégager du connétable comme il l'avait fait du mousquetaire ; mais l'ensemble des réponses et des injonctions que nous avons rapportées ci-dessus furent faites avec une telle courtoisie qu'il n'avait aucune excuse raisonnable pour s'en offusquer.

Mon père reconduisit la dame jusqu'à sa porte, la salua aussi respectueusement que le connétable l'avait salué, et emmena avec lui le représentant des maréchaux de France.

Ce monsieur s'installa dans son appartement, sortit avec lui, revint avec lui et le suivit aussi fidèlement que son ombre.

Trois jours plus tard, mon père fut convoqué devant le duc de Richelieu, qui demeurait alors au fameux pavillon de Hanovre.

C'était le nom sous lequel les Parisiens avaient surnommé l'hôtel que Richelieu avait fait construire à l'angle du boulevard et de la rue Choiseul (Louis-le-Grand), laissant ainsi entendre, et peut-être non sans raison, que la guerre avec Hanovre avait fourni les fonds nécessaires.

Mon père se faisait alors appeler comte de la Pailleterie ; nous raconterons bientôt la raison pour laquelle il a renoncé à ce nom et à ce titre. C'est donc sous ce nom et ce titre que mon père fut présenté au maréchal.

Ce nom éveilla un souvenir dans l'esprit et dans le cœur du conquérant de Mahon.

"Oh ! oh !" s'écria-t-il en se retournant dans son fauteuil, es-tu par hasard fils du marquis de la Pailleterie, un de mes vieux amis, qui fut mon second dans un duel où j'ai eu le malheur de tuer le prince de Lixen ? pendant le siège de Philipsbourg ? »

"Oui, Monseigneur ."

"Alors, monsieur (c'est ainsi que le duc de Richelieu prononçait le mot *monsieur*), vous êtes le fils d'un brave gentilhomme et vous devez être entendu équitablement ; racontez-moi votre cas."

Mon père a raconté ce qui s'était passé exactement comme je l'ai raconté.

Il y avait une trop grande ressemblance entre cette affaire et celle que le duc de Richelieu avait eue avec son cousin pour que le maréchal n'en soit pas frappé.

"Oh ! oh !" dit-il, et vous jurez que c'est exactement ce qui s'est passé, monsieur ?

— Sur ma parole d'honneur, Monseigneur.

" Il vous faut donc réparation, et si vous m'acceptez aujourd'hui comme second, je serai ravi de vous rendre le même service que votre père m'a rendu il y a quarante-six ou quarante-sept ans. "

Comme on peut l'imaginer, mon père accepta cette offre qui était tout à fait caractéristique de Richelieu.

La rencontre eut lieu dans le jardin même du pavillon de Hanovre, et l'adversaire de mon père reçut un coup d'épée à l'épaule.

Cet événement a réuni les deux vieux amis ; le duc de Richelieu demanda des nouvelles du père à son fils, et apprit que le marquis de Pailleterie, après avoir vécu près de vingt ans à Saint-Domingue, était revenu en France et demeurait maintenant à Saint-Germain en Laye.

Une invitation fut envoyée au marquis de la Pailleterie pour venir rendre visite au duc au pavillon de Hanovre.

Bien sûr, mon grand-père a accepté assez volontiers. Les deux héros de la Régence eurent de longues conversations sur leurs campagnes et leurs amours. Puis, au dessert, la conversation tomba sur mon père ; et le maréchal proposa de saisir la première occasion qui se présenterait pour placer le fils de son vieil ami dans l'armée.

Il fut décrété que la carrière militaire de mon père débuterait sous des auspices moins illustres.

Vers cette époque, mon grand-père se remaria et prit pour femme sa gouvernante, Marie-Françoise Retou ; il avait alors soixante-quatorze ans.

Ce mariage a provoqué une brouille entre le père et le fils.

Le résultat de cette rupture fut que le père resserra plus que jamais ses sacs d'argent et que le fils découvrit bientôt que la vie à Paris sans argent était une vie triste.

Il eut alors un entretien avec le marquis et lui dit qu'il avait pris une décision.

"Qu'est-ce que c'est?" demanda le marquis.

"D'enrôler."

"Comme quoi?"

"En tant que soldat."

« Dans quel régiment ?

"Dans le premier régiment que je rencontre."

"C'est bien beau," répondit mon grand-père, "mais comme je suis le marquis de la Pailleterie, colonel et commissaire général de l'artillerie, je ne permettrai pas que vous traîniez mon nom dans la fange des derniers grades de l'artillerie. armée."

"Alors vous vous opposez à mon enrôlement ?"

"Non, mais vous devez vous enrôler sous un nom d'emprunt."

"C'est tout à fait juste", répondit mon père. "Je m'engagerai sous le nom de Dumas."

"Très bien."

Et le marquis, qui n'avait jamais été un parent très tendre, tourna le dos à son fils et le laissa libre de suivre sa propre voie.

Mon père s'est donc enrôlé sous le nom d'Alexandre Dumas, comme il avait été convenu.

Il s'engagea dans un régiment des Queen's Dragoons, 6e de l'Armée, sous le numéro 429, le 2 juin 1786.

C'était le duc de Grammont, grand-père de mon ami le vrai duc de Guiche, qui s'enrôla sous le nom d'Alexandre Dumas ; et, pour vérification de cet enrôlement, fut dressé un acte que le duc de Guiche m'avait apporté il y a seulement deux ans, en souvenir de son père le duc de Grammont.

Il était signé par quatre nobles appartenant à Saint-Germain en Laye et précisait que bien qu'enrôlé sous le nom d'Alexandre Dumas la nouvelle recrue était en réalité le fils du marquis de la Pailleterie.

Quant au marquis, il mourut treize jours après l'engagement de son fils dans les Dragons de la Reine, comme il convient à un vieil aristocrate qui ne supportait pas de voir la chute de la Bastille.

Je remets son acte de décès des registres d'état civil de Saint-Germain en Laye.

"Le vendredi 16 juin 1786, le corps du grand et puissant seigneur Alexandre-Antoine Davy de la Pailleterie, chevalier, seigneur et patron de Bielleville, décédé la veille, âgé d'environ 76 ans, époux de Marie-Françoise Retou, a été inhumé au cimetière, et la messe a été chantée en présence du clergé, du sieur Denis Nivarrat, citoyen, et du sieur Louis Regnault, également citoyen amis du défunt, qui ont signé ceci à Saint-Germain en Laye ; ".

Par cette mort, le dernier lien qui unissait mon père à l'aristocratie était rompu.

---

[1] Il existe différentes versions de cette anecdote, mais je la donne telle que je l'ai trouvée relatée dans les papiers de mon père, où cette note est ajoutée d'une autre écriture : *Le général tenait cette histoire du duc de Richelieu lui-même.* Je ne peux donc faire autrement qu'adopter ou plutôt conserver cette version.

CHAPITRE III

Mon père rejoint son régiment. Son portrait. Sa force. Son habileté. Le serpent du Nil. Le régiment du Roi et le régiment de la Reine. Les premiers jours de la Révolution. Déclaration de Pilnitz. Le camp de Maulde. Les treize chasseurs tyroliens. — Le nom de mon père est mentionné à l'ordre du jour. — La France sous la Providence. — Enrôlements volontaires. Georges et Boyer.—Mon père lieutenant-colonel.—Le camp de la Madeleine.—Les pistolets de Lepage.—Mon père général de brigade dans l'armée du Nord.

La nouvelle recrue rejoint son régiment cantonné à Laon vers la fin du mois de juin 1786.

Mon père, comme je l'ai déjà dit, avait vingt-quatre ans et était le plus beau jeune homme qu'on puisse trouver ailleurs. Son teint était foncé, ses yeux d'une riche couleur châtain et son nez bien dessiné était du genre de celui que l'on retrouve uniquement dans le croisement des races indiennes et caucasiennes. Ses dents étaient blanches, ses lèvres mobiles, son cou bien posé sur ses épaules puissantes et, malgré sa taille de cinq pieds neuf pouces, il avait des mains et des pieds de femme. Ces pieds faisaient l'envie de ses maîtresses, dont il ne pouvait que très rarement mettre les chaussures.

Au moment de son mariage, le mollet de sa jambe avait la même largeur que la taille de ma mère.

Sa vie coloniale libre avait développé sa force et ses prouesses à un degré extraordinaire ; c'était un véritable cavalier américain, un cow-boy. Son habileté avec le fusil ou le pistolet faisait l'envie de Saint-Georges et de Junot. Et sa force musculaire est devenue un proverbe dans l'armée. Plus d'une fois il s'amusait au manège à passer sous une poutre, à la saisir avec ses bras et à soulever son cheval entre ses jambes. Je l'ai vu faire cela, et je me souviens de mon étonnement enfantin lorsque je l'ai vu porter deux hommes debout sur ses genoux pliés et sauter à travers la pièce avec ces deux hommes sur lui. Je l'ai vu une fois, furieux, prendre dans ses deux mains une branche très dure et la briser entre elles en tournant une main à droite et l'autre à gauche. Une autre fois, je me souviens d'être sorti un jour du petit château des Fossés où nous habitions, et mon père s'aperçut qu'il avait oublié la clef d'un portail : je me souviens l'avoir vu descendre de voiture, prendre le portail en travers, et à la deuxième ou troisième tentative, briser le pilier de pierre dans lequel il était fixé.

Le Dr Ferus, qui a servi sous les ordres de mon père, m'a souvent raconté que vers dix-huit ans, Ferus avait été envoyé comme assistant-chirurgien dans l'armée alpine. Le premier soir de son arrivée, à la lueur du feu du camp, il observa un soldat qui, entre autres épreuves de force, s'amusait à mettre son doigt dans la bouche d'un lourd mousquet et à le lever non pas par son bras mais par son bras tendu. doigt.

Un homme enveloppé dans un manteau se mêlait aux spectateurs et regardait avec eux : puis, riant et rejetant son manteau, il dit :

"Ce n'est pas mal, mais maintenant apportez quatre fusils."

On lui obéit, car on le reconnut comme le commandant en chef.

Il a ensuite mis ses quatre doigts dans les quatre trous des armes et a soulevé les quatre armes avec autant de facilité que le soldat en avait soulevé une.

« Voyez comme c'est facile, dit-il en les posant doucement sur le sol, quand on s'entraîne à de pareils exercices.

Lorsque Ferus m'a raconté cet incident, il a dit qu'il était toujours étonné de voir comment les muscles d'un homme pouvaient supporter un tel poids.

Le vieux Moulin, propriétaire du Palais-Royal d'Avignon, où fut assassiné le maréchal Brune, possédait aussi une force immense. En essayant de défendre le maréchal de l'assassinat, il s'empara d'un des assassins, selon sa propre expression, « en *lui mettant la main sous les côtes* et le jeta par la fenêtre ». Ce même Moulin me raconta un jour, alors que je passais par Avignon, que lorsqu'il servait sous les ordres de mon père en Italie, des ordres furent donnés pour interdire aux soldats de sortir sans leur sabre, sous peine de quarante-huit heures de corps de garde.

Cet ordre a été émis en raison du nombre d'assassinats qui avaient eu lieu.

Mon père partait à cheval et rencontra le vieux Moulin, qui était alors un bel et solide gaillard de vingt-cinq ans. Malheureusement, ce beau et robuste gaillard n'avait pas son épée.

Dès qu'il a aperçu mon père, il s'est mis à courir pour essayer de se glisser dans une rue secondaire ; mais mon père avait repéré le fugitif et deviné la cause, alors il mit son cheval au galop et, rattrapant le coupable, il cria : « Espèce de coquin, alors tu veux être assassiné ? Puis, le saisissant par le col de son habit, il le souleva complètement de terre, sans pousser ni ralentir l'allure de son cheval, et le porta ainsi d'une poigne serrée, comme un faucon fond sur une alouette, jusqu'à ce que, rencontrant une patrouille, il jeta son fardeau et s'écria :

« Quarante-huit heures de poste pour ce canaille !

Le vieux Moulin a passé ses quarante-huit heures au corps de garde, mais ce ne sont pas les quarante-huit heures de prison qui sont restées le plus longtemps dans sa mémoire, c'étaient ces dix minutes de trajet.

L'habileté de mon père en tant que chasseur était à la hauteur de sa force ; J'ai rencontré des vétérans qui avaient chassé avec lui, lorsqu'ils servaient dans les Alpes, où, comme nous venons de le voir, il commandait, et ils ont conservé de nombreuses traditions de son agilité presque inconcevable comme bon tireur.

Un exemple suffira.

Mon père avait choisi parmi ses aides de camp le capitaine d'Horbourg de Marsanges, commandant de la compagnie d'élite du 15e régiment de dragons, comme un excellent et infatigable chasseur.

C'était le compagnon de chasse habituel de mon père.

Un jour, mon père et son aide de camp quittèrent le Caire, par la porte du Nil, pour aller chasser dans l'île de Rhodes ; ils n'avaient pas fait plus de cinq cents pas des murs, qu'ils rencontrèrent un capitaine de dromadaires, qui, péchant contre tous les codes admis de la chasse, souhaitait le succès de leur expédition.

"Le diable prend la brute !" s'écria le capitaine d'Horbourg , imprégné de toutes les superstitions du chasseur. "Notre journée est gâchée et je pense que nous ferions mieux de rebrousser chemin."

"Quoi!" dit mon père. "Es-tu fou?"

"Mais, Général , vous connaissez le proverbe ?"

"Bien sûr que je le sais, mais c'est un proverbe français et non arabe. Maintenant, si nous chassions dans la plaine de Saint-Denis, je ne dirais rien. Allons, continuons."

Ils s'embarquèrent et atteignirent l'île.

Habituellement si riche en gibier, l'île semblait stérile.

Le capitaine d'Horbourg envoyait toutes les cinq minutes le capitaine des dromadaires aux régions infernales.

Soudain, il s'arrêta net, les yeux fixes et son arme arrêtée à la main.

"Général!" cria-t-il à mon père, qui était à vingt-cinq pas de lui.

"Eh bien, qu'est-ce qu'il y a ?"

"Un serpent!"

"Quoi ! un serpent ?"

"Oui, et une telle taille ! Il est plus épais que mon bras."

"Où est-il?"

"Devant moi!"

Mon père fit quelques pas en avant, mais bien qu'il regardât avec la plus grande attention, il ne vit rien.

Il haussa les épaules pour signifier son incapacité.

"Pourquoi, là, là ! Tu ne le vois pas ?" dit le capitaine. "Il est enroulé en rond, assis sur ses bobines, la tête en équilibre, en sifflant."

"Eh bien, alors, tirez dessus aussi vite que vous le pouvez, sinon il jaillira."

Le capitaine d'Horbourg porta rapidement son fusil à son épaule et appuya sur la détente.

Seul l'amorçage s'est déclenché.

Au même instant, le serpent bondit, mais avant d'avoir parcouru la distance qui le séparait du capitaine, le coup de feu partit et la balle lui brisa la tête.

Le serpent tomba aux pieds du capitaine et s'enroula autour de ses jambes dans ses convulsions mortelles, se tordant dans son agonie.

Le capitaine poussa un cri, car il ne voyait pas pour le moment dans quel état se trouvait le serpent.

Lorsqu'il fut rétabli et quelque peu rassuré, le capitaine d'Horbourg emmena le serpent au Caire, l'écorcha et fit faire de la peau un ceinturon d'épée en souvenir de sa fuite de justesse.

Mais tout au long du chemin, il n'a cessé de répéter à mon père :

" Ah ! Général, je ne vous avais pas dit que ce diable de cavalier nous porterait malheur ! "

En fait, les deux chasseurs n'ont tiré que sur le serpent, et celui-ci ne pouvait pas être décrit comme un bon sac.

Au mois de juillet 1843, à mon retour de Florence, je logeais à l'hôtel de *Paris* , rue de Richelieu, où je reçus une lettre signée « Ludovic d'Horbourg », dans laquelle l'écrivain me demandait un entretien pour me soulager. son esprit d'une demande mourante que lui avait faite son père.

Le lendemain devait avoir lieu la première représentation des *Demoiselles de Saint-Cyr* , j'ai donc remis l'entretien au lendemain.

Le vieil aide de camp égyptien du général Dumas avait, sur son lit de mort, en signe de gratitude, ordonné à son fils Ludovic d'Horbourg de me donner après sa mort la peau du serpent que mon père avait tué si vite et si intelligemment sur le champ de bataille. île de Rhodes . Il semble qu'il ait souvent raconté à son fils cette aventure avec le serpent du Nil, car, parmi les innombrables dangers que le comte d'Horbourg avait courus tout au long de sa longue carrière militaire, celui-ci était resté le plus profondément imprimé dans sa mémoire.

Grâce à ce récit verbal, je peux raconter ici l'histoire dans tous ses détails.

A peine mon père avait-il rejoint son régiment, que se présenta l'occasion de démontrer son talent d'élève de Laboissière.

Les régiments du Roi et de la Reine, qui avaient toujours été en rivalité, se trouvaient tous deux stationnés dans la même ville. Cela offrait une grande opportunité pour des escarmouches constantes entre eux, et vous pouvez être sûr que des adversaires aussi dignes n'allaient pas perdre leurs chances.

Un jour, un soldat du régiment du Roi croisa un soldat du régiment de la Reine.

Le premier arrêta le second et dit :

"Camarade, je peux te dire quelque chose que tu ne sais pas."

"Eh bien," répondit l'autre, "si vous me le dites, je le saurai."

"Très bien, moi le roi... la reine."

"C'est un mensonge", répondit l'autre, "c'est l'inverse, la reine... le roi."

Une insulte était aussi grossière que l'autre et ne pouvait être effacée que par des duels.

Une centaine de duels eurent lieu au cours des vingt-quatre heures suivantes : trois furent imputables à mon père.

Dans l'un d'eux, il a été coupé au front. Heureusement, sa tête était aussi dure que celle de Duguesclin.

Il n'a pas remarqué cette blessure sur le moment, mais elle a entraîné de graves complications plus tard, qui l'ont presque rendu fou.

Mon père n'a pris aucune part aux événements antérieurs de la Révolution. L'Assemblée nationale fut constituée, la Bastille tomba, Mirabeau devint célèbre, tonna et mourut. Pendant ce temps, mon père servait comme simple soldat ou caporal dans les casernes provinciales.

Vers 1790, il vint avec un détachement à Villers-Collerets, et y rencontra ma mère, qu'il épousa, comme nous l'avons dit, le 28 novembre 1792.

Pendant ce temps, la Révolution se répandait dans toute la France et des coalitions se formaient entre les puissances étrangères. Le 27 août 1791, quatre jours après la première insurrection des nègres à Saint-Domingue,

Léopold Ier, empereur d'Allemagne, et Frédéric-Guillaume II, roi de Prusse, se réunirent à Pilnitz et, en présence de M. de Bouillé, qui jouit d'une si terrible célébrité dans l'affaire des Suisses à Nancy, rédigea la déclaration suivante :

« Leurs Majestés, après avoir entendu les pétitions et remontrances de Leurs Altesses Royales Monsieur et du comte d'Artois, frères du roi, sont d'un commun accord de considérer la situation actuelle du roi de France comme une question d'intérêt commun dans toute l'Europe. J'espère que cet intérêt ne manquera pas d'être reconnu par les Puissances dont le concours a été sollicité, et qu'en conséquence elles ne refuseront pas d'employer les moyens les plus efficaces en leur pouvoir, de concert avec les Majestés soussignées, pour le rétablissement du roi de France dans une position plus stable, dans les limites de la liberté la plus parfaite compatible avec les bases d'un gouvernement monarchique, convenant également aux droits des souverains et au bien-être de la nation française. Leurs dits Majestés l'Empereur et le Roi de Prusse sont mutuellement résolus à prendre des mesures promptes avec les forces nécessaires pour obtenir le but proposé en commun, en attendant, ils conviennent de donner l'ordre à leurs armées de se préparer au service actif.

Ce sont ces lignes qui allumèrent l'incendie de Quiévrain, qui ne devait pas s'éteindre avant la bataille de Waterloo.

Le 14 janvier 1792, un édit de l'Assemblée nationale convie le roi Louis XVI. exiger au nom de la nation des explications de l'empereur. Le 10 février était la date fixée pour sa réponse. « Et, à défaut d'une telle réponse, poursuit l'édit, le silence de l'empereur sera, après la déclaration de Pilnitz, regardé comme une infraction aux traités de 1756 et considéré comme hostile.

Le 1er mars suivant, l'Empereur Léopold mourut, épuisé par la débauche, à l'âge de quarante-cinq ans, et son fils François succéda aux Domaines Héréditaires.

Comme aucune réponse satisfaisante ne leur fut rendue, les troupes se dirigèrent vers la frontière, et le régiment des Queen's Dragoons, dans lequel mon père servait toujours (quoique depuis le 16 février 1792, au grade de brigadier), fut placé sous le commandement du général Beurnonville.

C'est au camp de Maulde que mon père trouva sa première occasion de se distinguer. Commandant comme brigadier un détachement de reconnaissance composé de quatre dragons, il rencontra inopinément une patrouille ennemie composée de treize chasseurs tyroliens et d'un caporal.

Malgré son infériorité numérique, il n'hésita pas une seconde à ordonner à ses hommes de charger dès qu'il les aperçut. Les Tyroliens, qui n'étaient pas préparés à une attaque si soudaine, se retirèrent dans un petit pré, entouré d'un fossé assez grand pour arrêter la marche de la cavalerie. Mais, comme je l'ai dit, mon père était un cavalier de premier ordre ; il monta sur son bon cheval Joseph, ramassa les rênes, le poussa, et ils sautèrent le fossé à la manière de M. de Montmorency. Mon père débarqua aussitôt seul au milieu des treize chasseurs, qui, complètement abasourdis par tant d'audace, rendirent les armes et se rendirent. Le vainqueur empila les treize carabines en tas, les plaça sur l'arçon de sa selle, fit marcher les treize hommes à la rencontre de ses quatre dragons, arrêtés de l'autre côté du fossé par-dessus lequel ils ne pouvaient sauter, et, étant le dernier à franchir le fossé, il conduisit ses prisonniers dans le camp.

Les prisonniers étaient rares à cette époque et l'apparition de quatre hommes en tête de treize fit une grande sensation dans le camp. Cette preuve du courage du jeune officier fit beaucoup parler d'elle. Le général Beurnonville désirait le voir ; il le fit *maréchal des logis*, l'invita à dîner et mentionna son nom dans l'ordre du jour.

Ce fut la première marque de distinction attachée au nouveau nom d'Alexandre Dumas, adopté par le fils du marquis de la Pailleterie.

Dès ce moment, le général Beurnonville promit à mon père sa bonne volonté, promesse qu'il ne manqua jamais de tenir : il disait lorsque mon père était de garde dans les quartiers du général :

"Oh ! Dumas veille sur nous, je dormirai donc tranquille cette nuit."

C'était l'époque de l'enrôlement des Volontaires et la France donnait un exemple unique au monde.

Jamais une nation n'avait été aussi proche de sa chute que la France de 1792, à moins que ce ne soit la France de 1428.

Deux miracles ont sauvé cette fille bien-aimée de Dieu. En 1428, le Seigneur suscita une jeune fille pour sauver la France, comme le Christ par sa mort sauva le monde.

En 1792, il réveilla et inspira toute une nation.

Xerxès, sur le rocher de Salamine, n'était pas plus sûr d'Athènes, lorsque sa fortune reposait sur les vagues et sur la flotte de Thémistocle ; Louis XIV. aux portes d'Amsterdam, il n'était pas plus sûr de la Hollande, prête à se noyer pour échapper à sa conquête, que le roi Frédéric-Guillaume ne l'était de conquérir la France à Longwy et à Verdun.

La France sentit la main de la mort se presser sur elle, mais, par une convulsion terrible et puissante, quoique ses pieds fussent déjà enveloppés dans ses vêtements funéraires, elle sortit péniblement de son tombeau.

Elle a été trahie de toutes parts.

Par son roi, qui tenta de s'enfuir à Varennes pour rejoindre Bouillé à Montmédy ; sa noblesse, qui combattit dans les rangs ennemis et poussait les Prussiens sur la France ; les prêtres, plus terribles encore, qui répandaient un esprit de guerre civile, non seulement entre citoyens d'un même pays, d'une même province ou d'une même ville, mais entre les membres d'une même famille, entre mari et femme, entre fils et père, entre frère. et soeur.

A cette époque, où la Rome française luttait, nous ne dirons pas contre le monde, mais contre l'Europe, il n'y avait guère de maison qui ne contenait sa Camille maudissant son frère ou pleurant son amant.

Oh! c'est dans de tels moments que la France est grande, et il est évident qu'elle a une véritable mission de la Providence, puisqu'elle s'est levée, a lutté et a triomphé, alors que toutes les autres nations auraient succombé.

Tous les historiens parlent de Paris à cette époque comme si c'était Paris qui faisait tout et envoyait l'armée de la Révolution marcher vers les frontières.

Bien sûr, Paris a fait beaucoup, Paris avec ses bureaux d'enrôlement sur toutes les places publiques, Paris avec ses sergents recruteurs allant de maison en maison, Paris avec ses canons rugissants, ses tambours battants, ses cloches tintantes, Paris avec ses proclamations du danger du pays, Paris avec les grands plis de son drapeau de détresse flottant aux fenêtres de l'hôtel de Ville, Paris avec les accents stentoriens de Danton appelant le peuple aux armes ; mais les provinces en faisaient autant que Paris, et elles n'avaient pas traversé ces terribles journées des 2 et 3 septembre.

Deux départements seuls, le Gard et la Haute-Saône, levaient entre eux deux armées.

Deux hommes seuls, équipèrent et armèrent chacun un escadron de cavalerie.

Un village donna chacun de ses hommes et offrit en outre une somme de trois cent mille francs.

Les mères faisaient plus que se donner elles-mêmes ou donner leur argent, elles donnaient à leurs fils un travail plus terrible et plus déchirant que celui de leur donner naissance.

Huit cent mille hommes enrôlés ; La France, qui avait eu beaucoup de peine à lever une armée pour défendre ses Thermopyles de l'Argonne et gagner la bataille de Valmy, disposait d'une douzaine d'armées et, un an plus tard, commençait la marche à la conquête de l'Europe. Frédéric-Guillaume et Léopold ont commis une grave erreur en déclarant la guerre à la Révolution ; S'ils s'étaient contentés de tracer une sorte de cordon protecteur autour de la France et de l'entourer d'une ceinture armée, la France se serait très probablement attaquée à elle-même. Le volcan qui jetait tant de feu et de lave aurait tout englouti au cœur de ce profond cratère appelé Paris, où des jours comme les 5 et 6 octobre, comme le 20 juin, comme le 10 août, comme les 2 et 3 septembre, comme le 21 janvier, avait bouillonné et éclaté. Mais ils ont brisé la montagne à deux coups d'épée et ont mis à nu un canal par lequel la Révolution s'est répandue dans le monde entier.

De nouveaux régiments, dont l'existence même était jusqu'alors insoupçonnée, affluaient chaque jour dans l'armée, régiments dont les noms n'étaient inscrits sur aucune liste.

Créés la veille seulement, ils étaient totalement inexpérimentés, mais ils ont continué à marcher contre l'ennemi.

Saint-Georges avait été nommé colonel de la Légion libre de cavalerie américaine dans le Sud.

comme contribution le régiment des hussards *de la Liberté et de l'Égalité* .

Ils connaissaient tous deux mon père et voulaient tous deux l'avoir sous leurs ordres.

Saint-Georges le prit d'abord, comme sous-lieutenant, le 1er septembre 1792.

Boyer le nomme lieutenant le lendemain.

Finalement Saint-Georges, voulant le garder à tout prix, le nomma lieutenant-colonel le 10 janvier 1793.

Mon père commandait en réalité le régiment, car Saint-Georges, qui n'était pas un cracheur de feu, restait à Lille sous prétexte de surveiller l'organisation de ses troupes (utilisant à ses propres fins l'argent qu'on lui donnait pour acheter des chevaux). Placé, comme je l'ai dit, à la tête du régiment, mon père voyait devant lui un vaste champ pour déployer sa sagacité et son courage. Les escadrons d'hommes entraînés par lui se distinguaient par leur patriotisme et leur bonne discipline militaire. Toujours sous le feu, très peu d'engagements eurent lieu au camp de la Madeleine sans que ses escadrons n'y participèrent, et partout où ils passèrent ils laissèrent derrière eux un bilan honorable et souvent glorieux. Un jour, par exemple, le régiment était à l'avant-garde, quand tout à coup il rencontra un régiment hollandais caché dans le seigle qui, à cette époque et dans cette partie du pays, grandissait comme un homme. La présence de ce régiment fut révélée par le mouvement d'un sergent qui se trouvait à une quinzaine de pas de mon père, et qui leva son fusil pour faire feu. Mais mon père vit ce mouvement, comprit qu'à une telle distance le sergent ne pouvait manquer de le frapper, sortit un pistolet de son étui et appuya sur la gâchette avec une telle rapidité et une telle chance qu'avant que l'arme ne soit mise à niveau, le canon était proprement percé. traversé par la balle du pistolet.

Ce coup de pistolet fut le signal d'une charge magnifique, dans laquelle le régiment hollandais fut mis en pièces.

Mon père a ramassé le coupe-feu percé par balle sur le champ de bataille, et il n'était maintenu ensemble des deux côtés que par deux fragments de fer. Je l'avais en ma possession depuis longtemps, mais finalement on me l'a volé lors d'un déménagement.

Les pistolets qui avaient opéré ce miracle de précision avaient été offerts par ma mère et provenaient des ateliers de Lepage. Ils acquitrent encore davantage de renommée dans la campagne d'Italie, et nous aurons davantage à dire à leur sujet lorsque nous aborderons ce chapitre de notre histoire.

Mon père reçut sa commission de général de brigade de l'armée du Nord le 30 juillet 1793.

Le 3 septembre de la même année, il est nommé général de division de la même armée.

Finalement, cinq jours plus tard, il est nommé général commandant en chef de l'armée des Pyrénées occidentales.

Ainsi lorsque ma mère épousa mon père, le 28 novembre 1792, il était lieutenant-colonel de hussards ; et moins d'un an après, il fut nommé général en chef.

Il ne lui avait fallu que vingt mois pour s'élever du plus bas échelon de l'échelle, où il n'était qu'un simple soldat, à l'un des postes les plus élevés de l'armée.

CHAPITRE IV

Mon père est envoyé rejoindre Kléber.—Il est nommé général en chef dans les Pyrénées occidentales.—Les lettres de Bouchotte.—Instructions de la Convention.—Les représentants du peuple qui siégeaient à Bayonne.— Leur proclamation.—Malgré cette proclamation, mon père reste. à Bayonne — *Monsieur de l'Humanité.*

———

Avec le grade de général de brigade, mon père fut envoyé rejoindre Kléber au siège de Maestricht, mais il ne resta que peu de temps sous ses ordres. Plus tard, en Egypte, Kléber deviendra son ami intime.

Créé général de division de la même armée le 3 septembre, il reçut le commandement des Pyrénées occidentales, et cinq jours plus tard il reçut de Bouchotte, ministre de la guerre, la nouvelle de sa nomination en ces termes :

"PARIS, *11 septembre 1793, An II de la République une et indivisible.*

« LE MINISTRE DE LA GUERRE au CITOYEN DUMAS, Général de Division de l'Armée du Nord.

« Je dois vous informer, Général, que le Conseil Exécutif Provisoire, s'appuyant sur votre patriotisme, votre courage et votre expérience, vous a nommé au poste de général en chef de l'Armée des Pyrénées Occidentales, rendu vacant par la mort de Delbecq. La Convention nationale a approuvé cette nomination, et je m'empresse de vous envoyer vos lettres de créance et de vous prier de ne pas perdre de temps pour prendre le poste qui vous est confié.

« Cette nomination vous offrira de nouvelles occasions de montrer votre dévouement au bien public en battant ses ennemis : le zèle pour la République dont vous avez fait preuve jusqu'ici est une garantie certaine que vous n'épargnerez pas ses ennemis.

J. BOUCHOTTE."

Le 24, ses instructions lui furent envoyées.

Nous transcrivons ici ces instructions, parce qu'elles nous semblent importantes, dans la mesure où elles émanaient directement du Gouvernement Révolutionnaire, à l'époque la plus révolutionnaire de ce Gouvernement, c'est-à-dire le 24 septembre 1793, et pourtant prescrire aucune de ces mesures rigoureuses auxquelles se livraient les représentants du peuple dans les départements. Peut-être ces représentants du peuple avaient-ils des instructions particulières et laissaient-ils les soldats jouer le rôle le plus important dans cette sanglante tragédie.

Nous verrons le rôle qui était réservé à mon père.

" PYRÉNÉES OCCIDENTALES.

"PARIS, le 24 *septembre an II.*

"Notes pour le général Alexandre Dumas.

« L'Armée des Pyrénées occidentales est composée (selon l'article 2 du décret du 30 avril 1793) des forces républicaines situées le long de la frontière et dans les villes fortes ou ports, dans tout le territoire qui borde la rive gauche. de la Garonne, comprenant les départements des Basses-Pyrénées, des Hautes-Pyrénées, des Landes et du Gers, ainsi que l'ensemble du territoire bordant la rive gauche de la Garonne, dans les départements de la Haute-Garonne, du Lot- et-Garonne, et de la Gironde.

" Il semble préférable que le général se rende immédiatement à Bayonne par Bordeaux. Il ferait mieux qu'il interroge au fur et à mesure les représentants du peuple, les autorités constituées et les chefs militaires. Il doit se concerter avec eux sur toute question qui concerne la défense et le règlement tranquille de la partie de la République comprise sous son commandement, ainsi que sur les moyens les plus commodes à employer pour faire les réquisitions nécessaires, qui devraient être réclamées dans les centres de troupes indiqués par les représentants du peuple ;

« Il arrivera le plus tôt possible à Saint Jean-de-Luz, où sera établi son quartier général. Il examinera soigneusement son état-major et les chefs d'état-major des différentes branches de l'armée.

"Il prendra connaissance de tous les détails concernant son domaine d'administration.

« Il doit examiner tous les livres d'ordres, plans, cartes et mémoires relatifs à la défense de la frontière et des côtes. Il doit prêter l'oreille à l'ingénieur en chef et aux autres personnages autorisés.

« Il doit faire une visite aux camps, cantonnements et gares, afin de régler l'ordre et la discipline qui doivent exister dans tout le service.

"Il doit connaître les passages, ports et routes les plus importants, et s'ils sont occupés par les Espagnols, il doit faire de son mieux pour les expulser et en prendre possession, si cela est souhaitable du point de vue militaire. , et possible sans risquer indûment les troupes.

"Leur position actuelle est répartie en quatre divisions.

« 1° Celle de Saint-Jean-de-Luz, composée de douze mille hommes, avec son avant-garde stationnée à Bruges et ses avant-postes s'étendant depuis Trouber à Borda jusqu'à Coulin Baïta.

« Le corps principal campe devant le fort de Socoa de Saint-Jean-de-Luz, sur les hauteurs de la chapelle de Boudagain de Belchéséa, jusqu'à la rivière Nivelle.

"Le but de cette division est de retenir l'ennemi derrière la Bidassoa et de défendre le col de Reza.

" 2°. La division de Serres et de Saint-Plée, de quatre à cinq mille hommes, est stationnée à Ascain, Serres, Saint-Plée et Aintroevé, avec ses avant-postes protégeant Helbaren et Notre-Dame-de-Bon-Secours. .

« Il empêche l'entrée en France par Tugarro, Murdé et Ordache, et harcèle l'ennemi dans la vallée du Bastan ; en outre, il peut lancer des troupes en avant à Souzarde, Espelette et Itlassu.

" 3°. La division de Saint-Jean-Pied-de-port se compose d'environ dix mille hommes, dont deux bataillons et trois compagnies basques sont à Baygorry, pour défendre la vallée, et un bataillon à Anhaix. Le reste couvre la ville. , qui est un pivot des plus importants, il menace en outre l'ennemi dans les Bloules, la vallée du Bastan et la route de Pampelune par Roncevaux.

" 4°. La division des cantonnements de Pau comprend Pau, Navarreins, Oléron, la Basse-Burice, les vallées de Barettoux, Ayret, Ossan, Oevar et Saint-Savin.

« Cette division compte cinq mille hommes et pourra être augmentée par la réquisition des départements des Hautes-Pyrénées, du Gers, de la Haute-Garonne, du Lot-et-Garonne, de la Gironde et des Landes.

« Son objet est de défendre les vallées et d'être la réserve à partir de laquelle toute l'armée doit être complétée.

« Les Espagnols disposent d'une formidable artillerie depuis Fontarabie jusqu'à Biriatou.

« Leurs forces, dit-on, se composent de quinze mille hommes depuis Fontarabie jusqu'à Cerdac, et autant autour de Saint-Jean-Pied-de-port, retranchés partout.

« Leurs dispositions militaires semblent excellentes.

« En temps de paix, nos postes d'extrême frontière étaient stationnés à Andaye, à Saint-Jacques de Souberang, au Pas-de-Béhobie, à Biriatou et en d'autres lieux à une lieue de la frontière, aux environs de la Ruhne, et sur les rives de la Bidassoa.

« Le grand camp à occuper est la Croix des Bouquets et Andaye, avec des avant-postes à Serres et à Joliment, pour retenir les Espagnols, dont les flancs et les arrières seront ainsi mis en danger.

" Au-delà de Saint-Jean-Pied-de-port est le poste de Castel-Mignon, que les Espagnols nous ont pris. Nous devrions essayer de le reprendre, et même le col de Baguette, qui est alors la porte d'entrée en Espagne. " indiquer.

« Ces renseignements locaux ont été extraits de mémorandums dont les détails se trouvent à l'état-major de l'armée générale et au bureau du génie, avec les transcriptions des reconnaissances militaires qui ont été effectuées le long de la frontière.

« Le général prendra connaissance de ces détails, et il dirigera ses opérations d'après la force de ses forces d'active et de réserve, et de celles de l'ennemi et de ses positions, profitant de toutes les circonstances qui peuvent promettre une attaque avantageuse, sans courir des risques.

« Il gardera le contrôle de tous les mouvements et instructions donnés aux troupes, et spécialement des officiers, qui seront suspendus s'ils ne remplissent pas leurs devoirs.

« Les écoles militaires seront ouvertes au commun ; elles s'occuperont de toutes les branches du service : police, comptabilité et discipline républicaine.

« Un officier général et un officier de l'état-major seront spécialement désignés à cet effet.

« Le général trouvera l'armée d'excellente humeur, et il n'aura qu'à la maintenir ainsi.

"Il doit surveiller et arrêter les hommes suspects qui pourraient échapper à l'armée.

"Toute communication avec l'ennemi doit être évitée.

"Personne ne doit être autorisé à pénétrer dans son camp sous quelque prétexte que ce soit.

"Les déserteurs doivent être envoyés à l'arrière dans un endroit approprié.

« Il doit entretenir une correspondance précise avec le ministre de la guerre, indépendamment de celle de l'état-major.

« Bref, son sens du patriotisme et son courage le rendent digne de la confiance de la nation. Il ne cachera rien et il donnera à ses frères d'armes l'exemple de toutes les vertus républicaines.

Il est clair que ces instructions n'avaient rien de bien révolutionnaire.

Mais lorsqu'il arriva à Bayonne, de sérieuses divergences éclatèrent entre mon père et les représentants du peuple siégeant dans cette ville.

Ces représentants du peuple étaient les citoyens Monestier, Pinet père, Garreau, d'Artigoyte et Cavaignac.

Cette Assemblée s'était acquise une triste notoriété dans le Sud ; et quand les membres mentionnés ci-dessus apprirent que mon père venait, connaissant ses opinions modérées, ils essayèrent de parer le coup.

Le 3 brumaire, avant l'arrivée effective de mon père, on publia la proclamation suivante :

« AU NOM DE LA RÉPUBLIQUE FRANÇAISE UNE ET INDIVISIBLE :

« Les Représentants du Peuple dans le domaine de l'Armée des Pyrénées Occidentales et des départements limitrophes, étant informés que le ministre de la Guerre a promu au grade de généraux de division dans l'Armée des Pyrénées Occidentales certains citoyens qui n'ont pas la confiance des républicains ; des nominations qui ont soulevé un sentiment d'inquiétude parmi le peuple démocrate de Bayonne, craignant, d'une part, que les officiers *sans-culottes* placés dans leurs postes par les représentants des Montagnards ne soient démis de leurs fonctions ; , craignant de voir une recrudescence d'intrigants et d'espions militaires à l'œuvre pour tromper les soldats ; ont été poussés à faire part de leurs craintes à leur collègue Garreau, qui a déjà rédigé en leur nom les mesures provisoires suivantes :

« Etant informé que le citoyen Dumas a été nommé par le Conseil exécutif général de l'armée des Pyrénées occidentales, qu'il est en route pour Bayonne, et qu'il a été annoncé par son aide de camp Darièle, déjà arrivée dans ladite commune ;

« Constatant que lorsque le ministre de la Guerre a procédé aux nominations susvisées, il ne pouvait alors avoir connaissance des *opérations importantes* que les représentants du peuple ont menées à bien par l'intermédiaire de l'armée des Pyrénées occidentales ; — opérations rendus impératifs au nom de la sécurité publique, que le ministre et le Conseil exécutif approuveront chaleureusement dès qu'ils en auront pris connaissance ;

« Vu également les intérêts de l'armée, qui exigent que soient maintenues les nominations faites par les représentants du peuple des généraux et officiers qui ont mérité la confiance des militaires par leur courage, leurs talents et leurs opinions républicaines ;

« Il est résolu : -

" *Art*. 1. Les nominations faites jusqu'à cette date par les représentants du peuple dans l'armée des Pyrénées occidentales, soit celle de général commandant, soit celles de tout autre officier, resteront valables.

" *Art*. 2. Il est défendu au citoyen Muller, général commandant l'armée des Pyrénées occidentales, de remettre des lettres de commission aux officiers qui viennent d'être ou qui sont sur le point d'être promus par le Conseil Exécutif à un grade quelconque dans ladite armée quelconque. ou de les reconnaître dans le rang que le ministre peut leur avoir conféré ou se propose de leur conférer.

" *Art*. 3. Il est décrété que le citoyen Dumas, qui aura été nommé général de l'armée des Pyrénées occidentales par le Conseil exécutif, ainsi que tous les autres officiers qui seront ou auront été promus à un grade quelconque dans ladite armée par le Conseil susnommé, resteront à leur arrivée hors des murs de Bayonne et du Saint-Esprit, jusqu'à ce que les Représentants du Peuple de cette ville soient arrivés.

" Le général la Roche, commandant de la ville de Bayonne et du fort du Saint-Esprit, veillera à ce que ce commandement soit strictement observé. Mais les officiers qui étaient déjà dans l'armée lorsqu'ils furent nommés par le ministre, sont exemptés de cet ordre, et resteront à leurs postes dans les grades qu'ils occupaient précédemment.

" *Art*. 4. Les représentants du peuple se rendront fréquemment à Bayonne pour conférer ensemble sur la suite à donner relative aux nominations du Conseil exécutif.

« En attendant, ils demandent à leur collègue, le citoyen Garreau, actuellement à Bayonne, de s'en tenir strictement à cette proclamation, et de veiller à ce que ses règlements soient appliqués.

« Fait à Mont-de-Marsan, le 1er du deuxième mois de l'an II de la République française, une et indivisible.

"JBB MONESTIER (du Puy-de Dôme),

"J. PINET (père), et D'ARTIGOYTE.

« Les Représentants ci-dessus signés, approuvant ce décret, déclarent qu'il ne s'applique pas et ne peut s'appliquer au citoyen Fregeville, général de division si longtemps attaché à cette armée, que les Représentants du Peuple ont convoqué chez eux tant à Toulouse qu'à Bordeaux. Ils estiment donc que le général Fregeville devrait exercer ses fonctions de général de division que ce soit à Bayonne ou dans l'armée, dès son arrivée.

« A Bayonne, le 3 du deuxième mois de l'an II de la République française, une et indivisible.

" Copie authentifiée.

GARREAU."

Si vous voulez savoir comment ces fameux représentants du peuple occupaient leur temps à Bayonne et dans les environs, et en quoi la présence de mon père leur déplaisait, parcourez leur correspondance. Cela expliquera pourquoi il fut décrété que le général Dumas sortirait hors des murs de Bayonne dès son arrivée dans la ville.

Malheureusement, mon père n'était pas le genre d'homme qu'on pouvait obliger docilement à quitter une ville alors qu'il croyait avoir le droit d'y rester.

Il resta donc à Bayonne.

Ce refus d'obéir à l'ordre des Représentants du Peuple entraîna une nouvelle proclamation, qui fut publiée le lendemain de son entrée, le 9 brumaire :

« AU NOM DE LA RÉPUBLIQUE FRANÇAISE UNE ET INDIVISIBLE :

« Les Représentants du Peuple, dans le domaine de l'Armée des Pyrénées Occidentales et des départements limitrophes,

"Assuré que le Comité de salut public et la Convention nationale ne sont au courant ni des réformes urgentes qui ont été opérées dans cette armée, ni des nouvelles nominations qui y avaient eu lieu, lorsque le ministre de la guerre ou le Conseil exécutif, soutenu par le Conseil National, promu général Dumas ;

« Et compte tenu que le général Muller a reçu de ces représentants la charge de commandant en chef provisoire de cette armée en raison des preuves qu'il a déjà données de ses capacités, de son activité, de son courage et de ses opinions républicaines prononcées ; et en considération de son expérience éprouvée de quatre mois de travail laborieux dans la conduite de la guerre dans des pays et des localités où il est impossible d'exercer les mêmes méthodes de guerre que parmi les armées de la République, un travail qui prend beaucoup de temps et de temps ; nécessite une grande intelligence pour réunir toutes les forces dispersées employées en une multitude de points différents, et les souder en un corps d'armée harmonieux et enfin, en raison de ses services à cette armée et de sa haute moralité, qui l'ont vaincu ; pour lui le respect, l'affection et la confiance de ses officiers et hommes ;

« Constatant que le général Muller jouit encore pleinement de cette estime, de cette amitié et de cette confiance ; que lui seul peut mener la campagne jusqu'à son terme, car lui seul en connaît les rouages ; et enfin, que cette campagne et la guerre ne peut guère durer plus de trois semaines, voire moins ;

« Considérant que le général Dumas (contre lequel, bien entendu, les représentants du peuple n'ont aucune objection personnelle) ne peut prendre connaissance de ces localités, des plans et des positions, dans un délai inférieur à six semaines, comme il lui-même l'a avoué dans la conférence *amicale* que les représentants du peuple ont eu avec lui ;

« Et comme l'ordre et la discipline, l'harmonie et la concorde ont régné avec plus de force et avec des succès plus marqués depuis l'élection provisoire du général Muller et les réformes faites dans l'armée ;

« Il est résolu, dans le plus grand intérêt de la République, que temporairement, et jusqu'à ce qu'un commandement définitif vienne de l'Assemblée nationale, le général Muller conservera le commandement en chef de l'armée des Pyrénées occidentales ;

« Mais il est aussi résolu que le général Dumas soit laissé libre de servir dans cette même armée comme général de division jusqu'à ce qu'un décret définitif soit reçu.

« A Bayonne, le 2ème jour du 2ème mois de l'an II de la République, une et indivisible.

" *Signé* :

"JBB MONESTIER (du Puy-de-Dôme), D'ARTIGOYTE, GARREAU, CAVAIGNAC, et PINET (senior.)"

Mon père avait obtenu la satisfaction qu'il désirait.

Les représentants du peuple avaient déclaré qu'ils n'avaient aucune plainte à formuler contre lui et avaient retiré la clause de leur décret qui lui enjoignait de quitter Bayonne.

Quant à la sanction qu'ils lui accordèrent pour servir comme général de division, on devine facilement qu'il entendait l'ignorer complètement.

Il s'installa donc avec son équipe sur la place où un logement lui avait été réservé d'avance. Malheureusement, toutes les exécutions ont eu lieu sur cette place.

Quand les heures horribles arrivaient et que toutes les autres fenêtres étaient remplies de spectateurs, mon père fermait la sienne, baissait les stores et tirait ses rideaux.

Bientôt, une agitation terrible éclata sous ses fenêtres fermées : tous les *sans-culottes* de la campagne se rassemblèrent en bas et crièrent :

" Hah ! *Monsieur de l'Humanité !* Venez à vos fenêtres ! Montrez-vous ! "

Mais malgré ces cris, qui étaient d'un caractère si menaçant que mon père et ses aides de camp se tenaient l'épée et le pistolet à la main, craignant, plus d'une fois, que l'affaire ne dégénère en attentat, pas une des fenêtres. furent ouvertes, aucun des officiers appartenant à l'état-major de mon père ne parut au balcon.

Après cette affaire, le nouveau général nommé par le pouvoir exécutif ne s'appelait plus le citoyen Alexandre Dumas, il n'était connu que sous un nom assez compromettant alors — surtout parmi les gens qui l'avaient adoubé — celui de *Monsieur de l'Exécutif. 'Humanité.*

Discutez si vous voulez, messieurs, mon nom de Davy de la Pailleterie ; mais ce que vous ne pouvez contester, c'est que je suis le fils d'un homme qui, devant l'ennemi, s'appelait *Horatius Cocles,* et devant un échafaud, *monsieur de l'Humanité.*

CHAPITRE V

Mon père est nommé général en chef de l'armée de l'Ouest.—Son rapport sur l'état de la Vendée.—Mon père est envoyé à l'armée des Alpes comme général en chef.—État de l'armée.—Prise du Mont. Valaisan et du Petit Saint-Bernard. — Prise du Mont Cenis. — Mon père est rappelé pour rendre compte de sa conduite. — Ce qu'il avait fait. — Il est acquitté.

On voit qu'un tel état de choses ne pouvait durer : d'ailleurs, mon père, par sa résistance, risquait sa vie dans un jeu bien plus dangereux que celui du champ de bataille.

Le Comité de Salut Public répondit le 10 frimaire dans les termes suivants :

« Le Comité de Salut Public décrète :

« Que le Conseil Exécutif Provisoire enverra immédiatement 10 000 hommes de l'Armée des Pyrénées Occidentales en Vendée pour rejoindre la partie de l'Armée de l'Ouest qui agit contre les rebelles de ce département et de ses territoires voisins sur la rive gauche de la Loire. Cette division sera sous le commandement du général Dumas.

« Le Conseil exécutif devra prendre les mesures les plus actives pour exécuter ces arrêtés et devra acheminer ses dépêches par courrier spécial.

" *Signé dans les actes* :

" ROBESPIERRE, LINDET, RIVIÈRE, CARNOT, BILLAULD-VARENNES et CA PRIEUR.

" Copie authentifiée.

"J. BOUCHOTTE, Ministre de la Guerre."

Mon père est allé en Vendée.

Là, il découvre un tout autre état de choses.

Dès son arrivée, le général Canclaux fut rappelé à Paris sous suspicion.

Tout tombait sur les épaules de mon père ; et il reçut le commandement en chef de l'armée de l'Ouest.

Il commençait son travail en faisant le point sur les hommes dont il disposait, comme un bon ouvrier avant de se mettre au travail examine les outils qu'il a entre les mains.

Les outils étaient mauvais, selon le rapport de mon père. Si nous le lisons attentivement à la lumière d'aujourd'hui, si nous prenons bien note de l'époque à laquelle il a été rédigé (17 vendémiaire an II), nous verrons qu'il y avait assez de matière dans ce rapport pour l'avoir guillotiné vingt fois. .

C'était miraculeux qu'il s'en soit sorti.

Voici le rapport :—

"RAPPORT SUR L'ARMÉE DE LA VENDÉE.

"ARMÉE DE L'OUEST.

« QUARTIER GÉNÉRAL À FONTENAY-LE-PEUPLE, le 17 *vendémiaire an II de la République, une et indivisible.*

" *Le Commandant en Chef du Comité de Salut Public.*

« J'ai retardé mon rapport sur l'état de la guerre et de l'armée en Vendée, afin de pouvoir être sûr de mes renseignements par une observation personnelle ; autrement, il n'aurait été qu'un écho des divers récits qui ont été rapportés. m'ont été racontés par des personnes qui avaient chacune leur point de vue particulier. Maintenant, au retour de ma tournée d'inspection, ce sera une tout autre affaire, je parlerai des faits qui sont parvenus à ma connaissance personnelle et des irrégularités dont j'ai eu connaissance. moi-même en avons été témoin.

"Eh bien, pour parler clairement, il n'y a aucune partie de l'armée de l'Ouest, que ce soit dans ses départements militaires ou administratifs, qui n'ait besoin de la main d'un martinet. Les bataillons n'ont aucune sorte de cohésion. Les vieux rôles d'appel sont réduit à cent cinquante hommes.

« Par là vous pouvez juger du petit nombre de recrues qu'il y a eu, de l'incapacité de ses régiments, dont les parties efficaces sont paralysées par l'inexpérience de la majorité, tandis que les officiers eux-mêmes sont si indisciplinés qu'il est tout à fait désespéré d'espérer eux pour former de nouveaux hommes.

"Mais il y a des maux pires que ceux-là.

"Le mal est plus profond, dans l'esprit d'anarchie et de pillage qui prévaut dans toute l'armée, un esprit nourri par l'absence de punition et produit par une habitude de longue date. Cet esprit a été poussé à un tel point que j'ai osé dire il est tout à fait impossible de le réprimer, sauf en transférant ces corps à d'autres armées et en les remplaçant par des troupes entraînées à la subordination.

" Pour vous convaincre de la vérité de cela, il suffira de vous dire que les soldats ont menacé de tirer sur leurs officiers pour avoir tenté d'arrêter le pillage conformément à mes ordres. Vous serez peut-être d'abord étonné de tels outrages ; mais vous cesserez. être surpris quand vous réfléchissez que c'est la conséquence nécessaire du système appliqué jusqu'à présent pendant cette guerre, lorsqu'une fois *l'impulsion au pillage et au pillage* a été donnée, il est difficile de l'arrêter à volonté, comme vous, citoyens représentants. , sachez que la Vendée a été *traitée comme une ville prise d'assaut : tout y a été saccagé, pillé, incendié*. Les soldats ne comprennent pas pourquoi il leur est interdit de faire aujourd'hui ce qu'ils ont fait hier. même parmi les officiers généraux, il n'y a aucun moyen de rappeler les soldats à l'amour de la justice et à une conduite plus décente. Je ne doute pas qu'il y en ait qui aient des principes plus élevés et désirent revenir à un meilleur état de choses. servi dans cette armée lorsque le pillage était pratiqué ; témoins de la défaite de nos armes, ces hommes ont perdu, par leur participation à ces défaites passées, l'autorité nécessaire pour mettre un terme à l'état de désorganisation que j'ai signalé ; les autres manquent d'intelligence, de fermeté, de méthodes propres à ramener les troupes à l'ordre et à la discipline. C'est pourquoi, après un examen attentif, je n'ai trouvé que peu d'officiers généraux capables de faire du bien. Leur influence est généralement mauvaise, et un déplorable esprit de pillage, d'anarchie et de licence règne dans l'armée. Il n'y a aucun esprit d'activité, aucun encadrement, aucun enseignement. Une nuit, j'ai traversé tout le camp sans être observé, encore moins reconnu. Y a-t-il donc quelque chose d'étonnant à nos récentes défaites ?

" Et cela, bien que les vertus militaires ne soient jamais plus nécessaires que dans la guerre civile. Comment pouvons-nous exécuter vos ordres sans de telles vertus ? Comment pouvons-nous convaincre ces gens de la campagne de votre juste conduite lorsque la justice est violée par vos propres troupes ? votre respect des personnes et des biens *alors que les hommes* chargés de proclamer ce respect pillent et assassinent publiquement en toute impunité. Vos desseins et leur exécution se contredisent constamment, et il ne peut y avoir de succès que si tout cela est changé : changer le système ? il faut changer les hommes. Il est avant tout urgent de soutenir les préceptes par l'exemple, tant les habitants de ces régions ont été trompés par de faux espoirs et des promesses non tenues.

"Je me serai cependant mal exprimé si vous déduisiez de mon rapport que la Vendée est encore une source de danger pour la République et menace sa liberté.

"Ce n'est pas du tout mon opinion, car je crois pleinement que la guerre pourrait prendre fin rapidement si les mesures que je propose étaient adoptées. Ce sont :

« 1. Une réorganisation complète de l'armée.

"2. Un changement profond dans les officiers d'état-major.

« 3. Une sélection soigneusement sélectionnée d'officiers destinés à la Vendée. Ils devront être capables de maintenir la discipline la plus stricte et d'arrêter la tendance au pillage, par leur expérience éprouvée, leur intelligence et leur intégrité et, enfin, par leur propre conduite constante et déterminée.

" Représentants des citoyens, dois-je m'exprimer ? Tant de difficultés se présentent à moi que je préfère vous faire cet aveu plutôt que de ne pas répondre à vos attentes. Je serais fier de pouvoir mettre fin à cette guerre désastreuse et de contribuer à délivrer la République. enfin des périls dont elle est menacée ; mais le désir de gloire ne me rend pas aveugle aux faits ; les matériaux dont je dispose ne suffisent pas à satisfaire vos vues, à réorganiser l'armée, à suppléer à l'inefficacité du général. des officiers, pour restaurer la confiance des habitants des provinces révoltées ; bref, pour susciter une nouvelle vie et insuffler un meilleur esprit partout.

" Tant que les choses resteront dans cet état, il me sera tout à fait impossible de répondre à vos espérances et de vous assurer d'une prompte fin de la guerre en Vendée. "

Le lecteur ne pourrait-il pas croire qu'il étudie le récit d'un vieux guerrier romain du temps de Régulus ou de Caton l'Ancien, qui avait dû être envoyé dans une province révoltée à la suite du proconsulat d'un Calpurnius Piso ou d'un Verrès ?

Ce rapport équivalait à une démission, et, dans l'air du temps, paraissait à peu près certain d'y conduire ; mais quelque bon génie semblait toujours protéger mon père ; et, au lieu de perdre la tête comme punition pour avoir déclaré des vérités aussi terribles, il fut nommé commandant en chef de l'armée des Alpes le 2 nivôse an II. Il prend son nouveau commandement le 2 pluviôse suivant.

Disons ici quelques mots de la situation de l'armée alpine au moment où mon père fut nommé commandant en chef.

En premier lieu, les défaites de Quiévrain et de Marchain, la prise de Longwy et le bombardement de Lille étaient une histoire relativement ancienne au point d'être presque oubliée. Au bout d'un an, la France, si proche d'une invasion étrangère, avait porté la guerre sur le territoire ennemi. La Belgique était entièrement conquise ; nos soldats examinaient les montagnes de la Savoie qu'ils allaient bientôt escalader ; et notre vieil ennemi, l'Autriche, était déjà menacé d'une part par l'Allemagne et de l'autre par l'Italie.

Trois nouveaux ennemis, l'Angleterre, l'Espagne et la Hollande, se dressèrent contre nous, répondant au cri de détresse de François et de Frédéric-Guillaume. Les vieux Alliés, qui avaient mis la vieille monarchie au bord de la destruction à Fontenoy et à Rosbach, menaçaient la jeune République ; mais, comme nous l'avons dit, au chant de *la Marseillaise* , un miracle se produisit, la France entière se souleva simultanément, et sept armées affrontèrent leurs ennemis de tous côtés.

Lorsque les Prussiens eurent pénétré jusqu'à la Champagne et que les Autrichiens eurent envahi la Flandre, le roi de Sardaigne fit en sorte que la France soit perdue ; il n'hésita pas à rejoindre la Coalition et à préparer son armée à la guerre. Le gouvernement, alarmé par ces manifestations, envoya le général Montesquiou Sud en prospection. Il n'y était pas allé depuis un mois, convaincu que la France devait désormais compter le roi de Sardaigne parmi ses ennemis, il envoya au gouvernement un plan d'invasion de la Savoie. Après d'innombrables difficultés, voire une disgrâce passagère, le général Montesquiou reçut l'ordre de mettre son projet à exécution. Il transporta son camp à Abrelles, et ordonna au général Anselme, qui commandait le camp du Var, de se préparer à envahir le district de Nice vers la fin septembre, et de combiner ses forces avec celles de la flotte alors sous le commandement de Nice. commandement de l'amiral Truguet au port de Toulon.

Dès que les Piémontais eurent connaissance de nos préparatifs d'invasion, ils se hâtèrent de se préparer à notre attaque. Trois forts avaient été construits, l'un près de Champareille et les deux autres à Miaux. Montesquiou laissa croître ces préparatifs et former des retranchements. Puis, juste au moment où il savait que les Piémontais étaient sur le point d'y monter des canons, il envoya le major-général Laroque avec le 2e bataillon d'infanterie légère et quelques grenadiers pour les surprendre. Les Piémontais, dont les préparatifs de défense n'étaient pas encore terminés, ne firent aucune tentative pour résister à l'attaque, et, abandonnant les fortifications à moitié achevées qu'ils avaient élevées avec tant de travail, ils s'enfuirent sans tirer un seul coup de feu. L'évacuation des ponts, les marches de Bellegarde et de Notre-Dame-de-Miaux et d'Apremont furent le résultat de cette retraite. Les Français suivirent les Piémontais avec une demi-journée de marche en arrière. Montmeillan vous ouvre ses portes.

L'opinion publique, jusqu'ici freinée par l'occupation sarde, commence à se réveiller. Les Français furent accueillis de tous côtés en libérateurs. Les Piémontais s'enfuirent au son des acclamations qui saluèrent le drapeau tricolore. Des députations de tous les villages accoururent vers le général Montesquiou ; sa marche était une procession triomphale ; des députés vinrent jusqu'à lui au château des Marches pour lui apporter les clefs de Chambéry, et le lendemain il entra dans la ville avec une escorte de cent cavaliers, huit compagnies de grenadiers et quatre pièces de canon. Là, un grand banquet l'attendait, lui, son état-major et ses soldats, donné par le conseil municipal.

La Savoie est désormais incorporée à la France sous le nom de département du Mont-Blanc, titre conservé jusqu'en 1814. Cette première conquête s'effectue sans tir d'un seul fusil, uniquement grâce à la supériorité de la tactique du général français sur celles du général français. de son ennemi.

Entre-temps, le général Anselme prend possession du district de Nice et ajoute le département des Alpes-Maritimes à la France ; la principauté de Monaco suivit bientôt.

Mais c'est ici que s'est terminée l'invasion française. La guerre civile commença à faire rage dans le pays. Jean Chouan avait soulevé la Vendée par ses chuchotements nocturnes ; l'échafaud, toujours prêt sur les places des villes révolutionnaires, réclamait un terrible tribut ; Le général Montesquiou fut proscrit par la Convention, mais réussit à s'enfuir en Suisse, où il trouva refuge. Anselme est arrêté et décapité pour la conquête de Nice. Biron prit sa place et le suivit jusqu'à l'échafaud. Enfin Kellermann, auquel mon père devait succéder, prit à son tour le commandement en chef dans un poste réputé suspect et plus dangereux que la mitraille ; mais Kellermann se retrouve bientôt entre l'armée piémontaise, désireuse de prendre l'offensive, et Lyon, en état de révolte. Il tourna tour à tour les yeux vers l'Italie et la France, et divisa sa petite armée en deux corps, laissant l'un sous le commandement du général Brunet, et conduisant l'autre jusqu'aux murs de Lyon lui-même.

Dès que les Piémontais découvrent le départ de Kellermann, ils profitent de l'effectif réduit des troupes françaises et se jettent sur elles avec 25 000 hommes. Pendant dix-huit jours, cette poignée de braves combattit sans cesse, ne reculant que pas à pas, ne perdant que vingt lieues de terrain et sauvant tous leurs magasins.

Cependant, le général Brunet ne put tenir longtemps et il fit connaître sa position à Kellermann. Kellermann lève aussitôt le siège de Lyon et rejoint l'armée avec un renfort de trois mille hommes, portant le total de ses forces à huit mille hommes. Il plaça trois cents gardes nationaux en deuxième ligne et, avec ces effectifs insignifiants, il commença l'attaque le 13 septembre 1793.

Son plan d'attaque était très intelligemment conçu et exécuté avec autant d'habileté par ses lieutenants que par ses hommes. Ce fut un succès complet, et, dès le 9 octobre suivant, l'ennemi fut chassé du Faucigny, de la Tarantaise et de la Maurienne ; les Piémontais furent chassés de poste en poste jusqu'à Saint-Maurice, qu'ils espéraient tenir, puisqu'ils y avaient monté plusieurs pièces de canon. L'avant-garde y arriva à sept heures du matin le 4 octobre ; la canonnade dura jusqu'à dix heures, jusqu'à ce que le gros de l'armée parut sur les lieux avec son artillerie. Tandis que les canons français faisaient taire la batterie ennemie, Kellermann ordonna au 2e bataillon de cavalerie légère de déborder les Piémontais. Les huit cents hommes qui composaient ce bataillon, habitués à la guerre en montagne, se précipitaient par-dessus les rochers, sautaient les précipices, descendaient les abîmes et attaquaient les Piémontais avec une telle impétuosité qu'ils ne purent résister à l'assaut, mais s'enfuirent en désordre, abandonnant Saint-Maurice.

Lorsque Kellermann quitta ce village, il écrivit à la Convention ce qui suit :

« Le Mont Blanc a été envahi il y a quelques jours par un nombre considérable d'ennemis, mais aujourd'hui il est évacué ; la frontière de Nice à Genève est ouverte, et la retraite des Piémontais de la Tarantaise nécessitera leur retrait de la Maurienne. La prise du Mont-Blanc a coûté à l'ennemi deux mille hommes et une somme considérable d'argent. »

La récompense de Kellermann fut un mandat d'arrêt contre lui et une citation à comparaître devant la Convention.

C'est pour le remplacer pendant qu'il allait rendre compte de ses victoires, que mon père fut appelé à l'armée des Alpes.

Son premier soin, à son arrivée, fut de reconnaître les lignes ennemies et de rétablir les communications rompues entre l'armée des Alpes et l'armée d'Italie ; tout en s'occupant de ces opérations préliminaires, il envoya à la Convention un plan de campagne qui fut adopté.

Pendant tout ce temps, mon père se liait d'amitié avec les chasseurs de chamois les plus audacieux ; il fit avec eux une ou deux excursions pour leur montrer qu'il était capable de faire partie de leur groupe, et, lorsqu'il eut gagné leur confiance, ou plutôt leur dévouement, en chassant avec eux dans les neiges, il transforma ses camarades de chasse en guides.

Un matin, le général laissa son armée aux commandes du général Bagdelaune, prit des provisions pour plusieurs jours et partit avec trois de ses fidèles chasseurs.

Il fut absent cinq jours ; pendant ces cinq jours, il examina tous les cols par lesquels il était possible d'atteindre la redoute du Mont-Cenis. Ce travail n'était pas une tâche facile, car les laissez-passer ne pouvaient être examinés que de nuit ; et le moindre faux pas aurait précipité un éclaireur téméraire dans les précipices.

Il revint le cinquième jour.

Le Mont Cenis était le point stratégique, le pivot sur lequel devaient tourner tous ses plans ; Le Mont Cenis, avec ses neiges éternelles, ses abîmes sans fond et ses sentiers impraticables, passait pour imprenable.

En rentrant dans le camp, mon père remarqua :

"Dans un mois, le Mont Cenis sera à nous."

Il faut souligner que les hommes qui durent le seconder dans cette entreprise étaient habitués à la guerre en montagne ; ils ne s'en tenaient qu'à l'impossible ; maintenant ils allaient surmonter l'impossible : les soldats allaient devoir passer là où aucun montagnard n'était jamais passé, des sentiers dont le pied de l'homme n'avait jamais foulé les neiges, où seuls les sabots des chamois ou les serres de l'aigle avaient pressé.

Mon père fit fabriquer trois mille *crampons de fer* (clous de givre) pour les distribuer à ses soldats, et ils furent invités à s'entraîner à s'en servir pour traverser les endroits les plus difficiles.

Le printemps arriva, et avec lui la possibilité d'agir ; mais les Piémontais eux aussi étaient occupés et se préparaient à accueillir chaleureusement leurs ennemis. Le Mont Cenis, le Valaisan et le Petit Saint-Bernard étaient hérissés de fusils. Mon père décida qu'il devait commencer par s'emparer de Saint-Bernard et du Valaisan. Les ennemis qu'il voulait atteindre bivouaquaient parmi les nuages. C'était une guerre contre les Titans : il fallait gravir les cieux.

Le 24 avril au soir, le général Bagdelaune reçut l'ordre d'escalader le Petit Saint-Bernard et d'être prêt dès le point du jour à l'attaquer.

Mon père se réservait le Mont Valaisan.

Le général Bagdelaune partit à neuf heures du soir ; il marcha pendant six heures dans la région des précipices sans le moindre signe de sentiers, se fiant à des guides qui eux-mêmes s'embrouillèrent plusieurs fois dans l'obscurité et trompèrent nos soldats. Enfin, au point du jour, ils atteignirent la redoute et l'attaquèrent avec ce courage et cette fureur dont ses hommes avaient tant de fois fait preuve auparavant ; mais la redoute était un problème difficile à résoudre. La montagne ressemblait à un volcan enflammé ; Bagdelaune rallia à trois reprises ses hommes à l'attaque et trois fois ils furent repoussés. Soudain, les bouches des canons d'un fort éloigné, que mon père venait de prendre d'assaut, se tournèrent contre eux ; une grêle de balles accabla les défenseurs de Saint-Bernard ; mon père avait été le premier à réussir dans son entreprise, il avait retourné le canon piémontais contre eux. Le Mont Valaisan, qui aurait dû protéger Saint-Bernard, le détruit désormais. Les Français, voyant l'aide qui leur était parvenue de manière si inattendue, firent un quatrième élan. Les Piémontais, intimidés par cette diversion efficace, n'essayèrent même pas de résister, mais s'enfuirent de tous côtés ; Le général

Bagdelaune envoie à leur poursuite deux bataillons de nouvelles recrues de la Côte d'Or avec le 2e bataillon d'infanterie légère ; pendant trois lieues, les Piémontais furent suivis et traqués comme des chamois dans des traces sanglantes ; vingt pièces de canon, six obusiers, treize pièces d'artillerie de montagne, deux cents mousquets et deux cents prisonniers furent les trophées de cette double victoire.

Mais il restait encore le Mont Cenis à conquérir.

La possession de cette dernière redoute achèverait l' occupation effective de toute la Savoie, et pour l'acquérir le commandant en chef de l'armée des Alpes concentra toute son attention. Les Piémontais seraient ainsi coupés de tout moyen de dévaler à leur guise les défilés dans ce duché, et ils seraient obligés de camper dans les plaines du Piémont.

Plusieurs tentatives avaient déjà été faites et se sont avérées avortées ; dans l'une de ces tentatives, jugée au mois de février, le général Sarret avait perdu la vie. Son pied glissa et il tomba au fond d'un précipice, où son corps fut enseveli sous les neiges.

Cet accident avait suggéré à mon père la précaution de se faire fabriquer des crampons pour lui et ses hommes.

Le Mont Cenis n'était attaquable que de trois côtés ; la quatrième était si bien défendue par la nature que les Piémontais la protégeaient simplement par une palissade.

Se relever de ce côté signifiait grimper du fond même d'un précipice.

Mon père fit semblant d'attaquer les trois autres côtés ; puis, le 19 floréal (8 mai), il partit de nuit avec trois cents hommes.

Il dut tourner la montagne, gravir le flanc inaccessible du rocher et donner le signal d'attaque aux autres corps par sa propre attaque.

Avant de commencer l'ascension, mon père montra à ses hommes le rocher qu'ils devaient gravir.

« Comprenez d'avance, dit-il, que tout homme qui glisse est un homme mort, car rien ne peut le sauver s'il tombe de si haut. Il sera donc inutile d'appeler au secours ; son cri ne le sauvera pas, et peut mettre l'entreprise en péril en donnant l'alarme."

Trois hommes sont tombés ; on entendait leurs corps bondir de rocher en rocher ; mais aucun cri, aucun gémissement, aucun murmure ne leur échappait.

Les grimpeurs atteignirent le plateau. Bien que la nuit fût sombre, on aurait pu apercevoir la longue file de soldats, vêtus d'uniformes bleus, se détachant sur la neige du fort. Mais mon père avait prévu cette éventualité ; chaque homme avait une casquette de coton et une chemise enroulée dans son sac à dos.

C'était la tenue ordinaire que mon père adoptait la nuit lorsqu'il chassait le chamois.

Ils atteignirent le pied de la palissade sans avoir soulevé un seul défi. Les hommes commencèrent à gravir les palissades dès qu'ils les atteignirent ; mais grâce à la force herculéenne de mon père, il pensa à un moyen meilleur et plus tranquille : prendre chaque homme par le bas de son pantalon et le col de son habit et le jeter par-dessus les palissades. La neige amortirait la chute et amortirait également le bruit. Surpris hors de leur sommeil, et voyant les soldats français au milieu d'eux sans savoir comment ils étaient arrivés là, les Piémontais n'opposèrent guère de résistance.

Ainsi, un mois jour pour jour, comme prévu, le Mont Cenis est devenu le nôtre !

Pendant que mon père prenait le Mont Cenis, une autre colonne de l'armée des Alpes franchissait le col d'Argentière, près de Barcelonnette, s'emparait du poste des Barricades, envahissait la vallée de la Hure, et mettait ainsi en étroite relation l'armée des Alpes. avec l'armée d'Italie, dont le bras extrême gauche s'était avancé jusqu'au petit village d'Isola, près de San-Dalmatio-Salvatico.

Mon père venait d'arriver au point où les généraux commandants de l'armée des Alpes étaient rappelés pour être guillotinés.

Il attendait cette récompense, et il ne fut donc pas surpris de recevoir cette communication :

6 *e messidor an II.*

« CITOYEN GÉNÉRAL, Il vous est ordonné de quitter sur-le-champ l'armée des Alpes et de vous présenter à Paris pour répondre aux accusations qui sont portées contre vous.

"COLLOT D'HERBOIS."

Les accusations, ou plutôt l'accusation, auxquelles mon père dut répondre étaient les suivantes :

Mon père était entré dans le petit village de Saint-Maurice en plein hiver.

La première chose qu'il vit sur la place du village fut une guillotine prête à être exécutée.

Il fut informé que quatre misérables allaient être exécutés pour avoir tenté de voler et de faire fondre l'horloge de l'église.

Le crime ne parut pas à mon père mériter la peine de mort, et il s'adressa au capitaine Dermoncourt, celui-là même qui allait bientôt devenir son aide de camp :

"Dermoncourt, lui dit-il, il fait horriblement froid, comme vous pouvez le constater et le sentir; nous ne trouverons peut-être pas de bois là où nous allons, que cette diablesse machine rouge que vous voyez là soit démolie et emmenée. pour nous faire du bois de chauffage. »

Dermoncourt, habitué à l'obéissance implicite, obéit implicitement.

Ce procédé, exécuté avec une rapidité vraiment militaire, embarrassa beaucoup le bourreau, qui avait quatre hommes à guillotiner et non plus une guillotine pour le faire.

Mon père, voyant le dilemme du pauvre homme, eut pitié de lui, le délivra de ses quatre prisonniers, lui donna une quittance pour eux et les laissa partir, en leur conseillant de fuir vers les montagnes aussi vite que leurs jambes pouvaient les porter.

Il va sans dire que les prisonniers n'attendirent pas une seconde offre.

C'est par un véritable miracle que mon père n'a pas pu payer les quatre têtes qu'il avait sauvées par ses propres moyens ; mais, grâce à sa conquête du Saint-Bernard, du Valaisan et du Mont-Cenis, il fut pardonné de cette insulte au patriotisme.

Mais le surnom de « M. de l'Humanité » était plus que jamais d'actualité et lui était plus souvent que jamais appliqué.

J'ai déjà dit à quel point mon père avait de la chance.

CHAPITRE VI

Le résultat d'un coup d'épée sur la tête - St. Georges et les remontants - La querelle qu'il cherchait avec mon père - Mon père est transféré à l'armée de Sambre-et-Meuse - Il donne sa démission et retourne à Villers-Cotterets - Rétrospective sur ce qui s'est passé au pays et à l'étranger pendant les quatre années qui venaient de s'écouler.

Mon père fut assez content de se retrouver à Paris, dès qu'il comprit qu'on n'allait pas le guillotiner. Il avait été longtemps gêné par un wen sur son front, qui lui avait causé une grande douleur. Cela s'était développé sur la base du vieux coup d'épée qu'il avait reçu dans l'un de ces trois duels d'armées qu'il avait combattus pour maintenir la prééminence de la reine sur le roi. Il a été constaté que le wen avait adhéré à son crâne et que son retrait impliquait une opération plutôt critique.

L'opération fut exécutée avec beaucoup de succès par M. Pelletan.

Le 15 thermidor de cette année, un arrêté du Comité de salut public nomma mon père commandant de l'école militaire établie au camp des Sablons.

Cette nomination n'a pas duré longtemps.

Le 18 thermidor, trois jours après cette nomination, il reçut l'ordre de rejoindre l'armée de Sambre-et-Meuse.

Mais avant de quitter Paris, mon père avait un compte à régler avec son ancien colonel Saint-Georges.

Nous avons mentionné précédemment qu'au lieu de rejoindre son régiment, Saint-Georges avait trouvé plus commode de s'établir à Lille, où il persuada le gouvernement de le placer à la tête d'un dépôt de remontée ; De plus, en vertu des pouvoirs que s'arrogeaient à cette époque les chefs de régiments, il réquisitionna un nombre immense de chevaux de plaisance dont il fit le commerce.

Le prix de ces chevaux était estimé à plus d'un million de francs.

Bien qu'on ne fût pas très sévère à cette époque-là pour ce genre de peccadille, Saint-Georges alla si loin qu'il fut appelé à Paris pour faire ses comptes. Comme les livres de Saint-Georges étaient très mal tenus, il eut l'idée d'en rejeter la faute sur mon père, en disant que c'était le lieutenant-colonel Dumas qui avait eu la charge des remontées régimentaires.

Le ministre de la Guerre écrivit donc à mon père, qui prouva aussitôt qu'il n'avait jamais ordonné une seule réquisition, ni acheté ni vendu un seul cheval.

La réponse du ministre disculpa entièrement mon père de tout blâme. Mais cela n'atténua pas sa rancune contre Saint-Georges, et comme son épouse lui causait d'horribles souffrances et le maintenait dans un état perpétuel d'irritabilité d'humeur, il jura positivement qu'il se battrait en duel avec son ancien colonel.

Aussi courageux que fût Saint-Georges, pistolet ou épée à la main, il préférait de loin choisir ses propres duels. Heureusement ou malheureusement, celui-ci a été diffusé à l'étranger. Mon père est venu trois fois chez Saint-Georges sans le trouver chez lui ; il a rappelé encore trois fois, laissant à chaque fois sa carte. Enfin il écrivit au crayon une menace si pressante sur la dernière de ces cartes, que, l'avant-veille après avoir subi son opération, mon père, qui était alité et soigné par Dermoncourt (le capitaine qui avait tourné la guillotine de Saint-Maurice en fagots), reçut la visite de Saint-Georges, qui, ayant appris que le malade était alité, allait laisser sa carte et se retirer, lorsque Dermoncourt, qui avait beaucoup entendu parler de lui, voyant un magnifique spécimen de mulâtre, qui bégayait dans son discours, reconnut saint Georges et courut après lui.

" Ah ! M. de Saint-Georges, s'écria-t-il, est-ce vous ? Ne vous en allez pas, je vous en supplie ; car, tout malade qu'il soit, le général est bien capable de courir après vous, tant il tient à vous sauver. " à bientôt."

Saint-Georges décida aussitôt quel rôle jouerait.

"Oh ! cher bon Dumas !" il pleure. "Je sais à quel point il a envie de me voir ; et moi, lui. Nous avons toujours été de très bons amis. Où est-il ? où est-il ?"

Et s'élançant dans la chambre, il se jeta sur le lit, serra mon père dans ses bras et le serra presque jusqu'à l'étouffement.

Mon père essaya de parler, mais Saint-Georges ne lui en laissa pas le temps.

— Ah !... et tu voulais donc me tuer, Dumas ? il a dit. " Me tuer, moi ? Tuer Saint-Georges ? Est-ce possible ? Eh bien, tu es mon propre fils ! Si Saint-Georges était mort, aucun autre homme que toi ne pourrait le remplacer. Dépêche-toi et lève-toi ! Commande-moi une côtelette. , et qu'il y ait une fin à toutes ces absurdités."

Au début, mon père était fortement enclin à poursuivre la querelle jusqu'au bout ; mais que diriez-vous à un homme qui se jetterait sur votre lit, vous embrasserait, vous appellerait son fils et s'inviterait à déjeuner ?

Mon père me tendit la main et dit :

" Ah ! espèce de voyou, tu pourrais bien être content de m'appeler ton successeur au lieu d'être le successeur de l'ancien ministre de la guerre ; car je te promets que je t'aurais pendu ! "

mais vous m'auriez sûrement guillotiné, dit Saint-Georges en riant du mauvais côté de la bouche.

"Pas du tout, pas du tout ! Seuls les honnêtes gens sont guillotinés de nos jours ; les voleurs sont pendus."

"Maintenant, dites-moi franchement, quelles étaient vos intentions en venant me voir ?" dit Saint-Georges.

"Tout d'abord, pour te trouver."

"Certainement, mais et ensuite ?"

"Suivant?"

"Oui."

"J'aurais dû entrer dans la chambre où on m'avait dit que vous étiez, j'aurais dû fermer la porte derrière moi, j'aurais dû mettre la clé dans ma poche, et celui de nous deux qui était resté en vie au bout de cinq minutes aurait eu pour l'ouvrir."

— Dans ce cas, répondit Saint-Georges, vous voyez que j'ai été bien sage de ne pas me retrouver chez moi.

Mais comme à ce moment la porte s'ouvrait pour annoncer que le déjeuner était prêt, la discussion prit fin et le repas commença.

Avec cette rapidité de mouvement avec laquelle la Convention manœuvrait ses généraux à cette époque, mon père fut changé de l'armée de Sambre-et-Meuse au commandement en chef de la côte de Brest ; mais il était dégoûté de ces démarches factices, et, seize jours après sa nomination, il donna sa démission et se retira à Villers-Cotterets, pour être avec ma mère, qui, un an ou deux auparavant, avait donné naissance à mon fils. sœur aînée.

Bien des choses s'étaient passées depuis le 28 novembre 1792, date à laquelle le lieutenant-colonel Thomas-Alexandre Dumas Davy de la Pailleterie avait épousé Marie-Louise-Élisabeth Labouret.

D'abord, à regarder au dehors, une prompte vengeance avait succédé aux défaites de Marchain et à la prise de Longwy et de Verdun, aux victoires de Valmy et de Jemappes. Charleroy avait été occupée par le général Montesquiou et Nice par le général Anselme. Le siège de Lille fut levé ; et Mayence fut prise par le général Custine. Nos troupes étaient entrées à

Francfort-sur-le-Maine. Bruxelles avait été occupée par le général Dumouriez et la Savoie restituée à la France. La citadelle d'Anvers avait été prise par le général Labourdonnaye, Namur par le général Valence. L'Angleterre, la Hollande et l'Espagne avaient déclaré la guerre. Breda et Gertruydenberg avaient été prises par Arçon. La première coalition contre la France fut formée, comprenant la Prusse, l'Autriche, l'Allemagne, la Grande-Bretagne, la Hollande, l'Espagne, le Portugal, les deux Siciles, les États pontificaux et le roi de Sardaigne. La bataille de Nerwinde avait été perdue, ce qui entraîna l'émigration de Dumouriez et du duc de Chartres. Porentruy est restitué à la France. Les Anglais nous ont pris Tobago. L'Espagne envahit le Roussillon. Lyon prit les armes. Les nègres massacrèrent les blancs à Saint-Domingue. Mayence se rend aux Prussiens, Valenciennes aux Autrichiens et Pondichéry aux Anglais. Toulon est livré. Le Quesnoy capitule. Mais Jourdan bloque Maubeuge, Toulon est repris et Bonaparte entre en scène.

L'année 1794 s'ouvre sous de meilleurs auspices. Jourdan, Marceau, Lefebvre, Championnet et Kléber remportent la bataille de Fleurus. Ypres fut reprise par Moreau. Une seconde bataille de Fleurus ouvre à nouveau la Belgique aux armées françaises. La prise d'Ostende et de Tournay par le général Pichegru, et l'occupation de Mons par le général Ferrand, avaient libéré nos frontières et permis le siège de Condé, Valenciennes, le Quesnoy et Landrecies, qui furent prises : Condé le 15 juin, Valenciennes le 28 juillet, le Quesnoy le 11 septembre 1793 et Landrecies le 30 avril 1794. Enfin nous rentrâmes à Gand, Bruxelles, Landrecies, Nieuport, Anvers, Liège, Fontarabie, Saint-Sébastien, Valenciennes, Condé et Aix. -la-Chapelle. Nous avons envahi Roncevaux, cette vallée des associations poétiques. Nous prenons de force Andernach, Coblentz, Venloo, Maestricht, Nimègue, Figuières . Nous gagnâmes la bataille d'Escola, qui dura cinq jours, du 15 au 20 octobre 1794, et dans laquelle les deux généraux commandants furent tués ; Dugoummier le 18 ; et la Union le 20. Nous prenons possession d'Amsterdam et le stathouder s'enfuit à Londres. Nous prenons la flotte hollandaise (bloquée dans les glaces du Texel) avec une charge de cavalerie. Berg-op-Zoom se rend à Pichegru. Ross fut pris après un siège de soixante-dix jours. La Hollande était conquise ; et enfin un traité fut conclu entre la Toscane et la France ; qui reconnaissait ouvertement la République française comme faisant partie du système politique européen.

La Prusse imite l'exemple de la Toscane et conclut un traité de paix avec la France à Bâle. Elle était signée par le baron de Hardenberg et François Barthélemy, neveu de l'auteur des *Voyages du jeune Anacharsis*. Au 5 avril 1795, les deux puissances n'avaient plus rien à se restituer.

Un troisième traité de paix est signé le 16 mai entre la France et les Pays-Bas unis. Les Pays-Bas unis cèdent l'ensemble des provinces bataves le long de la rive gauche de l'Escaut oriental et sur les deux rives de la Meuse au sud de Venloo.

Les Pays-Bas unis versèrent à la France 100 000 000 florins sterling, monnaie néerlandaise, pour indemniser les frais de la guerre.

Enfin, le 22 juillet, l'Espagne traita à son tour de la paix avec la France ; La France céda à l'Espagne ses conquêtes en Biscaye et en Catalogne. L'Espagne céda à la France la partie de Saint-Domingue qu'elle possédait.

Telle était notre position à l'égard de l'Europe vers le milieu de l'année 1795.

Un mot maintenant sur notre politique intérieure.

De tous côtés, il y avait des signes d'arrêt et de changement.

Le vieux monde chancelait et entraînait dans ses décombres ceux-là mêmes qui l'avaient miné. Un nouveau monde naissait.

L'époque de Louis XV. était à sa fin. L'ère de Napoléon commençait.

Le grand événement qui occupa l'esprit de la France fut le procès de Louis XVI. le 28 novembre 1792.

Le 7 novembre, la Convention avait décrété, sur le rapport du Mailhe (député de la Haute-Garonne), que Louis XVI. pourrait être jugé et que la Convention devrait le juger. Le même jour, Robespierre exigeait que le roi soit sans plus attendre déclaré traître à la patrie, criminel envers l'humanité, et qu'il soit condamné à mort pour donner le bon exemple au monde.

Le 4 décembre, il fut décrété que quiconque tenterait de rétablir la royauté en France, ou toute autre puissance qui porterait atteinte à la suprématie du peuple, serait puni de mort.

Le 6 décembre, un décret fut publié nommant une commission de vingt et un membres, avec pour instructions d'accélérer l'interrogatoire et le procès de Louis XVI.

Le 11 décembre, Louis XVI. comparu devant la Convention.

Le 25, il fait son testament.

Le 15 janvier, l'appel nominal portait sur ces deux questions :

1. *Louis était-il coupable de complot contre la liberté et d'attentat contre la sûreté de l'État ? - Oui ou non.*

Sur 719 membres présents, 683 ont voté pour.

2. *La sentence à prononcer contre Louis doit-elle être soumise à la sanction du peuple dans ses assemblées primaires ? - Oui ou non.*

Sur 749 membres présents, 424 ont refusé un appel au peuple.

Une troisième question est posée ; vital, suprême, définitif. — *Quelle peine Louis avait-il encouru ?*

Trois cent quatre-vingt-sept voix sur sept cent treize répondirent : *La peine de mort.*

Finalement, ils promulguèrent un quatrième appel nominal, formulé en ces termes :

Faut-il surseoir à l'exécution de la peine de Louis Capet ? - Oui ou non.

Trois cent quatre-vingts voix étaient contre le sursis.

Trois cent dix pour cela.

Il ne pouvait alors y avoir de sursis.

Le 20 janvier, la sentence est prononcée contre Louis XVI.

Le 21 janvier à dix heures Louis XVI. a été exécuté.

La Convention créa dix armées pour faire face au mouvement d'indignation qui s'éleva dans toute l'Europe : l'armée du Nord et des Ardennes, commandée par le général Custine ; l'armée de la Moselle, commandée par Houchard ; l'Armée du Rhin, commandée par Alexandre Beauharnais ; l'armée des Alpes, commandée par Kellermann ; l'armée d'Italie, commandée par Brunet ; l'Armée des Pyrénées Orientales, commandée par les Défieurs ; l'armée des Pyrénées occidentales, commandée par Dubousquet ; l'Armée du Littoral de la Rochelle, commandée par le général Canclaux ; l'Armée des Rives de la Manche, commandée par Félix Wimpfen ; l'Armée de l'Ouest, commandée par Westermann.

En même temps, des représentants du peuple étaient nommés auprès de chaque armée, choisis par la Convention et investis de pouvoirs absolus.

Trois des généraux que nous venons de nommer moururent sur l'échafaud : Custine, Houchard et Alexandre Beauharnais.

Les Girondins, qui avaient voté avec les Jacobins au procès du roi, se séparent désormais d'eux.

Le 18 avril, une commission fut formée pour réprimer le parti terroriste.

Cette Commission fut élue le 18, dissoute le 27, rétablie le 28 et définitivement supprimée le 31.

Le résultat fut une séparation totale entre les deux partis.

Le 31 mai, les Girondins furent proscrits.

Le 13 juin, Charlotte Corday poignarde Marat.

Le 1er août, Marie-Antoinette est accusée par le Tribunal révolutionnaire.

Le 5 août, une armée révolutionnaire d'itinéraire est créée pour arpenter les départements, emportant avec elle la guillotine et l'artillerie.

Le 3 septembre s'ouvre le procès de Marie-Antoinette.

Le 5 fut publié le décret qui abolissait le calendrier chrétien et datait le début de l'ère française au 22 septembre 1792.

Le 12, Marie-Antoinette subit son premier examen.

Le 16, Marie-Antoinette est condamnée à mort.

A onze heures du matin même, elle montait à l'échafaud.

Le 31 octobre suivit l'exécution des Girondins.

Le 6 novembre, c'était au tour de Philippe-Égalité.

Le 11, chez Bailly.

Le 1er décembre, on recensa les prisonniers : ils étaient au nombre de 4,130 dans les différentes prisons de Paris.

Au 1er mars 1794, ils étaient 6000.

Le 27 avril à 7200.

Le 5 avril, Danton, Charbot, Bazire, Lacroix, Camille Desmoulins, Hérault de Séchelles et Fabre d'Églantine sont guillotinés.

Robespierre régna sans opposition en tant que maître de la France, aidé par Barère, Merlin de Douai, Saint-Just, Couthon, Collot d'Herbois, Fouché de Nantes, Vadier et Carnot.

Le 16, les décrets suivants furent publiés :

1. Que tous les individus avertis de conspiration, ou soupçonnés, soient conduits au Tribunal révolutionnaire de Paris depuis n'importe quelle partie de la République.

2. Tous les soi-disant nobles et étrangers devront quitter les villes frontières et maritimes dans un délai de dix jours, sous peine de mort.

Le 22, ils guillotinèrent Malesherbes, qui défendait Louis XVI. Ils complétèrent le martyre et l'holocauste en conduisant à l'échafaud à la fois sa fille, sa sœur, son gendre, sa petite-fille et son mari.

Le nombre de prisonniers augmentait sans cesse. Le 1er mai, ils étaient 8 000.

Le 8, Lavoisier est exécuté ; et vingt-sept autres collecteurs d'impôts, dont les noms sont aujourd'hui oubliés, furent exécutés avec lui.

Le 10, la princesse Élisabeth montait à l'échafaud ; et, comme son foulard était écarté, elle cria au bourreau :

"Au nom de la pudeur, monsieur, couvrez ma poitrine."

Elle est morte comme elle avait vécu, chrétienne, sainte, martyre.

Le 8 juin, Robespierre célébrait la fête de la Raison Suprême. Il était le grand prêtre de la nouvelle religion. Debout sur une estrade élevée contre les murs des Tuileries, et entouré de ses disciples, il prononça un discours dans lequel il daignait reconnaître l'Être suprême et l'immortalité de l'âme ; après quoi il incendia deux mannequins représentant l'athéisme et le fanatisme.

Cependant le nombre des prisonniers ne cessait d'augmenter. 11 400 étaient incarcérés dans les prisons parisiennes.

Il y avait trente-deux prisons à Paris, soit vingt-sept de plus qu'au temps de la Bastille.

Un 2 et un 3 septembre étaient attendus.

Les 9 et 10 thermidor arrivent, il est grand temps. A Bicêtre, on tente l'expérience d'une guillotine à neuf lames. Il semblait que l'ancienne machine ne pouvait pas fonctionner assez vite. Les 25, 26 et 27 juillet, ils n'avaient réussi à exécuter qu'environ 135 personnes au total au moyen des guillotines entre la place de la Révolution et celle du faubourg Saint-Antoine.

Les Thermidoriens régnèrent ensuite ; leur règne était plus doux, mais il avait néanmoins ses événements particuliers.

Le 26 juillet, les deux Robespierre furent exécutés, avec Couthon, Saint-Just, Lebas, Henriot et dix-sept autres Jacobins.

Le 10 août, un décret diminue le pouvoir du Tribunal révolutionnaire, que la nation n'ose pas encore abolir complètement.

Il édicte des réglementations plus favorables aux accusés : ils sont désormais autorisés à bénéficier d'un avocat pour défendre leur cause. Il est vrai que la reine en avait eu deux ; mais ils avaient reçu l'ordre de ne pas la défendre.

Les exécutions n'étaient plus quotidiennes et chaque exécution ne faisait qu'un petit nombre de victimes.

Autrefois, lorsqu'on guillotinait les condamnés par lots de vingt-cinq ou trente, les lames s'émoussaient au moment où arrivait le tour du dernier. Ils durent tomber deux ou trois fois avant d'achever leur tâche ; cette méthode répandit une telle quantité de sang qu'elle provoqua une épidémie dans le faubourg Saint-Antoine, provoquée par l'odeur du sang. Place de la Révolution, le sang coula dans un fossé creusé autour de l'échafaud. Un enfant est tombé dans ce fossé et s'est noyé.

Après la Tribune révolutionnaire, vint le Comité de salut public. Ici, la cause suit l'effet au lieu de le précéder. Le Comité de Salut Public en effet ! Un nom de terrible présage. Le Comité de salut public aurait pu, en effet, sauver la France ; mais vous vous souviendrez de la parole de Pyrrhus après la bataille de Siris :

"Une autre victoire comme celle-là, et nous sommes perdus."

Encore un Comité de salut public, et il n'y aurait plus de France.

Le 24 août, un décret limite ses prérogatives. Barère, Billaud-Varennes, Collot d'Herbois et Carnot furent chassés de cette formidable institution ; Barère après y avoir siégé dix-sept mois, et Carnot quatorze.

Le 8 octobre, soixante-treize députés proscrits rentrèrent à la Convention. Ils furent proscrits après le 31 mai ; ils reprennent leurs fonctions après le 9 thermidor. Parmi eux, les principaux étaient Lanjuinais, qui a siégé le dernier le 31 mai ; Boissy-d'Anglas, qui salua la tête de Féraud le 1er prairial, Daunou et Henri la Rivière.

Le 16, Carrier est accusé par une majorité de 418 voix sur 500 et condamné à mort.

Le 2 février 1795, Barère, Billaud-Varennes, Collot d'Herbois et Vadier furent mis en accusation, et le 1er avril ils furent condamnés au bannissement.

Barère se réfugie en Belgique, rentre en France en 1830 et meurt au sein de sa famille.

Billaud-Varennes fut transporté à Cayenne avec Collot d'Herbois, mais réussit à s'enfuir au Mexique, où il entra dans un monastère de Domini cans, sous le nom de Polycarpe Vareñas. Il combattit aux côtés des colons contre la mère patrie, échappa de peu à deux reprises à être abattu et mourut à Haïti en 1820.

Collot d'Herbois, comédien et poète indifférent, presque toujours à moitié ivre, prit une bouteille d'acide nitrique pour de l'eau-de-vie et mourut dans d'horribles souffrances à Cayenne en 1796.

Et dernier sur la liste, Vadier a complètement disparu et on n'en a plus jamais entendu parler depuis.

Le 3 mai, un décret restitua les biens confisqués aux familles de tous ceux qui furent condamnés pour *quelque motif que ce soit, sauf l'émigration.*

Deux familles furent exceptées de l'effet de cette loi bienfaisante, celles de Louis XVI. et Robespierre.

Quel étrange tour de roue de la fortune que de soumettre ces deux noms au même châtiment !

Lanjuinais et Boissy-d'Anglas marquèrent leur retour à l'Assemblée par ce décret.

Le 6, Fouquier Tinville et quinze juges ou membres de l'ancienne Tribune Révolutionnaire sont exécutés *en Grève* à Paris. Comprenez-vous la signification de ce terme *en Grève ?* L'ordre public était désormais rétabli, car l'échafaud lui-même n'avait-il pas repris sa place ?

Malgré tout ce qui s'était passé, les moyens de défendre la France, comme nous l'avons vu, avaient surgi de toutes parts comme par miracle. La France, qui avait à peine une armée en 1789, en avait six en 1792, dix en 1793 et quatorze en 1795.

Le 3 octobre 1793, Carnot rédige un rapport à la Convention dans lequel il préconise la création d'ateliers et suggère que des mesures soient prises pour faciliter le plus rapidement possible la formation de plongeurs et de moyens redoutables de défense contre l'ennemi.

La science, en effet, se mettait à la disposition du Comité de salut public ; elle prit sa part à la Révolution en s'occupant de la fourniture de moyens spéciaux de défense. Elle fut confrontée à des problèmes presque insolubles et elle réussit à les résoudre.

La France manquait de poudre, de fusils et de canons. En neuf mois, la Commission scientifique avait extrait de France des terres qui produisaient 900 000 livres de poudre par an, soit 12 000 000 de livres de poudre.

Avant la Révolution française, il n'y avait que deux fonderies pour fabriquer des pièces d'artillerie en bronze et quatre pour fabriquer des pièces d'artillerie en fer ; ces six fonderies produisaient 900 canons par an.

Quinze fonderies furent construites pour fabriquer des canons en bronze et trente pour ceux en fer.

Le premier produisait 7 000 canons par an et le second 13 000. On avait même improvisé à Paris une énorme usine d'armes à feu, qui fabriquait 140 000 fusils par an, c'est-à-dire plus que toutes les autres usines réunies n'étaient capables d'en fabriquer avant la Révolution. Avant la guerre, il n'existait qu'une seule manufacture d'armes de poing.

Vingt usines sont désormais ouvertes et se tournent vers de nouveaux procédés.

Une manufacture de fusils fut fondée et mise en activité ; ces armes étaient inconnues en France ; les ballons à air et le télégraphe sont devenus des organes de guerre.

Et grâce à un nouveau procédé, les peaux, qui prenaient habituellement plusieurs années à guérir, étaient rendues utilisables en une semaine.

Ainsi, tandis que la Convention faisait évoluer ses quatorze armées, la science fournissait le matériel nécessaire à leur emploi ; et les membres du Comité de salut public se vantèrent bruyamment.

« Ces nouveaux triomphes, et tous ceux qui ont marqué l'immortelle campagne de 1794, nous appartiennent. Ils sont le résultat de mesures qu'on nous a reprochées comme des crimes, c'est par ces succès que nous vous rendons tous les honneurs. le sang que nous avons versé. »

Ces paroles terribles, si profondément vraies, n'ont pas été prononcées par un Attila ni par un Genséric, mais ont été prononcées par Carnot.

Oui, terribles héros de la Convention, vous avez manié le marteau de Dieu et fabriqué l'épée qui devait délivrer le monde !

Quelle croyance sombre et mélancolique vous, redoutables Titans, avez élevée ; vous qui de 1793 à 1795 avez entassé juin sur août, septembre sur janvier, prairial sur thermidor, et qui, du haut des ruines de l'Olympe monarchique que vous avez escaladé, avez confondu toute l'Europe !

CHAPITRE VII

Mon père à Villers-Cotterets — Il est appelé à Paris pour exécuter le 13 vendémiaire — Bonaparte prend sa place — Il arrive le lendemain — Attestation *de Bonaparte* — Mon père est envoyé dans le district de Bouillon — Il va à l'armée de Sambre -et-Meuse et à l'armée du Rhin, et est nommé commandant à Landau. — Il revient comme général de division dans l'armée des Alpes, dont il avait été commandant en chef. — Sang et honneur anglais. — Plan de Bonaparte. Bonaparte nommé commandant en chef de l'armée d'Italie. — Campagne de 1796.

Tels sont les événements qui se sont déroulés dans la période qui s'est écoulée entre le mariage de mon père et son retour à Villers-Cotterets, après sa démission comme commandant en chef de l'armée de la côte près de Brest.

Il était très heureux, très bien, et espérait être laissé dans un paisible oubli aux côtés de sa jeune épouse, lorsque, le 14 vendémiaire au matin, il reçut cette lettre :

"PARIS, 13 *vendémiaire de l'an IV de la République française, une et indivisible.*

« Les Représentants du Peuple chargés de l'Armée de Paris et de l'Armée de l'Intérieur

« Ordonnez au général Dumas de se présenter immédiatement à Paris pour recevoir les instructions du gouvernement.

"JJB DELMAS,

"LAPORTE."

Que s'était-il donc passé à Paris ?

Il faut expliquer.

Le 13e Vendémiaire avait eu lieu. Bonaparte avait tiré à mitraille sur les rebelles sur les marches de l'église Saint-Roch.

La Convention avait choisi mon père pour la défendre, mon père n'était pas à Paris. Barras proposa Bonaparte, et Bonaparte fut accepté.

Cette heure capitale qui arrive, dit-on, au moins une fois dans la vie de chaque homme et qui décide de son avenir, avait sonné de mauvais augure pour lui.

Mon père accepta le poste sur-le-champ, mais il n'arriva que le 14. Il trouva les rebelles vaincus et Bonaparte général de l'armée de l'intérieur.

C'est le certificat qui a été remis à mon père ; nous avons copié ce précieux document à partir de l'original.

« LIBERTÉ – JUSTICE – ÉGALITÉ.

« Nous, officiers généraux et autres, certifions et attestons que le citoyen Alexandre Dumas, général de l'armée, est arrivé à Paris le 14 vendémiaire, et qu'il s'est immédiatement joint à ses frères d'armes pour défendre la Convention nationale contre l'attentat. des rebelles qui ont aujourd'hui déposé les armes.

"PARIS, 14 *brumaire an IV de la République française.*

"Signé :

JJB DELMAS; LAPORTE; GASTON; BERNARD, aide de camp ; HUCHÉ, général de division ; ÈME. ARTEL, Capitaine Adjudant-Général ; BERTIN, général de brigade ; PAREIN, général de division ; ROINAY, *Commissaire-Ordonnateur.*

Puis, au bas de toutes ces signatures, de son écriture illisible, dont chaque lettre était comme un nœud gordien, l'homme qui allait souder la Révolution par le sang écrivit ces trois lignes :

"Certifié correct.

"BUONAPARTE, Commandant en Chef de l'Armée de l'Intérieur."

Il laisse tomber le *u* qui Italianise son nom trois mois plus tard, puis signe lui-même *Bonaparte*.

C'est sans doute pendant ces trois mois qu'il eut son apparition semblable à celle de Macbeth, lorsque les trois sorcières lui adressèrent : « Salut ! tu deviendras commandant en chef ; salut ! tu deviendras premier consul ; salut ! tu deviendras empereur. "

La Convention, que Bonaparte sauva, termina ses trois années de session, le 26 octobre (1792), par un décret d'amnistie pour tous les délits révolutionnaires qui n'avaient été impliqués dans aucun vol ou assassinat.

Puis, après avoir rendu 8 370 décrets, il se dissout ou plutôt se réorganise, pour reparaître sous la triple forme de Conseil des Anciens, de Conseil des Cinq-Cents et de Directoire.

Les cinq directeurs étaient : La Reveillère-Lepaux, Letourneur de la Manche, Rewbell, Barras et Carnot.

Ils étaient tous membres de la Convention.

Chacun d'eux avait voté la mort du roi.

Ces nominations révolutionnaires provoquent un soulèvement dans le quartier de Bouillon. Le 23 brumaire an IV, mon père était de nouveau en service actif et fut envoyé pour réprimer cette insurrection, fin qu'il accomplit sans effusion de sang.

De Bouillon, mon père rejoignit l'armée de Sambre-et-Meuse et l'armée du Rhin. Il fut nommé commandant à Landau, le 21 nivôse an IV, revint à Villers-Cotterets en permission au mois de Ventôse, et enfin, le 7 messidor, il revint à l'armée des Alpes comme général de division. Cette armée, dont il avait été autrefois le commandant en chef, était destinée à garder la frontière et à surveiller le Piémont, avec lequel nous étions en paix.

Mon père a d'abord voulu refuser le poste. En temps de guerre, il était toujours prêt, même à jouer le rôle d'un simple soldat ; mais en temps de paix, il n'était pas dans son élément.

— Acceptez-le néanmoins, général, lui conseilla Dermoncourt. "Vous serez proche de l'Italie. De Chambéry à Suze il n'y a que le Mont Cenis à traverser."

« Dans ce cas, répondit mon père, je ferais mieux de le prendre.

Et il est parti.

A cette époque, comme nous l'avons dit, la guerre avait cessé entre nous et l'Espagne, la Prusse, la Toscane, le Piémont et la Hollande ; nous n'étions en guerre qu'avec nos deux éternels ennemis, l'Autriche et l'Angleterre.

Le 17 novembre 1795, les Anglais, vainement attendus à Quiberon, évacuent l'Ile Dieu. Sombreuil et douze cents émigrés français furent condamnés aux exécutions militaires. Le bruit de cette fusillade résonna jusqu'à Londres, où Pitt s'écria : « Au moins, aucun sang anglais n'a été versé.

"Non", rétorqua Sheridan, "mais l'honneur anglais suintait par tous les pores."

Nous avons continué la guerre avec l'Autriche simultanément au nord et au sud. Masséna a remporté la bataille de Loano au sud, et Bernadotte en a remporté une au nord, à Crutznach.

Néanmoins, ces victoires ne semblaient rien apporter. Par l'intermédiaire de Barras, Napoléon soumet au Directoire un projet gigantesque qui est adopté.

La guerre de Vendée touchait à sa fin, et Hoche avait fusillé Stofflet et Charette. La France, libérée de ses conflits internes et complètement installée à l'intérieur de ses propres frontières, pouvait désormais concentrer toutes ses énergies sur l'Allemagne et l'Italie.

Tel fut le plan présenté au Directoire.

Lorsque la Vendée fut maîtrisée, les forces devaient immédiatement prendre l'offensive. Nos armées du Rhin devaient bloquer et assiéger Mayence, soumettre les uns après les autres les princes de l'empire, transférer le théâtre de la guerre dans les États héréditaires et s'établir dans les nobles vallées du Mein et du Necker.

Désormais, les armées ne coûteraient plus rien à la France, la guerre couvrirait les dépenses de la guerre.

Quant à l'Italie, il fallait une grande victoire pour forcer le roi du Piémont à faire la paix, ou pour le contraindre à abandonner son royaume. Ce but atteint, le royaume du Piémont efface la carte de l'Italie et se joint à la France sous le titre de département du Pô, ils traverseront le fleuve, contourneront Pavie, arracheront Milan à l'Autriche, puis perceront en Lombardie et pénétreront dans jusqu'aux portes de Vienne en passant par le Tyrol et Venise.

Comme dans le cas de l'Allemagne (et certainement aussi capable de le faire que l'Allemagne), l'Italie nourrirait nos armées.

En conséquence de ce projet, et pour le mettre à exécution, Hoche devait réunir sous son commandement les trois armées des côtes de Cherbourg, des côtes de Brest et de l'Ouest, soit cent mille hommes en tout, pour réaliser la pacification de la Vendée.

Jourdan devait garder le commandement de l'armée de Sambre-et-Meuse.

Moreau devait remplacer Pichegru sur le Rhin.

Et Bonaparte fut nommé commandant en chef de l'armée d'Italie.

Le 21 mars 1796, Bonaparte quitte Paris, emmenant avec lui dans sa voiture deux mille louis . C'était tout ce qu'il avait pu réunir, et cela comprenait sa propre fortune, les contributions de ses amis et les subsides du Directoire.

Alexandre en prit sept fois plus lorsqu'il partit à la conquête des Indes.

Il faut préciser que chaque louis d'or, du temps de Bonaparte, valait sept mille deux cents francs en assignats.

Pourquoi Bonaparte a-t-il préféré les 25 000 soldats nus et affamés du littoral de Gênes à ces grandes armées du Rhin, à ces 80 000 hommes bien armés et bien équipés qui avaient été mis sous les ordres de Jourdan et de Moreau, dont le commandement aurait pu était le sien, l'avait-il souhaité ? Parce que l'Italie est l'Italie, le pays des merveilleux souvenirs ; il choisit plutôt l'Éridan et le Tibre jusqu'au Rhin et la Meuse, le pays milanais jusqu'au Palatinat ; il préférait être un Hannibal plutôt qu'un Turenne ou un maréchal de Saxe.

Arrivé à Nice, il trouve une armée sans vivres, sans vêtements, sans chaussures, s'efforçant avec beaucoup de difficulté de tenir ses postes, face à 60 000 soldats autrichiens et aux généraux les plus célèbres de l'empire.

Le lendemain de son arrivée, Bonaparte distribua la somme de quatre louis à chaque général, pour son entrée en scène ; puis, désignant les plaines d'Italie, il dit aux soldats : « Camarades, vous mourez de faim parmi ces rochers ! Jetez les yeux sur ces plaines fertiles qui s'étendent sous vos pieds ; elles vous appartiennent, prenez-les.

Hannibal avait fait une remarque similaire mille neuf cents ans auparavant à ses troupes numides, alors qu'elles étaient accroupies comme des sphinx sur les plus hauts sommets des Alpes et regardaient avec avidité l'Italie ; et pendant ces mille neuf cents ans, seuls deux hommes s'étaient levés, César et Charlemagne, dignes d'être comparés à ces deux-là.

Bonaparte, comme nous l'avons dit, avait contre lui près de 60 000 hommes : 22 000 étaient stationnés à Céva, de l'autre côté des montagnes, sous Colli ; Beaulieu, celui du courage d'enfant sous ses cheveux blancs, s'était avancé avec 38 000 hommes sur Gênes par les cols de la Lombardie.

Bonaparte déplaça son armée vers Albenga et, le 11 avril, il se précipita contre Beaulieu, près de Voltri.

De cette commotion jaillit l'étincelle qui, onze jours plus tard, enflamma l'Italie ; le jeune général en chef battit cinq fois son ennemi : à Montenotte, à Millesimo, à Dego, à Vico et à Mondovi. En onze jours, les Autrichiens furent coupés des Piémontais, Provera fut prise, le roi de Sardaigne fut contraint de signer un armistice dans sa propre capitale, de rendre les trois forteresses de Coni, Tortona et Alexandrie, et Bonaparte publia la proclamation suivante : à ses soldats :—

« Soldats, en quinze jours vous avez remporté six victoires, pris vingt et un drapeaux, cinquante-cinq pièces de canon, plusieurs places fortes, et conquis la moitié la plus riche du Piémont. Vous avez fait 15 000 prisonniers, tué ou blessé plus de 10 000 personnes. hommes ; votre courage aurait vaincu les rochers stériles, si nous n'avions pas jugé le sacrifice inutile au pays ; vos services valent aujourd'hui ceux des armées du Rhin et de la Hollande. Privés de tout, vous vous êtes débrouillés de rien. vous avez gagné des batailles sans canons, traversé des rivières sans ponts, fait des marches forcées sans chaussures aux pieds, bivouaqué sans votre réserve d'esprit, souvent sans pain, les phalanges de la République et les soldats de la Liberté étaient seuls capables de souffrir ce que vous avez fait ; Vous avez souffert. Tous vos remerciements vous sont dus, soldats ! Le pays vous doit de la gratitude pour sa prospérité. Conquérants de Toulon, si vous avez préfiguré l'immortelle campagne de 1793, vos victoires actuelles présagent de plus belles choses encore . Les deux armées qui avaient récemment eu l'audace de vous attaquer, s'enfuirent devant vous avec terreur ; Les hommes méchants, qui se moquaient de votre misère et se réjouissaient dans leur cœur à la pensée que vos ennemis triomphaient de vous, ont été honteux et ils tremblent devant vous. Mais, soldats, s'il reste encore quelque chose à faire, vos devoirs ne sont pas terminés. Ni Turin ni Milan ne sont à nous. Les cendres des conquérants de Tarquin sont encore dispersées par les assassins de Basseville ! J'ai entendu dire à l'oreille qu'il y en a parmi vous dont le courage décline et qui préféreraient retourner par les Apennins et les Alpes. Mais je n'arrive pas à y croire : non, les conquérants de Montenotte, de Millesimo, de Dego et de Mondovi brûlent de porter plus loin encore la gloire du peuple français.

Bonaparte s'avança ensuite vers l'Italie du Nord, et, prédisant ses succès futurs par ceux du passé, il écrivit au Directoire :

"Demain je marche sur Beaulieu. Je le contraindrai à repasser le Pô, je le traverserai tout de suite, je prendrai possession de toute la Lombardie, et avant un mois j'espère être sur les montagnes du Tyrol. , là pour s'associer à l'armée du Rhin et, en conjonction avec elle, porter la guerre en Bavière.

Beaulieu fut en effet dépassé. Il revint en vain pour tenter de s'opposer au passage du Pô ; le Pô fut franchi ; il retourna donc se réfugier derrière les murs de Lodi. Une bataille, qui dura trois heures, le chassa de sa position ; et il forma une ligne de bataille le long de la rive gauche, défendant de toute son artillerie le pont qu'il n'avait pas eu le temps de détruire. L'armée française, rangée en colonnes serrées, se précipita sur le pont, dispersant tout devant lui, dispersa les Autrichiens et poursuivit sa route sur ce qui restait de l'armée ennemie. Pavie fut la suivante à se soumettre, Pizzighitone et Crémone tombèrent, le château de Milan ouvrit ses portes, le roi de Sardaigne accepta définitivement la paix ; les ducs de Parme et de Modène suivirent son exemple, et Beaulieu parvint de justesse à s'enfermer à Mantoue.

C'est à ce moment que lui parvient la nouvelle de l'avancée de Wurmser : il arrive avec 60 000 hommes, 30 000 pris à l'armée du Rhin, 30 000 tirés de l'intérieur de l'Autriche.

Ces 60 000 hommes avancèrent à travers le Tyrol.

Examinons maintenant l'état de l'armée française et de ses adversaires.

L'armée française était entrée en Italie avec un effectif de 30 000 à 32 000 hommes, dont elle avait perdu 2 000 ; près de 9 000 hommes étaient venus de l'armée des Alpes, 4 000 ou 5 000 étaient venus des centres militaires de Provence et du Var. L'armée comptait donc 44 000 à 45 000 hommes, répartis autour de l'Adige ou groupés autour de Mantoue.

A celles-ci, on pouvait compter sur deux divisions, tirées de l'armée de l'Ouest, la Vendée étant pacifiée. Mais ces deux divisions n'avaient pas encore traversé la France.

L'armée autrichienne comprenait de 10 000 à 12 000 hommes, sans compter les malades et les blessés enfermés à Mantoue ; 12 000 ou 15 000 hommes, restes des différentes batailles livrées depuis le début de la campagne et dispersées dans le nord de l'Italie, et 60 000 hommes dirigés par Wurmser.

La renommée de ces 60 000 hommes se répandit à l'étranger, et la rumeur en doubla hardiment le nombre. Cette fois, selon la rumeur, Bonaparte allait rencontrer non seulement une armée quatre fois plus forte que la sienne, mais un général à sa hauteur. Hannibal devait rencontrer son Scipion ; on répétait le vieux proverbe : *L'Italia fu e sarà semper il sepolcro dei Francesi.*

L'Italie avait été et serait toujours le tombeau des Français.

C'est ce que les gens disaient.

Wurmser avait alors, comme nous l'avons dit, 60 000 hommes ; de ces 60,000 hommes il en avait détaché 20,000, qu'il avait donnés à Quasdanovitch, avec l'ordre de marcher par la route qui longe le lac de Garde, le petit lac d'Idra et, après avoir traversé la Chiesa, débouche à Salo.

Il emmena avec lui les 40 000 autres, les répartissant entre les deux routes qui longent l'Adige : une partie marcha sur Rivoli, les autres se dirigèrent vers Vérone.

Ainsi l'armée française, concentrée autour de Mantoue, serait encerclée, attaquée de front par l'armée de Wurmser, attaquée en arrière par la garnison de Beaulieu et par les 10 000 hommes restants, dispersés, qui se rassemblaient.

Tout ce stratagème de Wurmser fut révélé à Bonaparte par son exécution même.

Petit à petit, il a appris :

Que Quasdanovitch avait attaqué Salo et mis en déroute le général Sauret, et que le général Guyeux était resté là isolé, dans un ancien bâtiment où il s'était retiré avec quelques centaines d'hommes ;

Que les Autrichiens avaient pris d'assaut Corona entre l'Adige et le lac de Garde ;

Enfin, qu'ils étaient devant Vérone.

Le lendemain, ils étaient à Brescia. De tous ces points ils traverseraient l'Adige.

Soit douteux de ses chances, soit qu'il voulût au contraire montrer la supériorité de son génie, Bonaparte convoqua un conseil de ses généraux ; qui ont tous conseillé une retraite. Seul Augereau, le soldat parisien, fils du faubourg Saint-Antoine, déclara que les autres feraient ce qu'ils voudraient, mais que ni lui ni sa division ne reculeraient d'un pas.

Bonaparte fronça les sourcils, car c'était dès le début son intention ; Comment se fait-il qu'Augereau soit de son avis ? Etait-ce de l'audace ou du génie ? Il regarda sa tête, finement sculptée mais déprimée au niveau des tempes et élargie à l'arrière. C'était simplement et uniquement par témérité.

Bonaparte renvoya ce conseil de guerre sans rien décider ouvertement, mais, seul, sa décision était prise.

Le quartier général de Bonaparte était à Castelnovo, presque au bout du lac de Garde ; il rassembla autour de lui une armée aussi nombreuse que possible, levant le siège de Mantoue ; il abandonna le Bas Mincio et le Bas Adige, concentrant toutes ses forces à Peschiera, pour battre séparément Quasdanovitch et Wurmser avant qu'ils eussent accompli leur jonction.

Il commença par Quasdanovitch, qui était le plus proche et le plus faible.

Le 21 thermidor (31 juillet), tandis que Serrurier abandonnait le siège de Mantoue, brûlait ses tours de guet, dopant ses canons, enfouissant ses projectiles et jetant sa poudre à l'eau, Bonaparte franchit le Mincio à Peschiera et battit Quasdanovitch. à Lonato, tandis qu'Augereau entrait dans Brescia sans porter un coup, et que le général Sauret, remontant jusqu'à Salo, relevait Guyeux, qui combattait depuis deux jours sans pain ni eau, dans son ancienne bâtisse.

Quasdanovitch, qui croyait nous surprendre et nous battre, fut lui-même surpris et battu ; il s'arrêta, consterné, et décida de ne pas s'engager dans une autre bataille jusqu'à ce qu'il sache ce qu'était devenu Wurmser.

Bonaparte s'est également arrêté : Wurmser était le véritable ennemi dont il fallait se méfier. Il faut affronter Wurmser : son arrière-garde doit devenir son avant-garde, et *vice versa* ; il était grand temps de renverser la situation.

Les généraux de Wurmser avaient traversé non seulement l'Adige, mais aussi le Mincio, pour effectuer leur conjonction avec Quasdanovitch à Peschiera : Bayalist s'avança sur la route de Lonato, et Lilpay chassa le général Varelle de Castiglione ; tandis que Wurmser se dirigeait vers Mantoue, qu'il croyait toujours bloquée, avec ses deux divisions d'infanterie et deux de cavalerie.

En arrivant chez le général Serrurier, il trouva les tours de guet en cendres et les canons braqués.

Bonaparte avait peur, il s'était enfui. Pour le général autrichien, les calculs du génie ressemblaient à de la peur.

Mais Bonaparte, que Wurmser croyait avoir fui, était occupé à couper l'armée de Bayalist en deux à Lonato, en forçant une partie sur Salo, que Junot poursuivit et dispersa, poursuivant lui-même l'autre, qu'il chassa sur Castiglione. Les fuyards autrichiens étaient pris entre deux incendies, le général Sauret étant à Salo, et le général Augereau à Castiglione.

Ils firent 3,000 prisonniers à Salo et 1,500 prisonniers à Castiglione, ils tuèrent et blessèrent 3,000 ou 4,000 hommes, ils prirent vingt pièces de canon, et les fugitifs de Bayalist furent jetés parmi ceux de Quasdanovitch.

Wurmser comprit son erreur à peine arrivé à Mantoue : il s'élança avec 15 000 hommes au bruit des tirs, parvint à rallier 10 000 hommes de Bayalist et de Lilpay et se rangea en ligne de bataille.

Bonaparte accepta le défi, mais il avait besoin de toutes ses troupes ; il partit au galop vers Lonato ; en trois jours, il inspecta et organisa personnellement tout ; il a monté cinq chevaux jusqu'à la mort pendant ces trois jours. Il arriva à Lonato ; une partie des troupes de cette ville devait s'avancer sur Salo et sur Gavado pour s'établir à Quasdanovitch ; Quelles que soient les troupes qui n'étaient pas engagées, il les emporta avec lui à Castiglione ; il donna l'ordre aux différentes troupes de marcher, chacune vers sa destination ; il resta à Lonato avec 1000 hommes ; il prit quelques instants de repos, et le soir il comptait partir pour Castiglione pour combattre Wurmser au point du jour.

Bonaparte venait de descendre de cheval et de se mettre à table, quand on lui apprit que Lonato était encerclé par 4,000 hommes et qu'un Autrichien porteur d'un drapeau de trêve l'attendait pour lui demander de se rendre.

Avec ses 1000 hommes, Bonaparte parviendrait peut-être à en affronter 4000, et peut-être à les vaincre. Mais on avait un besoin urgent de lui ailleurs, et il avait recours à une autre méthode. Il donna l'ordre à tout son état-major de monter à cheval, fit amener l'envoyé, puis ordonna qu'on lui débande les yeux.

L'envoyé, qui savait peu à qui il avait affaire, fut étonné de se trouver devant un état-major, alors qu'il ne s'attendait qu'à trouver quelques officiers ; néanmoins, il a délivré son message.

"Alors, mon pauvre garçon, lui dit Bonaparte après avoir fini, tu ne sais ni qui je suis ni où tu es ? Je suis Bonaparte, commandant en chef, et toi et tes 4000 hommes êtes tombés de plein fouet dans le au milieu de mon armée ; retourne vers ceux qui t'ont envoyé et dis-leur que je leur donne cinq minutes pour se rendre, et s'ils refusent, je les passerai tous par l'épée, pour les punir de l'insulte qui m'a été faite.

Un quart d'heure plus tard, les 4 000 hommes avaient déposé les armes.

A la tombée de la nuit, Bonaparte était à Castiglione.

Le lendemain, Wurmser fut vaincu et laissa 2,000 hommes sur le champ de bataille, où nos soldats, épuisés de fatigue, dormaient pêle-mêle parmi les morts.

En cinq jours, Bonaparte avec 30 000 hommes en avait battu 60 000 ; Wurmser avait perdu 20 000 hommes, tués, blessés ou faits prisonniers. Il avait reconquis la route de Rivoli entre l'Adige et le lac de Garde, qui était la clé du Tyrol.

Bonaparte rassembla 28 000 hommes et se lança à la poursuite de Wurmser, qui, rassemblant les forces de Quasdanovitch, lui restait encore 40 000 hommes ; il gagna la bataille de Roveredo, entra dans Trente, la capitale du Tyrol, quitta Vaubois pour la garder et se jeta dans les gorges du Tyrol à la poursuite de Wurmser ; il chassa devant lui 30 000 hommes avec ses 18 000, parcourant vingt lieues en deux jours, rattrapa Wurmser sur les bords de la Brenta, lui livra bataille à Bassano, fit prisonniers 4 000 de ses hommes, prit tout son matériel de guerre, le repoussa. sur l'Adige, et ne lui laissa, ainsi qu'aux 14 000 hommes qui lui restaient, d'autre ressource que de se retirer pour se réfugier dans les murs de Mantoue, dont il avait essayé de lever le blocus avec 60 000 hommes.

C'était la troisième armée autrichienne que Bonaparte détruisait depuis son entrée en Italie.

Wurmser entra à Mantoue résolu à la défendre jusqu'à la dernière extrémité, et, pour ajouter à sa nourriture, il tua et sala ses 7 000 chevaux de cavalerie, transformant les cavaliers en fantassins.

Puis, furieux de la manière dont ses hommes avaient été dirigés, il condamna ses officiers, comme punition, à défiler pendant trois mois dans les rues de Mantoue avec des quenouilles à la main au lieu de cannes.

Les officiers obéirent sans murmurer à cette singulière punition.

Bonaparte laissa Serrurier bloquer Mantoue et, retournant à Milan, il attendit de nouveaux approvisionnements du Directoire, employant son temps jusqu'à ce qu'ils viennent fonder la République cis-alpine.

CHAPITRE VIII

Mon père dans l'armée d'Italie. — Il est reçu à Milan par Bonaparte et Joséphine. — Les troubles de Bonaparte en Italie. — Le scorbut. — La campagne reprend. — Découragement. — Bataille d'Arcole.

Pendant que ces prodiges s'opéraient en Haute Italie, mon père commandait encore une division de l'armée des Alpes : comme nous l'avons dit, comme c'était un poste d'observation, il avait placé respectivement les généraux de brigade Dufresne et Pailloc au poste d'observation. au pied du Mont Cenis et à Saint-Pierre d'Albigny dans la Tarantaise, tandis qu'il établit son propre quartier général à la Chambre, petit village comprenant une douzaine de maisons, situé au pied d'une chaîne de pics qui regorgeaient de chamois. C'était là sa prédilection pour la Chambre, où il savait d'ailleurs qu'il retrouverait un de ses anciens guides du Mont Cenis, chasseur le plus ardent, avec qui il passait jours et nuits en montagne.

Une nuit, en revenant après trois jours de grand sport, mon père trouva une lettre lui ordonnant de se rendre en Italie et de se mettre à la disposition du général Bonaparte. Cet ordre était daté du 22 vendémiaire (14 octobre).

Bonaparte ne signait plus « Buonaparte ».

C'était exactement ce qu'espérait mon père, même s'il partageait dans une certaine mesure la même aversion que ressentaient ses collègues, qui se considéraient comme des généraux expérimentés à l'âge de trente-deux et trente-quatre ans et qui s'opposaient à servir sous un commandement militaire. général âgé de vingt-six ans ; Pourtant, le rugissement des canons et le bruit de nombreuses batailles résonnaient dans ses oreilles depuis un an, jusqu'à ce qu'il soit tout à fait prêt à demander du service en Italie, quel que soit le grade.

Mon père arriva à Milan le 19 octobre 1796.

Bonaparte lui fit un accueil cordial, et Joséphine un accueil encore plus chaleureux ; elle venait de rejoindre son mari et, en tant que créole, était passionnément attachée à tout ce qui rappelait ses chères colonies.

Il trouva Bonaparte très inquiet et très en colère contre la conduite du Directoire qui l'avait abandonné. Les généraux autrichiens furent battus, mais l'Autriche elle-même ne fut pas battue.

Les troupes dont disposait l'empereur en Pologne, grâce aux promesses que Catherine lui avait faites, purent marcher vers les Alpes ; de nombreuses troupes étaient également stationnées pour surveiller le Danube et la Turquie ; d'ailleurs, toutes les réserves de la monarchie autrichienne se préparaient pour l' Italie ; on équipait donc dans le Frioul une nouvelle et splendide armée, composée des restes des troupes de Wurmser, celles de Pologne et de Turquie, de réserves et de recrues. Le maréchal Alvintzy fut chargé de prendre le commandement de cette quatrième armée, destinée à venger l'honneur de Colli, Beaulieu et Wurmser.

Bonaparte n'avait pas plus de 25,000 hommes des troupes qui l'avaient accompagné en Italie, ou qui l'y avaient rejoint, pour faire face à cette nouvelle armée ; car le canon autrichien avait fait de grands vides dans nos rangs, malgré leurs défaites. Quelques bataillons lui étaient parvenus de la Vendée, mais ils furent fortement réduits par la désertion ; Kellermann, qui venait d'envoyer mon père, fit dire par lui qu'il ne pouvait affaiblir la ligne des Alpes, puisqu'il était obligé de surveiller Lyon et les bords du Rhône, où les Compagnies de Jésus étaient confiées à toutes sortes de brigandages. Bonaparte réclame avec véhémence les 40e et 83e brigades avec leurs 6 000 hommes, et, si elles arrivaient, il serait à la hauteur de tout.

Il écrit ainsi au Directoire : « Je suis malade, je peux à peine monter à cheval ; il ne me reste plus que du courage, et cela ne suffit pas à la situation où je me trouve : notre prestige est considéré comme évaporé ; envoyez des troupes ou l'Italie est perdue.

En effet, mon père trouva Bonaparte très malade. Le mal dont il se plaignait était le scorbut, qu'il avait attrapé à Toulon en accomplissant un acte très héroïque, en nettoyant lui-même un fusil avec l'éponge d'un artilleur qui venait d'être tué ; il avait négligé la maladie, et elle l'épuisait ; il était terriblement maigre, il ressemblait à un squelette ambulant, sans rien de vivant à part ses yeux.

Néanmoins, il ne désespérait pas ; il recommanda à mon père d'exercer la plus grande vigilance et un travail incessant ; et, l'informant de son prochain plan de campagne, il l'envoya prendre le commandement de la première division devant Mantoue.

Ainsi, onze jours plus tard, la campagne a repris.

La quatrième tête d'hydre fut écorchée ; Le maréchal Alvintzy avait jeté des ponts sur la Piave et s'avança jusqu'à Brenta avec 40 000 hommes.

La lutte fut terrible. Elle dura du 1er au 17 novembre ; Bonaparte, avec 20,000 hommes, en attaqua 50,000 ; une fois son armée réduite à 15 000 hommes ; Un jour Bonaparte, découragé par les batailles indécises de Bassano et de Caldiero, adressa au Directoire le cri de détresse suivant.

C'était le 14 novembre ; le 13, Bonaparte était arrivé à Vérone après dix jours de lutte, non seulement contre les Autrichiens, mais contre la boue, la pluie et la grêle.

« Tous nos officiers supérieurs, écrit-il, sont *hors de combat* ; l'armée d'Italie, réduite à une poignée, est épuisée ; les héros de Millesimo, de Lodi, de Castiglione et de Bassano sont morts pour la patrie ou sont morts. à l'hôpital ; il ne reste du corps que leur orgueil et leur réputation ; Joubert, Lannes, Lamart, Victor, Murat, Charlet, Dupuis, Rampon, Pigeon, Ménard, Chabadon sont blessés au cœur de l'Italie ; les braves qui nous restent ont à affronter une mort inévitable au milieu même de hasards continuels et en nombre inférieur. Peut-être l'heure fatale du brave Augereau et de l'intrépide Masséna est-elle sur le point de sonner alors ; de ces braves hommes ? Cette pensée me retient. Je n'ose plus courtiser la mort au découragement de ceux que j'estime tant ; si j'avais seulement reçu le 83e et été fortifié par 3500 hommes éprouvés, j'aurais peut-être tout osé ; Dans quelques jours, 40 000 hommes ne suffiront pas à nous sauver.

« Aujourd'hui, nos troupes se reposent ; demain, sous réserve des mouvements de l'ennemi, nous passerons à l'action.

C'est ici les plaintes, ou plutôt les sombres prédictions, d'un homme fatigué, découragé et déprimé : les constitutions les plus fortes succombent à de tels moments de doute, et connaissent ces heures de désespoir : après une grande fatigue, le corps l'emporte sur l'esprit. , le fourreau ternit la lame.

Deux heures après avoir rédigé cette lettre, Bonaparte avait imaginé un nouveau plan.

La bataille de Roneo eut lieu le lendemain, marquant le début de la célèbre bataille d'Arcole, qui dura trois jours.

Le troisième jour, les Autrichiens avaient perdu 5 000 hommes prisonniers, 8 000 ou 10 000 tués ou blessés, et, bien qu'ils soient encore 40 000 hommes, ils se retirèrent dans les montagnes, poursuivis par 15 000 Français.

Ils se replient dans la capitale du Tyrol : 15 000 Français ont accompli la gigantesque entreprise de combattre et de vaincre 50 000 hommes.

Mais ils avaient seulement repoussé l'armée d'Alvintzy, ils ne l'avaient pas détruite, comme ils avaient détruit les trois autres.

Bonaparte conseilla à Serrurier de continuer le blocus de Mantoue, de harceler Wurmser comme il avait harcelé Beaulieu (Cauto d'Irles), et prit ses quartiers d'hiver à Milan, centre de négociations avec toutes les petites principautés d'Italie, qui, par la seule peur, sont devenus nos alliés.

Environ trois semaines plus tard, pendant le blocus, se produisit un événement qui devait avoir une grande influence sur le déroulement des événements de cette terrible campagne.

Une nuit, soit le 23, soit le 24 décembre, qui correspondait à celle du 2 ou du 3 nivôse, mon père fut réveillé par la visite de trois ou quatre soldats, qui amenèrent devant lui un homme capturé par un de nos avancés. sentinelles au moment où il allait sauter par-dessus la première barricade de Mantoue.

Mon père était à Marmirolo.

Le colonel commandant nos avant-postes de Saint-Antoine a envoyé cet homme à mon père avec le message qu'il était un espion vénitien et qu'il croyait qu'il détenait des renseignements importants.

Les réponses de l'homme étaient étonnantes. Il était au service autrichien et faisait partie de la garnison de Mantoue, ville qu'il avait quittée à cause d'une histoire d'amour ; il revenait à peine lorsqu'il fut interpellé et arrêté par la sentinelle, qui avait entendu le bruit de ses pas sur la neige gelée.

Bien qu'il ait été fouillé partout, rien n'a été trouvé sur lui.

Mais, malgré l'apparente franchise de ses réponses et son aisance lors de son interrogatoire, mon père crut déceler certains regards rapides, certains tics nerveux, qui dénotaient un homme peu sûr de son terrain. De plus, le mot « espion », lorsqu'il était utilisé devant lui, le rendait confus et rendait difficiles à croire les raisons qu'il donnait pour ses sorties et son retour. D'ailleurs, lorsqu'un général surveille une ville de l'importance de Mantoue, et espère avoir attrapé un espion, il ne renonce pas facilement à ses espérances.

Mais il ne semblait plus rien y avoir à dire : les poches de l'homme étaient parfaitement vides et ses réponses mathématiquement précises.

Les livres préférés de mon père étaient *les Commentaires de Polybe et de César.* Un volume des *Commentaires* du conquérant des Gaules était ouvert sur la table près de son lit, et c'est dans le passage que mon père venait de relire avant de s'endormir que César raconte comment, pour faire passer son lieutenant à Labienus avec renseignements précieux, il avait enfermé sa lettre dans une petite boule d'ivoire de la taille d'un jouet d'enfant ; comment le messager, lorsqu'il arrivait aux piquets ennemis, ou à tout endroit où il craignait d'être fait prisonnier, devait porter la balle dans sa bouche et l'avaler s'il était poussé à l'extrême.

Ce passage de César traversa l'esprit de mon père comme un rayon de lumière.

"Très bien", dit mon père; "Puisque cet homme ment, il faut le sortir et le fusiller."

"Quoi ! Général", s'exclama le Vénitien avec terreur. "Pourquoi dois-je être abattu ?"

"Pour vous ouvrir le ventre et retrouver les dépêches que vous avez avalées", dit mon père avec autant de certitude que si l'affaire lui avait été révélée par son esprit familier.

L'espion trembla.

Les hommes hésitèrent.

" Oh ! ce n'est pas une plaisanterie ", dit mon père aux soldats qui avaient fait le prisonnier ; "si vous le désirez, je vous donnerai un ordre écrit."

« Non, général », répondirent les soldats ; "si tu es sérieux—"

"Parfaitement sérieux ; emmenez-le et abattez-le."

Les soldats s'avancèrent pour éloigner l'espion.

"Un moment!" dit-il, voyant que les choses avaient pris une tournure grave.

"Voulez-vous avouer?"

"Oui, oui, je l'avoue", dit l'espion après un moment d'hésitation.

— Vous avouez que vous avez avalé vos dépêches ?

"Oui, Général."

« Et il y a combien de temps as-tu fait ça ?

"Il y a environ deux heures et demie, Général."

«Dermoncourt», dit mon père à un jeune aide de camp qui dormait dans la chambre voisine de la sienne, et qui écoutait et regardait depuis le début de cette scène avec la plus grande attention, sans voir ce qu'elle allait donner. mener à.

"Me voici, Général."

"Tu as entendu?"

« Quoi, Général ?

— Que cet homme a avalé ses dépêches ?

"Oui."

« Il y a deux heures et demie ?

"Il y a deux heures et demie."

" Très bien, va trouver le pharmacien du village et demande-lui si c'est un purgatif ou un émétique qu'il faut donner à un homme pour lui faire se débarrasser de ce qu'il a pris il y a deux heures et demie ; il doit je vous dirai lequel aura le résultat le plus rapide.

Cinq minutes plus tard, Dermoncourt revenait, la main au salut, et, avec une merveilleuse maîtrise de ses traits, il répondait :

"Un purgatif, Général."

"Vous en avez apporté un avec vous ?"

"Oui, Général."

On donna le purgatif à l'espion, qui l'avala avec une grimace ; puis on le conduisit dans la chambre de Dermoncourt, où deux soldats le surveillaient, tandis que Dermoncourt passait une très mauvaise nuit, étant réveillé par les soldats chaque fois qu'ils pensaient que le médicament allait faire effet. Enfin, vers trois heures du matin, on lui livra un tabloïd de cire gros comme un noisetier. Cette petite boule de cire était lavée dans un de ces canaux d'irrigation qu'on trouve par milliers dans les prairies de Mantoue, trempée dans un liquide que l'espion portait à cet effet dans une petite fiole cachée dans la poche de son gilet que les soldats n'avaient pas. j'ai jugé nécessaire de le lui prendre et je l'ai remis à mon père ; il la fit ouvrir par Dermoncourt, qui, en sa qualité d'aide de camp secrétaire, devait ouvrir les dépêches.

Une seule crainte leur restait : la dépêche pourrait être en allemand, et pas un seul homme dans les quartiers du général ne parlerait allemand.

Pendant ce temps, Dermoncourt effectuait avec son canif l'opération césarienne de la pastille de cire ; et il en tira une lettre écrite sur vélin en caractères si petits que, roulée entre les doigts, la lettre n'était pas plus grosse qu'un gros pois.

Grande fut la joie des deux opérateurs lorsqu'ils s'aperçurent que la lettre était écrite en français ; on aurait presque dit que l'empereur et son commandant en chef avaient prévu la possibilité que cette lettre tombe entre les mains de mon père.

Je donne la teneur de la lettre, que je tire d'une copie de la main de mon père ; l'original, comme nous le verrons tout à l'heure, fut envoyé à Bonaparte :

"TRENT, 15 *décembre 1796.*

« J'ai l'honneur de transmettre à Votre Excellence les ordres de Sa Majesté, en date du 5 du mois, littéralement et dans la même langue dans laquelle je les ai reçus.

« Vous aurez soin de conseiller sans délai au maréchal Vurmser de ne pas interrompre ses opérations ; vous l'informerez que j'attends de lui qu'il défende vaillamment et avec zèle Mantoue jusqu'à la dernière extrémité ; que je le connais, ainsi que les valeureux officiers de son état-major. qui sont avec lui, trop bien pour craindre qu'ils ne se livrent prisonniers ; d'ailleurs, il faut qu'il tâche de transporter la garnison en France plutôt que de la renvoyer dans mon royaume ; à la dernière extrémité et sans moyens de subsistance, il prendra des mesures pour détruire autant que possible à Mantoue tout ce qui serait utile à l'ennemi, et, en faisant sortir la partie de ses troupes qui est propre à le suivre, se dirigera vers et pour passer le Pô, puis marcher à Ferrare ou à Bologne, se tenant prêt, s'il le faut, à se diriger vers Rome ou vers la Toscane, il trouvera très peu d'ennemis dans les régions *favorablement disposées* pour elle ; l'approvisionnement de ses troupes, pour lesquelles, s'il le faut, il doit user de la force, comme il le ferait pour surmonter tout autre obstacle.

"FRANÇOIS.

" Un homme sûr, un cadet du régiment Straroldo, apporte cette importante dépêche à Votre Excellence. J'ajouterai que la situation actuelle et les besoins de l'armée ne permettent pas de tenter de nouvelles opérations avant *trois semaines ou un mois* , sans exposer à nouveau au danger de l'échec.

« Je ne saurais trop insister auprès de Votre Excellence pour qu'elle reste à Mantoue aussi longtemps que possible, les ordres de Sa Majesté faisant office d'instructions générales ; quoi qu'il arrive, je prie Votre Excellence de m'envoyer des nouvelles par quelque moyen sûr, afin que Je pourrai rester en contact avec vous.

"ALVINTZY.

" *PS* - Selon toute probabilité, la prochaine action que j'organise aura lieu le 13 ou le 14 janvier. Je marcherai avec 30 000 hommes jusqu'au plateau de Rivoli, et j'enverrai Provera avec 10 000 hommes le long de l'Adige jusqu'à Legnago, avec un convoi considérable. Lorsque vous entendez des tirs, faites une sortie pour faire diversion en faveur de son mouvement.

CHAPITRE IX

La dépêche est envoyée à Bonaparte. Réception de Dermoncourt. Réponse ouverte de Berthier. Mouvements militaires consécutifs à la dépêche. Correspondance entre mon père et Serrurier et l'Allemagne. Bataille de Saint-Georges et de la Favorite. Prise de Mantoue. Mon père en observateur. sur.

La joie de mon père était grande, celle de Dermoncourt aussi ; l'envoi était évidemment de la plus haute importance. D'une part, il proclamait la Toscane et les États vénitiens et pontificaux comme des pays *favorablement disposés*. De plus, cela révélait l'intention d'Alvintzy de ne rien faire *pendant trois semaines ou un mois*.

La dépêche doit être portée à Bonaparte en toute hâte.

Dermoncourt monta aussitôt à cheval et partit pour Milan.

Il y arriva le surlendemain, à sept heures du matin, et descendit de cheval devant l'hôtel Serbelloni, où logeait le général Bonaparte. Il avait fait une partie de son voyage à cheval et une partie dans une sorte de *calessino* appelé *sediollo*.

Mais ici Dermoncourt rencontra une difficulté inattendue : l'aide de camp de service avait reçu des instructions selon lesquelles personne ne serait admis à Bonaparte avant neuf heures.

Dermoncourt se fâcha.

"Mais, monsieur," dit-il, "vous voyez bien à mon état boueux que je ne sors pas d'un bal, et si j'insiste pour voir le commandant en chef, c'est parce que j'ai des nouvelles importantes à lui annoncer."

L'aide de camp persista dans son refus. Dermoncourt devint furieux de vouloir voir Bonaparte ; l'aide de camp barrait le passage ; Dermoncourt était un bouledogue de l'école républicaine ; il prit l'aide de camp par les deux épaules, le retourna et entra ; mais toute cette bagarre ne s'était pas déroulée sans bruit, et Dermoncourt trouva Bonaparte debout à la porte de sa chambre.

"Maintenant, qu'est-ce qu'il y a ?" demanda Bonaparte en fronçant les sourcils.

— Ma parole, général, répondit Dermoncourt, il n'est pas très agréable, après avoir parcouru trente lieues en vingt-six heures, de devoir se frayer un chemin à travers les corps de vos aides de camp pour vous atteindre.

"Mais et si tel était l'ordre donné ?"

— Si tels sont les ordres donnés, général, répondit légèrement Dermoncourt, faites-moi fusiller pour avoir transgressé les ordres ; seulement, je vous supplie de ne pas appeler le piquet avant d'avoir lu cette dépêche.

Bonaparte lut la dépêche.

Puis, se tournant vers son aide de camp, il dit : « Vous avez oublié, monsieur, que l'ordre ne s'adresse à aucun officier attaché à l'état-major qui pourrait arriver de Mantoue, et que, peu importe s'ils viennent à midi ou à minuit, la porte est ouverte. Mettez-vous en état d'arrestation.

L'aide de camp salua et sortit. [1]

— Comment Dumas a-t-il eu accès à cette dépêche ? » demanda Bonaparte.

Dermoncourt a raconté l'incident avec tous les détails.

"Berthier! Berthier!" cria Bonaparte.

Berthier parut avec son air important et grave accoutumé.

« Tiens, Berthier, s'écria Bonaparte en lui remettant la dépêche, sens ça et dis-moi quelle est cette odeur.

— Eh bien, général, dit Berthier, ça sent le fumier.

"Pas si mal que ça ; tu n'as pas mâché ses mots. Maintenant, lis-le." Berthier lut.

"Oh ! oh !" il s'est excalmé.

" Voyez-vous, Berthier ? La prochaine bataille s'appellera la bataille de Rivoli, et, si je ne me trompe bien, elle décidera de la campagne. En tout cas, comme le dit Alvintzy, nous avons bien trois semaines devant nous. "

- Et comme un homme prévenu en vaut deux, dit Dermoncourt, et comme même quand on n'est pas prévenu on en vaut cent, il y a sûrement de quoi rire.

— En attendant, dit Bonaparte, comme tu as probablement faim, tu ferais mieux de t'enlever la boue, n'en fais pas plus, et tu déjeuneras avec nous. As-tu rencontré Joséphine ?

"Non, Général, je n'ai pas eu cet honneur."

"Très bien, je vais vous la présenter : va et reviens vite."

Dermoncourt n'a pas attendu qu'on le lui dise à deux fois. Il déjeune et dîne avec Bonaparte, qui insiste pour qu'il reste et dorme au palais.

Le lendemain matin, il envoya de sa part à mon père une lettre chargée de compliments, et lui dit qu'il pourrait partir quand il voudrait, une voiture étant à sa disposition. Dermoncourt monta en voiture dans la cour ; Bonaparte et Joséphine étaient à une fenêtre, et Berthier à la suivante.

"Bon voyage à toi !" cria Bonaparte à Dermoncourt.

« Merci, général, » répondit-il ; "n'oubliez pas le 13 janvier, et faites attention à ces délices de Capoue."

« Reposez-vous », s'écria le commandant en chef ; "Je n'agirai pas comme Hannibal."

Voici la lettre de Bonaparte à mon père :—

"ARMÉE D'ITALIE—RÉPUBLIQUE FRANÇAISE.

« *Liberté – Égalité.*

" DU SIÈGE À MILAN, 7 *nivôse (dimanche 28 décembre) an V de la République une et indivisible.*

"BONAPARTE, Commandant en Chef de l'Armée d'Italie, au GÉNÉRAL DUMAS.

« Je reçois la lettre [2] que m'a apportée HYPERLINK "https://www.gutenberg.org/cache/epub/49678/pg49678-images.html" \l "Footnote_2_4" votre aide de camp ; il eût été impossible d'obtenir des renseignements plus opportuns et plus précieux. Vous recevrez un ordre à l'effet que tous les habitants de la région les campagnes seront éloignées d'une lieue de Mantoue ; je ne doute pas que vous exécuterez fidèlement cet ordre, quoique un peu dur, il est extrêmement nécessaire ;

" Je donne cet ordre parce que des précautions sont prises de l'autre côté du Pô ; ce projet de la cour de Vienne me paraît bien fou. Je vous prie d'envoyer l'espion que vous avez arrêté sous bonne escorte à Milan.

"Je vous félicite pour votre bonne fortune et augure de mieux à venir.

BONAPARTE."

On voit que, bien qu'un an à peine s'était écoulé, après les batailles de Montenotte, Millesimo, Dego, Mondovi, Lonato, Castiglione et Arcole, Bonaparte reconnut si clairement que son sort était lié à celui de la France qu'il supprima le gouvernement. *toi* en son nom.

Dermoncourt arriva au camp de mon père et lui remit la lettre du commandant en chef ; mon père l'a lu, et probablement la constatation que nous faisons à la lumière d'aujourd'hui ne lui est pas venue à l'esprit alors, à savoir qu'en supprimant le *u* Bonaparte avait supprimé ce qui donnait une saveur italienne à son nom.

Le jour même où Dermoncourt quittait Milan, l'armée française reçut l'ordre d'occuper les positions de Montebaldo, Corona et Rivoli.

Le 5 janvier, le général Alvintzy quitte Bassano.

Le 6, Bonaparte occupe Bologne avec 7 000 hommes.

Le 11, Bonaparte s'avance jusqu'aux murs de Mantoue.

Le 12, l'armée autrichienne livra bataille à Saint-Michel et à Corona, et campa à Montebaldo.

Le 13, Joubert évacue Corona et prend position à Rivoli, tandis que les Autrichiens occupent Bevilacqua.

Enfin, le 14, Bonaparte visite le plateau de Rivoli, qu'il atteint à deux heures du matin.

C'est ici que eut lieu la bataille finale, comme il l'avait prédit.

Nous connaissons les résultats. A huit heures du matin, 45 000 Autrichiens appelèrent au combat.

A cinq heures du soir, on ne les voyait nulle part ; c'était comme si un tremblement de terre les avait engloutis ; Alvintzy avait été anéanti d'un seul coup.

Il restait encore à s'occuper de Provera.

Provera suivit le plan indiqué dans la lettre interceptée par mon père ; il s'éloigna d'Augereau et jeta un pont sur Anghiari, un peu au-dessus de Legnago. Il marcha sur Mantoue, qu'il comptait renforcer de neuf à dix mille hommes.

Augereau avait eu connaissance de sa traversée ; tombant sur ses derrières, il fit prisonniers 2000 de ses hommes ; mais Provera continua sa marche avec les 7 000 restants.

Heureusement, Bonaparte apprit ces détails à Castelnovo. Il était à peu près à la même distance de Mantoue, il avait des Français sous ses ordres, et il y parviendrait donc avant Provera.

S'il n'arrivait pas et si la garnison tentait la sortie que Wurmser avait reçu l'ordre de faire dans la lettre d'Alvintzy, le corps de blocus serait pris entre deux feux.

La division Masséna reçut l'ordre de marcher à double pas vers Mantoue, où elle devait arriver le soir même. Les réserves de Villa-Franca devaient suivre le même chemin et marcher à la même vitesse.

Finalement, Bonaparte lui-même partit au galop pour rejoindre Mantoue avant la nuit.

Voyons maintenant, d'après les lettres du général Serrurier à mon père, ce qui se passait autour de Mantoue et quelle action se déroulait dans le camp français.

"SIÈGE SOCIAL DE ROVERBELLA,

« 20 *nivôse an V*. [3]

" SERRURIER, Général de Division, commandant du blocus, au GÉNÉRAL DUMAS, commandant la 2e Division.

« MON CHER GÉNÉRAL, Je viens de recevoir une lettre du général de division Augereau, datée de Porto-Legnago, le 19, dans laquelle il m'informe que l'ennemi a attaqué ses avant-postes avec une force bien supérieure à la sienne, et que l'adjudant général Duphot a abandonné le château de Bevilacqua pour éviter d'être débordé. Il m'écrira et me racontera les divers mouvements de l'ennemi cette nuit-là. Toutes nos troupes sont bien en alerte, mais je ne crois pas l'ennemi. à Mantoue n'entreprendra aucune grande action, à moins que son armée n'ait un avantage très marqué, ou qu'elle ne cherche à s'éclipser. Dès que j'aurai des nouvelles du général Augereau, je vous le ferai savoir . — Bien à vous, avec tous mes vœux, SERRURIER. "

Provera était l'ennemi dont il s'agissait qui attaquait Augereau, en exécutant ses instructions de marcher sur Mantoue.

"SIÈGE SOCIAL DE ROVERBELLA,

"22 *nivôse*.

" SERRURIER, etc.

" A la suite de la lettre que vous m'avez adressée hier, Général, relative au débarquement effectué par l'ennemi, je crois aux moyens de défense du Mincio. Je viens donc de radier au général Victor d'envoyer aujourd'hui un bataillon de sa réserve à Formigosa, pour qu'il soit prêt à envoyer immédiatement là où le secours est le plus nécessaire ; bien que j'aie demandé à ce général de communiquer directement avec moi, je l'ai en même temps prié de vous tenir informés, vous et le général Dallemagne, de tout ce qui est important ; nouvelles.

« Le reste du 57e bataillon, dont vous avez parlé précédemment, restera en réserve à Goïto. — Le vôtre , etc.

SERRURIER."

"23 *nivôse.*

" SERRURIER, etc.

"C'est pour vous informer, général, que l'ennemi a attaqué nos lignes ; ils ont commencé le combat à neuf heures du matin. Je ne doute pas que la garnison de Mantoue ne les aidera par quelque mouvement ; comme nous sommes prêts à les recevoir, nous les renverrons assez vite dans leurs murs, en cas d'urgence, je vous prie de communiquer avec moi et avec les généraux près de chez vous ; il se peut qu'une partie de la ligne d'armée soit obligée de céder du terrain ; c'est pourquoi il est plus que jamais nécessaire de surveiller les abords, pour empêcher toute troupe ou tout convoi d'entrer dans la ville. — Cordialement,

SERRURIER."

Le 25 nivôse, à dix heures du matin, mon père reçut cette lettre :—

"SIÈGE SOCIAL DE ROVERBELLA",

25 *nivôse.* [4]

" SERRURIER, etc.

« Je dois vous informer, Général, que l'ennemi a traversé l'Adige hier soir à Anghiari, près de Porto Legnago ; je ne sais avec quelle force ; mais nous devons être préparés, car il est fort probable que nous serons attaqués cette nuit. : n'oubliez pas, je vous prie, d'avertir le général Miollis ; dites-lui d'envoyer une reconnaissance par Castellaro — ou du moins près de Due-Castelli. — Fidèlement vôtre,

SERRURIER."

"J'ai ordonné au commandant du 64e, qui est à Formigosa, de se replier sur le général Miollis, s'il ne peut tenir. En cas de besoin, je me retirerai à Goïto."

Deux heures plus tard, mon père reçut une autre lettre :—

"SAINT-ANTOINE,

"25 *nivôse.*

" SERRURIER, etc.

" Je hasarde l'opinion, Général, qu'il n'y aura pas de sortie du côté du général Dallemagne. [5] Je crois que l'ennemi entend se présenter en force sur

Governolo et Formigosa, pour s'assurer de ces deux ponts et sécuriser le Pô. pour secourir Mantoue, il est bien certain qu'ils n'auront pas à marcher si loin s'ils vont là-bas, au lieu de venir ici. Mais je pense qu'il faut se protéger de tous côtés ; cela peut survenir.

" Le général Beaumont n'a plus de cavalerie. Je les ai toutes retirées cette nuit pour les envoyer à Castelnovo. — Votre,

SERRURIER .

"Je compte beaucoup sur le général Miollis et sur un bataillon que j'ai envoyé à Governolo. A la réflexion, pour gagner du temps, je retourne à Roverbella, où j'espère recevoir des nouvelles du commandant en chef."

Mon père envoya copie de ces deux lettres au général Miollis, qui était à Saint-Georges.

La journée était employée à une surveillance stricte. Mon père passait la nuit aux avant-postes.

Le 26, à neuf heures du matin, il reçut cette dépêche :

" SERRURIER GÉNÉRAL, etc.

"Je vous informe que l'ennemi apparaît du côté de Due-Castelli.

"Donnez vos ordres conformément à ceci.— Le vôtre ,

« SERRURIER.

« ROVERBELLA, 26 *Nivôse.* »

———

Deux heures plus tard, il reçut cette seconde lettre :

" SERRURIER, etc.

« Il est impératif, Général , que vous empêchiez l'ennemi de débarquer : pour ce faire, emmenez jusqu'à 1 500 hommes dans ce quartier.

« Nous ne manquons pas de troupes à l'heure actuelle, alors ne vous inquiétez pas .

SERRURIER.

" *26 Nivôse* , ROVERBELLA."

Si 1 500 hommes devaient être conduits au lieu désigné par le général Serrurier, il fallait avoir ce nombre à prendre. Mon père écrivit donc à son ami Dallemagne à Montanara d'épargner le plus d'hommes de sa division qu'il pourrait et de les lui envoyer.

Dallemagne répondit aussitôt :

« MONTANARA, 26 *nivôse an V*.

" DALLEMAGNE à son ami DUMAS.

« Bien que je ne m'attende pas à être attaqué, mon cher ami, les moyens dont je dispose sont trop faibles pour me permettre d'envoyer une grande force à Formigosa ; un tiers de ma division est incapable de se relever, et son effectif total n'est que de 2000 hommes. Jugez donc, mon cher, si j'en ai en réserve. Néanmoins, dès que j'ai reçu votre lettre, j'ai donné l'ordre au général Montant de tenir quelques troupes prêtes à marcher. que le général Serrurier m'a fait savoir dans sa lettre d'hier soir qu'il allait donner l'ordre de détruire le pont de Formigosa, si donc il exécute cet ordre, il me sera en outre impossible de vous envoyer du secours ; L'ennemi, qui a traversé l'Adige, réussit l'attaque de Saint-Georges, la sortie de Mantoue est certaine d'avoir lieu, et nous serons obligés de succomber malgré tous nos efforts pour résister au choc, car l'ennemi engagera sans courir de grands risques là où il a la plus grande force. Adieu, mon cher ami. Soyez assuré que je rechercherai toujours avec empressement toutes les occasions de vous servir, comme de servir mon pays. — Avec mes salutations affectueuses,

"DALLEMAGNE."

Cependant le bon Dallemagne hésitait beaucoup à refuser à mon père les hommes qu'il demandait, car il savait que s'il les demandait, c'était parce qu'il se croyait aux abois.

Alors, vers midi, il lui écrivit de Casanova :

" LE GÉNÉRAL DALLEMAGNE au GÉNÉRAL DUMAS.

« Je viens d'apprendre, Général, que le pont de Formigosa est toujours debout ; j'ai donc donné l'ordre au général Montant de partir pour Formigosa avec 500 hommes et deux pièces d'artillerie, et lui ai donné les instructions nécessaires pour prendre l'ennemi en l'arrière, dans le cas où vous seriez attaqué.—Le vôtre,

DALLEMAGNE."

La copie suivante, jointe à cette lettre, explique pourquoi le pont de Formigosa n'avait pas été détruit :

" Copie de la lettre écrite par le CITOYEN DORÉ, Chef du 1er Bataillon de la 64ème Demi-Brigade, au GÉNÉRAL DALLEMAGNE.

« Je dois vous informer, Général, que conformément aux instructions que j'ai reçues hier soir du général Serrurier, je me suis rendu ce matin à Governolo avec mon bataillon ; le général m'avait chargé de briser le pont de Formigosa avant de quitter Governolo.

« Lorsque j'ai commencé à exécuter son ordre, le commandant d'un détachement de la 45e demi-brigade, qui occupait ce poste, s'est opposé à l'exécution de cet ordre, comme étant contraire aux instructions que vous lui aviez données, disant qu'il fallait absolument événements pour m'assurer que l'ennemi était en vue le premier, j'ai cédé à son argument, qui me paraissait raisonnable.

" *Signé* : DORÉ.

" Copie authentifiée.

DALLEMAGNE."

A six heures, mon père reçut cette troisième lettre :

"SIÈGE SOCIAL À MONTANARA,

« 26 *nivôse, 4 heures 30.*

" LE GÉNÉRAL DALLEMAGNE au GÉNÉRAL DUMAS.

« Craignant que le général Montant et ses 500 hommes ne soient pas encore arrivés à Formigosa, je viens de lui écrire pour hâter sa marche. Comme le général Serrurier me fait savoir qu'en cas d'attaque il faudra tenir jusqu'à la dernière extrémité, si l'ennemi m'attaque. , comme je l'espère bien, et vous voyez que ces 500 hommes ne vous seront pas d'une grande utilité, faites-moi la bonté de me les renvoyer afin que si l'ennemi nous attaque, nous puissions mieux l'affronter ; .—Toujours vôtre,

"DALLEMAGNE."

On voit combien ce digne Dallemagne était inquiet à l'idée que mon père coure un danger.

Mais c'était Miollis qui devait en faire les frais tout au long de cette journée, pas mon père.

Provera avait marché droit devant lui, et, par Cevéa, Sanguinetto, Torre et Castellaro, s'était rangé devant Saint-Georges, que commandait Miollis.

Le général autrichien savait dans quel mauvais état se trouvaient les fortifications de Saint-Georges, il espérait donc que Miollis ne tenterait même pas de contester son passage, c'est pourquoi il lui demanda simplement de se rendre.

Miollis répondit par une terrible canonnade. Mon père non seulement entendait les tirs à Saint-Antoine, mais il en voyait même la fumée.

Mon père dépêcha Dermoncourt en toute hâte pour avoir des nouvelles précises. Dermoncourt était très jeune, très actif et plein de courage ; il traversa haies et fossés jusqu'à Saint-Georges, où il trouva le général Miollis faisant face à la fois à Provera et à Wurmser.

Au moment où il s'approchait de Miollis, à travers la fusillade, et le saluait, une balle arracha la casquette du général.

" Ah ! c'est toi, mon garçon ? " dit Miollis. « Vous venez de Dumas ?

— Oui, général ; il a entendu votre canonnade, et, connaissant l'état pourri de vos fortifications, il s'est beaucoup inquiété de vous.

"Très bien. Dites-lui de ne pas s'inquiéter pour moi ; j'ai établi mon quartier général ici dans la citadelle, et, s'il y a une chose plus sûre qu'une autre, c'est que l'ennemi devra passer par-dessus ma tombe s'il entre dans la citadelle. citadelle."

"Mais qu'en est-il de Provera ?" demanda Dermoncourt.

" Bah ! Provera est pris au piège. Mon ami Augereau, qui l'a laissé passer, le suit, et, pendant que je reste ici, il est allé le mettre dans un coin. Dis donc à Dumas que demain on verra Provera. expédié."

Dermoncourt en avait assez vu ; il revint à Saint-Antoine, dont mon père avait fait son quartier général afin d'être plus à la portée de l'ennemi.

Il y arriva à cinq heures et rapporta que tout se déroulait de manière satisfaisante. Victor avait rejoint mon père avec sa brigade et il dînait avec lui, lorsque Dermoncourt entra.

C'était la troisième nuit d'insomnie qu'ils passaient. Mon père et Victor se jetèrent habillés comme ils étaient sur leurs lits. Dermoncourt resta debout pour faire le rapport au général Serrurier de son excursion à Saint-Georges. Il était au cœur de son récit lorsqu'il sentit quelqu'un poser une main sur son épaule.

Il a tourné; c'était Bonaparte ; il était arrivé.

"Bien!" dit-il, "nous avons gagné la bataille de Rivoli; me voici; le chef de la division Masséna me suit à toute vitesse. Que fait Miollis? Où est Provera? D'après ce que j'entends, Augereau l'a laissé passer. Sûrement il l'a-t-il suivi ? Que fait Wurmser ? A-t-il tenté un mouvement ?

« Général, répondit Dermoncourt aussi laconiquement que Bonaparte l'avait interrogé, Augereau fut vaincu, mais il se replia sur les derrières de Provéra et fit deux mille prisonniers et douze pièces de canon.

"Bien."

"Provera est maintenant devant Saint-Georges, que Miollis a occupé toute la journée et qu'il entend tenir jusqu'à ce que lui et ses hommes soient exterminés."

"Bien."

"Wurmser a tenté de faire des sorties, mais il a été contraint de rentrer à Mantoue."

"Bien. Où est Dumas ?"

"Me voici, Général", répondit mon père en apparaissant à la porte de sa chambre.

- Ah ! vous voilà , monsieur, dit Bonaparte qui le regardait un peu noir.

Mon père ne pouvait passer à côté d'un tel regard sans lui demander une explication.

"Oui, c'est moi ! Eh bien, qu'est-ce qui ne va pas ?"

"Le général Serrurier vous a écrit hier deux lettres, monsieur."

"Eh bien ! et alors ?"

"Dans la première, il vous a notifié que dans certaines épreuves il devait se retirer à Goïto."

"Oui, Général."

"Avez-vous répondu à cette lettre ?"

"Certainement."

"Qu'as-tu répondu ?"

"Voulez-vous savoir?"

"J'aimerais entendre ce que vous avez dit."

"Très bien ! J'ai répondu : 'Retraite au diable, si tu veux ; je m'en fiche ; mais je me tirerai une balle plutôt que de me retirer.'"

"Sais-tu que si tu m'avais écrit une telle lettre, je t'aurais fait fusiller ?"

— Peut-être ; mais vous ne m'auriez probablement jamais écrit une lettre telle que celle que m'a écrite le général Serrurier.

"C'est vrai."

Puis, se tournant vers Dermoncourt, il lui dit :

« Allez faire disposer les troupes sur trois colonnes, et revenez me dire quand ce sera fait.

Dermoncourt sortit ; puis, se tournant vers mon père, qui allait regagner sa chambre, il dit :

" Restez, général ; j'ai été obligé de vous parler comme je l'ai fait devant votre aide de camp ; eh bien, quand un homme écrit de telles lettres à son chef, il devrait au moins les écrire lui-même et non les dicter à son chef. " son secrétaire. Mais nous n'en dirons pas plus. Qui sont vos commandants ici ?

« La première colonne, Général, est composée de la 57e demi-brigade, sous son propre chef Victor ; la seconde est sous le commandement de l'adjudant général Rambaud, notre chef d'état-major ; la troisième, du colonel Moreau, commandant de l'armée. 11e demi-brigade."

"Très bien. Où est Victor ?"

« Oh ! il n'est pas loin, dit mon père ; "écoute et tu l'entendras ronfler."

"Va le réveiller."

Mon père entra dans la pièce voisine et secoua Victor, qu'on ne parvenait d'aucune façon à réveiller.

"Viens, mon garçon!" dit mon père, tu dois te réveiller.

"Qu'est-ce que tu veux?" grogna-t-il.

"Je veux te nommer général de division."

"Quoi, moi?"

— Oui, Bonaparte est là et vous a donné le commandement d'une colonne pour la bataille de demain.

"Mon Dieu!"

Victor s'est réveillé et s'est enfui.

Dermoncourt entra en même temps.

"Bien?" demanda Bonaparte.

"Vos ordres sont exécutés, Général ."

"Bien. Maintenant, va aux abords de la Favorite et découvre la position de l'ennemi."

Dermoncourt y est allé.

Il était huit heures du soir et nos troupes occupaient la Favorite. Dermoncourt dépassa les avant-postes, et, s'aventurant vers Mantoue, se heurta à une sortie que faisait Wurmser.

Ainsi, trois quarts d'heure après son départ, on l'entendit crier au loin :

"A cheval, Général, à cheval ! L'ennemi me suit."

En effet, il a failli se faire rattraper, et se sentant presque rattrapé, il a appelé au secours.

Mon père sauta en selle, s'élança à la tête du 20e régiment de dragons et tomba sur l'ennemi, qu'il reconduisit à sa base, le tenant en échec jusqu'au jour ; tandis que la division Masséna, complètement désorganisée par la marche forcée et l'immense distance qu'elle avait dû parcourir, atteignait Marmirolo et Saint-Antoine, où elle se reformait.

L'intention de Bonaparte, en allant si vite, était d'achever Provera d'un coup, comme il avait achevé Alvintzy.

En effet, Provera était perdu dès l'instant où il n'avait pas réussi à entrer à Mantoue. Augereau était à ses trousses, Miollis devant lui, Bonaparte sur ses flancs, avec la division Masséna.

Bonaparte passa la nuit à faire ses projets pour le lendemain.

Mon père est resté là où il était ; c'était un poste important, puisqu'il était chargé de repousser Wurmser dans la ville avec ses 15 000 ou 20 000 hommes, garnison qui, sans compter Provera, était bien plus forte que l'ennemi qui les bloquait.

Pendant la nuit, Provera parvint à communiquer avec Wurmser, au moyen d'un bateau, et à planifier pour le lendemain une attaque combinée avec ce général sur la Favorite et Montada. Personne à Mantoue ni dans le camp de Provera ne savait que Bonaparte était arrivé avec les troupes qui avaient combattu la veille à Rivoli.

Si on le leur avait dit, cela leur aurait semblé trop incroyable pour y croire, et ils ne l'auraient pas cru.

Mon père fut attaqué par Wurmser à cinq heures du matin ; c'était une lutte formidable. Après sa lettre à Serrurier, il y a trois jours, il ne pouvait pas battre en retraite et ne le fit pas ; il tint bon avec deux ou trois régiments et son propre régiment de dragons, jusqu'à ce que Bonaparte eut le temps de lui envoyer la 57e demi-brigade sous Victor, dont les troupes creusèrent une brèche si effrayante dans les rangs ennemis pour venir en aide à mon père qu'à partir de ce jour-là, ils furent appelés « le Terrible » .

On trouva mon père avec 700 ou 800 hommes, entouré de morts ; il avait eu un cheval tué sous lui, un second avait été tué par un boulet de canon, mais son cavalier, qu'ils prenaient pour mort, sortit triomphalement de son glorieux tombeau.

Wurmser ainsi repoussé, se replia sur la Favorite ; mais la Favorite, défendue par 1,500 hommes, résista aux efforts de Wurmser et fit même une sortie. Entre cette sortie, les charges répétées de mon père et de ses dragons, et l'entêtement héroïque de Victor, dont les troupes fraîches combattaient avec une fureur refoulée après avoir été condamnées à l'inaction tandis que le reste de l'armée se couvrait de gloire à Rivoli, Wurmser a été repoussé et contraint de rentrer dans la ville.

Dès lors Provera, abandonné par son allié, fut perdu ; Pris entre Bonaparte, Miollis, Serrurier et Augereau, lui et ses 5,000 hommes déposèrent les armes, le reste de ses troupes avaient tous été tués.

Ainsi les batailles de Rivoli et de la Favorite avaient été gagnées en deux jours, deux armées détruites et 20 000 hommes faits prisonniers. Tous leurs canons et munitions avaient été capturés et les Autrichiens étaient trop démoralisés pour continuer la campagne sans lever une cinquième armée. Tous ces événements étaient le résultat du hasard heureux où mon père avait pris l'espion, joint au génie fécond de Napoléon.

La brigade de mon père captura à elle seule six étendards. Et le lendemain 28 nivôse, mon père reçut cette lettre du général Serrurier :—

"SIÈGE SOCIAL DE ROVERBELLA,

« 28 *nivôse an V de la République une et indivisible.*

" SERRURIER, etc. etc., à DUMAS, Général de Division.

"Voulez-vous, s'il vous plaît, donner ordre, Général, que les drapeaux que vous avez pris hier à l'ennemi soient apportés ici au général Berthier, ou s'il est absent, à moi.

« Le général en chef accorde quatre louis à chaque homme qui prend un étendard. — Fidèlement vôtre,

SERRURIER."

Le soir même, après la bataille, mon père reçut une dépêche du général Serrurier, contenant une lettre pour Wurmser.

Cette lettre était pratiquement une demande de capitulation de Mantoue.

La lettre du général Serrurier était la suivante :

« ROVERBELLA, 27 *nivôse an V.*

" SERRURIER GÉNÉRAL, etc., au GÉNÉRAL-DIVISION DUMAS.

« Je vous informe, Général, que je viens de donner l'ordre aux 18e et 57e demi-brigades de se diriger vers la Favorite, avec instruction de se mettre à votre service. Je dois cependant vous dire que ces deux corps doivent ne font pas partie permanente de votre division, ne les envoyez donc pas à distance, sauf en cas de nécessité urgente.

" Le général en chef a été informé que vous avez capturé un convoi considérable de bœufs et de grains ; si c'est le cas, donnez l'ordre qu'il soit conduit à Porto Legnago sous une forte escorte.

"Que tous les wagons d'artillerie et de munitions pris à l'ennemi soient également acheminés immédiatement vers notre parc d'artillerie. Veiller à ce que la surveillance la plus stricte soit exercée dans toutes les stations militaires. On soupçonne que le général Wurmser profitera de nos réjouissances pour honorer sa position. évasion.— Avec mes sincères salutations, vôtre,

SERRURIER.

" *PS* — Je vous prie, Général, de remettre le plus tôt possible la lettre ci-jointe au général Wurmser à Mantoue.

"SERRURIER."

Le convoi de bœufs et de céréales partit aussitôt pour Legnago, et la lettre parvint à Wurmser la nuit même.

L'armée manquait grandement de ce convoi de blé et de viande, comme nous l'apprend la lettre suivante que le général Serrurier écrivit à mon père, le 20 nivôse :

"On m'informe, Général , que vous manquez de viande ; je n'en ai pas parlé auparavant, car je ne pouvais pas combler le déficit. Nous sommes dans des régions aussi mal loties que les troupes de Vérone. J'ai donné l'ordre au commissariat de l'armée de livrer du riz. au lieu de cela, jusqu'à ce que nous puissions fournir quelque chose de mieux.

« N'ayez jamais peur de m'ennuyer, Général, avec des questions concernant les soldats ; ceux qui ont servi avec moi savent à quel point je m'intéresse à leur bien-être.

" J'ai demandé des nouveaux équipements de vêtements et d'équipements ; et on m'a fait dire que depuis mon arrivée mille *roupes* [6] et quelques chaussures pour toute la division étaient en route, mais rien n'est encore arrivé.

"Rappelez à notre adjudant général la liste des officiers que j'ai demandée ; il me faut l'avoir avant de pouvoir remplir la liste d'inspection du général en chef. — Fidèlement, etc. ,

SERRURIER."

La garnison était, comme on le comprend bien, dans un état déplorable quant aux provisions : la famine était telle qu'une poule coûtait dix louis , et un chat quinze ; on pouvait se procurer des rats avec la plus grande difficulté pour deux louis.

Wurmser se confessait une fois tous les quinze jours, et chaque fois qu'il se confessait, il envoyait le chanoine Cavallini, curé de la collégiale Saint-André, un cheval, en s'invitant en même temps à dîner. C'étaient des jours de fête, et ils vécurent des restes de ce dîner toute la semaine suivante.

A la suite de la lettre que mon père remit à Wurmser dans la nuit du 27 au 28 nivôse, ce général décida de capituler le 2 pluviôse (22 janvier 1797). Mais la capitulation n'eut effectivement lieu que le 14, et l'entrée de l'armée française dans la ville ne se fit que le 16 de ce mois.

Il fut autorisé à sortir librement de Mantoue, avec son état-major, 200 cavaliers, 500 personnes de son choix et six pièces de canon.

Les soldats de la garnison, forte de 13 ou 14 000 hommes, furent faits prisonniers et emmenés à Trieste pour y être échangés.

Victor fut nommé commandant d'une division, comme mon père l'avait prédit en le réveillant, et l'adjudant général Vaux fut nommé général de brigade. Bonaparte remarqua particulièrement les généraux Brune, Vial et Bon, ainsi que les chefs de brigade Destaing, Marquis et Tournery.

Quant à mon père, son nom n'était même pas prononcé.

On savait que c'était la coutume de Bonaparte, il n'aimait pas que ses généraux en fassent trop.

En témoigne le cas de Kellermann à Marengo.

Non seulement mon père, qui avait pris la lettre qui avait révélé les plans d'Alvintzy, qui avait retenu Wurmser à Mantoue, qui avait capturé six drapeaux d'une troupe trois fois plus nombreuse que la sienne, qui avait fait abattre deux chevaux sous lui, n'était pas non plus seulement mon père n'était pas mentionné, mais son grade divisionnaire était même incorporé à celui de Masséna, ce qui équivalait à une disgrâce.

Mon père était furieux et voulait donner sa démission, mais Dermoncourt ne le laissa pas.

Mon père apprit ensuite que le général chargé de rendre compte du siège avait déclaré qu'il avait simplement assisté au combat de la Favorite.

Mon père commença sa défense en obtenant le témoignage suivant :

"ARMÉE D'ITALIE.

"Division du blocus de Mantoue, 20e régiment de dragons.

« Nous, officiers soussignés du 20e régiment de dragons, certifions que Dumas, général de division, a eu un cheval abattu sous lui dans la bataille du 27 de ce mois devant Mantoue, et un autre abattu par un boulet de canon.

" Écrit au bivouac de Marmirolo, le 29 nivôse an V de la République française.

" *Signé* :

" BONTEMS, adjudant ; BAUDIN, adjudant ; DUBOIS, sous-lieutenant ; L. BONEFROY, sous-lieutenant ; AJ BONNART, chef de brigade ; LE COMTE, lieutenant ; LEBRUN, lieutenant ; DEJEAN, capitaine ; BOUZAT, lieutenant. "

Puis il écrivit à Bonaparte :

"GÉNÉRAL,—J'apprends que l'idiot dont la tâche était de vous rendre compte de la bataille du 27 déclare que je n'ai fait qu'observer tout au long de cette bataille. Je ne souhaite pas faire de telles observations à son sujet, bien qu'il ait sali son pantalon. .- Respectueusement vôtre,

ALEX. DUMAS."

Le fait était que la lettre envoyée pour incorporer mon père dans la division Masséna était brève et eût blessé un homme d'une nature bien moins susceptible que la sienne.

Elle était datée du lendemain même de la bataille au cours de laquelle mon père avait fait tuer deux chevaux sous ses ordres.

"SIÈGE SOCIAL, ROVERBELLA,

"28 *Nivôse, Année de la République, une et indivisible.*

"Général de Division et Chef d'Etat-Major.

« Le général en chef ordonne au général de division Dumas de quitter Marmirolo, où il sera remplacé par le général Chabot, et de se rendre à la division du général Masséna : il servira dans l'armée active à Vérone, sous les ordres de ce général.

ALEX. BERTHIER."

Cette fois, il n'y a pas eu de rupture à l'amiable, longue ou abrégée.

<hr>

[1] Cet aide de camp était Duroc.

[2] J'ai copié exactement cette lettre. Je ferai de même avec toutes les lettres que je cite.

[3] Quatre jours avant la bataille de Rivoli.

[4] Le jour de la bataille de Rivoli, qui eut lieu à la même époque ; on verra combien les mouvements des deux généraux étaient bien concertés.

[5] Dallemagne était du côté opposé à Montanara, sur la route de Milan.

[6] Une lettre que nous venons de recevoir d'un vieil officier nous apprend que *les roupes* étaient des manteaux semblables aux manteaux gris des dragons.

CHAPITRE X

Premier souffle de mon père avec Bonaparte— Mon père est envoyé au corps d'armée de Masséna—Il partage le commandement de Joubert au Tyrol—Joubert—La campagne du Tyrol.

Mon père était d' autant plus exaspéré qu'il savait que , avec toute la volonté du monde , il était impossible à Bonaparte d' avoir cru un instant à ces paroles , puisque c'était en raison des ordres mêmes qu'il avait reçus de lui que mon père avait fait cette défense héroïque du 27, lorsqu'il repoussa la troupe du maréchal dans Mantoue avec une force trois fois moindre en nombre.

Je donne ci-dessous les ordres que Bonaparte dictait à Berthier au moment même où, après l'avoir laissé au presbytère de Saint-Antoine, mon père avait repoussé la sortie nocturne de Wurmser à la tête d'une simple poignée de dragons.

"SIÈGE DE L'ÉTAT-MAJOR GÉNÉRAL

CHEZ ROVERBELLA,

"26 *nivôse, 20 heures*

« Le général en chef vous ordonne de partir immédiatement, général, avec deux pièces d'artillerie légère et toute la cavalerie que vous pourrez rassembler, et particulièrement les cent dragons qu'il a envoyés ce soir : vous reconnaîtrez la position ennemie, [1] pour surveiller ses mouvements, et être tout prêt à l'attaquer avec succès, aussitôt le général Dallemagne, à qui le général en chef a transmis ses ordres, aura fait ses préparatifs pour tomber de la même manière sur le ennemi.

« Les troupes arrivées ce soir à Roverbella sont épuisées de fatigue et ont besoin de deux heures de repos. Après cet intervalle, elles seront prêtes à partir ; elles recevront les ordres du général en chef sur les mouvements qu'elles devront entreprendre après les reconnaissances que vous vous apprêtez à faire (dont vous l'informerez), dès qu'il aura reçu les rapports qu'il attend momentanément au sujet des reconnaissances qu'il a ordonnées des diverses positions de la Molinella.

" Quoi qu'il arrive, vous devez envoyer tout ce qui est nécessaire en hommes et en vivres à Saint-Georges, pour que ce poste puisse tenir quarante-huit heures. Le général en chef vous a déjà donné des instructions par le général Serrurier, [2] de rassembler un corps de 1,500 des meilleurs hommes de votre division, et de les placer là où l'ennemi a établi sa communication avec la garnison de Mantoue, pour être prêt, si une occasion favorable se présente, à commencer l' attaque, ou au premier ordre que vous recevrez ; ne craignez pas de dépouiller Saint-Antoine, vos renforts doivent passer par là.

"Envoyez un rapport au général en chef de votre reconnaissance et de toutes les dispositions que vous avez prises.

ALEX. BERTHIER."

C'est en effet à Saint-Antoine que Bonaparte, voyant mon père assiégé par des forces quatre fois supérieures aux siennes, envoya à son secours la fameuse 57e demi-brigade ; ils le trouvèrent à moitié enterré dans le même trou où son cheval était complètement enterré, brisé par le boulet de canon.

Masséna connaissait la raison de cette disgrâce passagère ; il reçut donc mon père avec le respect dû à un homme dont il admirait les qualifications militaires, et non comme un simple camarade.

En conséquence, il lui confia le commandement de son avant-garde.

A la tête de cette avant-garde, mon père prit part au combat de Saint-Michel, entra dans Vicence et combattit à la bataille de Bassano.

En six mois, comme Bonaparte l'avait lui-même prédit dans sa proclamation de guerre au pape, l'armée d'Italie avait fait 100 000 prisonniers, 400 pièces de canon et démoli cinq armées.

Cette guerre pontificale était une plaisanterie. Le 16 pluviôse, nous étions maîtres de la Romagne, du duché d'Urbino, de la marche d'Ancône, de l'Ombrie et des districts de Pérouse et de Camerino.

Enfin, le 30 pluviôse (19 février), la République française et le souverain pontifical signèrent le traité de Tolentino, par lequel le Saint-Père cédait Avignon et le district de Venaissin à la France, renonçait également aux légations de Ferrare et de Bologne. comme de la Romagne, et sanctionna l'occupation de la ville, de la forteresse et du territoire d'Ancône. Il fut en outre obligé de contribuer immédiatement trente millions aux fonds de l'armée d'Italie, de désavouer solennellement le meurtre de Basseville, et de payer 300 000 francs d'indemnité à ceux qui furent victimes de ce meurtre.

Enfin, le pape fut obligé de restaurer les objets d'art et les manuscrits mentionnés dans l'armistice de Bologne, et de remettre intact à la République française le palais de l'École des Arts, qui était sa propriété.

Le traité de Tolentino mit fin à la première campagne d'Italie, au cours de laquelle les exploits d'Hannibal et la fortune d'Alexandre s'étaient répétés.

Pendant que la République française , représentée par Bonaparte, signait le traité de Tolentino avec le pape, les Autrichiens rassemblaient dans les montagnes tyroliennes une sixième armée, dont le commandement fut confié par l'empereur au prince Charles, qui venait de faire son nom dans la campagne du Rhin.

Le prince Charles prend le commandement de cette armée courant février 1797 (Pluviôse an V).

Vers la fin de février, c'est-à-dire vers le 8 ou le 9 ventôse, l'armée ennemie occupait les positions suivantes.

Sa position principale était sur le Tagliamento ; son aile droite, dirigée par les généraux Kerpen et Laudon, était située derrière le Lavis et le Nos, défendant les abords du Tyrol. Le prince Lusignan, si bien battu à Rivoli, occupait avec sa brigade les espaces compris entre les deux armes principales et avait pris position autour de Feltre ; enfin l'avant-garde, sous le commandement du général Hohenzollern, tenait la Piave.

Bonaparte, de son côté, attendait un renfort de 18 000 hommes de l'armée du Rhin, et avait rassemblé quatre divisions de son armée dans la marche de Trévise. Masséna était à Bassano ; Le général Guyeux occupa Trévise ; Bernadotte, dont les troupes commençaient à arriver, devait occuper Padoue ; Joubert, avec sa division et celles des généraux Baraguay d'Hilliers et Delmas, devait affronter Kerpen et Laudon. Enfin, Victor et 7 500 hommes attendaient dans la marche d'Ancône, tandis que Kilmaine, avec près de 6 000 hommes, gardait la Lombardie et les frontières du Piémont et de Gênes.

Le total autrichien s'élevait à 35 000 hommes et les Français à 36 000 ou 37 000.

Vers le milieu du Ventôse, mon père reçut l'ordre de quitter le corps d'armée de Masséna pour celui de Joubert, et d'abandonner Bassano et Trente.

Joubert, auquel il fut envoyé, fut un des hommes les plus remarquables d'une époque productrice d'hommes remarquables. C'était un des beaux jeunes républicains purs et durs de l'école de Marceau, de Hoche et, j'ajouterai, de mon père. Comme Marceau, comme Hoche et comme mon père, il est mort jeune ; mais Marceau et lui ont eu le bonheur de mourir sous des balles tyroliennes, tandis que Hoche et mon père sont morts empoisonnés.

Joubert était l'un des héros de Rivoli. Comme mon père à la Favorite, il s'était fait tuer son cheval sous lui, et, s'emparant d'un fusil de grenadier, il avait combattu à pied toute la journée. Cette journée, au cours de laquelle il prit plusieurs pièces de canon et tourna éperdument l'ennemi dans l'Adige, lui valut le grade de général de division.

Nous avons dit que Joubert était à la tête de près de 20 000 hommes dans le Tyrol lorsque mon père fut envoyé vers lui pour prendre le commandement de la cavalerie. Il reçut mon père de la manière la plus affectueuse.

« Mon cher Dumas, dit-il, si je vous laisse le commandement qu'on vous a donné, vous ne le trouverez qu'un vain honneur, car vous n'aurez que deux régiments de dragons très incomplets, le 5e et le 8e, tous deux à peine réunis. faire un régiment. Et je suis bien sûr que ce n'était pas l'intention de celui qui vous a envoyé vers moi. J'ai 20 000 hommes, je vous en donnerai donc 10 000 pour commander, ou plutôt, nous commanderons toute l'armée à nous deux.

Mon père remercia Joubert. L'injustice flagrante de Bonaparte était si évidente que, comme dans le cas de Masséna, Joubert n'avait qu'une idée, en l'accueillant, d'essayer de la faire oublier.

Les deux généraux logeèrent ensemble ; puis, alors que les hostilités allaient commencer, ils visitèrent les avant-postes et décidèrent de lancer une attaque le lendemain, 21 mars 1797 (30 ventôse an V).

Le même jour, mon père reçut de Joubert ses instructions officielles, qu'ils avaient préalablement rédigées entre eux :

"LIBERTÉ—ÉGALITÉ.

"SIÈGE SOCIAL DE TRENT,

"29 *nivôse an V de la République française.*

« JOUBERT, Général de Division, au Général de Division DUMAS : — huit heures du matin.

« Vous partirez aujourd'hui, général, pour prendre le commandement des brigades du général Belliard à Segonzano ; il a sous ses ordres le 22e d'infanterie légère et le 85e de ligne ; aussi le 14e de l'armée principale sous le général Pelletier.

« Vous donnerez l'ordre au général Belliard qu'en quittant les positions qu'il a occupées avec le 85e, il se rendra à la nuit tombée sur Segonzano : le général Pelletier se rendra également au même endroit dès que l'ennemi ne pourra distinguer ses mouvements... c'est-à-dire également à la tombée de la nuit. Vous rassemblerez toutes les troupes de manière à pouvoir effectuer le passage du Weiss et attaquer Faver et Limbra deux ou trois heures avant le jour.

« Placez tous les carabiniers et grenadiers en tête de vos colonnes.

" Conformément au plan que nous avons arrêté après notre reconnaissance de ce point, vous devrez former deux colonnes pour traverser le Weiss à droite de Faver, et vous rassembler sur la route au fond du ravin, une petite marche d'un quart d'heure pour arriver à la droite du village, afin de pouvoir le contrôler pendant que nos colonnes d'attaque se rangent dans le bois vert au-dessus du village ; par ce moyen vous déborderez toutes les fortifications ennemies lorsque vous aurez pris possession de Faver. , dirigez-vous vers Limbra, et poursuivez l'attaque avec votre infanterie légère, en prenant d'abord le ravin qui le sépare de Faver.

« Votre attention devra également être dirigée vers le débordement des ouvrages ennemis sur la montagne, afin de les repousser dans la plaine ou dans le village, où vos carabiniers et grenadiers, en colonnes serrées, seront prêts à les attaquer vigoureusement, votre lumière des tirailleurs d'infanterie appuyés de près par les 85e et 14e : il n'est guère nécessaire de vous dire d'avoir une réserve sur la route entre Faver et Limbra, en face du ravin.

« Pour dissimuler l'attaque réelle entre Albian et Segonzano, vous donnerez l'ordre aux généraux Pelletier et Belliard de faire faire de fausses attaques par les avant-postes sur toute la ligne simultanément à celle de Segonzano, cherchant à franchir le torrent en plusieurs endroits, en afin d'avancer sous le feu ennemi.

" Le général Baraguay-d'Hilliers vous prêtera, juste pour l'attaque, le 5e de son armée principale ; celui-ci, avec les deux autres demi-brigades, constituera votre réserve. Un bataillon devra, la nuit, commander le Weiss et Sevignano ; le reste devrait être à Segonzano.

" J'enverrai aussi par lui à Bedol un bataillon et quelques compagnies de carabiniers pour faire une fausse attaque sur Sovero. Communiquez-le au général Belliard, à qui j'ai ordonné de mettre à votre disposition tous les renseignements en son pouvoir, ainsi que les guides nécessaires à cette marche.

" Si, comme on peut le présumer, vous prenez Limbra, vous devrez vous débrouiller tant bien que mal pour prendre l'ennemi à revers, jusqu'à ce que les colonnes soient arrivées du Weiss. Vous veillerez également aux renforts qui devraient venir de Salurn. par-delà les montagnes.

« Il y a à Segonzano trois pièces de canon, sous le couvert du feu desquelles vous pourriez traverser le ruisseau de jour, si vous n'y parveniez pas de nuit. Vous devriez y avoir aussi 60 000 cartouches ; vos troupes devraient avoir trois jours. » provisions et deux rations d'eau-de-vie avec eux au départ.

" Soyez très obstinés dans vos attaques ; ayez soin de bien rassembler les hommes ; défendez sévèrement le pillage ; désarmez les Tyroliens : telles sont les instructions du général en chef ; vous vous souviendrez que je vous les ai montrées.

"Vous distribuerez et afficherez les copies de la proclamation que je vous envoie.—Je le suis, etc. ,

JOUBERT."

Mon père quitta Albian, conformément aux instructions de Joubert, le 30 nivôse, à deux heures du matin, et se posta aux 5e, 14e et 85e demi-brigades du corps principal, et au 22e d'infanterie légère, en contrebas du château de Segonzano, prêt à traverser la rivière Weiss. Les premiers hommes qui essayèrent de traverser le torrent eurent à peine mis les pieds dans l'eau, qu'ils comprirent combien le passage serait dangereux, à cause de la rapidité du courant. L'eau n'était pas plus haute que la taille, mais le courant était si fort qu'au tiers du gué, cinq ou six hommes avaient perdu pied, étaient emportés comme par une cataracte et se précipitaient contre les rochers qui encerclaient l'eau. la rivière.

Mon père eut alors l'idée de se servir de ces roches pour former une chaîne ; il prit les plus forts de ses hommes, les plaça sous les ordres de Dermoncourt, et ils réussirent à faire un brise-lames entièrement à travers le cours du ruisseau. Après cela, il n'y avait plus de danger ; car les hommes emportés par la rapidité du courant étaient arrêtés par cette chaîne vivante. L'avant-garde, composée, comme Joubert l'avait conseillé, des grenadiers de la demi-brigade, ayant à leur tête mon père et Belliard, atteignit bientôt l'autre côté.

Mon père fut rapidement maître de toutes les redoutes tenues par l'ennemi devant Segonzano. Arrivés sur les hauteurs au-dessus du village de Faver, ils l'attaquèrent et, après une vigoureuse résistance, ils le prirent d'assaut.

Après avoir sécurisé Faver, ils marchèrent sur Limbra, où l'ennemi était retranché avec deux pièces de canon. Mon père avait eu soin, en partant, d'envoyer une colonne de troupes vers les montagnes qui dominent ces deux villages.

L'ennemi se défendit vigoureusement, mais la colonne de montagne arriva, et, ripostant avec intérêt, elle fut obligée de se diriger vers la plaine. Mon père repoussa bientôt leur avance, et un dernier combat décida de la victoire : leurs retranchements furent capturés, deux pièces de canon prises, et 2,000 hommes tombèrent entre nos mains.

Mon père citait le général Belliard et les adjudants généraux Valentin et Liébaut comme s'étant particulièrement illustrés dans cette attaque.

Un major nommé Martin, appartenant au 25e de ligne avec seulement vingt-cinq hommes, chargea et fit prisonnier 200 ennemis. Mon père demanda une promotion pour cet officier, ainsi que pour les deux aides de camp Dermoncourt et Lambert et leur adjoint Milienk.

Faver et Limbra pris, mon père ordonna au général Belliard de marcher avec sa colonne jusqu'à Lesignano, où l'ennemi occupait une forte position ; il devait essayer de les prendre à revers, pendant que mon père se dirigerait vers Salurn pour protéger les mouvements que Joubert faisait dans cette direction.

Le lendemain, mon père marcha sur Castello avec sa colonne et fit une centaine de prisonniers. La nuit, il conféra avec le général Baraguay-d'Hilliers, et il fut convenu que les villages de Coran, Altrivo, Castello et Cavaleza seraient attaqués le lendemain.

Les troupes bivouacèrent : le 2 germinal à deux heures du matin, elles s'avancèrent sur les quatre villages qu'elles avaient projeté d'attaquer, mais l'ennemi avait déjà évacué.

Le général Pigeon fut mis sur leurs traces par le général Baraguay-d'Hilliers, et il les poursuivit vivement jusqu'au village de Tesaro ; après quoi une descente fut faite sur Newmark, conformément aux instructions du 30 nivôse. Sur la rive droite de l'Adige, le général autrichien Laudon, qui tenait les villages de Mote et de Caldera, se replia sur Bolzano.

Vers deux heures de l'après-midi, un major du génie informa mon père que les ennemis se dirigeaient vers le pont de Newmark, où ils pourraient être harcelés dans leur retraite. Ce pont était aussi important pour nous pour l'attaque que pour l'ennemi pour la défense. Mon père ordonna au général Belliard de marcher sur ce pont avec la 85e demi-brigade qu'il commandait : arrivé au pont, il renversa l'ennemi et s'avança sur le village de Mote, qu'il prit d'assaut. « Moi, dit mon père, à la tête du 5e dragons, j'ai chargé la cavalerie ennemie qui s'était avancée à ma rencontre et je l'ai mise en fuite, bien qu'elle fût supérieure en nombre. J'ai lacéré le visage et le cou du commandant. d'un de ses cavaliers, mon régiment prit, tua ou blessa une centaine de cavaliers autrichiens. L'adjudant-général Blondeau se distingua particulièrement dans cet engagement.

Nous pouvons voir avec quelle modestie mon père faisait référence à chacun de ses propres actes. Cette charge du 5e dragons était magnifique. Joubert dit à Bonaparte, dans son rapport, que mon père avait acquis la réputation d'être *une terreur pour la cavalerie autrichienne* ; et voici comment Dermoncourt en parle :

« Le général Dumas traversa le pont à la tête de sa cavalerie, chargea plusieurs escadrons ennemis, et tua de ses propres mains le commandant et un soldat qui, voyant son chef dans une situation désespérée, avaient couru à son secours ; il chassa l'infanterie. dans les vignes, et continua la poursuite de la cavalerie au grand galop avec une poignée d'hommes seulement, nous chargeant de rassembler les Autrichiens qu'il laissait derrière lui .

Après ce brillant engagement, ils marchèrent sur Bolzano, poursuivant sans cesse l'ennemi, qui se tenait à distance respectueuse ; et ils entrèrent dans la ville sans coup férir. Mon père chargea l'adjudant-général Blondeau de pousser ses reconnaissances jusqu'au village de Colman ; il laissa Delmas en position à Bolzano pour surveiller les troupes de Laudon, et, le 4 germinal, à deux heures du matin, il partit lui-même suivre l'ennemi qui s'était retiré par la route de Brixen.

C'est ainsi que mon père raconte la brillante rencontre qui lui valut le nom de Codes Horatius du Tyrol ; nous verrons ensuite comment son aide de camp, Dermoncourt, le décrit.

« J'ai trouvé l'ennemi en force, occupant une position presque inattaquable à Clausen ; il a été vigoureusement attaqué et contraint d'abandonner la ville ; nos troupes l'ont occupée et ont été attaquées sans succès par la cavalerie ennemie.

« A la tête du 5e dragons, que j'ai aussitôt fait avancer, j'ai chargé la cavalerie autrichienne et je l'ai mise en déroute complète, laissant de nombreux morts et blessés : 1,500 de leurs fantassins furent faits prisonniers, et le reste fut poursuivi jusqu'à Brixen. Le reste de l'ennemi se disposa au combat, avec l'intention évidemment d'attendre notre arrivée ; je ralliai mon avant-garde et me préparai à les attaquer, mais ils s'enfuirent à notre approche ; ligue au-delà de Brixen.

« J'ai reçu trois coups d'épée dans ces différentes charges, et mon aide de camp Dermoncourt a été blessé à mes côtés.

" *5e et 6e germinal.*

« Les troupes se reposèrent le 5.

« Vous avez chargé le général Baraguay-d'Hilliers d'attaquer l'ennemi le 6, devant Michaelbach, où il est retranché, et je crois que je devrais prendre part à cet engagement avec ma cavalerie. Vous savez, général, car vous l'avez trouvé. voyez par vous-même, combien les deux régiments de dragons que je commandais se sont bien comportés, et combien ils ont contribué au succès de la journée.

" Vous savez aussi, Général , que mon cheval a été tué sous moi et que j'ai perdu mon accoutrement et quelques pistolets très précieux. Mon aide de camp Lambert a fait des merveilles.

« Je vous enverrai aujourd'hui les rapports des généraux de brigade qui ne me sont pas encore parvenus.

" BRIXEN, *7 germinal an V de la République.*

"AL. DUMAS.

" *PS* : Il faut bien que je vous présente mon manteau, je crois qu'il est enchanté ; il est criblé de sept balles dont aucune ne m'a touché. Il vous portera chance. "

———

[1] Ce fut à la tête de ses dragons que mon père quitta la présence même du commandant en chef ; mais Bonaparte veillait à ce que tout ce qui se faisait, quoi qu'il arrive, paraisse au moins avoir été fait par ses ordres et à son initiative. Nous verrons un exemple intéressant de la même méthode dans la bataille des Pyramides. Bonaparte était un habile metteur en scène ; mais il est permis de croire que la Providence, qui s'est servie de lui comme d'un instrument, comme on se sert des hommes de génie, a été pour quelque chose dans le succès des pièces qu'il jouait.

[2] On a vu que cet ordre parvint à mon père dans la journée, et bien avant l'arrivée de Bonaparte.

LIVRE II

CHAPITRE I

Le pont de Clausen. — Les rapports de Dermoncourt. — Les libérés conditionnels. — Les pistolets de Lepage. — Trois généraux en chef à la même table.

Maintenant, laissons parler Dermoncourt ; d'après sa version, nous verrons réellement quels étaient les actes de mon père ; car mon père s'effaçait toujours dans ses propres rapports, surtout lorsqu'il parlait de lui-même :

" L'armée s'arrêta à Bolzano pendant quarante-huit heures, longue halte pour cette campagne qui ressemblait plus à une course qu'à une guerre. Le général Delmas resta à Bolzano pour surveiller les troupes de Laudon et sur la route d'Innsbruck. le reste de l'armée, le général Dumas à sa tête, se préparait à marcher le lendemain sur Brixen, pour tenter de rattraper l'armée du général Kerpen, partie dans cette direction.

"La route que nous suivions longeait une sorte de ligne de partage des eaux, moitié ruisseau, moitié torrent, qui prenait sa source dans les montagnes Noires, et qui, gonflée par les eaux de la Riente, se jette dans l'Adige, au-dessous de Bolzano. Parfois la route longeait la rive droite du fleuve ; parfois, traversant le ruisseau, il suivait la rive gauche ; puis, après plusieurs milles, il repassait sur l'autre rive. La retraite des Autrichiens avait été si rapide qu'ils n'avaient même pas soufflé. Nous remontâmes les ponts. Nous marchâmes après eux à double pas, et nous étions presque désespérés de les rattraper, lorsque nos éclaireurs vinrent nous dire qu'ils avaient barricadé le pont de Clausen avec des charrettes, et que cette fois-ci ils semblaient vraiment avoir l'intention de le faire. contester notre traversée.

« Le général partit aussitôt avec cinquante dragons, pour examiner la nature du terrain : je le suivis.

« Lorsque nous atteignîmes le pont de Clausen, nous le trouvâmes effectivement barré, avec de l'infanterie et de la cavalerie derrière nous. Nous pensions que, lorsque le général aurait examiné la position, il attendrait des renforts ; mais il n'a jamais songé à une telle chose.

"'Je viens, allez,' dit-il, 'je veux vingt-cinq hommes à pied pour dégager ce pont pour moi !'

« Vingt-cinq dragons jetèrent les brides de leurs chevaux entre les mains de leurs camarades et se précipitèrent vers le pont au milieu même du feu de l'infanterie autrichienne.

« Ce n'était pas un travail facile ; car, au début, les chariots étaient lourds à déplacer, et les balles tombaient comme de la grêle.

« - Allez, paresseux, me cria le général ; tu ne vas pas donner un coup de main à ces braves gens ? »

" Je descendis de cheval et mis mon épaule sur les chariots ; mais le général, constatant que le pont ne pouvait pas être dégagé assez rapidement, sauta de son cheval, et lui aussi vint à notre secours. En un instant, il fit plus seul avec son force herculéenne que nous étions vingt-cinq ensemble. Quand je dis vingt-cinq, j'exagère ; les balles autrichiennes avaient fait leurs trous, et cinq ou six de nos hommes étaient désactivés. Heureusement, une soixantaine de fantassins vinrent maintenant à notre secours. en courant, ils se répartirent des deux côtés du pont et ouvrirent un feu brûlant, qui commença bientôt à affliger les Autrichiens, et pour les empêcher de viser droit, cela aboutit à renverser les charrettes dans le torrent, chose facile. car le pont n'avait pas de parapet.

« A peine le passage fut-il libre que le général sauta sur son cheval et, sans attendre de voir s'il était suivi ou non, il s'élança dans la rue du village qui partait du pont.

« En vain ai-je crié après lui : « Mais, Général, nous ne sommes que nous deux !

" Il n'a pas entendu, ou plutôt il n'a pas voulu entendre. Tout à coup nous nous sommes trouvés face à face avec un peloton de cavalerie, sur lequel le général est tombé ; et comme les hommes étaient tous en ligne, d'un seul coup de revers de son sabre, il tua le quartier-maître, entailla horriblement le soldat qui était à côté de lui, et de la pointe de l'arme en blessa un troisième. Les Autrichiens ne concevant pas que deux hommes eussent l'audace de les charger ainsi, se tournèrent vers le camp. mais les chevaux trébuchèrent, et chevaux et cavaliers tombèrent pêle-mêle. Nos dragons arrivèrent à ce moment avec les fantassins à califourchon derrière eux, et tout le peloton autrichien fut capturé.

"J'ai fait un compliment au général pour son coup de sabre, lui disant que je n'avais jamais vu d'équivalent.

« C'est parce que vous êtes un novice, répondit-il, mais faites de votre mieux pour ne pas vous faire tuer, et avant la fin de la campagne, vous en aurez vu beaucoup de semblables. »

"Nous avions fait une centaine de prisonniers. Mais il aperçut bientôt un corps considérable de cavalerie escaladant une montagne de l'autre côté du village. A peine le général aperçut-il ce corps, qu'il le montra à ses dragons, et, laissant les prisonniers aux soins de l'infanterie, il partit avec ses cinquante hommes à la poursuite des Autrichiens.

"Le général et moi étions si magnifiquement montés que nous gagnâmes rapidement nos soldats. Les Autrichiens se croyant poursuivis par toute notre armée, s'enfuirent à toute vitesse. Et de nouveau il arriva que le général et moi nous trouvâmes seuls. .

« Enfin, lorsque nous arrivâmes à une auberge, à un endroit où la route tournait, je m'arrêtai et lui dis :

« Général, ce que nous allons entreprendre, ou plutôt ce que *vous* comptez entreprendre, n'est pas raisonnable. Arrêtons-nous et attendons que nos hommes arrivent. D'ailleurs, l'aspect du terrain indique qu'il y a un plateau derrière le maison, et nous y trouverons peut-être l'ennemi rangé prêt au combat.

« « Très bien, mon garçon ; va voir si c'est ainsi, dit-il . En attendant, nos chevaux peuvent reprendre leur souffle. »

" Je descendis de cheval et fis le tour de l'auberge, où je découvris bientôt trois escadrons rangés tous prêts au combat, à environ deux cents pas de moi. Je reviens prévenir le général, qui, sans un mot de réponse, partit à cheval dans la direction des escadrons ennemis, je remontai à cheval et le suivis.

« Il avait à peine parcouru une centaine de mètres qu'il arriva à portée de voix de l'ennemi. Le commandant le reconnut et s'adressa à lui en français.

"'Oh ! c'est donc toi, diable noir !' nous a-t-il dit.

" *Schwartz Teufel* était le surnom que les Autrichiens donnaient au général.

« « Faites cent pas, espèce de valet scorbutique », dit le général, « et j'en ferai deux cents. »

" Et sur cette réponse, il mit son cheval au galop.

« Pendant tout ce temps, je criais comme un démon, en suivant le général que je n'osais pas quitter : « Tiens, dragons, allez !

« L'ennemi s'attendait donc à voir apparaître à tout moment une force considérable et, avec son commandant en tête, il fit demi-tour et s'enfuit.

« Le général était sur le point de les poursuivre seul, mais j'ai attrapé son cheval par la bride et je l'ai forcé d'attendre que nos forces puissent arriver et occuper la position que l'ennemi venait de libérer.

"Mais lorsque nous fûmes de nouveau rejoints, rien ne put retenir le général, et nous repartîmes à la poursuite des Autrichiens. Je parvins cependant, cette fois, à faire en sorte que nos tirailleurs passent en tête, car la route était très inégale. .

« Les tirailleurs sont allés en avant et nous avons bien profité du temps pour souffler nos chevaux.

"Au bout d'une heure, nous avons entendu des tirs, ce qui indiquait que nos hommes étaient au contact rapproché des Autrichiens. Le général m'a envoyé en avant pour voir ce que cela signifiait.

"Je suis revenu dans dix minutes.

"'Bien!' dit le général, que se passe-t-il là-bas ?

"'L'ennemi nous engage, Général, mais un de nos soldats qui parle allemand m'a dit que ce n'était qu'une ruse pour nous faire passer le pont de Clausen. Le pont traversé, l'ennemi compte se venger.'

" ' Ah ! c'est son esquive, n'est-ce pas ?' » dit le général. « Très bien ! nous allons voir en avant… les dragons !

« Et à la tête de nos cinquante ou soixante hommes, nous chargâmes de nouveau l'ennemi.

« Nous atteignîmes le fameux pont ; il n'y avait que de la place pour passer trois chevaux de front, et pas la moindre trace de parapet.

"C'était comme je l'avais dit au général : l'ennemi avait simplement fait une démonstration de résistance pour nous inciter à le poursuivre. Le général traversa le pont convaincu que les Autrichiens n'oseraient pas se retourner contre nous. Nous entrâmes donc dans la rue principale. , suivant les pas de nos tirailleurs et de la douzaine de dragons que le général avait envoyés pour les soutenir, et nous étions presque au milieu de la rue lorsque nous vîmes nos tirailleurs et nos dragons repoussés par tout un escadron de cavalerie. ce n'était pas une retraite, c'était une déroute.

" La peur est contagieuse. Elle s'est emparée des dragons qui étaient avec nous, ou plutôt nos dragons en ont pris possession ; ils ont tous fui après leurs camarades en courant au grand galop ; une douzaine seulement sont restés près de nous.

« Avec cette douzaine d'hommes, nous avons arrêté la charge de l'ennemi, et bientôt, que ce soit pour le meilleur ou pour le pire, nous nous sommes retrouvés de nouveau au pont ; mais ici, nos quelques dragons restants nous ont abandonnés et se sont précipités comme si leur salut résidait de l'autre côté. du pont.

« Raconter comment le général et moi arrivâmes au pont serait une affaire difficile ; je vis le général lever son sabre, comme un batteur lève son fléau, et chaque fois que l'épée tombait, un homme était abattu. Mais je fus bientôt ainsi. occupé à me soigner, que je fus obligé de perdre de vue le général ; deux ou trois cavaliers autrichiens se jetèrent furieux sur moi, déterminés à me prendre, mort ou vif. J'en blessai un avec la pointe de mon épée, je lui ouvrit l'épée. la tête d'un autre, mais le troisième m'a fait un coup d'épée entre les articulations de l' épaule, ce qui m'a fait retenir mon cheval si brusquement que la bête, dont la gueule était très tendre, s'est cabrée et est retombée sur moi en C'était exactement ce que pensait mon Autrichien : il continuait à me frapper à coups d'épée, et m'aurait sûrement bientôt craché complètement, si je n'avais pas réussi à sortir un pistolet de mon étui avec ma main gauche. au hasard ; je ne savais pas si j'avais heurté le cheval ou le cavalier, mais je sais que le cheval se retourna sur ses pattes de derrière, partit au galop et, arrivé à vingt ou vingt-cinq mètres de moi, il se débarrassa de lui. son cavalier.

" Comme personne d'autre n'attirait mon attention, je me tournai vers le général ; il se tenait à la tête du pont de Clausen et le tenait seul contre toute l'escadre ; et comme les hommes ne pouvaient l'atteindre que deux ou trois de front, à cause de l'étroitesse du pont, il les coupa aussitôt qu'ils arrivaient.

« J'étais là, stupéfait ; j'avais toujours considéré l'histoire d'Horatius Cocles comme une fable, et ici j'ai vu exactement la même chose se dérouler sous mes propres yeux. En peu de temps, j'ai lutté pour m'extirper de sous mon cheval, et réussi à me tirer du fossé, puis je criai de toutes mes forces : « Dragons, à votre général !

"J'étais moi-même incapable de le défendre, mon bras droit étant presque disjoint.

« Heureusement, le deuxième aide de camp du général, Lambert, arrivait juste à ce moment avec un renfort de troupes fraîches. Il apprit ce qui se passait par les fugitifs qu'il rallia ; et ensemble ils se précipitèrent au secours du général ; vient de le sauver à temps, comme il l'a lui-même reconnu.

« Il avait tué sept ou huit hommes et en avait blessé le double, mais ses forces commençaient à décliner.

"Il avait reçu trois blessures, une au bras, une à la cuisse et l'autre à la tête.

« Cette dernière avait cassé le fer de son casque ; mais, comme les deux autres blessures, elle n'effleurait que légèrement la peau extérieure.

" Le général avait d'ailleurs reçu sept balles à travers son manteau. Son cheval avait été tué sous lui, mais heureusement son corps servait de barricade à travers le pont, et peut-être cette circonstance l'avait-il sauvé, car les Autrichiens avaient commencé à fusiller son sa valise et ses étuis, ce qui lui donna le temps d'attraper un cheval sans cavalier et de recommencer son combat.

"Grâce au renfort de Lambert, le général a pu passer à l'offensive et donner à la cavalerie une telle course-poursuite qu'on ne l'a plus jamais revue de toute la campagne."

Mon père envoya à Joubert le manteau percé de sept balles comme talisman, mais cela ne suffisa pas pour le défendre à Novi.

La blessure de Dermoncourt était assez grave et il fut obligé de garder le lit. Mon père le laissa à Brixen, et alla prêter main-forte à Delmas, qui, comme nous l'avons dit, était stationné à Bolzano pour s'opposer à Laudon.

Laudon, après avoir réapprovisionné son armée et s'être quelque peu remis de notre désarmement au passage de la Weiss et de sa défaite à Newmark, renforcé aussi par les paysans tyroliens, avait recommencé les opérations sérieuses contre Delmas, isolé à Bolzano avec un une simple poignée d'hommes.

Livré à lui-même et coupé du gros de l'armée, qui se trouvait à neuf lieues, Delmas envoya un messager au général Joubert, qui avait rejoint mon père à Brixen le 7 germinal. Ce messager annonça que Delmas craignait d'être attaqué à tout moment et se sentait trop faible pour pouvoir tenir longtemps.

Joubert montra la dépêche à mon père, à peine descendu de cheval. Mon père lui suggéra de partir immédiatement avec sa cavalerie, ce qui, pensait-il, suffirait à dégager Delmas et même à s'installer avec Laudon. Joubert accepta son offre, et mon père partit, laissant à Joubert le soin de récupérer ses pistolets, coûte que coûte. On se souvient que mon père tenait énormément à ces pistolets que ma mère lui avait donnés : ils lui avaient sauvé la vie au camp de la Madeleine.

Il fit de si bons progrès que le lendemain matin, lui et toute sa cavalerie atteignirent Bolzano.

La cavalerie – hommes et chevaux – semble avoir capté une partie de l'esprit de leur maître. Leur confiance en lui était totale depuis qu'ils avaient vu son combat au corps à corps avec l'ennemi lors de rencontres précédentes, et ils étaient prêts à le suivre jusqu'au bout du monde.

Comme mon père et ses hommes étaient entrés de nuit dans Bolzano, les ennemis ne savaient pas son arrivée et croyaient n'avoir affaire qu'à Delmas et aux quelques hommes qui l'accompagnaient. Les deux généraux résolurent donc de profiter de l'ignorance des Autrichiens, et de prendre le lendemain l'offensive ; ainsi, au point du jour, ils attaquèrent l'ennemi au moment où ils se préparaient à lancer eux-mêmes une attaque.

Mon père tenait la grande route avec sa cavalerie ; Delmas et son infanterie, du haut des hauteurs , attaquèrent les positions ennemies les unes après les autres, les emportant toutes ; pendant que mon père dépeçait les fuyards.

Il faisait très chaud, et les Autrichiens, se reconnaissant bien battus, disparurent des environs de Bolzano et permirent à mon père de retourner à Brixen.

Il ne lui avait fallu que trois jours pour accomplir sa mission.

Il était bien temps qu'il revienne, car les paysans s'étaient soulevés et avaient assassiné plusieurs maraudeurs qui avaient eu l'audace de sortir des cantonnements. Kerpen était revenu grâce à cette révolte, et il allait bientôt s'agir non seulement des troupes régulières, mais aussi des terribles chasseurs tyroliens, dont les balles avaient déjà emporté Marceau et allaient bientôt tuer Joubert aussi.

Tout fut bientôt en ordre de bataille. Mon père était à la tête de son infatigable cavalerie, monté sur un superbe cheval, don de Joubert. Joubert était lui-même à la tête de son régiment de grenadiers d'élection.

Les mêmes choses se sont reproduites. Mon père, rencontrant l'ennemi sur la grande route, se mit au travail au sabre comme à son habitude, emportant tout devant lui.

Je laisse encore une fois Dermoncourt décrire ce qui s'est passé :

« Ce fut une grande déroute. Le général Dumas et ses hommes battirent pendant plus de deux lieues.

« Un grand nombre d'Autrichiens et de Tyroliens furent tués. La vue même du général produisit sur ces hommes l'effet d'un corps d'armée ; rien ne put résister au *Schwartz Teufel.*

« Il était monté sur un cheval magnifique que le général Joubert venait de lui donner à la place de celui qu'il avait perdu huit jours auparavant. Il se trouva de nouveau un quart de lieue en avance sur son escadre, et, se frayant un chemin sans regarder en arrière, lui, il atteignit un pont dont les planches avaient déjà été arrachées par l'ennemi, il ne restait que les traverses. Il était impossible d'aller plus loin ; son cheval ne voulait ni traverser la rivière ni traverser le pont sur l'étroite charpente. Le général se redressa avec fureur et commença à brandir son épée ; et lorsque les Tyroliens se rendirent compte qu'ils n'étaient plus poursuivis, ils se retournèrent de face et commencèrent un feu effrayant sur cet homme solitaire, trois balles abattirent immédiatement le cheval ; , et dans sa chute il entraîna son cavalier avec lui, la jambe coincée dessous [1] .

« Les Tyroliens crurent que le général était tué et se précipitèrent vers le pont en criant :

"'Ah ! Le diable noir est enfin mort !'

« La situation était grave : avec le pied qui restait libre, le général repoussa le cadavre de son cheval pour libérer son autre jambe ; et une fois libéré, il se retira sur un petit monticule dominant la route, sur lequel les Autrichiens s'étaient précipités. un retranchement grossier qu'ils avaient déserté lorsqu'ils aperçurent le général. C'est une coutume connue parmi les Autrichiens d'abandonner ou de jeter les armes avant de s'enfuir ; et dans cette redoute improvisée le général trouva cinquante canons tous prêts. la situation actuelle du général les valait plus que le plus riche trésor. Il s'abrita derrière un sapin et commença sa fusillade solitaire.

« Son premier soin fut de repérer les hommes qui lui avaient volé son cheval ; et il tirait si bien qu'il ne perdait pas un seul coup : les hommes tombaient les uns sur les autres en tas ; tous ceux qui s'aventuraient sur ces poutres étroites tombaient. mort.

" La cavalerie du général entendit son tir, et comme elle ne savait pas ce qu'il était devenu, elle devina qu'il était la cause de la vacarme qui se soulevait à un quart de lieue. Lambert prit cinquante cavaliers avec vingt-cinq pieds. des soldats assis derrière eux, et se précipitèrent pour trouver le général tenant fermement sa petite redoute.

« En un instant le pont fut enlevé, les Autrichiens et les Tyroliens furent poursuivis dans le village et une centaine d'entre eux furent faits prisonniers.

« Lambert m'a dit avoir vu plus de vingt-cinq Autrichiens étendus morts autour du cheval qu'ils avaient tué, et que pas un seul homme n'avait eu le temps de traverser l'espace entre le pont et le léger retranchement.

" Le général revint à Brixen sur un cheval autrichien que Lambert lui avait assuré. Il rentra dans la chambre où j'étais couché, l'air si pâle et épuisé que je m'écriai :

"'Oh, mon Dieu ! Général, êtes-vous blessé ?"

« Non », dit-il, « mais j'en ai tué tellement, tellement ! »

" Et puis il s'est évanoui. J'ai appelé au secours et ils sont entrés en courant ; le général n'avait même pas eu le temps d'atteindre un fauteuil qu'il tombait inconscient sur le sol. Cet évanouissement n'était pas dangereux, c'était simplement le résultat de une fatigue excessive ; et en effet, son sabre était tellement encoché et courbé qu'il ne descendait pas dans son fourreau de quatre pouces.

« A l'aide d'un verre ou deux, nous l'avons bientôt ramené à la vie, et un bol de soupe qu'on m'avait préparé a rapidement complété la guérison. Il n'avait rien mangé depuis six heures du matin, et il s'était battu durement jusqu'à quatre heures de l'après-midi. Car, contrairement à l'habitude de la plupart des soldats, le général combattait toujours à jeun, à moins d'être surpris.

« A ce moment le général Joubert entra et se jeta au cou du général.

« « Vraiment, mon cher Dumas, dit-il, vous me faites bien trembler ; chaque fois que je vous vois sauter sur votre cheval et galoper à la tête de vos dragons, je me dis : « Il ne peut sûrement pas éviter à ce rythme effréné. " Il semble que vous ayez encore fait des miracles aujourd'hui ! Attention, prenez soin de vous ; que diable devrais-je faire si vous étiez tué ? Rappelez-vous quelle distance nous avons encore à parcourir avant de nous atteindre Villach. [2]

« Le général était si faible qu'il ne pouvait pas encore parler, mais il dut se contenter de passer ses bras autour de la tête de Joubert pour rapprocher son visage du sien et l'embrasser comme on embrasse un enfant.

« Le lendemain, le général Joubert demanda une épée d'honneur pour le général Dumas, la sienne étant usée à force d'abattre les Autrichiens.

Mon père ne s'était pas trompé ; la leçon avait été si sévère donnée aux deux généraux autrichiens qu'aucun d'eux ne revint à la charge, et, huit jours plus tard, le général Delmas put facilement rejoindre le gros de la division stationnée à Brixen.

Le lendemain de son arrivée, l'armée se dirigea vers Lensk. Ils n'avaient reçu aucune nouvelle de Bonaparte et ne savaient pas quelle position il occupait. Cependant, ils agissaient selon leur propre jugement et imaginaient que s'ils marchaient vers la Styrie, ils retrouveraient le gros de l'armée.

Ils accomplirent leur marche sans autre entrave que celle offerte par quelques escadrons de dragons appartenant à l'archiduc Jean, qui suivaient le gros de l'armée. De temps en temps Joubert détachait mon père et ses dragons pour s'occuper de ces messieurs ; et alors l'armée vit un échantillon de ces accusations qui, selon Joubert, un homme qui ne reculait pas facilement devant rien, le faisaient *trembler*.

Au cours d'une de ces accusations, mon père fit prisonnier un officier et, le reconnaissant comme un homme de bonne famille, il le laissa circuler librement sur parole. L'Autrichien, qui parlait couramment le français, montait un des chevaux de Dermoncourt, trottait et causait avec les officiers de l'état-major. Le lendemain de sa capture, il aperçut son régiment qui suivait notre arrière-garde à environ cinq cents pas, sans doute exprès pour avoir une occasion de tomber sur nous. Il demanda à mon père la permission de s'approcher juste assez près de ses anciens camarades pour pouvoir leur transmettre quelques messages pour sa famille. Mon père savait qu'il pouvait compter sur sa parole et lui faisait savoir qu'il était parfaitement libre de faire ce qu'il voulait. L'officier partit aussitôt au galop, et parcourut rapidement l'espace qui le séparait de ses anciens camarades, avant même qu'aucun de nos officiers ait songé à lui demander où il allait. Après avoir transmis ses messages, il souhaita au revoir à ses camarades et s'apprêtait à rentrer ; mais l'officier qui commandait leur avant-garde lui fit remarquer que, depuis qu'il était tombé aux mains des soldats autrichiens, il n'était plus un prisonnier français, et l'invita à rester avec eux et à laisser nos troupes continuer leur route. voyage.

Mais la seule réponse du policier à ces suggestions insidieuses fut : « Je suis un prisonnier en liberté conditionnelle ».

Et, lorsque ses anciens camarades essayèrent de le retenir par la force, il sortit un de ses pistolets de son étui et déclara qu'il ferait sauter la cervelle au premier homme qui mettrait la main sur lui.

Puis, faisant demi-tour, il retourna au galop vers les quartiers français.

En s'approchant de Dermoncourt, il dit : « Vous avez bien fait de m'avoir fait confiance en laissant vos pistolets dans vos étuis, car c'est grâce à eux que j'ai pu garder ma foi en vous.

La marche continua son cours sans incident, et les deux généraux furent très intrigués par cette inertie des Autrichiens, jusqu'à ce qu'ils apprirent les succès de la grande armée marchant sur Vienne, et que les chefs des colonnes de l'armée de l'Est Le Rhin avait atteint Lensk.

Mais une fois de plus l'armée fut témoin d'un combat, ou plutôt d'un combat homérique ? Notre extrême arrière-garde, composée d'un caporal et de quatre hommes, fut rattrapée par l'extrême avant-garde ennemie, composée d'un nombre égal d'hommes sous un capitaine. Une conversation s'engage entre les deux commandants. Le capitaine commença un discours en français, que notre caporal ne trouva pas du tout à son goût, alors il feignit de s'offusquer, et l'invita, ayant quatre secondes de chaque côté, à régler la querelle sur-le-champ. Le capitaine, qui était belge, a accepté l'offre. Les deux patrouilles se rangèrent face à face et les champions combattirent dans l'espace qui les séparait.

Il se trouva que le caporal était un maître d'armes tandis que le capitaine était un épéiste habile, et une démonstration d'habileté des plus intéressantes commença entre ces rivaux habilement égalés. Chaque coup porté était vite paré, chaque poussée entraînait sa riposte : après quelques minutes de combat, les champions s'engageaient si près que les épées s'entrechoquaient garde contre garde. Alors le caporal, qui était très actif, jeta son épée et saisit le capitaine par la taille ; le capitaine, obligé de se défendre par la même forme d'attaque, dut aussi laisser de côté son arme et poursuivre la lutte dans les nouvelles conditions qui lui étaient imposées. Mais voilà que le caporal se révélait supérieur à son rival. Il releva le capitaine de sa selle, mais, se renversant en même temps par la violence de ses efforts, il perdit l'équilibre, et ils tombèrent ensemble ; seulement, il tomba sur le dessus et le capitaine en dessous ; de plus, le capitaine, déjà légèrement blessé, s'est luxé l'épaule lors de la chute. Il ne put donc tenir plus longtemps et dut se rendre ; mais, fidèle aux conditions du combat, il ordonna à sa troupe de ne pas bouger, ordre qu'elle était tout à fait disposée à obéir, les dragons à carabines fixes étant prêts à tirer. Chaque camp se retira, les Autrichiens revenant sans leur chef, et les Français repartant avec leur prisonnier.

Nous avions en effet emmené l'officier supérieur du lieutenant qui était déjà prisonnier ; et celui-ci, qui était familier avec tout notre état-major, présenta son capitaine à mon père.

Mon père lui fit un accueil cordial et le remit promptement entre les mains de notre chirurgien-major.

Cet accueil chaleureux et les soins que mon père prenait à ces deux officiers devaient produire des conséquences que nous verrons plus tard.

Mais revenons aux principaux événements. Le traité de Léoben était déjà en discussion, et un armistice avait même été conclu, lorsqu'un officier dragon autrichien arriva dans notre quartier général avec un sauf-conduit venant du quartier général de l'armée du Rhin.

Cet officier était celui-là même qui avait fait volte-face à la ferme de Clausen, incitant mon père au combat.

Nos deux prisonniers étaient des officiers sous ses ordres, et il venait leur apporter de l'argent et des effets personnels.

Il remercia chaleureusement mon père des grands soins qu'il avait prodigués à ces deux officiers, et, mon père l'invitant à dîner, la conversation à table tourna sur cette aventure du plateau, où tout un régiment avait battu en retraite devant deux hommes.

Mon père n'avait pas reconnu le commandant.

« Ma parole, dit-il, je ne regrette qu'une chose, c'est que le chef de l'escadron qui m'a défié ait changé d'avis et n'ait pas jugé bon de m'attendre.

A la première allusion à ce sujet, Dermoncourt avait remarqué l'embarras de l'officier, et, le regardant plus attentivement, il avait reconnu en lui le commandant avec lequel mon père avait eu affaire.

Il pensa alors qu'il était temps de mettre un terme à la conversation et dit :

"Mais, Général, ne reconnaissez-vous pas ce monsieur ?"

"Sur ma parole, je ne le fais pas", dit mon père.

"C'était le commandant..."

"Bien?"

Dermoncourt fit signe à l'officier pour lui dire qu'il ferait mieux de poursuivre lui-même la conversation.

L'officier, comprenant ce que voulait dire, répondit en riant :

« Ce commandant, général, c'était moi !

"Vraiment!"

"Mais... tu ne l'as pas vu ?" Dermoncourt a demandé à mon père.

"Dieu, non," répondit-il; "J'étais trop hors de moi de rage ce jour-là, car je n'arrivais pas à croiser le fer avec celui qui m'avait incité."

"Eh bien ! C'est moi qui vous ai incité, Général", a déclaré l'officier. "Je voulais vous donner une chance de vous battre, mais quand je vous ai vu foncer sur moi, je me suis rappelé de la façon dont je vous avais vu *travailler*, et mon courage m'a fait défaut. Je voulais vous le dire vous-même, Général. , et c'est la raison pour laquelle j'ai demandé la permission d'apporter à mes officiers leur argent et leurs biens. Je voulais voir de près l'homme pour lequel j'avais conçu une si grande admiration que j'ai osé lui dire en face : « Général, je. J'avais peur de toi et j'ai refusé le combat que je t'avais proposé.'"

Mon père me tendit la main.

"Ma foi, commandant, si tel est le cas, n'en dites pas davantage. Je préfère que notre connaissance commence à cette table plutôt qu'ailleurs. Votre santé, commandant."

Ils burent, et la conversation tourna alors sur d'autres sujets.

Mais le sujet tournait toujours autour du beau fait d'armes de mon père à Clausen ; les trois officiers avaient entendu l'histoire du pont ; tout le monde croyait que mon père avait été tué, ainsi que son cheval, et la nouvelle avait fait une profonde sensation dans l'armée autrichienne.

Mon père parla alors des fameux pistolets qu'il regrettait tant et qu'il avait chargé Joubert de reprendre des mains des Autrichiens, si cela était possible ; ils restèrent toujours aux mains de l'ennemi, malgré cette commission.

Les trois officiers prirent particulièrement note des expressions de regret de mon père, chacun résolut de rechercher ces précieux pistolets, le commandant dès son retour au camp, et les deux autres dès qu'ils furent libres.

Grâce à mon père, les deux officiers n'eurent pas longtemps à attendre leur liberté : ils furent échangés contre deux officiers français de même grade. Ils prirent congé du quartier des officiers avec de nombreuses expressions de gratitude, et l'un d'eux, en tout cas, ne perdit pas de temps pour en donner la preuve à mon père.

Une semaine environ après leur départ, un officier arriva sous pavillon de trêve au camp français et, demandant à parler à mon père, lui remit les pistolets qu'il avait si longtemps pleurés. Ils avaient été portés au général Kerpen lui-même, qui, sur la demande de l'officier que mon père avait blessé et fait prisonnier, les lui rendit avec une charmante lettre. Le lendemain, mon père reçut de cet officier la lettre suivante :

" MONSIEUR LE GÉNÉRAL, — J'espère que vous avez reçu vos pistolets par l'officier sous pavillon de trêve, parti d'ici avant-hier ; le lieutenant-général baron de Kerpen vous les a envoyés. J'ai reçu mon manteau, pour lequel je dois merci, ainsi que pour bien d'autres bontés que vous m'avez témoignées. Soyez assuré, Général, que ma gratitude est au-delà des mots, et que mon plus grand souhait est de pouvoir le prouver. Mes blessures commencent à guérir, ainsi que la fièvre. a diminué.

"Nous entendons les plus forts bruits de paix. J'espère que dès qu'elle sera conclue, je pourrai venir vous saluer avant que vous ne quittiez ces parages. Frossart , [3] qui a perdu son cœur pour vous et pour le général Joubert, me charge de mille messages pour vous deux.

" Croyez-moi, Monsieur le Général, avec mes plus sincères salutations, votre très obéissant serviteur,

CHAPEAU DE LÉVIS, Capitaine.

« LIENTZ, le 20 *avril 1797.* »

Et c'est ainsi que mon père reprit possession des fameux pistolets dont il avait tant déploré la perte.

J'espère que mon lecteur me pardonnera ces détails. Hélas! dans le mouvement rapide qui nous entraîne à travers le temps des révolutions, nos mœurs changent, s'estompent et s'oublient, pour être remplacées à leur tour par d'autres mœurs aussi variables que leurs prédécesseurs. La Révolution française a imprimé un sceau particulier sur notre armée ; quand je le rencontre, j'en garde l'impression comme on garderait celle d'une précieuse médaille rapidement effacée par la rouille ; soucieux de le faire connaître à ses contemporains, et de transmettre ses caractéristiques à la postérité.

Et d'ailleurs, on jugerait mal tous ces hommes de la République si on les jugeait uniquement par ceux qui ont survécu à la République et vécu jusqu'à l'époque de l'Empire. L'Empire était une époque de pression brutale, et l'empereur Napoléon était un grossier monnayeur de métal nouveau. Il voulait que tout l'argent soit estampillé à son image et que tout le bronze soit fondu dans son propre four ; de même qu'il avait lui-même, dans une certaine mesure, donné l'exemple dans la transformation de son propre caractère. Personne ne ressemblait moins au Premier Consul Bonaparte que à l'empereur Napoléon, au vainqueur d'Arcole moins qu'au vaincu de Waterloo.

Ainsi les hommes sur lesquels nous devons nous tourner pour nous forger une idée des mœurs républicaines sont ceux qui, par une mort prématurée, ont échappé à la naissance de l'Empire : des hommes comme Marceau, Hoche, Desaix, Kléber et mon père.

Nés avec la République, ces hommes sont morts avec elle : ils n'ont connu aucun changement, pas même dans la coupe des vêtements sous lesquels battait leur cœur républicain loyal et courageux.

Mon père, Hoche et Marceau étaient autrefois tous réunis autour de la même table : tous étaient commandants en chef ; mon père, qui n'avait que trente et un ans, était le plus âgé d'entre eux. Les deux autres avaient vingt-quatre et vingt-six ans. Leurs âges réunis ne s'élevaient qu'à quatre-vingt-un ans. Quel avenir prometteur s'offrait à eux ! Mais une balle a tué l'un d'eux et les deux autres ont été empoisonnés.

---

[1] Le peintre Lethiers a peint un tableau de mon père, représentant cette scène.

[2] Quartier général et rendez-vous de Bonaparte.

[3] Un officier belge.

CHAPITRE II

La loyauté de Joubert envers mon père - "Envoyez-moi Dumas" - Les codes Horatius du Tyrol - Mon père est nommé - Gouverneur du Trévisan - L'agent du Directoire - Mon père fêté à son départ - Le traité de Campo-Formio - Le retour à Paris. — Le drapeau de l'armée d'Italie. — Le charnier de Morat. — Charles le Téméraire. — Bonaparte est élu membre de l'Institut. — Premières réflexions sur l'expédition d'Égypte. — Toulon. — Bonaparte et Joséphine. se passe en Egypte.

Joubert devait à mon père une grande part du succès de cette belle campagne tyrolienne, et, homme loyal, il fit pour son compagnon d'armes ce que, dans des circonstances pareilles, son compagnon d'armes eût fait pour lui. Chaque rapport qu'il envoyait à Bonaparte contenait le nom de mon père accompagné des plus grands éloges. A entendre Joubert, on aurait pu croire que tout le succès de la campagne était dû à l'énergie et au courage de mon père. Mon père était la terreur de la cavalerie autrichienne, c'était un Bayard moyen âge, et si, ajoutait Joubert, par un de ces miracles qui gouvernent la marche des siècles, l'Italie avait produit deux Césars, le général Dumas en aurait été un.

Le traitement que Berthier lui avait réservé était très différent — Berthier, qui avait stigmatisé mon père en le traitant de « spectateur » lors d'une campagne au cours de laquelle trois chevaux avaient été tués sous ses ordres.

Peu à peu, à mesure que ces choses étaient portées à la connaissance du général en chef, Bonaparte se rapprocha de mon père, et lorsque Joubert quittait le camp de Grätz, où il rendait visite au général en chef, , Bonaparte prononça ces quelques mots les plus prégnants : « A propos, envoyez-moi Dumas.

Joubert s'empressa de remettre sa commission dès son retour dans son armée. Mais mon père était boudeur, et il fallut toutes les supplications amicales de Joubert pour le persuader d'accéder à l'invitation de Bonaparte. Il partit cependant pour Grätz, mais avec la ferme intention d'envoyer sa démission au Directoire, si Bonaparte ne lui faisait pas l'accueil qu'il méritait.

Mon père était créole – avec les caractéristiques créoles, nonchalant, impétueux, changeant . A peine avait-il conquis les désirs de son cœur qu'il en conçut un profond dégoût. Quand l'énergie qu'il avait dépensée pour obtenir ses désirs était retombée, il retombait dans son indifférence et sa paresse habituelles, et au premier signe d'opposition il parlait des plaisirs de la vie à la campagne, comme le faisait le poète antique dont il avait conquis le pays. , et enverrait sa démission au Directoire.

Heureusement, Dermoncourt était là. Lorsqu'il reçut ces lettres de démission à expédier, il les glissa dans un tiroir de son bureau, mit la clé dans sa poche et attendit tranquillement.

Au bout d'une semaine ou d'une quinzaine, ou même d'un mois, le nuage momentané de dégoût qui avait balayé le moral de mon pauvre père disparaissait, et quelque charge brillante ou quelque manœuvre audacieusement réussie réveillait sa nature enthousiaste, toujours avide d'aspirer à la réussite. impossible, et, avec un soupir, il laissait tomber ces mots : « Sur ma parole, je crois que j'ai eu tort de donner ma démission.

Et Dermoncourt, qui était aux aguets, répondait :

"Ne vous inquiétez pas, Général ; votre démission..."

"Eh bien, ma démission—?"

"Il est dans ce bureau, prêt à partir à la première occasion ; il n'y a que la date à modifier."

Ce n'est donc qu'en étant résolument résolu à remettre lui-même sa démission directement au Directoire, cette fois, au premier signe d'un affront qui pourrait lui être fait par Bonaparte, que mon père se rendit à Grätz pour le rencontrer.

Dès que Bonaparte aperçut mon père, il ouvrit les bras et s'écria : « Bienvenue dans les codes Horatius du Tyrol !

Mon père ne pouvait plus retenir sa rancune devant un accueil aussi flatteur ; il tendit également les bras, et un salut fraternel fut donné et rendu.

"Oh!" s'écria mon père lorsque, sept ans plus tard, Bonaparte se proclama empereur, « oh ! seulement de penser que je le tenais dans mes bras et que j'avais la chance de l'étrangler !

Bonaparte avait un but à servir dans tout ce qu'il faisait, et son but en envoyant chercher mon père était d'obtenir de l'aide pour organiser les nouvelles divisions de cavalerie dont son armée avait besoin. Il confia à mon père la tâche de lever ces divisions, et aussi le commandement de celles-ci lorsqu'elles seraient organisées.

Entre temps mon père fut nommé gouverneur de la province du Trévisan, et lui et Dermoncourt s'y établirent aussitôt. Le nouveau gouverneur fut reçu très favorablement dans cette belle province. Les plus beaux palais des plus riches sénateurs de Venise étaient mis à son service. Le Trévisan était à

Venise ce que l'antique Baiæ était à Rome, la maison de campagne d'une reine.

La Commune offrait à mon père trois cents francs par jour pour ses dépenses de ménage. Mon père a fait ses comptes chez Dermoncourt (j'ai ses calculs sous les yeux, griffonnés au dos d'une carte de Trévisan), et ils ont décidé que cent francs suffiraient.

Il n'accepterait donc que cent francs.

Les pauvres Italiens n'étaient pas habitués à ces méthodes et ne comprenaient pas du tout le désintéressement du motif. Ils n'y croiraient pas longtemps, mais s'attendaient continuellement soit à l'imposition d'un impôt de guerre, soit à quelque prélèvement obligatoire, soit même à quelque extorsion grossière semblable à celles qu'on dit exercer à l'Est.

Autrefois, ils croyaient vraiment que l'heure fatale était venue, et leur alarme était grande ! On avait annoncé la présence d'un agent du gouvernement français chargé de piller les prêteurs italiens. Il demanda à mon père de lui offrir une part du futur trésor ; mais Dermoncourt seul était chez lui. Ce monsieur écoutait tranquillement tous les projets suggérés par cet oiseau de proie, et toutes ses offres à mon père de part du butin. Puis, quand il eut fini, Dermoncourt dit :

"Comment êtes-vous venu ici?"

"Eh bien, en calèche."

"Très bien, mon conseil est de repartir par le même chemin, sans même voir le général."

"Pourquoi?" demanda le voyageur.

"Eh bien, parce qu'il est le diable même lorsqu'on lui fait certaines propositions."

"Bah ! Je vais les habiller si bien qu'il va bientôt les écouter."

"Tu as vraiment l'intention de l'essayer ?"

"Eh bien, certainement."

"Alors va essayer."

Mon père est arrivé juste à ce moment-là et l'agent a demandé à le voir seul.

Mon père jeta un regard interrogateur à Dermoncourt, qui hocha la tête d'un air signifiant qu'il ferait mieux d'accorder l'entretien souhaité.

Seul avec mon père, l'agent du Directoire expliquait avec volubilité sa mission ; puis, voyant que mon père écoutait sans répondre, il passa d'explications en plans, de plans en pérorations. La péroration contenait l'offre de la part du pillage de mon père : mais mon père l'a interrompu ici. Il le prit par le col, le souleva à bout de bras, ouvrit la porte de la chambre où Dermoncourt avait convoqué tout le personnel pour attendre la fin de la scène :

« Messieurs, dit-il, regardez bien ce petit coquin, afin que vous le connaissiez encore, et si jamais il se présente à mes avant-postes, dans quelque partie du monde que je sois, abattez-le sans le moindre préavis. cela me dérange même de me dire que justice a été rendue.

L'agent du Directoire ne s'arrêta pas pour en savoir davantage ; il disparut, et mon père ne comptait plus que comme un ennemi implacable.

Ces actes de déprédation étaient courants en Italie ; mais les raids contre les prêteurs sur gages étaient généralement les plus lucratifs en ces temps de détresse et de misère. Presque tous les bijoux, diamants et argent appartenant à la noblesse italienne étaient mis sur gage. Beaucoup y avaient même déposé, comme dans un coffre-fort, tout ce qu'ils possédaient de valeur, lorsque les événements politiques les ont contraints à quitter leur pays.

Alors un agent du Directoire venait, si son autorité était vraie ou fausse (certains gouverneurs ne s'enquéraient pas de trop près), et faisait table rase. Il réglerait d'abord la part de l'officier au pouvoir, puis la sienne : le reste serait reversé au gouvernement.

L'un des plus notoires de ces agents reçut le surnom de « Rapinat ». Ses opérations se limitaient principalement à la Lombardie. Ce quatrain a été composé à son sujet :

"Les Milanais dont les biens déclinent aimeraient
bien savoir si Rapinat signifie *rapine* ,
ou rapine... *Rapinat.* "

Ainsi, lorsque, après deux mois de résidence à la campagne, mon père abandonna le poste de gouverneur du Trévisan pour prendre celui de Polesina, situé dans la ville de Rovigo, il trouva qui l'attendait devant la porte du palais une belle voiture tirée par quatre chevaux, avec un cocher assis sur le box. C'était un cadeau de la ville de Trévise. Mon père voulait la refuser ; mais le présent lui fut offert avec tant de grâce et de si bon cœur qu'il se sentit obligé de l'accepter. Et les communes voisines lui ont envoyé des dizaines d'adresses : nous sélectionnerons deux spécimens au hasard.

« Au CITOYEN GÉNÉRAL DUMAS, Gouverneur du Trévisan, et des Communes de Mestre, Noale, Castel-Franco et Asolo.

« Nous, soussignés représentants des municipalités susnommées, avons été unanimement et spécialement désignés pour nous présenter devant vous,

Citoyen Général, pour témoigner de notre appréciation et de notre gratitude envers vous pour la clémence et l'équité de votre gouvernement .

" Que au ciel ils aient les moyens de vous témoigner leur admiration, leur affection et leur gratitude ! Comme ils seraient heureux s'ils avaient le pouvoir de vous donner des gages dignes de vos mérites et de vos vertus !

"Mais comme dans leur état actuel d'appauvrissement et de détresse, ils ne peuvent suivre les ordres de leur cœur, ils se font l'honneur d'espérer que vous, leur protecteur et leur père, serez gracieusement heureux d'accepter ce léger signe.

"Continuez votre généreuse protection sur nous et jetez un œil paternel sur vos enfants; car c'est vers vous que nous attendons du réconfort.

"Nous avons l'honneur de rester

" HENRI-ANTOINE REINATI, Président et Secrétaire d'État ; JEAN ALLEGRI, Président de la Commune de Noale ; FRANÇOIS BELHAMINI, Président de la Commune d'Asolo ; PHILIPPE DE RICOIDI, Vice-Président de la Commune de Mestre.

" CASTEL-FRANCO, *2 Messidor, cinquième an de la République française et deuxième de la Liberté italienne.* "

—————

« LIBERTÉ – ÉGALITÉ – VERTU.

"9 *nivôse 1797, an V de la République française, une et indivisible, et II de la Liberté italienne.*

« LA MUNICIPALITÉ D'ADRIA au CITOYEN ALEXANDRE DUMAS, Général de Division.

"Cette Municipalité, Général, ne trouve pas de mots pour exprimer son sentiment d'obligation envers vous pour les bons actes que vous avez daigné nous faire en diverses circonstances; notamment en nous soulageant en renvoyant les troupes, et plus encore en remboursant les sommes injustement extorquées par le général L....

« La Municipalité saisit cette occasion pour vous offrir un cheval, en reconnaissance de votre bonté envers nous, en vous suppliant de l'accepter comme un humble hommage, et en reconnaissance reconnaissante de ses nombreuses obligations envers vous.

"Nous sommes, Général, avec nos sincères respects et nos salutations affectueuses,

"LUNALI, Président ; LARDI, Secrétaire Général."

On voit bien que le peuple était au désespoir lorsque mon père quitta Trévisan : toute la province était en deuil, et la ville de Trévise voulut envoyer une députation à Bonaparte pour lui demander de lui permettre de garder son gouverneur. Ne leur laissant aucun espoir de le garder, ils demandèrent dix jours de plus pour lui donner une tournée de fêtes. Quand vint l'heure du départ, tous les notables de la ville le conduisirent en procession triomphale jusqu'à Padoue, où se multiplièrent les festivités.

Ici, les adieux se prolongeaient encore une semaine : les huit principales maisons de la ville se chargeaient chacune d'offrir une forme de divertissement ; et mon père changeait de demeure chaque jour, passant un jour et une nuit dans chaque maison de ses différents amuseurs.

En arrivant à Rovigo, siège de sa nouvelle sphère de gouvernement, une réception attendait mon père aussi élogieuse que les adieux. Les habitants de Polesine avaient été informés à l'avance par les habitants de Trévisan et savaient à qui ils devaient s'attendre comme nouveau gouverneur.

La Polésine, fertile en blé et en pâturages, était la province où Bonaparte avait établi les escadrons de cavalerie dont il voulait former une division, sous l'organisation de mon père.

A son arrivée, comme à Trévisan, mon père régla aussitôt ses dépenses de ménage sur la base de cent francs par jour, donnant des ordres exprès aux communes de n'autoriser aucune fourniture ni de donner suite à aucune demande sans son consentement.

Mon père resta quelque temps à Rovigo, pendant que les négociations du Congrès s'éternisaient, jusqu'à ce que Bonaparte, impatient d'en finir, se décide à rassembler son armée et à se diriger vers le Tagliamento. Mon père rejoignit alors sa division et resta près de cette rivière jusqu'au 18 octobre 1797, date à laquelle la paix fut signée au village de Campo-Formio. Huit jours plus tard, il revint à Rovigo.

Par la paix de Campo-Formio, qui termina la campagne de 1797, cette campagne où, grâce à mon père et à Joubert, l'expédition du Tyrol joua un rôle si glorieux, l'Autriche céda la Belgique et Mayence, Mannheim et Philipsbourg à la France. , et la Lombardie autrichienne à la République cis-alpine.

Les États vénitiens étaient divisés. Corfou, Zante, Céphalonie, Santa Maura, Cerigo et leurs îles dépendantes, avec l'Albanie, furent cédées à la France. L'Istrie, la Dalmatie, les îles Adriatiques, Venise et le territoire vénitien du continent jusqu'à l'Adige, le Tanaro et le Pô furent livrés à l'empereur autrichien, qui se trouva ainsi maître du golfe Adriatique.

Les États vénitiens restants sur le continent furent cédés à la République cisalpine sous la suzeraineté de l'empereur. Et le duc de Modène reçut Brisgaw en indemnité.

Pauvre commune d'Adria, qui avait daté son adresse à mon père l'an II de la Liberté italienne !

Pendant ce séjour sur le Tagliamento, dont le but, comme nous l'avons dit, était de faire avancer les négociations autrichiennes, mon père dînait trois fois par semaine au quartier général de Bonaparte. C'est là qu'il connut plus intimement Joséphine, qu'il avait déjà rencontrée à Milan, et qui gardait pour lui, même après sa disgrâce, un sentiment d'amitié, l'amitié du créole pour le créole.

Ils se réunissaient également une fois par semaine à Udine. Bernadotte commandait cette ville, et après la pièce, ils transformèrent la salle en salle de bal et dansèrent toute la nuit. Bonaparte dansait très peu, comme on pourrait le croire ; mais mon père, Murat, Clarke et tous les jeunes aides de camp dansaient beaucoup.

Le lendemain de la signature du traité de Campo-Formio, le bal fut ouvert par un quadrille. Joséphine dansait avec Clarke, Madame Pauline Bonaparte avec Murat, Mademoiselle Caroline Bonaparte avec Dermoncourt et Madame César Berthier était la partenaire de mon père.

Bonaparte partit pour Paris dès la signature du traité de Campo-Formio, et se retira dans la petite maison de la rue des Victoires qu'il avait récemment achetée à Talma.

C'est là que fut conçue et planifiée la campagne d'Égypte.

Bonaparte, avec plus de succès que les héros carthaginois, avait fait en Italie presque autant qu'Hannibal. Il lui restait à faire en Orient ce qu'Alexandre et César avaient fait.

Mais avant d'en arriver là, Bonaparte s'acquitta d'une dette de reconnaissance qu'il devait depuis longtemps à mon père et à Joubert. Il présenta mon père au Directoire par intérim sous le nom de *Codes Horatius du Tyrol*, et il chargea Joubert de présenter l' *étendard de l'armée d'Italie* aux chefs de gouvernement.

Cet étendard de l'armée italienne était plus qu'un drapeau : c'était un mémorial, un merveilleux mémorial d'une merveilleuse campagne.

D'un côté, il y avait les mots :

"À L'ARMÉE D'ITALIE D'UN PAYS RECONNAISSANT."

De l'autre côté se trouvait une liste des batailles livrées et des lieux occupés ; suivies d'inscriptions abrégées, grandes par leur simplicité, concernant la campagne qui venait de se terminer.

Ce second côté, hélas, si vite oublié par les hommes qui dirigèrent successivement les affaires du gouvernement, oublié surtout par le neveu de l'empereur lui-même, se présentait ainsi :

« 150 000 prisonniers ; 170 étendards ; 550 pièces de canon ; 600 canons légers de campagne ; 5 trains de pontons ; 9 navires de 64 canons ; 12 frégates de 32 ; 12 sloops de guerre ; 18 galères : armistice avec le roi de Sardaigne ; convention avec Gênes ; armistice avec le duc de Parme ; armistice avec le roi de Naples ; préliminaires de Léoben ; traité de paix avec l'empereur à Campo-Formio ;

« Liberté donnée aux peuples de Bologne, Modène, Ferrare, Massa, Carrare, Romagne, Lombardie, Brescia, Bergame, Mantoue, Crémone, aux parties de Vérone, à Chiavenna, Bormio, la Valteline et Gênes ; aux fiefs impériaux ; aux peuples des départements de Corfou, de la mer Égée et d'Ithaque.

"Envoyé à Paris toutes les œuvres principales de Michel-Ange, Guerchino, Titien, Paolo Véronèse, Corrège, d'Albano, des Carracci, de Raphaël et de Léonard de Vinci."

Bonaparte s'arrêta en traversant Mantoue et visita le monument que le général Miollis avait élevé à Virgile ; il célébra aussi une fête militaire en l'honneur de Hoche, récemment mort, probablement empoisonné.

Bonaparte traversa la Suisse jusqu'à Moudon, où on lui fit un brillant accueil et où sa voiture fut cassée.

Il continua son voyage à pied ; et, près du charnier de Morat, qui n'avait pas encore été détruit par Brune, cet autre soldat *audacieux*, qui devait lui-même avoir sa morgue à Waterloo, demanda : « Où est le champ de bataille du duc de Bourgogne ?

"Voilà, général", dit un officier suisse en montrant ce qu'il souhaitait voir.

"Combien d'hommes avait-il ?"

"Soixante mille, Sire."

"Comment a-t-il été attaqué ?"

"Par les Suisses dévalant les montagnes voisines, et, à l'abri d'un bois qui existait alors, tournant la position bourguignonne."

"Quoi!" il s'est excalmé. « Charles le Téméraire avait soixante mille hommes et pourtant il n'a pas pris possession des montagnes ! » Et le conquérant de l'Italie haussa les épaules.

« Les Français d'aujourd'hui se battent mieux que cela », observait Lannes.

« Les Bourguignons n'étaient pas français à cette époque », répondit brièvement Bonaparte ; et, comme sa voiture était maintenant remontée, réparée, il monta et partit rapidement.

Bonaparte n'était pas tout à fait facile dans la situation qu'il s'était créée par cette suite de conquêtes merveilleuses. Il avait en effet reçu une ovation triomphale à Paris ; toute la salle s'était levée en criant : « Vive Bonaparte ! lorsqu'ils apprirent qu'il était présent à la deuxième représentation des *Codes d'Horatius* ; mais toutes ces ovations ne l'ont pas aveuglé sur les faits.

Le soir même, il dit à Bourienne : « On ne se souvient de rien à Paris. Si je reste longtemps tranquille sans faire quelque chose de nouveau, je serai perdu : une idole en remplace vite une autre dans cette grande Babylone. Si j'assistais trois fois à la pièce de plus, ils ignoreraient ma présence.

Quelques jours plus tard, il fut nommé membre de l'Institut, sous la division Science et Art, honneur qui le gratifiait extrêmement. Il envoya aussitôt au président la lettre suivante :

« CITOYEN PRÉSIDENT, — Je me sens profondément honoré par les votes des hommes distingués qui composent l'Institut. Je suis très sensible au fait qu'avant de pouvoir devenir leur égal, je dois rester longtemps leur savant.

"S'il y avait une manière plus expressive par laquelle je pouvais exprimer ma haute estime pour eux, j'en profiterais. Les vraies conquêtes, les seules victoires qui n'entraînent pas de regrets, sont celles qui vainquent l'ignorance.

« Ce sont les occupations les plus honorables, les plus utiles à toutes les nations, qui contribuent à l'élargissement des connaissances humaines. La vraie force de la République française doit désormais consister à faire de chaque découverte nouvelle une partie d'elle-même.

BONAPARTE."

l'Avare de Molière une phrase qu'Harpagon eut l'idée d'inscrire en lettres d'or sur les murs de sa salle à manger. Dites-moi, Prince Louis, s'il n'y a pas une phrase semblable à méditer dans cette lettre de votre oncle à l'Institut ?

Toutes ces ovations dans les lieux publics et ces réceptions de l'Institut suffirent un temps à distraire un cerveau aussi actif que celui de Bonaparte, mais elles ne purent le satisfaire longtemps.

Très vite, il revint à son idée favorite, l'Orient : elle lui était venue alors qu'il attendait et suivait les progrès des négociations de paix à Paneriano.

« L'Europe est une taupinière », disait-il un jour, en se promenant avec Bourrienne, César Berthier et mon père ; "Il n'y a jamais eu d'aussi grands empires ni de grandes révolutions que l'Orient, avec ses six cent millions d'habitants."

Il écrivait au Directoire dès août 1797 : « Nous sentons que le moment n'est pas loin où, pour détruire complètement la puissance de l'Angleterre, il faudra prendre possession de l'Egypte.

« Malte est à vendre, disait-il un autre jour, et elle ne la paierait pas trop cher si nous lui donnions la moitié de ce que nous avons payé pour la paix de Campo-Formio.

Soit pour cacher ses véritables motivations, soit pour savoir si Bonaparte croyait réellement à la possibilité d'envahir l'Angleterre, le 10 février 1798 il partit pour le nord de la France et visita Boulogne, Ambleteuse, Calais, Dunkerque, Fumes, Nieuport, Ostende, et l'île de Walcheren. Au retour de ce voyage il dit à Bourrienne :

"C'est un jeu trop risqué ; je n'ose pas m'y risquer, car je ne veux pas jouer sans raison avec le sort de notre belle France."

L'idée d'une expédition égyptienne était-elle une conception du cerveau même de Bonaparte, ou en avait-il croisé l'idée dans quelques casiers de papiers ministériels appartenant au duc de Choiseul, qui proposait un projet similaire à Louis XV ? Il est impossible de le dire avec certitude. Quoi qu'il en soit, le Directoire ne souleva aucune opposition aux désirs ambitieux de ce second Cambyse.

Le Directoire enviait sa gloire, et il craignait les ombres projetées par le vainqueur d'Arcole et de Rivoli comme il craindrait l'ombre portée par le mortel upas.

Le 12 avril 1798, Bonaparte est nommé commandant en chef de l'armée de l'Est.

"Combien de temps resterez-vous en Egypte, Général ?" » a demandé son secrétaire en lui offrant ses félicitations pour sa nomination.

« Six mois ou six ans », répondit Bonaparte ; " Tout dépend des événements. Je coloniserai le pays et y présenterai des artistes, des ouvriers de toutes sortes, des femmes, des acteurs, des poètes. Je n'ai que vingt-neuf ans maintenant, et je ne devrais en avoir que trente-cinq, ce qui est pas un si grand âge. Si tout se passe comme je l'espère, six ans suffiront pour pénétrer en Inde aussi loin que le fit Alexandre.

Le 19 avril, Bonaparte annonce son départ pour Toulon. Le 4 mai, il quitte Paris, accompagné de Joséphine. Le 8, il atteint Toulon.

Sept régiments de la division de mon père furent envoyés à Toulon. Comme mon père arrivait avant Bonaparte ou Kléber, il prit le commandement des troupes de l'expédition ; le remettant à son aîné, Kléber, à l'arrivée de ce dernier.

Toulon était plein de souvenirs pour Bonaparte : c'est de Toulon que l'Aigle prenait son envol. Le jour de son arrivée, il se promena au bord de la mer et visita le Petit Gibraltar.

Il avait à peine eu le temps de voir mon père qu'il lui dit : « Viens me voir demain matin aussi tôt que tu voudras.

Le lendemain, à six heures, mon père traversait la place d'armes pour voir Bonaparte, lorsqu'il rencontra Dermoncourt.

— Où diable allez-vous, général, à cette heure de la matinée ? Il a demandé.

"Viens avec moi et tu verras", dit mon père. Et ils ont procédé ensemble.

Alors qu'ils approchaient de leur destination, Dermoncourt s'écria :

« Vous n'allez pas voir Bonaparte, n'est-ce pas, général ?

"Je suis."

"Mais il ne vous recevra pas."

"Pourquoi pas?"

"Eh bien, parce qu'il est trop tôt."

"Oh ! ça n'a pas d'importance."

"Mais il sera au lit."

"Plutôt probable."

"Et au lit avec sa femme ; il l'aime comme les commerçants aiment leur femme."

" Tant mieux ! Je serai charmé de revoir la bonne Joséphine. "

Et mon père entraînait Dermoncourt après lui, moitié disposé, moitié effrayé de voir ce qui allait arriver.

Finalement, il est arrivé à la conclusion que mon père avait une audience spéciale et l'a suivi.

Mon père monta un escalier, parcourut un couloir, ouvrit une petite porte, repoussa un paravent, et lui et Dermoncourt, qui le suivait toujours de près, se trouvèrent dans la chambre de Bonaparte.

Il était au lit avec Joséphine, et, comme il faisait extrêmement chaud, ils n'étaient recouverts que d'un drap qui montrait le contour de leur corps.

Joséphine pleurait, et Bonaparte essayait d'essuyer ses larmes d'une main, tandis que de l'autre il faisait en riant un tatouage militaire sur la partie de son corps tournée vers l'enfoncement entre le lit et le mur.

— Ah ! Dumas, dit-il en apercevant mon père ; " Votre arrivée est opportune ; vous devez m'aider à faire entendre raison à cette sotte petite femme. Doit-elle souhaiter venir en Egypte avec nous ? Maintenant, voudriez-vous y emmener votre femme ? "

"Ma foi, certainement pas", répondit mon père. "Elle me gênerait terriblement."

" Eh bien ! vous voyez ce que je vous ai dit ; et vous savez que Dumas n'est pas un mauvais mari, il aime sa femme et ses filles. Écoutez : je peux revenir dans six mois, ou nous pouvons être là-bas plusieurs années. "

Alors les larmes de Joséphine coulèrent plus vite que jamais.

" Si nous y restons quelques années, la flotte devra revenir chercher quelque vingt mille hommes sur les côtes italiennes. Retournez à Paris, prévenez Mme Dumas, et vous nous reviendrez tous deux avec ce convoi. Cela vous conviendra-t-il, Dumas ? »

"Parfaitement", répondit mon père.

"Quand là-bas, ma chère Joséphine, Dumas, qui n'a que des filles, et moi qui n'en ai même pas, chacun de nous fera de son mieux pour engendrer un garçon : si nous avons un garçon, lui et sa femme en seront les parrains ; s'il a un garçon, vous et moi serons ses parrains. Voilà, c'est une promesse, arrêtez de pleurer et parlons affaires.

Puis, se tournant vers Dermoncourt, Bonaparte dit :

« M. Dermoncourt, vous venez d'entendre tomber un mot qui indique la destination de notre expédition. Personne ne le sait encore : ne laissez pas échapper le mot « Egypte » de vos lèvres ; vous comprendrez facilement l'importance d'un tel secret. ".

Dermoncourt signifiait qu'il serait aussi muet qu'un disciple de Pythagore.

Joséphine se consolait : en effet, si l'on en croit Bourrienne, elle réussissait trop bien à se consoler.

Le 15 mai, mon père visita de nouveau Bonaparte, et le départ fut fixé au 19.

Il trouva Bonaparte sur le point de dicter un ordre à Bourrienne ; il allait donc discrètement se retirer, lorsque Bonaparte l'appela : « Non, restez, vous ne gênez pas ; écoutez ce que je vais faire.

Puis, posant la main sur l'épaule de ce géant : « Ce que j'aime chez toi, Dumas (dit-il), c'est non seulement ton courage indiscutable, mais ton humanité, une qualité plus rare. Je sais que Collot d'Herbois a voulu te couper la tête. parce que dans quelque petite ville de la Tarantaise vous avez sauvé de la guillotine trois ou quatre pauvres diables qui ne voulaient pas laisser fondre les cloches de leur village. Croiriez-vous qu'il y a seulement six semaines on a fusillé un vieillard de quatre-vingts ans. — les bouchers — sous le couvert de la loi *sur les émigrés*. Maintenant, écris, Bourrienne. Et il a dicté.

« SIÈGE SOCIAL À TOULON,

"27 *floréal an VI* (16 *mai* 1798).

"BONAPARTE, Membre de l'Institut National, aux Commissaires Militaires de la 9ème Division institués en conséquence de la loi du 19ème Fructidor.

"J'apprends avec la plus profonde inquiétude, citoyens, que des personnes âgées de soixante-dix à quatre-vingts ans, des femmes pauvres, enceintes *et* nécessaires à leurs enfants, ont été fusillées parce qu'elles étaient soupçonnées de vouloir émigrer.

" Les soldats de la Liberté sont-ils donc devenus des bourreaux ? L'esprit de compassion qu'ils portent jusque sur le champ de bataille même est-il mort dans leur cœur ? La loi du 19 fructidor était une mesure de salut public ; elle avait pour objet de attaquez-vous aux conspirateurs, non aux femmes misérables et aux vieillards épuisés.

« Je vous exhorte donc, citoyens, chaque fois que la loi amènera devant votre tribunal des personnes de plus de soixante ans ou des femmes, à déclarer que vous avez du respect pour les vieillards et les femmes de votre ennemi, même au milieu des combats.

"Le militaire qui signe une sentence contre toute personne incapable de porter une arme est un lâche.

"BONAPARTE."

En sortant de la maison de Bonaparte, mon père rencontra Kléber qui y rentrait.

"Tu ne sais pas ce que nous allons faire là-bas ?" il a dit.

"Nous allons fonder une colonie."

"Non, nous allons rétablir un royaume."

"Oh ! oh !" dit Kléber, nous verrons.

— Très bien ! vous *verrez*.

Et sur ces mots les deux amis se séparèrent.

Le 19 mai, ils appareillèrent.

CHAPITRE III

Le voyage - Le débarquement - La prise d'Alexandrie - Le *Chant du Départ* et le concert arabe - Les prisonniers répits - La marche sur le Caire - Rhum et biscuit - Les melons de mon père - L'Institut Scientifique - Bataille des Pyramides - Scène de la victoire —La lettre de mon père établissant la vérité.

Bonaparte naviguait en *Orient* , un beau bateau de 120 canons.

En quittant le port, très lourdement chargé, il puisa trop d'eau et toucha le fond, provoquant un court moment de confusion au sein de la flotte. Le maître d'équipage Boyer, du *Guillaume Tell* , sur lequel naviguait mon père, secouait sombrement la tête.

"Qu'est-ce qu'il y a, Boyer ?" a demandé mon père.

"Un désastre va arriver à la flotte, Général."

"Pourquoi devrait-il le faire ?"

" Parce que le vaisseau amiral de l'amiral a touché terre. Ne savez-vous pas que c'est un présage infaillible ? "

Mon père haussa les épaules.

Deux mois après, la flotte était détruite à Aboukir.

Les détails de la traversée sont connus : ils prirent Malte au passage, Malte l'inexpugnable !

Caffarelli, qui visitait les fortifications avec Bonaparte, ne put s'empêcher de lui dire : « Ma foi, Général, heureux que vous ayez quelqu'un à l'intérieur de la citadelle pour vous ouvrir les portes ! Je ne pense pas que tu serais un jour entré.

Bonaparte a libéré les prisonniers turcs – une mesure visant à apaiser le sultan.

La flotte quitte Malte le 19 juin et met le cap sur Candie.

Nelson était à Messine avec la flotte anglaise lorsqu'il apprit la prise de Malte. Il était convaincu que Bonaparte avait l'intention de naviguer vers l'Égypte et s'embarqua immédiatement pour Alexandrie.

Dans la nuit du 22 au 23 juin, les flottes anglaise et française passèrent à six lieues l'une de l'autre. La flotte anglaise ne vit pas la nôtre, et pendant que nous faisions route vers le nord, elle fit route vers le sud, atteignant Alexandrie trois jours avant nous.

Comme Nelson n'avait découvert aucune trace de notre passage et apprit que notre flotte n'avait été signalée par aucun navire, il crut que notre expédition était destinée à conquérir l'Asie et se dirigea rapidement vers Alexandrette, en Syrie.

Cette erreur de calcul sauva l'expédition, qui atteignit Candie, profita des vents du nord et fit immédiatement route plein sud.

La terre fut aperçue au point du jour du 1er juillet, et bien au-dessus des ruines et des maisons blanches se dressait la colonne de Septime Sévère. Bonaparte comprit le danger auquel il avait échappé ; c'était tout simplement un miracle que la flotte anglaise n'ait pas aperçu la nôtre. Il donne l'ordre de débarquer immédiatement.

Toute la journée fut occupée par cette opération importante, et elle s'accomplit sans accident grave, quoique la mer fût agitée.

Mais, au débarquement, une vingtaine d'hommes, croyant apercevoir une fontaine d'eau, s'enfuirent dans l'intérieur du pays, furent encerclés par une tribu de Bédouins et firent tuer leur capitaine.

C'était un mauvais début ! Bonaparte donna des ordres très stricts à l'égard des retardataires et promit une récompense de cent piastres à tout Arabe qui ramènerait un prisonnier.

Cent piastres turques n'équivalent qu'à vingt-cinq francs environ ; mais Bonaparte ne voulait pas gâter les Bédouins.

Et il était sage, comme nous le verrons tout à l'heure.

La cavalerie ne put débarquer à cause du mauvais temps ; Bonaparte décide de ne pas les attendre et, vers trois heures du matin, il se met en marche vers Alexandrie, avec les trois divisions Kléber, Bon et Moreau. Mon père, fusil de chasse à la main, commandait les carabiniers de la 4e demi-brigade légère.

Aucune difficulté ne fut rencontrée pendant le voyage jusqu'à ce qu'on atteigne les murs d'Alexandrie, défendus par les Turcs.

Kléber reçut le premier coup : un ballon lui frappa la tête au moment où il prenait le commandement de l'attaque.

La résistance des Alexandrins ne fut pas sérieuse et la ville fut prise au bout d'une heure de combat.

Mon père fut l'un des premiers à entrer dans la ville, et sa grande taille, son teint bronzé presque aussi foncé que ceux des Arabes, firent une vive impression sur les habitants indigènes. Ce fait fut rapporté à Bonaparte, qui tira parti de tout ; et en conséquence il envoya chercher mon père.

« Général, dit-il, prenez une vingtaine de mes guides et conduisez-les à la tribu arabe qui doit me faire prisonniers. Je souhaite que vous soyez le premier général qu'ils jetteront les yeux, le premier chef avec lequel ils se retrouveront. traiter."

Mon père partit au galop, et à un quart de lieue de la ville il trouva les gens qu'il cherchait. Par l'intermédiaire de son drogman, il leur fit vite comprendre qu'ils devaient se présenter devant le général en chef, qui se ferait un plaisir de les accueillir et de leur remettre la récompense promise.

Bonaparte ne se trompait pas dans ses calculs : mon père devint aussitôt un sujet d'étude, de curiosité et d'admiration de la part de ces enfants de la nature, et, comme il ne cherchait pas à les chasser, il entra avec eux à Alexandrie. meme.

Bonaparte les reçut tous dans une grande salle dominant la mer, leur distribua ses proclamations qu'il avait fait traduire en arabe et leur offrit un repas qu'il avait pris soin de ne blesser aucune des coutumes de leur pays.

Ils acceptèrent le repas avec une évidente satisfaction, s'accroupirent, et chacun commença à se rassasier.

Au milieu de la fête, les musiques réunies des trois régiments d'infanterie entonnèrent aussitôt le *Chant du Départ*.

Bien que l'explosion ait été à la fois terrible et inattendue, pas un seul Arabe n'a bondi ; ils continuèrent tous à manger malgré le vacarme assourdissant des cent vingt musiciens.

Bonaparte leur a demandé à la fin de l'antenne s'ils aimaient la musique.

"Oui!" répondirent-ils, "mais le nôtre est meilleur".

Bonaparte désirait entendre leur musique, tant elle était supérieure à celle de la représentation française. Trois Arabes cessèrent alors de manger et deux prirent une sorte de tambour ; l'un ressemblait au paquet d'un vendeur de gaufrettes, l'autre à une citrouille coupée en deux. Le troisième adopta une sorte de guitare à trois cordes, et le concert arabe commença à entrer solennellement en concurrence avec le concert français.

Bonaparte les complimenta vivement sur leur musique, leur distribua la récompense promise et des vœux d'amitié furent échangés de part et d'autre.

Une dizaine d'hommes manquaient à l'appel. Les Bédouins étaient en pleine décapitation de leurs prisonniers, et avaient déjà accompli le tiers de leur travail lorsqu'ils apprirent que la récompense de cent piastres était offerte pour chaque prisonnier ramené vivant.

Comme des hommes qui mettent les affaires au premier rang avant tout, ils cessèrent aussitôt de tuer leurs prisonniers, et se contentèrent d'un jeu moins cruel, mais plus insolite, aux yeux des captifs, que le châtiment qu'ils recevaient d'abord. craignait.

Il en résulta que, lorsque Bonaparte fit lever les prisonniers devant lui pour les interroger, il fut étonné de les voir tous rougir, détourner la tête et bégayer comme des jeunes filles timides. Enfin, pressé par le général en chef, qui, entendant tant parler des indignités infligées aux captifs, était réellement déterminé à découvrir ce qu'ils avaient souffert, un vieux soldat lui dit en criant de rage : que lui et ses compagnons avaient été traités comme les habitants de Sodome et de Gomorrhe auraient traité les anges s'ils n'avaient pas eu sur nos grenadiers l'avantage de posséder des ailes, avec lesquelles ils montaient au ciel sans perte de temps.

"Idiot", dit Bonaparte en haussant les épaules avec mépris, "les larmes ne te sied pas bien. Allons, allons, sois reconnaissant de t'en être tiré à si bon compte, et arrête de pleurer."

Ce traitement des prisonniers fit une grande sensation dans toute l'armée et contribua dans une large mesure à maintenir une discipline, qui eût été plus difficile à faire respecter si les soldats avaient eu seulement la crainte d'avoir la tête coupée.

Bonaparte resta une semaine à Alexandrie.

Il passa la première journée à revoir ses forces.

Le deuxième jour, il donna l'ordre à l'amiral Brueys de conduire la flotte dans le vieux port d'Alexandrie ou de la conduire à Corfou.

Le troisième jour, il fit sa proclamation aux habitants et ordonna à Desaix de marcher sur le Caire.

Le quatrième, il fit graver sur la colonne de Pompée les noms des hommes tués hors d'Alexandrie, et fit enterrer leurs corps au pied de ce monument.

Le cinquième jour, le général Dugua s'empare d'Aboukir.

Le 6, Rosette est prise, et pendant que la flottille se mobilise, l'armée se prépare à marcher sur le Caire.

Le septième jour, il nomme Kléber commandant d'Alexandrie, assurant la Porte qu'il désire rester en bons termes avec elle, puis il part lui-même pour le Caire.

Desaix fut le premier à partir et le premier à être pris de découragement.

Je citerai les propres paroles de Desaix (car son dévouement à Bonaparte était indiscutable).

Le 15 juillet, Desaix écrivait ainsi à Bonaparte de Bakahireh :

" Par pitié, ne nous laissez pas là ! Les troupes sont abattues et grognent ; avançons ou retirons le plus tôt possible. Les villages ne sont que des huttes et absolument dépourvus de provisions. "

L'armée reçut des rations pour quatre jours au départ ; Malheureusement, et très imprudemment, on leur avait également permis de disposer de quatre jours de rhum. La conséquence de cette addition de liquide aux provisions solides fut que, pendant les premières heures de la marche à travers le désert qui sépare Alexandrie de Damanhour, les soldats, desséchés de soif, mais pas encore affamés, attaquèrent le rhum, et allèrent si souvent au la cantine où il était conservé, qu'avant la fin de la moitié de la marche, la cantine était vide et les hommes étaient ivres.

Alors les soldats, imaginant avec l'optimisme heureux de l'ivresse qu'ils n'éprouveraient jamais les affres de la faim, commencèrent à alléger leurs sacs en éparpillant leur riz et en jetant leurs biscuits.

Lorsque leurs commandants comprirent ce qui se passait, ils donnèrent l'ordre de s'arrêter.

Maintenant, une halte de deux heures laissa le temps aux premiers effets de l'alcool de se dissiper, et ils reprirent la marche, regrettant déjà leur conduite indiscrète. Vers cinq heures du matin, la faim qu'ils croyaient avoir conjurée commença à les envahir cruellement. On parvint à peine à se traîner jusqu'à Damanhour, qui fut atteinte le 9 à huit heures du matin.

Ils avaient quelques espoirs de trouver de la nourriture dans cette ville, mais celle-ci avait été complètement évacuée. Ils fouillèrent chaque maison et, comme la moisson venait de se terminer, ils trouvèrent un morceau de blé battu ; mais les moulins à main avec lesquels les Arabes moulaient leur blé étaient cassés, ayant été volontairement débrayés. Ils réussirent à en mettre plusieurs en ordre et à se procurer une petite quantité de farine, mais si elle avait été distribuée, elle n'aurait pas dépassé une demi-once par homme.

Le mécontentement commença alors à se répandre dans les troupes, et la faim, ce mauvais conseiller, murmurait des suggestions de rébellion parmi les hommes et même parmi les officiers.

Alors, au milieu du découragement et des plaintes, ils commencèrent à marcher vers Rhamanieh.

Il ne servait à rien que les soldats s'impatientaient, puisqu'ils étaient seuls responsables de leur manque de provisions. Presque mourant de faim, ils atteignirent enfin Rhamanieh, où ils apprirent qu'ils devaient s'arrêter le 11 et le 12, pour attendre les provisions qui avaient été commandées dans le Delta. Ceux-ci arrivèrent comme prévu, et les vivres frais et la proximité du Nil, dans lequel les soldats se plongeaient dès qu'ils y atteignaient, rendirent un peu de courage à l'armée.

Mon père réussit à se procurer deux ou trois pastèques et invita plusieurs généraux de sa connaissance à les manger dans sa tente. Ils ne tardèrent pas à répondre à son invitation.

On a vu combien la campagne avait été mal ouverte et combien les troupes avaient déjà souffert depuis leur départ d'Alexandrie. L'Egypte qu'ils avaient vue de loin, comme un grand ruban vert émeraude déroulé au milieu du désert, n'apparaissait plus dans son ancienne fertilité, comme le grenier du monde, mais dans sa pauvreté moderne, ses populations mouvantes, ses ruines. et des villages déserts.

Les plaintes de Desaix trouvèrent un écho dans toute l'armée.

Le rassemblement sous la tente de mon père, qui s'était réuni dans le but de consommer les melons, prit très vite une tournure politique, chaque général laissant libre cours à la mauvaise humeur partagée par tous.

Pourquoi étaient-ils venus dans ce pays maudit ? Un pays qui avait successivement dévoré tous ceux qui essayaient de le conquérir, depuis l'époque de Cambyse jusqu'à l'époque de Saint-Louis. Étaient-ils venus fonder une colonie ? A quoi bon quitter la France, où le soleil réchauffait l'homme sans le brûler, la France avec ses belles forêts, ses plaines fertiles, pour ce ciel d'airain, ce désert sans ombre, ces plaines brûlantes ? Bonaparte voulait-il se constituer un royaume en Orient, à la manière des anciens proconsuls romains ? Il aurait pu au moins demander à ses généraux s'ils acceptaient d'être à la tête de cette nouvelle satrapie. De tels projets auraient pu réussir avec des armées antiques composées d'affranchis et d'esclaves, mais non avec les patriotes de 1792, qui n'étaient pas les satellites d'un homme mais les soldats appartenant à une nation.

Ces récriminations n'étaient-elles que des murmures arrachés à eux par leurs épreuves actuelles ? Ou bien étaient-ils déjà un courant de révolte sous-jacent contre l'esprit ambitieux du héros du 18 brumaire ? Peut-être que ceux qui ont participé à cette réunion n'auraient pas pu répondre eux-mêmes à ces questions. Mais elles furent répétées à Bonaparte comme de graves attaques contre son autorité de la part d'un général qui avait été le plus bruyant dans ses reproches contre les motivations du général en chef et le premier à apprécier la bonne saveur des melons de mon père.

Quoi qu'il en soit, c'est à Rhamanieh, sous la tente de mon père, que commença cette opposition à laquelle Kléber donnait tant de force et de contenance.

Le 12, la flottille atteint Rosette, sous le commandement de Perrée, chef de division.

Il était à bord du *Cerf.*

Bonaparte mit à bord du navire Perrée un Institut régulier de savants : Monge, Fourrier, Costa, Berthollet, Dolomieu, Tallien, etc.

Ils devaient remonter le parallèle du Nil avec l'armée française ; leurs chevaux contribueraient à compléter un petit corps de cavalerie.

Nous savons que cette flottille a été poussée par le vent plus vite que l'armée ne pouvait marcher, qu'elle a été attaquée par la flotte turque et que les fellahs lui ont tiré dessus des deux rives du Nil. Sussy, qui deviendra plus tard comte de Sussy, prit une part importante à la conduite des opérations et eut le bras cassé par un ballon pendant la bataille.

Bonaparte, entendant le coup de canon, intervint juste à temps pour sauver la flotte de la destruction totale, atteignant le théâtre de la bataille pour les corps de 4 000 mamelouks à Chebreis.

Huit jours plus tard, Bonaparte livre la bataille des Pyramides. Quatre jours après la bataille des Pyramides, c'est-à-dire le 25 juillet, à quatre heures de l'après-midi, Bonaparte faisait son entrée au Caire.

Personne mieux que Bonaparte ne connaissait la valeur de l'effet dramatique de cette victoire. Le son d'une victoire augmente de volume à mesure qu'il se propage, résonnant et résonnant à travers le monde. Et nul ne connaissait mieux que le calme Bonaparte la valeur de ces paroles sublimes qu'il aurait prononcées avant, pendant ou après ses batailles, la plus célèbre d'entre elles étant peut-être la sienne : « Soldats ! Quarante siècles vous regardent du haut des sommets. de ces grands monuments!"

Si le lecteur veut connaître jusqu'où Bonaparte a exagéré dans ses dépêches et se faire une idée exacte de l'impression produite par cette bataille sur ceux qui y prirent part, partie non secondaire, il me permettra de pour transcrire la lettre suivante de mon père. Elle était adressée à Kléber, installé à Alexandrie comme gouverneur, attendant de se remettre de ses blessures.

"BOULAK, PRÈS DU CAIRE,

« 9 *thermidor an VI.*

« Enfin, mon ami, nous avons atteint ce pays tant désiré. Mon Dieu ! comme il est différent de ce que même l'imagination la plus tempérée se figurait !

L'horrible *villasse* du Caire est peuplée d'une populace oisive, accroupie en croix. rester debout toute la journée devant la plus vile des huttes, fumant et sirotant du café, ou bien mangeant des pastèques et buvant de l'eau.

" On pourrait facilement se perdre toute une journée dans les rues étroites et puantes de cette fameuse capitale. Seul le quartier où habitent les Mamelouks est un peu habitable, et ici le commandant en chef habite dans une assez bonne maison appartenant à à un bey, j'ai écrit au brigadier Dupuis, qui est l'actuel général et commandant au Caire, pour vous réserver une maison, mais je n'ai pas encore reçu sa réponse.

« La division est stationnée dans une sorte de bourgade appelée Boulak, près du Nil, à environ une demi-lieue du Caire. Nous sommes tous logés dans des maisons crasseuses qui avaient été désertées à notre approche ; celle de Dugua est la seule passablement décente du lot. .

" Le général Lannes vient de recevoir l'ordre de prendre le commandement de la division Menou, à la place de Vial, qui se rend à Damiette avec un bataillon. Il m'assure qu'il refusera. Le 2e bataillon léger, avec le général Verdier, est en position près des Pyramides. , sur la rive gauche du Nil, attendant que la place soit fortifiée et prête à être occupée par une garde d'une centaine d'hommes.

"Ils devraient construire un pont en face de Gizeh; l'endroit est actuellement occupé par la réserve d'artillerie et du génie. La division Régnier est à deux ou trois lieues du Caire; celle de Desaix part pour le Vieux Caire; celle de Bon est à la Citadelle, et celle de Menou dans la ville elle-même.

« Vous n'avez aucune idée des marches fatigantes que nous faisions pour arriver au Caire, s'arrêtant généralement trois ou quatre heures après midi, après avoir enduré le fardeau et la chaleur de la journée ; la plupart du temps sans nourriture, obligés de glaner ce que les divisions précédentes avaient fait. qu'ils avaient laissés dans les horribles villages qu'ils avaient saccagés ; ils furent harcelés pendant toute la marche par une horde de voleurs appelés Bédouins, qui tuaient nos hommes ou nos officiers s'ils traînaient à vingt-cinq pas de la colonne, l'aide de camp du général Dugua, Geroret. a été assassiné ainsi avant-hier, alors qu'il portait une dépêche à un groupe de grenadiers, à portée de fusil du camp. C'est une guerre bien plus méchante, mon ami, que la Vendée.

« Nous avons eu bataille le jour même de notre arrivée sur le Nil, près du Caire. Les Mamelouks, qui sont très rusés, ont tenté de traverser le Nil de la rive droite à la rive gauche. Je n'ai pas besoin de dire qu'ils ont été bien battus et que nous ils lavaient leur linge sale dans le ruisseau. Je crois qu'ils appelaient cela la bataille des Pyramides. Ils perdirent certainement 700 ou

800 hommes sans exagération, mais un grand nombre se noyèrent en essayant de traverser le Nil à la nage.

"J'ai très hâte de savoir comment vous allez et quand vous serez apte à prendre le commandement de cette division, qui est entre les mains les plus faibles possibles. Tout le monde vous désire, et la discipline devient extraordinairement laxiste. Je fais tout ce que je peux. garder chaque section pour elle-même, mais c'est une tâche plutôt désespérée. Les troupes ne sont ni payées ni bien nourries, et on devine facilement quelles grognements cela occasionne. Les officiers se plaignent encore plus amèrement que les hommes. Ils nous font espérer. que dans huit jours le commissariat sera en nombre suffisant pour faire les distributions convenables, mais cela paraît loin.

« Si vous venez bientôt, ce qui est mon désir le plus ardent, ayez une escorte même à bord du navire, disons quelques carabiniers, qui pourront répondre aux attaques que les Bédouins ne manqueront pas de faire le long des berges, pour vous disputer le passage.

" Le commissaire Sussy a eu le bras cassé sur la flottille par un coup de feu alors qu'il montrait le Caire. Peut-être pourrez-vous revenir avec les canonnières et les djermes qui sont allés à Alexandrie chercher des marchandises appartenant aux troupes.

"Viens, viens, viens ! Toujours à toi,

DUMAS.

" *PS* : Bien cordialement à Auguste et à nos collègues. "

CHAPITRE IV

Admissions du général Dupuis et de l'adjudant général Boyer. — Les mécontents. — Discussion finale entre Bonaparte et mon père. — Bataille d'Aboukir. — Mon père trouve un trésor. — Sa lettre à ce sujet.

On peut peut-être penser que la mauvaise humeur de mon père, son dépit de ne pas avoir le commandement d'une division et son esprit républicain, tout cela concourait à jaunir ses idées. Très bien, examinons la correspondance de l'armée égyptienne interceptée par l'escadre de Nelson, et lisons une lettre du général Dupuis.

Il n'avait aucune raison de se plaindre, car il commandait le Caire, et il reconnaît dans les premières lignes de sa dépêche que la position était bien au-dessus de ses mérites.

"DUPUIS, général de brigade commandant la forteresse, à son ami CARLO.

" GRAND LE CAIRE,

« 11 *thermidor an VI.*

" J'ai été au cœur de cette affaire sur terre et sur mer, en Europe et en Afrique. Oui, mon cher ami, à notre arrivée à Malte, j'ai reçu l'ordre de dissoudre la chevalerie militaire et de prendre possession de ses effets. Puis, après avoir pris d'assaut Alexandrie, je fus nommé commandant de la forteresse. Aujourd'hui, après une marche des plus pénibles de vingt-deux jours à travers le désert, nous atteignîmes le Grand Caire, battant les Mamelouks, ou plutôt les mettant en fuite. car ils ne valent pas notre poudre et notre fusil.

« Me voilà donc, mon ami, investi de nouveaux honneurs que je ne pouvais refuser, car on m'a ajouté le commandement du Caire. Cette place, que m'offrait Bonaparte, était trop belle pour être refusée à la légère.

« La conduite de la brigade dans l'escarmouche des Pyramides fut unique : elle détruisit à elle seule 4000 cavaliers mamelouks, prit 40 pièces de canon en position, toutes leurs tranchées, leurs drapeaux, leurs magnifiques chevaux et leurs bagages richement chargés ; car il n'y a pas un seul soldat qui n'a pas cent louis sur lui, et, sans exagération, plusieurs en ont cinq cents.

"Enfin, mon cher enfant, j'occupe aujourd'hui le plus beau palais du Caire, appartenant à la sultane préférée d'Ibrahim Bey, sultan d'Egypte. Je vis dans son palais enchanté au milieu des nymphes du Nil, mais je garde la promesse que j'ai faite à ma petite chérie européenne.

« Cette ville est atroce ; les rues mêmes puent les fléaux causés par leur saleté : les gens sont dégradés et dégoûtants.

" Bien que je travaille comme un cheval, je n'ai pas encore réussi à m'orienter dans cette vaste ville ; elle est bien plus grande que Paris et si différente.

« *Ah ! qu'il me tarde de revoir la Ligurie !* '

"Mais, mon ami, bien que je sois ici merveilleusement aisé et dans le luxe, je pense souvent à mes amis. Où est la digne Manita ? Je pleure sur notre séparation... mais j'espère vous rejoindre tous bientôt. , oui, bientôt ; j'en ai terriblement marre d'être si loin de vous tous.

"Notre traversée du désert et nos différents combats n'ont fait que très peu de pertes. L'armée est en bonne forme et s'affaire désormais à préparer son départ. Je ne sais pas si nous partons pour la Syrie : nous sommes prêts à tout. . J'ai eu la malchance de perdre mon ... [1] lors de la prise d'Alexandrie.

" Je vous en prie, envoyez-moi toutes vos nouvelles.

« Vous pourrez juger de la lâcheté de ce grand peuple largement surfait quand je vous dirai que j'ai pris cette immense ville, le 5 du mois, avec seulement deux compagnies de grenadiers.

« Elle compte une population de 600 000 âmes.

" Au revoir, mon cher ami ! Mille messages à

Marcellin, sa mère, son père, son papa Carlo, et à tous nos amis.

"Croyez-moi, toujours à vous avec dévouement,

DUPUIS.

« J'écris par ce courrier à Pépin et Spinola.

"Dites à Pépin qu'il a eu beaucoup de chance d'être exilé : si Dieu l'eût été aussi ! Mes bonnes salutations à lui et à sa famille, ainsi qu'au pauvre Pietto ; et à Honoria, votre frère et votre oncle."

On peut juger par cette lettre que l'enthousiasme du général n'était pas au rendez-vous ! Voilà un homme qui était gouverneur du Caire, qui reconnaissait que sa position était bien au-dessus de ses mérites, et pourtant il déclare qu'il aurait préféré être exilé plutôt que de jouir des honneurs qui lui étaient imposés !

— Sans doute, un gouverneur est un très grand personnage, dit Sancho ; "mais je préfère rester dans mon propre village et m'occuper de mes chèvres plutôt que d'être gouverneur de Barataria."

Pour compléter notre récit de l'état des choses, je mettrai devant mes lecteurs quelques extraits d'une lettre de l'adjudant général Boyer :

" Revenons à Alexandrie. La ville n'a rien d'antique en dehors de son nom. Imaginez-vous des ruines habitées par un peuple impassible, qui prend tout comme il vient, que rien n'étonne ; qui, la pipe à la bouche, s'accroupit tout le temps. toute la journée devant leur porte, sur un banc, ne faisant que très peu attention à leurs familles ou à leurs enfants ; les mères déambulent, le visage couvert de haillons noirs, offrant leurs enfants à la vente aux passants, à moitié nus, avec des cadavres ; couleur de bronze et peaux répugnantes, remuant les ruisseaux boueux, dévorant et arrachant tout ce qu'ils trouvent, comme des porcs ; des maisons à peine hautes de vingt pieds, avec des toits plats, l'intérieur comme des écuries, l'extérieur comme quatre murs nus. les maisons d'Alexandrie !

"Alors rappelez-vous qu'autour de ce gouffre de misère et de misère se trouvent les fondations de la ville la plus célèbre des temps anciens et les monuments d'art les plus précieux.

"Quand nous quittions cette ville pour remonter le Nil, nous trouvâmes un désert aussi nu que la main, où, toutes les cinq ou dix lieues, nous tombâmes sur un misérable puits d'eau saumâtre. Imaginez une armée obligée de traverser ces plaines arides, qui ne n'offre pas au soldat la moindre tache d'ombre contre la chaleur intolérable. Vêtu de laine, portant ses rations de cinq jours et son sac à dos, un soldat est tellement accablé par la chaleur et le poids des choses qu'il transporte qu'à la fin de à une heure de marche, il allège son fardeau en jetant ses rations, ne pensant qu'à ses souffrances présentes et sans se soucier de la faim du lendemain.

"Il est desséché de soif, et il n'y a pas d'eau à boire. Alors, pour ajouter à l'horreur du tableau, les hommes commencent à mourir de soif, d'épuisement et de chaleur ; d'autres, voyant les souffrances de leurs camarades, soufflent leur d'autres encore se jettent avec toutes leurs armes et leurs bagages dans le Nil et périssent dans ses eaux.

, notre marche voyait les mêmes spectacles, avec des épreuves encore plus incroyables et *inouïes* ! Toute l'armée est restée sans pain pendant dix-sept jours. c'était toute la nourriture dont disposaient les généraux ou les simples soldats. Les généraux jeûnaient souvent pendant dix-huit, vingt ou vingt-quatre heures, car les soldats, étant les premiers à atteindre un village, pillaient partout, et les officiers devaient souvent se satisfaire. avec ce que les soldats avaient refusé, ou avec leurs restes gaspillés.

"Il est inutile de vous parler de nos boissons, car ici nous devons vivre sous la loi mahométan, qui interdit le vin, mais nous donne en abondance l'eau du Nil comme substitut. [2]

« Si vous voulez connaître le pays des rives du Nil et vous en faire une idée exacte et correcte, vous devez suivre les méandres topographiques de ce fleuve.

« A deux lieues au-dessous du Caire, il se divise en deux bras : l'un se jette à Rosette, l'autre à Damiette ; entre ces deux affluents le Delta est une étendue de terre extraordinairement fertile, arrosée par le Nil. A l'extrémité terrestre de ces deux bras C'est une frontière de pays cultivés tantôt large d'une lieue, tantôt moins. Lorsqu'on l'a traversée, on entre dans le désert, d'un côté s'étendant vers la Lybie, et de l'autre conduisant aux plaines voisines de la mer Rouge. Le pays autour de Rosette et du Caire est densément peuplé et on y cultive du riz, du maïs et des lentilles.

« Les villages sont tous détestables ; ils sont faits de boue travaillée par les pieds et entassés de trous creusés d'en haut.

" Pour vous donner une meilleure idée, pensez aux tas de neige que les enfants font à la maison. Leurs fours sont une reproduction exacte de ceux qu'on utilisait autrefois dans les palais égyptiens. Les cultivateurs, communément appelés *Fellahs,* sont extrêmement industrieux ; ils vivent de très peu, et dans un état de saleté indescriptible, je les ai vus boire la lie laissée par mes chameaux et mes chevaux dans les abreuvoirs.

« Et c'est bien là l'Égypte tant criée par les historiens et les voyageurs !

« Néanmoins, malgré toutes ces abominations et tous ces maux, j'avoue que le pays est tout à fait capable de devenir pour la France une colonie d'une valeur presque incalculable ; mais il lui faudra du temps et des hommes. Je vois que les soldats ne sont pas une colonie convenable. classe d'hommes pour fonder des colonies, et certainement pas nos soldats. Les nôtres sont terribles au combat, terribles peut-être après une victoire, incontestablement les plus vaillants combattants du monde, mais ils sont très peu bons pour les expéditions lointaines, car ils se découragent facilement ; et sans conséquence, ils se suffisent à eux-mêmes. On les a même entendu dire au passage de leurs généraux : « Regardez ces tueurs de Français !

« La coupe est vide, je l'ai vidée jusqu'à la lie : il ne me reste que mes résolutions de persévérance, ma santé, un courage qui, j'espère, ne m'abandonnera jamais ; et avec cela, je lutterai jusqu'au bout.

"Hier, j'ai vu le Conseil de Justice Bonaparte se former : il est composé de neuf personnes. J'ai vu neuf automates vêtus d'habits turcs ; leurs turbans étaient superbes, leurs barbes magnifiques, et leurs robes me rappelaient les images des douze apôtres qui mon père les gardait dans un placard. Mais quant à leur talent, leurs connaissances, leur génie et leurs connaissances, je ne peux rien vous dire : les opérations sont toujours tenues secrètes, à la mode turque. Nulle part il n'y a tant d'ignorance, nulle part autant d'étalage de richesse. nulle part un usage aussi mauvais et sordide du pouvoir temporel.

« Assez de ce chapitre : j'ai voulu vous donner ma version, et je ne nie pas avoir omis beaucoup de choses : mais le rapport du général Bonaparte comblera mes lacunes.

"Ne vous inquiétez pas pour moi, je souffre, mais toute l'armée aussi. Mes effets personnels sont arrivés, j'ai donc toutes les compensations dans mes ennuis. Ne vous inquiétez pas pour moi, je jouis d'une bonne santé.

" Prenez soin des vôtres et prenez soin des vôtres. J'espère avoir le plaisir de vous revoir dans un an : je saurai alors vous apprécier, je vous le dis ! Mon amour chaleureux à mes sœurs.

"Je suis, votre fils obéissant et affectueux,

BOYER."

On voit donc que l'opinion concernant l'expédition d'Egypte était unanime : tout le monde souffrait, tout le monde se plaignait, tout le monde avait envie de rentrer en France.

Le souvenir de ces plaintes et le souvenir de la mutinerie qui couvait suivirent Bonaparte jusqu'à Sainte-Hélène.

« Un jour, alors que l'humeur m'envahissait, raconte-t-il, je suis apparu tout à coup au milieu d'un groupe de généraux mécontents et, adressant mes remarques au plus grand d'entre eux, je lui ai dit avec colère : « Vous suggérez des propositions séditieuses. , prenez garde que je n'exerce pas ma prérogative. Vos cinq pieds dix pouces ne pourraient pas vous empêcher d'être abattu dans les deux heures.

Le grand général auquel il s'adressait était mon père ; seul Bonaparte n'était pas plus précis dans la narration que dans la rédaction de ses bulletins.

Nous donnerons notre propre version de l'incident.

Après la bataille des Pyramides, dans laquelle mon père combattait avec son fusil de chasse comme un simple soldat (il n'y avait pas de cavalerie), il alla voir Bonaparte à Gizeh. Il avait remarqué que, depuis la réunion de Damanhour, le commandant en chef l'évitait et il souhaitait une explication.

Cette explication n'était pas difficile à obtenir. Dès que Bonaparte aperçut mon père, il fronça les sourcils, et, appuyant son chapeau sur sa tête, il dit :

" Ah ! c'est vous. Tant mieux ! Entrons dans cette chambre. "

A ces mots, il ouvrit une porte et mon père entra le premier. Bonaparte le suivit et verrouilla la porte.

« Général, poursuivit-il, vous vous comportez mal à mon égard ; vous faites de votre mieux pour démoraliser l'armée ; je sais tout ce qui s'est passé à Damanhour.

Mon père s'avança, et posant la main sur le bras de Bonaparte qui reposait sur le fourreau de son épée, il dit :

"Avant de vous répondre, Général, je dois vous demander pourquoi vous avez verrouillé cette porte, et pourquoi vous m'accordez l'honneur de cette entrevue ?"

"Afin de vous dire que je considère que les plus hauts et les plus bas de mon armée sont égaux quand il s'agit de discipline; et que, si l'occasion le justifie, je fusillerai un général aussitôt qu'un garçon de tambour."

"Peut-être, général ; mais je pense néanmoins qu'il y a plusieurs hommes sur lesquels vous réfléchiriez à deux fois avant de tirer."

"Pas s'ils entravent mes projets !"

"Attendez un peu, Général ; tout à l'heure vous parliez de discipline, maintenant c'est de vous seul dont vous parlez... Très bien, alors je vais vous donner une explication... C'est vrai qu'il y a eu un rassemblement à Damanhour, et nous, généraux, découragés après cette première marche, nous nous demandâmes entre nous le but de cette expédition, pensant que nous y trouvions l'ambition personnelle plutôt que des motifs de bien public ; Je ferais le tour du monde, mais si ce n'était que pour satisfaire ton caprice, je ne ferais pas un pas de plus. Ce que j'ai dit ce soir-là, je te le répète maintenant en face, et si le sournois qui t'a rapporté mes paroles disait quelque chose. à part ce que je vous ai dit, il est encore pire qu'un espion, c'est un menteur !"

Bonaparte regarda un instant mon père, puis, presque affectueusement, il dit :

— Alors, Dumas, vous faites une division dans votre esprit : vous mettez la France d'un côté et moi de l'autre. Vous pensez que je sépare ses intérêts et sa fortune des miens.

"Je pense que les intérêts de la France doivent passer avant ceux d'un individu, aussi grand que soit cet homme... Je ne pense pas que la fortune d'une nation quelconque doive être subordonnée à celle d'un individu."

"Alors tu es prêt à te séparer de moi ?"

— Oui, dès que je serai convaincu que vous vous séparez de la France.

— Vous vous trompez, Dumas, répondit froidement Bonaparte.

"Très probablement", répondit mon père; "mais je désapprouve les dictatures, que ce soit celles de Sylla ou de César."

"Et vous demandez...?"

"Partir pour rentrer en France, la première opportunité qui se présente."

"Très bien. Je vous promets que je ne soulèverai aucune difficulté pour votre départ."

"Je vous remercie, Général : c'est la seule faveur que je vous demande ;" et, s'inclinant, mon père se dirigea vers la porte, la déverrouilla et sortit.

En se retirant, il crut entendre Bonaparte murmurer ces mots :

« Imbécile aveugle ! Ne pas croire en ma fortune !

Mon père rencontra Dermoncourt un quart d'heure après et lui raconta ce qui s'était passé entre Bonaparte et lui ; et vingt fois depuis, Dermoncourt m'a répété mot pour mot cette conversation qui a eu une si grande influence sur l'avenir de mon père et sur le mien.

Le 1er août eut lieu la bataille d'Aboukir et la flotte française fut détruite. Cela mit un terme, pour le moment, à la question du retour de mon père ou de celui de quelqu'un d'autre.

Cette terrible bataille eut un effet désastreux sur l'armée : même Bonaparte en fut momentanément accablé et s'écria avec Auguste : « Varus ! qu'as -tu fait de mes légions ? Il cria plusieurs fois : « Brueys ! Brueys ! qu'avez -vous fait de nos navires ?

L'incertitude de son retour en France troublait Bonaparte plus que tout. La flotte détruite, il n'était plus maître de ses actions ; et la perspective de rester six ans en Egypte, à laquelle il avait affronté si calmement, lui paraissait désormais insupportable. Lorsque Bourrienne essaya un jour de le réconforter, en lui disant de s'en remettre au Directoire, il s'écria :

" Votre Annuaire ! Vous savez bien que ce n'est qu'une bande de foutus idiots, qui me détestent et sont jaloux de moi.... Ils me laisseront périr ici. Vous ne voyez pas tous ces visages ? Ce sera un race qui s'en sortira en premier.

Ce dernier éclat fut excité par les rapports portés à Bonaparte sur le mécontentement général.

Kléber n'était pas plus épargné par ces rapports que mon père. Il savait que Bonaparte parlait de lui comme d'un opposant, et, le 22 août 1798, il lui écrivit la lettre suivante :

« Vous seriez injuste, citoyen général , si vous preniez la véhémence avec laquelle je vous ai exposé mes besoins, pour des signes de faiblesse ou de découragement. Il m'importe peu de vivre ou de mourir, pourvu que je vive pour la gloire. de nos armes, et que je meurs comme j'ai vécu. Vous pouvez donc compter sur moi, et sur tous ceux que vous placez sous mes ordres, pour vous soutenir contre vents et marées. Je vous ai déjà fait savoir que les événements de la guerre. 14e [3] n'ont eu d'autre effet que de susciter parmi les soldats l'indignation et le désir de vengeance.

A cela Bonaparte répondit :

"Soyez assuré du prix que j'attache à votre estime et à votre amitié. Je crains que nous ne nous soyons un peu éloignés... Vous me feriez injustice si vous doutiez du chagrin que cela m'a causé... Quand il y a tous les nuages sur le pays d'Egypte disparaissent en six heures ; chez moi, si des nuages se lèvent, ils disparaissent en trois heures.

"J'ai pour vous une estime tout aussi élevée que celle que vous m'avez montrée jusqu'à présent."

Il y a une grande distance entre ces lettres glaciales et l'admiration enthousiaste qu'éprouvait Kléber lorsqu'il s'écria en posant la main sur l'épaule de Bonaparte :

"Général, vous êtes un monde en vous-même."

En vérité, c'est le poète qui fait l'histoire, et l'histoire qu'il fait est la plus belle de toutes les histoires. Effacez le noble mot de Bonaparte aux Pyramides, effacez les paroles de Kléber à Bonaparte, et vous enlevez l'auréole dorée qui entourait cette grande expédition égyptienne, la plus sauvage et la plus futile des expéditions, sinon la plus gigantesque et la plus poétique.

Pendant ce temps, une provision de provisions relativement abondante avait succédé à la rareté ; et ce bien-être matériel faisait oublier momentanément aux soldats leurs fatigues et leurs souffrances depuis le début de la campagne. Mais malheureusement un autre problème apparut : il n'y avait absolument pas d'argent.

C'est vers cette époque que Bonaparte écrivit à Kléber la lettre suivante, qui est antérieure à celle que nous venons de donner : elle nous éclaire sur la fameuse insurrection du Caire, à la répression de laquelle mon père prit une part éminente.

"BONAPARTE, Général en Chef, à KLÉBER, Chef de Division.

"SIÈGE SOCIAL AU CAIRE,

« 9 *thermidor an VI*.

"Nous sommes en mauvaise posture au Caire, citoyen général. Nous voulons que tous les lingots que nous avons laissés à Alexandrie soient échangés contre de l'argent liquide avancé par les banquiers. Je vous prie donc de convoquer une réunion des marchands qui détiennent les lingots. et pour le leur demander, je leur donnerai en échange du blé et du riz : nous en avons n'importe quelle quantité. Nous sommes aussi riches en provisions que nous sommes pauvres en espèces, et il nous faut absolument retirer du commerce autant de nos lingots et de nos lingots. argent que possible en échange de marchandises.

"Nous avons enduré *des épreuves plus grandes que la majorité des gens n'ont le courage d'endurer*. À l'heure actuelle, nous nous reposons ici au Caire, mais cela ne nous apporte pas beaucoup de récompense. Toutes les divisions sont ici.

" L'état-major vous aura informé des événements militaires qui ont précédé notre entrée au Caire. Ce fut un brillant engagement. Nous avons jeté 2000 mamelouks bien montés dans le Nil.

"Envoyez-nous des imprimeries arabes et françaises. Faites qu'ils expédient tout le vin, les spiritueux, les tentes et les chaussures, envoyez-les tous par mer à Rosette, et lorsqu'ils auront traversé le Nil, ils n'auront aucune difficulté à atteindre le Caire.

" J'attends des nouvelles de votre santé ; j'espère qu'elle sera très prochainement rétablie et que vous serez bientôt apte à nous rejoindre.

" J'ai écrit à Louis de partir pour Rosette avec tous mes effets.

"Je viens de trouver une lettre de Louis, datée du 21 messidor : elle était dans un jardin appartenant à un des Mamelouks, ce qui prouve qu'un de vos courriers a été intercepté par eux.

"Salutations,

BONAPARTE."

Vers l'époque où la pénurie d'argent se faisait si fort que Bonaparte fut obligé de retirer les lingots d'or et d'argent qu'il avait gagés auprès des marchands en échange de l'argent prêté, en leur offrant en échange du blé, denrée sans valeur dans cette terre fertile, mon père, en faisant quelques améliorations à la maison qu'il occupait, autrefois propriété d'un bey, mon père, dis-je, a trouvé un trésor estimé à près de deux millions (de francs). Le propriétaire de la maison l'avait laissé derrière lui dans sa fuite rapide.

Mon père écrivit aussitôt à Bonaparte :

" CITOYEN GÉNÉRAL, — Le léopard ne peut pas plus changer de tache que l'honnête homme ne peut aller contre sa conscience.

"Je vous envoie donc un trésor estimé à près de deux millions (de francs) que je viens de découvrir.

"Si je suis tué, ou si je meurs de mélancolie ici, rappelez-vous que je suis un homme pauvre et que je laisse derrière moi une femme et un enfant en France.

"Avec salutations amicales,

A. DUMAS."

Cette lettre, qui fut officiellement imprimée dans la correspondance de l'armée égyptienne, produisit un très grand effet lorsque certaines accusations furent portées contre plusieurs officiers supérieurs. Il a été reproduit dans les journaux de New York et de Philadelphie et est devenu connu dans toute cette république en pleine croissance. Cinquante ans plus tard, appelé en Hollande pour assister au couronnement de son jeune roi, l'ambassadeur des États-Unis à La Haye, l'hon. M. d'Areysas me l'a répété mot à mot.

---

[1] Il faut expliquer que, le mot étant apparemment illisible, les Anglais ne pouvaient pas l'imprimer, on se demande donc quelle pourrait être la chose importante que le général Dupuis a eu le malheur de perdre.

[2] Certaines éditions lisent « l'eau du ciel » pour « l'eau du Nil ».

[3] 14 thermidor (1er août).

CHAPITRE V

Révolte au Caire. — Mon père entre à cheval dans la Grande Mosquée. — Son mal du pays. — Il quitte l'Egypte et débarque à Naples. — Ferdinand et Caroline de Naples. — Emma Lyon et Nelson. — Le manifeste de Ferdinand. — Commentaires de son ministre Belmonte-Pignatelli.

Le manque d'argent, dont Bonaparte se plaignait, se faisait de plus en plus sentir. Il ne semblait pas y avoir de moyen de payer les troupes sans recourir aux avances, méthode misérable, qui ne manquerait pas de rappeler les magouilles des fameux Mamelouks que les Français étaient censés réprimer. Ce recours n'était donc pas disponible. Dans cet embarras, Poussielgue, contrôleur général des finances, proposa au général en chef d'établir le droit d'enregistrement sur toutes les concessions de propriétés faites depuis leur arrivée en Egypte, ou sur toutes les concessions futures. Toutes ces concessions étaient d'un caractère temporaire et pouvaient être retirées ou renouvelées selon le souhait du général commandant, le projet était donc d'une valeur inestimable.

Cette méthode fiscale était jusqu'alors inconnue en Orient, où elle n'était considérée que comme une autre forme de prêt d'argent ; et comme elle était préjudiciable aux intérêts des grands concessionnaires turcs ou arabes, dont la plupart vivaient au Caire, elle faisait de cette capitale un foyer de révolte.

L'un des premiers ordres en arrivant au Caire avait été de surveiller les crieurs de la mosquée. Il est du devoir de ces crieurs d'appeler les fidèles à la prière trois fois par jour. Pendant quelque temps, leurs cris ont été entendus, mais peu à peu notre peuple s'y est habitué et a négligé de prêter attention à ce qu'ils disaient. Voyant cela, les *muezzins* substituèrent à leurs formules sacrées des appels à la révolte ; et les Français étaient trop ignorants de la langue pour percevoir la différence. Cela laissait aux Turcs toute occasion de conspirer et de donner des ordres pour retarder ou avancer l'heure fixée pour leur insurrection. Il fut finalement fixé qu'elle débuterait le 21 octobre au matin.

Le 21 octobre, à huit heures, la révolte éclata donc simultanément sur tous les points, depuis Syène jusqu'à Alexandrie.

Mon père était encore malade et alité quand Dermoncourt entra en criant :

"Général, la ville est en pleine insurrection. Le général Dupuis vient d'être assassiné ! A cheval, à cheval !"

Mon père n'a pas attendu une seconde, il était trop conscient de la valeur de chaque instant dans une telle crise ! Il sauta à moitié habillé sur son cheval, sans même attendre de le seller, saisit son épée et s'élança dans les rues du Caire à la tête de plusieurs officiers qui l'avaient suivi.

La nouvelle n'était que trop vraie. Le général Dupuis, commandant du Caire, avait été mortellement blessé sous l'aisselle par un coup de lance qui avait sectionné l'artère principale. Un Turc qui s'était caché dans une cave avait porté le coup. Bonaparte, disait-on, se trouvait sur l'île de Rondah et ne pouvait pas accéder à la ville. La maison du général Caffarelli avait été prise d'assaut et tous ceux qui s'y trouvaient étaient mis à mort. Les insurgés en corps se dirigeaient vers le quartier du payeur général Estève.

Mon père poussa son cheval dans cette direction, rassemblant autour de lui tous les Français qu'il rencontrait sur son chemin, soit en tout une soixantaine d'hommes.

On sait quelle admiration la figure herculéenne de mon père avait suscitée parmi les Arabes. Monté sur un lourd cheval dragon, qu'il maniait avec une équitation consommée, la tête, la poitrine et les bras nus à chaque coup, il se précipita au plus épais de la mêlée avec cette totale intrépidité de la mort qui l'a toujours caractérisé, cette fois intensifiée par l'accès de mélancolie qui le ravageait. Il est apparu aux Arabes comme l'Ange destructeur à l'épée flamboyante. En un instant les abords du Trésor furent dégagés, Estève sauvé et les Turcs et les Arabes coupés en morceaux.

Pauvre Estève ! Je me souviens que lorsque j'étais tout petit, il m'embrassa et me dit : « Souviens-toi de ce que je te dis : sans ton père, ma tête reposerait aujourd'hui dans les caniveaux du Caire.

Le reste de la journée fut consacré à des luttes continuelles et à des combats acharnés. Les membres de l'Institut égyptien qui habitaient la maison de Kassim-Bey, dans un quartier reculé de la ville, s'étaient barricadés et tiraient sur la foule comme de simples soldats. Ils y travaillèrent toute la journée jusqu'au soir, lorsque mon père et ses braves dragons vinrent les secourir.

La nouvelle arriva dans la nuit qu'un convoi de malades appartenant à la division Régnier, venant de Belbeys, avait été massacré. Bonaparte était-il réellement à Rondah, comme le disent tous les rapports officiels ? Ou était-il à son quartier général, comme le déclarait Bourrienne ? A-t-il fait des tentatives infructueuses aux portes du Vieux Caire, à la porte de l'Institut ? Ne pouvait-il entrer par la porte de Boulay que vers six heures du soir ? A-t-il été encerclé à son domicile sans aucun moyen de se délivrer ? Ces questions restent encore dans l'obscurité ; mais c'est un fait parfaitement clair et évident qu'il n'a pris aucune part à ce premier jour, et je peux citer des témoins vivants parmi les Egyptiens [1] qui témoigneront qu'ils ont vu mon père partout.

Les premiers ordres de Bonaparte furent mis à exécution vers cinq heures de l'après-midi. Le bruit du canon rugissait dans les rues principales, le bruit d'une batterie de comment itzers, placée sur le Mokkan, un bruit de tonnerre, rare au Caire, qui effrayait les insurgés.

La résistance, qui avait jusqu'à présent eu un caractère quelque peu décousu et spasmodique, s'accentuait partout et prenait une forme plus précise.

La tombée de la nuit interrompit la lutte, car c'est un point de religion pour les Turcs de ne pas se battre dans l'obscurité. Bonaparte profite de la nuit pour faire ses projets.

Au lever du soleil, la révolte était toujours vivante, mais les rebelles étaient perdus.

Un grand nombre d'entre eux s'étaient réfugiés auprès de leurs principaux chefs dans la grande mosquée d'El-Heazao. Mon père reçut l'ordre d'aller les attaquer là-bas, frappant ainsi au cœur même de ce qui restait de l'insurrection.

Les portes furent défoncées à coups de canon ; mon père, poussant son cheval au galop, fut le premier à entrer dans la mosquée.

Un danger surgit sur le seuil même, car son cheval rencontra un obstacle sur le chemin, un tombeau d'environ trois pieds de haut, devant lequel il s'arrêta net, se cabra, puis, laissant tomber ses pattes de devant devant le tombeau, resta un instant immobile. , avec des yeux injectés de sang et des narines fumantes.

"L'Ange ! l' Ange !" criaient les Arabes.

Leur résistance n'était qu'une lutte de désespoir pour quelques-uns, mais pour le plus grand nombre, elle se poursuivit dans un esprit de résignation fataliste, et leurs dirigeants crièrent « *Amhan !* » et se rendirent.

Mon père alla voir Bonaparte pour l'informer de la chute de la mosquée : il connaissait déjà les détails de sa prise, et, apaisé par le trésor que mon père lui avait envoyé, il lui fit un accueil gracieux.

"Bonjour à toi, mon Hercule", dit-il. "Alors tu as écrasé le dragon ?" Et il lui tendit la main.

« Messieurs, continua-t-il en se tournant vers sa suite, je vais faire peindre un tableau de la prise de la Grande Mosquée. Dumas, vous vous êtes déjà posé en personnage principal.

Le tableau était, en fait, une commande, mais le personnage principal de Girodet, on s'en souvient, était un grand hussard blond, sans nom ni pratiquement sans rang ; c'est lui qui remplaça mon père, car, huit jours après que l'insurrection du Caire eut été réprimée, mon père se brouilla de nouveau avec Bonaparte et insista avec une véhémence renouvelée pour pouvoir rentrer en France.

L'insurrection du Caire l'avait distrait pendant un certain temps de son découragement du mal du pays, mais il y retomba bientôt. Un profond dégoût de tout, y compris de la vie, s'empare de lui et, malgré les conseils de ses amis, il s'obstine à ce que Bonaparte lui accorde un congé.

Bonaparte fit une dernière tentative, lors de leur dernière entrevue, pour tenter de le faire rester, allant même jusqu'à lui dire qu'il comptait lui-même revenir en France sous peu, et promettant de ramener mon père avec lui. Mais rien ne pouvait apaiser l'envie d'y aller ; c'était en fait devenu une manie.

Malheureusement Dermoncourt, qui était le seul homme capable d'influencer mon père, était revenu dans son régiment, stationné à *Belbeys*. Dès qu'il apprit que le départ était réglé, il retourna précipitamment au Caire et se rendit chez mon père. Il a trouvé l'endroit démantelé et mon père vendant les choses qu'il ne voulait pas emporter.

Avec le produit de cette vente, mon père a acheté 4 000 livres. de café Moka, onze chevaux arabes (deux étalons et neuf juments), et affrété un petit navire appelé *la Belle Maltaise.*

Le manque de nouvelles, qui furent toutes interceptées par les croiseurs anglais, les coupa complètement de tout ce qui se passait en Europe ; nous raconterons donc très brièvement ce qui se passait à Rome et à Naples, pour mieux comprendre ce qui suit.

Ferdinand et Caroline régnaient à Naples. Caroline, une seconde Marie-Antoinette, détestait les Français pour avoir tué sa sœur. C'était une femme aux fortes passions de haine et d'amour, et elle se livrait au luxe des plaisirs et du sang.

Ferdinand était un *lazzarone* ; il savait à peine lire ou écrire ; il ne connaissait pas d'autre langue que le dialecte napolitain. Dans ce patois, il composa une légère variation sur l'ancien *panem et circenses.* Sa version était la suivante : « Les Napolitains sont gouvernés par trois F : – Forea – Festa – Farina » (potence – jeux – grain).

On comprendra facilement qu'un traité arraché par la peur à de tels souverains ne serait appliqué que tant qu'ils vivraient sous la domination de cette peur. Or Bonaparte était pour eux lui-même l'incarnation même de cette terreur, mais il était en Egypte, et ils apprirent bientôt la nouvelle de la destruction de la flotte française à Aboukir. Ils en conclurent que Bonaparte était perdu et l'armée française anéantie.

Aussitôt que l'escadre anglaise s'apprêtait à arrêter notre course vers la destination inconnue de notre expédition, le gros de la flotte anglaise, malgré nos traités avec Ferdinand, se dirigea vers le port de Naples, où il fut reçu avec des démonstrations assez étranges. ambigu en matière de sympathie. Ce fut une toute autre histoire après la bataille d'Aboukir.

La flotte de Nelson avait à peine été signalée au large de Naples, tirant dans son sillage les restes de nos navires, que le roi, la reine, l'ambassadeur d'Angleterre Hamilton, avec sa belle épouse, Emma Lyon, embarquèrent sur des navires magnifiquement décorés et s'avancèrent à la rencontre des conquérant.

Oh, la belle et malheureuse Emma Lyon ! quel historien oserait jouer le Tacite et écrire votre vie ? Quel poète oserait mettre à nu vos passions secrètes ? Favorise de la reine Caroline et maîtresse de Nelson, qui osera se faire juge et dresser la liste de vos victimes ?

Cette splendide cour se rendit en grande pompe pour honorer Nelson : le roi lui offrit une épée, la reine une maîtresse. La ville était illuminée le soir et il y avait un bal au palais.

Nelson apparut sur le balcon royal aux côtés de Ferdinand, et le peuple cria : « *Vive Ferdinand ! vive Nelson !* "

Et tout cela se passait sous les yeux de notre ambassadeur Garat, qui assistait au déclin de notre influence et à la croissance de la popularité anglaise.

Il porta plainte, mais on lui répondit que la flotte anglaise n'avait été reçue dans le port de Naples que parce que Nelson avait menacé de bombarder la ville.

Cette excuse était évidemment fallacieuse, mais notre ambassadeur fut obligé de l'accepter.

Le processus suivant dont il fut témoin fut la mobilisation d'une armée de 60 000 hommes commandée par le général autrichien Mack, qui avait acquis une certaine notoriété par ses défaites répétées.

Dès lors, la guerre contre la France était résolue.

L'armée napolitaine, sous le commandement du général autrichien, était divisée en trois camps.

Vingt-deux mille soldats furent envoyés à Saint-Germain ; 16 000 occupèrent les Abruzzes ; 8000 campaient dans la plaine de Sessa ; et 6000 abrités derrière les murs de Gaëte.

Cinquante-deux mille hommes étaient prêts à envahir les États romains, pour nous chasser de Rome, que nous occupions alors.

Cependant, bien que la guerre fût décidée, elle n'était pas encore déclarée, et notre ambassadeur demanda de nouveau au gouvernement napolitain des explications sur ce qui se passait.

Le Gouvernement répondit qu'il désirait plus que jamais la continuation de relations amicales entre lui et le Gouvernement français, et que les soldats remarqués par M. Garat n'étaient dans leurs camps respectifs que pour s'entraîner.

Cependant, quelques jours plus tard, le 22 novembre, fut publié un manifeste dans lequel le roi Ferdinand parlait de « l' *état de désordre révolutionnaire en France, des changements politiques en Italie, de la proximité des ennemis de la monarchie et de la paix publique ». ; l'occupation de Malte, fief du royaume de Sicile ; la fuite du pape et les dangers qui menaçaient la religion.* » Puis, après cette liste de troubles, il déclara que « *prenant en considération ces nombreux et divers dangers ».* de puissants incitations, *il s'apprêtait à conduire une armée dans les États romains afin de restituer au peuple son souverain légitime, le chef de la Sainte Église, et d'apporter la paix aux peuples de son royaume* .

Il ajoutait « *que, comme il ne déclarait la guerre à aucun monarque, il avait persuadé les armées étrangères de ne pas s'opposer à la marche des troupes napolitaines, destinées uniquement à pacifier Rome et le territoire du Saint-Siège.* »

En même temps, des lettres privées des ministres du roi de Naples aux ministres des Affaires étrangères incitaient ces derniers à mener une guerre contre les Français, non pas une guerre honnête et ouverte, mais une guerre d'assassinats et d'empoisonnements.

Cela semble incroyable, voire impossible, n'est-ce pas ? Lisez cette lettre du prince Belmonte-Pignatelli, ministre du roi de Naples, au chevalier Riocca, ministre du roi de Piémont :—

« Nous savons qu'il y a dans votre conseil de roi plusieurs ministres prudents, on pourrait même dire timides, *qui frémissent à l'idée du parjure et du meurtre* , comme si le récent traité d'alliance entre la France et la Sardaigne devait être considéré comme un acte politique, qui n'a-t-il pas été dicté par la force supérieure du vainqueur ? N'a-t-il pas été accepté sous la pression de la nécessité ? De tels traités pèsent le plus injustement sur les opprimés, qui, en les violant, se réparent à la première occasion ? bonne fortune. Quoi ! avec votre roi prisonnier dans sa propre capitale, entouré des baïonnettes de l'ennemi, vous appelleriez cela un parjure de rompre les promesses arrachées par la force contre vos consciences, vous appelleriez l'extermination de vos tyrans un assassinat ? les bataillons français sont dispersés dans le Piémont, confiants dans la sécurité de la paix, attisent les sentiments patriotiques du peuple jusqu'à un degré d'enthousiasme et de frénésie, jusqu'à ce que chaque Piémontais halete pour fouler ses ennemis sous ses pieds. Quelques *meurtres individuels* seront plus utiles dans le Piémont que des victoires remportées sur les champs de bataille, et une postérité impartiale ne donnera jamais le nom de trahison aux actions pleines de fougue d'un peuple tout entier, qui passe sous silence les cadavres de ses oppresseurs en retrouvant leur liberté... Nos valeureux Napolitains, sous la conduite du digne général Mack, seront les premiers à donner le signal de la mort. Ils seront peut-être déjà sur la trace de l'ennemi des trônes et des nations au moment où cette lettre vous parviendra. »

Or, c'était entre les mains d'un gouvernement capable d'écrire de telles lettres que devait tomber mon père, général républicain, en quittant l'Egypte, à cause de son dévouement à la République, menacé, à son avis. , par l'ambition personnelle de Bonaparte.

Et à quel moment aussi ! Lorsque le chef de ce gouvernement eut été vaincu de tous côtés par une poignée de troupes françaises, chassé de son royaume de terre ferme et obligé de se retirer à Palerme ; portant à sa suite des sentiments de haine amère et de colère et des vœux de vengeance, tels qui accompagnent toujours la défaite et remplissent l'esprit des vaincus de résolutions désespérées et mortelles.

Nous allons voir maintenant comment le prince Belmonte-Pignatelli mit en pratique à mon père et à ses malheureux compagnons les préceptes qu'il enjoignait à son collègue, le chevalier Riocca, ministre du roi de Piémont.

Je laisserai mon père lui-même raconter l'histoire de cette terrible captivité ; sa voix s'élèvera d'un tombeau fermé depuis quarante-cinq ans, et, comme la voix du père d'Hamlet, dénoncera au monde entier le crime et les meurtriers.

---

[1] Tous ceux qui prirent part à la campagne d'Egypte sont ainsi appelés.

CHAPITRE VI

Rapport présenté au gouvernement français par le général de division Alexandre Dumas, sur sa captivité à Tarente et à Brindisi, ports du royaume de Naples.

« Nous avons quitté le port d'Alexandrie le soir du 17 ventôse an VII, à bord de la *Belle Maltaise* , avec le général Manscourt, le citoyen Dolomieu et plusieurs autres militaires et fonctionnaires français attachés à l'armée égyptienne, tous munis de permissions de sortie. J'espérais, si les vents nous étaient favorables, et avec l'aide de notre excellent voilier, échapper à la flotte anglaise et atteindre quelque port de France dans environ dix ou douze jours. Cet espoir n'en était que mieux fondé. car le capitaine maltais qui commandait le bateau (il s'appelait Félix) déclarait qu'après quelques réparations de peu d'importance il pourrait résister aux plus gros temps. Nous avions discuté ensemble du prix de ces réparations, et il les avait estimés à soixante louis . Je lui en ai donné une centaine. J'avais donc de bonnes raisons de croire que ces réparations avaient été consciencieusement effectuées : malheureusement elles ne l'étaient pas.

« A peine étions-nous sortis du port que la mer s'est opposée à nous, et un vent violent nous a secoués dès la première nuit. Quand le jour est apparu, après une nuit de tempête, nous avons constaté que notre navire fuyait.

« Nous étions déjà à quarante lieues d'Alexandrie ; et, comme le vent n'était pas favorable, nous ne pouvions faire demi-tour vers l'Egypte ; nous décidâmes donc de continuer notre route et de faire le plus de voiles possible.

"Mais plus nous allions vite et plus nous poussions sur le bateau, plus la fuite s'aggravait, jusqu'à ce qu'il devienne finalement impossible d'y remédier, et le troisième jour de notre voyage, la situation devint presque désespérée.

« Ce jour-là, nous avons jeté par-dessus bord notre seul moyen de défense, les dix pièces de canon qui armaient notre navire. Le lendemain, mes chevaux arabes ont été jetés à la mer ; puis tout le café, et enfin tous nos bagages.

"Mais malgré cet éclaircissement, le bateau s'installait de plus en plus. Lorsque la latitude fut prise, nous nous trouvâmes à l'entrée du golfe Adriatique, et, après avoir consulté les marins et les officiers du bord, il fut décidé de dirigez-vous vers la terre et le port les plus proches, sans perdre un instant.

"Le pays était la Calabre et le port Tarente.

"Le dixième jour, nous aperçûmes terre. Il était grand temps ! Encore vingt-quatre heures de navigation et le navire aurait sombré de toutes parts.

" J'ai donné l'ordre de jeter l'ancre dans une petite île qui se trouvait à environ une lieue de la ville. Comme nous venions d'Egypte, il nous fallut nous mettre en quarantaine, et, pensant que Naples était amie avec la France, j'insistai pour me conformer aux règlements sanitaires, en afin de désabuser l'esprit des habitants de Calabre sur la crainte de la peste.

"Nous avions à peine jeté l'ancre que j'envoyai au capitaine du navire une lettre au gouverneur de la ville. Cette lettre exposait qui nous étions et notre situation de détresse, et je le suppliai, pour le bien de notre commune humanité, de apportez-nous toute l'aide qu'il peut, car nous en avions grand besoin.

"Deux heures plus tard, le capitaine revint avec une réponse verbale du gouverneur. Nous devions débarquer en toute confiance ; la seule condition posée était que nous passions d'abord par la quarantaine.

"Nous y étions tout à fait préparés, et personne ne songeait à s'y opposer : nous nous réjouissions de cette fin heureuse à notre situation précaire.

« Quand nous sommes entrés dans le port, ils nous ont fait débarquer un à un, et quatre capitaines napolitains nous ont fouillés ; les navires de ces capitaines avaient été incendiés devant Alexandrie, et je leur avais donné passage sur la *Belle Maltaise* par pure humanité.

" Commencer par nous traiter ainsi nous paraissait un peu étrange ; mais nous ne nous y méfiions pas encore : nous l'attribuions à la sévérité des lois sanitaires et n'opposions aucune résistance à leur examen.

« Après cette visite, on nous entassait les uns contre les autres, généraux, officiers, passagers et matelots, dans une pièce si étroite que si quelqu'un osait s'allonger, il portait atteinte aux droits de son voisin.

"Et c'est ainsi que nous avons passé le reste de cette journée et de cette nuit.

« Le lendemain, ils débarquèrent ce qui restait de nos biens et de nos effets, et ils s'emparèrent de nos lettres, de nos papiers et de nos armes.

"Mes deux chevaux n'ont pas été oubliés dans la confiscation, bien qu'ils m'en aient fait payer deux mois de garde, tout en me laissant entendre que je devais me les faire restituer.

" Quarante-huit heures s'écoulèrent encore, et nous étions toujours entassés dans notre chambre. Enfin, après des plaintes répétées et des offres d'argent, le troisième jour on nous donna au général Manscourt, à Dolomieu et à moi une chambre à nous seuls, où nous pourrions terminer le reste de notre quarantaine.

« Pendant que nous souffrions cela, nous reçumes la visite du fils du roi de Naples.

« Son Altesse Royale nous a interrogés attentivement sur la santé des généraux Bonaparte et Berthier et sur la situation de l' armée égyptienne ; puis il nous a quitté brusquement, sans nous souhaiter adieux.

"Ces manières curieuses, combinées au mauvais italien qu'il parlait, nous ont fait douter qu'il était la personne qu'il était censé être.

"Huit jours plus tard, les membres du Gouvernement sont venus nous informer que par ordre du prince François nous étions déclarés prisonniers de guerre.

"Nous n'avions pas été trompés, le soi-disant prince François était un prétendant.

« Quatre aventuriers corses étaient décidés à pousser le peuple à la révolte en faveur des Bourbons ; mais, connaissant la lâcheté proverbiale du prince François, ils résolurent d'agir en son nom, ainsi l'un d'eux, un vagabond nommé Corbara, un paria, mais un homme courageux, incarnait le prince.

« Les autres, dont les noms étaient respectivement Cesare, Boccheciampe et Colonna, devaient incarner Colonna, le grand connétable du royaume, Boccheciampe, le frère du roi d'Espagne, et Cesare, le duc de Saxe.

« Or, qui étaient ces hommes qui aspiraient à des titres si élevés ?

"Cesare était autrefois un domestique en livrée, Boccheciampe un déserteur d'un corps d'artillerie et Colonna une sorte de vagabond comme son ami et compatriote Corbara. C'est dans la maison de l'intendant Girunda à Montjari que se trama ce complot grotesque.

"Girunda, en sa qualité d'intendant, était censé connaître personnellement l'héritier présomptif, et son rôle devait donc précéder les quatre aventuriers, les annonçant par leurs divers noms et titres d'emprunt.

« Grâce à ces précautions, la tournée faite par les prétendus princes fut un triomphe ; car la province entière se souleva devant eux, derrière eux et tout autour d'eux.

« Pendant ce temps, le prétendu prince François agissait en dictateur, destituant les magistrats, nommant les gouverneurs dans les villes, levant des fonds, et tout cela avec plus d'habileté, il faut l'avouer, et certainement avec plus de hardiesse, que ne le ferait le véritable héritier du trône. ai fait.

"Deux incidents qui auraient pu ruiner nos aventuriers se sont avérés, au contraire, accroître leur popularité. L'archevêque d'Otrante connaissait personnellement le prince. Dûment averti de sa venue par Girunda, il reçut la fausse Altesse Royale comme s'il était la vraie. prince, et l'affaire fut réglée. D'ailleurs, pendant son séjour à Tarente, les deux vieilles princesses, tantes de Louis XVI, qui venaient de Naples pour se rendre en Sicile, furent obligées par le mauvais temps de faire escale. Apprenant que leur parent royal était là, elles demandèrent naturellement à le voir. Le faux prince dut en profiter et se présenter à ses prétendues tantes mais les deux vieilles princesses avaient été informées de la raison pour laquelle Corbara ; jouait le rôle de prince, et, désireux de faire avancer la cause des Bourbons, ils se prêtèrent au mensonge, et encourageèrent même son succès par l'accueil cordial qu'ils réservèrent au prétendu petit-fils de Louis XIV : le rendant ainsi encore plus populaire. avec les Calabrais. [1]

"C'était le genre d'homme qui contrôlait notre destin et qui faisait de nous des prisonniers de guerre.

"Quand ils nous firent cette déclaration au nom du faux prince, ils promirent fidèlement que lorsque nous serions mis en liberté, nos armes, nos chevaux et nos papiers nous seraient rendus.

"Ils étaient tout à fait prudents en promettant tout cela avec de telles intentions en tête à notre égard.

« J'ai insisté pour voir Son Altesse Royale une seconde fois, pour lui demander une explication sur la captivité ; je ne pouvais pas du tout le comprendre, car j'ignorais la reprise des hostilités entre Naples et la France ; mais j'ai à peine besoin de dire que Son Altesse Royale ne s'est pas fait assez bon marché pour venir une seconde fois.

« Je lui ai alors écrit ; mais après les explications que je viens de donner, on comprendra aisément que ma lettre est restée sans réponse.

« Environ un mois après cette visite, dans quel but je ne conçois pas, ils nous firent espérer que nous serions bientôt renvoyés en France, et une lettre parvint du cardinal Ruffo, dont le sens était le suivant : le général Manscourt et Je fus invité à écrire aux généraux en chef des armées de Naples et d'Italie pour négocier le cartel de notre échange contre le signor Boccheciampe, qui venait d'être fait prisonnier et emmené à Ancône. La lettre ajoutait que le roi de Naples était fixé. plus de valeur sur ce signor Boccheciampe que sur tous les autres généraux napolitains, prisonniers de guerre, soit en Italie, soit en France.

"Nous envoyâmes donc les lettres nécessaires au cardinal ; mais lorsque le cardinal apprit que Boccheciampe n'avait pas été fait prisonnier, mais tué sur le coup, les négociations, qui ne pouvaient plus servir le but souhaité, échouèrent.

« Peu après, nous reçumes un matin la visite du gouverneur civil et politique de Tarente et du commandant militaire, qui nous dirent qu'ils avaient ordre de nous conduire immédiatement au château, le général Manscourt et moi-même.

"Cet ordre a été immédiatement exécuté.

"Après de nombreuses instances, nos domestiques furent autorisés à nous rejoindre le lendemain.

« Nous étions maintenant séparés de Dolomieu, qui était destiné à subir un confinement aussi épouvantable que le nôtre. [2] Ils nous mirent dans des chambres séparées lorsque nous arrivâmes au Château.

« Dès notre installation, nous avons fait venir le gouverneur et lui avons fait part de la proposition du cardinal Ruffo, en lui demandant ce que nous devions faire à cet égard.

« Il proposa que, notre lettre étant restée sans réponse, nous lui réécrivions ; ce que nous fîmes aussitôt, et un vaisseau qui venait de partir fut chargé de la remettre au général d'Anciera, commandant de Messine.

"Il va sans dire que nous n'avions pas plus de réponse à cette question qu'à la première.

« Le surlendemain de mon déplacement au château de Brindisi, alors que j'étais allongé sur mon lit, la fenêtre ouverte, un paquet contenant un livre fut poussé à travers les barreaux de ma fenêtre et tomba sur le sol de ma chambre.

" Je me levai et ramassai le paquet : il était noué avec de la ficelle. Je coupai les nœuds et constatai que le colis contenait deux volumes, intitulés le *Médecin de Campagne* , de Tissot. Un morceau de papier était plié entre le premier et le deuxième. page, contenant ces mots :

"'De la part des patriotes calabrais; lisez l'article sur *Poison.* '

" J'ai cherché le mot indiqué : il était souligné deux fois ; et je savais que ma vie était menacée. J'ai caché les deux volumes du mieux que j'ai pu, de peur qu'on me les enlève. J'ai lu et relu l'article signalé. si souvent que je connaissais presque par cœur les remèdes prescrits aux différentes sortes de poisons qu'on pouvait essayer sur moi.

« Malgré tout cela, notre situation pendant les huit premiers jours était tout à fait supportable ; nous jouissions de nos promenades devant la porte de nos quartiers, de long en large sur un espace d'une soixantaine de mètres. Mais, sous prétexte que les Français venaient d'en prendre possession. de Naples, le gouverneur nous dit, vers la fin de la première semaine, que notre promenade était désormais interdite ; et le même jour nous vîmes des serruriers mettre des verrous à toutes nos portes, et des maçons élever les murs d'une cour d'une douzaine de pieds de long ; huit pieds de large, où nous devions désormais faire nos diffusions.

« En vain nous sommes-nous posés ce dilemme : ou bien nous étions prisonniers de guerre, et avions droit au traitement accordé au grade de général incarcéré ; ou bien nous n'étions pas prisonniers de guerre, et dans ce cas nous devrions être libérés.

« Pendant huit mois, nous avons été obligés de vivre à nos frais, escroqués par tout le monde, et payant le double de la valeur de tout ce que nous achetions.

« Au bout de ce temps, on nous dit que le roi nous avait accordé une subvention de dix *carlins* par jour, soit environ quatre francs dix sous de notre monnaie française, et avec cette somme nous devions payer nos domestiques.

"Ils auraient tout aussi bien pu doubler notre allocation, car ils étaient bien déterminés à ne jamais rien nous payer.

« J'avais quitté l'Egypte à cause de mon mauvais état de santé. Mes amis pensaient que mes souffrances étaient simplement dues au mal du pays et à mes maux imaginaires ; mais je savais que ma maladie était réelle et j'ai réalisé la gravité de mon cas.

« Un accident de paralysie m'a malheureusement frappé la joue gauche quelques jours après mon arrivée au lazaret, et a démenti l'incrédulité de mes amis. J'ai eu les plus grandes difficultés à obtenir l'autorisation qu'un médecin me voie ; et il s'est contenté de prescrivant des remèdes si insignifiants que la maladie restait stationnaire.

« Quelques jours après avoir été conduit au Château, c'est-à-dire le 16 juin, à dix heures du matin, le même médecin me rendit visite, cette fois sans qu'on me le demande. Je prenais mon bain. Il me recommanda un biscuit trempé dans un un verre de vin et m'a dit qu'il m'enverrait les biscuits Dix minutes plus tard, les biscuits promis sont arrivés.

« J'ai suivi son conseil, mais vers deux heures de l'après-midi, je fus saisi des douleurs internes et des vomissements les plus violents, qui m'empêchèrent d'abord de manger, et qui, augmentant sans cesse en intensité, m'amenèrent bientôt au point de manger. la mort.

" Alors je me rappelai les injonctions que m'avaient envoyées les patriotes et le mot *poison* qu'ils avaient souligné ; je demandai du lait. Une chèvre que j'avais rapportée d'Egypte, qui m'avait fait diversion pendant ma captivité, par bonheur me rendit moi environ une bouteille et demie. Quand la chèvre était sèche, mon domestique me procurait de l'huile et me faisait avaler trente ou quarante cuillerées de citron, mélangées à l'huile, contrecarraient l'effet maladif du remède.

" Aussitôt le général Manscourt me vit dans un état si déplorable qu'il envoya voir le gouverneur et l'informa de ce qui s'était passé, le priant d'envoyer le médecin sur-le-champ ; mais le gouverneur répondit froidement que c'était impossible, le médecin étant parti à la campagne. Ce n'est qu'à huit heures du soir, et lorsque les instances de mon compagnon de captivité prirent un caractère menaçant, que le gouverneur se décida à l'accompagner dans ma prison : il était accompagné de tous les membres du gouvernement, et escorté d'un douzaine de soldats armés. C'est en présence de cette force militaire, contre laquelle Manscourt protestait de toutes les forces de sa nature et avec la plus grande loyauté envers moi, qu'une consultation m'a été permise, le médecin avait sans doute besoin de l'appui de tout cela. force armée pour se présenter devant moi, et, même avec cette aide, lorsqu'il entra dans ma chambre, il devint mortellement pâle.

« Ce fut alors à mon tour de l'interroger, et je le fis avec tant de recherche qu'il bégayait et pouvait à peine répondre ; ses paroles étaient si confuses qu'il était facile de voir qu'il n'était pas l'auteur du crime : pourquoi l'aurait-il fait ? Il n'avait aucun intérêt personnel à ma mort, il n'en était que l'instrument. Il ne conseillait qu'un remède : boire de l'eau glacée, ou bien sucer de la neige.

« Je me méfiais de l'empressement avec lequel on me conseillait de suivre la prescription du misérable ; et en effet, au bout d'un quart d'heure d'essai, la douleur devint tellement pire que je me hâtai de l'arrêter et de retourner à mon l'huile et mon citron.

« J'ai été encore confirmé dans la croyance que j'avais été empoisonné, par d'autres preuves que celles des douleurs internes et des vomissements, qui avaient tous les symptômes d'un empoisonnement à l'arsenic, et ces preuves étaient les suivantes :

« Je me souviens avoir vu le docteur par ma porte ouverte pendant que je prenais mon bain, avant qu'il vienne vers moi, s'approcher du général Manscourt, qui lisait dans la pièce voisine, et lui dire d'un air très secret qu'il était certain que nous allions être volés comme nos compagnons l'avaient été ; c'est pourquoi, si nous possédions des objets de valeur, il mettait ses services à notre disposition et s'offrait à en prendre soin jusqu'à notre sortie de prison, puis à nous les restituer immédiatement.

« Il avait profité de l'absence d'un artilleur tarentin, nommé Lamarrone, pour faire cette communication au général Manscourt ; Lamarrone était son complice, mais le médecin n'entendait pas partager le butin avec lui s'il pouvait l'empêcher.

"Ma chèvre est morte le lendemain. Elle m'avait sauvé la vie, il fallait donc la punir.

"Trois jours plus tard, le médecin est décédé. Il avait raté son coup, alors ils ont dû lui boucher la bouche.

« Le jour où le médecin m'avait visité, il en prescrivit aussi au général Manscourt, qui souffrait d'une affection scorbutique ; mais le général se garda bien de suivre son avis lorsqu'il vit l'effet des biscuits que le misérable m'avait ordonné de prendre. sans doute cette abstention lui sauva la vie.

"Mais sa mort était déterminée aussi bien que la mienne ; et ils ont essayé différents moyens.

"Ils mélangeaient une poudre à son tabac, ce qui lui causait de violentes douleurs à la tête, et au bout d'un moment le rendait délirant. Le général Manscourt était intrigué de savoir ce qui provoquait ces attaques, quand il me vint à l'esprit de regarder dans sa boîte à tabac. La poudre qu'ils avaient mélangée au tabac était si corrosive qu'elle avait creusé plusieurs trous au fond de la boîte, et des particules de céruse étaient mélangées au tabac dans la proportion d'environ un vingtième.

« J'ai encore eu recours à mon *médecin de campagne* , qui m'a recommandé de saigner. Le général Manscourt s'est donc saigné à trois endroits différents et a été soulagé.

"Entre-temps, suite à la tentative de m'empoisonner, la surdité m'a attaqué, j'ai complètement perdu la vue d'un œil et la paralysie s'est accrue.

"C'était une chose inhabituelle que de tels symptômes de décadence puissent saisir quelqu'un à l'âge précoce de trente-quatre ans, et cela prouvait la présence d'une maladie malveillante.

« Bien que l'expérience que je venais de faire auprès de mon premier médecin ne m'inspirât pas beaucoup de confiance un second, mon état d'émaciation m'obligea à solliciter auprès du gouverneur une nouvelle aide de la science médicale.

« Je l'ai donc fait venir et lui ai demandé si je pouvais consulter un chirurgien français venu d'Egypte avec une nouvelle cargaison de prisonniers ; mais ma demande a été refusée, et j'ai dû me contenter d'une visite du médecin du Château.

"Son nom était Carlin et il parlait couramment le français.

« Ses manières éveillèrent mes soupçons dès sa première visite ; il commença par un flot de protestations de dévouement et de sympathie trop abondantes pour être sincères. Il m'examina avec la plus grande attention, déclara qu'il n'y avait pas la moindre raison de mes craintes, et que Je souffrais seulement d'un accès de langueur.

« Il désapprouvait entièrement le traitement que j'avais reçu du médecin décédé, le qualifiant d'ignorant et de stupide ; il me fit faire des injections aux oreilles et me recommanda de prendre chaque matin une demi-once de crème de tartre.

"Au bout de huit jours de ce traitement, ma surdité (qui commençait à disparaître) est réapparue, et mon estomac était dans un état tellement irritable que je ne pouvais rien digérer.

« Carlin me rendait régulièrement visite, parlait beaucoup, affectait un patriotisme exagéré et beaucoup de sympathie pour les Français ; mais comme toutes ses démonstrations, au lieu de m'inspirer confiance, ne me rendaient que de plus en plus circonspect, le gouverneur imagina un moyen pour qu'il la réflexion se révélera efficace : il interdit à Carlin d'entrer dans ma prison, prétextant qu'il m'aidait à entretenir des communications avec les patriotes italiens.

" J'avoue que ce stratagème m'a capturé. Mon état devenait de jour en jour pire : je suppliais avec insistance d'être autorisé à voir Carlin ; mais le gouverneur feignait la plus grande sévérité à cet égard, et, le tenant toujours loin de moi, il m'envoya un autre médecin.

" Celui-ci, comme son prédécesseur, désapprouvait fortement le régime que j'avais suivi, disant par exemple que les injections dans mes oreilles qui m'avaient été ordonnées ne faisaient qu'aggraver ma surdité, en irritant la délicate membrane du tympan. D'ailleurs, il préparait lui-même les médicaments et me les apportait lorsqu'il venait me voir. J'éprouvais une nette amélioration par son traitement, mais malheureusement j'eus l'imprudence d'avouer que j'allais mieux, et comme ma guérison n'était pas désirée, le brave homme fut congédié après sa seconde visite. En vain ai-je demandé à le revoir, le gouverneur me dit qu'il refusait définitivement de me recevoir.

" J'ai été obligé de me passer de médecin ; mais, grâce au livre de Tissot, j'ai continué à me soigner moi-même avec plus ou moins de succès. Mon œil cependant s'est aggravé. Enfin Manscourt se souvient d'avoir vu une guérison s'opérer, dans une telle situation. Dans un cas comme le mien, en soufflant du sucre de canne finement moulu dans l'œil sept ou huit fois par jour, nous nous procurâmes du sucre de canne et commençâmes le traitement, qui, en tout cas, était facile à suivre, produisit une amélioration considérable et. aujourd'hui, mon œil n'est atteint que d'une légère pellicule qui, je l'espère, finira par disparaître complètement.

« Malheureusement, ma surdité et mes douleurs internes s'aggravaient de plus en plus, et j'étais obligé de demander Carlin, qui n'était autorisé à venir qu'à condition qu'il ne prononce pas un seul mot de français pendant nos conversations, et qu'il soit toujours accompagné dans ses visites par le gouverneur, Carlin me trouva dans un si mauvais état à son retour qu'il demanda une consultation. Je le souhaitais depuis longtemps et je l'avais plaidé en vain. Maintenant, cela m'a été accordé, et Carlin m'a apporté une consultation. médecin de la ville, le chirurgien du Château et un chirurgien français que j'ai obtenu sur une demande pressante de la suite du marquis de Valvo, ministre napolitain, alors en mission à Tarente.

"A la porte, le gouverneur arrêta le chirurgien français avant qu'il n'entre.

« Vous allez voir votre général Dumas, dit-il ; « prends garde de ne pas prononcer un seul mot de français, sinon tu es perdu.

« Puis, retirant les six verrous qui nous retenaient prisonniers, il continua : « Vous voyez cette porte ; elle vous s'ouvre pour la première et la dernière fois.

"Ils entrèrent tous dans ma chambre et se rassemblèrent autour de mon lit. J'essayai d'apercevoir le médecin français, impatient de voir un compatriote. J'en croyais à peine mes yeux quand je vis que c'était un pauvre, misérable, atténué. créature, à moitié vêtue seulement, et tout son aspect lorsqu'il se tenait devant moi témoignait de la souffrance et de la misère.

"Je lui ai parlé, mais à ma grande surprise il ne m'a pas répondu : j'ai persisté, mais encore une fois il s'est tu. J'ai interrogé le gouverneur, qui a murmuré quelques mots sans rapport avec le sujet.

« Pendant ce temps, le médecin français murmurait rapidement et à voix basse au général Manscourt : « Il m'est interdit de parler au prisonnier sous peine de mort.

" Carlin expliqua alors à ses confrères la nature et l'évolution de ma maladie, puis le traitement qu'il avait jugé opportun de me recommander ; et, après une brève discussion, à laquelle le médecin français ne se joignit guère, en partie à cause de son ignorance de l'italien, et en partie intimidé par la peur des menaces du gouverneur, il fut décidé que je reviendrais au premier traitement, auquel on ajouta simplement des pilules et des ampoules derrière les deux oreilles, sur le cou et les bras.

"Je me suis soumis à ces remèdes; mais ils m'ont réduit à un tel reflux au bout d'un mois que j'ai été obligé d'y renoncer. Pendant tout le mois, j'ai été victime d'une insomnie constante; j'ai été empoisonné une seconde fois.

"J'ai appelé le médecin. J'ai mis à nu tous les symptômes: je les ai rendus si évidents, si évidents, que le gouverneur, qui était présent à l'entrevue, n'a pas osé croiser mon regard et a détourné la tête; mais Carlin, sans vergogne, a tenu bon. son terrain, m'assura que son traitement était le seul moyen de me sauver, et, mes trente pilules étant épuisées, il m'en commanda une autre quantité du même genre.

" J'ai fait semblant d'obéir à ses souhaits, j'ai promis de suivre ses instructions et, le lendemain, j'ai reçu dix pilules fraîches, que j'ai soigneusement conservées afin de les soumettre à l'analyse.

"Ces derniers étaient sans doute destinés à agir plus puissamment que les autres; car en me quittant, il me dit au revoir, disant qu'il partait pour la campagne, et prétendant que, selon toute probabilité, j'aurais dû quitter Tarente moi-même. avant son retour.

"Huit jours plus tard, alors que j'avais complètement renoncé à ce traitement mortel, j'ai senti tout à coup un coup, comme si j'avais été frappé par la foudre, et je suis tombé sans connaissance au milieu de ma chambre.

"J'ai été pris d'une violente crise d'apoplexie.

« Le général Manscourt informa aussitôt le gouverneur de ce qui m'était arrivé et demanda l'aide du chirurgien du Château ; le gouverneur, sans prendre la peine de se lever de son dîner, répondit calmement que le chirurgien était à la campagne, mais qu'il devrait me être envoyé à son retour.

"Et dans cet état, j'ai dû l'attendre pendant quatre heures.

"La nature, livrée à elle-même, s'était entre-temps exercée, et j'avais quelque peu repris conscience; mais la reprise fut tout juste suffisante pour me faire comprendre que j'étais aux portes de la mort.

"C'est pourquoi, rassemblant mon peu de force, je dis à la vieille femme qui préparait notre nourriture d'aller dire au gouverneur que je savais parfaitement que le médecin n'était pas dans le pays, et que s'il ne venait pas me voir dans dix heures, Quelques minutes plus tard, je l'ai prévenu que j'allais me traîner à la fenêtre et proclamer à toute la ville que j'avais été empoisonné : la nouvelle ne causerait sans doute que peu de surprise, mais elle pourrait en tout cas révéler son infamie.

"Cette menace fut efficace; cinq minutes plus tard, ma porte s'ouvrit et le chirurgien, qui n'avait pas pu venir parce qu'il devait être à la campagne, apparut.

"J'avais étudié ma Tissot et j'avais appris qu'une saignée abondante était le seul remède à l'état dans lequel j'étais. J'ai donc ordonné péremptoirement au médecin de me saigner.

" Comme s'il n'osait obéir sans les ordres de ses supérieurs, il retourna chez le commandant du Château pour obtenir de lui l'autorisation. Sans doute celle-ci fut accordée, car il sortit de sa poche un instrument chirurgical ; seulement, au lieu de cet instrument étant une lancette, c'était une flamme utilisée pour saigner les chevaux.

"J'ai haussé les épaules...

« Pourquoi pas carrément un poignard ? » Je lui ai dit; 'ce serait plus rapide à faire.'

" J'ai tendu mon bras. La première incision n'était bien sûr pas suffisante, et ce n'est que lorsque le misérable m'a fait trois incisions au bras qu'il s'est posé sur une veine et a fait couler du sang.

"Cette première attaque d'apoplexie fut suivie d'une seconde, trois jours plus tard. Le même chirurgien fut de nouveau appelé et me saigna de nouveau avec le même instrument; mais cette fois il crut préférable de le faire au pied, et il le fit. soit si maladroitement, soit si intelligemment (car ils craignaient constamment que nous puissions nous échapper grâce à l'aide des patriotes) qu'un tendon a été coupé, et pendant plus de trois mois, ma jambe s'est enflée jusqu'à atteindre une taille effrayante chaque fois que j'en prenais une douzaine. pas.

« Comme le craignait le gouverneur, le bruit de ce traitement scandaleux se fit entendre dans la ville. Un jour, une pierre tomba dans ma chambre, enveloppée dans un morceau de papier. Sur le papier étaient écrits ces mots :

« Ils veulent vous empoisonner, mais vous auriez dû recevoir un livre dans lequel nous soulignions le mot *poison*. Si vous avez besoin d'un remède que vous ne pouvez vous procurer dans votre prison, accrochez une ficelle à votre fenêtre, et à la fin de la ficelle, nous accrocherons ce que vous voulez.

"Entre le papier et la pierre était roulé un long morceau de ficelle avec un crochet au bout.

"La nuit suivante, j'ai baissé le cordon et j'ai demandé de la quinine pour me doser et du chocolat pour me nourrir; la nuit suivante, j'ai reçu les deux articles.

" Grâce à ces médicaments et à cette nourriture, la maladie n'a pas progressé et les crises d'apoplexie ont cessé ; mais je suis resté infirme de la jambe droite, sourd de l'oreille droite, paralysé de la joue gauche et la vue de mon œil droit était presque perdu. En plus de tout cela, j'étais en proie à de violentes douleurs de tête et à des bourdonnements constants.

"C'était un spectacle étrange auquel j'étais appelé à assister, une lutte se déroulant en moi-même entre une constitution forte et des pouvoirs obstinément déterminés à ma destruction.

« Nous étions maintenant prisonniers à Tarente depuis près de quinze mois et étions suffisamment importants pour qu'on en parle dans la ville. Les autorités commençaient à reculer à la pensée du scandale que soulèverait notre mort. Toutes leurs tentatives d'empoisonnement avaient fuité dans la ville, et les patriotes dénoncèrent haut et fort le traitement honteux auquel j'avais été soumis. Il fut donc décidé entre le marquis de la Squiave et les agents du roi de Naples à Tarente de nous transférer au château maritime de Brindisi. l'arrangement nous fut soigneusement caché ; mais, malgré le plus strict secret, les patriotes furent prévenus du déménagement, et trois ou quatre d'entre eux nous firent comprendre, par des gestes en passant devant nos fenêtres, que nous allions être transférés dans un autre. prison et assassiné en chemin.

« J'ai appelé Manscourt pour lui annoncer les nouvelles que j'avais recueillies ; mais nous avons pensé que c'était une fausse rumeur et n'y avons plus prêté attention.

« Le soir même, vers onze heures, alors que nous dormions, ma porte s'ouvrit brusquement avec grand fracas, et le marquis de la Squiave entra, accompagné d'une cinquantaine de ses mercenaires, et nous fit savoir que nous devions Je partis aussitôt pour Brindisi. Aussitôt l'avertissement que j'avais reçu dans la journée me revint à l'esprit et, considérant que la première partie de cet avertissement, quant à notre enlèvement, s'était réalisée, la seconde, concernant notre projet ; l'assassinat, pouvait aussi être vrai, j'ai pensé qu'on pouvait aussi bien mourir sur-le-champ ; car il serait préférable de mourir en résistant, de mourir en combattant, de mourir au combat, que de mourir lentement, heure par heure, minute par minute. j'ai donc juré que je ne bougerais pas, qu'il faudrait m'emmener de force, car j'avais l'intention de résister jusqu'au bout.

" A cette réponse le marquis tira son épée et s'approcha de moi.

" J'avais un bâton à la tête de mon lit, avec une lourde tête en or massif, qu'on m'avait laissé sans doute parce qu'ils prenaient la tête pour n'être que du cuivre. Je m'emparai de ce bâton et, sautant au pied de mon lit, je tombai sur le marquis et toute sa canaille avec une telle fureur que le marquis laissa tomber son épée et s'enfuit, et tous ses misérables coquins le suivirent, jetant leurs couteaux et leurs poignards, hurlant de peur et s'enfuyant ainsi ; hâte qu'en moins de dix secondes ma chambre soit complètement vide.

"Je ne sais pas du tout comment cet acte de rébellion aurait abouti pour nous, si l'armistice conclu à Foligno n'était pas venu mettre un terme à nos longues souffrances : nous y aurions inévitablement succombé à la longue. Mais, comme le gouvernement napolitain tenait à nous traiter honteusement jusqu'au dernier moment, ils se gardèrent bien de nous dire que notre captivité était terminée. Au contraire, avec de nouvelles menaces, avec des préparatifs redoutables, et comme s'ils voulaient nous envoyer, là, pour que nous périssions tous ensemble, on nous transféra tous à Brindisi, quoique nous fussions sous la loi française à Tarente et dans ses environs.

« Ce n'est qu'au moment de monter à bord que nous avons su que l'armistice était conclu et le cartel d'échange organisé : nous étions libres.

"Notre période de liberté ne semblait pas, selon toute probabilité, être de longue durée.

« Ils nous ont embarqués à Brindisi pour Ancône et sur une mer hérissée d'ennemis. Les Anglais hériteraient sans doute ensuite de nous, et nous ne ferions que changer notre ancienne captivité pour une nouvelle.

« J'ai exposé tous ces faits au marquis de la Squiave, et j'ai protesté, en mon nom et en celui de tous mes compagnons, contre cet embarquement ; mais mes protestations ont été inutiles : ils nous ont entassés dans une felouque et nous ont fait mettre le cap sur Ancône.

« Avant de partir, j'ai bien sûr demandé tous mes papiers, mes armes, mes chevaux, enfin tout ce qu'on m'avait volé, surtout mon épée, à laquelle j'appréciais beaucoup, car elle avait été présentée à moi par Bonaparte à Alexandrie. Ils répondirent banalement à toutes mes demandes qu'ils en référeraient à Sa Majesté.

« J'ai appris depuis qu'ils avaient effectivement transmis la demande au roi Ferdinand ; mais comme il utilisait quotidiennement mes fusils et mes chevaux pour la chasse — comme il trouvait les fusils bien portés et les chevaux étaient d'excellents chasseurs — il gardait à la fois des fusils et des chevaux.

"Nous avons atteint Ancône, échappant aux Anglais et aux barbaresques par un simple miracle.

« Nous trouvâmes à Ancône le général Watrin, qui, nous voyant dépouillés de tout (car nous avions vendu tout ce que nous possédions pour nous nourrir), mit sa bourse à notre disposition.

« Cet argent nous permit d'abord de nous vêtir, puis de donner cent piastres au capitaine napolitain qui nous avait transportés, et qui n'eut pas honte de venir nous demander cette somme pour son *buona mano*.

" Tel est le récit exact de ces vingt mois de captivité, pendant lesquels furent faites trois tentatives pour m'empoisonner et une pour m'assassiner.

"Et maintenant, même si je ne peux pas vivre très longtemps, je remercie le Ciel de m'avoir été épargné jusqu'à aujourd'hui.

« Je suis aux portes de la mort, mais j'ai encore la force de dénoncer ce traitement infâme, afin que le monde entier en soit informé – un traitement que les peuples les moins civilisés rougiraient d'infliger à leurs ennemis les plus acharnés.

" Écrit à l'État-major de l'Armée d'Observation du Sud, à Florence, le 15 germinal an IX de la République.

ALEX. DUMAS."

[1] Cette affirmation semblerait presque incroyable si elle n'était pas donnée à peu près dans les mêmes termes par la plume du général Coletta. "Ces imposteurs se dirigèrent vers la ville de Tarente, mais dès qu'ils y arrivèrent, ils virent un navire entrer dans le port et apprirent qu'il contenait les vieilles princesses de France en route de Naples vers la Sicile. Rien ne se découragea, les aventuriers envoyèrent un messager en avant de Corbara pour informer les princesses de la merveilleuse crédulité du peuple ; elles se présentèrent alors devant ces dames avec une pompe royale et avec autant d'assurance que du sang royal, malgré l'orgueil inné de la race de. Bourbon, les princesses reçurent l'obscur aventurier comme s'il était leur petit-fils ; croyant ainsi servir la cause du roi, elles l'appelèrent sous le titre de « Votre Altesse » et lui prodiguèrent des marques de respect et d'affection. sur lui" (*Histoire de Naples de 1734 à 1825,* par Coletta).

[2] Dolomieu fut emmené à la prison de Naples, où il implora son geôlier d'alléger ses privations, mais le geôlier refusa la demande de l'illustre savant. « Si vous n'y prenez pas garde, lui dit Dolomieu, je mourrai dans quelques jours sous un tel traitement.

"Qu'est-ce que ça m'importe ?" répondit le geôlier. "Je ne suis responsable que de tes os."

Dolomieu est décédé deux ans après sa sortie de prison.

CHAPITRE VII

Mon père est échangé contre le général Mack - Événements de sa captivité - Il demande en vain une part dans la répartition des 500 000 francs d'indemnité accordée aux prisonniers - Les arriérés de solde lui sont également refusés - Il est inscrit sur la liste des retraités, malgré ses protestations énergiques.

———

Mon père fut échangé contre le célèbre général Mack, que l'empereur d'Autriche avait prêté aux Napolitains. Ce général fut ensuite capturé à Ulm, pour la troisième fois, d'où le quatrain suivant :

"En loyauté comme en vaillance ,
Mack est un homme singulier; Retenu sur parole, il s'échappe de France;
Libre dans Ulm, il se rend prisonnier."

L'emprisonnement de mon père avait duré du 27 ventôse an VII (17 mars 1799) au 15 germinal an IX (5 avril 1801), période durant laquelle de grands événements s'étaient produits.

Bonaparte a vu ses gigantesques desseins sur l'Est échouer devant la résistance réussie d'une misérable ville portuaire comme Saint-Jean-d'Acre. Il n'avait plus de nouvelles d'Europe depuis dix mois, quand tout à coup il apprit, par l'intermédiaire d'une Gazette perdue sur son chemin, nos revers en Italie, la reprise de Mantoue, la bataille de Novi et la mort. de Joubert. Il quitta immédiatement l'Egypte, atteignit Fréjus après quarante jours de traversée à bord *de la Muiron* et arriva à Paris le 16 octobre 1799 ; un mois plus tard, il renversait le Directoire, le fameux 18 brumaire, et se faisait nommer premier consul. Il marie alors sa sœur Caroline à Murat, part pour l'Italie le 6 mai 1800, traverse le Saint-Bernard avec son armée les 19 et 20 et bat les Autrichiens à Marengo le 14 juin 1800, le jour même où Kléber est vaincu. assassiné au Caire par Soliman.

Le 12 janvier 1801, Murat quitte Milan pour envahir Naples et délivrer Rome.

Le 18 février, l'armistice dont nous avons parlé et auquel mon père devait sa liberté, fut conclu entre la France et le roi de Naples.

Et enfin, comme nous l'avons vu, mon père arriva le 5 avril au quartier général de Florence, d'où il s'empressa d'expédier au Premier Consul le rapport que nous venons de lire, que j'ai copié d'après le manuscrit écrit et signé de sa main. écriture.

Lorsqu'il débarqua à Ancône, le 23 germinal an IX, mon père écrivit aussitôt aux consuls la lettre suivante :

" CITOYENS CONSULS, — J'ai l'honneur de vous informer que nous sommes arrivés hier dans cette ville, avec quatre-vingt-quatorze prisonniers, officiers et sous-officiers, parmi lesquels à peu près égaux les soldats et les marines, et la plupart d'entre eux sont aveugles ou mutilés. Nous nous bornerons pour le moment à vous informer que le traitement que nous avons subi de la part du gouvernement de Naples déshonore cet État aux yeux de l'humanité et de toutes les nations, car les moyens les plus effroyables ont été employés pour se débarrasser de nous, on a même recours à l'empoisonnement.

"J'ai l'honneur de vous envoyer au siège de Florence un rapport détaillé de tous les actes scandaleux que le Gouvernement napolitain a commis à notre égard.

"Acceptez, Citoyens Consuls, nos salutations respectueuses."

Au mois de juillet suivant, il écrivait à Murat :

« MON CHER MURAT, Si je n'ai pas pu correspondre avec vous plus tôt, vous devez l'attribuer entièrement à mon état de santé misérable, qui, toujours incertain et fragile, me rappelle maintenant avec force, avec acuité et constance, le terrible traitement que m'a infligé le roi de Naples.

"Je veux savoir quelque chose de précis, mon cher Murat, sur l'indemnité de 500 000 francs que vous me dites que le gouvernement napolitain a dû payer à ceux des prisonniers de guerre qui ont survécu au séjour dans leur prison. J'en ai parlé à beaucoup de personnes. sujet, mais personne ne semble pouvoir me dire exactement quels sont les faits concernant cette indemnité. Vous seul, mon cher Murat, avez probablement été chargé de traiter avec le roi de Naples, auquel cas je ne doute pas que vous le fassiez. souviens-toi de moi, à double titre : d'abord, à cause de l'intérêt que tu as apparemment pris à mes malheurs, et deuxièmement, à cause de l'amitié durable que nous nous sommes jurées il y a longtemps, je vous prie de ne pas oublier de récupérer les choses que le roi m'a volées. , et pour lui rappeler les promesses faites par ses agents lors de mon départ de Brindisi : celles-ci font partie des documents que j'ai déposés auprès de vous. Exhortez-les à vous renvoyer toutes ces choses, si elles ne sont pas déjà entre vos mains, et surtout mes deux chevaux. Vous savez combien je suis attaché à la jument que vous m'avez donnée ; Je l'ai sauvée sur mes onze chevaux, alors que neuf durent être jetés par-dessus bord.

"On m'a dit que le Premier Consul était très indigné de la conduite du roi de Naples à mon égard. Il a promis de me faire restituer toutes mes affaires, notamment l'épée qu'il m'a donnée à Alexandrie, et qui est entre les mains de ce malheureux successeur. des Césars.

"J'espère de tout mon cœur que vous pourrez prendre le dessus sur lui. - Toujours à vous", etc.

Mais bien que l'appel de mon père puisse paraître à première vue tout à fait juste au Premier Consul, il dut être suivi par d'autres, comme le montrera cette lettre adressée à Bonaparte lui-même :

" Le général Lannes m'informe que vous ne pouvez m'accorder aucune indemnité avant de savoir si le général Murat a réellement exigé cette même indemnité du gouvernement napolitain. Personne cependant ne sait mieux que vous quelles souffrances j'ai subies et combien j'ai été complètement dépouillé de mes moyens. mes biens.

" Le général Murat m'écrit que le ministre des Affaires étrangères est chargé de distribuer la somme de 500 000 francs que le gouvernement napolitain a été contraint de verser aux victimes françaises de sa barbarie. Je me contenterai donc, citoyen, de mendier que vous ayez la bonté de donner des ordres pour que je sois inclus dans la distribution de cette somme.

"J'espère que vous ferez de votre mieux pour répondre à cette juste demande dans le cas d'un homme à qui vous avez donné tant de marques verbales, tant de témoignages écrits de votre estime et de votre amitié."

Il est évident que ces nuages d'Egypte qui, selon la prophétie de Bonaparte, ne devaient durer que six heures, avaient traversé la Méditerranée et s'étaient épaissis sur la tête de mon pauvre père. Il avait d'ailleurs lui-même déclaré qu'il ne lui restait plus longtemps à vivre et qu'il cesserait bientôt d'embarrasser Napoléon par la présence d'un de ces vieux généraux républicains qui avaient croisé le chemin de Bonaparte.

Hoche était mort empoisonné ; Joubert avait été tué à Novi ; Kléber avait été assassiné au Caire ; et mon père ressentait les premiers symptômes d'un cancer de l'estomac, conséquence naturelle de l'arsenic qu'on lui avait administré. Inutile de dire qu'il ne faisait pas partie de ceux qui partageaient la répartition de ces 500 000 francs d'indemnité accordée aux prisonniers.

Mon père pensa alors qu'il pourrait au moins compter sur le paiement des arriérés de sa solde pendant les deux années de captivité.

Il s'adressa à ce sujet à Bonaparte, et Bonaparte répondit favorablement ; alors mon père apprit que cette demande, si juste qu'elle paraisse à première vue, était entourée de difficultés considérables. En entendant cela, mon père adressa à Bonaparte la lettre suivante, la dernière, je crois, qu'il lui écrivît jamais ; il a été envoyé quelques jours après ma naissance :—

"7 *Vendémiaire An X.*

" J'ai cru, puisque vous m'avez fait l'honneur de me dire qu'il en serait ainsi, que mes arriérés de solde du 30 pluviôse an VII seraient réglés. L'examen des comptes fera apparaître les retenues à effectuer sur ce qui m'est dû pour cette période. J'ai été payé pour les trois premiers trimestres de l'an IX, mais le ministre de la guerre me dit dans sa lettre du 29 fructidor dernier, que je ne peux recevoir que ce qui m'est dû. pour une partie des années VII et VIII en totalité, d'autant que l'arrêté que vous avez pris en ma faveur dit, en tant de termes, que je ne dois recevoir que ce que la loi m'accorde strictement, c'est-à-dire mon salaire pour deux mois de service actif.

"Mais, Consul Général, vous savez quels malheurs j'ai eu, vous savez combien ma fortune est petite ! Rappelez-vous comment j'ai abandonné le trésor au Caire !

" J'espère pouvoir compter suffisamment sur votre amitié pour croire que vous donnerez des ordres pour que je sois payé pour les mois restants des années VII et VIII. C'est la seule chose que je vous demande.

« Les empoisonnements successifs que j'ai subis dans les prisons de Naples ont tellement miné ma santé, que déjà à trente-six ans je suis victime d'infirmités que je ne devrais naturellement pas espérer ressentir avant beaucoup plus tard dans la vie.

« J'espère donc, Consul Général, que vous ne permettrez pas que l'homme qui a partagé vos travaux et vos périls languisse dans la pauvreté, alors qu'il est en votre pouvoir de le placer au-dessus du besoin. Vous serez ainsi le moyen de lui transmettre des preuves. de la générosité de la nation.

" J'ai aussi un autre grief, Consul général, et un, je l'avoue, qui me trouble bien plus que ceux dont je me suis plaint. Le ministre de la guerre m'a informé dans une lettre du 29 fructidor dernier, qu'au cours de l'an XI a été inscrit sur la liste des généraux qui ne sont plus en service actif. Quoi ! à mon âge et avec ma réputation d' être mis sur la liste des retraités ! Mes services passés auraient sûrement dû m'en sauver !

« En 1793, j'étais commandant en chef des armées républicaines. Je suis l'officier général le plus âgé de mon grade ; mes actes d'audace ont grandement influencé le cours des affaires ; j'ai toujours mené les défenseurs du pays à la victoire. Dites-moi. , alors ! qui a reçu le plus de marques de votre estime ? Et pourtant je vois des officiers de tous grades, inférieurs à moi, employés sans réserve tandis que je reste inactif !

« J'en appelle, Consul Général, à la bonté de votre cœur ; permettez-moi de mettre à nu mes plaintes et de remettre entre vos mains ma justification contre mes ennemis.

Une semaine auparavant, mon père avait écrit au ministre de la guerre :

" J'ai reçu votre lettre du 29 du mois dernier, qui m'informait que, comme j'étais sans destination fixe, j'étais inscrit sur la liste des officiers généraux en demi-solde ; que je recevrais une indemnité de 7 500 francs dès le 1er vendémiaire. , année X.

« Les services que j'ai rendus à la nation me portent volontiers à croire que le gouvernement ne perdra pas de temps pour m'employer à la première occasion qui se présentera, lorsque vous lui exposerez les détails de ces services.

« Je ne parlerai pas de mes récents malheurs : je suis un fils de la France, et je les ai portés pour l'amour de mon pays ! Mais à ce titre même, ces afflictions devraient me donner quelque droit à la reconnaissance de la nation.

"En outre, vous savez que j'ai passé par tous les grades militaires, depuis le simple soldat jusqu'au général en chef, gagnant ma promotion avec ma propre épée, et non par une influence privée.

« Le Mont Cenis ; le Mont Saint-Bernard ; la lutte acharnée devant Mantoue le 27 nivôse an VII, où deux chevaux furent tués sous mes ordres ; le passage du Weiss, mis à l'honneur des généraux Baraguay-d'Hilliers et Delmas, mais c'était en réalité dû à moi ; l'acte d'Horatius Codes accompli de nouveau dans le Tyrol, qui me valut l'honneur d'être introduit au Directoire exécutif sous ce nom par le général Bonaparte, qui songea à me nommer, à cette époque, commandant. -en chef de l'armée du Tyrol enfin, l'insurrection du Caire, que j'ai réprimée en l'absence de tous ; vous le savez bien, citoyen ministre, telles sont mes prétentions inaliénables aux yeux de mes anciens camarades ; armes et mérite la reconnaissance de mon pays.

« Dès 1793, citoyen ministre, j'étais commandant en chef des armées républicaines, et pendant ces temps malheureux et difficiles je ne fus jamais battu ; au contraire, mes entreprises furent invariablement couronnées de succès.

« Je suis aujourd'hui le général le plus âgé de mon grade ; j'ai été le compagnon du consul général dans presque toutes ses guerres d'Italie et d'Égypte, et personne n'a plus contribué que moi à ses triomphes et à la gloire de nos armes ; ses lettres , que j'ai en ma possession, témoignent non moins du respect qu'il me portait que de son amitié. Vous m'avez vous-même prodigué des témoignages d'un vif intérêt à mon retour des prisons napolitaines, et maintenant je dois être mis de côté. demi-salaire !

« Citoyen ministre, je ne puis supporter une telle indignité ; je vous prie donc de montrer cette lettre au Premier Consul, et de lui dire que je compte sur sa vieille amitié pour m'obtenir une place sur la liste active.

" L'honneur a toujours dirigé ma conduite ; la sincérité et la loyauté sont les bases de mon caractère ; et l'injustice est pour moi la torture la plus cruelle. "

J'ai sous les yeux le registre de toute la correspondance de mon père ; il s'arrête net à cette lettre, et le reste des pages est vierge.

Ces deux lettres au ministre de la guerre et au Premier Consul furent les dernières qu'il écrivit.

Sans doute n'a-t-on jamais répondu.

Le désespoir l'envahit après cela ; il s'enfonçait dans l'ombre de son inactivité forcée alors que les condamnés à mort attendent leur sort dans leurs cellules avant d'être conduits à l'échafaud : dans un état de torpeur, varié de désespoirs, il attendait ce dernier moment suprême ; la plupart de ses compagnons d'armes, plus heureux que lui, l'avaient rencontré sur le champ de bataille.

CHAPITRE VIII

Lettre de mon père au général Brune sur ma naissance – Le post-scriptum – Mes parrain et marraine – Premiers souvenirs d'enfance – Topographie du château des Fossés et croquis de quelques-uns de ses habitants – Le serpent et la grenouille – Pourquoi j'ai demandé à Pierre s'il savait nager.—Suite de *Jocrisse.*

Comme je l'ai mentionné au début de ces Mémoires, je suis né le 5 thermidor an X (24 juillet 1802), à 4 heures 30 du matin.

Je suis entré en scène avec une grande démonstration de force et de vigueur, à en juger par une lettre que mon père a écrite à son ami le général Brune, le lendemain de ma naissance.

C'est une lettre étrange et possède un *post scriptum* d'une nature encore plus excentrique ; mais ceux qui ont eu la patience de lire jusqu'ici ces Mémoires auront connu quelques-uns des caractères fantasques et vifs de mon père, et devraient comprendre sa nature. D'autres, qui ne s'intéressent à aucun détail comme ceux donnés par mon père à Brune, peuvent sauter cette lettre, sans la lire ni son post-scriptum. Quoi qu'il en soit, le voici :

« 6 *thermidor an X.*

" MON CHER BRUNE, — Je suis heureux de vous annoncer que ma femme a accouché hier matin d'un beau garçon, qui pèse neuf livres et mesure dix-huit pouces. Vous verrez donc que s'il continue à grandir dans le monde extérieur au rythme il a fait à l'intérieur, il fait des enchères pour atteindre une assez belle stature.

" Et encore une chose que tu dois savoir : je compte sur toi pour être son parrain. Ma fille aînée, qui t'envoie mille baisers du bout de ses petits doigts noirs, sera ta co-parrain. Dépêche-toi et viens, bien que le nouveau venu dans ce monde ne semble pas vouloir le quitter précipitamment ; car il y a longtemps que je ne t'ai pas vu, et j'ai bien envie de te voir. — Ton ami,

AL. DUMAS.

" *PS* ... J'ouvre ma lettre pour vous dire que le jeune chien vient de se mettre sur la tête. C'est bon signe, sûrement ! Hein ? "

Il faut tenir compte de l'orgueil de mon cher père ; il avait beaucoup désiré un garçon depuis dix ans qu'il était marié, et il imaginait que la naissance devait être précédée, accompagnée et suivie de présages d'une grande importance pour le monde, comme dans le cas d'Auguste.

Cependant, bien que ces présages semblaient si satisfaisants à mon père, Brune n'était apparemment pas aussi positif à leur sujet. Voici ce qu'il a écrit par retour de courrier :

" CONSEIL D'ETAT, PARIS,

"10 *thermidor an X de la République française.*

"Au GÉNÉRAL DUMAS.

" MON CHER GÉNÉRAL, — Une superstition m'empêche d'accéder à votre demande. J'ai été parrain cinq fois, et mes cinq *filleuls* sont tous *morts* ! Quand le dernier est mort, j'ai juré de ne jamais nommer d'autre enfant. Vous penserez probablement ma superstition fantaisiste. , mais cela me ferait du malheur de changer d'avis. Je suis un vieil ami de votre famille, je suis donc sûr de pouvoir compter sur votre indulgence. Ma résolution doit en effet être bien ferme pour refuser d'agir avec votre charmante fille. mes plus sincères regrets à elle ainsi qu'à votre charmante épouse, et recevez l'assurance de mon sincère attachement.

"BRUNE.

" *PS* : J'ai expédié divers colis pour la petite marraine et sa maman. "

Mon père insista néanmoins, malgré ce refus et les craintes superstitieuses qu'il impliquait. Je n'ai jamais vu la deuxième lettre, mais je présume que les présages étaient encore plus propices et plus convaincants que dans le premier cas, car, à la demande pressante de mon père, une *mezzo terminée* (maison de transition) fut arrangée, et Brune accepta de se présenter. , mais il devait avoir un mandataire en la personne de mon père, qui devait me retenir aux fonts baptismaux à sa place.

Aucun changement n'était fait à l'égard de ma marraine, qui n'éprouvait aucune répugnance à l'égard de sa participation à la cérémonie, puisqu'elle lui avait déjà apporté tant de bonbons et en promettait davantage. Pour elle, c'était une fête.

Brune, par procuration, et Aimée-Alexandre Dumas, ma sœur, âgée de neuf ans, furent donc mes parrain et marraine.

On se souvient que juste avant la campagne d'Egypte il avait été décidé que si ma mère enfantait un fils, les parrains et marraines de ce fils seraient Bonaparte et Joséphine. Mais les choses avaient bien changé depuis, et mon père n'avait aucune envie de rappeler au Premier Consul la promesse du général en chef.

Bonaparte prouva cruellement à ma mère qu'il n'était pas un Louis XII, qui pardonnait les injures qu'il avait reçues lorsqu'il était duc d'Orléans.

La première lueur de souvenir dans les ténèbres de ma vie d'enfant se situerait vers l'année 1805. Je me souviens vaguement de l'aménagement de la petite maison de campagne que nous habitions et qui s'appelait *les Fossés*.

Mes souvenirs topographiques s'arrêtent à la cuisine et à la salle à manger, les deux parties de la maison que je fréquentais sans doute avec le plus de sympathie.

Je n'ai pas revu cette maison depuis 1805, mais je me souviens encore qu'il y avait une marche vers la cuisine et un gros bloc en face de la porte ; que la table de la cuisine se trouvait directement derrière ; et, devant cette table de cuisine, à gauche, se trouvait la cheminée. Cette cheminée était immense, et à l'intérieur se trouvait presque toujours le fusil préféré de mon père, un fusil à monture d'argent, avec une plaquette de maroquin vert à la crosse. Il m'était toujours défendu de toucher à ce fusil, sous peine de la peine la plus sévère, mais je le touchais toujours, et ma mère, malgré ses craintes, ne mettait jamais ses menaces à exécution. Puis, plus loin, au-delà de la cheminée, se trouvait la salle à manger, montée sur trois marches : le parquet était en sapin et les boiseries étaient peintes en gris.

Notre maison comprenait, outre mon père et ma mère, les membres suivants, que je vais énumérer par ordre d'importance qu'ils remplissaient dans mon esprit :

1er. Un gros chien noir appelé *Truffe* , qui avait le privilège d'être accueilli partout, car il me permettait de le monter régulièrement.

2ème. Un jardinier nommé Pierre, qui me fournissait des grenouilles et des couleuvres, des reptiles qui m'intéressaient énormément.

3ème. Un nègre , valet de chambre de mon père, nommé Hippolyte, plutôt un niais noir, dont les paroles étranges sont devenues des mots de famille, que mon père a conservés, je crois, pour les utiliser dans une série d'histoires destinées à rivaliser avec les sottises de Brunet.

4ème. Un garde nommé Mocquet, pour lequel j'avais une profonde admiration, parce que chaque soir il racontait de magnifiques récits de ses prouesses, récits qui s'interrompaient aussitôt si le général apparaissait sur les lieux, le général n'ayant pas une si grande opinion de ces prouesses. actes comme le narrateur l'a fait lui-même.

5ème. Une fille de cuisine nommée Marie. Cette dernière créature est totalement perdue dans les brumes crépusculaires de ma mémoire. Elle n'est qu'un nom que j'ai entendu donner à une figure indistincte, maintenant une simple forme floue dans ma mémoire ; autant que je me souvienne, elle n'était en aucun cas une sylphe.

Truffe mourut de vieillesse vers la fin de 1805, et Mocquet et Pierre l'enterrèrent dans un coin du jardin. C'était le premier enterrement que je voyais, et je pleurai très amèrement sur le vieil ami de mes premiers jours.

Mes souvenirs suivants sont des demi-éclairs confus dans la pénombre des premiers souvenirs, et tout à fait sans date.

Un jour que je jouais dans le jardin, Pierre m'a appelé et j'ai couru vers lui. Chaque fois que Pierre m'appelait, cela signifiait toujours qu'il avait trouvé quelque chose qui méritait mon attention. En effet, il venait de découvrir un serpent dans un pré au bord de la route, et il avait une grosse boule au ventre. D'un coup de bêche, il coupa le serpent en deux, et du reptile sauta une grenouille, un peu étourdie par le début du processus digestif dont elle avait été victime. Il se réveilla bientôt, étendit ses pattes l'une après l'autre, bâilla prodigieusement et se mit à bondir ; lentement d'abord, puis plus vite et enfin aussi vite que si rien ne lui était arrivé.

Ce phénomène, que je n'ai plus jamais revu, m'a tellement impressionné et reste si vivement gravé dans mon esprit, que si je ferme les yeux, je vois, pendant que j'écris ces lignes, les deux portions frétillantes du serpent, la grenouille toujours immobile, et Pierre appuyé sur sa bêche, souriant de mon étonnement, aussi clairement que si Pierre, la grenouille et le serpent étaient encore devant mes yeux — seulement les traits de Pierre sont presque effacés par le temps, comme une photographie mal prise.

Je me souviens aussi que, vers le milieu de l'année 1805, mon père, qui souffrait d'une très mauvaise santé, quitta notre château des Fossés pour une maison ou un château à Antilly, — je n'ai pas un seul souvenir de ce séjour, sinon d'avoir été emmené là sur le dos de Pierre. Il avait beaucoup plu depuis deux nuits, et je fus surpris de voir Pierre marcher insouciant dans les flaques d'eau qui coupaient la route.

"Tu sais nager, Pierre ?" Je lui ai demandé. L'impression que le courage de Pierre en traversant ces flaques d'eau a dû me faire a dû être très forte, car ces paroles sont les premières que je me souviens avoir prononcées, et, comme celles de M. de Crac, qui gelaient en hiver et dégelaient au printemps, je les entends. résonnant à mes oreilles avec les accents lointains et faibles de ma voix enfantine. La question « Pierre, sais-tu nager ? » m'a été suggéré par un événement survenu chez nous et qui a profondément impressionné mon imagination de jeunesse. Trois jeunes gens, dont l'un s'appelait Dupuis, que j'ai vu depuis comme bijoutier à Paris, tous de Villers-Cotterêts, vinrent au château des Fossés, qui était entouré d'eau, pour demander la permission de se baigner dans l'espèce de douves qui couraient. autour de lui. Mon père leur donna congé et leur demanda s'ils savaient nager ; ils répondirent par la négative et il leur montra un endroit où ils pourraient toucher le fond en toute sécurité sans courir aucun risque de se noyer. Les baigneurs restèrent d'abord à cet endroit, mais peu à peu ils s'enhardirent ; et tout à coup nous entendîmes de grands cris venant des douves et coururent voir : voilà les trois baigneurs, tous sur le point de se noyer.

Heureusement qu'Hippolyte était là et qu'il nageait comme un poisson. En un instant, il fut dans l'eau, et lorsque mon père atteignit le bord des douves, il avait déjà presque sauvé le premier des trois. Mon père, qui était un excellent nageur, comme la plupart des coloniaux, se jeta à l'eau et sauva le second ; et Hippolyte sauva le troisième.

Ils furent tous retirés en moins de cinq minutes, mais l'un des trois baigneurs avait déjà perdu connaissance, et, le voyant allongé, les yeux fermés et ne respirant pas, je crus qu'il était mort. Ma mère, qui savait qu'il s'était seulement évanoui, car mon père l'avait rassuré sur le fait qu'il ne courait aucun danger, a profité de l'occasion, qui m'avait profondément impressionné, en me faisant un sermon éloquent sur les dangers de jouer sur les rives du ruisseau. Aucun sermon n'a jamais eu un auditeur plus attentif ; ni prédicateur un converti plus fervent !

À partir de ce moment, personne n'a jamais pu me persuader de cueillir une seule fleur sur les rives du ruisseau, pas même qu'on ne m'avait soudoyé avec tous les trésors convoités de l'enfance, avec des chevaux à bascule, des agneaux bêlants ou des chiens qui aboient.

Une autre chose encore m'avait frappé : la grande forme de mon père (qui semblait avoir été faite dans le même moule que celui qui formait les statues d'Hercule ou d'Antinous) comparée aux pauvres petits membres d'Hippolyte.

C'était la forme nue de mon père que je voyais, dégoulinante d'eau ; il sourit d'un sourire presque surnaturel, comme le fait un homme qui a accompli un acte divin, en sauvant la vie d'un autre homme.

Et c'est pourquoi j'ai demandé à Pierre s'il savait nager ; Je me souvins du jeune homme évanoui sur l'herbe du ruisseau, tandis que je voyais Pierre s'aventurer dans des flaques d'eau de deux pouces de profondeur, et je compris que ni mon père ni Hippolyte n'étaient à portée de main pour nous sauver.

Hippolyte était un excellent nageur, un coureur habile et un assez bon cavalier, mais, comme je l'ai déjà laissé entendre, ses facultés intellectuelles étaient loin de correspondre à ses capacités physiques. Deux exemples donneront une idée de l'état de son intelligence.

Un soir, ma mère craignant un gel dans la nuit et voulant abriter de belles fleurs d'automne qui étaient sous un petit mur à hauteur d'homme et qui égayaient notre vue depuis les fenêtres de la salle à manger, s'appelait Hippolyte.

Hippolyte accourut et écouta ses ordres, les grands yeux et les lèvres épaisses grandes ouvertes.

"Hippolyte," dit ma mère, "tu dois porter ces pots à la maison ce soir et les mettre dans la cuisine."

"Oui, madame", répondit Hippolyte.

Le soir, ma mère retrouvait bien les marmites dans la cuisine, mais entassées les unes sur les autres, afin de prendre le moins de place possible dans les domaines de Marie la servante de cuisine.

Une sueur froide coulait sur le visage de ma pauvre mère, car elle comprenait trop bien ce qui s'était passé. Hippolyte lui avait obéi à la lettre. Il avait vidé les fleurs et rentré les pots à l'intérieur.

Le lendemain matin, ma mère trouva les fleurs brisées, entassées les unes sur les autres, luisantes de givre, au pied du mur.

Pierre, le médecin des plantes, fut appelé et réussit à en sauver quelques-uns, mais la plupart furent détruits.

La deuxième chose était de nature plus grave. Je l'ai offert à Alcide Tousez pour l'incorporer dans sa *Sœur de Jocrisse* ; mais il n'osait pas s'en servir.

Je possédais un délicieux petit moineau que Pierre avait attrapé pour moi. Le pauvre petit oiseau savait à peine voler et avait tenté de partir à la découverte de son père, comme Icare. Il était passé de son nid à une cage, où il avait grandi et développé correctement ses ailes.

Hippolyte avait pour mission particulière de nourrir mon moineau et de nettoyer sa cage.

Un jour, j'ai trouvé la cage ouverte et mon moineau était parti. Beaucoup de pleurs, de lamentations et de malheurs ont suivi, et finalement l'intervention maternelle.

"Qui a laissé la porte ouverte ?" demanda-t-elle à Hippolyte.

"Je l'ai fait, madame", répondit-il avec autant de joie que s'il avait fait la chose la plus intelligente imaginable.

"Pourquoi as-tu fait ça?"

"Oouf ! la cage de la pauvre petite bête sentait comme si elle avait besoin d'air frais."

Il n'y avait rien à répondre. Ma mère n'ouvrait-elle pas elle-même les portes et les fenêtres des pièces qui avaient besoin d'air frais, et n'ordonnait-elle pas aux domestiques de toujours faire de même en pareille circonstance ?

Ils m'ont donné un autre moineau et ont demandé à Hippolyte de garder sa cage propre, afin d'éviter toute odeur.

Je ne me souviens pas s'il a bien obéi ; car un autre événement attira l'attention de notre maison.

CHAPITRE IX

Le cauchemar de Mocquet – Sa pipe – Mère Durand – Les bêtes *fausses* et le *pierge* —M. Collard.—Le remède de mon père.—Guérison radicale de Mocquet.

Mocquet a fait le cauchemar.

Savez-vous ce qu'est un cauchemar ? Je pense que vous avez dû voir ce monstre aux yeux immenses, assis sur la poitrine d'un homme haletant et endormi.

Je ne sais pas comment le décrire avec des mots, mais je l'ai vu, tout comme vous.

Le cauchemar de Mocquet n'était pas un singe aux grands yeux, ni un monstre fantastique de l'imagination de Hugo reproduit par le pinceau de Delacroix, par le crayon de Boulanger ou par le ciseau de Feuchères ; rien de tout cela, c'était une petite vieille femme, qui demeurait dans le village d'Haramont, à environ un quart de lieue de notre château des Fossés, que Mocquet considérait comme son ennemi personnel.

Un matin, de très bonne heure, Mocquet entra dans la chambre de mon père avant de se lever et se plaça au chevet du lit.

"Eh bien, Mocquet, qu'est-ce qu'il y a ?" demanda mon père. "Pourquoi ce visage mélancolique ?"

"Général, j'ai fait *un cauchemar*", répondit solennellement Mocquet. Mocquet, inconsciemment, avait enrichi la langue d'un verbe actif.

"Oh ! vous avez fait *un cauchemar* , n'est-ce pas ?" s'écria mon père en se soulevant sur un coude.

"Oui, Général."

Et Mocquet retira sa pipe de sa bouche, ce qu'il faisait rarement, et seulement sous une très sérieuse provocation.

Or cette pipe était plus qu'un accessoire de Mocquet : elle faisait partie intégrante de l'homme.

Personne n'avait jamais vu Mocquet sans sa pipe. Si, par hasard, l'objet sortait de sa bouche, il le tenait dans sa main.

Cette pipe, destinée à accompagner Mocquet au milieu des forêts les plus épaisses, présentait le moins de surface possible susceptible d'être détruite par le contact d'un corps solide.

Or, la destruction d'une pipe bien assaisonnée signifierait, aux yeux de Mocquet, une perte que seul le travail de plusieurs années pourrait réparer.

Le tuyau de cette pipe de Mocquet ne dépassait jamais de plus d'un demi-pouce.

Cette habitude de ne jamais être sans sa pipe avait creusé un creux entre les incisives et les canines de Mocquet : elle avait aussi conduit à une autre habitude, celle de parler avec ses dents fermées, qui donnait à tout ce qu'il disait un caractère particulièrement impressionnant ; car rien n'empêchait ses dents de rester bien fermées.

"Depuis combien de temps fais-tu *un cauchemar* , mon pauvre Mocquet ?" a demandé mon père.

"Pendant une semaine entière, Général."

"Par qui?"

"Oh ! Je sais assez bien de qui il s'agit", répondit-il en serrant les dents plus fort que jamais.

"En effet, puis-je savoir qui c'est ?"

"Cette vieille sorcière, mère Durand, Général !"

"Mère Durand d'Haramont ?"

"Oui, c'est assez dur."

— Bon Dieu, Mocquet, il faut qu'on s'en occupe !

" Moi aussi, j'y veillerai ; elle me paiera ça, la vieille taupe ! "

La vieille taupe était une expression de haine que Mocquet avait empruntée à Pierre, qui, n'ayant pas de plus grands ennemis que les taupes, appelait ainsi tout ce qu'il détestait.

« Il faut y réfléchir, Mocquet, avait dit mon père ; non pas qu'il croyait au cauchemar de Mocquet, pas même que, admettant l'existence du cauchemar, il croyait que c'était la mère Durand qui avait fait *un cauchemar* à son garde. Rien de la sorte; mais mon père connaissait la nature superstitieuse de nos paysans ; il savait que la croyance aux *sortilèges* était encore largement répandue à la campagne. Il avait entendu de terribles récits de vengeance commis par des gens qui se croyaient ensorcelés et qui avaient cherché à rompre le charme en tuant la ou les personnes qui les avaient *ensorcelés* . Et quand Mocquet dénonça la mère Durand à mon père, il y avait un accent si menaçant dans sa voix, et il avait appuyé avec tant d'intention sur la crosse de son fusil, que mon père crut sage de paraître se rallier à l'opinion de Mocquet dans afin de garder une emprise sur lui, afin qu'il ne fasse rien avant de l'avoir d'abord consulté.

"Mais avant de la punir, mon bon Mocquet, lui dit mon père, il faut faire de notre mieux pour voir si nous ne pouvons pas te guérir de ton cauchemar."

"Vous ne pouvez pas, Général."

"Pourquoi pas?"

"Non, j'ai fait tout mon possible."

"Qu'avez-vous fait?"

"J'ai d'abord bu un grand bol de vin chaud avant de me coucher."

— Qui vous a recommandé cela ? Était-ce M. Lécosse ?

M. Lécosse était le principal médecin de Villers-Cotterets.

"M. Lécosse ?" dit Mocquet avec mépris. " Lui ? que sait-il en sortilèges ? Bon Dieu ! Non, ce n'était pas M. Lécosse. "

« Qui était-ce, alors ? »

"Le berger de Longpré."

"Tout un bol de vin chaud, espèce d'idiot ! Tu serais ivre mort après l'avoir bu !"

"Le berger en a bu la moitié."

"Eh bien, je comprends la prescription ; et le bol de vin chaud n'a servi à rien ?"

"Général, elle m'a piétiné la poitrine toute la nuit, comme si je n'avais absolument rien pris."

"Et qu'as-tu fait ensuite ?"

"J'ai fait ce que je fais toujours quand je veux attraper une *fausse* bête .)"

Mocquet avait un vocabulaire qui lui était propre. On ne pourrait jamais lui faire dire une bête fauve . Chaque fois que mon père disait *une bête fauve,* Mocquet le reprenait.

"Oui, Général, une *fausse* bête, car, Général, avec tout le respect que vous méritez, vous avez tort."

"En quoi est-ce que je me trompe ?"

"Je veux dire, ce n'est pas un daim, mais une fausse bête."

"Pourquoi?"

"Parce qu'un daim n'exprime pas ce que je veux dire."

"Et qu'entends-tu par fausse bête ?"

"Je veux dire une bête qui ne marche que la nuit, une bête fourbe, bref une *fausse* bête."

C'était une définition tellement logique qu'il n'y avait plus rien à dire ; mon père ne répondit donc pas, et Mocquet continua triomphalement à traiter les daims de fausses bêtes.

Alors à la question de mon père : « Qu'as-tu fait ensuite ? Mocquet répondit : "J'ai fait ce que je fais toujours quand je veux attraper une fausse bête."

" Qu'est-ce que c'est, Mocquet ? "

« J'ai tendu un piège *(piège).* »

Mocquet prononçait toujours *piège pierge.*

"Vous avez tendu un piège pour attraper mère Durand ?"

Mocquet n'aimait pas que ses mots soient prononcés différemment de sa propre prononciation. Il répondit : « J'ai installé une *jetée* pour la mère Durand.

"Et où l'as-tu mis ? À ta porte ?"

"À ma porte ? Plutôt pas ! Pensez-vous que la vieille sorcière franchirait ma porte ? Elle entrerait dans ma chambre d'une manière inouïe."

« Près de la cheminée, peut-être ?

"Il n'y en a pas. Je ne l'ai jamais vue jusqu'à ce que je la sente piétiner ma poitrine : clic, claque, clic, claque !"

"Eh bien, où as-tu mis le piège ?"

"La *jetée ?* Je l'ai mise sur mon ventre, bien sûr."

« Quelle sorte de piège avez-vous utilisé ? »

" Oh ! une fameuse *jetée* , avec une chaîne de fer, que je passais autour de mon poignet. Elle pesait environ dix livres. Oh ! oui , dix ou douze livres, au moins. "

« Et cette nuit-là... ?

"Oh ! Elle était bien pire cette nuit-là. Elle me pétrit généralement la poitrine avec ses goloshes, mais cette nuit-là, elle portait des sabots."

"Et est-ce qu'elle est venue comme ça ?"

"Chaque nuit vivante, le Bon Dieu l'a fait. J'en maigris tellement que je deviens complètement phtisique : mais ce matin, j'ai pris ma décision."

— Qu'as-tu décidé de faire, Mocquet ?

"J'ai décidé de lui remettre le contenu de mon arme."

"C'est une sage décision. Quand la mettrez-vous à exécution ?"

"Oh, ce soir ou demain, général."

"C'est ennuyeux, car j'allais justement t'envoyer à Villers-Hellon."

"Oh, ça n'a pas d'importance, Général. Est-ce que ce que je dois faire est urgent ?"

"Très urgent."

— Eh bien, je peux aller à Villers-Hellon, il n'y a que quatre lieues, et revenir de nuit. Cela fera huit lieues dans le jour. Nous en avons mis beaucoup plus derrière nous à la chasse, général.

— C'est vrai, Mocquet. Je te donnerai une lettre pour M. Collard, et ensuite tu partiras.

"Oui, je vais commencer tout de suite, Général."

Mon père se leva et écrivit à M. Collard. Nous expliquerons plus tard qui était ce monsieur ; en attendant, nous mentionnerons simplement qu'il était l'un des meilleurs amis de mon père.

La lettre était la suivante :

" MON CHER COLLARD, je vous envoie ci-joint mon idiot de garde que vous connaissez. Il s'imagine qu'une vieille femme l'envoûte toutes les nuits, et, pour en finir avec son vampire, il propose, tout nonchalamment, de la tuer. Mais comme la loi se méfie des méthodes aussi grossières de guérison du cauchemar, je vous l'envoie sous un prétexte trivial, envoyez-le à Danré de Youty, qui, sous un autre prétexte, doit l'envoyer à Dulauloy, qui... avec ou sans prétexte, peut l'envoyer au diable s'il le souhaite.

"En bref, il faut que sa tournée dure quinze jours. Pendant ce temps-là, nous aurons déménagé à Antilly, et puis, comme il ne sera plus dans les environs d'Haramont, et que son cauchemar disparaîtra probablement pendant son voyage, la mère Durand pourra peut-être dormir tranquille : je ne lui conseillerais pas de le faire tant que Mocquet habite le quartier.

"Il vous apporte une douzaine de bécassines et un lièvre que nous avons abattus hier en chassant dans le marais de Walue.

"Mille tendres messages à votre charmante Herminie, et mille baisers à votre chère petite Caroline.— Votre amie,

"ALEX. DUMAS.

" *PS* — " Nous avons reçu hier des nouvelles de votre filleule Aimée, qui va très bien ; quant à Berlick, il grandit d'un pouce par mois et court toujours sur la pointe des pieds, ses chaussures n'y font aucune différence.

Mocquet partit une heure après que la lettre fut écrite, et trois semaines s'écoulèrent avant qu'il nous rejoigne à Antilly.

"Bien?" demanda mon père en le voyant gai et en bonne santé. Eh bien ! et la mère Durand ?

"Eh bien, général ! la vieille taupe m'a quitté. On dirait qu'elle n'a aucun pouvoir dans ce quartier."

Et maintenant le lecteur a le droit de demander une explication sur le post-scriptum de mon père, et de se faire dire qui était ce Berlick qui grandissait d'un pouce par mois et qui courait sur la pointe des pieds malgré ses chaussures.

CHAPITRE X

Qui était Berlick?— La fête de Villers-Cotterêts—Faust et Polichinelle—Les sabots—Voyage à Paris—Dollé—Manette—La pension de Madame de Mauclerc—Madame de Montesson— *Paul et Virginie* —Madame de Saint-Aubin.

J'étais Berlick : et c'est ainsi que j'ai obtenu ce charmant surnom.

Pendant que ma mère était *enceinte*, la fête habituelle de la Pentecôte avait lieu à Villers-Cotterêts ; ce fut une fête délicieuse, à laquelle je reviendrai encore. Elle a eu lieu au moment des premiers feuillages du printemps et au milieu de l'éclosion des fleurs, lorsque les papillons dansent et les linottes chantent. Autrefois, cette fête était célèbre partout, et on y assistait à vingt lieues à la ronde ; comme toutes les autres fêtes, elle a commencé comme une fête du Corpus Christi, mais n'existe plus que dans le calendrier.

Eh bien, à cette fête très fréquentée est venu un homme portant une cabane sur son dos, comme un escargot porte sa coquille.

Cette cabine contenait le spectacle essentiellement national de Polichinelle, auquel Goethe empruntait l'idée de son *Faust*.

Polichinelle n'est qu'un libertin usé, insensible et rusé, qui enlève les femmes, et se moque des frères et des maris, qui tabasse les officiers de justice et finit par être enlevé par le diable. Et qu'était Faust d'autre ? Un libertin usé, insensible, peu rusé il est vrai, qui séduit Marguerite, tue son frère, bat les bourgmestres et finit par être enlevé par Méphistophélès.

Je n'oserai pas dire que Polichinelle est plus pittoresque que Faust, mais j'irai jusqu'à soutenir qu'il est tout aussi philosophique et plus amusant.

Notre ami du stand avait installé son spectacle sur le green et donnait chaque jour trente ou quarante représentations de cette comédie sublime qui nous a tous fait rire étant enfants et nous faire réfléchir quand nous sommes adultes.

Ma mère était enceinte de sept mois lorsqu'elle est allée voir Polichinelle. Le showman était un homme doté d'une certaine imagination et, au lieu de simplement appeler son diable le diable, il lui a donné un nom.

Il l'appelait Berlick.

La vue de Berlick a terriblement impressionné ma mère. Berlick était noir comme un diable. Berlick avait une langue et une queue écarlates. Berlick parlait avec une sorte de grognement, comme le bruit que fait un siphon d'eau de Seltz lorsque la bouteille est à peine vide ; un son inconnu à l'époque, avant l'invention des siphons, et donc d'autant plus affreux.

L'esprit de ma mère était si occupé de cette drôle de figure, qu'en sortant de la cabine, elle s'appuya sur un voisin et s'écria :

"Oh ! ma chérie, c'est mon affaire. Je vais donner naissance à un Berlick !"

Sa voisine, qui était également dans le même état, s'appelait Madame Duez. Elle répondit:

"Alors, ma chère, si vous donnez naissance à un Berlick, moi qui ai été avec vous, je donnerai naissance à un Berlock."

Les deux amis rentrèrent chez eux en riant. Mais le rire de ma mère était tiède, et elle restait convaincue qu'elle donnerait naissance à un enfant au visage noir, à la queue rouge et à la langue de feu.

Le jour de son accouchement approchait, et plus il approchait, plus la croyance de ma mère grandissait. Elle imaginait que je sautais dans son ventre comme seul un démon pouvait le faire, et que lorsque je donnais un coup de pied, elle pouvait sentir les griffes dont mes pieds étaient équipés.

Enfin arriva le 24 juillet. Quatre heures et demie du matin sonnèrent et je suis né.

Mais en venant au monde, il semble que je me suis retourné et tordu de telle manière que le cordon ombilical s'est enroulé autour de mon cou, et j'ai paru violet et à moitié étranglé.

La femme qui était avec ma mère a poussé un cri et ma mère l'a repris.

"Oh mon Dieu!" murmura-t-elle, c'est noir, n'est-ce pas ?

La femme n'osa pas lui répondre : il y a si peu de différence de couleur entre le violet foncé et le noir qu'il ne valait pas la peine de le contredire.

L'instant d'après, j'ai pleuré, comme le fait généralement cet être destiné à la douleur, que nous appelons homme, lorsqu'il vient au monde.

La corde me serrait au cou, de sorte que je ne pouvais émettre qu'une sorte de grognement, semblable dans sa nature au bruit qui résonnait toujours aux oreilles de ma mère.

"Berlick ! Berlick !" ma mère a crié de désespoir.

Heureusement, le médecin s'empressa de la rassurer : il me délivra le cou, mon visage reprit sa couleur naturelle, et mes cris étaient des gémissements d'enfant et non des grognements de démon.

Mais je n'en ai pas moins été baptisé du nom de Berlick, et cela m'est resté à jamais.

En ce qui concerne le deuxième paragraphe du post-scriptum : « Il court toujours sur la pointe des pieds, ses chaussures ne font aucune différence », ce deuxième paragraphe faisait référence à une particularité de ma construction. Jusqu'à l'âge de quatre ans, j'ai marché, ou plutôt j'ai couru, car je n'ai jamais marché et j'ai toujours couru, j'ai couru, dis-je, sur la pointe des pieds. Ellsler, comparé à moi, aurait semblé danser sur ses talons. A cause de ma démarche particulière, et bien que je ne tombais pas plus souvent que les autres enfants, ma mère était toujours possédée par une peur que les autres mères ne partageaient pas, la peur de me voir tomber, et elle était demandant toujours aux gens ce qu'elle pouvait faire pour me faire marcher d'une manière plus chrétienne.

Je crois que c'est M. Collard qui a conseillé à ma mère de me faire saboter. C'était une sorte de chaussure qui rendait presque impossible la marche, si je ne changeais pas de nature. J'ai couru plus fort que jamais, semble-t-il, d'après la lettre de mon père, mais je suis tombé plus souvent. Cela a entraîné l'abandon des sabots.

Un beau jour, j'ai renoncé à marcher sur la pointe des pieds et j'ai commencé à marcher comme tout le monde. Bien sûr, je n'ai jamais expliqué pourquoi j'avais renoncé à faire cela, je n'ai jamais admis si c'était par caprice ou pour une cause plus justifiable. Mais il y eut de grandes réjouissances dans toute la maison, et l'heureuse nouvelle se répandit parmi les amis et les connaissances. M. Collard fut un des premiers informés.

Entre-temps, la santé de mon père empirait. On lui parla d'un médecin nommé Duval, qui demeurait à Senlis et qui avait une certaine réputation dans ces parages. Nous sommes donc allés à Senlis.

Ce voyage ne m'a laissé aucun souvenir, et la seule trace que j'en puis trouver est dans une lettre de ma mère, confiant un acte à son avocat pendant son absence.

Il semblerait que M. Duval ait recommandé à mon père d'aller à Paris consulter Corvisart. Mon père avait l'intention d'y aller depuis longtemps. Il avait envie de revoir Brune et Murat ; il espérait obtenir par leur défense l'indemnité qui lui était due en tant que prisonnier de Brindisi, et il espérait en outre obtenir le paiement de ses arriérés de soldes restés des années VII et VIII.

Nous sommes donc partis pour Paris.

Ce voyage était une tout autre chose, et je m'en souviens parfaitement ; pas exactement le temps passé dans le train, mais l'arrivée effective à Paris. C'était vers août ou septembre 1805. Nous débarquâmes rue Thiroux, chez un ami de mon père, appelé Dollé. C'était un petit vieillard qui portait un habit gris, une culotte de velours, des bas de coton rayés et des chaussures à boucles ; ses cheveux étaient coiffés *en ailes de pigeon*, la queue attachée par un ruban noir et se terminant comme un pinceau blanc. Le col de son manteau faisait dresser cette queue vers le ciel d'une manière des plus menaçantes.

Sa femme devait être autrefois très jolie, et je soupçonne que mon père avait été un ami de sa femme avant de faire la connaissance de son mari.

Elle s'appelait Manette.

Je donne tous ces détails pour montrer à quel point ma mémoire est précise et à quel point je peux compter sur elle.

Notre première visite fut chez ma sœur, qui était dans un excellent pensionnat tenu par une madame de Mauclerc et une miss Ryan, une dame anglaise, qui nous a depuis privés de la totalité d'une petite fortune dont nous aurions dû hériter. Ce pensionnat était situé rue de Harlay, au Marais.

L'abbé Conseil, un de nos cousins et ancien précepteur des pages de Louis XVI, l'avait placée dans cette école.

J'aurai un mot à dire tout à l'heure de notre cousin l'abbé, qui a légué plus tard toute sa fortune à la fille Ryan.

J'arrivais à l'heure de la récréation, et toutes les jeunes filles se promenaient, causaient, jouaient dans une grande cour. A peine m'avaient-ils aperçu, avec mes longs cheveux blonds, alors frisés au lieu d'être ondulés, que toute l'école se jeta sur moi comme une volée de colombes, apprenant que j'étais le frère de leur ami. Malheureusement, la société de Pierre et Mocquet m'avait appris les mauvaises manières, et j'avais vu peu de monde à Fossés et à Antilly. Toutes ces attentions amicales mais bruyantes ne faisaient que doubler ma sauvagerie habituelle, et, en échange des caresses dont tous ces charmants sylphes m'embarrassaient, je distribuais des coups de pied et des coups à tous ceux qui osaient s'approcher de moi. Les deux qui souffrirent le plus furent mademoiselle Pauline Masseron, qui a épousé depuis le comte d'Houdetot, pair de France ; et Mademoiselle Destillères, dont l'hôtel particulier, l'hôtel *d'Osmond*, fait aujourd'hui l'envie de tous ceux qui passent sur le boulevard des Capucines.

Peut-être mon manque de bravoure naturelle était-il encore accru par le fait que je savais qu'une opération, à mon avis la plus répréhensible, m'attendait à notre sortie de l'école.

Il y avait alors une grande vogue pour les boucles d'oreilles, et on allait profiter d'être sur le boulevard pour me faire parer chacune de mes oreilles d'un petit anneau d'or. Lorsque l'opération était sur le point d'avoir lieu, j'ai résisté avec force et force ; mais un immense abricot, que mon père alla m'acheter, surmonta toutes les difficultés, et je partis pour la rue Thiroux enrichi d' une décoration de plus.

Au tiers environ de la rue du Mont-Blanc, mon père se sépara de ma mère et m'emmena avec lui dans une grande maison avec des domestiques en livrée rouge. Mon père a donné son nom. Nous avons attendu un moment ; puis ils nous firent visiter ce qui me parut être les pièces les plus somptueusement aménagées, jusqu'à ce que nous arrivions à une chambre. Ici, nous trouvâmes une vieille dame allongée sur un canapé, qui tendit la main à mon père avec un geste des plus dignes. Mon père lui baisa respectueusement la main et s'assit près de cette dame.

Maintenant, comment se fait-il que moi, qui venais d'être si libre de paroles grossières et d'actions vulgaires parmi toutes ces charmantes jeunes filles qui voulaient m'embrasser, maintenant, quand cette vieille dame m'appelait près d'elle, je lui offrais avec empressement mes deux joues. embrasser? Parce que cette vieille dame avait en elle quelque chose qui attirait et commandait à la fois.

Mon père resta près d'une demi-heure avec cette dame, pendant laquelle je restai tout à fait immobile à ses pieds. Ensuite, nous l'avons quittée et elle restera toujours convaincue que j'étais l'enfant le mieux élevé qu'on puisse imaginer.

Mon père s'arrêta à la porte et me prit dans ses bras pour me mettre à la hauteur de son visage ; il le faisait toujours quand il avait quelque chose de sérieux à me dire.

« Mon enfant, dit-il, pendant que j'étais à Florence, j'ai lu l'histoire d'un sculpteur qui raconte que, lorsqu'il avait à peu près ton âge, il montra à son père une salamandre qui jouait dans le feu ; son père lui donna une gifle. visage et dit : « Mon fils, cette gifle n'était pas destinée à te punir, mais à te rappeler que tu as vu non seulement ce que peu d'hommes de notre génération ont vu, mais aussi ce que peu d'hommes de ta génération verront, à savoir : une salamandre. Très bien, alors ! je ferai la même chose que le père du sculpteur florentin ; seulement, au lieu d'une gifle, je te donnerai cette pièce d'or, pour te rappeler que tu as été embrassé par l'un des meilleurs et l'un des meilleurs. plus grandes dames qui aient jamais vécu, Madame la marquise de Montesson, veuve de Louis-Philippe d'Orléans, décédé il y a vingt ans à peine.

Je ne sais pas quel effet sur ma mémoire aurait pu avoir une gifle de la main de mon père, mais je sais que ce doux rappel couplé à la pièce d'or a gravé cette scène si profondément dans ma mémoire que je peux encore à cette date voir moi-même assis près de la gracieuse vieille dame, qui jouait doucement avec mes cheveux pendant qu'elle parlait à mon père.

Madame la marquise de Montesson est décédée le 6 février, et mon père le 26 février 1806.

C'est ainsi que moi, qui écrivais ces lignes en 1850 (depuis près de trois ans se sont écoulés depuis que j'ai commencé ces Mémoires, abandonné l'idée, puis repris l'ouvrage), j'ai vu Charlotte-Jeanne Béraud de la Haie de Riou, marquise de Riou. Montesson, veuve du petit-fils du régent.

Et mon père connaissait M. de Richelieu, placé à la Bastille par Louis XIV. pour avoir été trouvé caché sous le lit de madame la duchesse de Bourgogne.

Si l'on réunit ainsi les souvenirs de deux générations, les événements d'un siècle sembleront ne s'être produits qu'hier.

Mon père et ma mère allaient au spectacle le soir et m'emmenaient avec eux. C'était à l'Opéra Comique, et on jouait *Paul et Virginie*, *les deux rôles principaux étant tenus par Méhu et Madame de Saint-Aubin.*

Plus tard, je recherchai la bonne petite Madame de Saint-Aubin, qui devait avoir environ trente-huit ans lorsque je la vis pour la première fois, et qui aurait donc aujourd'hui entre quatre-vingt-deux et quatre-vingt-trois ans, et je lui racontai chaque détail de cette soirée d'août 1805 : l'une d'elles était une affaire personnelle : Virginie était très avancée dans sa grossesse.

Le pauvre Saint-Aubin ne s'en souvenait pas.

Cette nuit a fait dans ma mémoire une impression si vive que ses événements me sont parfaitement présents aujourd'hui : les changements de décor représentant la maison de Madame Latour ensevelie parmi les orangers aux fruits d'or, la mer furieuse et la foudre qui a frappé et détruit le *Saint-Géran*.

CHAPITRE XI

Brune et Murat — Le retour à Villers-Cotterets — L'hôtel de l'Épée — La princesse Pauline — La chasse — La permission du chef forestier — Mon père se couche pour ne plus se lever — Délire — La canne à pomme d'or — La mort.

Le lendemain, Murat et Brune déjeunèrent avec nous. Le déjeuner était servi dans une salle au premier étage ; de la fenêtre de cette chambre on apercevait Montmartre, et je me souviens que je regardais un énorme cerf-volant flotter gracieusement dans les airs au-dessus de quelques moulins à vent, quand mon père m'appela, me mit l'épée de Brune entre mes jambes, le chapeau de Murat sur ma tête. , et m'a fait galoper autour de la table. « N'oublie jamais, mon enfant, me dit-il, que tu as aujourd'hui fait le tour de cette table avec l'épée de Brune et que tu avais le chapeau de Murat sur la tête, et que tu as été embrassée hier par madame de Montesson, veuve. du duc d'Orléans, petit-fils du régent.

Voyez, mon père, comme je me souviens bien de tous les incidents que vous m'avez demandé de rappeler. Et depuis que je suis arrivé à des années de discrétion, mes souvenirs de toi ont vécu en moi comme une lampe sacrée, illuminant tout et chaque personne sur laquelle tu as touché, même si le temps a détruit ces choses et que la mort a emporté ces personnes.

J'ai d'ailleurs rendu mon hommage respectueux à la mémoire de ces deux hommes, l'un à Avignon et l'autre à Pizzo, lorsque, dix ans plus tard, ils furent tous deux assassinés, à deux mois d'intervalle.

Hélas! qui aurait prédit que l'enfant de trois ans qui cabriolait si gaiement autour d'eux raconterait un jour leur mort, verrait l'endroit où ils avaient été tués et mettrait ses doigts dans le trou même que faisaient les balles qui transperçaient leur corps. corps et échancré le mur derrière ?

Quels secrets sombres et sanglants nous cache l'avenir mystérieux ! Lorsqu'ils seront dévoilés, puissent les hommes se rendre compte que c'est par la bonne providence de Dieu qu'ils ont été tenus dans l'ignorance jusqu'au moment fixé !

Un dernier mot sur ce déjeuner... Mon père avait consulté Corvisart et, même si Corvisart faisait de son mieux pour le rassurer, mon père savait qu'il était mourant. Mon père avait essayé d'obtenir une entrevue avec l'empereur, car Bonaparte, général de l'armée de l'intérieur, était devenu l'empereur Napoléon, et l'empereur avait refusé de voir mon père. Il s'était alors rabattu sur ses deux amis, Brune et Murat, qui venaient de devenir maréchaux d'Empire. Il trouva Brune toujours aussi cordial, mais Murat très froid à son égard. Ce déjeuner avait pour but de nous recommander, ma mère et moi, à Brune et à Murat ; ma mère, bientôt veuve, et moi orpheline ; car, à la mort de mon père, sa pension disparaîtrait avec lui, et nous nous retrouverions sans moyens.

Ils ont tous deux promis de faire tout ce qu'ils pourraient si cela se produisait.

Mon père embrassa Brune, serra la main de Murat et quitta Paris le lendemain avec la mort dans le corps et dans le cœur.

Nous avons quitté Paris, mais le chemin du retour ne m'est pas plus clair que notre départ. Seules quelques choses restent dans ma mémoire : elles ont dormi dans mon enfance et ma jeunesse, puis ont explosé dans une vive flamme à l'âge adulte.

À quel endroit nous sommes retournés, je ne me souviens plus ; Je pense cependant que ce devait être à Villers-Cotterets. Je me souviens que vers le 3 octobre nous logions dans le fameux hôtel de *l'Écu* , rue de Soissons, dont mon grand-père était propriétaire au moment du mariage de sa fille. Comme cette couronne était la couronne de France, que la couronne de France portait trois *fleurs de lis* et que ces fleurs avaient cessé d'être utilisées depuis 1792, l'hôtel de *l'Écu* devint l'hôtel de *l'Épée,* et fut conservé par un M. Picot, qu'on appelait Picot de l'Épée pour le distinguer de deux autres Picots, l'un appelé Picot de None, et l'autre Picot l'avoué.

J'aurai l'occasion de revenir sur ces deux derniers, qui furent étroitement liés à ma jeunesse.

Je me souviens que vers la fin du mois d'octobre, un taxi s'est arrêté devant l'entrée principale pour nous emmener, mon père et moi.

J'étais toujours très heureux lorsque mon père m'emmenait faire ses excursions.

A cette occasion, nous avons traversé le parc, et je me souviens que c'était fin octobre, à cause des feuilles mortes qui volaient comme des volées d'oiseaux.

Nous avons atteint une porte et mon père avait oublié la clé. Nous étions déjà à trois quarts de lieue de la maison, et donc trop loin pour y retourner ; alors mon père descendit, prit *la porte* dans ses bras, la secoua violemment, et fit détacher du poteau qui la retenait la pierre dans laquelle était fixé le pêne de la serrure.

Nous avons continué notre route et en une demi-heure environ nous avons atteint le château de Montgobert. La livrée des domestiques était verte et non rouge comme celle de Mme de Montesson. Comme chez Madame de Montesson, nous traversâmes une suite de pièces jusqu'à atteindre un boudoir tendu de cachemire. Une femme allongée sur un canapé, une jeune et belle femme, très jeune et très belle ; en fait, si beau que même moi, un enfant, je l'ai remarqué.

Cette dame s'appelait Pauline Bonaparte, née à Ajaccio en 1790, devenue veuve du général Leclerc en 1802, mariée au prince Aldobrandini Borghèse en 1803 et séparée de son mari en 1804.

Elle paraissait à ma jeune imagination une créature délicieuse, si légère, si gracieuse, si pure ; elle portait de minuscules pantoufles brodées, offertes sans doute par la fée marraine de Cendrillon. Quand mon père entra dans la pièce, elle ne se leva pas, mais leva seulement la tête et lui tendit la main. Mon père voulut s'asseoir sur une chaise à ses côtés, mais elle le fit asseoir à ses pieds, qu'elle posa sur ses genoux, le bout de ses pantoufles jouant avec les boutons de son manteau. Ses pieds, ses mains, sa taille fine et fine, blanche et potelée, et cet Hercule de mulâtre, toujours beau et puissant malgré ses souffrances, formaient le tableau le plus charmant qu'on puisse imaginer.

Je ris en les regardant, et la princesse m'appela et me donna une boîte à bonbons en écaille de tortue, toute incrustée d'or.

J'ai été très surpris de la voir vider les bonbons qu'il y avait à l'intérieur avant de me donner la boîte. Mon père lui a fait une remarque, elle s'est penchée vers son oreille, lui a murmuré quelques mots et ils ont tous deux commencé à rire. Alors qu'elle se penchait, la joue blanche et rose de la princesse effleurait celle sombre de mon père, rendant sa peau plus foncée et la sienne plus blanche . Ils étaient tous les deux superbes.

Peut-être que des yeux d'enfant, pleins d'étonnement devant tout ce qu'ils voient, donnaient un côté glamour à la scène, mais je suis certain que, si j'étais peintre, je pourrais faire un joli tableau de ces deux êtres.

Soudain, nous avons entendu le bruit d'un klaxon dans le parc.

"Qu'est-ce que c'est?" demanda mon père.

"Oh!" répondit la princesse, ce sont les Montbretonnais qui chassent.

" Ah ! vois , " dit mon père, " la chasse approche ; la brute court par cette avenue, princesse, viens voir. "

"Pas moi, mon cher général", dit-elle. "Je suis bien et je ne veux pas me déranger; ça me fatigue de marcher. Vous pouvez me porter jusqu'à la fenêtre, si vous voulez."

Mon père la prit dans ses bras, comme une infirmière prend un bébé, et la porta jusqu'à la fenêtre.

Il l'a tenue là pendant une bonne dizaine de minutes. L'animal ne briserait pas sa couverture. Enfin, il descendit l'avenue, suivi de chiens et d'hommes.

La princesse agita son mouchoir vers les chasseurs, et ceux-ci répondirent en soulevant leur chapeau.

Puis mon père la reposa sur le canapé et reprit sa place à ses côtés.

Je ne sais pas ce qui s'est passé derrière moi. J'étais tout occupé d'observer le cerf qui, dans l'avenue, échappait aux chiens et aux chasseurs. Cette scène m'intéressait bien plus que la princesse.

Je ne me souviens d'elle que de l'agitation de sa main blanche et de son mouchoir blanc.

Je ne l'ai jamais revue depuis, mais elle m'a laissé une si vive impression ce jour-là que je peux la revoir maintenant.

Je ne me souviens pas du tout si nous sommes restés à Montgobert ou si nous sommes revenus le même jour à Villers-Cotterets.

Mais je me souviens que mon père devint peu après plus faible ; il sortait moins souvent, il montait plus rarement à cheval, il restait plus longtemps dans sa chambre et il me prenait à genoux d'une humeur plus triste. Mais ces réminiscences ne me reviennent que par éclairs, comme les objets vus par la foudre dans une nuit noire.

Quelques jours avant sa mort, mon père reçut l'autorisation de chasser. Il venait d'Alexandre Berthier, maréchal d'Empire, maître des chiens de la Couronne. Alexandre Berthier était un vieil ennemi de mon père. Je crois bien que c'est lui qui l'avait signalé comme assistant au siège de Mantoue. Il avait d'ailleurs mis un temps précieux à accorder cette permission, disponible du 1er vendémiaire au 15 ventôse, soit du 23 septembre au 6 mars. Mon père l'a reçu le 24 février et il est décédé le 26.

Voici copie de la lettre de congé de M. Deviolaine, inspecteur des forêts :—

« Au moment où je pars pour la forêt, j'ai reçu un ordre de M. Collard pour permettre au général Dumas de chasser et de tirer. Je m'empresse de le lui envoyer avec tous mes meilleurs vœux et mon espoir sincère que son état de santé le permettra. à lui d'en faire usage.

"Nos sincères salutations à Madame Dumas.

DÉVIOLAINE.

" *24 février 1806.*"

A supposer même que mon père se porte bien, l'affaire a été arrangée de telle sorte qu'il n'a reçu que le 24 février un congé qui expirait le 6 mars. Ainsi, une douzaine de jours de chasse lui furent accordés.

Mon père jeta la lettre et l'ordre sur la table. Ma mère les a mis dans son portefeuille, où, quarante-quatre ans plus tard, je les ai retrouvés, enfermés les uns dans les autres.

Le soir même, mon père essaya d'oublier ses souffrances par une promenade à cheval ; mais le vainqueur fut enfin vaincu, et il fut obligé de revenir au bout d'une demi-heure. Il se mit aussitôt au lit, pour ne plus jamais s'en relever.

Ma mère alla chercher le médecin, laissant mon père seul sous la garde d'une voisine, une très excellente femme, madame Darcourt, dont j'aurai occasion de parler. Mon père tomba dans un bref accès de délire et de désespoir.

"Oh!" mon Dieu, mon Dieu, il faut qu'un général qui, à trente-cinq ans, était à la tête de trois armées, meure dans son lit, comme un lâche, à quarante ans ! Qu'ai-je fait pour que tu Faut-il condamner quelqu'un si jeune à quitter femme et enfants ?

Puis, après quelques minutes de silence, il commença :

" Voyez, chère Madame Darcourt, cette canne m'a sauvé la vie dans les prisons de Brindisi, lorsque ces voyous napolitains ont voulu m'assassiner. Faites en sorte qu'elle ne me quitte jamais, qu'elle soit enterrée avec moi ! Mon garçon n'en saura pas le prix. Je l'ai utilisé, et il ne serait perdu que avant qu'il ne soit en âge de l'utiliser.

Et madame Darcourt, qui voyait qu'il délirait encore un peu, répondit, pour le calmer, qu'il ferait ce qu'il voudrait.

« Voyez, dit mon père, la tête est en or.

"Certainement," répondit-elle.

- Eh bien, comme je ne peux pas laisser mes enfants assez aisés pour les priver de l'argent que pourrait rapporter ce bouton, si petit soit-il, portez la canne chez Duguet, l'orfèvre d'en face, qui la fera fondre en pépite, — alors laissez-le m'apporter la pépite dès qu'il l'a fait.

Madame Darcourt allait oser une remarque, mais il la supplia avec tant d'insistance de faire ce qu'il lui demandait, qu'elle y consentit et porta la canne à Duguet.

Elle revint aussitôt, car il lui suffisait de traverser la rue en courant.

"Bien?" a demandé mon père.

"Très bien, vous aurez votre pépite demain soir à six heures, Général."

— Demain, à six heures du soir, répéta mon père. "Cela suffira ; il est probable que je ne serai pas mort d'ici là."

Le lendemain, Duguet apporta la pépite et le mourant la donna à ma mère : il était alors extrêmement faible , mais son esprit était parfaitement clair, il pouvait entendre ce qu'on lui disait et parler.

A dix heures du soir, sentant la mort proche, il demanda l'abbé Grégoire.

L'abbé Grégoire n'était pas seulement un bon prêtre, il était un excellent ami de mon père.

Ce n'était pas un aveu que le mourant voulait faire, car de toute sa vie mon père n'avait pas commis une seule mauvaise action qu'il pût se reprocher ; peut-être nourrissait-il au fond de son cœur des sentiments de haine envers Berthier et Napoléon. Mais comment les dernières heures d'un mourant pourraient-elles concerner ces hommes au sommet de la gloire et de la fortune ? D'ailleurs, tous les sentiments de haine furent oubliés dans les deux heures précédant sa mort, consacrées à tenter de réconforter ceux qu'il devait laisser seuls au monde, après l'avoir quitté.

Une fois, il a demandé à me voir ; mais comme ils se disposaient à me chercher chez mon cousin, où j'avais été envoyé, il le leur défendit. « Non, dit-il, pauvre enfant, il dort, ne le dérangez pas.

Enfin, après avoir fait ses adieux à madame Darcourt et à l'abbé, il se tourna vers ma mère et, gardant pour elle son dernier souffle, il mourut dans ses bras au moment où sonnait minuit.

CHAPITRE XII

Mon amour pour mon père - Son amour pour moi - Je suis emmené chez ma cousine Marianne - Plan de la maison - La forge - L'apparition - J'apprends la mort de mon père - Je souhaite aller au ciel pour tuer Dieu - Notre situation à la mort de mon père. — La haine de Bonaparte.

La nuit de la mort de mon père, j'avais été emmené hors de la maison par maman Zine et déposé chez mon autre cousine, Marianne, qui vivait avec son père rue de Soissons.

Ils ne voulaient pas que je connaisse la mort dès mon jeune âge, et prévoyant son approche prochaine et redoutant le désordre que je ne manquerais pas de faire, ils prirent la précaution de m'emmener à cinq heures de l'après-midi. Maman Zine est revenue à la maison après m'avoir quitté, car ma pauvre mère avait besoin d'aide pour la nuit à venir.

J'adorais mon père. Peut-être, à un si jeune âge, le sentiment que j'appellerais maintenant amour n'était-il rien d'autre qu'une admiration innocente et émerveillée pour la stature herculéenne et la force géante que j'avais vu mon père exercer à diverses occasions. Peut-être n'était-ce qu'une fierté enfantine de son habit tressé, de sa cocarde tricolore et de sa grande épée que je pouvais à peine soulever. Mais quoi qu'il en soit, le souvenir de mon père, dans chaque détail de sa silhouette, dans chaque trait de son visage, est aussi présent en moi que si je l'avais perdu hier. Quelles que soient les raisons, je l'aime toujours d'un amour aussi tendre, profond et vrai que s'il avait veillé sur ma jeunesse et que j'avais eu la bénédiction de m'appuyer sur son bras fort tout au long de mon enfance et de ma première virilité.

De son côté aussi, mon père m'adorait. Je l'ai dit, et je ne saurais trop le répéter, surtout si les morts entendent ce qu'on dit d'eux ; et, bien que dans la dernière période de sa vie ses grandes souffrances l'aient tellement énervé qu'il ne pouvait supporter aucun bruit ni aucun mouvement dans sa chambre, il a fait une exception pour moi.

Je ne me souviens pas s'ils m'ont emmené embrasser mon père avant qu'on m'emmène ; ce qui s'est passé pendant la nuit, les événements dont je vais raconter, qu'ils soient ou non imputés à mon imagination de jeunesse, me font penser qu'ils avaient oublié ce pieux soin. Comme je l'ai dit, mes seules notions de mort étaient tirées de la mort de mon gros chien noir et du baigneur évanoui. Il m'aurait d'ailleurs été extrêmement difficile de réaliser la mort de mon père, que j'avais vu sur son cheval trois jours auparavant. Je n'approuvais donc pas qu'on m'enlève de chez moi, et, une fois parti, j'ignorais si mon père parlait de moi ou me demandait. Un voile est tiré sur mes yeux à propos de ce dernier jour de sa vie. Je ne me souviens que de l'incident suivant que je vais raconter, et dont les détails me sont parfaitement clairs.

Ils m'avaient emmené chez mon oncle.

Ce digne personnage était un serrurier nommé Fortier ; et il avait un frère qui était curé du village. Je parlerai de ce frère plus tard, car c'était un homme très curieux.

Je restai donc sous la garde de ma cousine Marianne.

Permettez-moi de donner un plan exact de la maison, afin de clarifier la situation. Cela fait quarante ans ou plus que je suis entré dans la maison et pourtant je la vois comme si je venais de la quitter.

Comme on le voit, la maison n'était en réalité qu'un long passage, composé de la forge, qui ouvrait sur la rue de Soissons ; une cour intérieure juste derrière la forge ; la maison d'habitation, composée d'une chambre meublée dans le style habituel, d'une grande commode en noyer, d'un grand lit à baldaquin à tentures de serge verte, d'une table et de plusieurs chaises, et en outre d'un petit lit qui avait avait été improvisé pour moi, sur deux chaises, pour cette nuit-là, qu'ils avaient placées en face du grand lit. Après cette chambre venait la cuisine, demeure habituelle d'un gros chat appelé le *Docteur*, aux griffes duquel j'ai failli perdre un jour la vue d'un de mes yeux. Puis après la cuisine, c'était un petit jardin ombragé de quelques arbres et jonché de nombreuses pierres, un jardin où ne poussaient jamais que des orties, car personne ne semblait avoir jamais pensé à y mettre autre chose, celui-ci donnait sur la place du Château. . On voit que la maison d'habitation était complètement coupée du monde lorsque la porte de la forge, ouvrant sur la rue de Soissons, et la grille du jardin, donnant sur la place du Château, furent fermées ; à moins, en effet, que les murs du jardin ne soient escaladés.

Je restai alors chez ma cousine Marianne sans y opposer aucune objection. J'adorais aller à la forge, où un garçon nommé Picard m'aimait beaucoup. J'y faisais des feux d'artifice avec de la limaille de fer et les ouvriers, Picard en particulier, me racontaient des histoires passionnantes.

Je restai à la forge jusqu'à assez tard dans la soirée ; la forge m'a procuré un plaisir infini cette nuit-là, avec ses reflets fantastiques et ses jeux dansants d'ombre et de lumière. Vers huit heures, ma cousine Marianne m'allait chercher et me couchait dans le petit lit en face du grand ; et j'ai dormi du sommeil profond que Dieu donne aux petits enfants comme il donne une rosée rafraîchissante au printemps.

A minuit, je fus réveillé, ou plutôt nous fûmes réveillés, mon cousin et moi, par un coup fort frappé à notre porte. Une veilleuse brillait sur une table près du chevet, et à la lumière de cette lampe je voyais mon cousin assis dans son lit, silencieux, terrifié.

Personne ne pouvait frapper à cette porte intérieure, les deux autres portes étant fermées.

Mais moi, qui aujourd'hui frémis presque de peur en écrivant ces lignes, je n'ai, au contraire, ressenti aucune peur : je suis sorti de mon lit et je me suis approché de la porte.

"Où vas-tu, Alexandre ?" s'écria mon cousin. "Où vas-tu, mon enfant?"

"Vous verrez bientôt", répondis-je calmement. "Je vais ouvrir la porte à papa, qui est venu nous dire au revoir."

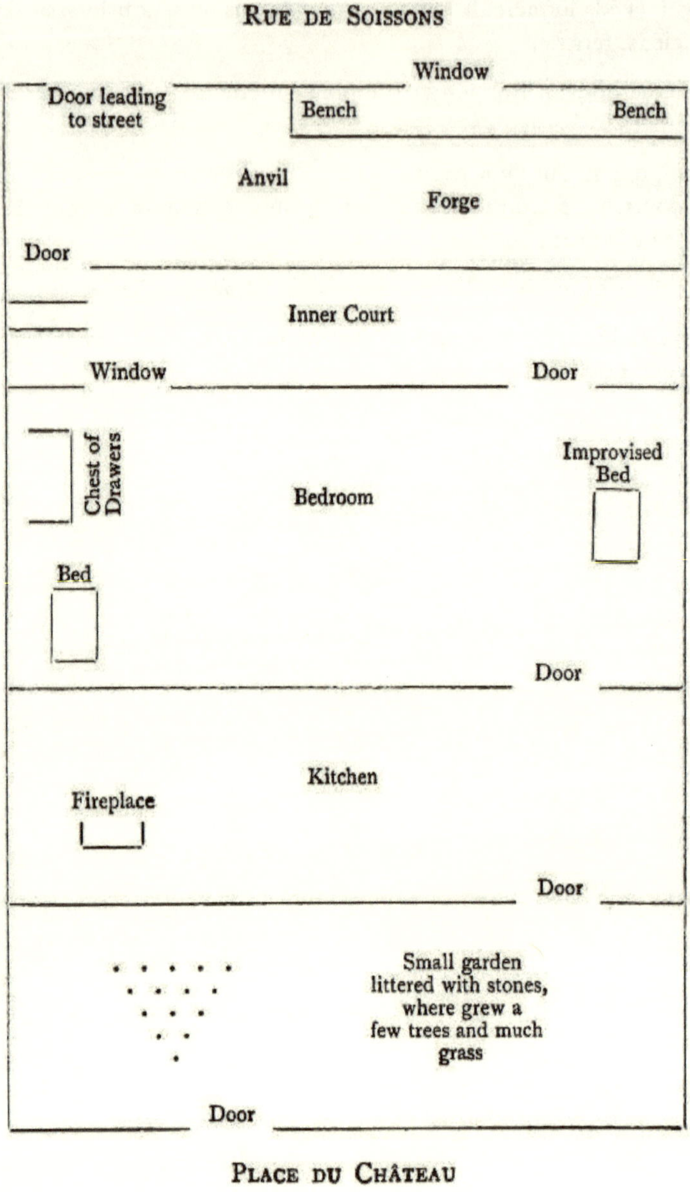

Plan de maison

La pauvre fille sauta de son lit, effrayée, me saisit au moment où je mettais la main sur la serrure et me força à me recoucher.

Je me débattais dans ses bras en criant de toutes mes forces : « Adieu papa ! Adieu papa !

Quelque chose comme un dernier souffle passa sur mon visage et me calma. Mais je me suis endormi en sanglotant, les larmes aux joues.

Le lendemain, on nous a réveillés à l'aube, mon père était mort juste au moment où nous avons entendu frapper à la porte ! C'est alors que j'entendis ces mots, mais sans en saisir la signification : « *Mon pauvre enfant, le papa qui t'aimait tant est mort !* »

Je ne sais pas quelles lèvres ont prononcé ces paroles sur moi, le petit orphelin de trois ans et demi, ni qui a annoncé le plus grand malheur de ma vie.

"Mon père est décédé?" dis-je. "Qu'est-ce que ça veut dire ?"

"Cela veut dire que tu ne le reverras plus jamais."

"Quoi ! je ne reverrai plus jamais mon papa ?"

"Non."

"Pourquoi ne le verrai-je pas ?"

"Parce que le bon Dieu vous l'a enlevé."

"Pour toujours?"

"Pour toujours."

"Et tu dis que je ne le reverrai plus ?"

"Plus jamais."

"Jamais, jamais du tout ?"

"Plus jamais!"

"Où habite le bon Dieu ?"

"Il vit au paradis."

Je restai un moment réfléchi ; Même si j'étais un bébé irraisonné, j'ai bien compris que quelque chose de terrible s'était produit dans ma vie. Puis j'ai profité du premier moment où l'attention s'est détournée de moi pour m'échapper de la maison de mon oncle et courir directement chez ma mère.

Toutes les portes étaient ouvertes et tout le monde avait l'air effrayé ; on sentait que la mort était dans la maison.

J'entrai sans me faire remarquer du tout, et j'arrivai dans une petite pièce où étaient entreposées des armes ; Je pris un des fusils à canon unique de mon père, qu'il avait souvent promis de me donner quand je serais grand.

Puis, armé de ce pistolet, j'ai monté les escaliers.

J'ai rencontré ma mère au premier palier ; elle sortait de la chambre mortuaire en pleurant amèrement.

"Où vas-tu?" demanda-t-elle, surprise de me voir là, alors qu'elle me croyait chez mon oncle.

"Je vais au paradis", répondis-je.

"Quoi ! tu vas au paradis ?"

"Oui, laisse-moi partir."

"Que vas-tu faire au paradis, mon pauvre enfant ?"

"Je vais tuer le bon Dieu pour avoir tué papa."

Ma mère me prit dans ses bras et me serra étroitement contre elle.

" Oh ! mon enfant, s'écria-t-elle, ne dis pas de telles choses ; nous sommes déjà assez malheureux. "

En effet, le décès de mon père, qui n'avait reçu qu'une pension de retraite de 4000 francs, ne nous a laissé d'autre fortune qu'une trentaine de roods de terre au village de Soucy, qui avaient appartenu à mon grand-père maternel, qui demeurait encore à ce temps. Il y avait des arriérés de gages dus à mon père, comme je l'ai dit, des arriérés de 28,500 francs, pour les années VII et VIII, mais depuis notre voyage à Paris une loi avait été votée qui déclarait qu'aucun arriéré avant l'an IX ne devait être payé. .

Quant à l'indemnité de 500,000 francs, due par le roi de Naples pour les prisonniers français, que Bonaparte avait exigée, on n'en parla pas, et c'est pour cette raison sans doute que les Français s'emparèrent du royaume de Naples.

Il est vrai qu'un jour une maison et un beau jardin, situés place de la Fontaine, nous reviendraient ; mais en attendant le loyer revenait à un certain M. Harlay, qui en recevait déjà depuis vingt ans. Cet homme bon, en fait, illustre la vérité du proverbe selon lequel un intérêt viager est un certificat de longue vie pour le bénéficiaire : il est décédé en 1817, à l'âge de quatre-vingt-douze ou quatre-vingt-treize ans, et à cette époque nous avions payé la valeur de la maison et du jardin près de quatre fois. Ainsi, outre la perte irréparable du père et du mari, ma mère et moi perdions aussi, elle tout son revenu et moi ce bénéfice futur que seule la présence d'un père peut donner à un fils.

Murat et Brune essayèrent alors — Brune avec zèle, Murat sans enthousiasme — de tenir la promesse qu'ils avaient faite en notre faveur à mon père. Mais c'était bien inutile. Napoléon n'a jamais oublié la réunion qui s'est tenue sous la tente de mon père, le troisième jour de la marche entre Alexandrie et Le Caire, et ma mère, victime innocente des sentiments républicains de mon père, n'a pu obtenir de celui qui s'était proposé de me servir de parrain. avant ma naissance, la plus petite pension, quoiqu'elle fût veuve d'un officier général qui avait commandé trois armées.

Et ce n'était pas tout. La haine de Napoléon, non contente de s'attaquer à la fortune de mon père, visait aussi sa réputation. Un tableau avait été commandé, représentant l'entrée de mon père dans la Grande Mosquée, le jour de l'insurrection du Caire, lors de la révolte qu'il avait réprimée « *en l'absence de tout le monde* », comme l'avait dit Bonaparte lui-même. Ils ont substitué à mon père un grand hussard blond, le portrait de personne en particulier, rendant ainsi le tableau dénué de sens tant pour les contemporains que pour la postérité.

Nous verrons plus tard comment cette haine s'étendit jusqu'à moi, car malgré les demandes qui furent faites en ma faveur par les anciens camarades de mon père, je ne pus jamais accéder à aucune école militaire ou collège civil.

Enfin, mon père mourut sans même avoir été fait chevalier de la Légion d'honneur, lui qui avait été le héros du jour à Maulde, à la Madeleine, au Mont Cenis, au siège de Mantoue, au pont de Brixen. , à la révolte du Caire, celui que Bonaparte avait fait gouverneur du Trévisan, et qu'il présenta au Directoire comme les Codes Horatius du Tyrol.

Il n'est donc pas étonnant que l'esprit de mon père, en route vers le ciel, ait plané un instant sur son pauvre enfant, qu'il laissait si dépourvu de tout espoir sur la terre.

Qu'est-ce que j'ai deviné de tout cela au milieu de la tempête de chagrin qui faisait rage autour de moi ? Quel rôle j'ai joué à cette époque, ma jeune vie qui venait de commencer, la sienne terminée, je n'en ai pas le moindre souvenir ; Je ne me souviens de rien après que ma mère m'a pris dans ses bras, comme je l'ai raconté, et m'a emporté.

Une lettre de M. Deviolaine annonçant la mort de mon père à son ami le général Pille est mon seul guide dans ces ténèbres : elle m'apprend que nous nous sommes réfugiés à Antilly.

Voici la lettre :—

" VILLERS-COTTERETS,

"27 *février 1806.*

« Mon cher cousin, je ne pensais pas avoir à vous annoncer si tôt le décès de notre brave et malheureux général Dumas. Il a terminé son cours hier soir à onze heures, à Villers-Cotterêts, où il était revenu à exécuta les ordres de son médecin. La maladie dont il mourut était la conséquence du traitement choquant qu'il éprouva à Naples, à son retour d'Egypte. Il eut la consolation d'apprendre, le jour même de sa mort, que ce pays était conquis. par les Français ; mais cette satisfaction ne le consolait pas du tout de la privation de ne pouvoir terminer ses jours sur les champs de bataille. Depuis sa retraite du service actif, et tout au long de sa maladie, il n'a cessé d'offrir des prières pour le peuple. succès des armes françaises. Il était très touchant de l'entendre dire, quelques heures seulement avant sa mort, que, pour le bien de sa femme et de ses enfants, il désirait être enterré sur le champ d'Austerlitz.

" En effet, mon cher cousin, il les a laissés sans aucun moyen d'existence ; sa maladie a consumé le peu de capital qui lui restait.

« Ma femme va emmener Mme Dumas, sa parente, à Antilly, où elle restera quelques jours, pendant que nous ferons tout ce que nous pourrons pour rendre au général les honneurs funéraires que méritent son rang, ses actes de bravoure et son amour. de ses citoyens lui ont droit.

« En me chargeant de vous transmettre cette mélancolique et affligeante nouvelle, j'ai dit à madame Dumas que je vous inviterais à vous joindre aux compagnons d'armes de son mari ; leur participation à cette mélancolique affaire adoucira un peu l'amertume de ses chagrins.

"Je vous remercie, mon cher cousin, pour l'acte de décès de Lasne, *maréchal des logis*. S'il n'est pas tout à fait en forme, je vous en informerai.

"Crois-moi, ma chère cousine, ton amie attachée,

"DÉVIOLAINE."

M. Deviolaine n'avait nullement exagéré notre état de détresse. Le seul revenu de mon père était sa demi-pension de 4000 francs ; les frais de pension de ma sœur en prenaient environ 1,200 francs, il ne restait donc que 2,800 francs pour pourvoir aux frais de maladie, aux changements constants de lieu qu'exigeait l'inquiétude d'un mourant, et à nos besoins habituels ; c'était très peu, comme le lecteur peut le constater par lui-même.

Aussi ma pauvre mère demanda-t-elle à tous les anciens amis de mon père, Brune, Murat, Augereau, Lannes, Jourdan , de s'efforcer d'obtenir une pension de l'empereur. Tout cela a été en vain. Les supplications les plus pressantes furent inutiles contre cette haine extraordinaire, et, las d'entendre si souvent répété un nom qui n'était déjà qu'un vague souvenir dans sa carrière, Napoléon s'écria avec colère à Brune, notre plus chaleureux partisan :

"Je vous interdis de me parler à nouveau de cet homme."

Ma mère ne pouvait pas croire que la veuve d'un homme qui avait été commandant en chef de trois armées et avait servi sous le drapeau de son pays pendant vingt ans, dont les diverses campagnes équivalaient à quarante-quatre ans de service, alors qu'il n'avait que quarante ans, âgé d'un an, n'avait pas le droit de mendier une pension de France, un petit secours, un morceau de pain. Une lettre de Jourdan vient détruire son dernier espoir et lui apprendre qu'elle ne doit compter que sur Dieu seul pour l'aider.

Voici la lettre. Personne ne me croirait si j'en racontais simplement le contenu, personne ne croirait qu'en cette période de triomphe suprême, Napoléon, installé dans le palais des rois de France, manœuvrait plus de millions que Louis XIV. jamais touché, considéré comme le conquérant, le vainqueur, César, *Auguste,* qui avait posé le pied sur le cou de l'Europe et étendu ses mains sur le monde entier, refuserait sciemment de sauver de la faim la femme et les enfants de celui qui avait prit le Mont Cenis, réduisit Mantoue à la capitulation, força les cols du Tyrol et réprima l'insurrection du Caire.

Mais, sire, comme il est juste qu'on croie ces choses, je citerai la lettre de Jourdan, même si elle tache les robes impériales de Votre Majesté.

"NAPLES, le 28 *avril 1806.*

"MADAME,—J'ai l'honneur de vous informer que je viens de recevoir de Son Excellence le Ministre de la Guerre une réponse à la lettre que je lui ai écrite de votre part. Il a le regret de m'informer que vous ne pouvez obtenir aucune pension, comme la loi le prévoit. du 8 floréal an XI, ne permet d'accorder des pensions qu'aux veuves des soldats tués sur les champs de bataille, ou de ceux qui meurent de leurs blessures dans les six mois après les avoir reçues et comme le général Dumas n'était pas en service actif lorsque ; il est mort, il ne reste, madame, qu'un autre moyen d'espérer, c'est que vous alliez personnellement chez Sa Majesté l'Empereur et vous jetiez sur sa générosité.

" J'ai l'honneur de rester, Madame, votre très obéissante servante,

JOURDAN (Maréchal)."

Il restait donc un espoir. Ma mère se rendit à Paris pour se présenter à Sa Majesté l'Empereur et lui demander de l'aide. Mais Sa Majesté l'Empereur déclina l'audience qu'elle désirait, et elle revint à Villers-Cotterets plus pauvre de l'argent qu'elle avait dépensé pour son voyage.

Sire, vous pouvez être un Hannibal, vous pouvez être un César, vous pouvez être un Octave, la postérité n'a peut-être pas encore eu le temps de trancher cette question, ou peut-être la question est-elle déjà réglée ; mais je suis bien sûr que vous n'êtes pas Auguste ! Auguste plaida en personne pour le vieux soldat qui avait servi sous ses ordres à Actium ; tandis que vous, vous condamnez à la misère la veuve de l'homme qui a servi non seulement sous vous, mais avec vous !

J'ai dit, Sire, que si vous nous avez laissé tomber, il ne restait plus que Dieu pour nous secourir. Nous verrons ce que Dieu a fait pour cette pauvre famille abandonnée.

LIVRE III

CHAPITRE I

Ma mère et moi nous réfugions chez mon grand-père. — La maison de Madame Darcourt. — Mes premiers livres et mes premières terreurs. — Le parc de Villers-Cotterêts. — M. Deviolaine et sa famille – L'essaim d'abeilles – Le vieux cloître.

Nous sommes tous allés vivre avec mon grand-père et ma grand-mère, qui étaient encore en vie. Ils ont agrandi leur foyer pour nous et nous ont hébergés ma mère, ma sœur et moi.

Mon grand-père réservait des chambres à l'hôtel de *l'Épée*, où mon père était décédé. Nous avons pris possession de sa chambre mortuaire et y avons vécu entourés de tous ses biens.

Aujourd'hui, au milieu de l'obscurité où flottent mes premières années, comme des rêves à demi oubliés, le souvenir des trois principales maisons où s'est passée toute mon enfance se précise avec précision.

Ces trois maisons étaient celles de Mme Darcourt, de M. Deviolaine et de M. Collard. On se souvient que j'ai déjà eu l'occasion de parler de ces trois personnes, et il me sera permis d'en parler un peu, ne serait-ce que pour nous acquitter de la dette de gratitude que nous leur devons. D'ailleurs, les tableaux du genre que je m'apprête à dessiner ne valent rien sans leurs détails accessoires.

Madame Darcourt était notre voisine ; elle habitait au rez-de-chaussée de la maison contiguë à celle où mourut mon père. Elle était la veuve d'un éminent chirurgien militaire. Elle a eu deux enfants, un fils et une fille. Le fils avait peut-être vingt-huit ans et il s'appelait Antoine. La fille avait peut-être vingt-quatre ou vingt-cinq ans et s'appelait Éléonore.

Dieu a accordé à la mère une vie longue et heureuse : elle a vécu jusqu'à quatre-vingts ans.

Je connaissais à peine Antoine, mais j'ai presque été élevé par Éléonore.

Ce qui m'attirait le plus dans cette maison, outre leur bonté à mon égard, c'était une splendide édition de Buffon avec des images en couleurs.

Chaque soir, après que ma mère eut fait sa visite au cimetière, office religieux auquel elle ne manquait jamais un seul jour, tandis qu'elle restait assise, absorbée dans son chagrin, dans un coin près de la cheminée, pendant que Mme Darcourt et sa fille cousaient, elles cousaient. je me mis un volume de Buffon entre les mains, et je fus ensuite soulagé de tout autre ennui à mon égard pendant toute la soirée.

En conséquence, j'ai appris à lire — et même si je ne sais pas *comment*, je peux dire *pourquoi* : je voulais lire sur l'histoire, les habitudes, les instincts des animaux dont je regardais les portraits. Le résultat de cet intérêt pour les batraciens, et surtout pour les ophidiens, fut tel qu'à l'âge où les enfants apprennent encore à épeler, j'avais déjà lu tous les autres livres qui forment une bibliothèque d'enfant.

C'est chez Madame Darcourt que j'éprouvais pour la première fois une sensation de peur, sensation qui m'était jusqu'alors totalement inconnue.

Ma manie de lire s'étendit dans toutes les directions, même jusqu'aux journaux, que je lisai si peu plus tard.

Un jour, je tombai sur le *Journal de l'Empire* et j'y lus un petit article racontant comment un prisonnier, enseveli dans les cachots d'Amiens, y avait été dévoré par un serpent.

Jusqu'à présent, j'avais considéré les serpents comme des monstres, sinon tout à fait mythiques, mais appartenant à une toute autre partie du globe que la nôtre.

Chez Buffon, ou plutôt dans la suite de Daudin, les serpents avaient été pour moi une constante source de curiosité ; après avoir lu le *Journal de l'Empire*, ils m'inspirèrent la plus grande terreur.

Le soir, j'ai lu cet article fatal, j'ai fait semblant d'être absorbé par la lecture *de Robinson Crusoé* et j'ai demandé à pouvoir me lever le plus tard possible, c'est-à-dire jusqu'à ce que ma mère se couche elle-même.

La faveur m'a été facilement accordée ; mais lorsque la même excuse fut renouvelée le lendemain, le surlendemain et plusieurs nuits de suite, je fus obligé de donner une explication.

Je racontai l'histoire du prisonnier d'Amiens, et j'avouai que si je me couchais seul, j'aurais peur d'être dévoré par un serpent.

Ma mère fut très surprise de cet aveu, car j'avais été si courageux jusqu'alors. Elle fit tout son possible pour dissiper mes craintes, mais la raison échoua face à l'instinct, et le temps seul s'adoucit sans pour autant effacer complètement le souvenir de cette horrible image.

A côté de la maison de Mme Darcourt, à laquelle j'aurai encore l'occasion de parler, se trouvaient les deux autres maisons qui nous furent si hospitalières dans nos malheurs, celles de M. Deviolaine et de M. Collard.

M. Deviolaine était notre cousin par alliance ; il avait épousé une nièce de mon grand-père qui, étant orpheline, avait été élevée avec ma mère dans notre cercle familial ; de plus, il avait été l'ami intime de mon père.

M. Deviolaine était inspecteur des forêts pour le district de Villers-Cotterets, ce qui lui donnait une position dirigeante dans notre petite ville ; et tout naturellement aussi, puisqu'il n'y avait que 2 400 habitants dans la ville, alors que la forêt couvrait 50 000 acres.

M. Deviolaine était à mes yeux un grand dignitaire, non pas tant à cause de la raison évoquée ci-dessus, mais parce que, en vertu de la charge qu'il occupait, il pouvait accorder l'autorisation de tirer dans la forêt, et d'aller un jour chasser librement. dans cette forêt était une des ambitions de mon enfance.

Cette ambition, parmi plusieurs autres, s'est depuis concrétisée ; et je dois ajouter que c'est celui qui a donné le moins de déception dans son accomplissement.

En comparaison des petites pièces dans lesquelles nous étions confinés depuis la mort de mon père, la maison de M. Deviolaine semblait un palais ; et moi, pauvre enfant, j'appréciais beaucoup ce changement, car, élevé comme je l'avais été aux châteaux de Fossés et d'Antilly, courant sauvagement dans les allées et sur les pelouses, il me semblait vivre d'air et de soleil. La maison de M. Deviolaine contenait avant tout une suite de pièces d'une superficie considérable, des écuries et des remises, des cours et un charmant jardin, en partie anglais, en partie français, en partie pittoresque, en partie potager. Le jardin anglais contenait des cascades, des bassins et des saules pleureurs ; le jardin fruitier était plein de poires, de pêches, de reines-claudes, d'artichauts et de melons, puis il s'ouvrait sur un beau parc qu'on apercevait à travers la grille, et dans lequel on pouvait entrer par une porte.

Ce parc, planté par François Ier, fut rasé par Louis-Philippe.

C'étaient de grands arbres ! Sous leur ombre François Ier avait couché aux côtés de Madame d'Étampes, Henri II. avec sa Diane de Poitiers, Henri IV. avec Gabrielle : il était naturel de s'attendre à ce qu'un Bourbon révère ces arbres et permette la longue vie des hêtres et des chênes ; que les oiseaux auraient chanté sur leurs branches mortes et sans feuilles comme ils chantaient sur elles vertes et pleines de feuilles ! Malheureusement, on leur attache une valeur matérielle, outre celle inestimable de la poésie et des souvenirs. Vous, glorieux hêtres, avec vos troncs polis et argentés, vous, beaux chênes, avec votre écorce sombre et rugueuse, vous valiez 100 000 écus ! Le roi de France, qui se croyait trop pauvre pour vous maintenir, et qui avait ses douze millions de la liste civile en plus de sa fortune privée de six millions, a dû vous vendre ! Si tu avais été mon seul moyen de fortune, je t'aurais gardé ; car, étant poète, j'aime le murmure du vent à travers vos feuilles plus que tout l'or que la terre peut donner ; les ombres qui scintillent sous mes pas ; les visions délicieuses, les charmants fantômes qui, le soir, entre le jour et la nuit, à l'heure douteuse du crépuscule, se glissent entre vos vénérables malles, comme voltigeent les ombres de l'antique race d'Abencérage entre les myriades de colonnes du palais de Cordoue. mosquée royale.

Il n'y en avait pas la moindre idée dans l'esprit de cet autre poète, Demoustier, lorsqu'il écrivit sur l'écorce d'un de ces arbres le vers suivant : avec les arbres il a disparu aussi, et peut-être moi seul m'en souviens :

"Ce bois fut l'asile chéri
De l'amour autrefois fidèle ;
Tout l'y rappelle encore, et le coeur attendriSoupire en se disant: C'est ici
que HenriSoupirait près de Gabrielle. "

Et malgré tout cela, le roi détruisit la forêt, l'homme qui se croyait plus fermement attaché au trône que les arbres ne l'étaient à la terre. Il ne comprenait rien du vraiment grand ; tout était dépouillé du mirage de l'imagination, et il n'évaluait que sa valeur matérielle. Il se dit : « Tout homme peut être acheté, tout comme tout arbre peut être vendu. Je possède de vastes forêts, je vendrai les arbres et j'achèterai des hommes.

Sire, vous vous êtes trompé. Il y a d'autres choses dans la vie que l'algèbre et les mathématiques : il y a la foi, il y a la croyance ; vous ne faites pas confiance aux autres, et les autres ne font donc pas confiance à vous ; vous avez méprisé le passé, et maintenant le passé vous méprise.

Mais que de chemin avons-nous fait depuis la maison de M. Deviolaine, qui me paraissait un tel palais !

Arbres glorieux, vous êtes plus qu'un palais, vous êtes comme un temple ! un temple où le Seigneur se révèle à moi, tandis que je m'allonge à vos pieds et que j'essaie d'étudier les étoiles, dans l'ignorance totale de leurs noms, à travers la voûte mouvante de votre feuillage, dans les belles nuits d'été. Combien de fois, lorsque l'esprit rieur et agité de l'enfance commence à céder aux rêves de la première virilité ; combien de fois, embrassé par l'herbe courbée par le vent, ai-je tendu deux mains avides vers une étoile plus brillante que d'autres, et essayé de saisir un rayon de lune qui jouait sur mon visage ! Et j'ai prié : " Sauveur, qui es au ciel ! Sauveur, qui es sur terre ! Sauveur, qui es partout ! Ô Sauveur, prends-moi dans tes bras puissants et fais de moi un instrument pour glorifier et bénir ta puissance ; une harpe pour chante pour toi, une lyre pour te louer, une voix pour te prier ! Fais-moi grandir, ô Seigneur, afin que je sois plus proche de toi et plus je serai grand, plus humblement je reconnaîtrai ton nom, ta splendeur ! , Ta majesté !

" C'est Toi, ô Dieu ! qui fais pousser les forêts que vendent les rois ; Toi qui crées les petits oiseaux qui chantent entre leurs branches ; Toi qui les caresse de la brise qui est Ton sourire, et qui les rafraîchis du soleil qui est Ton visage, et déchire-les dans la tempête, qui est Ta colère !

"Seigneur, Toi seul es grand, Toi seul es éternel !"

Mais revenons à M. Deviolaine et à sa maison.

Même s'il était grand, son logement était loin d'être superflu. M. Deviolaine avait véritablement une famille de patriarche. Il a eu un fils et deux filles de son premier mariage, et un fils et deux autres filles de son second.

Ces derniers étaient nos parents, notre cousine étant sa seconde épouse.

Comme le nom de M. Deviolaine et celui de ses enfants reviennent sans cesse dans le récit de la première partie de ma vie, je dois m'arrêter un instant sur cette ample famille.

Les trois enfants du premier mariage s'appelaient Victor, Léontine et Léonore ; ceux des trois enfants du second étaient Félix, Cécile et Augustine.

Sept ou huit ans plus tard, une troisième fille est arrivée, mais je parlerai de sa naissance dans le bon ordre.

Victor, Léontine et Léonore étaient beaucoup plus âgés que moi et devinrent plus naturellement les compagnons de ma sœur, qui était de neuf ans mon aînée. Cécile, l' aînée de la deuxième génération, dont l'âge était plus proche de celui de ma sœur que du mien, rejoignit leurs rangs.

Cela me laissait pour mes camarades de jeu, Augustin, d'un an mon aîné, et Félix, de deux ans mon cadet.

M. Deviolaine, le chef de famille, était un excellent homme dans l'âme, je dis dans l'âme, car, en apparence, la nature l'avait doté d'une peau dure, qui, en rugosité, eût pu rivaliser avec les chênes les plus rudes de son pays. forêt.

Il mesurait cinq pieds sept pouces et avait de petits yeux noirs, ombragés par d'énormes sourcils ; ses lèvres étaient épaisses et saillantes, sa silhouette était celle d'un Hercule, il était vêtu de poils comme un sanglier et il n'était guère aussi sociable que l'animal avec lequel nous avons pris la liberté de le comparer. Ses accès de rage — et chez lui chaque jour était un jour d'avril — étaient la terreur de sa famille. Lorsqu'il descendait de son bureau, isolé du reste de la maison, le visage annonçant des tempêtes à venir, les femmes, les enfants et les domestiques s'enfuyaient de sa présence, terrifiés, la tête baissée, comme les bergers, les chiens et les autres. les troupeaux fuient devant la tempête qui approche.

Je ne l'ai jamais vu qu'une seule fois avec un visage gracieux.

Jamais, une seule fois, je ne l'ai entendu parler sans jurer.

Ce changement moral et physique avait été opéré en lui par sa tentative de rassembler un essaim d'abeilles, dont il craignait qu'elles ne s'envolent hors de sa portée.

C'était l'été et il portait sa chemise ouverte. Il avait secoué imprudemment l'arbre dans lequel l'essaim était groupé, et la moitié de l'essaim, c'est-à-dire environ dix mille abeilles, tomba sur sa poitrine ouverte.

Cet accident a eu lieu au fond du jardin ; nous étions tous rassemblés autour de la porte de la cuisine, attendant de voir le résultat de l'opération, quand tout à coup nous l'aperçevâmes au bout d'un chemin, s'approchant de la maison à pas mesurés, souriant, tendant sa chemise des deux côtés. ses mains et disant du ton le plus doux :

"Là, mes petits-là-"

Et nous le regardions de loin, émerveillés de le voir marcher avec une démarche si inhabituelle, sourire d'un sourire si inhabituel, parler avec cette urbanité incompréhensible. Tout le monde se demandait à qui M. Deviolaine parlait et souriait ainsi.

M. Deviolaine parlait et souriait aux abeilles.

Ses voix douces réussirent, et elles s'envolèrent toutes, chaque abeille, sans qu'une seule ne le pique ; mais quand ce dernier s'enfuit, qu'il leva les yeux et découvrit sa femme, ses enfants et ses domestiques tous perchés sur les marches de la cuisine qui le regardaient, il y eut un tel éclat de *mille tonnerres* et autres jurons que le le ménage ne s'est pas rétabli pendant une semaine après !

Quant à nous, nous avons disparu comme par magie ; on aurait dit que le sol s'était ouvert sous nos pieds et nous avait engloutis.

Le fait remarquable de toutes ces tempêtes, c'est qu'elles ne se terminaient par rien de pire que des nuages et des éclairs, sans grêle ni foudre. Personne ne se souvient avoir vu M. Deviolaine donner un coup de pied à son chien, à moins que la bête ne soit bien hors de portée de son pied.

M. Deviolaine possédait une autre maison que celle-ci ; elle s'appelait Saint-Rémy et se dressait au milieu d'un charmant petit plateau, entouré de toutes parts par la forêt.

Saint Rémy mérite spécialement quelques mots ; les jours où nous y sommes allés étaient effectivement des jours de fête !

Saint-Rémy était autrefois un couvent, mais j'ignore à quel ordre il appartenait. Je me souviens seulement du portrait de l'abbesse, encadré au-dessus de la cheminée de la grande salle. C'était une belle femme, entièrement vêtue de noir, avec un cordon bleu autour d'elle auquel était attachée une croix ; elle était ronde et potelée, grosse avec cette corpulence qu'on ne trouve que parmi les saints plantureux. Elle portait un nom connu dans ces régions, que j'ai oublié.

Le couvent fut utilisé jusqu'en 1791 ou 1792 ; puis sont entrées en vigueur les lois qui ont détruit la vie cloîtrée, et toutes ces colombes du Seigneur ont dû fuir : je crois que M. Deviolaine a acheté le couvent comme propriété ecclésiastique.

Il y avait un immense cloître attenant à ce couvent, mais peut-être moins grand en réalité que dans mon souvenir : les yeux des enfants voient d'étranges hallucinations dans la région de la mémoire ; l'espace, pour eux, est infini.

A l'extérieur de ce cloître se trouvaient de grands escaliers à rampes de fer qui conduisaient aux anciens appartements de l'abbesse. Une partie seulement avait été aménagée, le reste appartenait à des rats et des chats, qui semblaient avoir conclu une trêve, car ils vivaient ensemble dans une assez bonne entente.

Une douzaine d'hectares de prairies, de petits bois et de jardins clos de murs entouraient ce vieux bâtiment cloîtré, ombragé d'arbres aussi vieux que lui.

Aujourd'hui, les arbres et le cloître sont tombés : il ne reste plus rien à la surface de la terre ; tout ne surgit que pour se dégrader : la vie des monuments, des arbres et des hommes n'est qu'une question de durabilité ; la pierre et le bois se décomposent tout comme la chair et les os.

Mais à cette époque tout était encore debout, comme les espérances de nos jeunes vies ; le cloître ne connaissait ni bandes noires ni arbres de spéculateurs. Le tout fut vendu ensemble, bois abattus et ruines, et des débris de l'immense bâtiment et des troncs de chênes il restait assez de matériaux pour construire une jolie petite maison, du genre qu'on construit aujourd'hui, contenant un salon quatre personnes. mètres carrés, et plusieurs pièces d'environ douze pieds de long sur huit pieds de large ; les maisons habituelles de Socrate, vides, si petites soient-elles, faute d'amis pour les remplir !

Oh! ce grand cloître, comme il était rempli le dimanche de cris joyeux et de courses folles ! Combien heureux étaient tous les enfants qui aimaient l'aventure au-delà des frontières de leur ville natale, loin du regard vigilant de la famille et des citadins, combien reconnaissants envers le fondateur inconnu de ce grand nid, autrefois mélancolique, mais aujourd'hui peuplé de joyeux oiseaux chanteurs ! Comme ce bruit du monde vivant avait dû faire trembler les religieuses dans leurs tombes, ces ombres noires qui avaient été des femmes, avec des corps contenant des âmes, ces squelettes qui possédaient autrefois des cœurs et étaient venus enterrer les passions de leurs cœurs, et les espérances de leurs âmes et la beauté de leurs visages dans l'obscurité du cloître, dans la nuit de la pénitence et dans les mystères de la vie ascétique !

Nous avons ri là où, peut-être, beaucoup avaient pleuré des larmes amères ; nous avons bondi et bondi dans notre enfance joyeuse, où probablement beaucoup avaient marché vers la mort à pas lents, tristes et désespérés.

Mais qu'importe nous, enfants nés hier ? Un passé existait-il dans nos pensées ? Eh bien, nous pouvions à peine nous souvenir des feuilles jaunes de l'automne dernier , nous rappeler à peine les feuilles émeraude du printemps dernier : nos souvenirs remontaient seulement aussi loin que le soleil d'hier ; nos espoirs n'étaient centrés que sur le soleil de demain ; notre avenir était de vingt-quatre heures ; pour nous, un mois, c'était l'éternité !

Oh! quels souvenirs de mon enfance, jusqu'alors oubliés, sont emmagasinés dans les allées de ce domaine cloîtré ! Quand je reviens aujourd'hui sur mes pas, à chaque pas ils surgissent, aussi précieux que ces fleurs de diamants, de rubis et de saphirs, cueillies dans les jardins des *Mille et une Nuits* , qui ne fanent jamais !

CHAPITRE II

Les deux serpents-M. de Valence et Madame de Montesson — Qui était la petite Hermine — Garnier le charron et Madame de Valence — Madame Lafarge — Apparition fantastique de Madame de Genlis.

J'ai eu une grande frayeur un jour dans ce beau jardin. A un coin se dressait une sorte de tour en ruine et sans toit ; en août, les rayons du soleil se concentraient à l'intérieur de cette tour et la rendaient aussi chaude qu'une fournaise. C'était alors un spectacle curieux de voir les mouches bourdonner là, et les papillons danser, les beaux lézards gris et verts glisser le long de ses murs. Un jour que je jouais près de la tour, j'entendis un sifflement aigu, et, en allant regarder ce que c'était, j'aperçus par l'ouverture qui avait été autrefois une porte, deux longs serpents assis sur leur queue, avec leurs corps enroulés en spirales, se lançant leurs longues langues noires et sifflant soit d'amour, soit de rage. Tels devaient être les deux serpents auxquels Mercure lança sa baguette, car ils ressemblaient exactement aux deux qui se sont toujours enroulés autour de cette baguette.

Mais je n'étais pas Mercure, je n'avais pas la baguette magique qui apaisait les haines les plus amères ; Je pris la fuite, comme l'aurait fait Laocoon s'il avait vu les deux serpents de Ténédos rouler avec la marée des Dardanelles, s'il avait su qu'ils avaient quitté leur île exprès pour s'étrangler lui et ses enfants.

En m'enfuyant, je rencontrai M. Deviolaine, qui, me voyant si effrayé, me demanda ce qui se passait : je le lui dis, et à mon grand étonnement il ne partagea pas du tout mes craintes ; il arracha simplement de terre un poteau qui soutenait un jeune arbre et se dirigea vers la tour, d'où, après cinq minutes de combat, il sortit après avoir vaincu les deux hydres.

A partir de ce moment, je considérai M. Deviolaine comme un Hercule, le dompteur de monstres.

Je reviendrai souvent sur M. Deviolaine, car il a eu une grande influence sur ma vie ; J'avais plus peur de lui que de n'importe quel homme, mais en même temps je l'aimais après mon père.

Nous allons maintenant passer à M. Collard.

M. Collard était aussi bon enfant que M. Deviolaine, son ami le plus intime, était colérique : sa figure souriante contrastait autant avec l'air rébarbatif de son ami. M. Collard était le chef d'une famille à laquelle le terrible et mystérieux procès Glandier a donné depuis une si sinistre notoriété.

M. Collard, qui occupait le charmant petit château de Villers-Hellon, à trois lieues environ de Villers-Cotterets, était d'origine aristocratique ; mais il avait abandonné le nom de Montjouy et gardé simplement celui de Collard, pour moins offenser les oreilles démocrates. Il avait autrefois connu M. de Talleyrand à l'Assemblée législative, et, en 1795 ou 1796, il avait épousé une jeune fille nommée Hermine, qui demeurait avec madame de Valence.

Un jour, le duc d'Orléans vint à l'improviste madame de Montesson, qui était alors sa femme, et trouva M. de Valence à ses pieds, la tête sur ses genoux. La situation était embarrassante, mais madame de Montesson était une grande dame qu'on ne confondait pas facilement : elle se tourna en riant vers son mari, pétrifié sur le seuil, et elle lui dit :

"Venez m'aider, mon cher duc, à me débarrasser de Valence : il est tombé amoureux de Pulchérie et tient à l'épouser."

Pulchérie était la seconde fille de Mme de Genlis ; la première s'appelait Caroline et avait épousé M. de Lawoestine.

Après la frayeur qu'il venait d'avoir, le duc fut assez prêt à donner Pulchérie à M. de Valence. Il paya 600 000 francs pour la mariée et ils se marièrent. Or, comment la petite Hermine est-elle arrivée chez Mme de Valence, et qui était-elle ? Je vais expliquer.

Madame de Montesson était la tante de Madame de Genlis. Madame de Genlis avait été placée auprès de la duchesse d'Orléans (Mademoiselle de Penthièvre) par Madame de Montesson, dans la position de demoiselle d'honneur. Alors qu'il était avec la duchesse, Philippe-Joseph (depuis Philippe-Égalité) l'avait rencontrée, tombé amoureux, en avait fait sa maîtresse et avait eu d'elle une fille.

Cette fille était la petite Hermine.

Elle fut élevée en Angleterre, et lorsque Madame Adélaïde, sœur du roi Louis-Philippe, eut sept ou huit ans, on voulut lui donner une jeune compagne anglaise, avec qui elle pourrait faire ses leçons et apprendre à parler anglais. C'était l'occasion de rapprocher Hermine de ses parents. Elle quitte donc Londres et vient à Paris.

Après l'émigration du duc de Chartres, de MM. de Beaujolais, de Montpensier et la princesse Adélaïde, Hermine, alors âgée de quatorze ou quinze ans environ, se réfugièrent chez sa sœur, madame de Valence ; mais Madame de Valence elle-même fut bientôt arrêtée et jetée en prison, et Philippe-Égalité perdit la tête sur l'échafaud.

Hermine vivait alors avec les enfants de Madame de Valence ; Félicie, qui épousa M. de Celles, et Rosamonde, femme du maréchal Gérard.

Ces pauvres enfants n'ont été sauvés que par un miracle de l'orphelinat.

Un charron nommé Garnier, demeurant rue Neuve-des-Mathurins, était amoureux d'elle ; il était membre du conseil municipal, et, au péril de sa vie, il brûla à deux reprises les dépêches envoyées par le gouverneur de la prison au tribunal révolutionnaire, dans lesquelles madame de Valence y était dénoncée comme la prisonnière la plus aristocratique. Cet acte dévoué sauva Madame de Valence, car il la dépanna jusqu'au 9 thermidor.

Chaque jour de l'An, pendant des années, le charron Garnier rendit visite à Madame de Valence. Il ne faut pas oublier qu'elle lui devait la vie précieuse et que toute la famille l'accueillit comme il méritait d'être accueilli pour son héroïsme.

A la mort de mon père, M. Collard avait été nommé mon tuteur ; et j'ai donc vu Mme Collard quand elle était encore jeune, pas plus de trente ou trente-deux ans. Il eût été difficile de trouver des manières plus parfaitement distinguées, avec une telle dignité de mouvements et d'actions, ou une hospitalité plus gracieuse, que celles qui se mélangeaient dans le caractère de madame Collard.

Elle eut un fils et trois filles : Maurice, devenu hobereau rural ; Caroline, qui épousa le baron Capelle, dont la fille Marie, sous le nom de Madame Lafarge, fut l'héroïne d'un des drames les plus touchants qu'on ait jamais joué devant une cour d'assises ; Hermine, qui épousa le baron de Martens, ambassadeur de Prusse au Portugal, hérita de l'esprit, de l'allure aristocratique et de la jeunesse d'esprit infaillible de sa mère ; enfin Louise, qui a épousé Garat, dont la signature commerciale pèse plus lourd que celle de tout autre homme. Louise était et est toujours l'une des plus jolies femmes de Paris.

J'ai parlé des jardins de ville et de campagne de M. Deviolaine ; mais ils n'étaient rien comparés à ceux du parc de Villers-Hellon, avec leurs grands arbres, leurs beaux bosquets, et le petit ruisseau d'eau verte qui serpentait à travers les jardins comme un collier d'émeraudes. Et c'est pourquoi, avec l'égoïsme de l'enfance, des trois maisons je préférai celle de M. Collard. La maison des Darcourt contenait une très belle copie de Buffon, mais elle n'avait rien d'un jardin. La maison Deviolaine avait une belle situation, et même deux très beaux jardins ; mais M. Deviolaine avait une figure renfrognée, tandis que M. Collard avait un beau jardin, une bonne figure et, en outre, une magnifique Bible.

Grâce à cette Bible, j'ai appris mon histoire sacrée de manière si approfondie que je n'ai jamais eu besoin de l'étudier depuis.

J'ai parlé de deux grandes alarmes que j'avais déjà éprouvées dans ma vie : la troisième s'est produite à Villers-Hellon.

Un soir, alors que j'étais comme d'habitude occupé à feuilleter les images de ma belle Bible (j'avais alors entre quatre et cinq ans), nous entendîmes une voiture s'arrêter devant le porche, puis de grands cris dans la salle à manger : chambre. Tout le monde se précipita vers la porte, et lorsqu'elle s'ouvrit, elle donna accès aux Meg Merrilies les plus étranges que l'imagination d'un Walter Scott ait jamais pu concevoir. Cette sorcière, et à première vue son apparence était telle qu'on pouvait l'appeler ainsi, était vêtue de noir, et, comme elle avait perdu son bonnet, sa masse de faux cheveux avait profité de sa liberté pour voler dans dans toutes les directions, de sorte que ses propres cheveux gris tombaient de chaque côté de son visage et flottaient sur ses épaules.

La vision était entièrement différente du fameux serpent d'Amiens et des deux serpents de Saint-Rémy ; d'ailleurs, le serpent d'Amiens que je n'avais vu qu'en imagination, et les deux serpents de Saint-Rémy auxquels j'avais eu le temps de m'échapper ; mais cette sorcière, je la vis de mes yeux, et nous nous rencontrâmes dans la même pièce.

Je jetai ma Bible, et, sous le couvert du tumulte occasionné par cette apparition, je m'enfuis dans ma chambre, me cachai dans mon lit, habillé comme je l'étais, et tirai les couvertures bien au-dessus de ma tête.
Le lendemain, j'appris que la cause de ma frayeur était l'illustre madame de Genlis, qui, venant rendre visite à sa fille, madame Collard, s'était égarée dans la forêt de Villers-Cotterêts par la faute de son cocher, et avait cédé. paniquer, ayant une profonde peur des fantômes : elle n'était même pas encore revenue de sa frayeur, bien qu'elle m'en ait communiqué la plus grande partie.
C'est dans ces trois maisons que s'est écoulée la première partie de mon enfance, ces premières années constellées de souvenirs ensoleillés, doux et frais comme l'aube ; car, en effet, à l'exception de la figure maussade de M. Deviolaine et de l'apparition grotesque de Mme de Genlis, tout ce qui concernait ces deux maisons était ensoleillé. Les jardins étaient pleins d'arbres verts et de fleurs aux couleurs éclatantes ; les allées étaient peuplées de jeunes filles blondes et brunes, aux visages roses et souriants, presque toutes roses et douces, même lorsqu'elles n'étaient pas jolies.

Puis, de temps en temps, au milieu de cette jeune génération rieuse, apparaissait, de temps à autre, quelque femme remarquable par sa beauté aux jours du siècle qui allait se terminer ; quelque femme qui, ayant conservé un peu des modes du temps du Directoire, ressemblait à une glorieuse statue de l'été au milieu de ce printemps naissant.

Ces dames étaient madame de Valence, madame Menin ou madame Dusauloy.

J'ai déjà parlé de la princesse Pauline Borghèse et de l'impression qu'elle m'a laissée. Et maintenant, nous devons revenir à ma propre histoire.

CHAPITRE III

Mademoiselle Pivert—Je lui fais lire les *Mille et Une Nuits* , ou plutôt une histoire de ce recueil—Le vieux Hiraux, mon maître de musique—Les petits soucis de sa vie—Il se venge de ses persécuteurs à la manière des Maréchal de Montluc. — Il est condamné à être fouetté et perd presque la vue. — Ce qui s'est passé le jour de Pâques dans la tribune d'orgue du monastère. — Il devient épicier. — Sa vocation le conduit à l'étude de la musique. J'ai peu d'aptitudes pour le violon.

J'avais appris à lire très jeune, comme je l'ai dit, grâce au Buffon de Mme Darcourt, à la Bible de M. Collard et surtout aux soins bienveillants de ma mère. Ma sœur aussi, qui était dans un pensionnat à Paris, pendant ses six semaines de vacances passées chez nous, compléta ma première éducation en m'apprenant à écrire.

Ainsi, à l'âge de cinq ou six ans, j'étais très au fait de ces deux réalisations et extraordinairement vaniteux à leur sujet. Je me vois encore, de la hauteur d'une botte, dans une petite veste de coton (car, comme les Romains, je n'ai quitté la *toge praetexta* qu'à quinze ans), - je me vois encore, rejoignant pédantement dans la conversation des grandes personnes, apportant des éléments de savoir sacré ou profane que j'avais tirés de la Bible ou de la mythologie, des théories d'histoire naturelle empruntées à M. de Buffon et à M. Daudin, des informations géographiques empruntées à *Robinson Crusoé* et des connaissances sociales. et des idées politiques tirées du sage Idomeneus, fondateur de Salentum.

Mais la mythologie était mon point fort. Outre les *Lettres à Emilie sur la Mythologie* de mon compatriote Demoustier, que je connaissais par cœur, je possédais une *Mythologie de la Jeunesse* , illustrée d'images et entrecoupée de vers de Racine et de Saint-Ange, que je dévorais sans cesse. Pas un dieu, ni une déesse, ni un demi-dieu, pas un seul faune ou dryade, pas un héros dont j'ignorais les attributs. Hercule et ses douze travaux, Jupiter et ses vingt transformations, Vulcain et ses trente-six malheurs, je les connaissais tous sur le bout des doigts, et, ce qui est plus extraordinaire encore, je les connais encore.

Un jour (c'était chez M. Deviolaine, en 1809, à l'époque où le journal du matin contenait chaque matin des bulletins d'événements qui, pendant dix ans, firent ressembler notre histoire à une des fables héroïques d'autrefois), je me souviens de quelques invités. demanda, juste après le déjeuner, quelles étaient les nouvelles du jour ; mais comme il était encore tôt, personne n'avait lu les journaux, et par conséquent personne ne pouvait satisfaire la curiosité générale.

M. Deviolaine sonna, et le domestique parut.

"Mas," dit-il (le nom du domestique), "prends une *Gazette* et apporte-la-nous."

— Oh ! ce n'est pas nécessaire, cousin, dis-je en croisant les mains derrière le dos ; " J'ai lu le journal et il n'y a rien d'important là-dedans, seulement une séance du *Corps Législatif.* "

J'ai dit que M. Deviolaine tirait souvent du pied lorsqu'il était en colère, mais ne donnait jamais de coups de pied ; J'ai eu tort; il a donné un coup de pied à quelque chose cette fois-là !

Je quittai la chambre furieux, et pendant trois mois je ne voulus plus entrer dans la maison où j'avais reçu une telle humiliation.

Comment se fait-il que je sache quelque chose sur le *Corps Législatif ?*

C'était dans ce sens.

Un jour, j'avais vu M. Collard en habit bleu galonné d'or.

— Vous êtes donc général, comme mon papa ? Lui ai-je demandé avec malice.

"Non, mon petit ami," répondit-il, "je suis membre du *Corps Législatif.* "

Et depuis lors, je lisais les procès-verbaux du *Corps Législatif* pour savoir ce qu'y disait M. Collard.

Mais ma curiosité n'a jamais été satisfaite.

Cependant tout le monde ne méprisait pas autant mon savoir que M. Deviolaine l'avait montré. Entre autres, il y avait trois ou quatre dévots âgés, dont une certaine demoiselle de soixante-cinq ou soixante-six ans appelée Pivert, qui appréciaient et louaient mes connaissances. Il n'y avait aucune sorte d'histoire, sacrée ou profane, qu'ils ne me faisaient raconter ; et mademoiselle Pivert surtout, non contente de mes récits, eut recours à ma bibliothèque, pour remonter à la source de mes renseignements.

Eh bien, je lui ai donné un exemplaire imparfait des *Mille et une nuits* que je possédais ; elle ne contenait que la *Lampe Merveilleuse* , rien d'autre. Elle s'absorbait dans cette lecture pendant une semaine entière, puis elle me rendait le volume et me demandait le suivant, que je lui promettais de lui remettre le lendemain ; Je lui ai prêté à nouveau le même, qu'elle relisait toujours consciencieusement et, je dois l'ajouter, avec un plaisir renouvelé.

Cela dura une bonne année, pendant laquelle elle relut cinquante-deux fois le même volume.

« Eh bien, mademoiselle Pivert, lui demandais-je à la fin de l'année, est-ce que les *Mille et une nuits* vous divertissent encore ?

« Immensément, mon petit ami, » répondit-elle ; " mais une chose me laisse perplexe ; vous pourrez peut-être l'expliquer, comme vous êtes si instruit. "

— Qu'y a-t-il, mademoiselle Pivert ?

"Pourquoi s'appellent-ils tous Aladdin ?"

Or, si intelligent que j'étais, je ne pouvais répondre à Mademoiselle Pivert sans avouer la vérité, c'est pourquoi j'ai déclaré mon ignorance, alors qu'elle regardait comme une faute impardonnable au poète-auteur inconnu des *Mille et Une Nuits* d'avoir étiqueté tous ses personnages *Aladdin*.

Malgré tout cela, le fonds prodigieux de savoir, qui faisait ma fierté et l'admiration de mademoiselle Pivert, était encore considéré comme incomplet par ma chère mère.

Ma sœur était une assez bonne musicienne et chantait joliment ; et ma mère se reprochait, malgré notre pauvreté, de ne pas donner des avantages égaux à ses deux enfants ; alors elle a décidé que je devrais aussi apprendre la musique. Mais comme on avait déjà découvert que la bonne Mère Nature, si généreuse envers moi sous d'autres rapports, m'avait doté de la voix la plus discordante qu'on puisse imaginer ; et comme on avait remarqué que j'avais des doigts très agiles et que j'étais habile de mes mains ; ils ont choisi de faire de moi seulement un instrumentiste, et ont choisi le violon, instrument dont un musicien ne se sert pas pour accompagner sa voix, à moins qu'il ne soit atteint de cécité.

La ville de Villers-Cotterêts ne possédant qu'un seul professeur, il n'y avait aucune difficulté à choisir un professeur.

Ce professeur s'appelait Hiraux.

Hiraux mérite bien un chapitre à lui seul, ou plutôt deux.

Hiraux — ou le Vieil Hiraux, comme l'appelait familièrement la ville — était pour tout le monde un second Hoffmann ; avec sa silhouette longue et élancée, son habit marron et sa perruque, qui avait tendance à toujours accompagner son chapeau à chaque salutation qu'il faisait. De ce fait, afin d'éviter un tel inconvénient, Hiraux décida de ne porter sa perruque que le dimanche et les jours de grande fête. Les jours ordinaires, la perruque était remplacée par un bonnet de soie noire, qu'il rabattait violemment sur ses oreilles chaque fois que ses pupilles jouaient une fausse note.

Or, après beaucoup de réflexion, et au vu de tout ce que j'ai vu et entendu, j'en suis arrivé à la conclusion qu'Hiraux renonçait à porter quotidiennement sa perruque à cause de la difficulté de l'appliquer au même usage que la casquette.

Aussi, sauf les jours de fête et les dimanches, il ne saluait personne qu'à moitié ; si par salutation on entend que je veux dire qu'il a découvert sa tête, car, lorsqu'il ôtait son chapeau, il gardait toujours son bonnet de soie noire.

De plus, sa casquette en soie noire était devenue partie intégrante de sa personne. Vingt fois je l'ai touché, comme les habitants de Lilliput touchaient les vêtements de Gulliver, — pour m'assurer que cette parure n'était pas sa propre peau, — Hiraux était si bon enfant qu'il m'a permis de faire cette enquête.

Sous cette casquette, Hiraux avait une des figures les plus émaciées et les plus parcheminées que j'aie jamais vues, la plus intelligente et la plus mobile, grâce au jeu de tous ses muscles, qui semblait vibrer à l'unisson de sa pensée, tandis que les cordes de son violon ou les touches de son pianoforte vibraient sous ses doigts longs, fins et flexibles, comme ceux de Paganini.

Hiraux avait eu une jeunesse aventureuse ; il avait été enfant de chœur, souffleur d'orgue dans un monastère de moines piémontais, puis garçon d'épicier, puis violoneux, puis professeur de musique et enfin organiste.

Cela m'intriguerait de vous raconter comment ses pas se dirigèrent d'abord vers l'enceinte de l'église de Bourg-Fontaine (le couvent où Hiraux fut élevé) ; mais parfois il racontait, parmi ses premiers souvenirs, comme je le fais dans ces Mémoires, quelques bonnes histoires de moines semblables à celles de Rabelais et de la Fontaine.

Hiraux était une chronique vivante de ces vieilles traditions claustrales, déjà si éloignées des idées des hommes d'aujourd'hui, quarante ans plus tard, qu'elles se perdent comme des fantasmes d'un autre monde, derrière les premiers souvenirs de notre jeunesse, et se perdent si efficacement que dans la génération qui suivra la nôtre, il n'en restera aucune trace.

Les moines furent chassés de France, puis d'Espagne, puis d'Italie, jusqu'à ce qu'ils finissent par n'exister que dans les tableaux de Dominiquin, de Zurbaran et de Lesueur.

Je ne sais pas si la société a été gagnante, mais, très certainement, l'art et le roman ont considérablement perdu par leur disparition. J'ai vu l'Escurial sans ses moines, et il ressemblait à un tombeau.

Quand je vais voir Rome, je ne peux pas dire quel effet cela produira sur moi.

J'ai dit que je ne pouvais pas dire de quelle manière Hiraux entra au monastère de Bourg-Fontaine, mais je sais assez comment il en sortit.

Hiraux était un lâche ; il ne peut pas être blâmé pour cela ; c'était caractéristique de lui. En fait, il avait l'esprit vif de s'en vanter, tout comme un autre homme aurait pu se vanter de son courage.

Or, il vivait encore à l'époque heureuse où *les farces* étaient à la mode, et toute sa vie il avait été l'objet de plaisanteries plus ou moins comiques, dont plusieurs avaient failli le tuer.

Comme nous l'avons dit précédemment, ou comme nous disons maintenant si nous avons oublié de le mentionner plus haut, Hiraux cumulait les deux fonctions d'enfant de chœur et de souffleur d'orgue au monastère de Bourg-Fontaine. En vertu de cette double qualification, il dormait dans la sacristie du monastère, et chaque nuit il devait traverser l'église pour accéder à sa chambre.

C'était pour lui une terreur nocturne que de devoir parcourir cette vaste nef voûtée (je n'en ai vu que les ruines, où le fils d'Hiraux et moi pillions les nids de pie) : les grandes fenêtres avec leurs remplages sculptés à travers lesquelles le pâle et le clair de lune vacillant brillait sur les pierres tombales du sol ; les panoramas mystérieux où l'obscurité régnait même pendant la journée ; tout cela ensemble, surtout par une nuit d'hiver où le vent du nord sifflait à travers les grands arbres décharnés dont les branches sèches se frottaient les unes contre les autres comme les os d'un squelette, et où le vent poussait de longs gémissements dans les couloirs de l'abbaye ; tout cela, dis-je, faisait un effet si funèbre et si sombre, que le sang du pauvre Hiraux se glaçait dans les veines, habitué qu'il était à voir la malice des hommes se mêler si constamment à la majesté effrayante des lieux.

Ce ne sont pas les moines qui le tourmentaient ; ni le prieur, qui aimait Hiraux comme un fils ; mais c'était cette race mi-religieuse, mi-laïque qui forme un lien entre les hommes du ciel et les hommes de ce monde, et qui pullule dans tous les monastères.

Les persécuteurs les plus acharnés d'Hiraux étaient les frères qui servaient de marmitons.

Un jour de novembre, c'était le jour de la Toussaint, alors que le cercueil vide habituel avait été exposé toute la journée recouvert d'un tissu noir et argent entouré d'une forêt de bougies qui restèrent allumées toute la nuit, Hiraux entra dans l'église, plus encore. Cette nuit-là, il avait plus peur de la lumière que de l'obscurité.

Après avoir fermé derrière lui la porte de l'église le plus doucement possible, marchant sur la pointe des pieds, frôlant le mur de manière à se tenir le plus loin possible du centre de l'église, si funèbrement éclairée comme nous l'avons expliqué, il arriva au sacristie.

Soudain Hiraux s'immobilisa, collé au mur, les membres rigides, la bouche ouverte, les cheveux hérissés, la sueur sortant de son front, aussi immobile que les statues de pierre des prieurs dans leurs tombeaux de l'abbaye.

Le catafalque avait bougé.

Hiraux crut d'abord qu'il s'était trompé et essaya de raisonner ses craintes ; mais à quoi bon la raison contre le fait réel ? Car le catafalque avait non seulement bougé, mais il commençait à venir droit sur lui ! Hiraux essaya de crier, mais, comme les voix des héros de Virgile, le son resta dans sa gorge ; et, voyant que le catafalque continuait à se diriger droit vers lui, ses jambes lui manquèrent, il s'appuya impuissant contre le mur et tomba évanoui.

A trois heures du matin, l'église ouvrait pour matines ; Hiraux était toujours à la même place, comme s'il était mort. Il avait repris ses esprits ; mais, bien qu'il trouvât le catafalque à sa place, il n'osa pas bouger, de peur qu'il ne bougeait encore.

Le frère sacristain s'entendant appeler d'une voix étouffée, se tourna pour voir d'où cela venait et trouva Hiraux la face contre terre, glacial et baigné de sueur à la fois.

Mais il trouva autre chose sur le sol aussi en se dirigeant vers Hiraux.

Il a trouvé une casquette en coton.

Or, tandis qu'Hiraux racontait au sacristain l'horrible apparition qu'il avait vue dans la nuit, ses yeux se fixèrent sur le bonnet de coton que le sacristain tenait à la main, et, grâce à ce bonnet révélateur, la lumière s'éclaira rapidement sur son visage. esprit et dissipa la terreur panique qui l'avait submergé.

Ainsi, à mesure qu'Hiraux poursuivait son récit, le phénomène surnaturel faisait place à des causes naturelles, et, en retraçant ses expériences nocturnes avec son ami le sacristain, guidé par l'indice du bonnet de coton, il se convainquit que, si le catafalque avait s'était déplacé et s'était dirigé vers lui, c'était le frère qui cuisinait pour les moines, avec peut-être deux ou trois de ses valets de marmite, qui s'étaient glissés en dessous et l'avaient emporté.

On ne grandit pas dans les couvents sans acquérir un certain esprit de vengeance. Hiraux gardait son propre conseil et ne parlait à personne de ses soupçons ; il les laissa rire de sa frayeur, il les laissa circuler l'histoire dans tout le monastère, et même à l'extérieur, en jurant intérieurement de se venger.

On se rappellera peut-être l'histoire du maréchal Montluc et la fameuse pendaison des huguenots qu'il ordonna alors qu'il traversait une ville dont je ne me souviens plus du nom. Je vais le répéter au cas où il aurait été oublié.

Le maréchal de Montluc traversait donc une certaine ville, et croyait avoir un grief contre certains juges qui, en vertu de l'axiome *Cedant arma togo* , avaient négligé de lui rendre le respect qu'il croyait dû.

Il s'employa à amener ces juges à se repentir de leur conduite impertinente. Il s'aperçut de ce qui les occupait et apprit qu'ils attendaient avec grand plaisir de juger demain une douzaine de huguenots, faits prisonniers pour port d'armes, et attendant leur sentence dans les prisons de la ville.

Le maréchal de Montluc se rendit donc dans les prisons, sous forte escorte, les fit ouvrir, fit enfoncer une douzaine de clous dans les poutres, y attacha une douzaine de cordes, et à ces douze cordes il pendit les douze huguenots. « Et les juges furent bien surpris le lendemain, dit le maréchal dans ses Mémoires, lorsqu'ils ne trouvèrent plus personne pour juger.

Hiraux punissait les marmitons à peu près de la même manière que le maréchal de Montluc punissait les juges. Il s'introduit furtivement dans le dispensaire monastique, s'empare d'une copieuse dose de jalap et la mélange aux sauces de la cuisine.

Si Hiraux avait écrit ses Mémoires, il aurait sans doute écrit, à la manière du maréchal de Montluc : « Le lendemain, les marmitons furent bien surpris de voir leurs moines purgés de fond en comble ; comme s'ils avaient avalé une triple dose. de la physique du Docteur Leroy."

Cela s'est produit à l'Épiphanie.

Il y eut une grande agitation dans l'abbaye, comme on peut bien l'imaginer. Un monastère entier – antérieur au sacristain – n'est pas purgé à l'Épiphanie sans que les devoirs religieux en souffrent considérablement.

Hiraux, l'enfant de chœur, fut le seul à conserver son poste. Et c'est cette attitude même, le calme de celui qui reste ferme tandis que le ciel s'effondre autour de lui, qui a ruiné Hiraux. Proserpine trouva un Esculape qui déclara l'avoir vue manger sept graines de grenade. Hiraux avait son Esculape qui déclarait l'avoir vu voler à la tombée de la nuit sur la pointe des pieds depuis le dispensaire.

L'organiste du monastère était son accusateur.

La dénonciation fut créditée, et lorsque les preuves furent rassemblées, tout le monde tint Hiraux pour le véritable coupable. On ne grandit pas d'ailleurs dans un monastère sans apprendre à mentir à l'occasion. Hiraux nia, protesta, jura ; mais cela ne faisait qu'empirer les choses, alors qu'un aveu honnête aurait peut-être pu aplanir les choses.

Hiraux fut donc livré par le prieur au cuisinier, c'est-à-dire que la justice religieuse le livra au bras séculier.

Le cuisinier le condamna à vingt-quatre heures d'isolement, accompagné de pain et d'eau, et, pour s'assurer que la punition ne serait atténuée par aucun ami du criminel, il l'enferma dans la cave du monastère.

Mais le cuisinier avait oublié que la cave était bien remplie de vins, cidre, huile, vinaigre, eau-de-vie, rhum, etc., etc.

cave bien réglée appartenant à un monastère de Prémontrés.

Hiraux parcourait tous les tonneaux et ouvrait tous les robinets, l'un après l'autre, en disant à chaque tour de clef : Voilà le vin qui manque, voilà le cidre qui manque, voilà l'huile qui manque, voilà le vinaigre qui coule, c'est le cognac qui s'épuise, c'est le rhum qui s'épuise, etc., etc.

L'opération dura un certain temps, et tandis qu'Hiraux prononçait ses propos à haute voix, ceux qui étaient dans les cuisines entendaient des sons comme des chants lointains, mais ne parvenaient pas à saisir les mots. Mais, comme le murmure continuait, le cuisinier s'inquiéta et alla écouter à la porte. Il entendit la litanie d'Hiraux ; il comprit avec crainte ce que cela signifiait. En une seconde, il avait allumé une lampe, la porte de la cave s'était ouverte et le spectacle attendu se révélait dans toute son horreur.

Chaque tonneau avait son robinet plein et se vidait de son contenu ; le mélange de tous les liquides avait déjà créé une crue de six pouces de profondeur, qui augmentait rapidement.

Hiraux était assis à califourchon sur un gros tonneau, aussi calme qu'un Bacchus indien, attendant philosophiquement que le lac l'atteigne.

Le crime était cette fois si manifeste qu'au lieu de le nier, le coupable s'en vanta avec tant d'impudence que le cuisinier ne cessa pas d'en référer au prieur, mais décida de se faire justice lui-même.

Mais la première chose à faire, et la plus urgente, était de fermer les robinets.

Puis ils s'emparèrent d'Hiraux, qui ne tenta pas de s'échapper. Ils convoquèrent ensuite un tribunal composé du cuisinier et de ses marmitons.

Il fut décidé à l'unanimité que Hiraux serait bouleversé.

La sentence n'était pas susceptible d'appel et elle fut immédiatement exécutée. En outre, l'opération a été menée avec vigueur et a duré dix minutes, malgré les cris de la victime. A la fin, le frère cuisinier prit une poignée de poivre et la frotta sur la partie blessée pour apaiser ses douleurs et effacer les traces hémorragiques que l'infliction avait laissées.

Hiraux faillit alors perdre la vue.

Cela peut paraître étrange au premier abord, et on peut penser que j'ai utilisé la mauvaise expression : mais pas du tout.

Hiraux pleurait, Hiraux saignait ; ses yeux et ses flancs étaient presque également douloureux. Il se frottait alternativement les yeux et les flancs, portant, par ce double exercice, le piment par derrière jusqu'à ses yeux. Aussi l'inflammation gagna-t-elle rapidement, et plus Hiraux se frottait, plus elle s'aggravait, jusqu'à ce que ses yeux fussent enflés jusqu'à la grosseur d'œufs, lorsqu'une personne sympathique lui conseilla d'aller apaiser sa douleur dans les toilettes du monastère. Il comprit le sens de ce conseil, s'y précipita aussitôt, et, grâce à un bain prolongé, les sensations de brûlure qui le torturaient furent en quelque sorte apaisées.

Mais il ne parvint pas à éteindre une fièvre brûlante qui le retint au lit pendant une semaine.

Lorsque le prieur apprit sa maladie, il s'enquit des causes et punit le cuisinier et ses marmitons.

Hiraux se vengea d'eux, mais le véritable coupable, aux yeux du malade, avait échappé à la sentence du prieur ; le véritable coupable était l'organiste qui l'avait trahi, trahissant ainsi la sacrée fraternité des musiciens ; car Hiraux, en sa qualité de souffleur d'orgue, se considérait déjà comme un musicien.

Il se décida donc à rémunérer l'organiste.

Hiraux pourrait être aussi profond et insondable que les couloirs de son cloître ; il enferma dans son cœur sa détermination vengeresse et décida d'attendre que le jour de Pâques vienne.

Le jour de Pâques est une grande fête dans toute la chrétienté. Tous les paysans des environs venaient ce jour-là entendre la messe au monastère de Bourg-Fontaine. Ce fut un jour de réjouissance pour tout le monde, depuis le prieur qui disait la messe, les moines qui la chantaient, les enfants de chœur qui la servaient, jusqu'à l'organiste qui l'accompagnait, et même jusqu'à Hiraux qui soufflait de l'orgue.

La veille de Pâques, Hiraux monta au loft de l'orgue, un balai de plumes à la main, et passa la journée à nettoyer l'orgue avec le soin le plus louable.

Mais le lendemain matin, contre toute attente, et malgré les efforts du souffleur, malgré la dextérité du joueur, l'orgue ne produisit que des sons sourds et lugubres, qui troublèrent le chœur au lieu d'aider leurs chants. Même si l'organiste essayait ou tirait les différents jeux, le hautbois restait muet, la trompette était rauque et la vox humana avait perdu sa voix.

Pendant que le musicien malchanceux, ne sachant que faire, gémissait, jurait et frappait le clavier avec les doigts, les poings et les coudes, Hiraux continuait de souffler aussi solennellement qu'Oculi.

Oculi, bien sûr, était le fils de Saint-Éloi et soufflait dans le soufflet pendant que Saint-Éloi forgeait. Il y a une chanson à ce sujet quelque part.

La messe n'était pas finie qu'on soupçonna Hiraux d'être la cause de ce divertissement inédit, malgré les soins qu'il avait pris et malgré son air grave.

Ainsi, tandis qu'il s'appliquait avec plus de vigueur que jamais à la poignée du soufflet, désormais bien inutile, l'organiste quitta sa place, et se dirigeant vers la porte de la tribune, il la dose, la verrouille à double tour et met la clé dans sa poche.

Hiraux comprit aussitôt ce qui allait se passer et s'écria : « Je ne l'ai pas fait, monsieur ! lâcher son manche pour la première fois ; "Ce n'était pas moi !"

"Nous verrons cela", répondit l'organiste enragé, en commençant à démonter l'orgue. « Hé, hé ! » il dit : « La vox humana a aujourd'hui quelque chose qui ne va pas avec sa gorge !

L'organiste n'avait pas besoin d'aller plus loin, car il avait découvert le mystère du crime. Hiraux, par vengeance, avait désactivé les trois vox humana, la trompette et le hautbois, et il y a de bonnes raisons de croire que s'il n'avait dirigé ses énergies que vers ces trois tuyaux, c'est qu'il n'avait pas pu faire de pires dégâts. .

Hiraux comptait s'enfuir du monastère immédiatement après la messe, mais il ne comptait pas être découvert si tôt. Maintenant, la découverte était faite, et comme il ne pouvait s'échapper parce que la porte était verrouillée, il se jeta à genoux et demanda grâce.

L'organiste savait dissimuler aussi bien qu'Hiraux. Il feignit de lui pardonner, à condition qu'Hiraux remettrait les choses en ordre telles qu'il les avait trouvées, comme on dit dans les baux.

Hiraux était trop heureux de s'en tirer si facilement et il accepta les conditions.

La messe terminée, l'organiste partit en promettant à Hiraux de ne pas raconter au prieur sa dernière farce. Hiraux savait que celui-ci surpassait tous les autres et frôlait le sacrilège ; ainsi, livré à lui-même, il faisait de son mieux pour accomplir la tâche qui lui était assignée ; une tâche que Fourier, dans sa répartition des passions, réservait aux enfants qui, à son avis, devaient faire leur travail avec ardeur.

Nous verrons si Fourier a raison ou tort lorsque Considérant aura érigé son phalanstère.

Qu'Hiraux fasse sa tâche avec enthousiasme ou indifférence, cela était fait au retour de l'organiste - il se peut qu'il soit vraiment aux aguets à ce moment-là - suivi du frère cuisinier et de ses marmitons.

Il était allé chercher ses propres alliés, les ennemis-nés d'Hiraux.

Les hostilités commencèrent aussitôt que la porte de la tribune fut fermée. Hiraux s'attendait à ce qu'il soit à nouveau fouetté comme auparavant. Mais ils ne pouvaient pas répéter ce châtiment, faute de verges. Cependant un pressentiment l'avertissait d'être plus alarmé par l'absence de verges que par leur présence.

Car en réalité, ils n'avaient pas l'intention de le bouleverser, mais de le gonfler, et l'opération s'est accomplie à l'aide du soufflet de l'orgue.

Cette fois, Hiraux n'était pas aveuglé, mais ils ont failli le tuer. On le laissa partir une fois l'opération terminée, et il s'enfuit le plus loin possible du monastère maudit, se sentant plus comme un ballon gonflé que comme un être humain, jusqu'à ce qu'il finisse par tomber, ou plutôt il roula au pied d'un arbre.

Il fallut plus de quinze jours avant qu'il ne soit complètement dégonflé.

À la suite de ce petit épisode, Hiraux devint épicier ; mais personne ne peut échapper à son sort.

Hiraux était musicien de cœur et d'âme. Il s'est procuré un vieux violon et l'a gratté avec persévérance dans ses moments étranges.

La femme de l'épicier était jeune, et elle était peu appréciée de son mari — de tous temps il y a eu des femmes méconnues ; , déterminé à abandonner le commerce de l'épicerie et à se consacrer entièrement à la musique instrumentale.

Ses talents étaient assez authentiques et presque entièrement autodidactes ; il parvint à une telle habileté à l'épinette et au violon que la ville de Villers-Cotterets le nomma organiste au salaire de 800 livres par an.

Hiraux gagnait un peu plus en donnant des cours de violon et de pianoforte. Mais tous ses élèves ne le payaient pas en argent ; il recevait une partie de ses honoraires en nature. Le marchand de bois le payait en bois et en copeaux ; l'épicier en sucre, en pruneaux et en confiture ; le tailleur en manteaux, en pantalons et en gilets. Ainsi, avec ses 1600 francs d'argent et ses revenus en marchandises, Hiraux avait non seulement de quoi vivre mais aussi de quoi jouir d'une certaine indépendance, ce qui lui permettait de renvoyer des élèves qui ne le satisfaisaient pas ou qui n'avaient aucun goût pour la culture. musique.

Ma mère demanda donc à Hiraux d'entreprendre mon éducation musicale — et il accepta cette charge avec empressement, tandis que moi, de mon côté, je ne considérais pas cet arrangement avec répugnance. Hiraux avait alors déjà soixante ans , mais si gai et si joyeux, si spirituel, si plein d'histoires drôles, possédant un tel flux d'esprit inépuisable qu'il était aimé des jeunes et des vieux. Je connaissais Hiraux depuis aussi longtemps que je me souvenais de quelqu'un ; il avait été le premier professeur de musique de ma sœur, avant qu'elle vienne à Paris, et il restait son professeur particulier pendant ses vacances.

Dans les derniers jours de la maladie de mon père, qui, comme je l'ai dit, souffrait beaucoup et se savait mourant dans les beaux jours de sa vie, Hiraux était invité à venir nous voir au château des Fossés ; et, comme Villers-Cotterets n'était qu'à une lieue de Fossés, Hiraux venait et revenait à pied coucher à Villers-Cotterets.

C'est-à-dire, pour bien nous faire comprendre, Hiraux, étant toujours lâche, commença par coucher à Fossés : mais il fut décrété que la persécution suivrait ce pauvre homme toute sa vie. Les histoires de sa jeunesse étaient connues de tous : je n'ai raconté qu'une vingtième partie de ces anecdotes afin de permettre à chacun d'ajouter une nouvelle histoire sur sa vie la plus mouvementée.

Maintenant, chez nous arrivaient des secrétaires et des aides de camp, des gens aussi vifs et aussi ingénieux en plaisanteries que n'importe quel moine d'il y a quarante ou cinquante ans.

Le résultat invariable était qu'en entrant la nuit dans sa chambre, une cruche d'eau placée au-dessus de la porte tombait sur Hiraux, ou bien il trouvait une aiguille dans son lit, ou un coq dans son armoire, jusqu'à ce qu'enfin il abandonne. dormir à Fossés, et revenir à Villers-Cotterets quelle que soit l'heure ou le temps.

Cette résolution prise, Hiraux venait habituellement chez nous armé d'un long bâton d'épée, enfermé dans un fourreau de cuir, pour lui donner du courage lors de sa marche nocturne du retour.

Malgré ce bâton, ou plutôt grâce à lui, deux jeunes gens, qui dînaient chez Hiraux, lui inventèrent un nouveau tour. Il fallait pour cela un peu d'imagination, car le pauvre Hiraux, depuis l'année de grâce 1750, avait été victime de tant de plaisanteries diverses, qu'il se croyait à l'épreuve, non contre aucune farce, mais du moins contre toute nouvelle farce.

Ils retirèrent la lame de l'épée du fourreau, délivrant Hiraux de ce qui constituait sa protection, et attachèrent à la place une longue plume de paon dans le manche.

Ce soir-là, Hiraux, toujours prudent, voulut partir de bonne heure ; mais les jeunes gens le retinrent et ne voulurent pas le laisser partir, promettant de le raccompagner chez lui. Cette promesse rassura Hiraux. Sûr d'être ramené chez lui, il laissait libre cours à sa gaieté d'esprit, rendue peut-être plus bavarde que d'habitude ce soir-là par de généreuses libations de champagne.

Quand dix heures sonnèrent, il commença à dire qu'il était temps de se diriger vers la ville ; mais les jeunes gens protestèrent qu'ils étaient trop à l'aise pour quitter le château, et que comme le général leur avait aimablement proposé de les héberger pour la nuit, ils accepteraient, suggérant à Hiraux de faire de même.

Mais il se garda bien d'accepter ; il soupçonnait les visiteurs d'être capables de toutes sortes de ruses.

Il déclara que son intention de battre en retraite était inébranlable, et, prenant son bâton et son chapeau, il dit adieu et partit.

Les jeunes gens attendaient son départ avec impatience, et la grande porte du château était à peine fermée derrière le voyageur nocturne qu'ils quittèrent la maison par la petite porte, le devancèrent au moyen d'une traverse et se cachèrent dans un coin de la cour. forêt.

La lune brillait brillamment. Hiraux chantait comme les gens qui ont peur ; mais, pour rassurer tous ceux qui l'entendaient sur ses habitudes paisibles, il chantait des chants grégoriens, au lieu de chanter une chanson joyeuse ou un vigoureux hymne de bataille.

Soudain, deux hommes masqués sortent du bois, se jettent sur lui et réclament son argent ou sa vie.

On dit que personne n'est plus dangereux qu'un lâche terrifié ; Hiraux, semblait-il, avait quelque chose dans sa bourse et tenait à la vie, car il répondit simplement en reculant et en dégainant son épée.

L'épée, comme nous l'avons dit, s'était transformée en plume de paon.

Il y avait dans le fourreau cela qui aurait dérouté Roland et les onze pairs de Charlemagne. Hiraux y trouva ce que certainement ni l'un ni l'autre de ces vaillants chevaliers n'y trouvèrent.

« Vous voyez par vous-mêmes, mes amis, dit-il en montrant la plume du paon à ses assaillants, vous voyez par vous-mêmes que je ne veux pas vous faire de mal.

Personne n'aurait pu résister à une telle naïveté. Les menaces cédèrent la place aux éclats de rire, les masques tombèrent et, lorsqu'ils eurent laissé aux jambes d'Hiraux le temps de retrouver leur stabilité, tous trois rentrèrent amicalement dans la ville.

Hiraux ajoute une aventure de plus à son palmarès.

Hiraux m'a tellement fait rire dans mon enfance, et je l'aimais si tendrement, que ma sympathie pour le musicien a vaincu mon antipathie pour la musique et j'ai accepté de prendre des cours de violon.

Mais j'insistai pour qu'on m'achète un violon à Paris, et non un de ceux qu'on vend dans les vieilles boutiques de Villers-Cotterêts, ce qui ne satisfaisait pas assez mon orgueil.

Ma mère m'a toujours laissé suivre mon propre chemin ; il fut donc décidé qu'Hiraux m'achèterait un violon lors de son prochain séjour à Paris, et que mon éducation musicale commencerait à son retour.

Seulement, quand ce voyage aurait-il probablement lieu ? Il me sembla d'abord que j'avais compté sur un report aux calendes grecques. Mais il n'en fut pas ainsi : le hasard, ou plutôt une nouvelle plaisanterie, dont Hiraux fut victime, en décida autrement.

Le voyage pour Paris fut organisé à la fin d'un dîner auquel étaient présents Hiraux et quelques de ses amis, entre autres ses deux amis intimes, Mussart et Duez, dont nous citons maintenant les noms car nous en entendrons parler plus tard.

Cela a été réglé dans les conditions les plus drôles.

Ils dînaient chez un nommé Hutin, où s'arrêtent toutes les diligences en route entre Laon et Paris. Ils rendirent tellement ivre Hiraux qu'il ne sut ni ce qu'il faisait, ni ce qu'on lui faisait. Ils le déshabillèrent et, portant seulement son caleçon et sa chemise, ils l'enfermèrent sous le coffre de la diligence, parmi les malles, les valises et les coffres à chapeaux.

Bien entendu, ils ne lui laissèrent pas un seul sou : où aurait-il été amusant si Hiraux avait eu de l'argent ?

Hiraux reprend ses esprits à Paris. Le chef d'orchestre ignorait complètement la plaisanterie et fut donc tout aussi étonné d'y trouver Hiraux que Hiraux l'était lui-même. Hiraux fut d'abord fort embarrassé de se trouver vêtu seulement de sa chemise et de son pantalon, dans la cour, au milieu de toutes les diligences ; mais, étant homme de ressources, il pensa à un neveu nommé Camusat, bon et excellent garçon, qui a été depuis et qui est encore mon ami. Il appela un taxi, monta et cria par le toit :

"A M. Camusat à la Rapée !" Hiraux se souvint de l'adresse de son neveu, il put donc y aller directement : je suis sûr que j'aurais été trop embarrassé pour m'en souvenir, dans des circonstances pareilles.

Camusat était long et maigre comme son oncle ; il lui fournit un habit, un pantalon et un gilet ; puis il lui prêta vingt francs pour m'acheter un violon et quinze francs pour le voyage de retour.

Avec les quinze francs Hiraux m'a rapporté un violon un peu usé au niveau du manche, mais assez sain dans tous ses organes essentiels.

Je pourrais faire un livre des aventures d'Hiraux, si je le voulais, et tout aussi divertissant que beaucoup de livres que je connais. Mais je me limiterai à un dernier cas, le plus triste de tous.

Au bout de trois années de cours auprès d'Hiraux, je n'arrivais même plus à accorder mon violon !

Il fut obligé de reconnaître mon aversion phénoménale pour la musique et de dire à ma pauvre mère déçue que c'était lui voler son argent que de tenter plus longtemps de faire de moi un musicien.

J'ai donc abandonné le violon.

Pauvre Hiraux ! Après sa vie mouvementée, il dort désormais du paisible sommeil de la mort dans le joli cimetière de Villers-Cotterêts, entouré de saules pleureurs verts et de fleurs en pleine floraison ; et, en pensant à cet excellent homme, gai, à l'esprit vif, pittoresque, je me souviens inévitablement des vers de Shakespeare où Hamlet apostrophe le crâne de l'ancien fou de son père :

" Hélas, pauvre Yorick ! Je l'ai connu, Horatio : un homme d'une plaisanterie infinie, d'une imagination des plus excellentes : il m'a porté sur son dos mille fois ; et maintenant, comme il est abhorré dans mon imagination ! ma gorge se soulève à cause de cela . Ici pendaient ces lèvres que j'ai embrassées je ne sais combien de fois. Où sont maintenant tes plaisanteries ? vous-même souriant ; tout à fait déprimé ? Maintenant, allez dans la chambre de ma dame et dites-lui, laissez-la peindre un pouce d'épaisseur, à cette faveur, elle doit la faire rire de cela. »

CHAPITRE IV

Le chien porteur de lanterne — L'épitaphe de Demoustier — Mon premier
maître d'armes — « Le roi boit » — Le quatrième ténor de ma vie — Le pot
de miel.

———

Pendant que se produisaient toutes ces choses que nous avons racontées, ma
mère éprouva deux nouvelles douleurs, tout aussi grandes que la première :
elle perdit son père et sa mère.

Je me souviens à peine de ma grand-mère Labouret ; je ne me souviens pas
non plus de détails relatifs à sa vie ou à sa mort. C'était une âme digne, qui a
vécu et est morte sans reproche.

Mais je me souviens très bien de mon grand-père, avec une pipe à la bouche
et sa démarche solennelle, qu'il avait acquise lorsqu'il était *maître d'hôtel*. Il
mourut d'une maladie du foie, en 1808.

C'était un grand joueur de dominos et il était réputé pour sa très grande
habileté à ce jeu. Chaque soir, il allait jouer dans un café où se passait une
bonne partie de mon enfance. Ce café était tenu, je m'en souviens, par deux
personnes de sexe opposé, qui m'étaient toutes deux dévouées ; l'une était
mademoiselle Wafflart et l'autre M. Camberlin.

Comme mon grand-père y passait toutes ses soirées, je le rejoignais souvent.
J'observais jouer au billard, jeu qui m'attirait passionnément et pour lequel je
possédais la plus grande aptitude possible. Malheureusement, le billard, qu'il
soit joué de jour ou de nuit, était bien au-dessus de mes moyens ; j'étais donc
obligé d'observer le jeu des autres et de compter les points ; — mais rien de
plus.

Chaque soir, à dix heures, on entendait un grattement à la porte ; c'était le
chien de mon grand-père venu le chercher, la gueule vide les nuits de pleine
lune, mais remplie par un bâton portant une lanterne à chaque extrémité
quand il n'y avait pas de lune. Elle s'appelait *Charmante* et elle était
effectivement d'une intelligence charmante. Pendant huit ou dix ans, jusqu'à
sa mort, elle a pratiqué ce tour, et on ne lui a jamais signalé qu'elle ait gratté
à la porte ni dix minutes trop tôt, ni dix minutes trop tard, ni qu'elle ait pris
le chemin le plus long au lieu du plus court, ou qu'elle ait pris le chemin le
plus long au lieu du plus court, ou avoir cassé une seule lanterne.

Un jour, mon grand-père se plaignit de violentes douleurs au côté, l'emmena
dans sa chambre puis dans son lit. Finalement, un soir, ils m'ont renvoyé de
la maison comme ils l'avaient fait à la mort de mon père. Ils m'ont emmené

chez un de nos voisins, nommé Lepage, qui était vitrier. J'y passai la nuit et le lendemain mon grand-père mourut.

Ma mère a hérité des fameux trente arpents de terre dont j'ai déjà parlé et de la maison pour laquelle nous payions la rente viagère. Mais c'est de l' obligation de payer la rente qu'elle a hérité en réalité, et non de la maison.

Si ma mère avait seulement renoncé à tout espoir d'obtenir une pension et de se faire payer les 28 500 francs d'arriérés dus à mon père, elle aurait vendu les trente arpents de terre pour les 30 000 ou 35 000 francs qu'elle valait, elle aurait elle renonça à ses droits sur la maison de M. Harlay pour 5,000 ou 6,000 francs, et, avec ces 40,000 francs, elle aurait eu 2,000 livres de rente, avec lesquelles, avec soin, nous aurions parfaitement pu vivre.

Au contraire, elle commença à emprunter sur la terre en l'hypothéquant, espérant toujours se rembourser par ses malheureux arriérés.

Il était hors de question de vivre des revenus de la terre ; il payait à peine deux pour cent.

Je ne sais pas si nous avions déménagé avant ou après la mort de mon grand-père : je pense cependant que cela devait être avant.

Nous habitions alors rue de Lormet, tout près de la maison où je suis né.

Peu de temps après, nous avons perdu dans cette maison la cousine que j'appelais Maman Zine.

La mort s'était donc lourdement abattue sur notre entourage familial ; en quatre ans, quatre parents furent partis l'un après l'autre pour l'éternité et furent déposés dans le petit cimetière dont j'ai déjà parlé.

Mais, à l'exception de celui de mon père, aucun des autres décès n'a laissé une impression durable dans mon esprit. Il s'agissait seulement d'une promenade quotidienne jusqu'au cimetière, et d'un monticule supplémentaire ajouté au reste, que ma mère appelait son jardin ; un cyprès frais fut planté près des vieux cyprès ; de nouvelles roses fleuries par la vieille rose ; ma mère a versé encore des larmes ; et c'était tout.

Nos tombes étaient voisines de celle de Demoustier ; et son épitaphe était la première inscription commémorative que j'avais déchiffrée ; il avait été composé par Legouvé et s'exprimait ainsi :

« Sous cette pierre repose, dans le sommeil du juste,

" CHARLES-ALBERT DEMOUSTIER,

"Membre associé de l'Institut National, né à Villers-Cotterets, le 31 mars 1760, et dont l'esprit paisible entra dans son repos immortel, le 11 ventôse an IX de la République.

(2 mars 1801)

"En ces mots l'amitié consacra son histoire ;
Il montra les talents, aux vertus réunies;Son esprit lui donna la gloire. Et sa belle âme des amis.

"Repose en paix, bien-aimée!"

Et en effet, si une âme devait reposer en paix, ce serait bien celle du bon et religieux Demoustier, dont la mémoire était vénérée par tous les Villers-Cotterêts. Ma mère me disait souvent qu'un homme plus doux, plus sympathique, plus charmant ne respirait jamais. Il mourut au même âge que mon père, quarante et un ans, et affronta sa fin avec la douce et pieuse résignation de toutes les bonnes âmes. La veille de sa mort, ma mère était assise à son chevet et, bien que désespérée elle-même, elle essayait de lui redonner espoir. Il lui sourit gentiment et contempla une lueur de beau soleil printanier, le soleil qui ressemble plus au premier sourire de la nature qu'au soleil de l'été.

Demoustier posa la main sur la sienne et, la regardant, il dit :

"Chère Madame Dumas, il ne faut pas se faire d'illusions : je ne peux plus prendre de bouillon, ni de lait, ni d'eau, donc je dois mourir."

Et il mourut le lendemain, le sourire aux lèvres.

Hélas! c'était l'ambition de ma mère d'ériger une pierre semblable à celle qui était posée sur le lieu de repos de Demoustier ; mais elle ne pouvait pas se permettre de consacrer les morts au détriment des vivants.

Il me semble que j'ai dû acquérir ma prédilection pour les cimetières, c'est-à-dire les cimetières de village, grâce à mes fréquentes promenades avec ma mère au cimetière de Villers-Cotterêts : rien ne m'impressionne autant encore aujourd'hui, leurs églises, leurs hauts saules pleureurs, leurs murs brisés. -off colonnes, et leurs croix peintes en noir, avec une simple inscription blanche indiquant le nom et l'âge du défunt.

Hélas! si je retournais maintenant à notre cimetière, combien de tombes d'amis j'y trouverais, outre celle de ma mère ! Presque tous ceux que j'ai connus dans mon enfance reposent là et, avec le Christ aux premiers jours de la Rome chrétienne, je pouvais m'exclamer : « J'ai plus d'amis sous la terre que sur elle.

Que ceux qui prennent la peine d'étudier les petits détails étudient les différents lieux-dits où s'est passée mon enfance : les Fossés, Antilly, la chambre confinée de l'hôtel de *l'Epée* , le château en ruine de Villers-Cotterets, la maison et le jardin de la ville. de M. Deviolaine, le cloître de Saint-Rémy, le château de Villers-Hellon, le grand parc de François Ier, d'Henri II. et de Henri IV, et du petit cimetière des Pieux, nom du lieu où était situé le cimetière de Villers-Cotterêts, et ils peuvent trouver l'origine de bien des qualités dans mes livres, de bien des traits de mon caractère.

À toutes ces premières impressions je dois mon profond respect pour toutes les choses saintes, ma foi profonde en la Providence et mon grand amour de Dieu. Jamais, au cours de ma longue vie, je n'ai eu un moment de désespoir, un moment de doute, même dans les heures les plus sombres de la vie ; Je n'ose pas dire que je suis certain de l'immortalité de mon âme, mais je peux aller jusqu'à dire que j'y espère. Je crois que la mort est un oubli du passé sans être un renoncement au futur. Si la science parvient à doter les esprits de mémoire, elle aura résolu le grand mystère dont Dieu a gardé jusqu'ici la clef ; les âmes se souviendront alors et l'immortalité nous sera mise à nu.

Mais pour conclure. Au milieu de ces promenades, de ces jeux et de ces premières études, je grandissais, je pouvais jouer sur mon violon la *Marche des Samnites* et l'Ouverture de *Lodoïska* , et Hiraux, avec sa casquette noire rabattue sur ses oreilles, avouait ma mère qu'il était trop honnête pour lui voler plus longtemps les dix francs par mois qu'elle lui donnait pour faire de moi un musicien.

J'étais tout prêt à abandonner ces leçons, et je l'aurais fait depuis longtemps si mon attrait pour Hiraux n'avait surmonté mon dégoût pour le solfège. J'y renonçai aussi, d'autant plus volontiers que j'avais commencé à suivre des leçons bien plus séduisantes à mes yeux, à savoir des leçons d'escrime.

La République avait transformé le beau château et l'antique maison de plaisance des ducs d'Orléans en caserne, et l'Empire en workhouse. Ici, j'avais découvert un vieux maître d'armes. Il avait été blessé une fois alors qu'il donnait un cours sans masque : le fleuret d'un de ses élèves lui avait transpercé la bouche et détruit sa luette. Cet accident, en le rendant presque muet, ou plutôt en le réduisant à un baragouin presque inintelligible, avait rendu l'enseignement presque impossible — cet accident, dis-je, joint à un grand amour pour la bouteille, avait amené notre vieux Saint-Georges à demeure royale de François Ier, alors auxiliaire de l'Atelier de la Seine.

Cet homme s'appelait le vieux Mounier, et, bien que je doive demander pardon à mon futur maître Grisier, je tiens à déclarer que j'ai reçu mes premières leçons d'escrime de Mounier quand j'avais dix ans.

Car j'avais environ dix ans lorsque j'ai commencé à montrer une telle répugnance pour la musique et un enthousiasme si intense pour les exercices physiques.

Pendant que tout cela se passait, et que je ne rêvais que d'épées et de sabres, de pistolets et de fusils, je restais très lâche sur un seul point. Comme la nature, j'avais horreur du vide. Dès que je me sentis suspendu à une certaine distance au-dessus de la terre, comme Antée, ma tête se mit à tourner, et je perdis tout l'esprit. Je n'osais même pas descendre les escaliers, même s'ils étaient un peu raides, et je n'avais jamais osé grimper aux arbres après les nids d'oiseaux avec mes jeunes camarades de jeu.

Cette lâcheté m'a valu toutes sortes de ruses de la part de mes cousins Deviolaine, de leur frère Félix et de ma sœur aînée. Ils se plaisaient à me conduire dans les greniers à foin, sous prétexte de jouer à cache-cache ou à quelque autre jeu : alors, la porte fermée, on ne pouvait descendre que par une échelle. J'avais l'habitude de prier et d'implorer les autres enfants, à leur grand amusement, de m'ouvrir la porte ; puis, comme on ne prêtait aucune attention à mes supplications, je me décidais enfin à descendre par l'échelle, et ma descente se faisait très maladroitement sous les yeux de mes camarades de jeu moqueurs.

J'ai failli être tué un jour en m'arrêtant en bas alors que les autres enfants étaient partis en haut. Ils avaient tous grimpé sur une meule de paille au pied de laquelle j'étais assis. Ma cousine Cécile était un vrai garçon manqué dans ses manières et semblait penser, avec la princesse Palatine, qu'elle pourrait changer de sexe si elle continuait à sauter et à sauter. Elle avait atteint le sommet la première et se penchait pour me regarder et me taquiner, lorsque son pied glissa et elle dévala le côté escarpé de la meule, se posant à califourchon sur mes épaules, me brisant presque le cou.

J'ai fait preuve d'un sang-froid en grand danger qui m'a réintégré dans la bonne opinion de mes jeunes amis. C'était le Douzième Jour, et nous avions dîné chez M. Deviolaine. Le haricot du douzième jour, qui me constituait le roi du jour, était tombé entre mes mains, aussi, après le dîner, je me hâtai de transférer le siège de mon empire dans le jardin. En lançant un bateau en papier dans l'étang au milieu de la pelouse, je me suis apparemment penché un peu trop loin ; J'ai perdu l'équilibre et, la tête devant, je suis entré dans l'eau glacée, qui avait quatre pieds de profondeur, avec une chute formidable, au grand effroi des spectateurs, qui ont levé les bras et se sont mis à crier à haute voix : " Au secours, au secours, Dumas se noie ! "... Heureusement, je n'ai pas perdu la tête, j'ai attrapé les plantes qui pendaient au bord de la piscine, et, grâce à cet appui, j'ai réapparu à la surface du bassin. l'eau, ruisselante comme la rivière Scamander. Ensuite, il n'a fallu que la main de Victor pour me ramener à mon élément sur la Terre mère.

Cela fait, je me tournai vers la compagnie terrifiée d'un air judiciaire et sérieux, et je leur dis :

« Imbéciles, il ne fallait pas dire : « Dumas se noie », il fallait dire : « Le roi boit ! »

Cela charma tout le monde ; et, comme je n'avais alors que sept ans, et que c'était ma première parole intelligente, j'ai besoin de l'indulgence du public pour en parler.

Cela n'a pas empêché ma cousine Cécile de déclarer, alors qu'elle faisait quelques-uns de ses tours de garçon manqué, que je n'étais et ne serais jamais apte à être autre chose qu'un séminariste.

Nous verrons bientôt à quel point sa prédiction fut sur le point de se réaliser.

Je crois que j'ai eu cinq grandes frayeurs dans ma vie et, heureusement, toutes sont survenues dans ma petite enfance. J'ai mentionné les trois premiers ; le serpent d'Amiens, les deux vipères de Saint Rémy et Madame de Genlis.

Nous allons maintenant passer au quatrième.

Je jouais aux billes devant la porte d'un épicier nommé Lebègue, qui raclait et étalait du chocolat sur une plaque de marbre avec un long couteau flexible qu'on appelle, je crois, spatule. J'ai commencé une dispute avec mon compagnon et nous avons commencé à nous frapper. Sachez que lorsqu'il s'agissait de coups de poing, je n'ai jamais été un lâche. Il était plus fort que moi, il m'a repoussé brutalement et je suis tombé à la renverse dans un pot de miel.

Je vis tout de suite les conséquences de mon accident, je poussai un cri qui fit lever les yeux à l'épicier, et il comprit bientôt ce qui s'était passé, c'est-à-dire que, comme je l'ai dit, j'étais assis dans un pot de miel. Je me levai comme si des ressorts étaient attachés à mes jambes, malgré la résistance de la substance à laquelle j'étais collé : et je m'enfuis incontinent.

Ma fuite prudente et rapide était due à la vue de l'épicier sortant en même temps son couteau à la main.

J'ai naturellement couru vers mon domicile, mais celui-ci se trouvait au centre de la rue de Lormet, et à bonne distance du lieu de l'accident. Je courais de toutes mes forces, mais les jambes de l'épicier étaient deux fois plus longues que les miennes ; J'étais motivé par la terreur, mais lui était ému par la cupidité. Je me tournai pour regarder derrière moi pendant que je courais, et vis cet horrible commerçant, aux yeux de feu, aux lèvres ouvertes et au front froncé, le couteau à la main, gagnant sur moi à chaque minute. Enfin, brûlant de chaleur, haletant, sans voix et sur le point de m'effondrer, je me jetai sur le trottoir à dix pas de notre porte, persuadé que j'en avais fini avec moi et que Lebègue ne me poursuivait que pour autre chose. que de me trancher la gorge.

Rien de tel ne s'est produit. Après une lutte dans laquelle je lui résistai bec et ongles, il me mit à genoux, la face contre terre, gratta le bas de mon pantalon avec sa spatule, me remit sur pied et revint parfaitement content dans sa boutique.

Mais malgré cette indulgence de la part de M. Lebègue, il me fallut plus d'un an avant que j'ose passer du même côté de la rue que son épicerie.

CHAPITRE V

Mon horreur des hauteurs - L'Abbé Conseil - Mon ouverture au Séminaire - Ma mère, très pressée, décide de m'y entrer - L'encrier en corne - Cécile chez l'épicier - Ma fuite.

Mais j'avais maintenant dix ans et il était temps de prendre au sérieux mon éducation mentale. Mon entraînement physique avançait assez vite. Je pourrais lancer des pierres comme David, je pourrais tirer un arc comme un archer des Baléares, je pourrais chevaucher comme un Numide ; mais je ne pouvais pas grimper aux arbres ni aux clochers.

J'ai beaucoup voyagé, et que ce soit dans les Alpes ou en Sicile, en Calabre, ou en Espagne ou en Afrique, j'ai parcouru des endroits assez difficiles ; mais je ne les ai traversés que parce que j'y étais obligé ; et personne d'autre que moi ne saura jamais ce que j'ai enduré au cours du processus. Ma terreur est purement nerveuse, et donc incurable ; c'est si grand que, si j'avais le choix, j'aimerais mieux me battre en duel que de monter en tête de colonne, place Vendôme.

Je suis monté une fois au sommet des tours de Notre-Dame avec Hugo, et je n'aime pas penser ce que cela m'a coûté en sueurs et en frissons froids.

Mais il faut revenir à la question de ma formation mentale, car il était grand temps de la commencer sérieusement. On avait essayé de me faire inscrire gratuitement dans tous les collèges dotés pour l'éducation des fils d'officiers supérieurs. Mais, malgré les démarches les plus urgentes, ils ne purent m'obtenir ni l'admission au Prytanée ni une bourse dans aucun lycée impérial.

Si j'avais été assez âgé pour avoir alors quelque importance, je me serais flatté que la haine de Bonaparte contre mon père se continuât contre moi.

Aucune de mes demandes n'avait donc abouti, lorsqu'un de mes cousins mourut, dont j'ai déjà parlé, l'abbé Conseil.

Il avait été précepteur des pages royales, il avait reçu toutes sortes de bénéfices de Louis XV. et Louis XVI, et il était donc riche. Il possédait une charmante maison dans le village de Largny, à une lieue de Villers-Cotterêts, et un jardin des plus pittoresques, tous deux au centre d'une vallée ; Je n'ai pas parlé de tout cela auparavant, parce que notre cousin Conseil ne nous a fait que peu d'hospitalité.

Il avait aussi une maison à Villers-Cotterets, numéro 3 ou 5, je crois, rue de Lormet, juste en face de la maison où mourut Demoustier.

Je rendais deux visites par an à ce cousin Conseil, l'une le jour de l'An, l' autre le jour de son anniversaire. Il me donnait un baiser sur une joue et une gifle sur l'autre, et là s'arrêtait sa générosité.

Une fois, il m'a donné une demi-couronne. Mais ma mère et moi n'y sommes jamais retournés et il est décédé la même année. Il a laissé derrière lui un revenu d'environ 12 000 livres, à une certaine Miss Ryan, mentionnée plus haut.

Ma mère reçut un legs de 1500 francs, et à un de ses parents il légua une bourse au Séminaire de Soissons.

Mon destin était clair et la prophétie de Cécile allait se réaliser : je serais le futur séminariste.

Mais la question restait de savoir comment m'y rendre, ce qui n'était pas une tâche facile. J'avais une aversion irraisonnée pour les prêtres, et la prédiction de Cécile avait semé dans mon cœur les graines d'une révolte contre sa réalisation.

La décision de ma mère n'était pas prise. Elle, la pauvre femme, était incapable d'insister sur ce qui lui paraissait le moins désagréable pour moi ; mais elle désirait me donner la meilleure éducation possible. L'idée de faire de moi un prêtre ne lui était pourtant jamais venue à l'esprit. Je crois, en effet, que si elle avait pensé qu'une telle chose pourrait en résulter, elle aurait été la première à s'opposer au projet qu'elle m'a présenté maintenant avec les couleurs les plus éclatantes.

Deux ou trois mois se sont écoulés, je résistais et ma mère me suppliait et me priait de partir.

Enfin, un beau jour où elle avait usé de tous les attraits imaginables pour me faire partir, en promettant solennellement, sur sa parole d'honneur, que je serais toujours libre de rentrer si je n'aimais pas les règles du Séminaire, je je laissai tomber le *oui* fatal , et j'acceptai tous ses vœux.

J'avais une semaine pour faire mes préparatifs de départ. Ce fut une grande séparation, et elle coûta à ma mère autant qu'à moi ; mais elle essaya de cacher ses larmes, jusqu'à ce que je crusse injustement qu'elle était très contente de se débarrasser de moi.

La veille de celle où je devais voyager dans l'autocar qui faisait la navette deux fois par semaine entre Villers-Cotterets et Soissons, alors que je rassemblais tous mes petits besoins pour ma vie scolaire, j'ai découvert que je n'avais pas d'encrier. J'en ai parlé à ma mère, et elle, reconnaissant la justesse de ma demande, m'a demandé quelle espèce je désirais.

J'avais des idées luxueuses concernant cet encrier. Je souhaitais un encrier en corne avec un emplacement pour les stylos. Mais comme ma mère ne comprenait pas bien mes explications, elle me donna douze sous et me dit d'aller acheter moi-même l'encrier.

S'il vous plaît, prêtez une grande attention à cette petite question ; car, si puéril que cela puisse paraître, cela a changé tout le cours de ma vie.

Je me précipitai chez un épicier nommé Devaux. Je me suis bien gardé d'aller chez Lebègue : le lecteur sait pourquoi.

L'épicier n'avait pas le genre d'encrier que je souhaitais ; mais il a promis de m'en procurer un le soir.

Le soir venu, je revins, et il me fit préparer l'encrier ; mais comme par hasard j'ai retrouvé ma cousine Cécile dans la boutique.

Elle était très heureuse de me voir, elle en a profité pour me souhaiter tout le succès possible dans la carrière que j'avais choisie et elle m'a promis que, dès mon ordination, elle me demanderait de devenir son directeur spirituel.

Je ne saurais dire si c'était parce que ses sarcasmes m'irritaient au-delà du supportable, ou si la responsabilité de la fonction proposée me paraissait trop lourde, mais je jetai l'encrier au visage de l'épicier. J'ai empoché mes douze sous et je me suis précipité hors de la boutique en criant : « Très bien, je m'en fiche. Je n'irai pas au séminaire !

Comme César, j'avais franchi mon Rubicon : mais il fallait ensuite tenter d'échapper aux supplications pressantes de ma mère, auxquelles je n'aurais peut-être pas pu résister.

J'ai osé mon premier acte volontaire. J'ai acheté un pain et une saucisse avec mes douze sous, de la nourriture pour deux ou trois jours en fait, et puis j'ai été chercher Boudoux.

Je dois expliquer qui il était.

Boudoux était un personnage. Si la maladie appelée *boulimie n'avait pas* déjà reçu son nom à cette époque, elle aurait certainement été baptisée d'après lui.

Je n'ai jamais vu un mangeur aussi vorace que Boudoux.

Un jour, il est venu chez nous et un veau venait d'être tué ; il le regardait avec des yeux impatients, et mon père lui dit :

"Veux-tu le manger en entier ? Tu peux l'avoir."

"Oh ! général , vous plaisantez !" fut la réponse de Boudoux.

"Sur ma parole, je ne le suis pas."

"En effet, j'adorerais ça, général."

Ils mirent le veau entier au four, et une fois cuit, Boudoux mangea tout.

Lorsqu'il eut cueilli le dernier os, mon père le complimenta pour sa performance.

"J'espère que ta faim est satisfaite maintenant, Boudoux ?" il a dit.

— Mettez la mère à la broche, général, répondit Boudoux, et vous verrez.

Mon père reculait, car il aimait sa vache, et Boudoux risquait de ne laisser d'elle que ses cornes.

Je pourrais citer d'autres exemples que celui-ci ; mais ils pâliraient devant celui que je viens de donner.

Un jour, à l'ouverture de la chasse, M. Danré, de Vouty, avait à la broche deux douzaines de poulets. Boudoux les regardait comme il avait regardé le veau de mon père ; et M. Danré eut l'imprudence de lui faire une proposition semblable à celle qui avait été faite chez nous.

Boudoux fit vingt-quatre bouchées des vingt-quatre poulets.

Plus tard (il ne faut pas s'arrêter plus longtemps sur l'appétit de Boudoux), après la Restauration, lorsque le prince de Condé vint chasser à Villers-Cotterets, il amena une meute de cent vingt chiens.

Boudoux obtint le poste de chenil des chasseurs, et il lui appartenait donc de distribuer de la nourriture aux princiers Roquadors et Barbaros.

On découvrit bientôt que, bien que l'achat de pain et de viande fût le même que d'habitude, les pauvres bêtes devenaient maigres, languissantes et instables sur leurs pattes.

Les soupçons s'éveillèrent et Boudoux fut surveillé.

On découvrit qu'il avait lui-même mangé les portions de quarante chiens, soit un tiers de toute la nourriture.

Le prince ordonna que la portion de nourriture de Boudoux lui soit servie séparément chaque jour, et que cette portion équivalait à quarante chiens.

Voilà donc pour l'appétit de Boudoux. Nous parlerons ensuite de ses acquis physiques, et enfin de ses qualités morales.

Physiquement, Boudoux semblait appartenir aux rebuts de la création ; Quasimodo serait apparu presque beau à ses côtés. Le visage de Boudoux n'était pas seulement piqué, il était cicatrisé, ridé et presque rongé par la variole ; ses yeux, tirés de leurs orbites par le creux de ses paupières, semblaient pendre sur ses joues, aqueuses et injectées de sang ; son nez était déprimé au lieu d'être relevé, et aplati sur sa lèvre supérieure ; de ses lèvres coulait un filet constant de salive noircie par les chiques de tabac qu'il mâchait ; la lèvre supérieure se recourbait comme celle d'un serpent, presque ronde jusqu'aux oreilles, et donnait à sa bouche l'air de pouvoir contenir tout un gigot de mouton à la fois ; le tableau était complété par des cheveux que Polyphème lui-même aurait pu envier ; sa barbe était rare, rouge et grossière, et ne poussait que dans les rares espaces non couverts de marques de vérole.

Sa tête était soutenue par un corps de cinq pieds neuf pouces de hauteur, mais cette hauteur ne fut jamais réalisée à cause d'un défaut d'une jambe, qui doublait et cédait tellement sous lui ; à chaque pas qu'il faisait, que la partie inférieure de sa jambe et le haut de sa cuisse ressemblaient aux deux aiguilles d'un compas ouvert en triangle.

Boudoux avait pour autant une force presque surhumaine. Lors d'un déménagement, il valait son pesant d'or : il portait sur sa tête des malles, des buffets, des lits, des tables, et, comme sa foulée boitante mesurait plus d'un mètre et demi à chaque pas qu'il faisait, il pouvait se déplacer. tout le mobilier d'une maison à une autre en un tour de main.

Boudoux, qui aurait pu saisir un cheval par les sabots postérieurs et lui arracher les fers comme Alcidamas ; ou, comme Samson, ont retiré les portes de Gaza de leurs gonds et les ont portées sur son dos ; ou bien, comme Milon de Crotone, ils ont fait le tour du cirque avec un bœuf sur les épaules, puis l'ont abattu et mangé ; Boudoux, dis-je, avec la force d'un éléphant, était doux comme un agneau.

Et maintenant, son caractère.

Bien que laid, repoussant, hideux à regarder, tout le monde aimait Boudoux. Il logeait chez sa tante, Mademoiselle Chapuis, maîtresse de poste, mais il prenait ses repas partout. Trois fois par jour, il faisait le tour de la ville et, comme les frères mendiants des anciens monastères, il récoltait de quoi nourrir un couvent ; seulement, comme il n'avait pas de moines à nourrir, il mangeait lui-même toute la provision.

Ce n'était pas suffisant pour le satisfaire, mais cela le faisait continuer.

Boudoux avait une vocation, ou plutôt deux vocations, car il travaillait *à la marette* et *à la pipée*.

Il faut expliquer aux Parisiens ; qui ne saura probablement pas quels sont les deux métiers que nous avons évoqués sous les noms de *marette* et *de pipée*. Nous prendrons *Marette* en premier.

Il y a très peu de forêts, de bois ou de couverts qui ne contiennent quelques mares d'eau, communément appelées *juments* ; par exemple, la *jument* d'Auteuil, qui a été notée d'aussi loin que je me souvienne. Dans ces mares situées dans les bois, les forêts et les couverts, les oiseaux ont l'habitude de s'abreuver à certaines heures de la journée. Ici, l'oiseleur enfonce de petites brindilles de bouleau enduites de glu dans le sol mou et boueux le long des bords des bassins, et lorsque les oiseaux viennent boire, ils sont attrapés sur ces brindilles chaulées.

C'est ce qu'on appelle piéger une *jument* , et c'est dans le montage astucieux de ces pièges que consiste toute la réussite et l'art du chasseur.

Et comme, pour tout expliquer bien, il y a plus de petites *juments* que de grandes, et comme les petites *juments* valent mieux que les grandes, parce qu'elles ont moins besoin de glu, et par conséquent coûtent moins cher, ces petites *juments* sont appelées *marelles* . " et dans le langage des piègeurs de petits oiseaux, l'expression travailler *à la marette* indique la nature de leur vocation.

La pipée est travaillée de la même manière, mais avec des différences de détails. Un arbre suffisamment haut pour dépasser le reste du taillis est choisi ; on le dépouille de ses petites branches, et celles-ci sont remplacées par des brindilles de tilleul insérées dans des encoches faites par une serpe ; les oiseleurs prennent alors place dans une cabane faite de feuillage construite autour du tronc de l'arbre, et ils attirent tous les oiseaux du quartier par trois méthodes.

La première consiste à attacher un hibou au centre de l'arbre.

La chouette, avec son plumage chamois et ses grands yeux ronds, joue dans la forêt le rôle que jouait Jean-Jacques Rousseau dans les rues de Paris lorsqu'il sortait habillé en Arménien.

Tous les Arabes des rues ont couru après le philosophe genevois.

Tous les oiseaux poursuivent la chouette.

Mais un sort attend ces pauvres créatures qui n'ont pas rattrapé les voyous : lorsqu'ils volent contre l'arbre, en attaquant le hibou qui est attaché à l'arbre, chaque oiseau qui se pose sur un rameau de tilleul est perdu ; il tombe de branche en branche, et passe de la liberté à une cage, heureux s'il ne passe pas de sa cage à la broche.

La deuxième méthode d'attraction consiste à prendre un geai.

À partir d'un lièvre, on ne peut faire que du lièvre en cruche, mais dans le cas d'un geai, on peut construire autre chose.

Il faut cependant que ce soit un geai vivant, c'est une condition *sine quâ non* .

Le geai a une réputation choquante dans le monde des oiseaux.

Il est accusé par la Fontaine d'avoir volé des plumes de paon ; et, comme toutes les réputations faites par l'homme, celle-ci est peut-être la moins méritée ; une autre accusation portée contre lui — et une accusation bien plus grave aux yeux des oiseaux — est qu'il mange les œufs de ses frères plus petits et plus faibles. Ainsi la haine dans laquelle les oiseaux tiennent ce glouton est en proportion du nombre d'œufs qu'ils pondent ; la mésange, par exemple, qui pond parfois jusqu'à vingt à vingt-cinq petits œufs, est la plus acharnée contre ce voleur ; viennent ensuite *les fourgons* , qui en pondent quinze ; des pinsons, qui pondaient cinq ou six ; et enfin les rouge-gorges et les parulines, qui pondaient trois ou quatre. Alors ils prennent un geai vivant, étendent ses ailes et lui arrachent les plumes.

Ce n'est pas un processus très humain, mais il est très efficace.

Le cri du geai est un bruit effrayant : à mesure qu'on arrache chaque plume, le geai pousse ce cri, et à chaque cri des troupeaux de pinsons, mésanges, *fourgons* , fauvettes et rouges-gorges viennent s'envoler pour jouir du malaise de leur ennemi ; car ils ne se trompent pas, ils reconnaissent son cri comme un cri de douleur.

Mais cette fois, ils sont punis pour leur manque de pardon envers leur ennemi, et les tilleuls exécutent la justice sur leurs cœurs endurcis.

Le succès du troisième moyen dépend entièrement du degré d'habileté avec laquelle l'oiseleur a été naturellement doué, pour produire des sons imitant les chants des oiseaux, à l'aide de brins de chiendent ou d'un morceau de soie brillante. Le musicien qui peut imiter les notes des oiseaux n'a besoin d'aucun geai ou hibou pour l'aider ; il se retire dans sa cabane, contrefait les cris de détresse des différents oiseaux qu'il veut attraper, et tous les oiseaux de la même espèce qui se trouvent dans le quartier se ruent à l'appel.

Je dois dire cependant que j'ai rencontré peu de *pipurs* (et j'en ai connu un grand nombre) qui aient atteint un tel degré de perfection.

Mais Boudoux, qui ne parlait aucune langue morte, et ne savait parler que la sienne entre les vivants, et cela très imparfaitement, prenait, en matière d'oiseaux, le premier rang comme philologue, et pas seulement dans la forêt de Villers-Cotterets, mais, j'ose oser l'affirmer, dans n'importe quelle forêt du monde.

Il n'y avait pas de langue ornithologique, de jargon ou de patois qu'il ne pût parler, depuis la langue du corbeau jusqu'à celle du troglodyte.

Il méprisait ceux de ses confrères qui utilisaient l'herbe et la soie, car il imitait si parfaitement le cri d'un hibou que j'en ai vu un venir se percher sur son chapeau comme sur le casque de Minerve.

Je suis allé chercher Boudoux. Je lui délivrai mon cœur et je lui demandai de me cacher pendant deux ou trois jours dans une de ses huttes.

Bien sûr, il a accédé à ma demande.

Sa seule condition était que, comme c'était l'automne, je devais emporter une couverture avec moi, car les nuits n'étaient pas aussi chaudes qu'avant.

Je rentrai chez moi, me glissai dans ma chambre, enlevai une couverture de mon lit et écrivis sur un bout de papier :

" Ne vous inquiétez pas pour moi, ma chère mère ; je me suis enfui parce que je ne veux pas être prêtre. "

Puis je rejoignis Boudoux, qui avait récupéré sa nourriture du soir et m'attendait à l'entrée du parc.

Boudoux possédait deux piscines à collets, l'une sur la route de Vivières et l'autre sur la route de Compiègne. Près de la piscine, sur la route de Compiègne, il avait une cabane, et c'est dans cette cabane que j'ai demandé refuge au Séminaire de Soissons.

J'ai passé trois jours et trois nuits dans la forêt. La nuit, je m'enroulais dans ma couverture, et j'avoue que je dormais sans aucun remords ; le jour, j'errais d'une *jument* à l'autre, ramassant les oiseaux pris au piège. Nous avons pris un nombre incalculable d'oiseaux pendant ces trois jours ; le troisième jour, les deux *juments* étaient complètement *ruinées* jusqu'à la prochaine saison de reproduction. J'insiste sur le mot *ruiné* , car c'est le terme technique pour le désigner.

Ces trois jours ont accru mon antipathie envers le Séminaire, mais en même temps cela m'a donné un goût aigu pour *la marette*.

Au bout de ces trois jours, je revins, mais je n'osai pas aller directement à la maison. J'allai trouver ma bonne amie Madame Darcourt, et je la priai d'annoncer à ma mère le retour de son fils prodigue, et de faciliter ma rentrée sous le toit maternel.

Hélas! plus les enfants sont prodigues, plus leur accueil est chaleureux ! Lorsque le premier fils prodigue revint chez son père après trois ans d'absence, ils tuèrent un veau ; s'il n'était revenu qu'après une absence de six ans, ils auraient tué un bœuf.

Ma mère m'a serré contre elle et m'a traité de mauvais garçon. Elle m'a promis qu'on ne parlerait plus entre nous de ma venue au Séminaire, ravie de penser que je ne la quitterais pas. Elle réserva toute sa colère à Boudoux, et, la première fois qu'elle le vit, pauvres comme nous étions, elle lui donna cinq francs.

Pensez simplement à quelle circonstance insignifiante a décidé du cours de ma vie. Si l'épicier avait eu le matin l'encrier que je voulais, je ne serais pas retourné chez lui le soir ; Je n'aurais pas dû y rencontrer Cécile ; elle n'aurait pas fait cette plaisanterie qui m'exaspérait ; Je n'aurais pas dû me mettre sous la garde de Boudoux ; et le lendemain j'aurais dû aller à Soissons et entrer au séminaire. Au séminaire, mes inclinations latentes pour la vie religieuse se seraient développées, et j'aurais pu devenir un grand prédicateur au lieu de ce que je suis, c'est-à-dire un pauvre poète. Je me demande si cela aurait été mieux ou pire ?

Ce que Dieu fait est bien fait. Ce n'était pas le seul danger auquel j'échappais ; nous verrons plus tard comment j'ai failli devenir quelque chose de bien pire qu'un séminariste ou un prêtre.

Nous verrons que j'ai manqué de peu d'être collecteur d'impôts !

CHAPITRE VI

Le Collège de l'abbé Grégoire — L' accueil que j'y ai reçu — Les fontaines jouent pour célébrer mon arrivée — La conspiration contre moi — Bligny me défie en combat singulier — Je gagne.

Il fut convenu que j'irais au collège de l'abbé Grégoire à Villers-Cotterets au lieu du séminaire. Ils appelèrent l'école de l'abbé Grégoire un *collège* , tout comme en Angleterre les fils illégitimes des nobles sont appelés « seigneurs ».

C'est une question de courtoisie.

Quoi qu'il en soit, il fut décidé que j'irais au collège de l'abbé Grégoire.

Oh! si je commence à parler de l'abbé Grégoire, je continuerai indéfiniment, car c'était un homme honnête, digne et saint.

Ce n'était pas un génie, il était quelque chose de mieux que cela : c'était un homme tout à fait bon ; pendant les années où il dirigea l'école, deux cents élèves passèrent entre ses mains, et je n'en connais pas un seul qui ait mal réussi.

Durant les quarante années où il fut au service de l'Église de Villers-Cotterêts, pas un seul petit scandale qui pût faire sourire les irréligieux ou les libertins n'avait jamais été porté contre lui. Les mères qui lui avaient avoué dans leur enfance et pendant sa jeunesse lui amenaient leurs filles en toute confiance, car elles savaient qu'alors, comme à leur époque, seuls de bons conseils paternels seraient donnés à travers la grille du confessionnal.

Il n'a jamais eu de domestique ni de femme de ménage ; il vivait avec sa sœur, une petite vieille dame ratatinée, un peu bossue, un peu maladroite, qui adorait, voire adorait son frère.

Pauvre cher abbé, quelle vie nous lui avons menée ! Comme nous l'avons mis en colère, comme il nous a grondés et combien il nous aimait !

Il en était de même pour lui et pour Hiraux ; Je l'aimais si tendrement avant de songer à être son élève, que je me soumettais sans la moindre crainte au grand changement de ma vie. D'ailleurs, qu'était-ce, comparé au Séminaire ?

Ses cours commençaient à huit heures et demie du matin, juste après la messe, et se terminaient à midi. Nous sommes tous rentrés chez nous pour dîner pendant une heure, puis sommes revenus à une heure ; à une heure cinq minutes, l'école reprit et dura jusqu'à quatre heures.

Ajoutez à cela les dimanches, les fêtes, les grandes fêtes et les petites fêtes, et vous verrez que ma vie n'était pas bien dure.

Dans l'ensemble, je n'étais pas très apprécié des autres enfants de la ville à cet âge ; J'étais vaniteux, impudent et autoritaire, rempli de confiance en moi et d'admiration pour ma petite personne ; Pourtant, malgré tout cela, j'étais capable de ressentir du bien, quand le cœur, plutôt que l'intellect ou l'amour-propre, était mis en jeu.

Quant aux qualités physiques, j'étais une assez jolie enfant : j'avais des cheveux longs, blonds, bouclés, qui tombaient sur mes épaules, et qui ne devenaient crépus qu'à ma quinzième année ; de grands yeux bleus, qui, jusqu'à présent, ont conservé un peu de leur fraîcheur première ; un nez droit, petit et bien formé ; lèvres sensibles rouges épaisses; dents blanches mais inégales. En outre, mon teint était d'une blancheur éclatante, due, croyait ma mère, à l'eau-de-vie que mon père lui avait fait boire pendant sa grossesse ; il est devenu plus foncé lorsque mes cheveux sont devenus croustillants.

J'avais une silhouette aussi longue et mince qu'une latte.

Les locaux de l'école n'étaient pas grands : vingt-cinq ou trente élèves suffisaient pour le remplir, et ce fut tout un événement lorsqu'un nouvel élève arrivait au milieu du petit cercle.

C'était un grand événement de mon côté aussi. J'étais vêtu d'un costume entièrement confectionné à partir d'un manteau qui avait appartenu à mon grand-père. C'était la couleur du *café au lait* , d'un ton plus profond, partout tacheté de points noirs. J'en étais très fier et je pensais que cela ferait sensation parmi mes camarades.

Un lundi matin d'automne, à huit heures, je me dirigeai vers la source d'où je devais boire abondamment de l'eau de la connaissance. Je marchais solennellement, le nez fièrement relevé, portant sous le bras ma bibliothèque de grammaires, l' *Epitome historiæ sacræ* , mes dictionnaires et autres aides, tous aussi neufs que mes vêtements, et je jouissais d'avance de l'effet que produirait mon apparence. produire sur la communion des martyrs.

L'entrée de la cour de l'abbé Grégoire se faisait par une grande porte, qui ressemblait à l'entrée d'une voûte profonde, et ouvrait sur la rue de Soissons. Cette porte était grande ouverte, et je regardais dans la cour : elle était vide.

Au début, j'ai deviné que j'étais en retard et que tout le monde était déjà à l'école. J'ai rapidement franchi le seuil ; dès que la porte se referma derrière moi, j'entendis de grands cris de joie, et une rosée, qui ressemblait fort à une averse, descendit sur moi du haut d'un double amphithéâtre de tonneaux.

Je levai les yeux, et vis chaque élève perché sur un tonneau, dans la même attitude et accomplissant la même action que la fontaine *Manneken-Pis* de Bruxelles. Les fontaines jouaient en l'honneur de mon arrivée.

Une telle manière de recevoir me déplut beaucoup. Je pris mes talons pour me protéger de ce nouveau genre de bain-douche ; mais j'étais resté un moment hésitant et étonné ; puis, une fois décidé, il me restait cinq ou six pas à faire avant d'être libre ; alors, quand je suis sorti du passage en forme de voûte, j'étais en ruissellement partout.

J'étais de nature très en larmes. Souvent, quand j'étais enfant, je m'asseyais dans un coin et je pleurais sans aucune raison. Alors, comme je parlais toujours de moi, comme César, à la troisième personne, et comme on avait adopté cette manière de s'adresser à moi, pour le plaisir, ma mère venait vers moi et me demandait :

"Pourquoi Dumas pleure-t-il ?"

« Dumas pleure, répondais-je, parce que Dumas a des larmes.

Cette réponse la soulageait de toute inquiétude et satisfaisait presque toujours ma mère, qui s'en allait en riant, me laissant pleurer à loisir.

Si j'ai pleuré sans aucun motif, le lecteur comprendra facilement que, lorsqu'il y avait une forte motivation, il y avait à plus forte raison pour que je cède à des torrents de larmes.

Quelle excuse plus justifiable aurais-je pu avoir que l'humiliation que je venais de subir et le tort qu'elle venait de faire à mon nouveau costume ?

Ainsi, lorsque l'abbé Grégoire est venu dire la messe, il m'a trouvé sur les marches, dans des flots d'eau, comme la Biblis de M. Dupaty.

A peine l'abbé était-il en vue que mes camarades s'approchèrent de moi, m'entourèrent en rond dans l'escalier et, avec toutes les apparences d'un profond intérêt, se demandèrent pourquoi je pleurais. L'abbé Grégoire franchit le cercle hypocrite, monta deux ou trois marches, et, levant son lorgnon, car il était aveugle comme une taupe, me regarda et me demanda ce qu'il y avait .

J'allais répondre, quand je vis derrière l'abbé vingt poings fermés et vingt visages menaçants qui me faisaient des gestes significatifs. J'ai poussé un hurlement, auquel l'abbé s'est retourné : aussitôt tous les visages ont souri, toutes les mains ont été remises dans leurs poches.

"Mais qu'est-ce qu'il a ?" demanda l'abbé.

« Nous ne savons pas », répondirent les hypocrites ; "il continue ainsi depuis qu'il est arrivé."

" Quoi ! il pleure depuis qu'il est venu ? "

"Oui, en effet, il l'a fait. N'est-ce pas ? n'est- ce pas ? n'est- ce pas ?"

"Oui oui oui ! " toutes les voix ont répondu. "Dumas pleure."

« Voyons, pourquoi pleures-tu, Dumas ?

"Oh!" répondit l'un d'eux qui connaissait la tradition, Dumas pleure probablement parce que "Dumas a des larmes"... "

Cette remarque moqueuse m'a rendu furieux.

"Non!" J'ai crié : « Non , je ne pleure pas parce que j'ai des larmes ; je pleure parce que... parce que... parce qu'ils m'ont fait de l'eau sur la tête, là !

Le crime était si insolite, l'idée si bizarre, que l'abbé me fit répéter deux fois l'accusation ; puis, se tournant vers ses élèves, il dit :

"Montez, messieurs, nous y reviendrons."

"Ah ! espèce de gamin ! ah ! espèce de révélateur ! ah ! espèce de traître !" une douzaine de gars m'ont chuchoté ; "Attends un peu, on verra quand l'école sera finie!"

L'abbé se retourna.

Tous se turent et entrèrent dans la salle de classe.

Chaque garçon prenait sa place, mais moi, qui n'en avais pas, je restais debout.

« Viens ici, mon jeune ami, dit l'abbé.

— Me voici, monsieur l'abbé, dis-je en gémissant.

Il m'a senti.

"L'enfant est trempé jusqu'au bout—!"

Mes lamentations éclatèrent de nouveau.

"Bien sûr qu'il est mouillé", dit un grand garçon ; "pensez à la fois où il a pleuré."

"Quoi!" s'écria l'abbé, vous osez dire que ses propres larmes l'ont ainsi trempé ?

"Certainement!"

" Mais, monsieur l'abbé, m'écriai-je, je ne pourrais pas pleurer dans mon dos, et je suis aussi mouillé derrière que devant. "

L'abbé vérifia ma déclaration.

"Vous avez raison", dit-il. "Pas de récréation à midi ; apportez-moi immédiatement la canne ; et vous, les garçons, devrez faire trois cents lignes demain matin."

Alors s'éleva un chœur de plaintes et de gémissements égal à ceux que Dante entendit dans le premier cercle de l'Enfer.

A ces gémissements et plaintes se mêlaient de féroces menaces qui me faisaient frissonner la chair.

Ils durent néanmoins se soumettre : l'abbé maintenait les anciennes traditions scolastiques ; il avait l'oreille sourde et la main vigoureuse ; et les coups de canne tout autour augmentaient les gémissements, les plaintes et les menaces.

J'ai réalisé que j'étais en train de rassembler une tempête au-dessus de ma tête qui se traduirait plus tard par une pluie de coups de poing.

La bastonnade avait tellement de bien qu'elle supprimait le travail pendant tout ce cours ; pas une ligne n'a été écrite de neuf heures à midi, sous prétexte que l'abbé avait frappé si fort que leurs mains étaient engourdies.

L'abbé accepta l'excuse.

A midi, chaque garçon essayait de trouver une excuse pour échapper à la rétention. C'était incroyable tout ce qu'ils avaient à faire et l'importance de sortir ce jour-là.

Je me souviens de trois des excuses données : Saunier a dû prendre sa leçon de clarionette ; Ronet dut prendre une dose d'huile ; Leloir devrait tirer pour la conscription !

Ces trois prétextes ont été avancés par les trois savants nommés Saunier, Ronet et Leloir.

Inutile de le raconter, le cours de clarionette, l'huile de ricin et le tirage au sort durent attendre le lendemain, et à midi je sortis du collège absolument seul.

Oh! quelles réflexions profondes j'ai faites en rentrant chez moi ! Comme j'ai bien compris qu'il aurait été de loin préférable de rire de la plaisanterie, aussi sombre soit-elle, que de pleurer comme je l'avais fait ! J'ai placé Héraclite mille fois plus haut que Démocrite !

Ma mère fut très frappée de ma tristesse, et elle m'interrogea attentivement sur les causes de ma mélancolie, mais j'avais été trop prompt à raconter des histoires, et je gardai un profond silence.

A une heure, je reviens au collège : tous les garçons s'étaient fait apporter leur dîner de chez eux ; la plupart de ces dîners, disons-le, à l'honneur des parents, consistaient en une simple tranche de pain sec.

Les plaintes et les gémissements avaient cessé, mais les menaces avaient augmenté, les nuages s'abaissaient et se remplissaient d'éclairs. Je ne pouvais pas lever le nez du papier sur lequel je déclinais *rosa* mais j'aperçus un poing qui n'avait rien de commun avec la déclinaison que j'écrivais.

J'ai réalisé que lorsque je sortirais, j'allais être battu jusqu'à ce qu'on me batte en bouillie. Les plus grands étaient trop conscients de leur force supérieure pour être les plus menaçants, car ils sentaient qu'ils ne pouvaient pas se venger d'un enfant : les pires étaient ceux de mon âge à peu près, notamment un garçon nommé Bligny, fils d'un drapier, vivant place de la Fontaine, qui était si irrité contre moi, que d'un commun accord le soin de se venger de moi en général lui fut confié. Bligny avait deux ans de plus que moi, de sorte que j'avais l'habitude de le considérer comme un grand garçon, bien que j'étais en réalité aussi grand que lui.

Je n'étais donc pas très à l'aise à l'idée d'un duel avec lui.

Pourtant, j'avais si souvent entendu le récit des trois duels que mon père avait combattus lors de son entrée dans l'armée, au nom de l'honneur du roi et de la reine, que je savais que je ne devais pas me dérober à mon premier combat.

J'étais tellement préoccupé que j'ai commis une bonne douzaine d'erreurs dans les trois ou quatre déclinaisons que je devais faire pendant les heures de classe.

Je ne sais pas combien de temps le temps a pu paraître à mes compagnons, mais je sais que jamais auparavant il ne m'avait semblé voler aussi vite. Quatre heures sonnèrent et l'abbé Grégoire dit sa prière avant que je croie que la moitié du cours était finie.

Il n'y avait rien d'autre à faire que de partir et j'ai décidé de ma ligne d'action. J'ai attaché mes livres le plus tranquillement possible, espérant que, si je descendais l'escalier en dernier, le torrent passerait et que je trouverais un passage libre ; pourtant je savais au plus profond de moi-même que ma dénonciation m'avait infligé un trop grand châtiment pour m'en tirer à si bon marché.

J'aurais pu parler à l'abbé Grégoire, et il m'aurait lui-même reconduit chez moi ou envoyé sa sœur Alexandrine avec moi ; mais je sentais que ce serait lâche et ne ferait que différer les choses. M. Grégoire ou sa sœur ne pouvaient pas toujours me reconduire chez moi ; il viendrait un jour où je serais obligé d'y aller seul, et alors je serais sûr d'avoir des ennuis avec l'un ou l'autre de mes camarades.

Je résolus donc d'affronter le danger et de prendre le taureau par les cornes.

Rappelez-vous, toutes ces pensées tourbillonnaient dans la tête d'un garçon de dix ans seulement.

J'ai pris position, j'ai dit au revoir à l'abbé Grégoire, j'ai poussé un grand soupir, puis je suis descendu.

Je ne me trompais pas : toute l'école était assise en demi-cercle, comme les spectateurs romains, sur les sièges surélevés de leur amphithéâtre ; et, debout en bas de l'escalier, son manteau enlevé et ses manches de chemise retroussées, Bligny m'attendait.

Ah ! J'avoue que lorsque j'ai atteint le tournant de l'escalier et que j'ai vu tous ces préparatifs faits pour l'inévitable bataille, mon cœur m'a manqué et j'ai failli remonter en courant ; mais bien que j'eusse essayé de réprimer mon hésitation momentanée, elle n'avait pas échappé à mes camarades ; il y eut un tollé général et les épithètes les plus calomnieuses me furent hurlées depuis la cour en contrebas. Je me sentais pâlir et trembler de partout, et une sueur froide coulait sur mon front. Je mesurai les deux extrémités auxquelles j'étais réduit, soit recevoir quelques coups dans l'œil ou sur les dents et tout serait réglé, soit être toujours ensuite le jeu de mes camarades et devoir y passer par là. nouveau chaque jour. Je reprenais mon courage qui s'épuisait rapidement ; Je me ressaisis par un acte de volonté, jusqu'à me sentir complètement maître de la situation. Il y eut une brève lutte, au terme de laquelle je sentis mon courage moral prendre le dessus sur mon physique ; la raison a vaincu l'instinct.

Je sentais néanmoins que j'avais besoin d'un stimulant pour m'aiguillonner, que cet aiguillon était sous mon contrôle et que, si je voulais l'utiliser, je devais stimuler mon courage avec des paroles cinglantes.

"Ah!" Dis-je en regardant Bligny : « Ah ! c'est ça le jeu ?

"Oui, c'est le jeu", a-t-il répondu.

"Tu veux te battre, alors, n'est-ce pas ?"

"Oui, plutôt."

" Ah ! tu en as envie ? "

"Oui."

"Ah vraiment ?"

"Oui."

"Eh bien, allez!"

Je m'étais maintenant poussé à l'action ; J'ai posé mes livres par terre, j'ai jeté ma veste et je me suis précipité sur mon antagoniste en criant :

"Ah ! tu veux te battre !... ah ! tu veux te battre !... prends ça ! et ça ! et ça !"

Le maréchal de Saxe, ce grand philosophe militaire , a dit très justement que tout l'art de la guerre consiste à feindre de ne pas avoir peur et à inspirer la peur à l'ennemi.

J'ai paru intrépide et Bligny a été battu.

Je ne veux pas laisser entendre qu'il a été battu sans combat, ce n'est pas le cas ; mais il eût mieux valu pour lui s'il ne combattait pas : il reçut un coup à l'oeil, un autre coup à la bouche, et fit une retraite précipitée après cette double attaque, à laquelle il ne résista que par un faible coup au nez. Toute l'affaire s'est terminée en moins d'une minute et la victoire m'appartenait.

Je dois rendre justice à mes camarades en disant que cette victoire a été suivie d'applaudissements unanimes.

J'ai alors remis ma veste et récupéré mes livres en murmurant :

"Tu vois ! tu vois ! tu vois !" ce qui semblait vouloir dire : « Regardez-moi, voyez ce que je suis ! lâche au fond, mais poussé au désespoir, un Alexandre, un Hannibal ou un César ; vous voyez !

Cela semblait aussi être l'avis des spectateurs, car ils ouvraient leurs rangs pour me laisser passer, et je sortis par le grand porche, naguère théâtre de mon humiliation et maintenant mon arc de triomphe. Je trouvai un livre qui était tombé du gilet de Bligny quand il chancela sous mon coup ; et comme je considérais que le butin du vaincu appartenait de droit au vainqueur, je le ramassai et l'emportai.

Je l'ouvris en l'emportant, et je vis que c'était l'ouvrage bien connu de M. Tissot.

Je ne savais pas ce que signifiait le titre et j'ai permis à ma mère de me prendre le livre et de le cacher.

Deux ans après, je l'ai découvert et lu.

Si je l'avais lu le jour de ma victoire, cela aurait été inutile, car je ne l'aurais pas compris.

Deux ans plus tard, c'était providentiel.

CHAPITRE VII

L'abbé Fortier — Le mari jaloux et le viatique — Une visite agréable —
Victor Letellier — Le pistolet de poche — J'effraie la population —
Tournemolle est réquisitionné — Il me désarme.

———

La vie scolaire n'est pas remarquable par la variété des incidents ; une école
de campagne ne l'est certainement pas, et la nôtre n'a pas dérogé à la règle !
J'ai raconté mon entrée à cause de ce trait de mon caractère qui s'est
développé ainsi, mais s'il fallait décrire cette vie dans tous ses détails, je
n'aurais rien à raconter sinon quelques méchancetés enfantines, suivies de
pénitences et d'impositions qui ne valent même pas la peine. mise aux *Jeunes
Écoliers de M. Bouilly.*

Un terrible accident arriva au séminaire de Soissons. Ma mère était déjà
réconciliée avec ma conduite en refusant d'y aller, et cet accident lui fit de
nouveau remercier Dieu de ce que je n'y étais pas entré.

La poudrière de la ville, située à une cinquantaine de mètres du Séminaire,
sauta ; le collège fut complètement ruiné, et huit ou dix séminaristes furent
tués ou blessés.

Pendant ce temps, un autre de nos proches est mort : celui qui m'a outragé
la nuit où j'ai perdu mon père. Sa fille Marianne, la cousine de ma sœur et la
mienne quitta alors Villers-Cotterets pour aller habiter près de son oncle,
l'abbé Fortier, qui était curé au petit village de Béthisy, à cinq lieues de chez
nous et à trois lieues de Compiègne.

Cet abbé passait pour être très riche, et il paraissait bien que ma cousine
devienne sa gouvernante ; mais c'était un personnage plutôt gênant.

Si le mot avait été utilisé à cette époque, on aurait dit qu'il était excentrique.

Je ne saurais dire quelle déviation de la voie que tout homme devrait suivre
pour décider de sa vocation avait poussé l'abbé Fortier à entrer dans l'Église.
Il était né pour faire un capitaine de dragons de premier ordre, alors qu'il
faisait un prêtre un peu étrange. À Dieu ne plaise, je devrais dire qu'il en a
fait un mauvais !

C'était un homme de cinq pieds huit pouces, bâti comme un Hercule, avec
une voiture droite, la tête haute, et il marchait du pied droit en avant à chaque
foulée comme un maître d'armes dans une école d'armes ; il était aussi l'un
des meilleurs joueurs de billard, l'un des meilleurs chasseurs et l'un des plus
grands mangeurs que j'aie jamais vu.

Bien entendu, je ne songe même pas à comparer l'abbé Fortier à Boudoux sur ce dernier point. L'abbé pouvait manger longtemps et en grande quantité à la fois : le désir de Boudoux de toujours manger était une maladie.

Un jour, l'abbé Fortier paria avec un curé du quartier qu'il mangerait cent œufs à son dîner. Les cent œufs étaient servis selon les recettes de la *Cuisinière bourgeoise*, de vingt manières différentes.

Lorsqu'ils furent mangés, il dit :

"Bien, il faut jouer honnêtement et en donner quatre de plus sur cent : faire bouillir encore quatre œufs durs."

Et il mangea les quatre œufs durs, après en avoir mangé cent cuits de toutes sortes de façons.

Une histoire très curieuse est racontée sur ses débuts. Il aurait trente ans à l'époque dont je parle, et comme il avait soixante-deux ans à l'époque dont je parle, cela a dû se produire trente-deux ans auparavant. Il n'était alors qu'un vicaire et, un soir, il portait le viatique à un mourant du village voisin.

Un certain mari avait conçu contre lui une violente jalousie, sans doute sans cause, et l'attendait dans un chemin profond qu'il était obligé de parcourir depuis Béthisy pour gagner le village où il était recherché.

Lorsque l'abbé Fortier aperçut cet homme debout au milieu de la route, le visage tiré par la colère et le premier crispé, il devina vite ce qui allait se passer ; mais, étant ministre du Dieu de paix et opposé à tout scandale, il le pria le plus poliment possible de le laisser passer.

— Oh oui, laissez-vous passer, monsieur le vicaire, dit l'homme avec cet air goguenard particulier à nos paysans ; "tu ne t'en sortiras pas si facilement !"

"Pourquoi ne devrais-je pas réussir ?" demanda le curé.

"Parce que tu as un petit compte à régler avec ce pauvre Bastien."

« Je ne vous dois rien, dit l'abbé ; " permettez-moi de passer ; vous savez bien que je suis attendu et par quelqu'un qui n'a pas le temps d'attendre longtemps. "

— Il n'aura plus qu'à attendre, dit Bastien en enlevant sa veste et en crachant dans ses mains ; "il n'aura qu'à attendre : s'il est trop pressé, il devra partir avant."

"Pourquoi doit-il attendre ?" demanda l'abbé, maintenant vexé.

— Parce que je dois vous donner une raclée, monsieur le vicaire.

" Ah ! c'est ça ! C'est pour ça que tu es venu ici, Bastien ? "

"Plutôt."

« Cela ne prendrait pas beaucoup de peine de vous renvoyer, mon ami.

"Tu le penses?"

"J'en suis certain."

L'abbé déposa le viatique au bord d'un fossé et dit avec des accents très respectueux : « Ô Seigneur, ô Seigneur, ne prenez aucun parti, et vous verrez un coquin bien battu. »

L'abbé tint parole, et le bon Dieu vit ce qui avait été promis.

Puis il ramassa le viatique, continua sa promenade, l'administra au malade et rentra tranquillement chez lui.

Bastien et l'abbé voulaient garder l'affaire pour eux, et ils le firent, mais un enfant de chœur avait été témoin de la bagarre, et cela fut connu.

Qu'on dise à l'honneur de l'abbé que personne ne fut surpris de cette affaire.

Un jour, il comptait tirer sur Lamotte, mais, avant de commencer son expédition sportive, il dut dire la messe dans la chapelle du château ; il avait emmené avec lui son chien Finaud et son enfant de chœur *quiot* Pierre (qui veut dire *petit* Pierre), pour l'assister dans ses opérations.

L'église se trouvait aux limites du dédale par lequel ils allaient commencer.

Or Finaud était un splendide retriever, et l'abbé Fortier, qui ne se souciait jamais de tirer sans lui, avait dit aux domestiques de l'enfermer soigneusement.

Après l'Évangile, l'abbé s'arrêta et écouta un aboiement bien connu dans la garenne.

Il écouta une minute ; puis il se retourna et vit que l'enfant de chœur écoutait aussi, le sourire aux lèvres.

"Dites-moi, quitte Pierre," dit l'abbé, "ce n'est pas l'aboiement de Finaud que j'entends là-bas ?"

— Oui, monsieur l'abbé ; on l'a relâché, et il veut un lapin.

"Et bien !" répondit l'abbé, le lapin peut être très facile ; nous l'aurons de toute façon.

Et il continua à dire la messe.

La messe terminée, Finaud ouvrait la marche.

L'abbé prit son fusil, suivit la piste et tua le lapin.

C'était le même enfant de chœur qui racontait l'histoire de Bastien. Il raconta la seconde, comme il avait raconté la première, et il y en avait bien d'autres, mais certains d'entre eux ne supporteraient même pas d'être racontés par un enfant de chœur.

Marianne alla donc vivre chez son oncle Fortier, qui, à soixante-deux ans, passait pour être simplement un grand sportif et un grand mangeur ; peut-être que cette opinion à son sujet n'était pas tout à fait exacte.

Il lui fit un merveilleux accueil, l'installa au presbytère et, comme ma cousine Marianne m'aimait beaucoup, il lui permit de me ramener avec elle lors de sa prochaine visite à Villers-Cotterêts, c'était pendant mes vacances. en 1812.

Lorsque les vacances ont commencé, mon cousin et moi étions tous les deux perchés sur le dos d'un âne. Picard, le type qui me racontait de si belles histoires à la forge, a pris un bâton pour se botter le cul, et nous sommes partis.

Ce voyage, comme tous les voyages enfantins, fut pour moi plein de surprises. Je me souviens avoir vu longtemps sur notre gauche une montagne avec une ruine au sommet, qui me semblait être une alpe ou une des cordillères ; Je l'ai revu depuis, et il ne paraissait pas plus haut que Montmartre.

Je me souviens aussi d'avoir vu à ma droite une tour qui me paraissait si haute que je demandai si ce n'était pas la tour de Babel.

La montagne était la butte de Montigny.

La tour était la tour de Vez.

Nous arrivâmes à destination après un voyage qui m'avait paru excessivement long, mais qui n'avait duré que sept ou huit heures ; nous avons suivi le rythme de Joseph et de la Vierge Marie dans leur fuite en Egypte.

Mais nous arrivâmes enfin. C'était la bonne saison pour s'arrêter chez l'oncle Fortier, car c'était le début de septembre, et il y avait une splendide tonnelle de vignes, d'où pendaient des grappes de raisin rivalisant avec celles de la Terre Promise. Il y avait aussi un prunier sauvage chargé de prunes dans une petite cour ; et enfin un immense jardin plein de pêches, d'abricots et de poires.

D'ailleurs, le tournage était sur le point de commencer.

L'abbé Fortier m'a fait un accueil très aimable, quoiqu'il ait poussé plusieurs grognements qui montraient que je ne lui étais pas en tous points satisfaisant.

L'abbé était un homme très instruit ; il avait le grec et le latin au bout des doigts ; il m'a salué dans la langue de Cicéron ; J'ai tenté de répondre et j'ai commis trois erreurs en cinq mots.

Il était transpercé.

Ce fut ma première humiliation intellectuelle. Je remettrai le deuxième à sa juste place.

J'ai essayé de reprendre pied en histoire naturelle et en mythologie, mais l'abbé maîtrisait les deux, et j'ai soupiré, découragé.

J'étais vaincu.

Dès que j'ai été battu et que j'ai avoué mon erreur comme Porus, le vainqueur est devenu aussi clément qu'Alexandre.

L'abbé commença sa fascination pour moi par l'excellence de son dîner. S'il mangeait bien, il buvait encore mieux.

J'étais perdu d'admiration devant cet homme, je n'avais jamais imaginé de pareils curés : l'abbé Fortier a failli me réconcilier avec le Séminaire.

Le lendemain, après la messe, l'abbé Fortier commença sa première journée de chasse. La messe ne fut pas finie avant huit heures et demie ; mais il n'était permis à personne de tirer une perdrix sur les conserves avant qu'on ait vu passer l'abbé Fortier, la soutane retroussée, le carnier sur le dos, le fusil sur l'épaule, précédé de Finaud et suivi de Diane.

Il avait cette fois un troisième acolyte, car j'étais avec lui. Mes souvenirs de chasse se perdaient dans l'obscurité de ma première enfance ; ils remontaient au temps de mon père et de Mocquet. Comme dans les tragédies de Racine, tout ce qui m'arrivait à cette époque de mon existence consistait en des récits de chasse qu'on me racontait.

Cette fois, j'ai pris part à l'action.

L'abbé était un excellent tireur, et le gibier était abondant : il tua une douzaine de perdrix et deux ou trois lièvres.

J'ai parcouru autant de terrain que Diane, et à mesure que chaque tête de gibier tombait, je me précipitais pour la ramasser, à l'imitation des chiens.

Personne ne tire sans injurier un peu ses chiens ; l'abbé Fortier jura beaucoup ; et toutes ces caractéristiques formaient dans mon esprit une tout autre image de l'abbé : il n'avait rien de commun avec l'abbé Grégoire.

A partir de ce jour, j'étais convaincu qu'il y avait deux sortes de prêtres.

Depuis que je vis en Italie, et surtout à Rome, j'en ai découvert une troisième.

Oh! quel jour heureux ce jour d'ouverture de la saison de tournage ! Comme je m'en souviens bien ! Cela a fait de moi le sportif infatigable que je suis depuis, le désespoir des gardes-chasse !

L'abbé, de son côté, était très content de ma capacité de marcher, qu'il trouvait bien supérieure à mon cerveau ; il m'en fit quelques compliments moqueurs, et j'en sentis toute la valeur ; mais il m'avait fait tant de plaisir, que je n'avais pas le courage de m'en vouloir.

Je restai quinze jours chez l'abbé Fortier, et j'aurais voulu rester avec lui toute ma vie ; mais ma mère voulait que je rentre à la maison : c'était ma première longue absence. Et elle, la pauvre femme, avait voulu m'envoyer au séminaire ! Elle m'a écrit qu'elle mourrait d'ennui si on ne me renvoyait pas bientôt.

L'abbé haussa les épaules et dit :

"Très bien, qu'il soit renvoyé !"

La sensibilité n'était pas une faiblesse dont souffrait l'abbé.

On me mit sur un âne et me conduisit à Crépy, où, deux fois par semaine, il y avait une liaison avec Villers-Cotterets au moyen d'une vieille femme, appelée mère Sabot, et de son âne.

Je passai de mon âne à celui de mère Sabot, et le soir même j'étais de retour à Villers-Cotterêts.

J'ai trouvé une nouvelle personne installée à la maison : mon futur beau-frère.

C'était un jeune homme d'environ vingt-six ou vingt-sept ans, qui, bien que peu beau, avait un visage si raffiné et si intellectuel qu'on aurait facilement pu le prendre pour de la beauté. Il était en outre remarquablement habile dans tous les exercices physiques, habile à l'escrime, capable d'abattre un bouchon de bouteille avec une balle de pistolet à vingt-cinq pas, sans toucher la bouteille, un parfait cavalier et, bien que non au premier rang en tant que sportif, était considéré comme un bon tireur.

Il était déjà venu plusieurs fois chez nous avant mon départ, et j'étais très ami avec son chien Figaro, dont la réputation d'intelligence était aussi grande parmi les chiens que celle de son maître parmi les hommes.

J'ai été chaleureusement accueilli par tout le monde, et spécialement par ce jeune homme qui s'appelait Victor Letellier. Il était très amoureux de ma sœur et voulait se faire des alliés de tous ceux qui l'entouraient, même de moi.

« Mon cher Alexandre, me dit-il en m'apercevant, il y a quinze jours que quelque chose traîne pour toi sur ma cheminée. Je ne veux pas te dire ce que c'est, va le chercher toi-même. "

Je m'enfuis à toute vitesse, Victor habitait avec M. Picot à l'Épée, la maison où mon père était mort.

— Ouvrez-moi la porte de M. Letellier, m'écriai-je en courant dans la cuisine ; "il m'a envoyé chercher quelque chose qu'il a laissé sur la cheminée."

Ils ont ouvert la porte. Je courus vers la cheminée, et là, au milieu de deux ou trois tas d'argent, d'éperons, de cravaches, de bottines et autres objets, j'aperçus un petit pistolet de poche, tout petit, sur lequel je J'ai bondi sans hésiter, car je savais que c'était la chose qui m'était destinée.

Ce cadeau était l'un des premiers que j'ai jamais reçu et il m'a procuré une grande joie.

Mais il ne suffisait pas d'avoir le pistolet, il fallait aussi avoir les moyens d'en jouir. J'ai regardé autour de moi : ce n'était pas difficile de trouver ce que je cherchais dans une chambre de sportif : je cherchais de la poudreuse. J'ai trouvé une corne à poudre et j'en ai versé la moitié dans une autre corne ; puis je m'élançai vers une partie du parc qu'on appelait le « parterre », c'est-à-dire un tronçon avant le début de la forêt.

Alors commença une fusillade qui n'aboutit qu'à mon dernier grain de poudre, et qui rassembla tous les gamins de la ville. Au bout d'une demi-heure, ma mère fut prévenue que je m'adonnais à un exercice de tir des plus terribles.

Ma mère avait toujours peur qu'il m'arrive quelque accident, car elle m'aimait beaucoup. Un jour, un de nos amis, dont j'ai déjà cité le nom, M. Danré de Vouty, vint chez nous pâle et saignant. Il avait tiré près de Villers-Cotterets ; c'était l'hiver, et en sautant par-dessus un fossé, de la neige tomba sur le canon de son fusil ; le fusil avait éclaté, et l'explosion lui avait emporté une partie de la main gauche.

Le docteur Lécosse fut appelé et amputa aussitôt le pouce. M. Danré se rétablit, après une terrible crise de fièvre, mais il resta mutilé à vie.

Ainsi, chaque fois qu'il était question de fusils, de pistolets ou d'armes à feu de toute sorte, ma mère me voyait ramené à la maison pâle et saignant comme M. Danré de Vouty ; elle était si effrayée que j'ai eu pitié d'elle et j'ai failli abandonner l'idée de devenir un jour un Hippolyte ou un Nimrod.

Puis je revenais à mon arc et à mes flèches, mais c'était là un nouveau sujet d'inquiétude pour ma mère. Un de nos voisins, un dénommé Bruyant (retenez bien ce nom, car nous le retrouverons dans un événement important), avait eu, comme Philippe de Macédoine, l'œil droit détruit par une flèche.

La terreur de ma mère fut donc grande lorsqu'elle apprit que j'avais reçu un pistolet et que j'avais des munitions pour m'entraîner ; mais c'était un travail bien dur de courir après moi, car mes jambes avaient grandi depuis l'aventure de Lebègue ; d'ailleurs, la forêt était mon amie ; Comme Bas-de-Cuir connaissait tous les coins et recoins de son bois, ainsi je connaissais tous les détours et tous les détours du nôtre. J'aurais pu m'y cacher trois jours sans revenir. C'est pourquoi ils ont décidé d'utiliser la loi.

Il y avait à la mairie une sorte d'agent de police adjoint, qui remplissait presque l'office d'un commissaire : il criait les nouvelles du jour au rythme d'un tambour, comme on le fait encore dans certaines campagnes ; l'été, il tuait les chiens errants, non à coups de fusil, mais avec un grand couteau de chasse ; en hiver, il brisait la glace des ruisseaux et balayait la neige de nos portes.

Il s'appelait Tournemolle.

Ils le lui dirent, et il attendait mon retour auprès de ma mère ; puis il est apparu derrière moi.

Quand j'ai vu Tournemolle, j'ai pressenti qu'il allait se passer quelque chose de terrible.

Il était venu, au nom de tous les habitants, inquiétés par le bruit des coups de pistolet, demander, voire, s'il fallait insister, le désarmement du coupable.

Il y a eu une lutte ; mais la force était du côté de l'autorité, et le coupable était désarmé.

Ma joie fut donc de courte durée ; cela n'avait même pas duré aussi longtemps que les roses. En l'espace d'une heure, j'étais devenu l'heureux propriétaire d'un pistolet, j'avais épuisé ma poudre, j'étais rentré chez moi et j'avais été désarmé par Tournemolle.

Ce désarmement fut pour moi une terrible honte, une telle ignominie que même la grave nouvelle qui nous parvint le lendemain ne parvint pas à me la faire oublier.

Le lendemain, c'était le 23 septembre 1812, lorsque Paris vit la conspiration de Mallet, tandis que Napoléon de Moscou datait son décret sur la Constitution du Théâtre-Français et sur les bons gens de Cambrai.

Dieu avait commencé à retirer sa main de cet homme. Il avait forcé la bataille de Moskova malgré une armée affaiblie et une méfiance croissante à l'égard de ses capacités ; il avait laissé onze de ses généraux morts sur le terrain ; il écrit aux évêques pour chanter *des Te Deums* , car il fallait rassurer Paris et se rassurer lui-même ; puis il entra à Moscou, croyant qu'elle était comme toutes les autres capitales, et ce soir-là Moscou se révéla par ses premiers incendies.

Alors, au lieu de prendre une décision décisive, comme marcher sur Saint-Pétersbourg ou retourner à Paris ; au lieu d'établir ses quartiers d'hiver au cœur de la Russie, comme César au cœur de la Gaule, il hésita, il s'inquiéta, il sentit qu'il était allé trop loin et qu'il était peut-être perdu.

Par une étrange coïncidence, c'est à ce moment qu'à Paris, avant même que les embarras présents et les revers à venir se soient fait sentir, la conspiration de Mallet éclata, s'empara du Colosse dans toute sa puissance, le lia, le secoua. à ses fondations, et si cela ne le renversait pas, du moins prouvait qu'il pouvait être renversé.

Le 29, Mallet, Lahorie et Guidai sont fusillés dans la plaine de Grenelle.

Napoléon se décida enfin. Pour la première fois, il avait inutilement pris une capitale ; pour la première fois, il bat en retraite après des victoires. La neige tombée le 13 octobre apaisa les hésitations du conquérant, et le Tout-Puissant sauva son orgueil en lui accordant une dernière consolation : il pouvait dire qu'il avait été battu par le climat et non par l'homme.

Le 19 octobre, Napoléon quitta Moscou, chargeant le duc de Trévise de s'emparer du Kremlin et d'enlever la croix du grand Ivan, qu'il destinait au dôme des Invalides, et qu'il dut laisser sur place pendant son voyage. il lui manque des bras pour le porter plus loin.

Enfin, le 18 novembre, Napoléon arriva aux Tuileries à onze heures du soir, s'approcha d'un grand feu, se réchauffa, se frotta les mains et dit : « Décidément, c'est mieux ici qu'à Moscou.

Ce fut l'oraison funèbre de la plus belle armée jamais levée !

Ô Varus !... Varus !...

CHAPITRE VIII

Chronologie politique. — Les troubles se succèdent. — L' incendie de la ferme de Noue. — La mort de Stanislas Picot. — La cachette des louis d'or. — Les Cosaques. — Le mouton haricot.

Il serait en effet trop absurde de ma part d'attirer l'attention du public sur les exploits et les performances d'un gamin de douze ans, alors que, pendant deux ans, nous devions traverser des événements aussi graves.

Le déclin de l'Homme du Destin fut rapide : il fut soutenu un instant par les victoires de Lutzen, Bautzen et Wurschen, mais il laissa derrière lui deux de ses plus fidèles lieutenants, les ducs d'Istrie et Duroc. Il n'y avait aucun danger que les balles s'abattent sur ceux qui voulaient le trahir.

Il était condamné : l'Angleterre avait acheté sa ruine.

Allez-vous apprendre à quel prix ? Le 14 juin 1813, elle paya à la Prusse 660 660 livres sterling ; le 15, 1 333 334 livres sterling à la Russie ; et enfin, le 12 août, 500 000 livres sterling à l'Autriche.

On voit combien son beau-père François était scrupuleux en cette matière ; il ne vendit son gendre que deux mois après les autres, et pour 160 000 livres sterling de moins que la Prusse.

Mais qu'importe ? Bonaparte a pu noter dans son livre aux lettres rouges qu'il est devenu le gendre d'un César et le neveu du roi Louis XVI.

C'était le comble de son ambition. De quoi se plaindre une fois cette ambition satisfaite ?

Les 16 et 18 octobre, 117 000 coups de canon furent tirés sur Leipzig, 111 000 de plus sur Malplaquet.

Chaque tour coûtait deux louis .

Ils ont célébré le service funèbre de l'Empire dans un style royal !

C'est ainsi que Napoléon perdit un autre de ses fidèles, Poniatowski, nommé maréchal le 16 et qui se noya le 19, dans l'Elster.

Le 1er novembre, l'empereur envoya vingt étendards à Paris.

Le 8 eut lieu la bataille de Mochest, la dernière de la campagne.

Le 9, l'empereur revient à Saint-Cloud.

Le 12, les armées alliées entrent à Düsseldorf.

Le 13, les rois de Prusse et de Bavière atteignirent Francfort.

Le 15, 300 000 conscrits sont mobilisés.

Le 16, l'empereur part chasser à pied dans les plaines de Satory.

Le 22, il assiste à une représentation à l'Opéra, alors que les Russes entrent dans Amsterdam.

Le 2 décembre, l'empereur assiste à une représentation à l'Odéon, alors que les armées alliées traversent le Rhin à Düsseldorf.

Le 6, le prince d'Orange, débarqué en Hollande le 30 novembre, fit une proclamation aux Hollandais.

Le 17, les Alliés franchissent le Rhin en différents points de l'Alsace.

Le 23, ils occupent Neuchâtel.

Le 31, ils entrèrent à Genève.

Et avec cette nouvelle se clôtura l'année 1813.

L'année 1814 va voir la suite de ces revers et le début des défections.

Le 3 janvier, les Alliés prennent Colmar.

Le 6, ils investissent Besançon ; et Murat, qui avait reconquis Naples, signa un armistice avec l'Angleterre.

A 7 h les Alliés entrent dans Dôle.

Le 8, Murat conclut un traité d'alliance avec l'Autriche.

Le 10, les Alliés investissent Landau et prennent Forbach.

Le 12, Murat signe un traité d'alliance avec l'Angleterre.

Le 16, les Alliés s'emparent de Langres.

Le 17, Murat déclare la guerre à la France.

Le 21, les Alliés prennent Châlons-sur-Saône.

Le 22, Murat entra dans Rome.

Enfin, le 24, l'empereur quitta Paris pour regagner son armée, le 27 il reprit l'offensive, et commença cette merveilleuse campagne de 1814, qui dura soixante-sept jours, et pendant laquelle, pour aboutir à l'abdication à Fontainebleau, il montra plus efficacement son merveilleux génie qu'en prenant Milan ou le Caire, Berlin, Vienne ou Moscou.

Néanmoins son heure était venue ; en vain le Titan avait-il jeté Pélion sur Ossa, Champaubert sur Montmirail : son heure était venue, et il allait tomber accablé...

Le bruit du canon résonna dans mon ouïe pour la première fois.

Je l'ai entendu dans la basse-cour d'une ferme appartenant à M. Picot de Noue, à un quart de lieue de Villers-Cotterêts.

« Les malheurs arrivent en troupeaux », dit un proverbe russe ; et une foule de malheurs avaient survolé et frappé la tête de ce bon homme. La ferme de Noue avait été une des plus belles de Villers-Cotterêts, et M. Picot un des cultivateurs les plus prospères.

Mais en 1812, je crois, on a mis une récolte humide dans ses granges, et une nuit la paille s'est allumée, et nous avons été réveillés par le tocsin et par des cris de « Au feu !

Tout le monde se rend compte de l'horreur de ce cri en pleine nuit et dans une petite ville : tous les Villers-Cotterêts se levèrent aussitôt et se précipitèrent vers la ferme en feu.

Je ne connais pas de spectacle plus splendide qu'un incendie formidable, comme celui-là. La ferme flamboyait sur toute la longueur de ses granges et de ses écuries, présentant un rideau de trois ou quatre cents pas d'étendue, derrière lequel sortaient les meuglements des bœufs, les hennissements des chevaux, les bêlements des moutons.

Tout fut brûlé, bâtiments et bétail ; car les animaux ne bougent pas lorsqu'ils sentent le feu.

Cet incendie a été la première catastrophe grave à laquelle j'ai assisté et il a laissé une profonde impression dans ma mémoire.

Ils ne parvinrent à maîtriser l'incendie que le lendemain, et la perte fut énorme. Heureusement, comme nous l'avons dit, M. Picot était très riche.

L'année suivante survint un autre malheur. M. Picot avait deux fils et une fille. L'aîné de ses fils avait huit ou dix ans, le plus jeune seulement deux ou trois ans, mon aîné.

Je n'avais donc presque rien à voir avec l'aîné, qui me traitait comme un petit garçon, mais j'étais extrêmement amical avec le plus jeune, qui s'appelait Stanislas.

Un jour, ma mère est entrée dans ma chambre, dans un très bon état d'esprit.

"Voilà, maintenant", dit-elle, "ne me demande plus jamais de te laisser jouer avec des armes à feu."

"Pourquoi pas, maman ?"

"Stanislas vient de se blesser, peut-être mortellement."

"Oh ! mon Dieu, où est-il ?"

"Chez son père. Va le voir."

Je me mis en courant et parcourus le quart de lieue en six ou sept minutes. En arrivant à la ferme, j'ai vu une longue traînée de sang.

Tout le monde était dans un tel état de consternation que personne ne me demanda où j'allais. J'ai traversé les cours, j'ai traversé la cuisine et je me suis glissé dans la chambre où se trouvait Stanislas. Ils étaient justement en train de mettre le premier pansement sur la plaie ; le chirurgien était là, son étui chirurgical ouvert, les mains couvertes de sang. Le pauvre malade était penché en arrière, serrant de ses deux bras le cou de sa mère tandis qu'elle se penchait sur lui.

Ils m'ont vu et m'ont dit de m'approcher du lit. Stanislas m'a embrassé et m'a remercié d'être venu le voir. Il était horriblement pâle.

On lui a ordonné de se taire avant tout, alors tout le monde, moi-même parmi eux, a reçu l'ordre de s'en aller.

Voici comment s'est produit l'accident : Stanislas était parti chasser avec son père, et il avait presque fini ; il approchait de la ferme dans laquelle il allait entrer, lorsqu'il entendit un coup de feu.

Pour mieux voir qui avait tiré et si le tireur avait tué quelque chose, Stanislas grimpa sur un poteau au coin d'un mur ; mais il oublia de décharger d'abord son arme et, inconsciemment, il appuya sa cuisse contre le canon. Son chien, l'ayant aperçu sur le poteau, essaya de l'atteindre, debout sur ses pattes de derrière, et les pattes de devant appuyées sur la platine du fusil. Le coup de feu partit, et Stanislas reçut la pleine charge de balle de perdrix dans le col du fémur.

C'était cette horrible blessure que le chirurgien venait de panser à mon arrivée. Pendant deux jours, ils eurent espoir, mais le troisième jour, le tétanos s'installa et Stanislas mourut.

La manière dont il est mort a été une source incessante d'exhortations de la part de ma mère : elle a déclaré qu'elle ne serait jamais à l'aise jusqu'à ce que j'abandonne complètement la chasse. Mais, malgré l'impression que me faisait cette mort, je ne renoncerais à rien.

Chaque fois que je rencontrai Mme Picot, après la mort de Stanislas, elle me témoigna une grande bonté, sans doute à cause de mon amitié d'enfant pour son fils.

Sa fille aussi, qui était très amicale avec ma sœur, était très cordiale avec moi et était la seule parmi les grandes personnes à ne jamais se moquer de mes absurdités.

Cette excellente et belle dame s'appelait Éléonore Picot, ou, plus souvent, *Picote.*

Revenons maintenant au récit de ma présence dans la basse-cour de Noue lorsque j'entendis pour la première fois le coup de canon. J'ai été envoyé au loin dans ce que je viens de raconter, et je dois revenir.

Depuis la bataille de Leipzig, une idée était dans toutes les têtes : ce qui ne s'était pas produit en 1792 ni en 1793 allait maintenant se produire : il y aurait une invasion de la France.

Ceux qui n'ont pas vécu cette époque ne peuvent imaginer à quel point d'exécration le nom de Napoléon était parvenu dans le cœur des mères de France.

Au cours des années 1813 et 1814, le vieil enthousiasme s'apaisa ; car ce n'était pas pour le bien de la France, notre mère commune, ni pour la Liberté, notre déesse à tous, que les mères sacrifiaient leurs enfants : c'était à l'ambition, à l'égoïsme, à l'orgueil d'un homme.

Grâce aux prélèvements successifs, faits de 1811 à 1814, grâce aux millions d'hommes dissipés dans les vallées et sur les montagnes d'Espagne, dans les neiges et dans les rivières de Russie, dans les marais de Saxe et sur les sables de Pologne. , la génération des hommes entre vingt et vingt-deux ans avait disparu.

Les plus riches en avaient acheté en vain un, deux, voire trois substituts, pour lesquels ils avaient payé jusqu'à 10 000, 12 000 ou 15 000 francs. Mais Napoléon avait inventé sa Garde d'honneur, organisation implacable et fatale de recrutement de son armée, qui ne permettait aucun remplacement, de sorte que les classes les plus riches et donc les plus privilégiées étaient obligées d'entrer en guerre contre les autres.

La conscription commençait à seize ans et les hommes restaient astreints au service jusqu'à l'âge de quarante ans.

Les mères comptaient avec inquiétude l'âge de leurs garçons et auraient volontiers lutté avec le temps pour arrêter les jours qui passaient trop vite pour elles.

Plus d'une fois, ma mère me serra brusquement contre son sein, avec un soupir réprimé, et des larmes lui montèrent aux yeux.

"Qu'est-ce qu'il y a, maman ?" Je voudrais demander.

" Oh ! quand je pense, s'écria-t-elle, que dans quatre ans tu seras soldat, que cet homme m'enlèvera, lui qui m'a toujours pris et n'a jamais rien donné, et qu'il t'arrachera. je t'envoie être tué sur un champ de bataille comme Moskova ou Leipzig !... Oh, mon enfant !

Ma mère n'exprimait qu'un sentiment général, mais la haine de ses semblables s'exprimait de différentes manières, selon leurs différents tempéraments et caractères ; avec ma mère, comme nous l'avons vu, c'était dans les soupirs et les larmes ; avec d'autres mères, ce serait dans des menaces féroces ; avec d'autres, des épithètes insultantes.

Je me souviens, demeurait place de la Fontaine la femme d'un armurier, dont le fils était avec moi à l'école de l'abbé Grégoire ; elle s'appelait madame Montagnon. Dans la chaleur des après-midi d'été, quand la plus grande chaleur du jour était tombée, elle s'asseyait sur son seuil avec son rouet, et, tout en tournant, elle chantait une chanson contre Bonaparte.

Je ne me souviens que des quatre premières lignes, qui commençaient ainsi :

"Le Corse de Madame Ango
N'est pas le Corse de la Corse,Car le Corse de MarengoEst d'une bien plus dure écorce."

Et comme Mademoiselle Pivert relisait chaque jour de la semaine le fameux volume des *Mille et une Nuits* , qui contenait l'histoire de *La Lampe merveilleuse* , *de même Madame Montagnon avait à peine fini le dernier couplet contre le Corse de Marengo, qu'elle commença :* recommencer le premier.

Or, on comprend aisément que cette haine, qui commença à se manifester après les désastres russes, fut aggravée par la terreur à mesure que l'ennemi se rapprochait, pas à pas, ville par ville, resserrant le cercle qui se dessinait autour de la France.

Finalement, au début de 1814, on apprit soudain que l'ennemi avait mis le pied sur le sol français.

A cette époque, toute confiance dans le génie de Napoléon avait disparu. Le génie de ce prodigieux aventurier, c'était sa chance.

Or, Dieu, dans ses desseins impénétrables, avait prévu sa chute et l'avait abandonné.

Non seulement les gens ont cessé de croire en lui, mais ils ont également cessé d'espérer.

Ceux qui avaient quelque chose à craindre ou à attendre d'un mouvement politique, tous ces serpents changeants de peau qui vivent sur les différents gouvernements au fur et à mesure qu'ils vont et viennent, ont déjà commencé à élaborer leurs plans, certains pour atténuer leurs craintes, d'autres pour augmenter leurs attentes. Ils commençaient en outre à sentir que Napoléon n'était pas la France ; mais qu'ils avaient, pour ainsi dire, pris en bail l'héroïque locataire, et que le bail était terminé : la France était prête à supporter les dommages, mais non à renouveler le bail.

On entendait encore dire : « Napoléon a battu l'ennemi à Brienne ; les Prussiens se replient sur Bar » — mais en même temps on disait : « Les Russes marchent sur Troyes. Nous avons bien lu dans le *Moniteur* que nous les avions battus à Rosnay et sur la route de Vitry ; mais en même temps que parut ce bulletin paraissait le premier manifeste royaliste. Nous mettions en déroute les Alliés à Champaubert et à Montmirail, mais le duc d'Angoulême publiait une proclamation datée de Saint Jean-de-Luz.

A chaque victoire, Napoléon épuisait ses hommes et perdait dix lieues de terrain. Partout où il combattait personnellement, l'ennemi était vaincu, mais il ne pouvait pas être partout à la fois.

Chaque instant rapprochait de nous le rugissement des canons, même si nous ne les avions pas encore entendus.

Il y avait eu des combats à Château-Thierry ; et à Nogent ; et Laon fut occupée.

Chacun a commencé à cacher ses objets de valeur, à enterrer ce qu'il considérait comme le plus précieux.

Nous avions une cave à laquelle on accédait par une trappe ; ma mère l'a rempli de linge, de meubles, de matelas, elle a fait enlever la trappe et refaire le sol de toute la pièce ; Ainsi, aucun chercheur de trésor ne pouvait voir l'endroit exact où s'attacher.

Puis elle a mis trente vieux louis dans une boîte, elle a mis cette boîte dans un petit sac en cuir, elle a enfoncé un pieu dans le jardin et dans le trou fait par le pieu elle a glissé la boîte.

Qui diable trouverait un buis planté verticalement au beau milieu d'un jardin ? Il aurait fallu un sorcier pour le trouver là-bas.

Nous n'aurions pas pu le retrouver nous-mêmes si je n'avais pas fait une marque sur le mur.

Un beau jour, nous avons vu passer des soldats qui volaient à toute vitesse. Soissons venait d'être prise ; ils avaient sauté les chevaux par-dessus les remparts, et six ou huit avaient été tués ou grièvement blessés ; trois ou quatre s'étaient échappés.

Ma pauvre mère commençait alors à avoir vraiment peur, et sa peur prenait la forme de cuire un énorme haricot de mouton. Le lecteur pourrait bien se demander pourquoi elle a peur d' accepter cette forme particulière.

Des images effrayantes avaient été répandues dans tout le pays des Cosaques du Don, de la Volga et du Borysthène : les rendant aussi hideux que possible. Ils étaient représentés montés sur d'affreux épouvantails, coiffés de casquettes en peaux de bêtes sauvages, armés de lances, d'arcs et de flèches. Une combinaison d'impossibilités totales, aurait-on dit.

Pourtant, il y avait des optimistes qui, malgré ces horribles tableaux, disaient que les Cosaques étaient des hommes courageux dans l'âme, beaucoup moins méchants qu'ils ne le paraissaient, et que, pour peu que nous les nourrissions suffisamment et leur donnions à boire abondamment, ils ne nous faites aucun mal.

D'où l'immense ragoût de mouton de ma mère, c'était pour eux.

En ce qui concerne les boissons, nous ne leur avons pas donné notre cave (car nous avons vu à quel usage ma mère en avait fait), mais nous leur avons mis de côté notre casier à vin, et ils ont ensuite pu puiser le vin de Soissons qui leur plaisait.

Puis enfin, si, malgré le mouton haricot et le vin des Soissons, ils se révélaient encore trop répréhensibles, nous nous enfuirions par la carrière.

Nous allons maintenant décrire de quoi il s'agissait.

CHAPITRE IX

La carrière. Les Français mangent le haricot cuit pour les Cosaques. Le duc de Trévise. Il se laisse surprendre. Ducoudray le bonnetier. Les terreurs.

A cinq ou six cents pas de la ferme, au milieu d'une campagne parsemée de genévriers nains, où les rochers sortaient de terre tout autour, comme les os d'un phtisique lui sortaient de la peau, et des fouilles s'ouvrent soudain, semblables à celles qu'on rencontre à chaque détour dans la campagne de Rome. Cette excavation ressemble à une grotte de Cumes ou à un trou d'air d'Avernus. Quand on se penche sur son ouverture, on entend le rugissement qui étonne lorsqu'on porte une coquille à l'oreille ; seulement ce rugissement est d'une ampleur plus grande et plus effrayante et plus gigantesque ; puis, si vous essayez un instant de percer l'obscurité, qui augmente à mesure que la caverne s'approfondit, vous apercevrez un rocher qui se dresse à pic, à vingt-cinq ou trente pieds au-dessous de vous, et enfouit sa base dans les entrailles de l'eau. la terre à un angle prononcé.

C'est l'entrée de la carrière.

Vous demandez à quelle carrière ?

A *la* carrière, sans doute, puisqu'on l'appelait toujours « La Carrière » — tout comme Rome s'appelait *La Ville* — *Urbs*.

Quand, à l'aide d'une échelle, vous descendez les vingt-cinq ou trente pieds, vous atteignez une plate-forme d'où vous glissez sur la pente raide sur cinq ou six pieds, et vous vous trouvez alors à l'entrée d'un immense labyrinthe... en comparaison, celui du Dédale crétois n'était qu'un jardin d'enfant dans un coffre à jouets.

Qui avait creusé ces grandes catacombes ? Quelle ville se trouvait dans ces profondeurs inconnues ? Ce serait en effet difficile à dire.

Ses passages souterrains avaient certainement communiqué avec une ouverture plus grande, indiquant un affaiblissement supplémentaire. L'ouverture par laquelle on entrait n'était, comme nous l'avons dit, qu'une fissure, trop étroite pour avoir jamais dégorgé la quantité de pierres qui manquaient aux flancs nus de la montagne.

C'est donc dans cette carrière que la moitié des Villers-Cotterêts s'était réfugiée sous le coup de la terreur.

Un grand campement avait été installé ; un village régulier, habité par cinq ou six cents personnes, au milieu de la salle carrée de granit, sous une voûte de granit soutenue par des piliers de granit ; à près d'un quart de lieue de l'ouverture, à une profondeur de cent ou cent cinquante pieds.

Ma mère fut une des premières à y avoir choisi, sécurisé et délimité son lot ; et là nous transportâmes des matelas, des couvertures, une table et quelques livres.

Aussi, lorsque la première alarme retentit, nous n'avions qu'à quitter Villers-Cotterêts et nous cacher dans la carrière.

Avant d'en arriver à cette extrémité, ma mère entendait essayer tous les moyens de conciliation, et un de ses moyens de conciliation, celui auquel elle tenait le plus, était son haricot de mouton et ses vins de Soissons.

Mais l'homme propose et Dieu dispose. Après trois jours passés au feu, après trois jours passés dans la cave, le mouton haricot était mangé et le vin bu par les Français.

Le corps du maréchal Mortier, avec le reste de la jeune garde et une douzaine de canons, arriva ; ils furent chargés de défendre l'entrée de la forêt.

Grande était notre joie ! C'était glorieux de voir ces braves jeunes gens, pleins d'espoir et de courage, au lieu des hideux Cosaques que nous attendions.

La jeunesse ne désespère jamais, car elle est toujours en harmonie avec le divin. Il n'en était pas de même des anciens généraux, et surtout du duc de Trévise.

Il y avait une étrange lassitude chez tous les hommes qui avaient suivi la fortune de l'empereur. Leur position dans le monde était assurée ; ils avaient atteint l'apogée de leur fortune en devenant maréchaux ; tandis que Napoléon, cet avide d'inaccessible, continuait à convoiter quelque chose de plus !

Aussi ceux qui ne restèrent pas endormis morts et saignants sur les champs de bataille, s'arrêtèrent, harcelés, sur le chemin de sa retraite ; secouant la tête devant sa course fiévreuse et incessante ; et disant : "C'est assez bien pour cet homme de fer, mais nous... nous ne pouvons pas le suivre plus loin."

Villers-Cotterets était une de ces haltes où le duc de Trévise s'arrêtait, accablé de fatigue. Nous l'avons vu passer à cheval le matin et reconnaître la forêt, guidé par l'inspecteur M. Deviolaine.

Ma mère sortit du chapeau de mon père, qui était resté là depuis la campagne d'Egypte, la vieille cocarde tricolore, et la porta à M. Deviolaine, avec un tromblon.

M. Deviolaine mit la cocarde à son chapeau, et le tromblon à l'arçon de sa selle.

Je me souviens encore du maréchal, ce vétéran de nos premiers combats, qui échappa, au cours de toutes nos guerres, à la mitraille de la Prusse, de l'Angleterre, de la Russie et de l'Autriche, pour tomber enfin sur le boulevard du Temple sous le coup infernal de Fieschi. machine.

Le géant passa, replié sur son cheval ; on aurait dit alors qu'un enfant aurait été assez fort pour vaincre cet invincible guerrier.

Tant qu'Hercule couronné portait le monde sur ses propres épaules, tout allait bien ; mais, lorsqu'il en déplaçait la moindre partie sur les épaules de ses lieutenants, ceux-ci cédaient sous le poids.

Le soir venu, il y eut un grand dîner chez M. Deviolaine, auquel je fus conduit ; et le maréchal me prit à genoux et me caressa : car il avait connu mon père.

Je lui ai demandé des nouvelles de mon parrain Brune ; il était en disgrâce, ou sur le point de l'être.

Le dîner fut triste, la soirée déprimante. Le maréchal se retira tôt, se coucha et dormit. Nous avons été réveillés à minuit par le bruit d'une fusillade. Des combats se déroulaient dans le parterre. Le maréchal avait négligé ses sentinelles ; l'ennemi s'était emparé de son parc, et il ne se sauva qu'en s'échappant, à moitié habillé, par une porte dérobée, de la maison de M. Deviolaine.

Le matin, l'ennemi avait disparu, emportant notre douzaine de pièces d'artillerie.

Le même jour, le maréchal se retira, je crois, à Compiègne, et la ville fut déserte.

L'ennemi ne tarderait sûrement pas à apparaître après cela ; alors ma mère s'est mise au travail sur un deuxième mouton haricot.

Nos journées se passaient dans des alarmes constantes. Quand deux cavaliers étaient aperçus sur la grande route, le cri retentissait : « Les Cosaques ! les Cosaques ! Alors une grande foule courait dans les rues, les enfants pleuraient, les volets et les portes claquaient en s'enfuyant, et la ville prenait l'aspect funèbre d'une ville de morts.

Malgré le haricot de mouton de ma mère qui bouillait sans cesse dans le cuivre et son vin du Soissonais prêt pour le tire-bouchon, elle s'effraya du reste, ferma notre porte, et, me serrant contre son sein, agitée et tremblante, elle me disait : retirez-vous dans un coin éloigné.

Bien sûr, il n'y avait plus de cours au milieu de toutes ces alarmes ; plus de collège ; plus l'abbé Grégoire.

Je me trompe : l'abbé Grégoire était au contraire plus que jamais présent.

L'abbé Grégoire était le calme même, et par conséquent un grand réconfort partout. Il allait de maison en maison pour rassurer tout le monde, soulignant que le mal vient du mal, et que si aucun mal n'était fait à ces Cosaques tant redoutés, eux, de leur côté, ne nous en feraient pas.

D'ailleurs, ils auraient intérêt à ne pas se comporter de manière trop outrancière. A Villers-Cotterêts, ils se trouvaient au milieu d'une vaste forêt, occupée par trente ou quarante forestiers, qui connaissaient chaque détour et chaque détour mieux qu'Osman ne connaissait ceux du Sérail, et qui étaient tous plus ou moins capables de de mettre une balle dans une couronne à cent pas de distance. C'étaient des considérations que même les Cosaques pouvaient apprécier hautement.

Pendant ce temps, le temps passait ; on se battait à Mormant, à Montmirail, à Montereau. On nous assurait que dans cette dernière bataille Bonaparte (pour reprendre sa propre expression), en redevenant artilleur, avait sauvé Napoléon.

Nous avions repris Soissons le 19 février, et le haricot était au feu depuis cinq jours. Personne ne s'attendait à ce que d'autres Cosaques arrivent, du moins pendant un certain temps, alors nous avons mangé du mouton haricot. Nous avons reçu des nouvelles plus rassurantes ; et l'on parla même d'un armistice à conclure avec l'empereur d'Autriche, grâce à l'intervention du prince de Liechtenstein. Napoléon était rentré dans Troyes le 24 et avait renvoyé le préfet ; enfin, des conférences avaient eu lieu à Largny pour la suspension des hostilités.

Mais bientôt l'incendie reprit, ravivé par je ne sais quelle étincelle, et l'on apprit coup sur coup les combats de Bar-sur-Aube, de Meaux et la capitulation de la Fère.

L'ennemi se rapprochait de plus en plus de nous.

Ma mère s'est mise au travail sur un troisième mouton haricot.

Soudain, au milieu d'un matin brumeux de février, à nouveau le cri des « Cosaques ! retentit, nous entendîmes le galop de plusieurs chevaux, et nous vîmes une quinzaine de cavaliers à longue barbe, avec de hautes lances, traverser la rue de Soissons ; ils ressemblaient en effet davantage à des fuyards désespérés qu'à des conquérants menaçants.

À mesure qu'ils avançaient, les portes et les fenêtres se fermaient. Leurs chevaux, poussés au grand galop, parcouraient toute la rue de Largny ; puis ils revinrent sur leurs pas, galopant toujours, et s'enfoncèrent de nouveau dans la rue de Soissons, d'où ils repartirent en disparaissant comme un rêve brumeux et hideux.

Ils étaient à peine hors de vue que des coups de feu se firent entendre.

Ce bruit fit trembler ma mère ; mais la poudre eut sur moi son effet habituel ; Je lui ai échappé des mains, je lui ai échappé et j'ai couru jusqu'au début de la rue de Soissons malgré ses cris. Les Cosaques avaient entièrement disparu.

Une femme se tenait sur le seuil d'une porte ouverte, se tordant les mains.

Elle était l'épouse d'un marchand de bonneterie nommé Ducoudray.

Les voisins ouvrirent peu à peu leurs portes au bruit de ses cris, et à ses gestes de désespoir accoururent et se rassemblèrent autour de la porte.

Je fus un des premiers arrivés et j'appris la raison de ses cris et de son désespoir.

A l'approche des Cosaques, le bonnetier avait fermé sa porte avec crainte et tremblement, après l'avoir ouverte par curiosité après leur premier passage. Au passage, l'un des cavaliers a tiré son pistolet sur la porte fermée, comme s'il s'agissait d'une cible. La balle a transpercé la porte et a touché M. Ducoudray à la gorge, lui brisant la colonne vertébrale.

Il gisait à terre, la tête appuyée sur les genoux de sa fille, des torrents de sang coulant de sa blessure qui avait sectionné une artère.

La mort avait été instantanée ; il avait déjà cessé de respirer.

D'où les cris, d'où le désespoir de sa femme.

Quant aux Cosaques, ils avaient disparu comme ils étaient venus, et s'ils n'avaient pas laissé derrière eux ce sanglant témoignage, la ville aurait cru que leur visite n'était qu'un mauvais rêve.

Moitié par peur, moitié pour annoncer cette importante nouvelle, je courus chez moi à toute vitesse, et au coin de la rue je rencontrai ma mère ; elle avait déjà appris la nouvelle.

Cette fois, ni le haricot de mouton ni le vin du Soissonais ne lui parurent un bouclier sûr contre nos dangers imminents. Elle imaginait les Cosaques passant devant notre porte, au lieu de passer devant celle de M. Ducoudray ; elle a vu la balle passer à travers la porte, et moi, m'étirer, saignant et mourant du coup de pistolet sous ses yeux. Nous avions une sorte de gouvernante que nous appelions « la Reine ». Ma mère laissa à la Reine son troisième mouton de haricot et son vin de Soissons, lui confia la garde de la maison, me prit par la main et m'entraîna d'un pas effréné vers la carrière.

Nous nous tournâmes en sortant de la ville, et nous vîmes la troupe des Cosaques gravir au galop une longue colline, la colline de Dampleux. C'était un petit détachement qui s'était égaré et qui ne cessait de s'éloigner encore plus. J'ai entendu dire ensuite qu'aucun de ces douze ou quinze hommes n'avait jamais quitté la forêt.

Ma mère et moi avons continué notre fuite ; courir comme seuls les gens peuvent courir sous l'emprise de la terreur, chauds et essoufflés. Nous informâmes ceux que nous rencontrâmes non seulement de la présence des Cosaques, mais aussi de l'assassinat qu'ils avaient perpétré dix minutes auparavant.

Tous ceux qui n'étaient pas déjà dans la carrière s'y retirèrent aussitôt ; le dernier homme qui descendit enleva l'échelle, et, pendant vingt-quatre heures, aucun de la colonie n'eut le courage de s'approcher de l'ouverture.

Peu à peu, cette première terreur s'apaisa, et l'on osa mettre le nez dehors. Les plus courageux remontèrent à la surface de la terre, allèrent s'informer de ce qui se passait et constatèrent que les Cosaques avaient complètement disparu et que, à l'exception du malheur survenu la veille, la ville était tranquille.

Ma mère se décida alors à accepter l'offre que lui faisait Madame Picot ; pour m'emmener passer la journée à la ferme, et seulement pour revenir à la carrière pour y dormir la nuit.

Si quelque chose de nouveau arrivait, nous devions en être avertis instantanément par l'un des nombreux ouvriers employés sur le domaine de M. Picot, qui devait dételer un cheval de la charrue ou de la herse et partir en toute hâte donner l'alarme à la ferme.

Cinq ou six jours se passèrent ainsi, pendant lesquels nous apprîmes successivement les batailles de Lizy, de Saint-Julien et de Bar-sur-Seine.

Enfin, un jour, comme je l'ai dit, nous entendîmes de la basse-cour le rugissement du canon.

Des combats se déroulaient à Neuilly-Saint-Front.

La nuit après la bataille, je m'endormis la tête remplie du bruit de la bataille et je rêvai que les Cosaques descendaient dans la carrière.

Le matin venu, je répétai ce rêve à ma mère, et cela la terrifia au point qu'elle décida que nous partirions le lendemain.

Où allions-nous ? Elle n'en avait absolument aucune idée ; mais elle croyait qu'en changeant de place elle pourrait peut-être exorciser le danger.

<hr>

CHAPITRE X

Le retour à Villers-Cotterêts et ce que nous avons rencontré en chemin. La boîte contenant les trente louis. Le sac de cuir. La taupe. Notre départ. Le voyage. L'arrivée au Mesnil et notre séjour là-bas. Le roi Joseph. Le roi de Rome. — Nous quittons le Mesnil. — Notre visite à Crespy en Valois. — Les morts et les blessés. — La reddition de Paris. — L'île d'Elbe.

Lorsque la résolution fut prise, elle fut mise à exécution le jour même. Ma mère et moi avons grimpé au point culminant de la ferme, nous avons exploré tout autour, et, comme nous ne pouvions découvrir aucune apparence de Cosaques, nous avons osé retourner à la ville.

Nous avions à peine fait cent pas que nous rencontrâmes un employé à cheval nommé Crétet. C'était un bon garçon, qui avait travaillé pour mon beau-frère.

Il allait de maison en maison.

"Qu'est-ce que tu cherches?" a demandé ma mère.

"Je suis à la recherche d'une voiture, d'un fiacre, d'un chariot, d'une berline ou de toute sorte de moyen de transport pour atteler mon cheval et partir", dit-il ; "Mademoiselle Adélaïde ne veut plus rester à Villers-Cotterets."

Mademoiselle Adélaïde était une vieille fille bossue, possédant plusieurs milliers de francs de rente, pour laquelle je soupçonne des penchants à Crétet.

"Ah ! c'est une chance !" s'écria ma mère ; " C'est exactement ce que nous recherchons aussi. Pouvons-nous partir avec vous ? Vous êtes deux, et nous deux ; nous voyagerons à moitié prix. "

Il est toujours moins cher de voyager à quatre plutôt qu'à deux ; donc l'offre a été acceptée.

On trouva une charrette à ressorts possédant un minimum de ressorts, et il fut convenu que nous partirions le soir même.

Ma mère revint à Villers-Cotterêts pour récupérer quelques vêtements nécessaires à notre voyage, et surtout pour extraire de son trou le fameux trésor de trente louis .

Nous entrâmes dans la maison, toujours gardée par « la Reine » ; puis nous sommes allés dans le jardin ; nous avons reconnu l'endroit où nous avions enterré notre trésor, et j'ai pris une pelle et je me suis mis à creuser.

A la troisième ou quatrième pelletée de terre, je commençais à m'inquiéter. J'ai regardé ma mère et j'ai vu qu'elle partageait mon anxiété.

Il n'y avait pas plus de trace de la boîte que si elle n'avait jamais existé. Je reviens au repère, je mesure les pas ; non, je n'avais commis aucune erreur.

Alors je me mis à creuser tout autour de mon premier trou, en vain ; c'était du travail perdu.

Je suis retourné au trou du milieu et j'ai continué à creuser de plus en plus profondément.

Soudain, j'ai poussé un cri de joie. J'avais aperçu les cordons du sac en cuir.

J'ai tiré sur les ficelles et le sac en cuir est apparu, mais... il était vide !

Un trou avait été fait au fond.

Les affaires devenaient mystérieuses. Pourquoi diable, s'ils avaient volé la boîte, s'étaient-ils donné la peine de faire un trou dans le sac en cuir pour en retirer l'argent ? Il eût été bien plus facile de tout emporter ; récipient et son contenu ensemble.

Une idée géniale m'est venue. Je continuai à creuser avec zèle, et un pied et demi plus profond, ma pelle heurta enfin un obstacle.

"Voici la boîte !" J'ai pleuré.

Et c'était bien la boîte.

Une taupe, attirée par l'odeur du cuir enfermé, avait creusé pour l'atteindre. Elle avait remué le sol, et la caisse, entraînée par son propre poids, était tombée dans la fosse creusée par le mineur aveugle.

Ma mère ouvrit vivement la boîte et constata qu'il ne manquait pas un louis .

Le soir, la charrette fut chargée, le cheval mis aux brancards, et nous partîmes sur la route de Paris.

J'étais enchanté : nous allions faire une seconde visite à la capitale du monde civilisé, et, bien qu'elle fût dans un état déplorable, je n'avais pas moins hâte de la voir.

Malheureusement nous n'étions pas assez riches, avec nos quelques louis , pour rester à Paris. C'était une question à laquelle je n'avais pas pensé.

Il fut décidé de s'arrêter dans un village où la vie serait bon marché.

La première nuit, nous arrivâmes jusqu'à Nanteuil et nous nous installâmes dans une auberge que mon père fréquentait lorsque nous allions à Paris. Puis, le lendemain matin, très tôt, nous avons repris notre route.

Vers une heure, nous atteignîmes la montée raide de Dammartin et descendîmes de notre voiture pour soulager un peu le cheval.

Des combats se déroulaient quelque part ; nous entendions distinctement les tirs, comme le tonnerre d'un orage lointain.

Il nous semblait même que nous allions dans la direction du rugissement du canon ; mais la peur est si aveugle que si l'ennemi avait été devant nous, ma mère aurait préféré continuer sa route plutôt que de rebrousser chemin.

Nous avons traversé Dammartin sans nous arrêter, sauf pour demander des nouvelles. Personne ne savait rien de très précis. Le comte d'Artois était à Nancy ; les souverains alliés à Nogent-sur-Seine. L'ennemi s'avançait de tous côtés sur Paris, c'était tout ce qu'ils pouvaient nous dire.

Nous avons amorcé notre cheval à Villeneuve-Saint-Georges ; puis, après avoir dîné, nous continuâmes notre route et arrivâmes au Mesnil vers huit heures du soir.

Nous nous arrêtâmes dans un hôtel dont j'ai oublié le nom, mais il était situé à gauche, au coin d'une rue en face du relais de poste.

Le lendemain, à mon grand regret, rien ne fut dit sur la poursuite de notre voyage ; il semblait presque décidé que nous n'irions pas plus loin.

Comment étions-nous mieux au Mesnil qu'à Villers-Cotterets, à douze lieues de notre point de départ et sur la même route ? Ni ma mère ni Mademoiselle Adélaïde ne pouvaient le dire avec certitude.

Il fut cependant convenu que, sauf événement grave, nous étions arrivés au terme de notre voyage.

Nous arrivâmes au Mesnil le 22 mars.

Le 25, tout le monde parlait d'une grande revue de la garde nationale, qui devait être tenue par le roi Joseph à la cour des Tuileries.

Cette fonction attira la curiosité de Mademoiselle Adélaïde, car elle n'avait jamais vu Paris, et il fut décidé de mettre le cheval sur notre charrette, de partir le 26 après-midi, de dormir à Paris, de voir la revue le 27, et de retour le 28.

Ma mère n'avait pas envie de faire ce petit voyage ; car Paris rappelait des souvenirs que mon enfance inconsidérée avait oubliés. Elle m'a confié à Crétet et à Mademoiselle Adélaïde, qui m'ont emmené avec eux.

Je n'ai que deux souvenirs précis de ce voyage, même s'il a eu lieu huit ans plus tard que le précédent.

L'une, rayonnante et poétique : et l'autre impure et souillée.

La première, c'est quand, au son des trompettes d'airain et au son des drapeaux de bienvenue, ils ont élevé au-dessus de la tête de 50 000 hommes de la garde nationale, la tête rose, blonde et bouclée d'un enfant de trois ans, au milieu des cris de *Vive le roi. de Rome ? Vive la régence !*

C'était ce pauvre enfant qui était né roi, mais qui était destiné par le destin non seulement à être déshérité de ses deux royaumes, mais à bientôt perdre ses deux parents.

Un tableau de cet enfant fut envoyé à l'empereur à Moscou, et un autre suivit Napoléon à Sainte-Hélène.

Le père de ce petit martyr innocent n'eut guère le temps de se rendre compte de son existence, sinon comme une vision céleste apparaissant pendant un bref espace dans ce monde. Il le revit après la campagne de Russie, après la campagne de Dresde, et plus jamais que dans les rêves et les hallucinations de sa solitude et de son désespoir.

Sa mère, qui avait une influence aussi désastreuse sur la fortune de la France que toutes les autres filles des Césars : Anne d'Autriche, Marie-Antoinette et maintenant Marie Louise, se tenait derrière lui, mais son visage laissait dans mon esprit une impression indistincte et fade. et ses traits se perdent dans la nuit des temps ; Je ne me souviens que de ses cheveux blonds retenus sur le dessus de sa tête par un peigne en diamant.

Ils jurèrent fidélité à cette pauvre enfant, et, si le retentissement des trompettes et les cris avaient cessé un instant, si le murmure de Paris avec son million d'habitants eût été apaisé, le grondement des canons ennemis n'aurait pu être entendu tonner que deux fois. à des lieues de l'endroit où ils faisaient toutes ces vaines acclamations et juraient ces vœux creux !

En son nom, on lui promettait qu'il ne quitterait jamais Paris ; que lui, Marie Louise sa mère et le roi Joseph son oncle mourraient parmi le peuple français. Et les voitures qui devaient les emporter le lendemain étaient prêtes, les chevaux attelés, dans les cours des Tuileries !

C'est ainsi que le roi de Rome quitta le lendemain matin le château de Catherine de Médicis, ce château qui survécut à des journées comme le 20 juin, le 10 août, le 29 juillet et le 24 février. Le lendemain, il laissa à ses successeurs, le duc de Bordeaux et le comte de Paris, le berceau royal offert par l' Hôtel-de-Ville ; eux aussi, tous deux petits-neveux de Louis XVI, n'étaient pas destinés à y séjourner plus longtemps que lui.

C'était donc l'éclair de lumière et de poésie encore présent dans ma mémoire.

Le deuxième souvenir était celui du nombre de jeunes filles de la ville qui, à cette époque, appelaient des fenêtres de leurs appartements aux passants leurs invitations licencieuses avec des gestes obscènes.

De temps à autre, je me retournais et disais à Crétet et à Mademoiselle Adélaïde : « Ils nous appellent. Tous deux ont ri et je me suis demandé pourquoi ils riaient.

Nous quittons Paris assez tôt le lendemain, mais pas trop tôt cependant pour apprendre la mauvaise nouvelle.

Dans la nuit, le roi de Rome, l'Impératrice et le roi Joseph avaient quitté Paris et se dirigeaient à toute vitesse vers la Loire.

En apprenant cette nouvelle, qui signifiait l'abandon de la capitale, ma mère sentit que l'endroit où nous étions, un petit village sur la grande route, à six lieues des barrières, était l'endroit de tous les endroits où nous devions être le moins en sécurité. même si nous ne courons aucun danger.

Paris, disait-on, se préparait à se défendre ; si nous restions au Mesnil, nous serions en pleine ligne d'attaque.

D'ailleurs, l'ennemi était à Meaux : son avant-garde avait été aperçue jusqu'à Bondy.

Ma mère résolut de rebrousser chemin et nous reprenâmes le lendemain notre voyage de retour vers Villers-Cotterêts.

J'ai complètement oublié ce que nous avons fait avec Crétet et Mademoiselle Adélaïde, je sais seulement qu'ils n'étaient pas avec nous lors des événements qui ont suivi.

Lorsque nous arrivâmes à Nanteuil, nous apprîmes que l'ennemi avait tourné sa position à Soissons et qu'il était à Villers-Cotterêts, marchant sur Nanteuil. Les Cosaques avaient découvert la carrière, y étaient descendus et, selon la rumeur, avaient commis dans ses profondeurs obscures des abominations telles que le soleil lui-même aurait rougi de voir si elles avaient été commises à la lumière du jour.

Nous entendîmes derrière nous, du côté de Paris, des bruits de tirs, et nous apprîmes que l'avant-garde prussienne était à Lévignan, à deux lieues de là où nous nous trouvions alors. Donc, si l'on voulait échapper entièrement à l'ennemi, il n'y avait que la route de Crespy.

Crespy, étant situé à deux lieues au nord de la route de Laon à Paris, ne mène nulle part et pourrait passer inaperçu.

Nous nous sommes donc dirigés vers Crespy.

Ma mère y connut une vieille dame, nommée madame de Longpré, veuve d'un ancien valet de chambre de Louis XV.

À son sujet, je me souviens seulement qu'elle avait la terrible habitude de boire de l'eau-de-vie et que, pour se procurer de l'eau-de-vie, elle vendait chaque article d'une collection de porcelaines magnifiques comme je n'en ai jamais vu depuis.

Et à quel prix pensez-vous qu'elle les a vendus ? Trente ou quarante *sous* la pièce !

Il est vrai qu'à cette époque la porcelaine chinoise n'était pas aussi appréciée qu'elle l'est aujourd'hui.

Nous nous arrêtâmes chez elle, mais elle n'avait pas assez de place pour nous accueillir ; et la vue de sa boisson perpétuelle aurait été répugnante.

Elle nous conduisit chez une dame, Madame Millet, qui avait, dit-elle, une chambre libre toute prête qu'elle pouvait nous louer.

Ce fut bientôt réglé : Crespy est si près de Villers-Cotterêts que ma mère y était parfaitement connue, et nous nous installâmes le même jour.

Madame Millet avait deux fils et deux filles : — une de ces deux filles, Amélie, eût été très jolie si elle n'avait pas perdu un œil, par accident — il était toujours fermé, et elle le cachait par une grande masse de beaux yeux noirs. cheveux.

Je ne me souviens de rien de la plus jeune fille, pas même de son nom.

Les deux fils étaient chirurgiens militaires comme leur père.

L'aîné avait déjà quitté le service depuis deux ou trois ans et exerçait la médecine à Crespy.

L'autre était avec son régiment, on ne savait où. Au milieu de cette *débâcle générale* , on n'avait plus entendu parler de lui depuis six ou huit semaines, et la pauvre mère et ses deux sœurs étaient très inquiètes à son sujet.

En traversant la place principale de Crespy, nous tombâmes sur une sorte de bivouac ; nous nous enquitâmes de cette garnison, source de danger plutôt que moyen de secours, dans une ville aussi ouverte qu'un marché, et nous apprîmes qu'elle était composée de 100 fantassins et de 200 cavaliers. Ce petit corps était complètement coupé de toute communication avec l'armée principale, et y était stationné, sous des officiers inférieurs, sans aucun ordre : on y attendait le cours des événements.

L'ennemi était partout autour de Crespy : à Compiègne, à Villers-Cotterets, à Lévignan. Mais par un curieux hasard, dont nous lui étions très reconnaissants, Crespy était resté, comme Péronne, sinon tout à fait inviolable, du moins inviolable.

Nos deux ou trois cents hommes gardaient une garde splendide ; ils avaient des piquets tout autour, leurs fusils étaient toujours entassés, et leurs chevaux n'étaient débridés que lorsqu'il fallait les nourrir.

L'activité de cette poignée d'hommes contrastait singulièrement avec la négligence du duc de Trévise et de son corps d'armée, qui, comme nous l'avons raconté, se laissèrent surprendre une nuit à Villers-Cotterêts.

Un jour, malgré cette vigilance, ou plutôt à cause d'elle, une alarme retentit ; on avait vu l'ennemi sortir du bois de Tillet, au pied de la croupe de Montigny.

C'était la même butte que je croyais si haute, lorsque je voyageais à Béthisy avec Picard et ma cousine Marianne.

Quoi qu'il en soit, l'ennemi approchait, et la petite troupe résolut de se défendre vigoureusement.

La maison de Mme Millet était la deuxième ou la troisième à droite, en venant de Villers-Cotterets, par le même chemin que prenait l'ennemi.

Les fenêtres donnaient sur cette route.

Nous montâmes dans les greniers, que nous transformâmes en terrain de camping général, car Mme Millet, ma mère et les deux filles étaient décidées à ne pas bouger. Des fenêtres de ces greniers, on apercevait l'approche d'un petit corps d'une centaine d'hommes.

Était-ce, nous interrogeions-nous, un corps isolé comme le nôtre à Crespy ? ou l'avant-garde d'une force plus considérable ? Nous ne pouvions pas le dire, ou plutôt voir, de nos fenêtres de grenier, car la route tournait à quelques pas hors de la ville, se perdait derrière les maisons qui se dressaient sur notre droite et était complètement coupée de notre vue un quart de lieue plus loin. par le bois de Tillet, qui était assez grand pour cacher une force bien plus grande que celle qui venait de le traverser.

C'était de la cavalerie prussienne. Les hommes étaient vêtus de manteaux bleus courts, serrés autour de la poitrine, amples en bas et attachés à la taille par des ceintures.

Ils portaient des pantalons gris, avec une rayure bleue comme leurs manteaux, et avaient sur la tête de petits casques à visière, fermés par une jugulaire de cuir.

Chaque homme portait un sabre et deux pistolets.

Je vois encore le premier rang, précédé de deux trompettistes, tenant leurs trompettes à la main mais sans les souffler.

Un officier marchait derrière les trompettes.

C'étaient de beaux jeunes gens, blonds et d'une allure plus distinguée que le soldat ordinaire ; il s'agissait sans doute des levées volontaires de 1813, venues à Leipzig pour essayer chez nous leurs apprentis ; officiers du *Tugendbund*, qui avait produit des Staps et devait produire du Sand.

Ils passèrent sous nos fenêtres et disparurent hors de notre vue ; un instant plus tard, nous entendîmes un véritable ouragan sonore, et la maison trembla au galop des chevaux. Au bout de la rue, les Prussiens avaient été chargés par notre cavalerie, et, ignorant l'importance de nos forces, ils se retirèrent au grand galop, vivement poursuivis par nos hussards.

Ils se précipitèrent tous ensemble, pêle-mêle, dans un ouragan de fumée et de bruit. Nos soldats taillaient et tiraient, le sabre dans une main et le pistolet dans l'autre.

Les Prussiens ripostèrent alors qu'ils s'enfuyaient. Deux ou trois balles ont touché notre maison ; et l'un d'eux brisa la barre du volet par lequel je regardais.

Grande était la terreur des femmes qui dévalaient les escaliers à toute allure pour se cacher dans la cave. Ma mère a essayé de m'entraîner avec elle, mais je me suis accroché au châssis de la fenêtre et, plutôt que de me quitter, elle s'est arrêtée près de moi.

C'était un spectacle terrible et pourtant magnifique à voir.

Lorsqu'ils étaient pressés, les Prussiens se retournaient, et là, à seulement vingt pas de nous, sous nos yeux, aussi près que la première rangée de loges du cirque l'est de la scène, une bataille se déroulait pour un sérieux mortel - une bataille à main levée. combat au corps à corps.

J'ai vu tomber cinq ou six Prussiens et deux ou trois Français.

Le premier homme qui tomba fut un Prussien qui volait, la tête et le corps penchés sur l'encolure de son cheval ; un coup tranchant lui ouvrit le dos, de son épaule droite à son flanc gauche, et laissa une bande rouge en forme de ruban sur lui.

La blessure devait mesurer douze ou quinze pouces de long.

Parmi les autres que j'ai vu tomber, l'un est tombé d'une blessure qui lui a ouvert la tête ; les autres ont été poignardés ou abattus.

Puis, après dix minutes de lutte, les Prussiens furent battus ; ils se fièrent de nouveau à la rapidité de leurs chevaux pour les sauver et partirent au grand galop.

La poursuite reprit.

L'ouragan a repris sa course, éparpillant trois ou quatre hommes sur le trottoir avant de disparaître hors de vue.

L'un de ces hommes a certainement été tué, car il n'a jamais bougé ; les autres se relevaient ou se traînaient de l'autre côté de la route. L'un d'eux s'assit et s'appuya le dos contre le mur ; les deux autres, probablement plus gravement blessés, restèrent couchés.

Tout à coup un tambour se fit entendre appelant à la charge : c'étaient nos cent fantassins qui arrivaient pour prendre leur part du combat : ils marchèrent baïonnette au canon et disparurent au détour du chemin.

Cinq minutes plus tard, nous entendîmes des coups de feu vifs, puis nos hussards reparurent, repoussés par cinq ou six cents cavaliers.

Les poursuivants étaient maintenant poursuivis : mais il était tout à fait impossible de voir ou de distinguer aucun détail dans cette seconde explosion de combats : nous ne vîmes encore que trois ou quatre cadavres étendus sur la route, quand tout fut fini.

Un profond silence succéda à ce tumulte. Français et Prussiens s'étaient précipités dans la ville ; et, quoique nous attendions, nous n'avons plus rien vu ni entendu.

Qu'étaient devenus nos cent fantassins ? Ils s'étaient probablement précipités en rase campagne et avaient été soit tués, soit emmenés.

Et quant à nos cavaliers, qui connaissaient les environs de la ville, ils s'étaient enfuis, semble-t-il, par la montagne de Séry, dans la vallée de Gillocourt.

Nous n'avons plus vu leurs poursuivants ; sans doute ils quittèrent la ville par une autre route que celle par laquelle ils étaient entrés, et allèrent rejoindre leurs camarades, rangés dans la plaine de Tillet au nombre d'environ deux ou trois mille.

Nous avons été enhardis par la solitude et le silence ; de plus, notre hôte, le chirurgien militaire, s'avança pour soigner les blessés.

Je m'accrochai à ses pans de manteau, malgré les supplications de ma mère, et nous ouvrîmes la porte de la rue. Un sergent prussien, qui s'appuyait contre cette porte, tomba à la renverse lorsque ses moyens d'appui lui manquèrent subitement.

Il a été blessé au sein droit par un coup d'épée. Dès que les femmes virent qu'elles pouvaient être utiles à un pauvre blessé, leurs craintes disparurent. Ils se précipitèrent à son secours, soulevèrent le jeune homme (qui devait avoir entre vingt-six et vingt-huit ans) et le portèrent dans le salon qu'ils transformèrent rapidement en hôpital.

Millet continua sa tournée, et, avec l'aide des voisins qui commençaient à se présenter à leur porte, il ramena quatre ou cinq blessés, dont un Français. Les autres étaient soit morts, soit à bout de souffle.

Et maintenant le pansement commença.

Ici, les femmes jouaient le rôle divin que le ciel voulait leur attribuer. Ma mère, Madame Millet et ses deux filles sont devenues de véritables Sœurs de la Miséricorde, réconfortantes et soignantes à la fois.

Je tenais la bassine pleine d'eau pendant que Millet lavait les blessures et que les domestiques préparaient la charpie.

Nous apprîmes alors par l'un des Prussiens les moins grièvement blessés (il avait reçu un coup de sabre sur la tête), que lui et ses camarades appartenaient à un détachement de trois mille hommes, qui s'était abstenu d'entrer dans la ville de peur d'être blessé. surpris; ils suivaient leurs instructions, qui étaient de camper le plus possible, leurs commandants craignant toujours un massacre nocturne s'ils osaient rester dans les villes.

« Mais tout cela sera bientôt fini, ajoute le blessé, puisque Paris s'est rendu avant-hier.

C'était la première nouvelle que nous recevions de cet événement important.

Nous étions sur le point de crier à la nouvelle, lorsqu'une voix dans l'embrasure de la porte dit tout à coup :

"Ce n'est pas vrai, Paris ne se rendra pas comme ça."

Nous nous retournâmes, et là nous vîmes, appuyé contre la porte, pâle, un des officiers de notre petit détachement d'infanterie. Il avait une des têtes les plus belles et les plus militaires qu'on puisse imaginer, maintenant entaillée avec une profonde blessure au sourcil gauche, d'où sa pâleur et le sang qui le couvrait.

Il avait reçu un coup de pistolet au visage qui l'avait abattu ; mais, l'air frais le ranimant bientôt, il avait réussi à se relever, et, apercevant la ville à cent pas devant lui, il y était arrivé, s'appuyant contre ses murs pour s'appuyer.

Les bons voisins qui avaient aidé notre hôte avaient dirigé cet officier vers notre maison, et, mortellement blessé, il était arrivé juste à temps pour donner ce démenti véritablement patriotique à la nouvelle annoncée par son ennemi.

La balle était toujours dans la plaie ; elle fut extraite très adroitement par Millet, mais, comme nous l'avons dit, la blessure fut mortelle, et l'officier mourut dans la nuit, vers deux heures du matin, juste au moment où un chien se mettait à aboyer.

Millet entra dans la cour et écouta. Quelqu'un frappait à la porte du jardin qui donnait sur la campagne, et il frappait si prudemment qu'il était évident que quiconque devait se méfier.

Notre hôte ouvrit lui-même la porte, et celui qui frappa ainsi à une porte privée en pleine nuit était le deuxième fils de la maison, dont ils avaient été si terriblement inquiets.

Notre hôte rentra seul dans la maison, entra dans une des chambres et se pencha un moment sur le lit où dormaient sa mère et ses deux sœurs, après leurs bons offices de sœurs de charité. C'était en effet une bonne nouvelle que Dieu leur avait envoyée en récompense de leur dévouement.

Ils ont introduit clandestinement le nouveau venu par une fenêtre palière, afin qu'il puisse atteindre nos greniers sans être vu.

Pendant dix minutes, les trois femmes sanglotèrent de joie, puis il leur annonça que Paris s'était effectivement pratiquement rendu le 30 mars.

Georges Millet — autant que je me souvienne, je crois que Georges était son nom — Georges Millet comprit alors que tout était fini. Il quitta son régiment, et, au risque d'être pris vingt fois, il parvint à regagner Crespy, marchant de nuit et à travers pays.

Cela ne lui avait pris qu'une nuit et demie, car Crespy n'était qu'à quinze lieues de Paris.

Son frère lui donna un rasoir pour se raser la moustache, et comme vêtement ils l'envoyèrent chez Madame de Longpré, dont le fils aîné avait la même taille, et lui empruntèrent un habit, un gilet et un pantalon, comme les vêtements de son aîné. son frère (qui était deux fois plus gros que lui) ne lui aurait pas convenu.

Le lendemain, la nouvelle arriva.

Les Alliés entrent dans Paris le 31 mars.

Le 1er avril, le Sénat nomme un gouvernement provisoire.

Le 2, un décret du Sénat déclare Napoléon déchu de son trône.

Quinze jours plus tard, nous retournions à Villers-Cotterêts et nous réinstallions dans notre maison.

Que d'événements s'étaient produits pendant cette quinzaine ! Le visage de l'Europe a changé.

Le 4, Napoléon abdique en faveur de son fils.

Le 6, il fit le projet de se retirer au sud de la Loire.

Le 10, un *Te Deum* est chanté place Louis XV. par les Alliés.

Le 11, Napoléon signe le décret d'abdication.

Le 12, il tente de s'empoisonner.

Le même jour, tandis qu'il luttait contre le poison frelaté par Cabanis, le comte d'Artois entra dans Paris.

Le 13, le Sénat nomma ce prince lieutenant-général du royaume.

Le 14, l'empereur d'Autriche entra dans Paris.

Le 19, l'empereur Napoléon, abandonné de tous, se retrouve seul avec un seul valet de chambre.

Enfin, le 20, il dit adieu aux Aigles de la garde impériale et partit pour l'île d'Elbe ; le même jour et presque à la même heure, Louis XVIII. atteint Compiègne.

Tout cela s'était passé pendant cette quinzaine ; ainsi l'histoire s'était faite, et le bruit de ces exploits avait été répandu à l'étranger pour que le monde entier puisse l'entendre, tandis que moi, dans mon ignorance insouciante et heureuse, j'étais insensible à ce bruit.

Qui aurait dit alors que je visiterais un jour l'île d'Elbe, dont j'ignorais l'existence même jusqu'à ce que j'entende prononcer son nom, et dont j'oubliais la position géographique dès qu'on me l'apprenait ? Qui aurait dit qu'un jour je visiterais cette île d'Elbe avec le neveu de l'Empereur ?

CHAPITRE XI

Dois-je m'appeler Davy de la Pailleterie ou Alexandre Dumas ? - *Deus dedit, Deus dabit* - Le bureau de tabac - La cause de la chute de l'empereur Napoléon, telle qu'elle apparut à mon maître d'écriture - Ma première communion - Comment je me préparai à il.

Deux ou trois jours après notre retour à Villers-Cotterêts, M. Collard vint nous voir, et ma mère eut une longue conversation avec lui ; après quoi il nous quitta en l'invitant à le rejoindre le soir même chez M. Deviolaine.

Ma mère est allée chez M. Deviolaine et m'a emmené avec elle. Il y avait à table une grande compagnie d'officiers avec leurs sabres et leurs épaulettes, comme la dernière fois que j'étais venu dans la maison : seulement, cette fois c'étaient des sabres et des épaulettes russes : le même langage et les mêmes manières, peut-être des manières un peu plus polies... c'était la seule différence.

Je ne pouvais pas comprendre que c'étaient eux que le peuple appelait « l'ennemi » – l'ennemi représente un principe et non les hommes eux-mêmes.

Ma mère et M. Collard continuèrent leur conversation. Le lendemain, M. Collard devait partir pour Paris, mais il promit de revoir notre maison avant de partir.

Ce soir-là, quand nous rentrâmes à la maison, ma mère me prit à part, et, me regardant plus sérieusement que d'habitude, mais avec un visage aussi aimant, elle me dit :

" Mon cher, le comte d'Artois, nommé lieutenant général du royaume, et Louis XVII, qui va être fait roi de France, sont tous deux frères du roi Louis XVI. Votre grand-père, le Marquis de la Pailleterie, a servi sous Louis XVI comme votre père a servi sous la République. Écoutez donc bien ce que je vous dis, car probablement tout votre avenir dépendra de la résolution que nous allons prendre. Davy de la Pailleterie, comme votre grand-père, car vous êtes le petit-fils du marquis Davy de la Pailleteril, qui fut palefrenier du prince de Conti, et commissaire général de l'artillerie, auquel cas nous pourrions obtenir un ; commission pour vous, ou vous pourriez devenir l'un des pages ; et dans les deux cas vous auriez une place dans la nouvelle famille régnante ou voudriez-vous qu'on vous appelle simplement et brièvement Alexandre Dumas, comme votre père ? portez le nom du général républicain Alexandre Dumas, aucune carrière ne vous sera ouverte, car, au lieu de servir ceux qui règnent aujourd'hui, comme le faisait votre grand-père, votre père a servi contre eux !... M. Collard va à Paris pour -jour; il connaît M. de Talleyrand, qui était au *corps législatif* lorsqu'il l'était ; il connaît le duc d'Orléans ; en fait, il connaît de nombreuses personnes appartenant à la nouvelle Cour et il fera de son mieux pour vous selon votre propre décision. Réfléchissez bien avant de répondre. »

"Oh ! Je n'ai pas besoin de réfléchir, maman !" Je m'écriai : « Je m'appellerai Alexandre Dumas, et rien d'autre. Je me souviens de mon père ; je n'ai jamais connu mon grand-père. Que penserait mon père, venu me dire adieu au moment de sa mort, si je le reniais ? pour m'appeler par le nom de mon grand-père ?

Le visage de ma mère s'éclaira.

« Est-ce votre opinion ? » dit-elle.

"Oui, et le vôtre aussi, n'est-ce pas, mère ?"

" Hélas ! oui ; mais que allons-nous devenir ? "

"Absurdité!" J'ai répondu; "vous oubliez que je peux interpréter le *De viris* , et donc je comprends la devise de mon père : *'Deus dedit, Deus dabit* — Dieu a donné, Dieu donnera.'"

"Eh bien, mon enfant, va te coucher après ça : tu m'énerves beaucoup parfois, mais je suis sûr que ton cœur est à la bonne place."

Je me couchai sans bien comprendre l'importance de la décision que mon instinct filial venait de me pousser à prendre et qui, comme ma mère me l'avait prévenu, pourrait très probablement déterminer toute ma vie future.

Le lendemain, M. Collard revint, et il fut décidé qu'il ne demanderait rien de ma part, mais seulement demanderait un bureau de tabac pour ma mère.

Étrange anomalie : la veuve des Codes Horatius du Tyrol vendant du tabac !

Et mon éducation devait se poursuivre chez l'abbé Grégoire.

Je dis *chez* l'abbé Grégoire, mais j'aurais dû dire sous l'abbé Grégoire. Car, pendant que toutes ces choses se passaient, l'abbé avait perdu son brevet de maître d'école.

Une décision de l'Université lui avait interdit de tenir une école chez lui, bien qu'il fût autorisé à enseigner aux élèves de la ville.

Moyennant la somme de six francs par mois, que ma mère acceptait de lui payer, je devins un de ses élèves de la ville.

Je devais en outre prendre des leçons d'arithmétique avec Oblet, l'instituteur de la ville, et continuer mes leçons d'escrime avec le vieux Mounier.

Et quant à l'équitation, j'avais appris moi-même, comme le faisaient les soldats romains, en montant à dos nu tous les chevaux que je pouvais trouver.

Ma seule éducation se bornait alors à ce que l'abbé Grégoire pouvait m'apprendre de latin ; étudier les quatre règles de l'arithmétique avec M. Oblet ; et à exécuter des contre-coups, des feintes et des parades avec le vieux Mounier.

Oblet, je dois le dire, avait la tâche la moins enviable, car j'ai toujours eu une si profonde aversion pour l'arithmétique que je n'ai jamais pu dépasser la multiplication.

Et encore aujourd'hui je suis incapable de faire la moindre somme en division.

Mais si je n'ai pas appris à calculer sous Oblet, Dieu, qui veillait sur moi, a providentiellement vu que j'apprenais autre chose.

Outre une parfaite connaissance de son *Barême* , Oblet écrivait une écriture splendide ; il savait faire toutes les lettres de l'alphabet, comme M. Prudhomme, d'un seul coup de plume ; et, en outre, il savait dessiner les dessins les plus merveilleux, les ornements, les coeurs, les rosaces, *les lacs d'amour* , Adam et Ève, le portrait de Louis XVIII, et je ne sais quoi d'autre.

Maintenant, l'écriture manuscrite était une tout autre affaire : ici, j'étais doué ! Quand Oblet m'eut donné mes leçons d'arithmétique et, pour acquitter sa conscience, m'eut inculqué les trois règles (car, comme je l'ai dit, je n'ai jamais dépassé la multiplication), nous sortîmes de beaux morceaux de papier blanc, épurâmes trois ou quatre plumes d'oie à l'avance, à des pointes grossières, fines ou moyennes, puis il commença à écrire à main ronde, avec des fioritures et des traits ascendants à gogo.

En trois mois, j'avais atteint l'étendard d'Oblet, et si je ne craignais pas d'offenser son orgueil, je dirais que, sur certains points, je l'avais même surpassé.

Mes progrès en écriture procuraient un certain plaisir à ma mère, même si elle préférait de loin que ce soit en arithmétique.

"Écrire, écrire !" elle dirait; " C'est une chose dont on peut être fier, je dois le dire, de bien écrire. Eh bien, n'importe quel idiot peut bien écrire. Mais regardez Bonaparte, vous avez une vingtaine de ses lettres adressées à votre père ; en distinguez-vous une seule ? " eux?"

— Mais, madame, M. Bonaparté est maintenant à l'île d'Elbe, répondait gravement Oblet.

Oblet était un royaliste passionné, il prononçait donc toujours le nom de Bonaparté et donnait à l'ex-empereur le titre de *monsieur.*

Le même honneur ou la même insulte qu'Oblet offrait à Bonaparte me fut offert à la Chambre de 1847.

« Veux-tu dire, répondit ma mère, qu'il est à l'île d'Elbe parce qu'il ne savait pas écrire ?

" Pourquoi ne le dirais-je pas ? C'est un argument qui peut être soutenu, madame. On dit que M. Bonaparté a été trahi par ses maréchaux ; mais je dis : " La Providence a voulu que cet usurpateur ne puisse pas écrire clairement pour que ses ordres devaient être illisibles et n'ont donc pas pu être exécutés. - Ses maréchaux l'ont trahi ! - Rien de tout cela, madame ; ils ont mal lu ses ordres, ils ont donc agi contrairement à ce qu'il leur avait ordonné. De là sont nés nos revers et nos défaites, et la prise de Paris et l'exil aux Pays-Bas. île d'Elbe."

— Eh bien, nous laissons tomber Bonaparte maintenant, monsieur Oblet.

" Madame, c'est vous-même qui avez introduit l'homme dans la conversation et pas moi ; je ne parle jamais de l'homme. "

"Mais supposons que si Alexandre..."

"Si votre fils, madame, devient un jour empereur des Français, puisqu'il aura, ou plutôt comme il a déjà, une main splendide, ses ordres seront littéralement exécutés, à moins que ses maréchaux ne sachent lire."

Mais ma mère n'a pas été réconfortée par cette éventualité pour mon manque de capacité mathématique, elle a poussé un profond soupir et a exprimé le dernier mot laissé tomber par des consciences fatiguées, des intellects épuisés et une foi qui a atteint le point de doute :

"Si seulement !... "

J'ai donc continué mes cinq sortes d'écriture, mes pleins et mes pleins, mes fioritures, mes coeurs, mes rosaces et *mes lacs d'amour* , avec Oblet.

Oblet, bien entendu, n'était pas le pire de ceux qui traitaient mal l'empereur détrôné : c'était déjà assez grave de l'appeler M. Bonaparté, mais beaucoup contestaient même son nom, affirmant que ce n'était jamais Napoléon, mais Nicolas, privant ainsi lui de son titre de *Lion du Désert* , — imbéciles qu'ils étaient — pour l'appeler *Conquérant des Nations*.

Pendant que toutes ces choses se passaient, j'atteignais ma treizième année, et il était temps de penser à faire ma première communion, un événement sérieux dans la vie de tout enfant, mais particulièrement dans la mienne.

Car, aussi jeune que j'étais, je m'étais toujours senti profondément religieux, en dehors des observances extérieures. Ce sentiment est toujours prêt à vibrer dans mon cœur comme une corde mystérieuse et cachée, mais il ne vibre jamais vraiment que sous l'influence d'une vive émotion de joie ou de tristesse. Dans les deux cas, mon premier élan, qu'il soit de gratitude ou d'affliction, est toujours vers le Sauveur. Dans les églises, je n'entre presque jamais, car dès que j'en franchis le seuil, j'ai l'impression, comme Habacuc, qu'un ange me tire par les cheveux. Pourtant, les églises sont pour moi des lieux tellement sacrés que je considère comme un sacrilège d'y aller comme d'autres, par simple curiosité ou par folie religieuse.

Non, il faut un profond accès de joie, ou un profond chagrin, pour me faire entrer dans nos églises du nord, et alors je choisis toujours le coin le plus solitaire ou l'endroit le plus sombre (bien qu'avec Dieu il n'existe pas d'endroits sombres) - là, j'ai souvent me prosterner, près d'un pilier contre lequel je peux appuyer ma tête ; là, les yeux rivés, étant isolé de tous les autres, je peux m'enfouir dans une seule pensée, celle d'un Dieu bon, tout-puissant, éternel et infini. Je ne trouve pas un mot à lui dire, pas une prière à lui adresser. Que peut-on dire à Dieu, et à quoi sert de le prier, quand il voit le visage derrière le masque, l'impiété derrière l'hypocrisie ? Non, je prosterne mon corps, mon cœur, mon âme devant son propitiatoire, je m'humilie aux pieds de sa grandeur. Je le bénis pour les miséricordes passées, je le loue pour le présent et j'espère en lui pour l'avenir.

Mais tout cela n'est pas très orthodoxe ; tout cela est peut-être assez chrétien, mais guère catholique ; on craignait donc que je ne fusse pas un exemple de piété très édifiant.

Ceux qui le pensaient ne pouvaient pas comprendre que mon manque apparent de sentiment religieux était en réalité dû à mon excès d'émotion religieuse.

Il en était de même des prières et des règles de calcul ; Je n'ai jamais pu en apprendre plus de trois : « Notre Père », « Je vous salue Marie » et « Je crois en Dieu ». D'ailleurs, je ne les connaissais qu'en français, et non mot à mot : on essayait de me les apprendre en latin, mais, comme je n'étais pas encore devenu alors élève de l'abbé Grégoire, je refusai de les apprendre, disant que Je voulais comprendre ce que je demandais à Dieu, ce à quoi ils répondaient que Dieu comprenait toutes les langues.

"Pas grave!" J'ai insisté; "il ne me suffit pas que Dieu comprenne, je dois aussi comprendre."

Et j'ai obtenu la permission d'apprendre mes prières en français.

Mais, malgré mes prières gallicanes et mon attention imparfaite à l'enseignement du catéchisme, il y avait deux personnes, ma mère et l'abbé Grégoire, qui ne doutaient jamais de mes tendances religieuses.

Et bien plus, l'abbé Grégoire, qui n'était que vicaire, m'obtint, malgré la sévérité de l'abbé Rémy, curé de l'église de Villers-Cotterêts, l'honneur suprême de pouvoir renouveler mon baptême. vœux.

On en parlait depuis longtemps, et l'abbé Grégoire dut se rendre personnellement responsable de son élève.

Une semaine auparavant, j'avais reçu les vœux de baptême, copiés de la plus belle écriture d'Oblet ; le lendemain, je les connaissais par cœur.

La veille de la cérémonie, ma mère me trouva absorbé par la lecture d'un livre qui semblait envoûter toutes mes facultés. Elle n'a jamais douté un instant que le livre qui m'occupait tant était l' *Imitation du Christ* ou la *Pratique du Chrétien* : elle s'est approchée de moi avec douceur et a lu par-dessus mon épaule.

Je lisais les *Lettres d'Héloïse et d'Abeilard* , une version poétique de Colardeau.

Ma mère m'a arraché le livre des mains.

« C'est un livre agréable à lire, dit-elle, pour vous aider dans votre première communion !

J'ai essayé de défendre le livre ; J'ai dit que les exhortations d'Abélard étaient hautement morales et les lamentations d'Héloïse extrêmement religieuses. Je voulais savoir comment l'un ou l'autre pouvait gâcher ma sincère contrition pour les péchés que j'avais commis et dont je devais recevoir l'absolution le lendemain. Ma mère n'a pas jugé bon de me donner des explications à ce sujet, mais comme l'abbé Grégoire passait par là, elle l'a appelé. L'abbé Grégoire, constitué juge, a pris le livre, a lu une demi-page, a secoué la tête. et dit-

"Vraiment, les vers sont très pauvres."

Et il a rendu le livre à ma mère.

Je n'ai pas besoin de dire que je différais d'opinion avec l'abbé et que je trouvais les vers de Colardeau splendides. Qui avait raison, l'abbé ou moi ? J'ai fortement tendance à penser que ma mère l'était.

Ce soir-là, l'abbé Rémy me prit à part, après préparation, et m'expliqua que c'était à cause du nom que je portais, de la position sociale de ma mère dans la ville, et surtout à cause de la recommandation de l'abbé Grégoire, qu'il avait consenti à me permettre répéter mes vœux de baptême. Il espérait alors que je prendrais conscience de l'importance de la responsabilité dont j'allais être investi et que j'en montrerais la dignité.

J'avoue que je n'ai pas bien compris ses remontrances. Si, parmi tous les candidats, il y avait un enfant prêt à ce rite solennel, en raison de ses propres convictions, c'était bien moi. Je ressentais amèrement cette injustice, la première qui m'était jamais offerte.

Depuis, je me suis habitué à de fausses conceptions de mes sentiments, de ma conduite, de mon caractère. Je n'ai presque pas dormi de toute cette nuit : l'idée que j'allais me mettre en communion avec le corps sacré de Notre-Seigneur m'a profondément ému ; la grandeur de l'acte me pesait lourdement, et les larmes étaient très proches. Je me sentais tout à fait indigne de la grâce qui devait m'être accordée.

Ils m'ont habillé d'un costume neuf pour cette occasion solennelle ; Je portais un pantalon Nankin, un gilet matelassé blanc et un habit bleu à boutons métalliques, le tout confectionné par Dulauroy, le premier tailleur de Villers-Cotterêts.

Une cravate blanche, une chemise de batiste et une bougie de cire pesant deux livres complétaient ma toilette.

Une précédente cérémonie avait contribué à approfondir l'impression de celle-ci. La veille, on avait découvert qu'un de nos compagnons, dont le véritable nom était sans doute Ismaël, mais qui s'appelait en abrégé Maël, que je soupçonnais fortement d'être juif, n'avait pas été baptisé ; il fut donc baptisé sous condition, et moi et une jeune fille, qui répétions les vœux pour lui, fûmes choisis pour être son parrain et sa marraine.

Ma co-marraine était une très jolie fille aux cheveux blonds, légèrement enclins au ton roux, ce qui ne gâtait en rien l'effet général de sa joliesse.

Son nom de baptême était Laura, voire celui de l'illustre maîtresse de Pétrarque ; mais j'ai totalement oublié sa famille.

Il était convenu que je communiquerais le lendemain entre mes deux filleuls, Ismaël et Roussy.

J'étais parrain de Roussy depuis dix mois, avec Augustine Deviolaine, qui avait neuf mois de moins que moi ; et Ismaël avait neuf mois de plus.

Enfin l'heure arriva. On sait quelle fête on faisait autrefois de la communion des enfants, dans les petites villes : c'était la contrepartie de cette grande fête de la Fête-Dieu, supprimée depuis. L'instinct populaire pensait aux deux avec un respect presque égal : l'extrême faiblesse et le pouvoir suprême. Tous les visages étaient radieux, chaque maison était ornée de fleurs. Du moins, c'est apparemment ainsi que cela me paraissait, à travers les yeux d'un enfant de treize ans, le cœur plein de vie et de foi.

Hiraux fit ce jour-là des choses merveilleuses sur son orgue : c'était en effet un grand artiste ; ses accords mélodieux semblaient représenter que tout ce qui était jeune, aimant et poétique dans la vie se déversait aux pieds de notre Sauveur.

Je ne me souviens de rien des détails de la cérémonie. J'étais plongé dans la contemplation la plus profonde. Je me souviens que tout autour de moi semblait rempli de lumière et d'espoir. Tout ce qui est accordé à l'oeil de la foi dans la contemplation des choses célestes, m'a été accordé ce jour-là. Le sentiment était si bouleversant et si réel que, lorsque l'Hostie toucha mes lèvres, je me mis à pleurer et je m'évanouis.

L'abbé Rémy n'y comprenait rien.

Depuis ce jour, j'ai ressenti un profond respect pour tout ce qui est saint, un culte religieux pour tout ce qui est haut et noble ; chaque étincelle céleste a allumé en moi un feu intérieur, qui a produit son effet extérieur, comme la lave dans un volcan lorsque le cratère est plein à éclater.

Il me fallut deux ou trois jours pour me remettre de cette excitation ; et, quand l'abbé Grégoire vint me voir, je me jetai en pleurant dans ses bras.

"Mon cher garçon," dit-il, "je préférerais de loin que tes sentiments soient moins intenses et qu'ils durent plus longtemps."

L'abbé Grégoire était plein de bon sens.

Non, mon cher abbé, cela n'a pas duré. Non; car, comme je l'ai dit, je n'étais pas du genre à pratiquer la religion. En fait, cette première communion était la seule que j'aie jamais faite. Mais — je peux le dire aux morts comme aux vivants — quand la dernière communion me viendra, comme le pendant de la première, quand la main du Seigneur aura fermé les deux horizons de ma vie et tiré le voile de Son amour entre le néant qui précède et le néant qui suit la vie de l'homme, Il peut scruter chaque atome de l'espace intermédiaire avec l'œil le plus rigoureux et Il n'y trouvera pas une mauvaise pensée, ni une action que je puisse me reprocher. .

LIVRE IV

CHAPITRE I

Auguste Lafarge. — Le collet à oiseaux en grand. — Une merveilleuse prise. — Une épigramme. — Je veux écrire des vers français. — Ma manière de traduire Virgile et Tacite. — Montagnon. — Mes opinions politiques.

Il semblerait qu'en réponse à cet élan de mon esprit envers Dieu, Il ait récompensé ma mère en lui donnant la seule chose qu'elle ait jamais pu obtenir en échange de ses douze années de requête.

Pour parer à ce grand événement, nous nous étions installés rue de Lormet, et avions élu domicile place de la Fontaine, dans une maison appartenant à un chaudronnier nommé Lafarge, qui nous avait loué tout son premier étage, et s'est d'ailleurs engagé à nous prêter sa boutique si nous en avions besoin.

L'autorisation de tenir un bureau de tabac étant obtenue, il tint sa promesse, et nous nous installâmes au rez-de-chaussée, face à la rue, dans une grande salle meublée de deux comptoirs : l'un pour le commerce du tabac et l'autre pour le commerce du tabac. vente de sel.

Nos perspectives d'avenir étaient toutes centrées sur ce double commerce, que nous devions à la protection de M. Collard.

Quelque temps après notre installation, le fils du chaudronnier vint voir son père. C'était un beau jeune homme au teint clair, qui occupait un poste de chef de bureau à Paris ; il cherchait un cabinet d'avocat, mais il voulait avoir le capital pour en acheter un. Il était revenu dans sa famille avec tous les attraits de la capitale autour de lui ; un box-coat à trente-six bandes à la dernière mode, une chaîne de montre avec des bibelots massifs, des pantalons serrés et des bottes *à la hussarde*. Il espérait éblouir une riche héritière ; tâche peu difficile peut-être pour une personne habituée à charmer les belles de Paris.

Le pauvre Auguste Lafarge était à cette époque un jeune homme fascinant, au teint clair et rose, comme je l'ai dit ; un teint qui, sous couvert de santé, cachait les germes de la phtisie, la maladie dont il fut ensuite victime. De plus, il avait des goûts intellectuels, ayant été plongé dans l'atmosphère littéraire de l'époque, et il comptait parmi ses amis Désaugiers, Béranger et Armand Gouffé ; il composait des chansons délicates et, comme s'il était né riche, il savait tirer de sa poche une pièce d'or et la jeter négligemment en paiement du moindre objet qu'il achetait.

Un tel homme à la mode ne pouvait bien sûr pas dormir à l'arrière de la boutique de son père ; ils empruntèrent donc une de nos chambres, que nous lui cédâmes volontiers, et Auguste s'établit dans nos appartements.

Avide de nouveautés, j'avais bien entendu envie de cultiver un modèle aussi aimable, et je fis des avances à Auguste, que ma mère me présentait d'ailleurs comme un modèle. Auguste accepta mes propositions et me proposa, ce qu'il pensait pouvoir me plaire le plus, de m'emmener dans une grande expédition d'observation des oiseaux.

J'ai été d'accord. J'avais jusqu'alors reconnu la supériorité d'Auguste en tout, mais j'espérais bien remporter la palme en matière de capture d'oiseaux.

Je me trompais : nous, les gens de la campagne, effectuons nos captures d'oiseaux comme des artistes ; Auguste a fait le sien en seigneur du manoir.

Il fit venir Boudoux et lui demanda quelles étaient les meilleures mares à oiseaux de la forêt ?

"Ceux proches des routes de Compiègne et de Vivières", répondit aussitôt Boudoux.

"Combien d'autres piscines y a-t-il dans, disons, une lieue de ce quartier ?"

"Sept ou huit."

"Donc, si on bloque tous les autres bassins trois ou quatre jours à l'avance, les oiseaux seront obligés d'aller vers les deux bassins des routes de Vivières et de Compiègne ?"

— Oui, les pauvres petites choses, à moins qu'il ne pleuve ; auquel cas, au lieu de quitter leur repaire, elles boiront, comme vous le savez, au creux des feuilles.

"Tu crois qu'il va pleuvoir, Boudoux ?"

Boudoux secoua la tête.

— Le baromètre de ma tante est au beau fixe, monsieur Auguste ; il ne pleuvra que lorsque la lune changera.

" Très bien ! Boudoux, prends ces dix francs, et bloque toutes les piscines alentour ; samedi soir, Dumas et moi viendrons dessiner les deux piscines près des routes de Compiègne et de Vivières. Nous devrions avoir une cabane de première classe près d'une ou une autre de ces deux piscines, pour y passer la nuit."

— Très bien, monsieur Auguste, dit Boudoux, je m'en occupe.

— Il me faut en outre deux mille brindilles de tilleul ce soir, pour les enduire d'avance.

— Vous les aurez, monsieur Auguste.

— Très bien, dit Lafarge avec des gestes d'empereur.

Ce fut ma première leçon d'extravagance ; les lecteurs de *Monte-Cristo* pourront juger si cela m'a échappé !

Le samedi soir, tout était prêt, grâce aux dix francs que Boudoux avait reçus. Lorsque le dernier chant du rouge-gorge fut terminé, nous étendîmes les deux bassins avec des collets. Puis nous nous sommes enveloppés, Auguste dans sa capote, moi dans ma couverture, sur un lit de fougères préparé par Boudoux, et nous avons essayé de dormir.

Je dis que nous avons essayé de dormir, mais, même si l'air autour de nous était doux, la forêt calme, le clair de lune serein, l'attente du plaisir nous tient éveillé presque autant que le plaisir lui-même. Il est très rare que je dors la nuit précédant une partie de chasse, et ce n'est que lorsque la vie est plus sérieusement préoccupée que ces agréables crises d'insomnie cessent.

Il était alors très rare que je dorme lors de belles nuits, lorsque j'étais excité par l'anticipation d'une excursion de capture d'oiseaux, de tir ou de chasse. Ces veillées solitaires n'étaient pas une perte de temps, car j'aime la solitude, le silence et l'immensité, et je dois cet amour à ces nuits passées dans la forêt, au pied d'un arbre, à regarder les étoiles à travers la canopée de feuilles tendue entre moi et le ciel, et écouter tous les sons mystérieux, incompréhensibles qui s'éveillent au sein du bois pendant que la nature dort.

Lafarge n'a guère dormi plus que moi. De quoi rêvait-il, je me demande ? Sans doute du visage d'une jolie grisette qu'il avait désertée dans une mansarde parisienne ; ou, explication plus simple encore, de son ambition démesurée de devenir notaire, bien que fils d'un chaudronnier.

A trois heures du matin, le chant d'un rouge-gorge, qui sautait dans les buissons, nous annonçait que le jour était venu, comme il nous avait annoncé la nuit ; puis un merle cannela, puis les mésanges et les geais emboîtèrent le pas.

Chaque oiseau semblait avoir sa propre heure spéciale pour se réveiller et louer Dieu. Je ne me souviens jamais d'avoir participé ou vu un tel transport d'oiseaux que celui que nous avons fait ce jour-là. Nous comptions par douzaines les geais, les merles et les grives ; rouges-gorges, mésanges, linottes et parulines par dizaines ; et nous retournâmes à la ville courbés sous le poids de nos dépouilles.

Trois jours après, Auguste Lafarge rentre à Paris. Ses attraits avaient échoué ; il était venu à Villers-Cotterêts pour demander en mariage à mademoiselle Picot, et avait été refusé.

La nuit qu'il passa avec moi, il ne rêvait ni d'ambition, ni d'amour, mais de vengeance : il concoctait une épigramme dont il me donna, ainsi qu'à vingt autres personnes, des copies en partant.

Cela s'est déroulé comme suit : -

"La fière Éléonor compte avec complaisance
Les nombreux soupirants qui briguèrent sa main ,
Et que sa noble indifférencePaya toujours d'un froid dédain.P ourtant, à ces
discours que votre esprit résiste ;
S'il en fut un ou deux tentés par ses ducats ,Un volume in quarto contenait
il la listeDe tous ceux qui n'en voudraient pas?"

Je ne peux pas dire si l'épigramme est bonne ou mauvaise ; Je laisse la
question trancher à l'Académie, qui est instruite en pareille matière,
puisqu'elle a accepté M. de Sainte-Aulaire à cause d'un quatrain. Mais je sais
bien que tous les gens que j'avais vu la veille se moquer de la famille Lafarge,
se moquaient demain de la famille Picot.

Depuis la mort de Demoustier, pas un vers inédit n'avait circulé dans notre
petite ville ; aussi les huit vers d'Auguste firent-ils grande sensation pendant
huit jours.

J'avoue que l'émoi fait autour d'un homme absent m'a ébloui. J'étais brûlant
d'ambition d'avoir la gloire qu'on m'attachait d'être parlé en mon absence, et
dès la première leçon de l'abbé Grégoire, je le priai de m'apprendre à faire
des vers français, au lieu d'insister si ennuyé pour que je fasse des vers latins.

Ces vers d'Auguste Lafarge furent les premiers rayons de lumière jetés sur
ma vie ; il a allumé en moi des ambitions vagues et nébuleuses jusque-là ; des
choses qui étaient des rêves plutôt que des idées précises, des aspirations
plutôt que des déterminations.

Et on verra que l'influence d'Auguste Lafarge sur moi fut continuée par
Adolphe de Louvain.

Je demandai à l'abbé Grégoire de m'apprendre à faire des vers français, car il
était le poète officiel du pays.

J'ai dit que depuis Demoustier, pas un poème inédit n'avait chatouillé l'esprit
de mes concitoyens ; mais je me trompe ; car à chaque fête, à tous les
baptêmes ou baptêmes de quelque importance, l'abbé Grégoire était invoqué
en sa qualité de poète.

Je n'ai jamais vu de vers plus dignes que les siens ; aussi, lorsque je fis cette
demande, qui eût été assez présomptueuse faite à Hugo ou à Lamartine : «
Apprends-moi à faire des vers français », l'abbé Grégoire ne fut pas du tout
déconcerté, mais répondit simplement :

"Je serai ravi; mais vous en serez fatigué, comme vous l'êtes de tout le reste,
au bout d'une semaine."

Il m'a donné quelques *boûts-rimés* pour finir, et je me suis efforcé de composer de la poésie française. Mais l'abbé avait raison ; et au bout d'une semaine j'en avais assez.

Tous mes autres cours se sont poursuivis comme d'habitude. L'abbé Grégoire venait tous les jours à onze heures me donner deux heures de leçons, tandis que le reste de la journée j'étais à peu près seul ; Et c'est ce qui est arrivé.

Mon professeur, pour s'épargner des ennuis, avait un Virgile et un Tacite, avec la traduction à côté de l'original. Ces deux volumes, il les laissait chaque jour chez nous, pour éviter de les transporter d'avant en arrière, et il les enfermait dans une petite armoire, en enlevant soigneusement la clé, sachant quelle grande tentation ils seraient pour un garçon oisif comme moi.

Malheureusement, j'ai découvert que la boîte avait des charnières à l'extérieur. A l'aide d'un tournevis, j'ouvrais à moitié les gonds, et j'extirpais de cet espace entrouvert ce que je voulais, tantôt le chanteur d'Énée, tantôt l'historien des Césars ; et, grâce à l'aide de la traduction française, j'ai produit des versions qui ont étonné même le professeur.

Quant à ma mère, elle était charmée.

« Regardez cet enfant », disait-elle à tous les appelants ; " il s'enferme, et en une heure tous ses cours à domicile de la journée sont terminés. "

Je me suis en effet enfermé, et avec les plus grandes précautions. Mais malheureusement, les jours de composition ne se passèrent pas aussi bien que ceux de traduction.

Les exercices étaient dictés par l'abbé, mais, hélas ! il n'y avait aucune traduction dans leur latin, enfermée dans une sorte de meuble ; il fallait les faire à l'aide d'un dictionnaire, et il en résultait qu'ils étaient pleins de fautes, qui contrebalançaient, dans l'esprit de mon maître, le bon effet de mes traductions, et intriguaient éternellement le pauvre homme avec la question comme à comment "L'enfant pouvait être si bon en traduction et si faible en composition." Il est mort sans avoir trouvé la solution.

C'est ainsi que les jours de composition, le travail me prenait quatre heures au lieu de deux : mais, même alors, les deux ou quatre heures de travail me laissaient dix ou douze heures libres chaque jour. On verra que j'avais tout le temps à ma disposition.

Je passais la plus grande partie de mon temps chez un forgeron agricole qui habitait en face de chez nous.

Il s'appelait Montagnon. Il avait un fils qui prenait avec moi des leçons auprès de l'abbé Grégoire et qui mourut d'épuisement nerveux. On me le laissa voir lorsqu'il fut couché, et cette vue compléta la guérison commencée par M. Tissot.

Je n'ai pas renoncé à fréquenter la boutique du père après le décès de son fils, mon compagnon ; pour les armes à feu, c'était ce que j'aimais par-dessus tout.

Parmi ces armes à feu, j'ai trouvé le fusil à canon unique que j'avais démonté le lendemain de la mort de mon père, pour tuer Dieu. Je devais avoir ce fusil *quand j'étais grand* ; or, cette définition *quand j'étais grand* était tout à fait vague et me tourmentait beaucoup. Je pensais que j'étais désormais assez grand, car je devenais plus grand que le pistolet.

La conséquence de ma fréquentation assidue chez Montagnon fut que je devins plus instruit dans le métier d'armurier que dans celui de traduction ; et je pouvais démonter et reconstituer un mécanisme aussi compliqué que la culasse d'un fusil, et presque aussi ingénieusement que le plus habile armurier.

Le père Montagnon me disait que c'était ma vocation et m'offrait de me prendre gratuitement comme apprenti ; mais il se trompait, mon enthousiasme n'allait pas jusque-là.

Le reste de mon temps était consacré à fabriquer des armes avec Mounier, ou à faire du collet ou du leurre avec mes deux meilleurs amis Saulnier et Arpin.

Dans ces loisirs, il se passait très rarement une journée sans que je sois critiqué à cause de mes opinions politiques !

Tout le monde avait une opinion sur la fin de 1814 et le début de 1815, et généralement chaque opinion était très ferme ; seulement, ces opinions n'étaient pas divisées en autant de nuances que les couleurs d'un arc-en-ciel, comme aujourd'hui, mais étaient divisées en deux couleurs bien définies : on était soit royaliste, soit bonapartiste. Le parti républicain était décédé et les libéraux n'étaient pas encore apparus ; il n'existait pas de partis tels que le saint-simonisme, le fouriérisme, la démocratie, le socialisme, le cabétisme.

Je n'affirme pas que ma mère et moi étions bonapartistes, mais d'autres nous avaient qualifiés de tels.

Nous les bonapartistes ! C'était une idée étrange. Bonaparte nous avait déshonorés, exilés et ruinés ; Napoléon avait oublié, renié et nous avait laissé mourir de faim ; et on nous a surnommés bonapartistes !

Les sentiments qui me faisaient haïr cette appellation, de la part de ma mère et de moi-même, étaient si vifs, que chaque fois que des enfants me traitaient de bonapartiste lors de nos rencontres dans les rues, j'enlevais ma casquette et ma veste et, me considérant insulté. , exigez immédiatement réparation.

Si le délinquant était de taille à me l'offrir, la satisfaction était donnée, parfois de manière trop satisfaisante ; mais cela n'avait pas d'importance, car si cela arrivait, je recommençais le lendemain.

L'insistance avec laquelle on nous traitait de bonapartistes inquiétait ma mère à deux titres : d'abord parce qu'elle me valait tant de coups ; Je n'étais jamais rentré aussi souvent avec le nez qui saignait ou l'œil au beurre noir que depuis la Restauration ; et, deuxièmement, parce qu'elle décelait, sous cette accusation, un sentiment de haine, ou plutôt de jalousie, qui lui ferait perdre son permis de tabac : on ne manquerait certainement pas de le lui retirer si l'accusation de bonapartisme ont été crus.

CHAPITRE II

Le fusil à canon unique... *Quiot Biche* -Biche et Boudoux comparés - Je deviens braconnier - On se propose d'assigner contre moi - Madame Darcourt comme plénipotentiaire - Comment se fait-il que l'assignation de Creton ne m'ait pas inquiété.

Dans cet état d'anxiété, nous passâmes l'hiver 1814-1815, au cours duquel je commençai mes premières leçons de tir, malgré le refus de ma mère.

Ma mère avait formellement interdit à Montagnon de me donner le fameux fusil à un canon ; mais Montagnon me croyait si habile à manier les fusils, qu'il n'avait aucune sympathie pour les terreurs de ma pauvre mère ; il m'a donc donné (non pas le fusil interdit, car il était Auvergnat jusqu'au bout des doigts, et trop honnête homme pour manquer à sa parole ; mais) un autre fusil à un canon qu'il avait lui-même fabriqué pour son fils. , et, par conséquent, s'est senti en mesure de garantir son fonctionnement en toute sécurité. D'ailleurs, comme on ne pouvait tirer sans poudre et sans plomb, il me fournit des munitions et me laissa aller dans le parterre.

Ce fusil était à mes yeux d'autant plus précieux qu'il était du modèle du vrai braconnier, avec un canon semblable à un bâton qu'on pouvait porter à la main, et une crosse qu'on pouvait mettre dans la poche ; ainsi, si l'on voyait un oiseau, on pouvait le transformer en fusil et devenir un sportif – ou si quelqu'un se trouvait dans les parages, on pouvait le transformer en canne et on devenait un piéton.

Comme personne ne me soupçonnait d'avoir en ma possession une telle arme, personne ne se méfiait de moi. Lorsque le gardien entendait un coup de feu, il pouvait venir vers moi et me demander si j'en savais quelque chose. Bien sûr, j'avais entendu la fusillade, je n'aurais pas pu faire autrement, mais je n'avais jamais vu le coupable, ou, si je l'avais vu, il avait pris la fuite en m'apercevant ; et la direction qu'il avait prise était toujours opposée à la direction que j'avais moi-même voulu prendre.

C'est ainsi que je réglai mes promenades sur celles du gardien, et, sauf la méchante accusation de bonapartisme, tout allait pour le mieux dans le meilleur des mondes possible.

Mes terrains de chasse habituels étaient ceux qu'on appelait alors *les grandes allées* ; quatre rangées de tilleuls, longues d'environ un quart de lieue, s'étendaient du château à la forêt. Ces quatre rangées d'arbres faisaient face à droite et à gauche à la campagne plate et dégagée ; il était donc facile de voir un ennemi approcher de bonne distance, et de fuir à mesure qu'il s'approchait.

En hiver, ces allées regorgeaient d'oiseaux de toutes sortes, notamment de grives ; et mon fusil-canne, qui était de petit calibre, était une excellente arme et porté jusqu'aux arbres les plus hauts .

Ainsi, lorsque ma composition ou ma traduction était terminée, ou peut-être laissée inachevée, je poursuivais mon chemin, sous couvert d'aller chez Montagnon ; Montagnon me tendait le fusil tout armé, me laissait sortir par sa porte arrière, et j'étais aux *grandes allées* en un rien de temps.

Là, je trouvai Saulnier ou Arpin, avec une arme à feu montée dans un bloc de bois, ou un fusil court, ou un pistolet d'épaule, et le jeu commença.

Et là d'ailleurs, j'ai découvert *Quiot Biche*.

Cooper a consacré cinq romans à Leather Stocking ; c'est pourquoi je demande à mes lecteurs de me permettre de consacrer quelques lignes à Biche, probablement le seul homme en Europe qui puisse, sans inconvénient, être comparé au héros américain.

Hanniquet, pour je ne sais quelle raison, était surnommé quiot Biche. C'était, à l'époque dont je parle, un garçon d'une vingtaine d'années, de taille moyenne, parfaitement bien bâti, fort comme une machine bien équilibrée, et, surtout, un braconnier de premier ordre. .

Biche avait commencé par piéger et leurrer les oiseaux, comme tout vrai braconnier, et dans ces deux exercices il était sans aucun doute à Boudoux ce que Pompée était à César ; peut-être Biche aurait-il même été devenu César, et Boudoux Pompée, si l'ambition ne l'avait entraîné vers le braconnage, province que Boudoux tenait avec un haut et prudent dédain !

Personne ne distinguait mieux que Biche un lapin dans son terrier dans une épinière, ou un lièvre dans une friche ; personne ne savait aussi bien que Biche comment s'approcher négligemment de tel lièvre ou de tel lapin et les tuer d'une pierre ou d'un coup de bâton.

Le lecteur sait à quelle allure peut aller une perdrix lorsqu'elle court. Bien! Biche possédait l'art d'hypnotiser les perdrix jusqu'à pouvoir s'approcher et en tuer une avec un misérable vieux pistolet, sans coq ni marteau, qu'il tirait au moyen d'une allumette d'amadou.

Je n'ai pas besoin d'ajouter qu'il ne manquait jamais cela : car quand les gens sont si passionnés de sport qu'ils tirent avec de si mauvaises armes, ils tuent à chaque coup.

Biche était mon professeur, car il s'était pris d'affection pour moi.

Il m'a appris toutes les ficelles du chasseur et des animaux ; et, pour chaque tour d'animal qu'il connaissait, il en avait un, et parfois deux, pour couronner le tout.

Plus tard, ses mérites furent appréciés et, comme on ne pouvait l'empêcher de braconner, il fut nommé l'un des gardiens.

Après quinze ans d'absence, ne sachant ce qu'il était devenu, je retrouvai Biche comme chef gardien dans la forêt de Laigue, où je tirais par hasard avec la permission du duc d'Orléans.

C'est sous sa direction que j'ai eu l'autorisation de tirer. Nous nous sommes reconnus, je l'ai salué avec ravissement et nous sommes partis. Le grand Saint Hubert sait seul quel sport nous avons fait ce jour-là !

Lorsque la Révolution de 1848 fit passer aux particuliers les prérogatives de tir dans les forêts royales, Biche abandonna le tir. Le privilège accordé autrefois aux éleveurs de tuer autant de lapins qu'ils le souhaitaient pour leur propre consommation privée a maintenant été supprimé. De plus, ils sont désormais privés de leurs fusils et réduits à ne porter comme arme qu'un bâton.

Lors de ma dernière visite à Compiègne un de mes amis, qui louait un dixième de la forêt de Laigue, m'a donné toutes ces précisions.

"Oh ! mon Dieu !" m'écriai-je, mon pauvre Biche, il est sûrement mort de chagrin d'avoir été privé de son fusil ?

« Biche ! » répondit mon interlocuteur ; "Ne vous inquiétez pas, il tue plus avec son bâton que nous tous avec nos fusils."

J'ai donc été partiellement réconforté en faveur de Biche.

Je profitai merveilleusement de l'enseignement de Biche, mais un si grand bonheur ne pouvait durer longtemps.

L'impunité engendre la confiance, et la confiance tend à l'imprudence.

Un beau jour de la fin de février 1815, alors que le soleil brillait avec éclat sur un tapis de neige d'environ un pied de profondeur, je suivis une grive qui voltigeait d'arbre en arbre avec une telle attention que je ne remarquai pas J'étais moi-même suivi. Enfin il parut s'installer au milieu d'un bouquet de gui. J'ai fabriqué un pistolet avec mon bâton, je l'ai ajusté et j'ai tiré.

A peine le son avait-il sonné que j'entendis ces paroles terribles à trois pas de moi :

"Ah ! petit coquin, je t'ai attrapé !"

Je me suis retourné complètement effrayé et j'ai reconnu un gardien en chef nommé Creton. Sa main ouverte se trouvait à moins d'un demi-pied du col de mon manteau.

Je connaissais trop bien le jeu du prisonnier pour me laisser prendre ainsi ; Je sautai de côté, et je fus bientôt à dix pas de lui.

"Vous pouvez m'attraper, mais je ne suis pas encore attrapé", dis-je.

Il n'aurait pas dû prendre la peine de me courir après, puisqu'il m'avait reconnu, car le témoignage d'un garde-chasse est valable sans être étayé par d'autres témoins ; mais son orgueil fut touché, et il se précipita à ma poursuite.

Mes jambes avaient grandi depuis le jour où Lebègue m'avait poursuivi avec des conséquences si humiliantes pour moi. Creton a vu au premier coup d'œil que j'étais un coureur dur et qu'il n'obtiendrait pas beaucoup de monnaie de moi, mais il n'a pas renoncé à me dépasser. Je me dirigeai vers la plaine ouverte, qui était séparée de moi par un fossé de six pieds de large. Un fossé de six pieds ne représentait rien pour moi et je l'ai plus que dégagé.

Creton, emporté par sa poursuite, essaya d'en faire autant, mais ses jambes étaient quatre fois plus vieilles que les miennes et les années leur avaient enlevé leur élasticité. Au lieu de descendre de l'autre côté, il tomba du côté le plus proche ; et au lieu de continuer sa poursuite à toute vitesse, comme je le faisais, il sortit du fossé à quatre pattes, se releva avec beaucoup de difficulté et continua son chemin en boitillant, s'appuyant sur la crosse de son fusil.

Il s'était tordu la cheville : cela n'arrangeait rien pour moi, je revins à Montagnon et lui racontai toute l'histoire.

"Bah!" dit-il, "nous avons eu affaire à bien d'autres ogres comme lui, et nous ne sommes pas encore morts."

"Mais, dis-moi, ne peut-il pas me mettre en prison ?"

Aller en prison était la peur suprême de mon enfance. Un de mes camarades de jeu, Alexandre Tronchet, avait été mis en prison pendant douze heures pour pillage. Je l'avais accompagné jusqu'au bout de la ville, et une seule chose m'avait empêché d'être de la partie : je portais un long manteau ; ils pensaient que je ne pourrais pas courir facilement en cas de poursuite, et que je devrais donc être pris et compromettre toute la bande.

C'est pourquoi ils m'ont harcelé ignominieusement.

Je n'étais pas complice du fait, mais j'étais dans l'intention. Quand j'ai vu Alexandre Tronchet mis en prison, j'ai cru que j'allais mourir de peur.

C'est pourquoi j'ai demandé si pitoyablement à Montagnon s'on me mettrait en prison.

"S'ils essaient de te mettre en prison, viens me voir, mon garçon, et je leur prouverai qu'ils n'ont ni la loi ni le droit de t'emprisonner."

"Que pourraient-ils faire d'autre ?"

"Ils peuvent vous infliger une amende et confisquer votre arme."

"Votre arme, tu veux dire."

"Oh ! ça n'a pas d'importance, je t'en donne encore trente sous."

"Oui, mais l'amende, ça va donner quoi ?"

— Oh ! pour cela, l'amende sera de cinquante francs.

"Cinquante francs !" Je m'écriai : "On va demander cinquante francs à ma mère ! Oh ! mon Dieu ! Que dois-je faire ?"

Et je me sentais prêt à fondre en larmes.

"Bah!" dit Montagnon, n'y a-t-il pas votre cousine Deviolaine ?

Je secouai la tête, car je n'avais pas une telle confiance en ma cousine Deviolaine. Je lui avais demandé plusieurs fois, pour le sonder :

"Cousin, que me ferais-tu si tu me surprenais en train de tirer dans la forêt ?"

Et il avait répondu, avec le ton doux qui le caractérisait, et avec son habitude charmante de froncer les sourcils en parlant :

"Fais-le ? Je devrais te jeter dans un donjon, espèce de coquin !"

Les efforts de consolation de Montagnon à l'égard de M. Deviolaine n'étaient donc pas du tout rassurants de ce côté-là ; et je rentrai donc chez moi, le regard très baissé. J'embrassai ma mère plus affectueusement que d'habitude et me tournai vers ma chambre.

"Où vas-tu?" elle a demandé.

"Je vais faire ma composition, maman," répondis-je.

"Il faut le faire après le dîner ; c'est l'heure du dîner."

"Je n'ai pas faim."

"Quoi, tu n'as pas faim ?"

"Non, j'ai mangé du pain beurré chez Montagnon."

Ma mère me regardait avec étonnement ; Madame Montagnon n'avait pas la réputation d'une telle hospitalité.

"C'est absurde", dit-elle.

Puis elle se tourna vers une de ses vieilles amies, qui passait presque tout son temps chez nous, et dont je tourmentais la vie avec des ruses, en disant, moitié en riant, moitié avec anxiété :

"Oh ! il doit être malade !"

" Ne vous inquiétez pas, " répondit la vieille dame ; "Ce coquin a commis de nouveaux méfaits et a probablement une conscience inquiète."

Oh ! chère Madame Dupuis, quelle profonde connaissance vous aviez du cœur humain en général, et de mon cœur en particulier !

Non, je n'avais pas la conscience tranquille, alors je restais debout près de la fenêtre, à demi caché derrière les rideaux, explorant la place de tous côtés pour voir si un gardien ou un policier, ou même Tournemolle, avec qui j'avais déjà Il y avait une escarmouche à propos de mon pistolet, nous arrivions à la maison d'un endroit ou d'un autre.

Un bien pire qu'un gardien, un policier ou un Tournemolle entra sur la place.

M. Deviolaine est venu lui-même !

Un instant, j'ai espéré qu'il ne viendrait pas à la maison : nous habitions à côté d'un vieux gardien chez qui il rendait parfois visite.

Mais le doute ne fut bientôt plus permis ; on aurait dit qu'un mathématicien avait tracé une diagonale depuis la rue du Château jusqu'au seuil de notre maison, et que M. Deviolaine avait fait le pari de suivre cette diagonale sans sortir d'un cheveu de la ligne.

Mon seul espoir résidait dans la fuite, et j'avais établi mes plans en cinq secondes.

Je descendis rapidement l'escalier ; à travers deux portes vitrées au bas de l'escalier, on pouvait voir l'intérieur du magasin. Dès que M. Deviolaine a ouvert la porte du magasin, j'ai bondi par une porte qui communiquait avec la maison de Lafarge, et, de la maison de Lafarge, dans un chemin qui menait à la rue ; J'ai gagné la route du roi ; J'ai vidé les maisons ; J'atteignis la place de l'Abreuvoir, par un passage détourné, et de la place de l'Abreuvoir j'entrai dans la maison de Montagnon par la fameuse porte dérobée, que jusqu'alors je n'avais considérée que comme une issue de secours, mais que je devait s'en servir deux fois dans la même journée comme moyen d'entrée.

De la boutique de Montagnon, je voyais notre maison de l'autre côté, autant qu'on peut voir d'un côté à l'autre d'une rue.

Il semblait y avoir une grande agitation, comme s'ils cherchaient quelqu'un ; Je n'eus plus aucun doute lorsque je vis ma mère apparaître derrière les carreaux de la première fenêtre palière, ouvrir la fenêtre et regarder dans la rue.

Il était évident que non seulement quelqu'un était recherché, mais que ma mère cherchait cet individu et que cet individu, c'était moi-même.

Je ne pouvais charger ni Montagnon ni sa femme d'aller s'enquérir, car, quoique je vienne chez eux la plupart du temps, ils visitaient rarement notre maison : l'apparition soudaine de l'un ou de l'autre d'eux eût paru curieuse et aurait sûrement révélé le tout. Je suis donc resté silencieux, à l'abri, comme Robinson Crusoé l'a dit lorsqu'il a vu pour la première fois les sauvages débarquer sur son île.

Au bout d'un quart d'heure, M. Deviolaine ressortit, et je trouvai son visage encore plus en colère qu'à son entrée.

J'ai attendu qu'il fasse nuit, à cinq heures, et la nuit étant tombée, je me suis rendu le plus invisible possible et j'ai couru vers ma bonne amie Madame Darcourt.

Le lecteur se souviendra peut-être que lorsque quelque chose de grave arrivait, j'avais toujours recours à elle ; aussi, une fois de plus, je lui exposai mon cas, lui avouai tout et la priai d'aller chez ma mère pour savoir où en étaient les choses.

La bonne et digne femme m'aimait tellement qu'elle satisfaisait à mes moindres caprices ; elle courut donc vers la maison, et je la suivis de loin ; puis, quand elle entra, je fixai mon regard sur un coin de la vitre.

Malheureusement, ma mère tournait le dos à la fenêtre et je ne pouvais donc pas voir son visage ; mais je voyais ses mouvements, qui me semblaient terriblement menaçants.

Au bout d'un quart d'heure, Mme Darcourt sortit et m'appela, car elle savait que j'étais sûr d'être quelque part dans les environs. Je l'ai laissée m'appeler deux ou trois fois ; puis, comme je détectais une intonation plus rassurante dans son troisième appel, j'osai m'approcher.

"C'est toi, vilain enfant ?" dit ma mère.

— Allons, ne le grondez pas, interrompit madame Darcourt ; "il a été assez puni."

"Dieu merci s'il l'a fait", dit ma mère en hochant la tête de haut en bas.

J'ai poussé un soupir qui a ébranlé la pierre contre laquelle j'étais adossé.

— Vous savez que M. Deviolaine l'a été ? dit ma mère.

"Oui, je le sais, je l'ai vu arriver, c'est pour ça que je me suis enfui."

"Il insiste positivement pour que vous soyez envoyé en prison."

— Oh ! il n'a pas le droit de m'envoyer en prison, rétorquai-je.

" Quoi ! il n'a pas le droit de le faire ? "

"Non, non, non ! Je sais que non ; je sais ce que je dis."

Ma mère fit un signe à Mme Darcourt que j'interceptai.

"Oh ! tu n'as pas besoin de faire un clin d'œil comme ça," dis-je, "il n'a pas le droit de le faire."

"Eh bien, mais il a le droit de vous poursuivre en justice et de vous imposer une amende."

" Ah ! oui , c'est vrai, " dis-je ; avec un deuxième soupir beaucoup plus lourd que le premier.

"Et alors, qui doit payer l'amende ?"

" Hélas, hélas, chère mère, je le sais trop bien : mais ne vous inquiétez pas ; je vous jure sur ma parole d'honneur que je vous rendrai les cinquante francs quand j'aurai gagné de l'argent ! "

Ma mère ne pouvait s'empêcher de rire.

"Ah, tu ris !" m'écriai-je, on ne craint donc pas plus une amende que la prison !

"Non, mais il y a une condition."

"Quoi?"

"Vous irez chez M. Creton, vous lui direz que vous regrettez ce qui est arrivé et vous lui demanderez pardon."

J'ai secoué ma tête.

"Qu'est-ce que tu veux dire par Non ?" s'écria ma mère.

"Non!" J'ai répondu.

"Tu oses dire non ?"

"Je dis NON ."

"Et pourquoi?"

"Parce que je ne peux pas aller le voir pour lui dire que je suis désolé qu'il se soit foulé."

"Vous ne pouvez pas dire que vous regrettez qu'il se soit foulé ?"

"Eh bien, non ! car je suis content qu'il l'ait fait. Ce serait mentir, maman, et tu sais que tu m'as souvent défendu de mentir !... Un jour, quand j'étais toute petite, tu m'as fouettée pour avoir menti. "

"Avez-vous déjà vu un tel voyou !" dit ma mère.

"C'est absurde, l'enfant ne veut pas mentir", dit en riant Mme Darcourt.

— Mais le parquet... et les cinquante francs ! s'exclama ma mère.

" Bah ! c'est quoi cinquante francs ? " dit madame Darcourt.

" Oh vraiment ! pensez -vous donc que cinquante francs soient pour nous une bagatelle ? " ma mère a répondu tristement.

Le ton avec lequel elle prononça ces paroles me toucha au cœur, car il montrait que la perte des cinquante francs était beaucoup, trop même, à supporter pour ma mère.

J'allais juste céder et dire : "Très bien, j'irai voir cet homme et je lui dirai que je suis désolé qu'il se soit foulé. Je dirai tout ce que vous voulez que je dise !" ... quand, malheureusement pour mes bonnes intentions, Madame Darcourt, qui avait remarqué, comme moi, l'intonation de la voix de ma mère, se tourna vers moi : —

« Écoutez, » dit-elle ; "Je ne t'ai pas offert ta boîte de Noël pour cette année."

"Non, Léonor non plus."

"Ni Léonor non plus ?" répéta-t-elle.

"Ni l'un ni l'autre", répétai-je.

" Très bien ! si vous êtes obligé de payer les cinquante francs en question, nous vous en donnerons chacun vingt-cinq. "

" Merci, madame Darcourt... Dans ce cas, je cours chez M. Creton. "

"Pourquoi?"

"Pour lui dire que tout s'est bien passé, qu'il n'a eu que ce qu'il méritait, qu'une autre fois il ne courra pas après moi, que..."

Ma mère m'a attrapé par le bras.

"Regardez ici, rentrez dans la maison et allez directement au lit", dit-elle.

" C'est bon ; Creton aura quelque chose pour son entorse, et M. Deviolaine pour son bref ; donc tout va bien... Merci, madame Darcourt ; merci Léonor, madame Darcourt... Bonsoir. Voilà, je vais me coucher. Je suis fatigué après ma course ; c'est merveilleux comme la course nous rend somnolent... Bonne nuit à tous.

Et, courant d'un bout à l'autre de la boutique, je gagnai ma chambre, ravi d'en être sorti si facilement.

Creton délivra son bref et l'envoya à M. Deviolaine, qui, apprenant mon obstination, jura qu'il l'exécuterait ; il aurait assurément rempli son serment, si n'était arrivée, le 6 mars, une nouvelle à laquelle personne ne s'attendait, et qui bouleversa le monde à tel point que Creton oublia son entorse et M. Deviolaine son bref.

CHAPITRE III

Débarquement de Bonaparte au golfe Juan. — Proclamations et ordonnances. — Louis XVIII. et M. de Vitrolles—Cornu le chapelier—Informations dans les journaux.

———

Bonaparte avait débarqué le 1er mars à midi, au golfe Juan, et marchait sur Paris.

Les gens d'une autre génération, qui n'étaient pas en vie à cette époque, ne peuvent se faire une idée de l'effet que produisit cette nouvelle lorsque, le 7 mars au matin, nous lisons dans le *Moniteur les lignes suivantes* :

"PROCLAMATION.

"Nous avons ajourné les Chambres le 31 décembre dernier jusqu'à la session du 1er mai, intervalle pendant lequel nous avons lutté sans cesse de toutes les manières susceptibles de contribuer à la tranquillité et au bien-être de nos peuples. Cette tranquillité est menacée et ce bien-être peut être compromis par *la malveillance* et *la trahison.* »

Imaginez, chers lecteurs, un de ces dignes citoyens qui s'abonnent au *Moniteur* , il y en a qui le font, quoique peu nombreux, imaginez un maire, un magistrat, un magistrat adjoint ; quiconque, en effet, par devoir, par position ou par sens de responsabilité, est obligé de lire de la prose gouvernementale : imaginez un de ces hommes, ouvrant négligemment son bulletin d'information officiel, qu'il lit chaque matin avec des motifs de conscience, tombant sur ce premier paragraphe, avec ses dernières expressions troublantes de *malveillance* et *de trahison.*

"Cher, cher, cher, peu importe ce qui se passe maintenant ! "

Et il continue : -

"Si les ennemis de notre pays ont fondé leurs espoirs sur ses divisions, qu'ils cherchent toujours à fomenter, ses partisans, ses défenseurs légitimes, annuleront cet espoir criminel par la force invulnérable d'une union indestructible."

« Écrasons par tous les moyens un espoir aussi criminel », dit le digne citoyen, qui ne sait pas encore où il veut en venir.

« Écrasons par tous les moyens un espoir aussi criminel », dit le fonctionnaire public, qui imagine qu'il s'agit d'une conspiration entre officiers subalternes.

Et le citoyen se tourne vers sa femme, hoche la tête et répète :

"... 'Par la force invulnérable d'un syndicat indestructible ! '" ajoutant : "Comme le gouvernement le dit bien !"

Alors le lecteur, qu'il soit citoyen ou fonctionnaire public, lit ce qui suit :

" Agissant sur les conseils de notre bien-aimé et fidèle chevalier, Sieur Dambray, Lord Chancelier de France, que nous chargeons d'exécuter nos ordres, nous ordonnons ce qui suit... "

" Ah ! voyons maintenant ce que le roi ordonne ", dit le lecteur.

" Article 1.

« La Chambre des pairs et celle des députés des départements sont spécialement convoquées pour se réunir au lieu habituel où se tiennent leurs séances.

" Article 2.

« Les pairs et députés de départements absents de Paris devront s'y rendre aussitôt qu'ils auront connaissance de cette proclamation.

« Délivré du Château des Tuileries le 6 mars 1815, vingtième année de notre règne.

(Signé)

LOUIS."

"Bien!" dit le citoyen, "il est étrange qu'on ne précise pas pourquoi les Chambres sont convoquées".

"Ah!" dit le fonctionnaire public, ils convoquent spécialement les Chambres et n'indiquent pas le jour de la réunion. Bon Dieu ! il faut que la situation soit bien grave pour provoquer une telle omission.

"Ah!" s'écrient-ils tous deux, voici une ordonnance ! lisons l'ordonnance, et peut-être cela nous éclairera-t-il un peu.

« ORDONNANCE.

« Agissant sur les conseils de notre bien-aimé et fidèle chevalier, sieur Dambray, Lord Chancelier de France, que nous chargeons d'exécuter nos ordres, nous commandons et déclarons ce qui suit :

" Article 1.

"Napoléon Bonaparte est déclaré traître et rebelle pour s'être rattaché à l'armée principale du département du Var."

"Oh ! oh !" dit le citoyen, que veulent-ils dire par là ? Ils se trompent ! Napoléon n'est-il pas confiné dans une île ?

"Pourquoi, bien sûr", répond sa femme "dans une île appelée Elbe. "

"Eh bien, alors, comment a-t-il pu entrer dans le département du Var ; il y a probablement un *erratum* plus loin. Continuons."

"Quoi!" s'écrie le fonctionnaire public, de quoi parle-t-on ? Napoléon s'est attaché à l'armée principale dans le département du Var ? si par hasard…. Continuons à lire.

Et tous deux continuent :

"Il est donc demandé à tous les gouverneurs, commandants des forces armées, gardes nationaux, autorités civiles et même aux citoyens privés, de *le saisir…*"

« Pour *le saisir* », interrompt ici la femme du citoyen ; "qu'est-ce que ça veut dire ? le saisir ?"

"Eh bien, c'est assez clair ; cela veut dire… cela signifie le saisir… Mais vous m'interrompez juste au moment le plus intéressant."

"Pour le saisir !" murmure le fonctionnaire public ; "Je suis content de ne pas être maire, ni adjoint, ni magistrat dans le département du Var."

Puis tous deux reprennent leur lecture :

"…de le saisir et de l'arrêter, de le faire traduire immédiatement devant une cour martiale qui, après avoir constaté son identité, le *condamnera* conformément à la loi.

" *Article 2.*

« Les soldats ou *employés* de tout grade qui auront accompagné ou suivi ledit Bonaparte seront punis de la même peine et tenus coupables des mêmes crimes, à moins qu'ils ne se soumettent dans un délai de huit jours.

" *Article 3.*

« Tous les dirigeants civils et militaires, chefs ou employeurs de travailleurs, ou receveurs de charges publiques, ou même citoyens privés, qui offriront assistance ou aide de quelque nature que ce soit, directement ou indirectement, à Bonaparte, seront également poursuivis et punis comme complices et complices de cette rébellion.

" *Article 4.*

"Seront également punis de la même manière tous ceux qui, en tenant des discours dans les lieux publics, ou en émettant des pancartes, des projets de loi ou des imprimés, prendront part à la rébellion ou inciteront les citoyens à y prendre part, ou qui s'abstiendra de réprimer la révolte.

« Délivré du Château des Tuileries, le 6 mars 1815, vingtième année de notre règne. (Signé)

LOUIS."

Le citoyen le relit, et il est toujours dans le flou.

Le fonctionnaire n'a pas besoin de le lire deux fois, il comprend tout.

Imaginez une telle nouvelle, annoncée à la France de cette façon !

Que les abonnés du *Moniteur* l'aient compris du premier coup d'œil ou qu'ils aient dû le relire deux fois, le choc fut tout aussi saisissant et soudain.

Dix minutes après l'ouverture du Moniteur par le maire de Villers-Cotterêts, l'événement était connu dans toute la ville, et chaque maison se dépouille de ses habitants qui se précipitent dans les rues.

Tous les autres journaux gardaient le silence.

C'est ainsi que la nouvelle parvint à Paris et conduisit à la Proclamation et à l'Ordonnance que nous venons de lire.

De Lyon, le 5 mars au matin, la nouvelle du débarquement de Napoléon dans le golfe Juan avait été transmise par télégraphe à Paris.

Le retard s'expliquait par l'arrêt des lignes télégraphiques à cette époque à Lyon. Un courrier avait été expédié en toute hâte de Marseille, le 3, par le commandant militaire, et avait porté la nouvelle à son collègue du département du Rhône dans la nuit du 4 au 5.

Le télégraphe était sous la juridiction de M. de Vitrolles, ministre et secrétaire d'État. C'est lui qui reçut la dépêche, place Vendôme, où étaient situés ses bureaux : il n'attendit même pas qu'on mette ses chevaux dans sa voiture, mais courut à pied aux Tuileries, pour communiquer la dépêche au roi.

Il était ainsi rédigé :

« Bonaparte débarqua le 1er mars, près de Cannes, dans le département du Var, avec 1200 hommes et quatre pièces de canon. Il marche vers Digne et Gap, comme pour prendre la route de Grenoble ; toutes les mesures sont prises. adoptée pour arrêter et contrecarrer cette folle tentative. La plus grande loyauté règne dans les départements du Sud, et la tranquillité publique est assurée.

Louis XVIII. il prit la dépêche des mains de M. de Vitrolles et la lut avec le plus grand calme.

Puis, après l'avoir lu, il dit :

"Bien?"

— Eh bien, sire, j'attends les ordres de Votre Majesté, dit M. de Vitrolles.

Louis XVIII. fit un geste avec ses épaules comme pour dire : « Pourquoi devrais-je m'inquiéter à ce sujet ? Puis il dit à haute voix :

" Allez voir le maréchal Soult et dites-lui de faire le nécessaire. "

M. de Vitrolles courut vers chez le maréchal Soult, mais il n'eut pas besoin d'aller jusqu'au War Office, il rencontra le maréchal Soult sur le *pont Royal.*

Ils rentrèrent tous deux aux Tuileries.

Le maréchal doutait de la vérité de la nouvelle ; et en doutait tellement qu'il dit au commandant militaire qu'il recevrait ses ordres le lendemain.

Ainsi, une journée – une journée entière – a été perdue, alors qu'il n'y aurait pas eu une seule seconde à perdre.

Cependant, vers dix heures du soir, il fut décidé que M. le comte d'Artois partirait pour Lyon, et M. le duc de Bourbon pour la Vendée.

Le lendemain, 6, les journaux se taisaient ; mais le télégraphe parla encore. Il annonce que Napoléon avance définitivement vers Grenoble et Lyon *via* Digne et Gap.

Ce n'est qu'alors, vers deux heures de l'après-midi, qu'il fut décidé de convoquer les Chambres et de rédiger la Proclamation et l'Ordonnance que nous lisons au *Moniteur.*

Villers-Cotterêts était plus enclin au sentiment royaliste qu'au sentiment bonapartiste. Le château qui, sous Louis XV. et Louis XVI, avaient été occupés par le duc d'Orléans et par Madame de Montesson et leur cour ; le château où Philippe-Égalité passa ses fréquents exils et poursuivit ses plus belles expéditions de chasse ; la forêt dont la moitié de la population laborieuse devait sa subsistance, dans laquelle elle travaillait et d'où les trois quarts des pauvres tiraient leurs faines et leur bois de chauffage ; la forêt qui faisait partie des domaines de la maison d'Orléans, depuis le mariage de Philippe, frère de Louis XIV, avec Madame Henriette ; le château et la forêt, répétons-le, avaient répandu dans la ville des traditions aristocratiques que la Révolution n'avait que peu effacées, bien qu'elle eût placé ses soldats, et l'Empire ses mendiants, dans l'habitation d'une ancienne lignée de princes. .

Aussi la première impression que produisit à Villers-Cotterets cette nouvelle du débarquement de Napoléon dans le golfe Juan fut-elle plus hostile que joyeuse.

Les femmes se distinguaient surtout par une explosion de menaces enflammées, qui tendaient même vers des imprécations.

Parmi ces femmes, il y en avait une plus fougueuse et plus énergique que toutes les autres : elle était la femme d'un chapelier nommé Cornu.

Ceux donc pour qui ce retour de Napoléon était un espoir (je ne dirai pas une joie, car à cette époque personne ne pouvait deviner la rapidité de la marche qui, treize jours après le jour où nous avions appris son débarquement sur le point le plus éloigné de la France, était de le conduire aux Tuileries), au lieu de se réjouir, paraissaient plus mélancoliques que jamais et entraient dans leurs maisons la tête baissée.

Ma mère n'était pas et ne pouvait pas être l'une d'entre elles. Napoléon n'avait pas été assez bienveillant envers nous pour que son retour puisse nous procurer le moindre plaisir ; mais nous savions tous deux parfaitement que nous étions parmi les gens menacés. Que pourraient faire une femme et un enfant contre ces menaces ?

Nous entrâmes donc chez nous la tête aussi baissée que si nous étions bonapartistes.

Et en effet, à partir de ce moment-là, nous étions ainsi aux yeux des habitants.

La situation n'était pas vraiment gaie et notre position peu rassurante.

Il est vrai que non seulement le *Journal des Débats* , mais tous les autres journaux, parlaient de Napoléon comme d'un bandit fugitif refoulé dans les montagnes, traqué par les habitants comme une bête fauve ; qui avait échoué dans sa tentative sur Antibes, et fut repoussé par Digne, qui lui avait fermé ses portes ; qui se repentait déjà d'avoir risqué un acte aussi insensé que de tenter de reconquérir la France avec seulement 1 200 hommes, lui qui l'avait perdue avec 600 000 !

Tous attendaient donc avec impatience les journaux du 9 et du 10, où sans doute on apprendrait que l'usurpateur avait été pris, comme le voulait le *Journal des Débats* , et, conformément aux instructions de la Proclamation insérée dans le *Moniteur* , une cour martiale avait commencé à le juger.

S'il en était ainsi, il aurait été fusillé, vingt-quatre heures plus tard, dans une cour, une basse-cour, un fossé, et tout serait fini.

Pourquoi, en effet, sa cour martiale durerait-elle plus longtemps que celle du duc d'Enghien ?

Le journal du 9 arriva : mais au lieu des paragraphes qu'on s'attendait à trouver, on lisait que le fugitif avait été à Castellane, à Barême, et quelque temps à Martigny, où il avait fait une proclamation aux habitants des Hautes-Hautes. Alpes.

Aussi incroyable que puisse paraître la démarche, si l'on considère qu'elle a été prise par un aussi grand stratège que Napoléon, le fugitif s'enfuyait à Paris !

Cependant M. le comte d'Artois était parti pour Lyon.

C'était en effet un honneur d'envoyer le premier prince du sang bloquer l'avancée d'un tel homme.

Il était accompagné du duc d'Orléans et du maréchal duc de Tarente.

Et de plus, une proclamation royale, sur l'avis du duc de Dalmatie, ministre de la guerre, avait appelé les officiers du Royal Standard en demi-solde, pour former un corps d'élite, dans toutes les principales places de chaque ville. Département.

Un autre mandat, émis le même jour, mobilise les gardes nationales parisiennes.

Le 10, la nouvelle d'une grande victoire remportée par le duc d'Orléans sur l'usurpateur se répandit dans Paris et ainsi dans les provinces. Un officier de la maison du roi parut au balcon des Tuileries, et, agitant son chapeau, annonça que le roi venait de recevoir l'information officielle que le duc d'Orléans avait attaqué l'usurpateur à la tête de 20 000 hommes de la garde nationale. en direction de Bourgoin, et l'avait complètement battu.

Malheureusement les journaux du 12 annonçaient le retour à Paris du futur conquérant.

Le *Moniteur* a même révélé que Napoléon avait couché à Bourgoin dans la nuit du 9 ; et qu'on s'attendait peut *-être à ce* qu'il entre à Lyon le 10 mars au soir, mais qu'il semblait certain que Grenoble ne lui avait pas encore ouvert ses portes.

Telle était l'étendue de nos nouvelles à Villers-Cotterêts, un jour en retard sur celles de Paris, lorsqu'éclata une conspiration qui, sans paraître y être liée d'aucune manière, faisait pourtant naître le sentiment d'une coïncidence extraordinaire. entre elle et le débarquement de Napoléon et marche vers Paris.

Nous verrons de quelle façon, tout enfant que j'étais, je devais être mêlé à cette grande affaire, question de vie ou de mort.

CHAPITRE IV

Le général Exelmans. — Son procès. — Les deux frères Lallemand. — Leur complot. — Ils sont arrêtés et conduits à travers Villers-Cotterets. — Les affronts auxquels ils ont été soumis.

———

Peut-on se permettre de remonter un peu plus loin, puisque notre formation dramatique nous a habitués toujours et dans les moindres détails à préférer le style de présentation le plus clair et le plus lucide ?

On sait quel esprit de réaction avait régné sous le gouvernement de Louis XVIII, et quelles persécutions, pendant la première restauration, avaient dû subir les hommes qui avaient servi sous l'usurpateur (comme on appelait Napoléon).

L'indiscrétion de quelques personnalités du parti dit des ultra-royalistes avait révélé les intentions de la monarchie ; l'un de ces desseins, disaient-ils, était d'exterminer les bonapartistes, comme les protestants avaient été exterminés sous Charles IX.

Plus les rumeurs étaient absurdes, plus on les croyait facilement : les Bourbons passaient pour capables des projets les plus outranciers. Et il y avait — je ne dirai pas une grande frayeur parmi ceux qui étaient menacés (les vieux camarades de l'empereur ne s'alarmaient pas si facilement) — mais de nombreuses rumeurs couraient. Beaucoup quittèrent Paris, espérant susciter moins de haine en s'éloignant de cet éternel bouillon d'intrigues ; d'autres se rassemblèrent, s'armèrent et résolurent de vendre chèrement leur vie. Le gouvernement s'inquiéta de ces assemblées, voulut les dissoudre, et, pour parvenir à ce but, défendit à tous les officiers généraux de rester à Paris sans permission ; ordonnant à tous ceux qui n'étaient pas originaires de la capitale de rentrer immédiatement chez eux.

On comprend quelle exaspération cela provoquerait à une époque de violentes dissensions ; les officiers à la retraite protestèrent contre cette mesure et se liguèrent pour y résister. Contraints par le ministre de choisir entre Paris et la demi-solde, plusieurs, bien que pauvres, préférèrent l'indépendance à la soumission.

Le gouvernement, mécontent de cette résistance, cherchait une occasion de donner l'exemple ; un est bientôt arrivé.

Une lettre du général Exelmans à Murat fut saisie et ouverte. Il félicita le roi de Naples de la conservation de sa couronne et lui dit que des milliers de braves partisans s'empresseraient de défendre son trône s'il était de nouveau menacé.

Le maréchal Soult était ministre de la guerre. Il mit aussitôt le général Exelman sur la liste des retraités, et lui ordonna de mettre immédiatement soixante lieues entre lui et Paris, et de s'y tenir jusqu'à nouvel ordre.

Exelmans a refusé d'obéir. Le ministre, protesta-t-il, n'avait pas le droit d'exiler les officiers qui ne figuraient pas sur la liste du service actif.

Le maréchal l'arrêta et le dénonça devant une cour martiale du double crime de désobéissance à son chef et de correspondance avec les ennemis de l'État.

Le général Exelmans a été acquitté.

Ce fut un coup terrible pour le gouvernement.

Les militaires qui n'étaient pas en service actif *n'étaient pas tenus d'obéir au gouvernement*. Alors, comprenant à la haine qu'ils lui portaient, que sa haine contre eux-mêmes se manifesterait par quelque effroyable ébullition, ils résolurent de la prévenir.

Une réunion eut lieu chez un des généraux les plus profondément compromis par ses opinions napoléoniennes : c'était, je crois, Drouet d'Erlon. Dans cette réunion, composée d'officiers en demi-solde, ainsi que d'officiers d'active, il fut décidé que tous ceux d'active qui avaient un commandement marcheraient sur Paris à un moment donné, avec autant d'hommes que possible. ils pourraient se rassembler. Cinquante mille hommes se trouveraient prêts au moment opportun dans la capitale ; plus que nécessaire pour dicter les conditions. Ils exigeraient du roi la destitution du ministère, et ils l'obligeraient à chasser de France tous ceux que l'opinion publique désignait comme ennemis de la Charte et perturbateurs du bien public et de la paix.

Cette réunion avait eu lieu, et ces résolutions avaient été rédigées avant le débarquement de Napoléon ; mais, comme le mouvement éclatait simultanément à son retour de l'île d'Elbe, les deux événements étaient liés dans les esprits.

Les généraux qui prirent la première part à cette conspiration furent Drouet d'Erlon, dont nous avons déjà parlé, Lefèvre-Desnouettes et les deux frères Lallemand.

Le duc de Trévise, sous les ordres duquel servait le comte d'Erlon, commandait la 16e division militaire, dont le quartier général était à Lille. Vers la fin de février, il fut absent de son poste, et comme ce moment paraissait favorable, le comte d'Erlon décida d'en profiter. Le moment était en effet particulièrement favorable, car c'était justement le moment où les fils télégraphiques transmettaient la nouvelle du débarquement de Napoléon. La garnison de Lille, trompée par de prétendus ordres, partit le 8 mars, conduite par le comte d'Erlon ; mais il fut rencontré *en route* par le duc de Trévise, qui, à Lille, avait reçu la nouvelle extraordinaire qui bouleversait l'Europe ; il interrogea les généraux qui conduisaient les colonnes, devina le complot, donna des contre-ordres et rentra dans la ville avec son corps d'armée.

Mais pendant tout ce temps, Lefèvre-Desnouettes avait agi aussi. Croyant que la garnison de Lille était en route, et ne sachant pas ce qui s'était passé, il avait déplacé le régiment des vieux chasseurs de la Garde, qu'il commandait ; mais lorsqu'il arriva à Compiègne, à sept lieues environ de nous, il trouva le 6e chasseurs, qui portait le nom du duc de Berry, rangé en bataille, avec à sa tête son colonel, M. de Talhouet. A ce spectacle, Lefèvre-Desnouettes resta muet et ne sut que répondre à ses officiers et à ceux du 6e chasseurs, qui lui demandèrent la cause de sa perplexité.

Il quitta brusquement Compiègne, rencontra le général Lyom, major du régiment des chasseurs royaux, lui révéla une partie de ses projets et lui proposa de se joindre à la conspiration et de la faire avancer. Le major Lyom refusa ; Lefèvre-Desnouettes comprit qu'il n'y avait plus rien à faire de ce côté-là, et qu'il risquerait sa vie en persistant. Il troque donc son uniforme contre un costume de paysan et se dirige à travers la campagne vers Châlons, où commande le général Rigaut, qu'il sait être un partisan fanatique de Napoléon.

Les deux frères Lallemand n'avaient pas chômé. L'un d'eux, général d'artillerie, était allé à la Fère avec les deux autres escadrons de chasseurs royaux, et son frère l'avait accompagné. Leur intention était de s'emparer de l'arsenal et du parc d'artillerie. Ils essayèrent d'abord de séduire les artilleurs, puis d'attirer à leur cause le général d'Aboville, qui commandait l'école d'artillerie ; mais ces deux tentatives échouèrent : soldats et généraux restèrent à leur poste. Le général d'Aboville, secondé par le major Pion du 2e régiment d'artillerie, ordonna de porter les armes à la garnison, plaça une partie des troupes à l'arsenal et d'autres aux portes de la ville, les arma et fit monter des canons. dans la batterie. C'était un effort inutile, comme l'avait été celui de Lefèvre-Desnouettes. Les deux frères se retirèrent, suivis d'une petite bande de canonniers venus à leurs côtés, mais qui se dispersèrent lorsqu'une poursuite organisée commença, de sorte que les deux frères Lallemand furent obligés de fuir sans même le savoir, comme l'avait fait Lefèvre-Desnouettes, où aller, et se perdre dans un pays qui leur était étranger.

Tout cela se passait à treize lieues seulement de Villers-Cotterêts.

La tentative a eu lieu le 10 mars.

Le 12, la police de Villers-Cotterêts reçut l'ordre de fouiller le pays ; on avait rapporté que les fugitifs avaient été aperçus en direction de la Ferté-Milon.

Nous avons vu passer la police, et nous connaissions le but de leur expédition, par l'intermédiaire d'un de mes amis, nommé Stanislas Leloir, fils d'un vieux sergent tué près de Villers-Cotterêts pendant la campagne de 1814.

On peut croire que toutes ces nouvelles, qu'elles viennent de Paris, de Compiègne ou de la Fère, ont mis notre petit trou de ville en grande effervescence. L'épithète de *bonapartiste* , utilisée désormais définitivement comme une accusation, résonnait plus souvent que jamais à mes oreilles, mais dans les circonstances, ma mère m'avait fortement exhorté à ne pas y résister. Je les laissais donc m'appeler bonapartiste autant qu'ils voulaient. La nuit, des bandes de garçons des rues, au nombre de vingt-cinq à trente, se rassemblaient, ouvraient les portes aux suspects, entraient directement dans la maison et criaient « *Vive le roi !* » : obligeant les détenus à crier avec eux. Dix fois par nuit, notre porte, qui donnait sur la rue, était ainsi assaillie par des voyous, et leurs cris résonnaient à nos oreilles avec une persistance colérique des plus inquiétantes.

Le jour, tout le monde se rassemblait sur les places. Villers-Cotterêts, étant sur la grande route de Paris à Mézières, en passant par Soissons et Laon, est une des artères vitales qui alimentent le Nord de la France ; d'innombrables voitures, diligences et courriers l'empruntent ; chacun apportant souvent des nouvelles spéciales qui ne nous sont pas révélées dans les journaux. C'est par là que nous apprîmes, les 13 et 14 mars, l'entrée de Napoléon à Grenoble et à Lyon, dont les journaux ne parlaient pas du tout, ou qu'ils ne mentionnaient que pour contredire.

Ainsi, le 14, nous apprenions que Napoléon était entré à Lyon, que le comte d'Artois, de même que le duc d'Orléans, avait été contraint de revenir sans armée ; et, tout à coup, nous entendîmes un grand bruit vers le bout de la rue de Largny. Comme la rue forme une ligne parfaitement droite, nous nous tournâmes pour regarder du côté d'où venait le bruit ; nous vîmes trois voitures attelées comme des chaises de poste et escortées par un fort piquet de police.

Tout le monde se précipita vers ces véhicules. Dans chaque voiture était assis un officier général entre deux policiers, et outre ces six policiers, assis en face des trois prisonniers, il y en avait six autres qui servaient d'escorte.

Les voitures arrivaient au trot rapide. Tant qu'ils étaient dans la rue de Largny, qui est assez large, ils purent tenir le pas, mais, lorsqu'ils arrivèrent à l'entrée de la rue de Soissons, rue étroite et inégale, ils furent obligés d'aller plus lentement. , en raison des obstacles qu'ils ont rencontrés.

Nous avions demandé et appris entre-temps que ces officiers généraux étaient les frères Lallemand, pour qui la police avait été mise en chasse la veille ; qu'ils les avaient trouvés vers six heures du matin, près d'un petit village appelé Mareuil, montés sur des chevaux épuisés ; ils avaient été harcelés par un voyage de trois jours à travers la campagne et les bois, et s'étaient rendus sans grande résistance.

Les deux frères Lallemand étaient dans les deux premiers wagons ; le troisième, autant que je me souvienne, était occupé par un simple aide de camp, capitaine ou officier d'ordonnance.

On les conduisait à la Fère, nous dit-on, pour y être fusillés.

Ils avaient l'air pâles, mais semblaient sereins.

Lorsqu'ils entrèrent dans notre ville, ils furent accueillis par des cris furieux, et les postillons, sur un signe de la police, accélérèrent le pas ; mais quand, comme je l'ai dit, ils arrivaient rue de Soissons, il leur fallait presque s'arrêter, ou marcher au pas ; et le cortège marchait lentement au milieu de la population qui se pressait de chaque côté de la rue. Les généraux, qui avaient sans doute cru que la France entière serait unanimement en faveur de Napoléon, parurent étonnés que presque toute la population de cette petite ville se soit précipitée autour d'eux d'une façon si hostile, et tout à coup de la boutique du chapelier sortit un cri furieux. femme, livide de colère, aux cheveux ébouriffés comme une Euménide ; elle dispersa le peuple au loin, plongea entre les chevaux de l'escorte de police, sauta sur le marchepied de la première voiture et cracha au visage du général Lallemand, tendant en même temps la main pour lui arracher les épaulettes, et lui lançant les épithètes les plus indécentes à coups de cris stridents.

Le général se renversa dans la voiture et, d'une voix chargée plutôt de pitié que de colère, demanda :

« Qu'a-t-elle cette malheureuse femme ?

La police la chassa bientôt, mais elle se mit à courir après les voitures, qui devaient s'arrêter au poste, pour chercher des chevaux frais, une centaine de mètres plus loin.

Mais son mari, ses enfants et trois ou quatre voisins la retenaient et l'empêchaient d'aller plus loin.

Cette scène horrible, je n'ai pas besoin de le dire, avait produit une impression douloureuse dans toute la ville, et à partir de ce moment les cris cessèrent ; la foule suivait toujours les prisonniers et les regardait avec curiosité, mais elle gardait le silence.

Les prisonniers étaient conduits à la Fère, comme nous l'avons expliqué, pour être traduits en cour martiale puis fusillés, mais ils devraient passer la nuit à Soissons.

Il fallut fouiller la route pour s'assurer qu'aucun parti séditieux n'attendait pour enlever les prisonniers.

Au milieu de tout ce tumulte et de toutes ces scènes douloureuses, tandis que je regardais les voitures disparaître sur la route de Soissons, je sentis quelqu'un me saisir la main, et, en me retournant, je trouvai que c'était ma mère.

"Viens", dit-elle dans un murmure, faisant un signe de tête tout en parlant, et je savais que quelque chose d'important se cachait derrière ce mot " *Viens* " et son geste.

Elle semblait terriblement agitée et elle m'a ramené directement à la maison.

CHAPITRE V

Ma mère et moi conspirons. Le secret. M. Richard — *La pistole* et les pistolets — L'offre faite aux frères Lallemand pour les sauver — Ils refusent — Je rencontre l'un d'eux, vingt-huit ans plus tard, chez M. le duc de Cazes.

―――

Ma mère était veuve d'un général, et elle n'avait pas pu assister sans être profondément affligée aux insultes faites aux hommes qui portaient le même uniforme et les mêmes épaulettes que mon père.

Nous étions bientôt seuls.

« Écoute-moi, mon enfant, dit-elle : nous allons faire quelque chose qui nous compromettra terriblement, mais je crois que la mémoire de ton père exige que nous le fassions.

"Alors faisons-le, mère," répondis-je.

"Vous promettrez de ne jamais dire à personne ce que nous allons faire ?"

"Si vous me l'interdisez."

"Je vous l'interdis en effet impérativement."

"Alors tu peux me faire confiance."

"Très bien ! Mettez vos affaires."

"Pourquoi?"

"Nous allons à Soissons."

"Quoi vraiment?"

Aller à Soissons a toujours été un grand plaisir pour moi. Soissons, ville de garnison du cinquième ou sixième rang, était à mes yeux une capitale. Ses portes étaient munies de herses de fer ; les remparts que j'allais revoir étaient criblés de balles de la dernière campagne ; la garnison, le bruit des armes, l'odeur de la bataille étaient tout cela pour mon jeune esprit intensément envoûtant.

J'avais d'ailleurs un ami cher en la personne du fils d'un des geôliers de la prison (je demande pardon à mes amis aristocratiques d'aujourd'hui), qui, lorsque j'allais le voir, me faisait frissonner en m'emmenant dans les cachots les plus *délicieux* sous la garde de son père.

Aussi mon premier appel était-il toujours pour lui, et la pensée qui me traversait l'esprit était que, dès que nous serions de retour à Soissons, je lui demanderais ce qu'il était devenu, car je n'aimais jamais m'écarter de mes anciennes habitudes.

Il s'appelait Charles.

La nouvelle de notre départ pour Soissons me plut beaucoup. J'ai couru jusqu'à ma chambre, je me suis habillé le plus vite possible, puis je suis descendu.

Une petite voiture miteuse, moitié fiacre, moitié tilbury, appartenant à un écuyer en pension, nommé Martineau, nous attendait à la porte.

Ma mère et moi sommes entrés et nous avons pris le chemin du parc. Derrière le mur du Château, nous rencontrâmes (par hasard ou à dessein je ne sais) un avocat de Villers-Cotterêts, dont les opinions étaient extrêmement républicaines et qui s'accrochait au bonapartisme comme moyen d'opposition. Ma mère descendit de la voiture pour lui parler, et elle revint avec un paquet qu'elle n'avait pas eu en descendant, du moins à ce qu'il me semblait ; puis nous passâmes par *les grandes allées* , et en dix minutes nous étions arrivés à la grande route.

Trois heures plus tard, nous étions à Soissons, où nous entrâmes vers cinq heures de l'après-midi, c'est-à-dire deux ou trois heures après les prisonniers.

La ville était en grand tumulte et on réclamait nos passeports ; c'était, comme le lecteur peut le deviner, la chose même que ma mère avait oublié d'apporter avec elle.

Comme ils insistaient, nous priâmes le policier qui avait fait cette demande incommode de nous accompagner à l'hôtel des *Trois-Pucelles* , où nous nous arrêtions toujours lors de nos visites à Soissons ; là, le propriétaire répondait à notre place.

Nous avions aussi un cousin éloigné habitant la ville, boulanger, dont j'ai totalement oublié le nom.

Mais il habitait le faubourg opposé à celui par lequel nous étions entrés, tandis que l'hôtel des *Trois-Pucelles* n'était qu'à cent pas.

Le policier n'a fait aucune difficulté pour nous y accompagner.

Comme ma mère s'y attendait, lorsque nous arrivâmes sur place, l'hôte éclata de rire au nez du policier : il se rendit responsable de nous, et là l'affaire s'arrêta.

Nous avons demandé une chambre et un dîner ; et, bien que ma mère n'ait pris de la journée qu'une tasse de café, elle mangeait très peu ; elle était visiblement très préoccupée.

Après le dîner, elle fit venir notre hôte et lui demanda des nouvelles des prisonniers.

On croira facilement qu'ils étaient le sujet de l'heure, et il n'y avait probablement pas une maison dans toute la ville où ne se tenait à ce moment-là une conversation semblable à la nôtre.

L'arrivée des trois voitures et de leur escorte avait fait autant de sensation qu'à Villers-Cotterêts ; avec cette différence cependant que Soissons, au lieu d'être royaliste comme le chef-lieu, était bonapartiste.

Cela n'avait rien d'étonnant, car Soissons, étant une ville fortifiée, tenait ses opinions politiques de l'armée.

Notre hôte, en particulier, déplora beaucoup la chute du gouvernement ; il fut donc très affligé du sort des pauvres conspirateurs, et put nous donner sur eux les renseignements que demandait ma mère.

Ils avaient été emmenés à la prison municipale. Ma mère soupira et je l'entendis dire :

"Oh ! tant mieux ! J'avais peur qu'ils soient dans la prison militaire."

C'était bien là qu'il était prévu de les emmener ; mais les sentiments des soldats étaient connus. La défection du 7e de ligne, la rébellion de divers corps envoyés contre Napoléon et ayant rejoint son étendard, soulevèrent un malaise que les événements futurs prouvèrent n'être pas exagérés. Les autorités décidèrent donc qu'il valait mieux enfermer les conspirateurs dans la prison civile plutôt que dans la prison militaire.

J'écoutai tous ces détails avec la plus grande attention, car j'étais bien sûr que notre visite à Soissons avait quelque rapport avec l'événement qui remplissait tous les esprits, et les questions que ma mère posait à notre hôte me confirmèrent dans cette opinion.

Je ne restai pas non plus longtemps en suspens, car à peine il nous avait quittés que ma mère, regardant si nous étions bien seuls, m'attira à elle et m'embrassa.

Je la regardai, car il y avait quelque chose d'inhabituel et de presque solennel dans son étreinte.

« Écoute, mon garçon, dit-elle, j'ai peut-être tort de prêter main forte à une pareille entreprise, mais quand j'ai vu passer nos pauvres amis, quand j'ai compris que peut-être dans trois jours leurs corps seraient retrouvés. criblé de balles, la vue de l'uniforme qu'ils portaient, le même uniforme que portait votre père comme général, m'a poussé à venir avec vous à Soissons et à vous envoyer jouer, comme vous avez l'habitude de le faire, avec le fils de le gardien de la prison ; et, une fois à l'intérieur... "

Ma mère s'est arrêtée net.

"Et quand là-bas ?" Je lui ai demandé.

"Dites-moi", répondit ma mère, "vous souvenez-vous clairement des visages des prisonniers ?"

"Oh ! maman , non seulement je peux les voir maintenant, mais je crois que je les verrai toujours."

" Très bien ! il est probable que l'un ou l'autre des trois prisonniers dormira dans la chambre appelée *la pistole* ... Savez-vous ce qu'est *la pistole* ? "

Ma mère m'a mis sur mon courage. Comme si je ne connaissais pas *la pistole*, moi qui connaissais tous les coins et recoins de la prison !

— *La gunte* , répondis-je, je sais bien ce que c'est ! C'est une pièce qui sort de la salle à manger du gardien, où l'on met les prisonniers qui peuvent payer quarante sous.

" C'est celui-là ! Très bien ! il est probable, comme je vous l'ai dit, que l'un ou l'autre des trois prisonniers aura été mis à *la pistole* ; il est probable aussi que celui qui y sera mis sera le plus âgé. " des frères Lallemand, à qui les autres auront concédé ce luxe ; il est probable aussi que la porte de *la pistole* donnant sur la grande salle où le gardien prend ses repas puisse rester ouverte... Eh bien, en jouant avec ton petit ami dans la grande salle, tu devras trouver un prétexte pour entrer dans *la pistole* , et ensuite, sans être vu, tu devras remettre ce paquet à celui des trois prisonniers qui se trouve dans la pistole .

"En effet, je le ferai."

"Seulement, tu feras bien attention, mon enfant."

"De quoi?"

"Ne pas te blesser."

"Pour ne pas me blesser, alors qu'y a-t-il dans le colis ?"

"Une paire de pistolets à double canon, prêts à être chargés."

J'ai compris qu'avec l'aide de ces pistolets les prisonniers pourraient peut-être s'évader, ou du moins, au pire, se faire sauter la cervelle.

« Mère, dis-je, il me semble qu'au lieu de porter le paquet, qui pourrait être remarqué et par conséquent m'enlever, il vaudrait bien mieux que je mette un pistolet dans chacune des poches de mon pantalon. ".

"Mais si tu étais blessé."

" Oh ! n'ayez pas peur, je m'en sors mieux que cela, " et en un instant je détachai le paquet, et manœuvris les détentes des quatre canons d'une manière digne d'un élève de Montagnon.

— Très bien, dit ma mère, un peu rassurée par la preuve de mon habileté que je venais de lui donner ; " Je crois que vous avez raison ; mettez les pistolets dans votre poche, et faites bien attention que les crosses ne se touchent pas. Voici maintenant un petit rouleau. "

Ce rouleau me faisait penser à la précieuse boîte dont la taupe avait mangé le couvercle.

"Ah ! il y a de l'or à l'intérieur ?" M'écriai-je.

"Oui", a dit ma mère. " Il y a cinquante louis dans ce rouleau... prenez bien garde de le perdre, car si les prisonniers n'acceptent pas l'argent, je dois le rendre à celui qui l'a donné. "

"Tu vois, maman ! Je vais mettre le rouleau dans mon porte-clés."

Je n'avais pas de montre, mais j'avais un porte-clés.

J'ai fourré le rouleau dans mon porte-clés et j'ai aplati mon gilet dessus.

Heureusement, ma pauvre mère confectionnait toujours mes vêtements trop longs et trop grands pour me permettre de grandir et de grossir ; ainsi les pistolets et le rouleau d'or pouvaient rester dans mes poches et dans le porte-clés sans paraître trop bombés.

"Et maintenant," dis-je, "je suis prêt."

Puis le courage de ma mère a semblé lui faire défaut.

"Oh!" s'écria-t-elle, s'ils découvrent ce que vous faites dans cette prison ! s'ils vous arrêtent !

— Je ne me laisserai pas prendre, répondis-je en me redressant d'un de ces airs fanfarons qui me rendaient si ridicule quand je les affectais ; "Je ne suis pas armé ?"

Ma mère haussa les épaules.

« Ma chère, dit-elle, les prisonniers étaient armés aussi, et vous les avez vus traverser Villers-Cotterêts chacun entre deux policiers.

J'aurais volontiers répondu ; mais l'argument de ma mère était si manifestement vrai que je n'eus pas le courage de me vanter encore une fois.

D'ailleurs, le temps passait vite ; il était près de sept heures du soir et, dans ces circonstances, peut-être ne pourrais-je pas entrer dans la prison si je tardais plus longtemps.

Ma mère jeta un dernier coup d'œil pour voir que les pistolets et le rouleau n'étaient pas visibles ; elle m'a attaché autour du cou une courte cape que je portais par temps pluvieux pour aller au collège, lorsque le collège existait, et nous nous sommes dirigés vers la prison.

Même si ma chère mère essayait de cacher son émotion, sa main tremblait dans la mienne. Quant à moi, je ne me doutais même pas que nous courions un quelconque danger en faisant ce que nous allions faire.

Quand nous arrivâmes à la prison, ma mère frappa à la porte et le guichet s'ouvrit.

"Qui est là?" demanda la voix du gardien.

« Mon cher M. Richard, dit ma mère (autant que je me souvienne, Richard était le nom du bon homme), mon cher M. Richard, voici Alexandre, qui est venu jouer avec votre fils, pendant que moi va passer un coup de fil."

" Ah ! c'est vous, madame Dumas ? " dit le gardien. "Ne nous favoriseriez-vous pas en venant un instant ?"

"Non, merci, je suis pressé, je reviendrai chercher Alexandre dans environ une demi-heure."

"Très bien, viens quand tu veux;" et le gardien se mit à tourner deux ou trois clés dans deux ou trois serrures différentes.

Puis la porte s'est ouverte.

Dans une sorte d'entrée qui séparait l'entrée sur la rue de la chambre du gardien, brillaient des fusils et des baïonnettes.

Ma mère frissonna et me serra contre elle.

"N'aie pas peur", lui dis-je.

"Oh!" dit ma mère, *oh !* on dirait que vous avez augmenté votre garnison, monsieur Richard.

"Oui, tu sais pourquoi ?" dit le gardien.

"Je suppose que c'est à cause des prisonniers qui sont venus ici ce soir."

— Oui, comme ils sont de haut rang dans l'armée, nous ne pouvions refuser de les mettre à *la pistole* ; mais la garde a été doublée.

Ma mère m'a serré la main ; J'ai répondu en appuyant sur la sienne.

"Y a-t-il des nouvelles d'eux ?" elle a demandé.

"Rien de prometteur, madame Dumas, rien de prometteur... Ils vont être conduits à la Fère; alors une cour martiale les jugera, rendra un jugement et, paf! tout sera fini."

Le gardien fit un geste comme s'il visait une arme à feu.

Cette horrible pantomime n'était que trop intelligible.

"Alexandre pourrait-il y jeter un œil ?" a demandé ma mère.

"Pourquoi pas ? Ils sont tous les trois là, à *la pistole,* sur des lits de toile, tranquilles comme des agneaux. Ils ont déjà demandé Charles une douzaine de fois ; il est aussi amical avec eux que s'il les connaissait depuis dix ans."

"Oh ! maman ," dis-je à mon tour, "je voudrais bien les voir."

" Très bien, allez avec M. Richard et vous les verrez... partez. "

Ma mère prononça le dernier mot le cœur gonflé, mais néanmoins avec fermeté ; car elle lâcha ma main en même temps et me poussa vers le gardien.

Je lui fis un signe de tête et me précipitai dans la chambre basse en criant :

"C'est moi, Charles !"

Charles reconnut ma voix et courut vers moi.

"Oh!" dit-il, si seulement tu étais venu un peu plus tôt... Hutin vient de partir.

Hutin était un de nos camarades de jeu, dont j'aurai l'occasion de parler plus tard, à propos de la révolution de Juillet et de mon expédition à Soissons, où, plus heureux que les généraux Lallemand, j'emportai la poudre de la ville.

" Oh ! quel dommage qu'il soit parti... mais on peut quand même jouer sans lui, n'est-ce pas ? " J'ai dit.

"Certainement."

"Très bien, allez."

Et nous sommes allés dans le hall inférieur.

« Il ne faut pas faire trop de bruit », me dit Charles.

"Pourquoi pas?"

"Parce qu'il y a du monde dans *la pistole.* "

" Oh ! je sais ça... les prisonniers... dis-je, j'aimerais les voir. "

"Ils m'ont encore renvoyé dehors tout à l'heure, disant qu'ils voulaient dormir."

"Dites-leur que je suis aussi le fils d'un général. Ils ont dû connaître mon père."

Charles s'approcha de la porte.

« Monsieur Lallemand, dit-il, il y a ici un camarade de jeu qui vient de Villers-Cotterets et qui dit que vous devez connaître son père.

"Quel est son nom?"

"Il s'appelle Alexandre Dumas."

"Est-il le fils du général Alexandre Dumas ?" demanda l'un des frères Lallemand.

"Oui, Général", répondis-je, et je suis entré.

"C'est toi, mon garçon ?" dit le général.

"Oui, Général , me voici."

" Viens, mon garçon, viens... c'est toujours un plaisir pour un soldat de voir le fils d'un brave homme, et ton père était courageux. Est-il mort ? "

"Oui, Général ; il est mort il y a huit ans."

"Et tu es venu à Soissons ?"

"Oui, Général."

Puis à voix basse j'ajoutai :

"Te voir."

"Quoi ! pour me voir ?"

"Oui ... renvoie Charles."

Une seule bougie éclairait *la gunte* ; il était posé sur la table près du lit du général. Il fit semblant de l'éteindre et il l'éteignit.

"C'est foutu !" il dit : "Je suis intelligent... Charles, va rallumer cette bougie pour nous."

Charles prit la bougie et entra dans la chambre basse. Nous sommes restés dans le noir.

« Que me veux-tu, mon garçon ? demanda le prisonnier.

" Général, lui dis-je, je suis chargé par ma mère et par des amis à vous de vous donner une paire de pistolets à double canon tout chargés et un rouleau de cinquante louis. Je les ai tous dans mes poches : voulez-vous eux?"

Le général ne parla pas un instant, puis je sentis son visage se rapprocher du mien.

"Merci, petit ami", dit-il, et il m'embrassa sur le front ; "l'empereur sera à Paris avant que notre procès ait lieu."

Puis il m'a encore embrassé.

" Merci, tu es un brave garçon ; va jouer et prends garde qu'ils ne se doutent que tu es venu nous voir. "

" Etes-vous certain, général, que vous n'aurez besoin ni des pistolets ni de l'argent ? "

"Non, merci : la même offre m'a déjà été faite ce soir et je l'ai déclinée."

"Alors je peux dire à ceux qui ont peur de toi que tu n'as pas peur ?"

Le général se mit à rire.

"Oui, dis-leur ça."

Et il m'embrassa une dernière fois, et me poussa doucement vers la porte.

Charles revint avec la lumière.

"Merci, mon garçon," dit-il. "Il faut vraiment qu'on s'endorme. Bonne nuit."

"Bonne nuit, Général."

Et je suis sorti de *la pistole*.

Une demi-heure plus tard, ma mère est venue me chercher. J'ai embrassé Charles, j'ai remercié le vieux Richard et j'ai couru jeter mes bras autour du cou de ma mère.

"Bien?" elle a demandé.

"Eh bien, maman, il a tout refusé."

" Quoi ! il a tout refusé ? "

"Oui."

"Qu'a t'il dit?"

"Il a dit que l'empereur serait à Paris avant qu'on ne se tue ou qu'on ne tue ses compagnons."

"Dieu envoie, il se peut qu'il en soit ainsi !" dit ma mère, et elle m'emmena.

Le lendemain, nous sommes partis au petit jour.

Les cinquante louis furent rendus au prêteur ; mais, en commémoration du courage que j'avais montré dans cette entreprise, les pistolets me furent donnés. C'étaient de splendides pistolets à double canon, montés en argent, et étaient, curieusement, destinés à jouer un rôle important dans cette même ville de Soissons en 1830.

Le général Lallemand ne s'est pas trompé. La marche de Napoléon fut si rapide qu'il obtint le début du procès ; d'ailleurs, les juges eux-mêmes, apparemment, n'étaient pas fâchés de retarder les choses et écartaient ainsi leur responsabilité.

Le 21 mars, à six heures du matin, un courrier se précipita à toute vitesse dans Villers-Cotterêts. Il faisait à peine jour, mais bon nombre de personnes étaient déjà à leur porte pour apprendre la nouvelle, et tout se pressait autour du courrier qui changeait de cheval.

"Bien?" ils lui ont demandé : "Quelles nouvelles ?"

« Eh bien, messieurs, dit-il, Sa Majesté l'Empereur et Roi a fait son entrée aux Tuileries à huit heures hier soir.

Une immense excitation s'ensuivit et tout le monde s'envola pour annoncer la nouvelle ; le maître de poste seul resta.

"Et vous allez diffuser cette nouvelle à travers le département", a-t-il demandé.

"Non, je porte l'ordre de remettre en liberté les généraux Lallemand."

Le cheval était sellé, il bondit et partit au galop.

Le même jour, une calèche avec quatre chevaux passa à grande allure, faisant beaucoup de bruit. Il contenait trois officiers supérieurs. Tandis que la voiture roulait dans la rue de Soissons, la vitre s'abaissa en face de la maison où l'aîné des frères Lallemand avait été si honteusement insulté. La femme qui lui avait craché au visage était sur le pas de sa porte lorsque le visage souriant du général passa à côté d'elle.

" Eh bien, madame, nous voilà, dit-il, sains et saufs ; à chaque chien son jour. "

Et il s'appuya en arrière dans la voiture qui continuait sa route vers Paris.

"C'est pas grave, espèce de méchant !" dit la femme en montrant du poing la voiture qui s'éloignait, notre tour reviendra.

Et effectivement, il est revenu. Les assassinats du maréchal Brune, du général Mouton-Duverney et du général Ramel en témoignent.

En 1840 ou 1842, je dînais chez M. le duc de Cazes avec ce même général Lallemand, que je n'avais jamais revu depuis le jour où il m'avait embrassé à *la pistole* de la prison de Soissons. Vingt-huit années s'étaient écoulées depuis ce jour, et avaient emporté à leur suite presque autant d'événements que de jours.

Les cheveux de l'homme étaient devenus blancs et ceux du garçon étaient devenus gris.

Après le dîner, je suis allé chez le général.

« Général, dis-je, vous souvenez-vous du 14 mars 1815 ?

"Le 14 mars 1815 ?" répéta le général en essayant de fouiller sa mémoire. " Je m'en souviens bien ! c'est une date d'une grande importance dans ma vie. Le 14 mars 1815, c'est le jour où mon frère et moi avons été arrêtés après notre attentat à la Fère... Oui, je me souviens du 14 mars 1815. "

— Vous souvenez-vous d'avoir traversé une petite ville appelée Villers-Cotterêts ?

« Avant ou après mon arrestation ?

"Après, général : vous étiez dans une voiture, assis entre deux policiers ; votre frère vous suivait dans une deuxième voiture, et un de vos aides de camp était dans une troisième. Six ou huit autres policiers vous accompagnaient."

"Oh ! je m'en souviens parfaitement, et ceci le prouve : une femme est montée sur le marchepied de ma voiture et m'a craché au visage."

"C'était vrai, Général ; votre mémoire est bonne."

"Oh ! tu crois qu'on oublie des choses comme ça ?"

"Non, Général, je ne dis pas que de telles choses s'oublient facilement... Puis-je vous demander si vous vous souvenez d'autre chose ?"

"Procéder."

— Vous souvenez-vous d'avoir passé la nuit à la prison de Soissons ?

"Je m'en souviens parfaitement : dans une pièce attenante à la prison."

« Vous souvenez-vous d'avoir reçu une visite là-bas ?

"Oui, d'un garçon de douze ou quatorze ans."

"Qui est venu t'offrir de la part de tes amis— "

"Cinquante louis et deux pistolets ! Je m'en souviens parfaitement."

"Vous avez oublié de dire, Général, que vous avez embrassé ce garçon sur le front."

— Tant pis ! et il l'a bien mérité. Est-ce par hasard que ce garçon... ?

"J'étais moi-même, Général, un peu plus grand, un peu plus vieux depuis ce jour-là; mais moi-même quand même. C'est pour cela que je ne voulais pas vous être présenté, je voulais me présenter."

Le général me prit les deux mains et me regarda en face.

« Sacrebleu ! » il a dit, "embrasse-moi encore!"

"Volontiers, Général."

Et nous nous sommes embrassés.

"Qu'est-ce que tu fous là-bas ?" demanda le duc de Cazes, qui vit cet accueil et ne pouvait imaginer de quoi il s'agissait.

« Rien, répondis-je, rien, une simple bagatelle qui s'est produite il y a quelque temps entre le général Lallemand et moi.

Puis, me tournant vers le général, je dis : « Général, qui aurait pu prédire, le 14 mars 1815, à huit heures du soir, que nous dînerions un jour ensemble à la table de M. de Cazes, un important fonctionnaire de la Chambre des pairs sous Louis-Philippe.

" Oh ! mon cher, " dit le général en haussant les épaules, " nous verrons encore bien d'autres choses étranges, vous pouvez me croire sur parole ! "

CHAPITRE VI

Napoléon et les Alliés— L' armée française et l'Empereur passent par Villers-Cotterêts—Porteurs de mauvaises nouvelles.

Comme l'avait dit le courrier, Sa Majesté l'Empereur et le Roi était rentrée aux Tuileries le 20 mars à huit heures du soir, jour de l'anniversaire du roi de Rome.

Napoléon était aussi superstitieux que les anciens et voulait avoir ses présages.

Celui-ci était quelque peu incomplet. Il rentra aux Tuileries le jour de l'anniversaire du roi de Rome, mais où était cet enfant sacré qui devait lui coûter tant de larmes paternelles à Sainte-Hélène ?

Hélas! le soir même du jour où je l'avais aperçu à travers les palissades du Carrousel, il partit pour ne plus revenir ; et son berceau vide avait été relégué dans un coin du débarras. L'homme qui en vingt jours a reconquis trente-deux millions d'hommes de façon si miraculeuse a cherché en vain parmi tous les visages qui lui étaient si peu soucieux, le visage bien-aimé de son enfant.

Ce visage devait pâlir et s'effacer quand il s'en éloignait ; Schönbrunn était doté de deux qualités qui tuent vite : un soleil trop froid et un amour trop ardent.

Est-ce pour apaiser son chagrin que cet homme tout-puissant a tenté de mentir, en annonçant à la France que son enfant allait lui être rendu ? S'est-il abaissé à feindre une alliance avec l'Autriche pour fortifier les cœurs tremblants ?

Il n'avait pas encore fini son travail ; après la reconquête de la France, il restait encore l'Europe à combattre.

Le mot de celle qui avait insulté le général Lallemand lors de son passage libre et triomphant à Villers-Cotterêts : « Ne t'en fais pas, méchant ! notre tour reviendra ! C'était assez vrai.

Pendant ce temps, une chose singulière arriva ; ma mère et moi, quotidiennement menacés par les royalistes, avions fini par désirer le triomphe de l'empereur, et en effet nous, qui n'avions aucune raison d'aimer cet homme, nous réjouissions de son retour aux Tuileries.

Mais justice devait être rendue aux bonapartistes du département de l'Aisne, et à ceux qui avaient été contraints de devenir de ce parti : ils exultaient tranquillement, et, au lieu de faire une grande fête, comme l'auraient certainement fait les royalistes. , leur comportement ressemblait presque à des excuses.

D'ailleurs, personne ne savait quelle pourrait être l'issue de tous ces événements. Lors de la première invasion, l'ennemi était effectivement venu de Moscou à Paris, c'est-à-dire sur une distance de six cents lieues ; dans le second, il suffirait de venir de Bruxelles, c'est-à-dire de soixante lieues.

Nous étions par cette route à deux jours de Paris, et à trois jours seulement des Hollandais et des Prussiens.

Il est vrai que les nouvelles reçues étaient bonnes et que l'empereur ne paraissait pas du tout inquiet.

Le 4 avril, il avait écrit une lettre autographe aux souverains alliés, dans laquelle il annonçait son retour à Paris et son rétablissement à la tête du peuple français, avec une naïveté charmante, comme s'il ne s'agissait pas d'une révolution européenne. proclamait-il.

Le 6, il visita le Musée, probablement dans le but de voir quelle sorte d'animaux on avait trouvé à empailler pendant son absence. Puis il rendit visite à David dans son atelier.

Le 7, il rétablit la maison d'Écouen.

Le 8, le duc d'Angoulême est fait prisonnier à Pont-Saint-Esprit.

Le 10, il publia le décret relatif à l'armement de la garde nationale.

Le 11, il ordonna que le duc d'Angoulême soit conduit à Cette et y soit mis en liberté.

Le 12, les affaires furent plus sérieuses ! Il entendit le rapport du duc de Vicence sur l'armement des puissances étrangères.

Le 14, il reçut Benjamin Constant.

Le 17, il nomme Grouchy maréchal de l'Empire.

Enfin, le 20, une volée de cent canons proclama que le drapeau tricolore flottait sur toutes les villes de France.

C'est vrai, Louis XVIII. adressa son manifeste à la nation française le 24 et les Alliés s'engageèrent le 25 à ne déposer les armes qu'après avoir vaincu Napoléon. Aussi, le 30, l'Angleterre proposait de fournir aux Alliés cent millions de francs pour trois ans ; le 3 mai, Murat est vaincu près de Tolentino

; le 12, les Autrichiens entrèrent à Naples ; le 14, le roi de Prusse rendit son décret concernant la landwehr ; le 19, les Russes jetèrent par les fenêtres de son hôtel de Bumberg le vieil ennemi de mon père, Berthier ; et enfin, le 26, les empereurs de Russie et d'Autriche et le roi de Prusse quittèrent Vienne pour marcher sur la France.

Il n'y avait donc plus aucun espoir de conserver la paix, tout allait être de nouveau soumis à l'épreuve de la guerre ; et les troupes commencèrent à passer par Villers-Cotterets pour Soissons, Laon et Mézières.

Il faut avouer que cela nous faisait grand plaisir de revoir les vieux uniformes, et les vieilles cocardes se déplaçant sur la route de l'île d'Elbe à Paris, et les grands étendards, criblés de balles d'Austerlitz, de Wagram et de Moskova, dans leurs étuis de forme cylindrique.

C'était un spectacle merveilleux que de voir la Vieille Garde, type militaire complètement disparu de nos jours, l'incarnation même des dix années de domination impériale que nous venions de traverser, l'esprit actif et glorieux de la France.

En trois jours, passèrent 30 000 hommes — 30 000 géants — résolus, posés, presque sombres dans leur attitude, dont chacun réalisait qu'une part de responsabilité de la grande dynastie napoléonienne pesait sur lui, à cimenter par son sang, et qui tous, comme ces belles cariatides de Pujet, qui effrayèrent tant le chevalier de Bernin lors de son débarquement à Toulon, semblaient fiers de cette responsabilité, bien qu'ils sentaient qu'ils pourraient craquer sous le poids qui devait un jour écraser eux.

Il ne faut jamais oublier ces hommes qui ont marché ainsi d'un pas si ferme vers Waterloo, vers leurs tombes ! Ils incarnaient le dévouement, le courage, l'honneur du sang le plus noble, le plus chaleureux, le plus pur de France ! ils incarnaient vingt ans de lutte contre toute l'Europe ; ils étaient de la Révolution, notre mère ; ils étaient de l'Empire, notre nourrice ; ce n'était pas la noblesse française, mais la noblesse du peuple français !

Je les vis tous passer, tous, jusqu'aux derniers restes de l'armée égyptienne, 200 mamelouks avec leurs pantalons rouges bouffants, leurs turbans et leurs sabres recourbés.

Il y avait quelque chose de plus que sublime dans ce spectacle : c'était un spectacle religieux, sacré et saint de voir ces hommes, car ils étaient aussi sûrement et aussi irrévocablement condamnés à mort que l'étaient les gladiateurs d'autrefois, et, avec eux, ils pouvaient j'ai dit : *César, morituri te salutant !*

Seulement, ceux-ci allaient mourir, non pour servir les plaisirs d'un peuple, mais pour sa liberté, et ils allaient vers la mort non par contrainte, mais de leur propre volonté, par leur propre choix sans entrave.

Le gladiateur d'autrefois n'était qu'une victime ; dans le cas de nos hommes, c'était un sacrifice de soi.

Ils y passèrent un matin ; et le bruit de leurs pas s'éteignit, et les dernières notes de leur musique s'éteignirent au loin. Je me souviens que la musique qu'ils jouaient était l'air des *Veillons au salut de l'empire*....

L'annonce suivante qui parut dans les journaux fut que Napoléon avait quitté Paris le 12 juin pour rejoindre son armée.

Napoléon suivit toujours le chemin qu'avait suivi sa Garde ; il passerait donc par Villers-Cotterets.

J'avoue que j'avais un désir intense de revoir cet homme qui, en faisant sentir sa main lourde dans toute la France, avait, d'une manière singulièrement dure, broyé un pauvre atome comme moi, perdu parmi trente-deux millions d'êtres humains qu'il J'ai continué à m'écraser, tout en oubliant mon existence même.

Le 11, nous recevons la nouvelle officielle de son décès ; les chevaux reçurent l'ordre d'être prêts aux écuries de poste.

Il devait partir de Paris à trois heures du matin ; il devrait donc passer par Villers-Cotterets vers sept ou huit heures.

A six heures, j'attendais au bout de la rue de Largny avec la partie la plus valide de la population, c'est-à-dire ceux qui pouvaient courir aussi vite que les voitures impériales.

Mais en réalité, la meilleure façon de voir Napoléon serait là où les relais devaient être changés, et non pendant son passage.

Je m'en aperçus, et dès que j'aperçus, à un quart de lieue, la poussière des premiers chevaux, je me mis en route pour la poste.

Alors que je m'approchais, j'entendis le grondement des roues derrière moi qui se rapprochaient.

J'arrivai au relais de poste, et en me retournant, je vis les trois voitures voler sur le trottoir comme un ruisseau tumultueux, les chevaux ruisselant de sueur, leurs postillons joliment dressés, poudrés et enrubannés.

Tout le monde se précipita vers la voiture de l'empereur, et naturellement j'étais l'un des premiers.

Il était assis au fond, à droite, vêtu d'un uniforme vert à parements blancs, et il portait l'étoile de la Légion d'honneur.

Son visage était pâle et maladif, comme si sa tête avait été maladroitement taillée dans un bloc d'ivoire, et elle était légèrement penchée en avant sur sa poitrine ; son frère Jérôme était assis à sa gauche ; et l'aide de camp Letort était en face de Jérôme, sur le siège avant.

Il releva la tête, regarda autour de lui et demanda :

"Où sommes-nous?"

— A Villers-Cotterêts, sire, répondit quelqu'un.

— Alors, à six lieues de Soissons, répondit-il.

— Oui, Sire, à six lieues de Soissons.

"Dépêche-toi."

Et il retomba dans la demi-stupeur dont il était sorti pendant que la voiture s'apprêtait à partir.

Quand les relais furent passés et que de nouveaux postillons furent en selle, les garçons d'écurie qui avaient sorti les chevaux agitèrent leurs casquettes et crièrent : « *Vive l'empereur* !

Les fouets claquaient ; l'empereur fit une légère inclination de la tête en échange du salut. Les voitures partirent au grand galop et disparurent au coin de la rue de Soissons.

La vision splendide avait disparu.

Dix jours s'écoulèrent et nous apprenâmes le passage de la Sambre, la prise de Charleroi, la bataille de Ligny et l'engagement des Quatre-Bras.

Les premiers échos furent donc ceux de la victoire.

Nous n'avons appris le résultat des événements du 15 et du 16 que le 18, jour de la bataille de Waterloo.

Nous attendions de nouvelles nouvelles avec impatience. Le 19 passa sans en apporter ; les journaux rapportaient que l'empereur s'était rendu sur le champ de bataille de Ligny et avait ordonné qu'on porte secours aux blessés.

Le général Letort, qui faisait face à l'empereur dans son carrosse, fut tué à la prise de Charleroi, et Jérôme, qui était assis avec eux, eut la poignée de son épée brisée par une balle.

Le 20 s'écoula lentement et tristement ; le ciel était noir et menaçant ; il pleuvait à verse pendant trois jours entiers, et on disait que sans aucun doute aucun combat ne pourrait avoir lieu par un temps pareil.

Tout à coup le bruit se répandit que des hommes porteurs de mauvaises nouvelles avaient été arrêtés et conduits devant le maire ; ils déclarèrent, on nous assurait, qu'une bataille décisive avait été livrée et perdue, que l'armée française était anéantie et que les Anglais, les Prussiens et les Hollandais marchaient sur Paris.

Tout le monde s'est précipité à la mairie, moi bien sûr l'un des premiers.

Et là nous trouvâmes dix ou douze hommes, les uns encore en selle, les autres debout près de leurs chevaux, entourés de la foule qui les regardait ; ils étaient couverts de sang, couverts de boue et étaient en haillons.

Ils disaient qu'ils étaient Polonais.

Nous pouvions à peine comprendre ce qu'ils disaient ; ils parlaient quelques mots de français, mais avec difficulté.

Certains prétendaient qu'ils étaient des espions ; d'autres qu'il s'agissait de prisonniers allemands évadés qui voulaient rejoindre l'armée de Blücher, se faisant passer pour polonais.

Un vieil officier qui parlait allemand est venu les interroger en allemand.

Ils étaient plus à l'aise dans cette langue et répondaient de manière plus cohérente. Selon eux, Napoléon avait engagé les Anglais le 18. La bataille commença à midi ; à cinq heures, les Anglais étaient vaincus ; mais à six heures, Blücher avait marché *au canon*, était arrivé avec 40 000 hommes et avait décidé la journée en faveur de l'ennemi : c'était une bataille décisive, disait-on ; la retraite de l'armée française fut une déroute ; ils étaient l'avant-garde des fugitifs.

Personne ne croyait à une nouvelle aussi désastreuse ; ils ont seulement répondu : « Vous verrez bientôt.

Nous avons menacé de les arrêter, de les jeter en prison et de les fusiller s'ils mentaient ; ils rendirent les armes et se déclarèrent à la merci des autorités de la ville.

Deux d'entre eux, grièvement blessés, ont été transportés à l'hôpital ; les autres furent incarcérés dans la prison attenante à la mairie.

Il était près de trois ou quatre heures de l'après-midi ; ces hommes étaient venus de Planchenoit depuis quarante-huit heures ; ils avaient parcouru plus d'une lieue et demie à l'heure, car les porteurs de mauvaises nouvelles voyagent sur des ailes.

Lorsque certains hommes furent envoyés à l'hôpital et d'autres en prison, tout le monde se dispersa pour répandre la mauvaise nouvelle dans la ville.

Comme le relais de poste est toujours le lieu le plus sûr pour obtenir des nouvelles, ma mère et moi nous y installâmes.

A sept heures, un courrier arriva ; il était couvert de boue, son cheval tremblait de la tête aux pieds et était prêt à tomber de fatigue. Il ordonna à quatre chevaux de se préparer pour une voiture qui le suivait, puis il sauta sur son cheval et se remit en route.

Nous l'avons interrogé en vain : soit il ne savait rien, soit il ne voulait rien dire.

Les quatre chevaux furent sortis des écuries et attelés en vue de la voiture : un grondement sourd et rapide annonçait son arrivée, bientôt nous le vîmes apparaître au coin de la rue et s'arrêter devant la porte.

Le maître de poste s'avança et resta stupéfait. Je saisis les pans de son manteau et demandai : « Est-ce lui ? L' empereur ?

"Oui."

C'était bien l'empereur, exactement à la même place et dans la même voiture, avec un aide de camp près de lui et un en face de lui, comme je l'avais vu auparavant.

Mais ses compagnons n'étaient ni Jérôme ni Letort.

Letort est tué et Jérôme est chargé de rallier l'armée par Laon.

C'était juste le même homme, c'était juste le même visage pâle, maladif, impassible, mais sa tête était un peu plus penchée en avant sur sa poitrine.

Était-ce simplement par fatigue, ou par chagrin d'avoir mis le monde en jeu et de l'avoir perdu ?

Comme la première fois, il relevait la tête lorsqu'il sentait la voiture s'approcher, et jetait autour de lui exactement le même regard vague qui devenait si pénétrant lorsqu'il la fixait sur quelqu'un ou scrutait l'horizon, ces deux éléments inconnus derrière lesquels le danger se trouvait. pourrait toujours se cacher.

"Où sommes-nous?" Il a demandé.

"A Villers-Cotterêts, Sire."

"Bon ! à dix-huit lieues de Paris ?"

"Oui, Monsieur."

"Continue."

Ainsi, comme la première fois, lorsqu'il posa une question semblable dans presque les mêmes termes, il donna le même ordre et partit aussi rapidement.

Cette même nuit, Napoléon dormit à l'Élysée.

Il y avait exactement trois mois jour pour jour depuis son retour de l'île d'Elbe et sa rentrée aux Tuileries.

Seulement, entre le 20 mars et le 20 juin, un abîme s'était ouvert qui engloutissait sa fortune.

Cet abîme, c'était Waterloo !

CHAPITRE VII

Waterloo— L'Élysée —La Malmaison.

———

Je crois avoir été le premier à dire que Waterloo était non seulement un grand désastre politique, mais aussi une grande bénédiction pour l'humanité. Waterloo, comme Marengo, fut un événement providentiel ; seulement, cette fois-ci, c'était une victoire, ce fut une défaite, et nous avons perdu Waterloo pour la même cause qui nous a fait gagner Marengo. A Marengo, nous avons été battus à cinq heures de l'après-midi. Desaix arriva, inattendu par l'ennemi ; à six heures, nous avions gagné.

A Waterloo, nous avons été victorieux jusqu'à cinq heures de l'après-midi, puis Blücher est arrivé à notre insu et à six heures nous avons été battus.

Jamais la main de Dieu n'avait été plus visiblement étendue sur l'Europe, dont le sort était en jeu en ce fameux jour de Waterloo, le 18 juin.

Napoléon, homme qui donnait des ordres rapidement, clairement et avec précision, laissa Grouchy sans ordres.

Puis, lorsqu'il eut besoin de Grouchy, lorsqu'il comprit que le succès de la journée dépendait de Grouchy, il envoya un officier d'ordonnance pour hâter son arrivée. L'officier fut pris et Grouchy resta à Gembloux.

Pourquoi n'a-t-il envoyé qu'un seul infirmier au lieu de dix ou vingt ? Napoléon manquait-il d'aide-soignants ?

Et Grouchy entendit la fusillade, mais ne bougea pas ! Grouchy persistait à rester là, malgré les prières et les supplications de ses généraux, et pendant tout ce temps Blücher marchait.

Il y avait encore une cause que j'aurais dû mettre en avant. Je le tenais de son plus proche parent, de son ami le plus fidèle, de son dernier général, qui ne désespérait jamais, quand tout le monde désespérait. Il est vrai que l'événement est indigne d'une place dans un récit historique ; mais je n'écris pas une histoire, j'écris des mémoires.

Avez-vous remarqué qu'à Ligny, aux Quatre-Bras et à Waterloo, Napoléon, qui les jours de bataille ne quittait jamais sa selle, montait à peine à cheval ?

Avez-vous remarqué que lorsque, par un dernier et suprême effort, il essayait de saisir la victoire qui lui échappait, et se mettait à la tête de sa vieille garde pour charger lui-même l'ennemi, c'était à pied qu'il chargeait ?

Pourquoi était-ce ? Je vais vous dire.

Quand la bataille fut perdue, quand la charge anglaise pénétra au cœur de nos places, quand les batteries de Blücher crièrent des boulets autour de Napoléon ; quand toute cette vaste plaine était comme une fournaise, un cimetière ou une vallée de Josaphat ; quand au milieu de tous les cris le cri fatal *Sauve qui peut !* a été entendu par-dessus tout ; quand les plus courageux volaient ; quand le général Cambronne et la garde seuls s'arrêtèrent pour mourir ; Napoléon jeta un dernier regard sur l'immense étendue sur laquelle planait l'ange de l'extermination, et il appela auprès de lui son frère Jérôme.

" Jérôme, dit-il, la bataille de Mont-Saint-Jean est perdue, mais celle de Laon est gagnée. Va rallier tous les hommes que tu pourras, quarante mille, trente mille, voire vingt mille ; arrête-toi à Laon avec eux. la position est imprenable, et je vous laisse le soin de ne pas la laisser prendre. En attendant, je traverserai le pays avec vingt-cinq hommes et deux bons guides, et rejoindre Grouchy, qui n'est qu'à cinq ou six lieues. d'ici, avec trente-cinq mille hommes ; puis, pendant que vous arrêterez la marche de l'ennemi devant Laon, je tomberai sur ses flancs et je le disperserai dans le centre de la France : le patriotisme français fera le reste.

Puis, comme Richard III, après la bataille dans laquelle il perdit sa couronne et finalement la vie, il s'écria :

"Un cheval ! un cheval !"

Son cheval lui fut apporté ; il se mit en selle avec difficulté, choisit son escorte, appela ses guides et mit son cheval au galop.

Mais après avoir fait environ vingt-cinq pas, il s'arrêta brusquement.

« Impossible, dit-il, ça me fait trop mal !

Et il descendit de cheval.

Jérôme courut à ses côtés.

« Faites de votre mieux », dit-il ; "Je ne peux pas monter à cheval."

Napoléon, à son retour de l'île d'Elbe, comme François Ier, avait eu sa *belle Ferronnière* ; la différence était qu'elle ne lui avait pas apporté la vengeance d'un mari, mais les conseils d'un diplomate.

Homme de destin, tu as terminé ton œuvre, il faut maintenant que tu tombes !

Voyez-le à l'Élysée, l'homme au regard d'aigle, plein de résolutions rapides, tenace et maître d'œuvre ! Est-ce le héros de Toulon, de Lodi, des Pyramides, de Marengo, d'Austerlitz, d'Iéna et de Wagram ? Est-ce le héros de Lutzen et de Bautzen ? Est-ce encore l'homme de Montmirail et de Montereau ? Non, toute son énergie a été dépensée lors de son retour miraculeux de l'île d'Elbe.

Au début, il ne réalisa pas du tout sa défaite. Il revenait sans cesse à cette journée à Sainte-Hélène, buvant encore la coupe amère jusqu'à la lie.

"Une journée incompréhensible ! une combinaison inouïe de malheurs ! Grincheux ! Ney ! d'Erlon ! Y a-t-il eu trahison ? Était-ce de la malchance ?... Et bien que tout ce que cette habileté pouvait suggérer ait été fait, tout a échoué au moment où il j'aurais dû réussir !"

C'était la main de la Providence, Sire !

"Une étrange campagne !" murmura-t-il une autre fois, où en moins d'une semaine je vis le triomphe assuré de la France et la détermination de sa destinée me glisser trois fois entre les doigts ! J'aurais anéanti l'ennemi au début de la campagne, si un traître n'avait abandonné moi ; je les aurais écrasés à Ligny, si mon aile gauche avait fait son devoir ; je les aurais encore écrasés à Waterloo si mon aile droite ne m'avait pas fait défaut.

Sire, c'était la Providence !

Puis encore, à une autre occasion :

« Singulière défaite où, malgré la plus horrible catastrophe, la gloire du vaincu n'a pas souffert, ni celle du vainqueur n'a été augmentée ! La mémoire de l'un survivra dans sa destruction ; la mémoire de l'autre peut être enterrée. dans son triomphe!"

Non, Sire, votre gloire n'en a pas souffert, car vous avez lutté contre le sort. Les conquérants appelés Wellington, Bülow, Blücher n'étaient que des ombres d'hommes, c'étaient des génies envoyés par le Tout-Puissant pour vous vaincre.

Providence, Sire, Providence !

Jacob lutta toute une nuit contre un ange qu'il prit pour un homme ; trois fois il fut renversé, et, quand le matin se leva, tandis qu'il réfléchissait à sa triple défaite, il crut qu'il était devenu fou.

Trois fois, Sire, vous avez été aussi abattu, trois fois vous avez senti le genou du divin conquérant se presser sur votre poitrine.

A Moscou, à Leipzig et à Waterloo !

Vous, sire, qui aimiez tant la poésie d'Ossian, ne vous souvenez-vous pas de l'histoire de Thor, fils d'Odin ? Un jour, il arriva dans une ville souterraine dont il ignorait le nom. Il vit une arène en pleine activité remplie de spectateurs ; un cavalier vêtu d'une armure noire avait rejeté son défi, mais attendait en vain depuis le matin un adversaire.

Thor entra, se dirigea droit vers le cavalier funéraire et lui dit :

"Je ne te connais pas, mais je te combattrai quand même !"

Et ils combattirent de midi jusqu'à la tombée de la nuit. C'était la première fois que Thor rencontrait un champion capable de lui résister. Non seulement cet adversaire pouvait lui résister, mais, à chaque instant, Thor se sentait perdre du terrain, et bien que son corps tremblait de la tête aux pieds sous les coups qu'il lui portait, son sang semblait se geler dans ses veines, et aucun pas n'était fait ; puis, quand ses forces lui manquaient, quand il se sentait tomber, il tombait sur un genou, puis sur les deux, puis sur une main, essayant toujours de se battre, et il finissait par se coucher dans la poussière de l'arène, essoufflé, vaincu, mourant... il... Thor, lui, le fils d'Odin !

"À cause de ton courage et parce que tu as fait ce que personne d'autre n'a fait avant toi, je t'épargnerai", dit le cavalier noir. "Mais la prochaine fois que tu me rencontreras et que nous lutterons ensemble, tu ne m'échapperas pas."

"Qui es-tu donc, étranger conquérant ?" demanda le fils d'Odin.

"Je suis la Mort", dit le cavalier noir en levant la visière de son casque.

Et il fallut à Thor près d'un an pour retrouver ses forces après avoir ainsi lutté contre la Mort.

Il en était de vous, sire, comme de Jacob et de Thor ; vous pensiez avoir perdu la raison, et il vous a fallu un an pour retrouver vos anciennes forces.

Mais revenons à lui à l'Élysée.

Il y arriva à sept heures du matin ; plus tard, il comprit ce qu'il aurait dû faire.

Écoutez ses propres mots :

« Quand j'arrivai à Paris, j'étais épuisé, car je n'avais ni mangé ni dormi depuis trois jours. Je prenais un bain en attendant les ministres que j'avais convoqués. J'aurais sans doute dû aller directement aux Chambres ; mais j'étais épuisé de fatigue. Qui aurait cru qu'ils agiraient si vite ? J'arrivai à Paris à sept heures, les Chambres étaient en état d'insurrection.

Puis, passant lentement la main sur son visage, il ajouta d'une voix creuse :

"Après tout, je ne suis qu'un homme."

Cromwell et Louis XIV. Il n'y avait aussi que des hommes, Sire, et l'un entrait au Parlement le chapeau sur la tête, l'autre le fouet à la main.

Mais l'un était plein de foi, et l'autre était très jeune, tandis que vous, Sire, n'aviez ni jeunesse ni foi.

« Je vieillis, dit-il à Benjamin Constant : on n'est plus à quarante-cinq ans ce qu'on était à trente ans. Je ne demande pas mieux que d'être éclairé.

Sire, oh ! Sire , où est passé le feu de votre génie pour que vous demandiez à Benjamin Constant de vous éclairer ?

Il arrive le 21 et le 22 il abdique en faveur de son fils.

Pourquoi a-t-il abdiqué ?

Les Chambres l'exigeaient. Imaginez Napoléon comme un roi constitutionnel s'empressant de céder au vœu des Chambres !

Sire, l'homme du 22 juin n'était-il pas le même que celui du 18 brumaire ?

Mais attendez… peut-être croyait-il que tout était perdu ? peut-être une lueur d'espoir avait-elle surgi, et c'était pour raviver la lumière éteinte qui l'avait amené, dans l'obscurité où il se trouvait, à recourir à la lanterne de Benjamin Constant ?

Jérôme arrive le 22 au soir. Il était grand temps, car Lucien venait d'insulter son frère. Lucien, le peu ambitieux, le simple républicain, qui avait refusé le titre de roi du Portugal que lui avait offert l'empereur pour accepter celui de prince de Canino que lui offrait le pape, était venu vers lui et avait posé des conditions au Élysée, comme Napoléon le lui avait fait à Mantoue.

« La France, dit-il, ne croit plus à la magie de l'Empire. Elle veut la liberté, même si elle en abuse ; elle préfère la Charte aux splendeurs de votre gouvernement ; elle désire, comme moi, la République, parce qu'elle a foi en lui. *Je vous donnerai le commandement en chef de l'armée* , et j'empêcherai une révolution à l'aide de votre épée.

Vous voyez, le moment était propice. Jérôme était un jeune soldat et avait accompli des choses que Napoléon n'aurait pas attendues d'un vieux général. A force d'activité, de persévérance et de détermination, il avait retenu les fugitifs ; il les avait ralliés sous les murs de Laon ; il les avait placés sous le commandement du maréchal Soult, et il vint, épuisé de fatigue, saignant encore des blessures qu'il avait reçues, non pas comme Lucien pour imposer des conditions à son frère, mais pour informer l'empereur de la réorganisation du 1er, du 2e. et le 6e corps, qui, réunis aux 42,000 hommes du maréchal Grouchy, feraient un total de plus de 80,000 hommes, armée avec laquelle il pourrait immédiatement commencer les opérations et prendre une vengeance sanglante sur le duc de Wellington.

Quatre-vingt mille hommes, c'était plus que ce qu'il avait jamais eu pendant la campagne de 1814.

Sire, sire, il faudra dire, comme on disait à Montereau : « Venez, Bonaparte, sauvez Napoléon.

Napoléon écouta Jérôme, mais ne lui répondit rien et le renvoya ; un instant plus tard, un grand tumulte se fit entendre sur la terrasse de l'Élysée ; deux régiments de tireurs d'élite de la garde des volontaires tirés des classes populaires du faubourg Saint-Antoine se faufilaient en désordre dans le jardin ; ils étaient les précurseurs d'une vaste colonne d'hommes, la base de la nation, qui venait exiger à grands cris que l'empereur se mette à leur tête et les conduise contre l'ennemi.

Ces régiments faisaient partie de ceux dont le général Montholon venait de recevoir le commandement.

L'empereur lui ordonna de les faire revenir à leur poste, et il sortit lui-même vers eux, non pour exciter mais pour calmer leur zèle patriotique.

L'un de ces hommes a crié :

" Sire, souvenez-vous du 18 brumaire. "

On croirait qu'à ce mot, à cette date et à ce souvenir, son cœur aurait fait un bond, son œil aurait brillé ? Pensez-vous que son cheval se cabrerait sous lui sous la piqûre de son éperon ?

Non.

« Vous me rappelez le 18 brumaire, dit-il ; mais vous oubliez que les circonstances sont différentes maintenant. Le 18 brumaire, la nation était unanime à désirer un changement ; il ne lui fallait qu'un faible effort pour obtenir ce qu'elle voulait ; aujourd'hui, il faudrait des fleuves de sang français, et je le ferai. Je n'ai jamais versé une seule goutte pour défendre ma cause personnelle." Il comprit alors qu'il y avait désormais deux causes : la sienne et la cause de la France.

Ah ! vous avez raison cette fois, sire ! Vous aviez prévu les premières lueurs de cette grande lumière qui vous faisait dire à Sainte-Hélène :

"Dans cinquante ans, l'Europe sera soit républicaine, soit cosaque."

Les deux régiments se retirèrent en murmurant : « Qu'est-il arrivé à l'empereur ? Il ne nous reconnaît plus.

Et de fait, il n'était plus reconnaissable. Il s'enfuit de Paris le 25 pour Malmaison, où de nouveaux dilemmes l'attendaient.

Il semblait inconscient de tout ce qui l'entourait. Le calme, ou plutôt l'abattement, dont il avait fait preuve à l'Élysée terrifiait amis et ennemis.

« Le lion dort », disaient-ils à voix basse, de peur de le réveiller.

Son départ pour Malmaison était considéré comme signifiant quelque chose d'important. L'empereur avait quitté Paris pour avoir les mains libres ; il ferait un détour, il retrouverait la route de Laon, par Saint-Denis, et, avant trois jours, le bruit du canon, d'un Montmirail frais, se ferait entendre.

Le général Becker fut donc envoyé pour surveiller ses déplacements.

On aurait pu garder son calme, car il n'allait que jusqu'à Malmaison ! Tout ce que le vaincu voulait, c'était un voilier rapide pour l'emmener rapidement en Amérique ; il avait envie de se retirer dans la vie privée et de devenir citoyen de New York ou de Philadelphie : être planteur, squatter, ouvrier.

Sire, vous aviez en vous l'étoffe pour construire un consul, un empereur et un roi, mais vous ne pouviez pas faire un Cincinnatus.

Les hommes qui ont gouverné à votre place le savaient bien, et ils ont donné ordre sur ordre pour hâter votre départ. Pendant que vous restiez à Malmaison, il n'y avait aucune sécurité pour les Bourbons, avec lesquels ils étaient déjà en traité.

Et pourtant ils se trompaient ; car que faisait l'empereur à Malmaison ? Les pieds sur le rebord de la fenêtre, il lisait Montaigne.

Tout à coup, il y eut un grand bruit, des battements de tambours et des fanfares de trompettes, et l'air résonna des cris : *« Vive l'empereur ! A bas les Bourbons ! A bas les traîtres !*

" Qu'est-ce que c'est, Montholon ? " demanda l'empereur.

" Sire, c'est la division Brayer : vingt mille hommes revenus de la Vendée ; ils se sont arrêtés devant les palissades du Château. "

"Que veulent-ils?"

"Ils réclament à nouveau leur empereur, et s'il ne vient pas à eux, ils déclarent qu'ils viendront le prendre."

L'empereur resta un moment plongé dans ses pensées ; il calculait probablement qu'avec les 80 000 hommes de Soult, les 20 000 hommes de Brayer, les 50 000 de l'armée fédérée et les 3 000 000 de la Garde nationale, il disposerait encore d'un magnifique moyen de défense et pourrait soutenir une belle lutte.

On lui dit que le général Brayer souhaitait parler à l'empereur.

"Laissez-le entrer."

" Sire, sire, au nom de mes soldats, en mon nom et au nom de la France, venez, sire, nous vous attendons . "

"Ce qu'il faut faire?"

« Marcher contre l'ennemi, venger Waterloo, sauver la France ! Venez, sire, venez !

Un an plus tard, les pieds sur le rebord de la fenêtre de Longwood, un livre à la main comme à Malmaison, il disait :

" L'Histoire me reprochera de m'être laissé prendre trop facilement. J'avoue qu'il y avait du dépit dans ma décision. Lorsqu'à Malmaison j'avais proposé au Gouvernement Provisoire de me mettre à la tête de l'armée pour profiter de l'imprudence des Alliés et les anéantir sous les murs de Paris : avant la fin de la journée, vingt-cinq mille Prussiens auraient déposé les armes. Mais ils ne voulaient pas de moi. J'ai renvoyé les chefs et j'ai quitté les lieux moi-même. J'avais tort : mes bons compatriotes ont le droit de me le reprocher. *J'aurais dû monter à cheval lorsque la division Braye se présenta devant Malmaison, me laissai reconduire à l'armée et prendre le commandement des affaires ; , rassemblant autour de moi le peuple des faubourgs de Paris. Cette crise de vingt-quatre heures eût sauvé la France d'une seconde Restauration.*

« J'aurais détruit l'effet de Waterloo par une grande victoire, et j'aurais pu conclure des conditions pour mon fils, si les Alliés avaient insisté pour me mettre de côté.

Là-dessus, Sire, vous vous trompiez. Non, vos bons compatriotes n'avaient rien à vous reprocher. Non, tu n'as pas eu tort de partir. Non, il nous fallait la seconde Restauration, la Révolution de 1830 et celle de 1848 ; nous avions besoin de la République ; si dégénérée soit-elle, elle sera la marraine de toutes les autres républiques européennes. Et il fallait l'hospitalité du *Bellérophon* , le voyage dans le *Northumberland* , l'exil à Sainte-Hélène ; vous aviez besoin des persécutions à Longwood ; vous aviez besoin d'Hudson-Lowe ; votre longue agonie vous était aussi nécessaire que la couronne d'épines, Pilate et le Calvaire l'étaient au Christ.

Vous n'auriez pas été aussi divin si vous n'aviez pas subi votre passion.

CHAPITRE VIII

César, Charlemagne, Napoléon.

Il nous reste maintenant à expliquer pourquoi cet homme a été à la fois si fort au début de sa carrière et si faible à la fin ; pourquoi, à une heure donnée, dans la fleur de l'âge, à quarante-six ans, son génie l'a abandonné, sa fortune l'a trahi. La raison en est la suivante : il n'était qu'un instrument entre les mains de Dieu, et quand Dieu n'avait plus besoin de lui, il le brisa.

Il me faut réécrire ce que j'ai écrit en 1832 ; dix-huit ans se sont écoulés : le temps a confirmé mon jugement en tout point. Le duc de Reichstadt est mort à Schönbrunn, Louis-Philippe est mort à Claremont, la France est une République, et si un Bonaparte est à la tête du peuple français, il l'est aussi simplement que le président titulaire, le magistrat élu, le chef amovible.

Aux yeux des historiens qui se contentent de raconter des faits, qui voient le jeu du hasard se jouer sur terre et non la volonté de la Providence opérer en haut, Napoléon était un fou comme Alexandre, ou un despote comme Cromwell.

Napoléon n'était ni l'un ni l'autre. Napoléon appartient à la race de César et de Charlemagne. De même que ces deux hommes avaient chacun leur mission, Napoléon avait la sienne.

Ces trois hommes ont façonné le monde moderne. César fut le premier à y travailler, Napoléon le dernier.

César, païen, prépara le chemin du christianisme ; Charlemagne, barbare, a préparé la voie à la civilisation ; et Napoléon, despote, préparait la liberté.

Aucun de ces trois hommes ne savait ce qu'il faisait, car plus le génie est grand, plus il est aveugle. C'est l'instrument de Dieu, c'est tout : *Deum patitur*, comme disait Luther.

César, général et dictateur, traversa le monde avec son immense flot d'armée, dans lequel quatorze nations furent absorbées comme autant de ruisseaux, formant un seul cours d'eau par leur jonction, un peuple entre tous leurs peuples, une langue avec leurs peuples. plusieurs langues, une organisation qui ne fit que passer de ses mains pour devenir sous Auguste un empire unique parmi tous les autres empires.

Puis, le moment venu, le Christ, Soleil de la civilisation, naquit dans un coin obscur de la Judée, à l' extrême Orient, d'où se lève le jour, et il brilla sur le monde romain. Les rayons du christianisme séparaient l'époque antique de l'époque moderne et éclairaient pendant trois siècles avant que Constantin ne soit illuminé par eux.

Charlemagne, que certains historiens (dont la renommée leur est déjà assurée) ont présenté au monde comme un empereur français, était simplement et uniquement d'origine nordique ; c'était, comme nous l'avons dit, un barbare, qui, n'ayant jamais appris à écrire même son nom, scellait ses traités du pommeau de son épée et les faisait respecter de la pointe. Son État choisi était l'Allemagne, berceau de sa race ; ses deux capitales étaient Aix-la-Chapelle ou Thionville ; il parlait teutonique par choix et il s'habillait avec les costumes de ses ancêtres. Eginhard nous dit quelle était cette robe. Il portait une chemise de lin et un caleçon sous une tunique entourée d'une ceinture de soie ; des chaussettes et des filets autour de ses jambes ; des sandales aux pieds. En hiver, un pourpoint en peau de loutre protégeait son corps et ses épaules du froid. Il fut toujours protégé par la *saye des Vénètes*. Il méprisait les vêtements étrangers, et plus ils étaient somptueux, moins il aimait s'en habiller. Ce n'est qu'à deux reprises au cours de sa visite à Rome, d'abord à la demande du pape Adrien, puis à la demande du pape Léon, qu'il consentit à revêtir la chlamyde et la toge romaine ; et, lorsqu'il vit la langue romaine gagner du terrain sur la sienne, il ordonna de rassembler toutes ses chansons indigènes, afin qu'elles ne soient pas perdues pour la postérité.

Tels étaient ses actes ; voyons maintenant ce qu'il a été chargé de faire. Nous avons indiqué la mission de César ; La mission de Charlemagne était d'élever au cœur de l'Europe du IXe siècle, à mi-chemin entre le temps de César et celui de Napoléon, un empire colossal, contre les avant-postes duquel ces nations guerrières, dont les incursions répétées entravaient la Parole du Christ et renversaient toutes les tentatives de civilisation devraient s'effondrer en vain. Ainsi le long règne de ce grand empereur ne fut consacré qu'à un seul but : repousser les barbares, repousser les Goths jusqu'aux Pyrénées, et traquer les Huns et les Alains jusqu'en Pannonie. Il détruisit le royaume de Didier en Italie, et, après avoir vaincu Witikind, difficile à vaincre, et fatigué d'une guerre qui avait duré trente-trois ans, soucieux de mettre fin à toute résistance, trahison et idolâtrie à d'un seul coup, il allait de ville en ville, et, plantant son épée dans la terre au cœur de chaque ville, il chassait le peuple dans les places publiques, et coupait la tête à tout homme qui dépassait la taille de son manche d'épée.

Un seul peuple parvint à lui échapper : les Normands, qui, plus tard, réunis avec d'autres peuples déjà établis dans les plaines des Gaules, formeront la nation française. Partout où ils posaient le pied sur le sol de son empire, Charlemagne apparaissait aussi rapidement, et dès qu'il parut, ils remontaient dans leurs vaisseaux, comme des oiseaux de mer effrayés volant le long des côtes, survolant l'océan avec des mouvements rapides. .

Charlemagne, ignorant l'avenir, voulut les exterminer, et, vieux, il pleura en les voyant jeter l'ancre dans un port de la Gaule narbonnaise. Il se leva de sa table avec une grande peur et resta longtemps à regarder par la fenêtre, les bras croisés, pleurant et n'essuyant même pas ses larmes ; puis, comme personne n'osait troubler une douleur aussi profonde, il dit : « Mes fidèles, pouvez-vous dire pourquoi je pleure si amèrement ? Ce n'est certainement pas parce que je crains que ces hommes ne me nuisent par leurs misérables raids ; mais je suis profondément affligé parce qu'ils ont osé s'approcher de ce littoral au cours de ma vie ; je suis malheureux et tout à fait misérable quand je prévois quel chagrin ils causeront à mes enfants et à leurs peuples.

Ces Normands que tu voulais exterminer, ô noble empereur ! ces hommes que vous considériez comme des sauvages et dont la fuite hors de vos mains vous faisait verser des larmes de rage, savez-vous qui c'était ? Ils étaient les ancêtres de Guillaume le Conquérant ; ces vaisseaux audacieux étaient l'embryon de cette marine anglaise qui devait un jour couvrir les trois océans, et dont les milliers de navires et de vaisseaux devaient faire une ceinture autour du globe.

Nous avons dit que César a préparé le chemin du christianisme et que Charlemagne a préparé le chemin de la civilisation ; Voyons maintenant comment Napoléon a préparé la voie à la liberté.

Lorsque Napoléon apparut devant nos pères sous le nom de Bonaparte, la France sortait non pas du républicanisme mais de l'état de Révolution. Elle avait perturbé l'équilibre du monde par des conditions politiques fébriles qui l'avaient secouée pendant neuf ans et l'avaient placée bien en avance sur les autres nations. Il fallait un Alexandre pour affronter ce Bucéphale, un Androclès pour combattre ce lion. Le 13 vendémiaire les met face à face et la Révolution est vaincue. Les têtes couronnées, qui auraient dû reconnaître un frère à la tête de la lutte de la rue Saint-Honoré, ont cru voir un ennemi dans le dictateur du 18 brumaire. Ils prenaient pour simplement le consul d'une république celui qui était déjà à la tête d'une monarchie, et, dans leur stupide ignorance, ils lui faisaient la guerre, au lieu d'incarcérer ses énergies dans une paix générale.

Ainsi Bonaparte céda la place à Napoléon avec son double instinct du despotisme et de la guerre, sa double nature, démocratique et aristocratique, en retard, selon les conceptions françaises, mais en avance sur les idées européennes ; conservateur en politique intérieure, mais créateur de progrès dans les affaires étrangères.

Il a pris toute la jeunesse, l'intelligence et la force de la France ; il forma des armées avec ce matériel et répartit ses forces sur l'Europe ; ils apportèrent partout la mort aux rois, mais le souffle de vie à leurs peuples. Partout où passait le génie de la France, la liberté faisait dans son sillage des progrès gigantesques, jetant les révolutions au vent comme un semeur sème les graines.

Napoléon tomba en 1815, et trois années seulement s'écoulèrent avant que la récolte qu'il avait semée ne fût mûre pour la récolte.

En 1818, les grands-duchés de Bade et de Bavière réclamèrent et obtinrent une constitution.

En 1819, le Wurtemberg réclama et obtint une constitution.

En 1820, il y a eu une révolution et des changements constitutionnels en Espagne et au Portugal.

En 1821, il y eut une révolution et des changements constitutionnels à Naples et dans le Piémont.

En 1822 eut lieu l'insurrection des Grecs contre la Turquie.

1823 voit l'institution des États prussiens.

Une seule nation échappait à cette influence progressiste à cause de sa position topographique, elle était trop éloignée pour que nous puissions jamais songer à y mettre les pieds. Napoléon l'a regardé si longtemps qu'il s'est habitué à sa distance, jusqu'à ce qu'il lui semble d'abord possible, et finalement facile, de combler cette distance. Il ne cherchait qu'un prétexte pour conquérir la Russie comme il avait conquis l'Italie, l'Égypte, l'Autriche, la Prusse et l'Espagne ! Il n'eut pas longtemps à attendre cette excuse. Malgré l'entretien avec Niémen, malgré le salut fraternel entre les deux empereurs, un navire entra dans un port de la Baltique, et la guerre fut promptement déclarée entre Napoléon le Grand, empereur des Français, roi d'Italie, et son frère. , Alexandre Ier, tsar de toutes les Russies.

Au début, il semblait que la prévoyance de Dieu luttait contre l'influence despotique d'un homme. La France entra en Russie mais comme une lance entre dans le corps, par une blessure : la liberté et le servage ne pouvaient avoir aucun contact l'un avec l'autre.

Ce fut en vain que Napoléon répandit à l'étranger des programmes et des proclamations révolutionnaires, aucune graine ne pouvant germer sur un sol aussi froid ; car, devant nos armées, non seulement les armées ennemies reculaient, mais la population tout entière. Nous avons envahi un pays désertique, et c'est une capitale en feu qui est tombée entre nos mains. Lorsque nous sommes entrés à Moscou, elle était non seulement inhabitée, mais en flammes !

La mission de Napoléon était remplie et sa chute commençait ; désormais sa chute devait être aussi utile à la liberté que l'avait été son ascension. Le tsar, si prudent devant l'ennemi conquérant, pouvait se montrer imprudent avec un ennemi vaincu. Il s'était retiré devant le vainqueur ; peut-être qu'il poursuivrait les fugitifs.

La main de Dieu se retira de Napoléon et, bien que l'intervention divine fût cette fois bien visible dans les affaires humaines, ce ne furent plus les hommes qui luttèrent contre les hommes. L'ordre des saisons est bouleversé : la neige et le froid leur imposent une marche forcée ; ce sont ces éléments qui ont détruit notre armée.

Et voilà que les événements prévus par les sages se produisaient : Paris n'apportait pas la civilisation à Moscou, Moscou venait la demander à Paris.

Deux ans après l'incendie de sa capitale, Alexandre entra dans la nôtre.

Mais son séjour fut de courte durée. Ses soldats ne touchèrent guère le sol français ; notre soleil, qui devait les éclairer, était trop éblouissant pour eux.

Dieu a rappelé ses élus. Napoléon reparut, et le gladiateur du destin s'en alla, encore ensanglanté de son dernier combat, non pour battre, mais pour être battu à Waterloo.

Puis Paris rouvrit ses portes au tsar et à son armée sauvage. Cette fois, leur occupation dura trois ans. Les hommes de la Volga, du Tanaïs et du Don campaient sur les bords de la Seine. Ils furent impressionnés par des idées nouvelles et étranges, ils balbutièrent les mots inconnus de civilisation et de liberté, ils retournèrent à regret dans leur pays barbare ; et, huit ans plus tard, une conspiration républicaine éclata à Saint-Pétersbourg.

Feuilletez le grand livre du passé, et dites-moi si vous pouvez trouver dans une autre époque autant de trônes chancelants et de rois fuyant sur les grands chemins.

Ces gens imprudents avaient enterré vivant l'ennemi qu'ils avaient si durement battu, et l'Encelados moderne secouait le monde à chaque fois qu'il se déplaçait dans sa tombe.

CHAPITRE IX

La déroute. — Le mouton haricot reparaît. — M. Picot l'avocat — Par la voie diplomatique, il persuade ma mère de me laisser aller tirer avec lui — Je méprise le sommeil, la nourriture et la boisson.

Si le doute était resté dans l'esprit des sceptiques les plus obstinés sur le désastre de Waterloo, annoncé à Villers-Cotterêts par les fuyards que nous avions vu éclaboussés de boue et de sang, le voyage de Napoléon les aurait dissipés.

D'ailleurs, cette avant-garde de fugitifs n'était que le précurseur du reste de l'armée, qui commença à apparaître dès le 22 au matin. Ils passèrent tous en une foule hétéroclite, d'abord ceux qui s'étaient tirés de cet horrible carnage, sains et saufs ou légèrement blessés, défilant en désordre, sans tambours, presque sans armes.

Viennent ensuite ceux qui sont plus grièvement blessés, mais qui parviennent néanmoins à marcher ou à monter à cheval.

C'était un spectacle à la fois terrible et imposant, dont la laideur était impressionnante.

Et à la fin arrivaient ceux qui ne pouvaient ni marcher ni monter à cheval : des malheureux qui avaient perdu leurs bras, ou dont les jambes étaient cassées, des misérables avec de grandes blessures dans le corps, couchés dans des chariots, soit mal bandés, soit pas bandés à l'arrivée. tous, des êtres malheureux qui se soulevaient de temps en temps et, agitant leurs haillons tachés de sang, criaient : *« Vive l'empereur !*

Beaucoup retombèrent morts : ce fut leur dernier cri.

Cette procession funéraire durait deux ou trois jours.

Où étaient-ils emmenés tous ces hommes ? Pourquoi leur angoisse se prolongeait-elle par une telle exposition au soleil brûlant de juin, par les cahots des chariots et par l'absence de soins médicaux appropriés ?

Y en avait-il tellement que toutes les villes entre Waterloo et Villers-Cotterêts étaient pleines à craquer ?

Oh! quelle chose hideuse, folle et stupide, la guerre, vue sans le retentissement des trompettes et le roulement des tambours, la fumée des canons et la fusillade des fusils.

On reconnaissait parmi ces débris les restes de ces splendides régiments que nous avions vu passer, si fiers, si déterminés, dont les musiques avaient témoigné de leur enthousiasme en marchant en jouant *des Veillons au salut de l'empire !*

Hélas! l' armée fut détruite et l'Empire écrasé.

Finalement, moins de wagons passèrent, et bientôt il n'y en eut plus.

Alors les troupes que Jérôme avait ralliées sous les murs de Laon commencèrent à défiler ; chaque régiment réduit des deux tiers.

Quinze des malheureux Mamelouks avaient survécu ; les autres avaient été tués ou dispersés.

Deux ou trois des vingt-cinq ou trente officiers qui avaient logé chez nous vinrent nous voir au passage : les autres furent abandonnés, soit à la ferme d'Hougoumont, soit à la Haie-Sainte, soit dans le fameux ravin. qui servait de fossé commun où furent enterrés dix mille héros ! Ma sœur et son mari sont arrivés au milieu de cette déroute. Grâce à l'excellente conduite de M. Letellier comme maire pendant le siège de Soissons, en 1814, son fils avait obtenu une promotion et fut nommé *contrôleur ambulant* à Villers-Cotterets.

Ils arrivèrent par la route de Paris au moment où l'ennemi était attendu par la route de Soissons.

La cruauté n'était pas si grande cette fois, car aucune résistance n'était opposée.

Napoléon avait abdiqué et Napoléon II avait été proclamé. Personne ne semblait sérieusement croire à cette proclamation, pas même ceux qui l'avaient provoquée.

Un jour, nous entendîmes des clairons jouer un air étrange et vîmes cinq ou six mille hommes entrer sur la place principale de notre ville.

C'étaient des Prussiens du grand-duché de Bade, vêtus de leur uniforme élégant, sans défaut, sauf qu'il est trop élégant pour un usage militaire.

Un régiment anglais marcha avec eux, et deux officiers anglais tombèrent à notre sort.

Le fameux mouton haricot réapparut ; nos invités étaient deux jeunes gens braves et chaleureux, qui lui rendirent amplement justice.

Ils ne parlaient pas français. Bien sûr, je ne connaissais pas l'anglais à cette époque. L'un d'eux a commencé à me parler en latin.

Au début, je l'avoue, je pensais qu'il me parlait encore en anglais et j'admirais sa persévérance.

Finalement, je découvris qu'il me proposait de boire un verre de vin avec moi, dans la langue de Virgile.

J'ai accepté et pendant le reste de la journée nous avons réussi à nous comprendre, ou presque .

L'hospice dont nous avions tant abusé nous évitait d'avoir une étrange garnison ; et le grand flot de soldats anglais, russes et prussiens passa sans s'arrêter.

Puis des nouvelles nous parvinrent de Paris, de province et de l'étranger ; une grande partie de cela était d'une importance terrible pour nous.

Le 2 juillet, alors que les puissances alliées déclaraient Napoléon prisonnier de guerre, le maréchal Brune était assassiné à Avignon.

Hélas! il était le seul de tous les amis de mon père qui nous soit resté fidèle ! Je me suis alors juré qu'un jour, quand je serai grand, j'irais à Avignon et que d'une manière ou d'une autre je ferais payer leur crime à ses assassins.

J'ai tenu parole.

Le 19 août, alors que Napoléon atteint le détroit de Gibraltar, Labédoyère est fusillé.

Le 13 octobre, Murat est fusillé à Pozzo, et le 7 décembre, le maréchal Ney est fusillé dans l'allée qui mène à l'Observatoire.

Après ces événements, tout reprit son cours habituel, et dans notre petite ville, éloignée de l'information publique, isolée au cœur d'une forêt, on pourrait facilement croire que rien n'avait changé ; quelques personnes avaient fait des cauchemars, comme Mocquet, et c'était tout.

Nous étions parmi le nombre. On comprend bien que le retour de Napoléon et les événements des Cent-Jours avaient fait oublier à M. Deviolaine le procès de M. Creton, et qu'on ne parlait plus ni des cinquante francs d'indemnité, ni de la confiscation de mon fusil.

Cependant mon fusil avait été presque aussi entièrement confisqué que s'il était tombé entre les mains de l'inspecteur des forêts. Cela avait été caché. Non pas de peur que les Prussiens ne s'en emparent comme arme de guerre, mais de peur qu'ils ne s'en emparent à cause de sa beauté. Il est devenu rouillé lors de sa dissimulation, j'ai donc dû l'apporter à mon bon ami Montagnon pour qu'il soit remis en état.

Là-bas, comme on peut l'imaginer, il était toujours à ma disposition.

Parmi les gens qui fréquentaient notre maison se trouvait un M. Picot, notaire, frère de Picot de Noue et de Picot de l'Épée, grand chasseur devant le Seigneur, et presque autant envié par moi qu'un chasseur en rase campagne. comme M. Deviolaine l'était en chasseur dans la forêt. Son frère était très fier de ses réserves, bien qu'il ne tirât pas du tout et que son fils tirait peu, et comme la ferme s'étendait sur trois ou quatre mille hectares, M. Picot, l'avoué, et son chien d'arrêt avaient la liberté de trois ou quatre des conserves les mieux approvisionnées autour de Villers-Cotterêts. Ainsi, bien qu'il ne fût pas considéré comme l'un des meilleurs tireurs de notre région, il réalisa de splendides sacs, qui me remplirent d'envie lorsque leurs flancs bombés révélèrent ce qui s'était passé alors qu'il passait devant notre maison pour « *retourner au coin de son feu* », comme le disait il avait l'habitude de le dire.

Je décidai qu'il ne suffisait pas que M. Picot fût un de nos amis, mais qu'il était bien nécessaire que je sois un des siens. Lorsque cette résolution fut bien ancrée dans mon esprit, je commençai à le cajoler.

Comment ai-je géré cela ? Je ne peux pas le dire, car cet homme n'était pas facile à séduire ; Je sais seulement qu'après un mois de cajoleries, M. Picot m'a proposé de m'emmener chasser avec lui.

Mais il ne voulait pas me prendre sans le consentement de ma mère, et là était la difficulté !

Je lui ai présenté ma demande, M. Picot, bien entendu, étant présent lorsque je l'ai fait, et ma pauvre mère est devenue toute pâle.

« Ah ! monsieur Picot ! lui dit-elle, quand nous avons sous les yeux les exemples de M. Denré et de votre pauvre neveu Stanislas, comment peux-tu avoir le cœur de me l'enlever ?

— Mon Dieu ! je ne vous l'enlève pas, répondit M. Picot. "Je ne veux pas être accusé d'avoir emmené un enfant mineur: je voulais lui donner un peu de plaisir; le garçon est fou après le tournage, et vous savez de qui il tient à ce sujet.... Si vous le faites Je ne veux pas qu'il s'amuse, nous n'en dirons pas plus.

Même si je n'ai pas apprécié au début ce qu'il voulait dire, sa façon de présenter les choses était intelligente ; car, quoique bref (une grande vertu selon les mots d'un avocat), il contenait deux arguments irrésistibles : « *Vous savez de qui il tient à cet égard* », et « *Si vous ne voulez pas qu'il s'amuse, nous n'en dirons pas plus.* .

Maintenant, je « prenais » mon père, et dire à ma mère que j'étais comme mon père, que j'avais la voix de mon père, que j'avais les goûts de mon père, était une grande motivation.

Ma bonne et chère mère aurait donné son dernier sou pour me faire plaisir, et suggérer qu'elle ne voulait pas me laisser jouir était pour elle un grand coup et un argument de plus en ma faveur.

Même sa péroraison a été étudiée. Le "nous n'en dirons pas plus" fut prononcé avec insouciance, comme si sa pensée était la suivante: "Mon Dieu, garde ton jeune coquin pour toi, si tu veux; ce n'est que par bonté que j'ai voulu le faire." prenez-le. Et si vous ne voulez pas que je l'aide à son éducation de sportif, tant moins pour moi, *nous n'en dirons pas plus* .

Et, à mon grand étonnement, au lieu d'accepter comme définitif le « *nous n'en dirons pas plus* », ma mère soupira et, après un moment de réflexion, elle commença :

" Eh bien ! je sais bien que s'il ne va pas tirer avec toi, il ira tirer avec quelqu'un d'autre, ou même tout seul. Tout bien considéré, je préférerais donc te le confier, car tu es prudent."

M. Picot me fit un clin d'œil du coin de l'œil, comme pour me dire : « Dépêche-toi, arrache ce consentement tardif comme s'il était de tout cœur.

J'ai compris; J'ai jeté mes bras autour du cou de ma mère, l'embrassant et la serrant dans mes bras tout en la remerciant.

ma chère madame Dumas, dit M. Picot, laissez-moi vous dire, pour vaincre tous scrupules, qu'il connaît le fusil comme un armurier ! Que diable pensez-vous qu'il lui arrivera ? il est probable que je coure le risque qu'il me mette une once de plomb.

"Oh ! est -ce probable ?" dit ma mère.

"Oui, mais je n'ai pas vraiment peur. Je vais l'éloigner de moi, alors ne t'inquiète pas."

"Et tu vas charger son arme pour lui ?"

"Je vais charger son arme pour lui, oui."

"Alors, puisque tu le veux !"

Ma pauvre mère aurait pu dire avec plus de vérité : « Puisqu'il le souhaite !

J'ai vu bien des désirs exaucés, bien des vanités satisfaites, bien des ambitions atteintes ou même dépassées, mais aucun de ces désirs, vanités, ambitions réalisées ne m'a jamais procuré une joie aussi grande que ces quelques paroles de ma mère : « Alors, puisque vous le souhaitez !

M. Picot ne me tint pas longtemps en haleine : il organisa une fusillade pour le dimanche suivant.

C'était vrai, c'était seulement pour tirer sur des alouettes, mais c'était quand même du tir.

Dès que la permission fut accordée, je courus à Montagnon pour lui annoncer ma bonne nouvelle et lui demander mon fusil ; puis je l'ai mis en pièces et je l'ai nettoyé, bien qu'il fût propre et bien huilé ; finalement, je l'ai emmené dans ma chambre le soir et je l'ai mis près de mon lit.

On devine que je n'ai pas fermé les yeux cette nuit-là ; de temps en temps, je tendais la main pour m'assurer que mon fusil bien-aimé était toujours là. Jamais maîtresse adorée n'a été plus caressée que ce bloc sans vie de bois, de fer et d'acier.

Malheureusement, nous étions au mois de novembre et le jour tardait à venir ; mais, si le jour me surveillait en se levant, il me trouvait levé plus tôt que lui, et déjà vêtu de mon costume de tir.

L'effet produit était une combinaison singulière d'élégance et de misère.

Le pistolet était tout ce qu'on pouvait désirer ; digne d'une duchesse, avec son canon doré et cannelé, sa touche et ses deux pans de platine, sa crosse lisse et veloutée.

Ma corne à poudre pour l'amorçage était une corne arabe que mon père avait rapportée d'Egypte ; il était fait d'une petite défense d'éléphant, damasquinée d'or, et semblait, comme tout ce qui est oriental, comme si le soleil y avait laissé sa marque.

Ma corne à poudre pour le chargement était en corne, aussi transparente que du verre, et montée en argent. La charge, ou plutôt le vaisseau qui portait la charge, avait la forme d'un renard couché, sculpté comme si Barye l'avait fait : il avait appartenu à la princesse Pauline. Tout le reste de mon équipement était extrêmement modeste et contrastait mal avec ces trois objets luxueux.

Mais comme je ne savais pas encore ce qu'était l'amour, je ne connaissais pas non plus le sens de l'art.

Je dormais dans la même chambre que ma mère ; elle se leva en même temps que moi, se sentant à la fois heureuse et triste : heureuse de ma joie, triste de cette première évasion, pour ainsi dire, de ses soins maternels.

Je courus chez M. Picot ; il n'était pas debout ; J'ai fait un si beau vacarme que je l'ai réveillé.

"Oh ! oh !" dit-il en enfilant sa culotte de velours côtelé et ses guêtres en cuir fin, tu es déjà là, mon garçon ?

– Il est tard, monsieur Picot, il est sept heures.

"Oui, mais il a neigé et les alouettes ne se lèveront pas avant midi."

"Quoi ! faut -il attendre jusqu'à midi ?" J'ai pleuré.

"Eh bien, pas tout à fait aussi longtemps que cela ; mais nous prendrons d'abord le petit-déjeuner."

"Pourquoi?"

— Eh bien, pour manger, mon enfant, répondit M. Picot. " Je suis un sportif bien trop vieux pour partir le ventre vide ; c'est bien assez à votre âge. "

Et quand j'y réfléchissais, je n'étais pas très répugnant à déjeuner, surtout chez M. Picot, où l'on faisait bien les choses.

Nous déjeunions donc, M. Picot sirotant son café de la première à la dernière goutte, en véritable sybarite du XVIIIe siècle.

Voltaire avait rendu cette boisson très à la mode en s'en empoisonnant régulièrement trois fois par jour.

Mes yeux n'ont jamais quitté la fenêtre ; Je vis bien que c'était le temps couvert qui faisait s'attarder M. Picot.

Soudain, je pousse un cri de joie : un rayon de soleil commence à percer l'atmosphère grise et enneigée.

"Oh ! regarde , regarde !" J'ai crié : " voilà le soleil ! "

Et à ce moment-là, je me sentais aussi pieux qu'un brahmane.

— Allons, commençons, dit M. Picot.

Et nous sommes partis; le domestique nous suit portant le leurre et le paquet de ficelle.

M. Picot parcourait son jardin qui conduisait à un quartier pauvre de la ville appelé les *Buttes* , ou plutôt les *Huttes* , car il était composé plutôt de cabanes que de maisons.

J'ai été terriblement déçu. J'avais espéré que nous traverserions la ville et que mes concitoyens me verraient dans toute ma gloire.

Nous avons implanté notre établissement sur le point culminant de la plaine. Nous avons posé notre leurre et nous avons attendu les résultats.

CHAPITRE X

Piégeage des alouettes. Je suis fort dans mes compositions. La perdrix blessée. J'en assume les conséquences quelles qu'elles soient. La ferme du Brassoire. M. Sortie de Deviolaine lors de l'accouchement de sa femme.

Je me demande quel érudit ornithologue a découvert le premier la vanité des alouettes ? Quel philosophe profond aurait deviné qu'au moyen de surfaces mobiles en métal brillant ou en verre, des alouettes viendraient se regarder, pourvu que les surfaces brillent, et que plus la surface est brillante, plus elles seraient attirées librement et rapidement ?

Ce plaisir de se regarder a coûté la vie à vingt alouettes, et j'en ai été le bourreau de six.

J'ai tiré pas mal de trente fois pour arriver à ce résultat, mais M. Picot m'a assuré que c'était très bien pour un débutant et que j'étais un élève plein d'espoir.

M. Picot n'a jamais pris la peine de charger mon fusil, et aucun accident ne m'est arrivé.

Quand nous arrivâmes aux premières maisons en rentrant chez nous, je quittai M. Picot ; J'avais très envie de parcourir la ville avec mon fusil sous le bras et les alouettes au cou.

Aucun Pompée ni aucun César n'entrèrent à Rome avec un orgueil plus triomphant que moi.

Mais hélas! tout se dégrade dans ce monde, la joie, le chagrin et même la vanité ! Un moment vint où, comme César, je livrai mes triomphes à mes lieutenants.

Une pensée et une seule me remplissaient l'esprit : et c'était le tournage promis pour le dimanche suivant, si l'abbé Grégoire était content de moi.

Nous savons comment mes traductions ont été faites ; Je n'ai pas pensé qu'il était sage de changer mes pratiques ; mais je faisais tellement attention à mes compositions, que l'abbé déclara que si j'avançais si bien, je pourrais, dans un an, entrer en sixième dans n'importe quel collège parisien.

J'ai aussi appris, pour ma propre satisfaction, deux ou trois cents vers de Virgile. Même si j'étais très mauvais en latin, j'ai toujours aimé Virgile. Sa pitié pour les exilés, sa mélancolique conscience de la mort, son attachement à un Dieu inconnu m'ont tout de suite conquis ; la musique de ses vers et son aisance métrique m'ont extrêmement ravi et m'endorment souvent même maintenant. Je connaissais par cœur de longs passages de l' *Énéide* , et je crois que je pourrais encore répéter du début à la fin le récit d'Énée à Didon, bien que je ne puisse interpréter une phrase latine sans commettre trois ou quatre erreurs grammaticales.

Le dimanche tant attendu est enfin arrivé ! Encore une fois j'ai passé une nuit blanche, encore une fois j'ai vécu la même émotion le matin, encore une fois j'ai ressenti la même excitation au moment de repartir. Cette fois, nous n'avons pas utilisé le miroir, mais avons simplement tiré à droite et à gauche ; les perdrix semblaient s'envoler à des distances énormes. Peu importe! J'ai quand même continué à tirer ; seulement, je n'ai rien touché. Mais lorsque nous atteignîmes la crête d'une des hautes collines (appelée chez nous *larris*), je surpris une bande de jeunes perdrix qui s'élevèrent à portée de fusil. Je tirai au hasard avec mon fusil : une des deux perdrix vola aussi loin qu'elle put, mais à l'angle de sa descente je vis qu'elle était blessée.

"Frapper!" s'écria M. Picot.

J'avais bien sûr vu qu'il était touché et je me suis mis à sa poursuite.

Ce n'est que lorsque je me suis senti dévaler la pente raide que j'ai réalisé ma témérité. Quand j'avais fait une vingtaine de pas, je ne courais pas, je sautais ; au bout de trente ans, je ne sautais plus, je volais, et je sentais que j'allais perdre l'équilibre à tout moment ; ma vitesse augmentait proportionnellement à mon poids ; Je suis devenu un exemple vivant des carrés de distances de Galilée. M. Picot vit ma marche effrénée, mais ne put me sauver, bien que je m'élançais tête baissée vers un endroit où la montagne était découpée à pic par une ouverture de carrière. Je voyais moi-même la direction dans laquelle j'allais sans pouvoir m'arrêter. Le vent avait déjà emporté ma casquette ; J'ai jeté mon arme alors que j'atteignais l'espace ouvert. Soudain, le sol s'est effondré sous moi, j'ai bondi ou plutôt je suis tombé sur une distance de dix ou douze pieds, et j'ai disparu dans la neige, que le vent avait heureusement rassemblée dans un doux édredon d'environ un mètre de profondeur là où je me trouvais. est tombé!

J'avais terriblement peur, je dois l'avouer ; Je pensais que ma dernière heure était venue. J'ai fermé les yeux en tombant; et, quand je sentis que je n'étais pas plus mal, je les rouvrirai ; la première chose que je vis, ce fut la tête du chien de M. Picot qui me regardait de l'endroit où j'avais sauté et où, plus maîtresse d'elle-même que moi, elle s'était arrêtée.

"Diane", m'écriai-je, "Diane, là ! regarde , regarde !"

Et, me levant, je poursuivis ma course après ma perdrix.

J'aperçus à quelque distance M. Picot, debout sur le sommet d'un rocher, les bras levés au ciel ; il pensait que j'avais été réduit en atomes. Je n'avais même pas une égratignure.

Il a fait une telle figure dans le paysage que je n'oublierai jamais.

J'avais perdu de vue mon oiseau, mais je savais dans quelle direction il était tombé, et j'ai mis Diane sur sa trace ; elle avait à peine parcouru vingt mètres qu'elle trouva l'odeur et s'y mit au trot régulier.

— Laissez-la partir, s'écria M. Picot ; "laisse-la partir : elle le revoit, elle le revoit ."

Je n'y ai pas prêté attention ; J'ai couru plus vite qu'elle et avant elle. Finalement le hasard m'a conduit jusqu'à la perdrix, qui s'est mise à courir.

« Le voilà, criai-je à M. Picot, le voilà ! Diane, Diane ! voyez , voyez, voyez, voyez, voyez !

Diane l'a vu ; et juste à temps, car mon souffle commençait à me manquer. Il ne me restait plus que la force d'arriver là où elle le tenait dans sa bouche : je me suis jeté sur elle, je le lui ai arraché, je l'ai soulevé par une griffe pour le montrer à M. Picot et puis je suis tombé.

Je ne me suis jamais senti aussi proche de mourir ni mon dernier souffle aussi près de mes lèvres qu'alors ; encore quatre pas, et mon cœur aurait éclaté.

Et tout cela pour une perdrix qui vaut quinze sous !

Quelle étrange valeur la passion donne aux choses !

J'ai failli m'évanouir ; mais, plus je m'évanouissais, plus je serrais la perdrix contre moi, de sorte que lorsque je revins à moi, je ne l'avais jamais lâchée une seule seconde.

M. Picot s'approcha de moi et m'aida à me relever. La perdrix était encore en vie, alors il lui a cogné l'arrière de la tête avec la crosse de son fusil et l'a fourrée dans mon sac, flottant toujours dans son agonie.

J'ai retourné le sac pour pouvoir regarder à travers le filet et observer la fin de la pauvre créature.

Puis j'ai découvert que je n'avais ni pistolet ni casquette.

Je me mis à chercher mon fusil, et M. Picot envoya Diane chercher ma casquette.

Et c'était la fin de ma chasse pour ce jour-là. C'était largement suffisant, Dieu merci !

Levaillant n'aurait pas pu être plus heureux que moi, après avoir tué son premier éléphant sur les bords du fleuve Orange.

Mon triomphe fut complet, car lorsque je rentrai dans la maison, je trouvai mon beau-frère qui revenait d'une tournée d'inspection.

Je lui montrai ma perdrix, qui avait déjà fait connaissance de la moitié de la ville.

Il a fait du bout de son doigt une croix sur mon front avec le sang de ma victime.

« Au nom de saint Hubert, dit-il, je te baptise chasseur ; et maintenant que tu es baptisé... »

"Et alors ?" J'ai demandé.

"Eh bien, je vous invite dimanche prochain à une battue avec M. Moquet de Brassoire."

Je sautai de joie, car les battues de M. Moquet étaient renommées dans tout le département.

Jusqu'à quarante ou cinquante lièvres étaient abattus à la fois.

« Oh ! mon enfant, murmura ma mère, il n'y a rien qui lui plaise mieux !

En plus de me faire sentir mon propre maître, cette invitation de mon beau-frère était bien plus importante qu'elle ne le paraissait à première vue.

La battue de Brassoire était en réalité une partie de tir, à laquelle étaient présents tous les meilleurs canons du pays, M. Deviolaine surtout, qui, s'il était autrefois mon compagnon de tir et fraternisait avec moi dans la plaine, ne serait plus mon ennemi dans la forêt.

Virgile et Tacite devaient beaucoup à cette invitation ; l'abbé était ravi de moi, et il ne fit aucune objection lorsque la carriole de chasse de M. Deviolaine s'arrêta devant notre porte et que je montai à l'intérieur.

C'était samedi soir : la ferme de Brassoire est située entre les deux forêts de Villers-Cotterets et de Compiègne, et à trois lieues et demie de Villers-Cotterets, nous avons donc dû y coucher la nuit d'avant, pour commencer le tournage. à l'aube.

Oh! comme la forêt me paraissait belle bien qu'elle soit sans feuilles ! J'avais l'impression d'en prendre possession, en conquérant. N'avais-je pas à mes côtés le vice-roi de la forêt, qui me traitait presque comme si j'étais un homme adulte, parce que j'avais des guêtres, une corne à poudre et un fusil ?

M. Deviolaine jurait encore beaucoup, mais je trouvais ses serments délicieux et pleins d'entrain ; J'avais envie de jurer comme lui.

Un mois ou deux auparavant, sa famille s'était agrandie par l'arrivée d'une petite fille. Au bout de treize ou quatorze ans, sa femme avait eu l'idée de lui faire ce présent.

M. Deviolaine l'avait accepté en grommelant, comme il acceptait tout. Son excentricité fut rendue publique par une de ses étranges sorties, qui lui étaient particulières. Même si le nouveau venu n'était pas plus gros qu'un radis à son arrivée dans ce monde, sa mère avait beaucoup crié en le mettant au monde.

M. Deviolaine avait entendu les cris dans son cabinet ; mais comme, malgré toute son apparente brutalité, il ne supportait pas de voir souffrir un pigeon, il resta à l'écart jusqu'à ce que les cris aient cessé. Les cris terminés, il écoutait avec plus d'insouciance les autres bruits ; il entendit des pas dans les escaliers ; la porte de son cabinet s'ouvrit et le cuisinier parut sur le seuil.

"Eh bien, Joséphine ?" demanda M. Deviolaine.

"Eh bien, monsieur, c'est fini. Madame est délivrée."

« De manière satisfaisante ? »

"De manière satisfaisante."

"Qu'est-ce que c'est?"

"Une fille."

M. Deviolaine poussa un gémissement très significatif.

"Oh! mais ", s'empressa d'ajouter Joséphine, "si jolie, belle comme les Amours. Elle est l'image même de Monsieur."

— Alors, grommela M. Deviolaine, elle ne se mariera pas facilement : mon image même, tant pis ! tant pis, mon Dieu ! Tant pis ! Je n'en aurai jamais d'autre !

Et il se dirigea vers la chambre de sa femme.

Ma mère et moi étions là ; Madame Deviolaine était dans son lit, et une charmante petite fille rose et blanche, qui, comme Madame Davesne, est aujourd'hui une des plus jolies femmes de Paris, attendait la visite de M. Deviolaine, vêtue de langes garnis de dentelles.

Il entra, la tête penchée sur les épaules, les mains dans les poches, regarda autour de lui, étudia la topographie de la chambre et se dirigea droit vers le berceau, où il inspecta le petit occupant en fronçant les sourcils de ses gros sourcils noirs. .

Puis, se tournant vers sa femme, il dit :

— C'est à cause de cet embryon que vous avez fait tant de bruit, madame Deviolaine ?

"Pourquoi, bien sûr," répondit-elle.

"Caca!" dit M. Deviolaine en haussant les épaules: "Je peux faire mieux que cela moi-même quand je ne souffre pas d'indigestion. Bonjour, madame Dumas; bonjour, morveux," et, tournant les talons, il sortit comme il était entré.

"Merci, monsieur Deviolaine", dit sa femme. "Ah ! Je ferai bien attention, ce sera la dernière."

Madame Deviolaine a tenu parole.

Ah ! douce , jolie Louise, vois comme tu as été traitée le jour de ta naissance : mais tu t'es vengée en restant petite et charmante, et la dernière fois que je t'ai vue tu étais toujours aussi charmante et douce.

CHAPITRE XI

M. Moquet de Brassoire — L'embuscade — Trois lièvres me chargent — Ce qui m'empêche d'être le roi de la battue — Parce que je n'ai pas pris le taureau par les cornes, j'échappe de peu à être éventré par lui — Sabine et ses chiots.

———

Je demande pardon pour cette digression, bien qu'elle nous conduise à Brassoire.

Au bruit des roues de notre voiture, M. Moquet accourut pour nous accueillir. C'était un de ces riches propriétaires fonciers de l'ancienne école d'hospitalité qui, lorsqu'il organisait une grande partie de tir, invitait tous les chasseurs du district et tuait un cochon, un veau et un mouton pour leur délectation. C'était, en outre, un homme intelligent et cultivé, tant en théorie que en pratique, et il était réputé pour posséder les plus beaux moutons mérinos à vingt lieues à la ronde.

Un superbe souper nous fut préparé. Étant pour ainsi dire un simple conscrit sur le terrain de chasse, avec seulement six alouettes et une perdrix comme trophées de mon service, j'étais, bien sûr, la cible des plaisanteries de tout le groupe, des plaisanteries dans lesquelles M. Moquet, comme mon hôte, eut la politesse de n'y prendre part. D'ailleurs, en se levant de table, il me murmura :

"C'est pas grave, je vous mettrai à de bonnes places, et ce ne sera pas de ma faute si vous ne renversez pas la situation demain soir."

"Vous pouvez en être sûr", répondis-je avec cette confiance naïve qui ne m'a jamais abandonné, "je ferai de mon mieux."

Le lendemain matin, à huit heures, tous les tireurs se rassemblèrent, et une vingtaine et demie de paysans des campagnes se rassemblèrent devant la grande porte de la ferme.

C'étaient les batteurs.

Les chiens hurlaient pitoyablement ; eux, les pauvres bêtes, comprenaient bien qu'ils n'avaient aucune part à cette sorte de fusillade.

On pourrait peut-être en choisir un ou deux, parmi les rapporteurs les plus rudes, pour poursuivre un lièvre blessé qui semblait sur le point de s'enfuir dans la forêt, mais ce serait tout.

Ces chiens avaient généralement un homme spécialement gardé pour s'occuper d'eux et, à l'exception des brefs moments où ils étaient lâchés, ils étaient tenus en laisse rigide.

La fusillade a commencé à la sortie de la ferme. M. Moquet expliqua le plan général de la journée au garde-chasse en chef, remettant à plus tard pour lui communiquer le plan particulier de chaque battue.

J'étais placé à cent pas de la ferme dans un ravin sablonneux où des enfants avaient creusé un grand trou dans le sable en jouant. M. Moquet me montra ce trou et me dit de m'y accroupir, m'assurant que si je ne bougeais pas, les lièvres viendraient vers moi les pieds chauds.

Je n'avais pas beaucoup de confiance en cet endroit, mais comme M. Moquet était commandant en chef de l'expédition, il n'y avait rien à dire là-dessus. Je me suis enfoncé dans ma cachette, déterminé à me précipiter au grand jour lorsque l'occasion s'en présenterait.

Puis la conduite a commencé. Aux premiers cris poussés par les rabatteurs, deux ou trois lièvres se levèrent et, s'asseyant un instant pour voir quelle direction prendre, se mirent à se diriger vers mon ravin à des distances inégales les uns des autres.

Je déclare que lorsque je les vis venir le plus droit possible dans ma direction, prenant rendez-vous au trou où je me cachais, une brume me vint aux yeux. A travers ce voile qui s'étendait entre les lièvres et moi, je les voyais avancer rapidement ; et plus ils approchaient, plus mon cœur battait fort. Même si le thermomètre était à six degrés au-dessous de zéro, la sueur coulait sur mon visage. Le lièvre qui dirigeait la colonne semblait déterminé à foncer droit sur moi. Je l'avais visé dès le début ; J'aurais dû le laisser approcher à vingt, dix ou cinq pas ; mais je n'en avais pas la force : lorsqu'il fut à trente pas environ, je lui fis feu en plein visage.

Il tourna tête-bêche de manière significative et commença une série de contorsions des plus remarquables. Il a visiblement été touché.

J'ai bondi hors de mon trou comme un jaguar en criant :

"Le voilà ! Je l'ai ! Glissez les chiens, coquin, canaille ,... attendez, attendez !"

Le lièvre m'entendit et fit les girations les plus folles ; de ses deux compagnons, l'un rebroussa chemin et prit d'assaut les rabatteurs, l'autre continua sa course et passa si près de moi que, mon fusil étant vide, je le lui lançai.

Mais cette hostilité accidentelle ne m'avait pas détourné de la poursuite principale. Je me précipitai sur mon lièvre, qui faisait encore la gymnastique la plus incohérente et la plus extravagante, n'avançant pas de quatre pas en ligne droite ; il sauta d'un côté à l'autre ; puis bondi en avant, puis en arrière ; trompant tous mes calculs, comme mon père avait trompé ceux de son crocodile, en courant à droite puis à gauche ; il s'est échappé au moment où je croyais l'avoir saisi ; il m'a fait dix pas comme s'il n'avait pas une égratignure ; puis, tout à coup, il se retourna et courut entre mes jambes, on eût dit comme pour un pari. Je n'ai pas crié cette fois ; J'ai simplement crié ; J'ai ramassé des pierres et je les ai jetées dessus. Alors que je croyais être juste dessus, je tombai à plat ventre, espérant l'écraser entre mon corps et la terre comme dans un piège. Au loin, j'apercevais, à travers une sorte de brume, les autres tireurs, moitié rieurs, moitié furieux ; riant de l'exercice que je me faisais, furieux du bruit et de l'agitation que je provoquais au centre de la battue, qui faisait reculer tous les lièvres. Enfin, après des efforts sans précédent, j'attrapai la mienne par une patte, puis par les deux, puis autour de son corps : elle poussait des cris désespérés, et je la serrai contre ma poitrine, comme Hercule tenait Antée, et je retournai dans mon trou, prenant J'ai pris soin de ramasser mon arme au moment où je la dépassais, là où je l'avais jetée.

De retour à mon logement, j'examinai attentivement mon lièvre et je découvris ce qui s'était passé. Je lui avais arraché les yeux sans le blesser ailleurs.

Je lui ai brisé le cou par le fameux coup qui tue le lièvre, bien qu'Arnal l'appelle le *coup du lapin*.

Puis j'ai rechargé mon arme, le cœur toujours battant et la main tremblante. Il m'est venu à l'esprit que je rendais la charge très puissante, mais j'étais sûr de l'arme, et un excès de quatre ou cinq pouces me donnerait une chance de tuer à plus longue distance.

A peine étais-je remis en position que j'aperçus un autre lièvre qui venait droit sur moi.

J'étais guéri de ma fantaisie de lui tirer sur la tête ; d'ailleurs, celui-ci promettait de me passer à travers, à vingt-cinq pas près, et il tint sa promesse. Je visai avec plus de calme qu'on n'aurait pu l'attendre de moi et tirai, convaincu d'avoir maintenant attrapé un couple de lièvres.

L'amorçage a brûlé, mais le coup n'a pas explosé.

Ce fut un triste malheur.

J'essayai de prononcer un des serments expressifs de M. Deviolaine, mais ce fut sans enthousiasme : ils ne parurent pas me convenir. Je n'ai jamais pu jurer correctement, même dans mes moments les plus en colère.

J'ai piqué mon arme, je l'ai amorcée et j'ai attendu.

M. Moquet ne m'avait certainement pas trompé : un troisième lièvre venait à la suite de ses prédécesseurs, et, comme le dernier, il me traversait à angle droit, à vingt pas ! Comme auparavant, je visai et, après l'avoir soigneusement recouvert avec mon fusil, j'appuyai mon doigt sur la gâchette.

Seul l'amorçage a brûlé.

J'étais furieux; J'aurais pu pleurer de rage ; d'autant plus qu'un quatrième lièvre arrivait au petit trot.

Il en était de même pour celui-ci et pour les deux autres. Il était aussi obligeant que possible, et mon fusil aussi pervers qu'on puisse l'imaginer.

Il passa à quinze pas de moi, et, pour la troisième fois, mon amorçage brûla, mais le coup ne partit pas.

Cette fois, j'ai carrément pleuré. Un bon coup eût tué quatre lièvres dans ma position ; et, quoique je n'étais qu'un débutant, j'aurais certainement dû en tuer deux.

C'était la fin de la battue. M. Moquet est venu vers moi. Placé dans un creux, comme je l'étais, aucun des autres tireurs n'avait vu le triple malheur qui m'était arrivé ; mais M. Moquet, ayant vu passer tous les lièvres et n'ayant entendu aucun rapport, était venu savoir si j'étais mort ou endormi.

J'étais simplement désespéré. Je lui ai montré mon arme.

— L'apprêt a brûlé trois fois, monsieur Moquet, m'écriai-je d'un ton triste ; "trois fois sur trois lièvres !"

"Un feu de paille, hein ?" demanda M. Moquet.

"Oui, il a raté le feu... Qu'est-ce qui peut bien avoir avec la culasse ?"

M. Moquet secoua la tête ; puis, comme un vieux chasseur qui ne se perd jamais, il sortit de son sac une vis à fusil, la plaça au bout de sa baguette, en sortit d'abord la ouate de mon fusil, puis le coup, puis le second lot. de la ouate, puis de la poudre ; puis, après la poudre, un demi-pouce de terre qui était descendue du canon lorsque je lançais mon fusil après le lièvre, et que j'avais enfoncée jusqu'au fond de la culasse avec ma première bourre sur la poudre.

Si j'avais tiré sur cent lièvres, mon fusil aurait raté cent fois son tir.

Hélas! tant les affaires humaines sont fragiles ! sans ce demi-pouce de terre, j'aurais tué deux ou trois lièvres, et j'aurais été le roi de la battue.

Tous les lièvres étaient passés devant moi, sauf un qui était passé par M. Dumont de Morienval et avait été tué par lui.

Ma chance est partie avec cette première battue. Il y en avait dix autres, mais pas un seul lièvre ne s'est présenté à moi.

Je suis rentré à la maison épuisé. J'avais tué un lièvre à cent pas de la ferme ; M. Moquet m'avait proposé de l'y envoyer sur-le-champ, mais je refusai de m'en séparer ainsi, et je le portai sur mon dos à huit ou dix lieues.

Inutile de dire qu'au milieu des plaisanteries qui animent toujours les dîners de chasse, j'ai eu une grande part. Les évolutions que j'avais exécutées ; tous les lièvres venant vers moi par instinct que mon fusil était chargé de terre ; plus besoin de me dépasser après que mon arme ait été remise en place ; tous ces objets, sans parler de mon visage, qui avait été griffé par le lièvre pendant mon corps à corps avec lui, formaient des sujets de plaisanterie capitaux.

Mais une chose m'a fait oublier toutes ces plaisanteries et moqueries et m'a plongé dans une extase de bonheur indescriptible.

La série de plaisanteries dont j'ai été la cible se terminait par M. Deviolaine en disant :

" N'importe ! Je vous emmènerai jeudi prochain à la chasse au sanglier, pour voir si vous parviendrez à attraper ces gentilshommes, les bras autour de leur corps, comme vous attrapez des lièvres. "

"Tu le penses vraiment, cousin ?"

"L'honneur est brillant."

« Sur votre honneur, vraiment ?

"Sur ma parole d'honneur."

Et ma joie fut si grande de cette promesse que je quittai la table et m'en allai dans la basse-cour taquiner un beau taureau, qui ne pensait ni à moi ni à mes jeux, mais qui, fatigué de mes taquineries, m'aurait éventré, si je ne m'étais pas précipité dans la cuisine en sautant par-dessus un de ces petits portails en treillis qu'on trouve toujours dans les fermes.

Le taureau m'a suivi de si près qu'il a passé la tête par-dessus la porte basse et a hurlé à faire trembler la maison.

Madame Moquet prit tranquillement dans l'âtre un tison brûlant et le mit sous le museau du taureau, qui recula de cinq ou six pas, fit quelques bonds formidables et disparut dans sa stalle.

Ce n'était pas mon habitude de me vanter de pareils exploits ; au contraire, quand quelque chose de pareil me venait à l'esprit, je reprenais ma tranquillité le plus vite possible, et je revenais au lieu d'où j'étais parti, les mains derrière le dos, comme Napoléon, fredonnant le *Fleuve du Tage* ou *le Partant. pour la*

Syrie , dit alors très en vogue, d'une voix presque aussi cassée que celle du grand roi Louis XV.

Malheureusement, Mas, le palefrenier de M. Deviolaine, m'avait vu, de sorte que pendant quinze jours mon agilité à sauter les portes fut l'objet des félicitations ironiques de Cécile, d'Augustine et de Félix.

Heureusement , Louise n'était pas encore capable de parler, sinon elle se serait certainement jointe aux autres.

Mas mit le cheval dans la voiture de son maître ; car, comme M. Deviolaine devait se présenter à son inspection de très bon matin le lendemain matin, il préférait rentrer de nuit : d'ailleurs, c'était une superbe nuit de lune.

M. Moquet essaya par tous les moyens possibles pour décider M. Deviolaine de rester, mais il était décidé et il demanda qu'on se préparât à partir le soir même.

Il y avait chez M. Moquet une coutume que j'ai rarement vue ailleurs, même dans les maisons qui se piquent de leurs habitudes aristocratiques : lorsque les tireurs étaient partis, il ne restait pas un seul morceau de gibier à la ferme ; chacun emportait avec lui dans sa caisse, dans son panier ou dans son carnier, sa part du gibier, distribuée par le maître de la maison : qui seul était toujours oublié.

En arrivant à Villers-Cotterêts, nous trouvâmes sept lièvres sous le siège de la voiture.

Il y en avait eu trente-neuf, tués en tout.

Il me sera permis ici de raconter une singulière preuve de l'amour d'une chienne pour ses chiots.

Lorsque j'ai fait la connaissance de mon beau-frère, il possédait un chien intelligent, appelé Figaro, qui pouvait monter la garde, danser un menuet, saluer la police et tourner le dos aux gardes-chasse. Ce chien avait été remplacé par un charmant chien de sport appelé Sabine. Elle n'avait aucun des talents séduisants du défunt Figaro ; mais elle pouvait pointer et récupérer à merveille.

Mon beau-frère l'avait laissée à la maison pour deux raisons : d'abord, parce qu'un chien d'arrêt est un compagnon de battue plus ennuyeux qu'utile ; deuxièmement, parce qu'elle était trop avancée en tant que chiot pour être active.

Grand fut donc notre étonnement lorsque, en rentrant dans la ferme, à la fin du tournage, Victor aperçut Sabine, qui s'approchait tranquillement de nous ; elle avait réussi à s'échapper et, avec le merveilleux instinct des animaux, elle avait suivi son maître.

Au moment de partir, Sabine fut appelée ; mais elle ne parut pas. On la chercha et la pauvre bête fut retrouvée dans un coin de la cour, où elle venait de mettre au monde trois petits.

Comme Victor n'avait aucune envie d'élever des chiens, il pria le fils de M. Moquet de faire un trou dans un tas de détritus qui se trouvait près du portail et d'y jeter les trois chiots.

La demande fut exécutée, malgré les gains de la pauvre Sabine ; il fallut l'attacher au siège de la voiture pour qu'elle revienne avec nous à Villers-Cotterêts.

Sabine hurla un moment ; puis, au bout de quelques minutes, elle s'installa entre nos jambes et parut les avoir complètement oubliées.

Mais quand nous atteignîmes la barrière, il fallut défaire Sabine, qui sauta de la voiture à terre sans toucher la marche, et reprit à toute vitesse le chemin de Brassoire.

C'était en vain que mon beau-frère sifflait et l'appelait ; plus il appelait fort, plus il sifflait, plus Sabine accélérait le pas.

Il ne pouvait pas la poursuivre à cette heure-là : il était minuit. Victor la confia chez Diane chasseresse, et nous entrâmes en ayant soin de laisser la porte du jardin ouverte, afin que Sabine pût entrer dans sa niche, si par hasard elle s'avisait de rentrer chez elle.

Le lendemain matin, celui qui s'est levé le plus tôt a trouvé Sabine dans sa niche, endormie, avec ses trois chiots entre les pattes.

Elle les avait cherchés à Brassoire, et comme elle ne pouvait en rapporter qu'un à la fois dans sa bouche, elle avait évidemment fait trois voyages pour eux.

C'était à trois lieues et demie de Villers-Cotterêts et de Brassoire ; Sabine avait donc couru vingt et une lieues dans la nuit.

Son dévouement maternel a été récompensé par l'autorisation de garder ses trois chiots.

LIVRE V

CHAPITRE I

La deuxième période de ma jeunesse — Gardiens forestiers et marins — Choron, Moinat, Mildet, Berthelin — La Maison-Neuve.

Maintenant que je suis entré dans la seconde période de ma jeunesse, et que j'ai quitté la toge d'enfant pour revêtir celle de l'adolescence, il me faut faire connaître à mes lecteurs les individus qui ont peuplé le deuxième cercle de ma vie, comme ils ont déjà connu ceux qui ont peuplé les premiers.

Il existe dans les localités limitrophes des grands bois un peuple particulier qui, au milieu de la population générale, garde son cachet et son caractère propre, et apporte une part de poésie (qui est l'âme du monde) pour grossir la masse.

Ce sont les gardes forestiers.

J'ai beaucoup vécu parmi des gardiens et beaucoup parmi des marins, et j'ai toujours été frappé par la grande similitude entre ces deux races d'hommes ; tous deux, en règle générale, sont impassibles, religieux et rêveurs. Le marin ou le garde forestier reste souvent côte à côte avec son plus grand ami (l'un pendant que l'on navigue à quarante ou cinquante nœuds sur l'océan ; l'autre faisant huit ou dix lieues à travers de grands bois) sans échanger un seul mot, apparemment sans rien entendre ni remarquer ; mais, en réalité, pas un son ne résonne dans l'air que l'oreille ne capte ; pas un mouvement ne remue la surface de l'eau ni la profondeur des feuilles qui ont été négligées ; et, comme ils ont tous deux les mêmes idées, les mêmes instincts et les mêmes sentiments, comme ce silence n'a été en réalité qu'une longue conversation muette, il n'est pas étonnant que, lorsque l'occasion l'exige, il suffise de prononcer un mot, de faire un geste significatif. ou échanger un regard, et ils seront parvenus à exprimer plus d'idées par ce regard, ce geste, cette parole, que d'autres n'auraient pu le faire dans une longue dissertation. Mais lorsqu'ils discutent la nuit, autour d'un bivouac forestier ou sur leur propre feu, toujours bien approvisionnés en combustible et en bois de chauffage, ces rêveurs réservés et silencieux peuvent disserter longuement et assez pittoresquement : les gardiens de leur chasse, les matelots à propos de leurs tempêtes !

La poésie des vastes océans et des vastes forêts, qui est descendue sur eux depuis la crête des vagues et la cime des arbres, rend leur langage sans fioritures et pourtant imaginatif. Leurs mots sont expressifs et simples.

Ces gens-là, on le sent, sont les élus de la nature et de la solitude, qui ont presque oublié le langage des êtres humains, et parlent celui des vents, des arbres, des torrents et des tempêtes des mers !

C'est entre les mains de ce peuple remarquable que je suis passé lorsque j'ai quitté la garde de mes femmes. Ils se distinguaient particulièrement à Villers-Cotterets par l'étendue de la forêt qui les isolait de la ville, où ils ne venaient qu'une fois par semaine prendre les ordres de l'inspecteur, pendant que leurs femmes allaient à la messe.

En fait, mon apparition parmi ces gens était attendue depuis longtemps par eux ; presque tous avaient chassé avec mon père, qui, comme on le sait, avait la permission d'aller où il voulait dans la forêt, et tous gardaient un vif souvenir de sa générosité. Certains d'entre eux aussi étaient d'anciens soldats qui avaient servi sous ses ordres et qui étaient entrés dans l'administration forestière grâce à son influence : en fait, tous ces honnêtes gens, qui croyaient retrouver la même disposition à la franchise que le général, avaient été,—car ainsi ils parlaient toujours de mon père,—avait été très amical avec moi, et m'avait toujours demandé, lorsqu'ils me rencontraient par hasard à *la pipée* ou à *la marette* :——

"Eh bien, quand est-ce que notre inspecteur va t'inviter à une chasse plus sérieuse ?"

L'invitation arriva enfin, et c'était pour le jeudi suivant.

Le rendez-vous était à la Maison-Neuve, sur la route de Soissons, chez un chef gardien appelé Choron.

Il y a quatre ou cinq hommes, appartenant à la classe que j'ai essayé de tracer dans ses grandes lignes, qui méritent une mention particulière en raison de leur habileté et de leur originalité, et Choron était un de ces hommes.

J'ai déjà eu l'occasion de parler de lui plus d'une fois ; mais j'ai parlé de lui sous un autre nom. Aujourd'hui, comme j'écris des mémoires et non un roman, il faut qu'il apparaisse sous son vrai nom, puisque ce sont de véritables catastrophes que je vais raconter.

A l'époque où nous sommes arrivés, c'est-à-dire au début de l'année 1816, Choron était un beau jeune homme d'une trentaine d'années, à la figure ouverte et franche, aux cheveux blonds, aux yeux bleus, au visage jovial bien encadré de grosses moustaches ; il était finement bâti, mesurant environ cinq pieds quatre pouces ; et, ajouté à la symétrie de ses membres, il possédait une force herculéenne, dont on parlait à dix lieues à la ronde.

Choron était toujours prêt. Jusqu'à ce qu'il se mette en tête des idées jalouses, des idées misérables qui lui furent fatales, personne ne pouvait dire qu'il avait jamais vu Choron malade ou sombre.

Peu importe à quelle heure du jour ou de la nuit M. Deviolaine frappait à sa porte pour l'interroger, il était toujours le même. Il savait, à cinquante mètres près, où se trouvaient les repaires des sangliers dans son massif forestier ; car Choron, comme Bas-de-Cuir , suivait une piste pendant des journées entières. Si la rencontre était à Maison-Neuve, si l'on voulait du sport à un quart de lieue, une demi-lieue ou une lieue entière de là, si la bête avait été détournée par Choron, on savait d'avance quelle sorte de bête ils avaient. à gérer, qu'il s'agisse d'un *tiean* , d'un jeune ou d'un vieux sanglier ; un verrat ou une truie ; si la truie était en porcelet et combien de temps elle était restée. Le vieux sanglier le plus astucieux ne pouvait cacher six mois de son âge à Choron, qui, en inspectant ses empreintes, pouvait vérifier son acte de naissance.

C'était merveilleux de l'observer, et cela étonnait surtout les sportifs parisiens qui venaient chasser de temps en temps dans notre forêt. Pour nous, chasseurs de race rurale, qui avions pratiqué le même art, quoique à un degré plus humble, la puissance ne nous paraissait pas si surnaturelle.

Mais Choron n'en était pas moins considéré par ses camarades comme une sorte d'oracle dans tout ce qui concernait la chasse au gros gibier.

Le courage, lui aussi, acquiert bientôt un pouvoir puissant sur les hommes. Choron ne savait pas ce que signifiait la peur ; il n'avait jamais reculé devant ni l'homme ni la bête. Il traquait le sanglier depuis le repaire le plus profond ; il attaquerait les braconniers dans leurs bastions sûrs. A vrai dire, Choron recevait occasionnellement quelques coups de défense dans la cuisse, ou une mitraille dans le dos ; mais il avait un remède souverain pour soigner de telles blessures. Il sortait de sa cave deux ou trois bouteilles de vin blanc, tirait un de ses chiens de son coin animalier, se couchait sur une peau de cerf, faisait lécher sa blessure à Rocador ou à Fanfaro ; et, en attendant, pour compenser le sang qu'il avait perdu, il avalait ce qu'il appelait sa *boisson rafraîchissante* ; il ne reparaîtrait pas ce soir-là, mais le lendemain il serait guéri.

Cependant, chose singulière, Choron n'était pas un tir de premier ordre, et dans ce qu'on appelait les « chasses au panier », c'est-à-dire lorsqu'il s'agissait de renvoyer du petit gibier, comme des lapins, des lièvres, des perdrix ou du chevreuil, au duc d'Orléans, Choron fournissait rarement sa quote-part.

Il cédait alors la souveraineté de la chasse à Moinat ou à Mildet.

Moinat fut le meilleur tireur au petit tir, et Mildet le premier au tir à balle, dans la forêt de Villers-Cotterêts. Si c'était Montagnon qui m'avait appris à démonter et à remonter un fusil, c'était Moinat qui m'avait appris à m'en servir. Montagnon n'avait fait de moi qu'un aide-armurier ; Moinat m'a fait réaliser un cliché abouti.

Lorsque le fusil de Moinat touchait un animal quelconque, depuis la bécassine jusqu'au cerf, il était, sauf accident, comme mort : et la même habileté s'étendait souvent à ceux qui allaient chasser avec lui. M. Deviolaine invitait Moinat à ses chasses spéciales, déclarant qu'il ne tirait jamais bien s'il ne sentait Moinat près de lui.

Un jour, alors que j'étais troisième dans une de ces chasses, j'en découvris le secret : Moinat tira simultanément avec M. Deviolaine, et la proie tomba. M. Deviolaine crut que lui seul l'avait tué et s'appropria le gibier ; mais en réalité, c'est le fusil de Moinat qui en est tombé. Quelquefois cependant il laissait M. Deviolaine tirer seul ; et c'était rarement alors que quelque chose tombait.

Moinat eut le bon sens de ne jamais se vanter de ces coïncidences, et il resta jusqu'à la fin de ses jours le favori de l'inspecteur.

Moinat avait soixante ans au moment où j'écris ; mais en termes de marche et d'acuité visuelle, il pouvait tenir tête aux plus jeunes. En terrain découvert, il pouvait faire dix lieues sans trébucher ; dans les marais, il s'enfonçait dans l'eau et s'embourbait jusqu'au milieu ; il piétinait les sous-bois les plus épais de la forêt et les ronces les plus épineuses. Mon père aimait beaucoup Moinat, il me fit donc un grand honneur, qu'il n'aurait pas fait à n'importe qui, il se constitua à la fois mon ami et mon professeur. J'ajouterai qu'il n'a eu aucune raison de regretter ses fonctions, car je crois m'être montré un digne élève de lui, jusqu'à ce qu'on me défende l'autorisation de chasser dans les forêts domaniales parce que j'ai tué trop de gibier et à cause d'un coup J'ai eu la stupidité de le confier à un inspecteur.

Je me suis disputé avec Moinat à peu près de la même façon que Vandyke s'est disputé avec Rubens : un jour, j'ai tué un chevreuil qu'il venait de rater, et il ne me l'a jamais pardonné.

Bien que j'aie dit que Moinat était le tireur d'élite à petite balle et Mildet le premier à balle, je ne veux pas dire par là que Moinat n'était pas aussi excellent à balle qu'à balle ; mais que Mildet avait fait une étude particulière sur le tir par balle au cours d'un long séjour en Allemagne. Je l'ai vu clouer un écureuil alors qu'il courait rapidement sur le tronc d'un chêne. Je l'ai vu poser un fer à cheval sur un mur et placer six balles dans les six trous de clous du fer. Je l'ai vu au tir à la carabine, alors qu'il y avait douze coups à tirer, tracer un cordon autour du noir avec les onze premières balles, puis frapper le milieu avec la douzième.

Berthelin, l'oncle de Choron, venait ensuite par ordre de mérite. Il était certain de réussir trois essais sur quatre ; puis, après Berthelin, nous descendons à la vie ordinaire des hommes.

Depuis l'époque de l'empereur, le gros gibier de la forêt de Villers-Cotterêts avait été strictement préservé. Lors du premier retour des Bourbons, elle avait été vendue comme domaine forestier au duc d'Orléans, mais celui-ci n'eut pas le temps de s'y intéresser. Après la seconde restauration, en partie par opposition, en partie à cause de pertes réelles, les propriétaires des propriétés voisines se plaignirent beaucoup des ravages causés par les plus gros animaux ; et comme ils intentaient une action en justice, les ordres les plus stricts furent donnés à M. Deviolaine de détruire les sangliers.

Les ordres de cette sorte sont toujours accueillis très favorablement par les gardiens. Le sanglier étant un gibier royal, les gardiens n'ont pas le droit de le tirer, ou s'ils le tirent par hasard il leur est demandé pour la table. Alors ils sont simplement payés vingt-quatre sous pour le coup, je crois ; mais en cas d'extermination des bêtes, chaque coup appartient de droit à son tireur, et l'on comprend bien qu'un sanglier dans le saloir soit un ajout fameux au magasin d'hiver.

Ces parties de chasse duraient depuis quelques mois, lorsque M. Deviolaine me fit la fameuse invitation qui me mit dans un tel état d'extase.

A cette joie se mêlait la pensée du danger en arrière-plan : ces beaux sangliers, laissés en paix depuis trois ou quatre ans, avaient tellement augmenté et multiplié que les vieux avaient atteint une taille énorme ; et les jeunes étaient tout simplement nombreux. On les rencontrait dans la forêt par troupeaux de douze à quinze personnes, et ils avaient même été tués cet hiver-là dans les potagers de la ville.

Une sorte de proverbe, composé de questions et de réponses, avait été improvisé parmi ceux qui vivaient à l'orée de la forêt.

Question : Quand on plante des pommes de terre à moins de cinq cents pas de la forêt, savez-vous ce qui se passe ?

Réponse : Pourquoi, des pommes de terre bien sûr... !

Répondre à la réponse : Non ! Les sangliers arrivent.

Et celui qui posait la question la plus controversée était obligé d'admettre la véracité de l'affirmation.

Or ces chasses ont duré près de quatre mois à partir du 15 septembre.

Choron fit des merveilles pendant ces quatre mois. Lorsque le rendez-vous eut lieu à Maison-Neuve et que Choron fut chargé de conduire le sanglier, il y eut de grandes réjouissances, car on était sûr de ne pas trouver le gibier envolé. Il est vrai qu'il y avait une lieue et demie à parcourir avant d'arriver à Maison-Neuve ; mais, lorsqu'on atteignait ce lieu perdu par une belle route coupée en plein cœur de la forêt, Choron se tenait à quelques pas de sa porte, son cor de chasse au poignet, saluant son inspecteur. et sa fête avec une explosion d'entrain et d'épanouissement. Il s'agissait d'exprimer que les bêtes mourraient, ou que l'inspecteur et son groupe seraient effectivement des imbéciles.

Dans la maison de Choron, nous avons trouvé une demi-douzaine de bouteilles de son *mélange rafraîchissant* , comme il appelait son vin blanc, des verres scrupuleusement polis par une charmante ménagère, et un pain de dix livres, qui paraissait aussi blanc que s'il avait été pétri de neige. Nous avons mangé une tranche de ce pain avec un morceau de fromage ; nous avons fait nos compliments à Mme Choron sur son pain, son fromage et la beauté de ses yeux ; puis nous partons à la chasse.

Il faut seulement ajouter que Choron adorait sa femme et devenait chaque jour de plus en plus jaloux d'elle, sans motif. Ses compagnes le plaisantaient parfois sur cette jalousie croissante, mais leur gaieté inoffensive était de courte durée : Choron devenait blanc comme la mort, il secouait sa belle tête et, se tournant vers celui qui avait témérairement effleuré le mal de cœur cela était au-delà de la guérison de la langue de ses chiens, il disait :

" Arrêtez, vous... vous feriez mieux de vous taire ; et ça vite ; — plus tôt vous arrêterez, mieux ce sera pour vous ! "

Le farceur malavisé s'arrêterait immédiatement. Peu à peu, on cessa de faire allusion à la seule faiblesse de cet homme fort, et en très peu de temps il était préférable de ne jamais en parler.

CHAPITRE II

Choron et le chien enragé. Niquet, autrement appelé *Bobino* . Sa maîtresse. La chasse au sanglier. La mise à mort. Le triomphe de Bobino. Il est décoré. Le sanglier qu'il avait tué se relève.

Nous avons maintenant présenté nos nouveaux acteurs. Le jeudi était venu ; et il était huit heures et demie du matin lorsque nous sommes sortis... M. Deviolaine, mon beau-frère, moi et une douzaine de gardiens, rassemblés de la ville et recrutés sur notre chemin, au détour du chemin forestier, à quatre cents pas environ de Maison-Neuve.

Choron était, comme d'habitude, sur le pas de sa porte, la corne à la main ; Dès qu'il nous aperçut, il poussa une explosion très sonore, et nous savions qu'il n'y avait aucun doute sur la poursuite de notre chasse.

Nous redoublons de pas et nous l'atteignîmes bientôt.

L'intérieur de la petite maison que M. Deviolaine avait bâtie il y a huit ou dix ans, et appelée la Maison-Neuve, était d'une jolie beauté et d'un agencement des plus charmants.

Je peux encore imaginer l'intérieur tel que je l'ai vu lorsque j'ai franchi le seuil ; son lit était tendu de rideaux verts ; la cheminée ornée de trois canons à gauche ; à la tête du lit une fenêtre éclairée par un rayon de soleil d'hiver, au pied du lit une autre fenêtre, afin de permettre de voir les deux côtés de la route sans sortir ; un meuble rempli d'assiettes à grand motif fleuri ; et une collection complète d'animaux à quatre pattes et d'oiseaux empaillés.

Parmi ces animaux, il y avait un chien de berger d'aspect terrible, couleur de loup, avec ses poils tout hérissés, ses yeux injectés de sang et sa gueule ouverte et bavante. Choron a déclaré qu'il n'avait eu peur qu'une seule fois dans sa vie et qu'il avait immortalisé la cause de sa peur.

La cause de sa peur était ce chien qui, avant d'être un chien en peluche, était un chien enragé.

Choron était un jour en train de tailler les arbres de son petit jardin devant la maison, quand tout à coup il aperçut ce chien qui essayait de passer à travers sa haie ; il vit bientôt, à l'aspect fiévreux de ses yeux et à sa gueule écumante, que l'animal était fou, et il courut vers la maison. Mais si Choron courait bien, le chien courait encore mieux ; de sorte que Choron n'eut pas le temps de fermer sa porte derrière lui ni de descendre son fusil de la cheminée. La seule chose qu'il pouvait faire était de sauter sur son lit et d'enrouler la couverture autour de son corps, pour éviter autant que possible les morsures. Le chien sauta sur le lit presque aussitôt que Choron, et se mit à mordre au hasard la balle de coton qui entourait un homme. Tout à coup Choron étendit la couverture au maximum, y enroula le chien, et tandis qu'il essayait de sortir, il saisit son fusil, et en un instant tira deux fois dans la courtepointe, qui commença à se teindre . du sang, puis des tiraillements convulsifs pendant quelques secondes. Mais ces ondulations s'atténuèrent bientôt, et finirent par cesser complètement, pour faire place aux derniers frémissements de la vie déclinante. Choron déroula la couverture et constata que l'animal était mort.

Il fit empailler le chien et le monta sur la couverture tachée de sang, qu'il avait finement mordue.

Un simple regard sur la bête, même empaillée, suffisait pour comprendre la peur de Choron.

J'ai examiné tous les animaux, les uns après les autres. J'ai connu leur histoire, depuis la première jusqu'à la dernière ; J'ai posé des questions tout en grignotant mon pain et mon fromage ; J'ai bu deux verres de vin en écoutant les réponses, et j'étais pourtant prêt à commencer avant les autres.

En sortant, M. Deviolaine me montra, dans le jardin de Choron, une porte de six pieds de haut, par-dessus laquelle il avait vu sauter mon père lors de la construction de la maison, quoique malade à cette époque.

Cette tradition était parvenue aux oreilles de Choron, qui avait tenté plus d'une fois de faire de même, mais n'y avait jamais réussi.

La particularité de ces parties de chasse, composées principalement de gardiens, était l'absence totale de *craquelures* (= vantardise : excusez le mot, s'il vous plaît, il est propre aux sportifs). Chacun connaissait trop bien son voisin, et était trop connu lui-même, pour vouloir lui en imposer par un de ces mensonges flagrants par lesquels les habitués de la plaine de Saint-Denis rehaussent leurs prouesses. Tout le monde savait qui étaient les intelligents et qui étaient les idiots ; l'hommage qui leur était dû était rendu aux malins, et aucune pitié n'était accordée aux idiots.

Parmi eux se trouvait un homme nommé Niquet, surnommé *Bobino* , à cause de sa passion, dans son enfance, pour le jeu de cheville qui porte ce nom. Il était considéré comme un garçon de métier ; mais à cette réputation s'ajoutait celle, non moins méritée, d'être le tireur le plus maladroit de toute la compagnie.

On discuta donc des belles performances de Choron et de Moinat, de Mildet et de Berthelin, mais le pauvre Bobino s'en moqua à mort.

Il ripostait avec une histoire ridicule, à laquelle son accent provençal donnait une touche des plus divertissantes.

Ce jour-là, M. Deviolaine avait cru bon de changer le sujet de la plaisanterie, sans vouloir changer le point d'attaque. Bobino était encore un sujet de taquinerie, mais pas à cause de sa maladresse cette fois.

Il devait se moquer de sa maîtresse.

Bobino avait une maîtresse... Pourquoi pas ?

Cette maîtresse n'était pas une beauté.... Mais les goûts diffèrent.

En fait, cette maîtresse était celle qui était montée sur le marchepied du général Lallemand et qui lui avait craché au visage.

— Écoutez, Niquet, dit M. Deviolaine ; "Comme vous avez une belle et grosse femme, dites-moi quel charme peut avoir une femme dure comme un clou ?"

— Elle est pour les jours de jeûne, *monsieur l'inspecteur.*

"Si elle était jolie, insistait M. Deviolaine, je pourrais le comprendre..."

" Ah ! *Monsieur l'inspecteur ,* vous ne savez pas !... "

"Mais pense aux yeux rouges..."

"Vous ne savez pas, *monsieur l'inspecteur.*"

"Et des dents noires..."

"Pourquoi les montres Bréguet sont-elles si bonnes, *monsieur l'inspecteur ?*"

"C'est diable ! à cause de leur action."

" Exactement, *monsieur l'inspecteur* ; l'action de Bréguet !... une action digne d'un écrin d'or ! "

Tout le monde éclata de rire. J'ai ri comme les autres, sans comprendre du tout la réplique de Bobino.

J'allais justement aller voir Bobino pour lui demander d'expliquer sa propre blague, quand Choron nous a fait signe qu'il était temps de se taire.

Nous étions à cinq cents pas de l'endroit où se trouvait un sanglier dans sa tanière.

À partir de ce moment, aucun murmure ne fut entendu. Choron proposa le plan d'attaque à l'inspecteur, qui nous donna nos ordres à voix basse, et nous allâmes prendre place aux alentours ; tandis que Choron, avec son limier en laisse, se préparait à fouiller l'enclos.

Je m'excuse très humblement auprès de mes lecteurs d'avoir employé tous ces termes de chasse, à la manière du baron des *Facheux*. Mais ces termes seuls expriment mon sens, et d'ailleurs je crois qu'ils sont suffisamment connus pour n'avoir pas besoin d'être expliqués.

Ma mère m'avait, comme vous pouvez l'imaginer, confié la garde de M. Deviolaine : elle ne me laisserait partir qu'à condition que M. Deviolaine ne me lâche pas des yeux. Il le lui avait promis, et pour tenir religieusement parole il m'avait mis entre lui et Moinat, en me disant de me cacher entièrement derrière un grand chêne ; puis, si je tirais sur un sanglier et qu'il se tournait vers moi, je pouvais saisir une des branches du chêne, me relever par les bras et laisser passer la bête sous moi.

Tous les chasseurs expérimentés savent que c'est la méthode à adopter en pareille circonstance.

Au bout de dix minutes, chacun était à son poste. Bientôt, les aboiements du chien de Choron, qui avait trouvé une trace, résonnèrent de manière forte et fréquente, indiquant qu'il se rapprochait de l'animal. Soudain, nous entendîmes le crépitement des sous-bois. J'ai vu quelque chose passer près de moi ; mais il avait disparu avant que j'aie eu le temps de mettre mon fusil sur mon épaule. Moinat tira sur une supposition ; mais il secoua la tête pour signifier qu'il ne croyait pas du tout l'avoir touché. Nous entendîmes ensuite le bruit d'un deuxième coup de canon à peu de distance, puis d'un troisième, qui fut immédiatement suivi d'un cri de *Hallali !* » prononcé par Bobino de toute la force de ses poumons.

Tout le monde accourut à l'appel, même si, reconnaissant la voix du crieur, chacun s'attendait à se trouver dupe d'une nouvelle mystification imaginée par le drôle d'esprit.

J'ai couru avec les autres, et je pourrais même dire que j'ai couru beaucoup plus vite que les autres. Je n'avais jamais assisté à une chasse au sanglier et je ne voulais pas manquer ce spectacle. Il était bien inutile que M. Deviolaine criât après moi pour ne pas se presser : je n'entendais rien.

J'ai dit que tout le monde s'attendait à une supercherie ; grande fut donc la surprise générale lorsque, arrivant sur la route de Dampleux, qui coupait transversalement le secteur où nous étions postés, comme la ligne supérieure de la lettre T, nous vîmes Bobino dans le coin. tout au milieu de la chaussée, tranquillement assis sur son sanglier.

Pour compléter ce tableau, qui aurait pu accompagner la mort du sanglier de Calydon, que Méléagre tua, Bobino, affectant l'indifférence d'un homme habitué à ce genre de prouesse, la pipe à la bouche, cherchait à frapper une lumière.

L'animal s'était retourné comme un lapin au premier coup de feu, et n'avait jamais bougé de l'endroit où il était tombé.

On imagine aisément le chœur de félicitations à demi moqueuses qui s'élevait autour du héros conquérant, qui prenait un air désinvolte et, couvrant sa pipe d'un petit capuchon en papier pour empêcher le vent d'éteindre l'étincelle, répondait entre les bouffées de fumée:-

"Ah, maintenant tu vois comme nous, Provençaux, jouons sur de si petites frites."

Et comme le jeu de quilles avait été un tel succès, il n'y avait effectivement aucun commentaire à faire ; la balle avait touché l'animal derrière l'oreille. Ni Moinat, ni Mildet, ni Berthelin n'auraient pu faire mieux.

Choron arriva le dernier sur les lieux, car il ne s'était pas le moins du monde précipité.

Dès qu'il est sorti de la forêt, avec son limier en laisse, on l'a vu fixer son regard étonné sur le groupe, avec Niquet au centre. Quand nous avons vu Choron, nous nous sommes dispersés pour qu'il voie ce que nous avions vu sans y croire.

« Qu'est-ce qu'ils disent, Bobino ? cria-t-il lorsqu'il fut assez près pour être entendu ; "On me dit que le sanglier a été assez idiot pour se jeter devant ton fusil !"

"Qu'il se soit jeté devant mon fusil ou que mon fusil lui ait tiré dessus, il n'en reste pas moins que le pauvre Bobino va manger de bons steaks tout l'hiver et qu'il n'invitera personne à partager. ceux qui ne peuvent pas rendre le compliment, sauf bien sûr *M. l'inspecteur* , ajouta Bobino en levant sa casquette, qui fera la fierté de son très humble serviteur, s'il daigne jamais goûter la cuisine de la mère Bobine.

Niquet appelait toujours sa femme Bobine, ce qui, selon son idée, était le féminin naturel de Bobino.

— Merci, Niquet, merci ; je ne refuserai pas cette offre, répondit M. Deviolaine.

" Aide-moi, Bobino ! " dit un des gardiens, nommé François, qui était le frère de Léon Mas, domestique de M. Deviolaine, dont j'ai déjà eu l'occasion de parler plusieurs fois, car de pareils hasards ne vous arrivent pas souvent, avec la permission de M. Deviolaine. Je dois te décorer!"

"Décorez, mon garçon", dit Bobino. "Il y en a beaucoup qui ont été décorés *à d'autres époques* et qui ne le méritaient pas autant que moi."

Bobino était injuste : *autrefois* les décorations n'étaient pas trop généreusement accordées : mais la haine l'aveuglait. Bobino, qui avait été terroriste en 1793, fut un royaliste brûlant en 1815, partageant, à cet égard, les opinions de sa bien-aimée de la rue de Soissons.

Et Bobino continuait à fumer avec la plus ridicule imperturbabilité, tandis que François, sortant un couteau de sa poche, s'approchait du dos du sanglier, lui saisissait la queue et le coupait d'un seul coup.

Au grand étonnement de toute la compagnie, le sanglier poussa un grognement sourd, bien qu'il ne bougeât pas.

" Qu'est-ce qu'il y a donc, ma petite chérie ? " demanda Bobino, tandis que François attachait la queue de l'animal à la boutonnière du héros, tu as l'air de faire grand cas de ce bout de ficelle.

Le sanglier poussa un autre gémissement et lui donna un coup de pied.

" Ho, ho, dit Bobino, il fait un cauchemar, comme le pauvre Mocquet, — le cauchemar de Mocquet était devenu un proverbe, — mais ce n'est pas la mère Durand qui est assise sur ton ventre, c'est le vieux Bobino, et quand le vieux Bobino s'est fixé quelque part, il n'est pas facile de le déloger.

Il avait à peine fini ses mots qu'il fut envoyé filer à dix pas, le nez dans la poussière et sa pipe cassée entre les dents.

Nous avons tous démarré en pensant qu'il devait y avoir un tremblement de terre.

Rien de la sorte. Le sanglier, semblait-il, n'avait été qu'étourdi par le coup de feu, et avait repris connaissance lorsque François le blessait ; il s'était alors libéré du fardeau qui l'alourdissait, comme nous l'avons vu, et se relevait, tout en chancelant sur ses jambes comme s'il était ivre.

" Ah ! mon Dieu, s'écria M. Deviolaine, lâchez-le : ce sera bizarre qu'il se rétablisse ! "

— Non, non ; oh ! non ! ne lâchez rien, cria Choron en cherchant son fusil qu'il avait mis dans un fossé pendant qu'il attachait son chien ; "Non ! tirez sur lui, tirez sur lui ! Je connais ces gars-là, ils sont aussi durs que possible. Tirez sur lui ; n'épargnez pas votre tir, ou, ma parole, il nous échappera !"

Mais il était déjà trop tard. Les chiens, quand ils virent le sanglier se lever, se précipitèrent vers lui, les uns se cramponnèrent à ses oreilles, d'autres à ses cuisses, tous enfin s'en prirent à sa peau, jusqu'à ce qu'il fût si complètement couvert qu'il n'y avait plus de place comme gros comme une couronne sur son corps dans laquelle pourrait se loger une balle.

Le sanglier gagnait tranquillement le fossé tout le temps, entraînant la meute avec lui : puis il entra dans les broussailles ; puis il disparut, suivi de Bobino, qui s'était relevé très en colère et qui voulait à tout prix se contenter de l'affront qu'il avait reçu.

"Stop STOP !" cria Choron ; "Attrape-lui la queue, Bobino ; arrête-le, arrête-le !"

Tout le monde a éclaté de rire, puis nous avons entendu deux coups de pistolet.

"Allez, regarde bien!" dit Choron ; "la bête tuera ensuite nos chiens."

Mais nous n'entendîmes aucun cri révélateur du sombre pressentiment de Choron, et peu de temps après nous vîmes réapparaître Bobino, l'air très découragé : il avait manqué le sanglier les deux fois, et il avait continué sa course, poursuivi par tous les chiens, dont les aboiements devenait rapidement plus faible.

Nous avons chassé ce sanglier pendant le reste de la journée ; il nous conduisit à cinq lieues jusqu'au bosquet d'Hivors, et nous n'entendîmes plus parler de lui, quoique Choron prévint tous les gardiens de la forêt de Villers-Cotterets qui n'étaient pas présents à l'accident, ainsi que tous ceux des forêts voisines, ainsi que si par hasard l'un d'eux tuait un sanglier sans queue et qu'il voulût avoir l'animal complet, il trouverait la queue dans la boutonnière de Bobino.

La chasse avait certainement été plus amusante que si elle avait été fructueuse ; mais cela n'avait pas répondu aux intentions de l'inspecteur, qui avait reçu l'ordre de détruire les sangliers et de ne pas leur couper la queue.

Alors M. Deviolaine dit aux gardiens, en se séparant, qu'il y aurait une nouvelle chasse le dimanche suivant, et il leur donna l'ordre de faire tourner autant de sangliers qu'ils pourraient dans une direction donnée, de sorte que si la proie était perdue sur le territoire d'un gardien, on pouvait recourir à un autre.

En rentrant chez moi avec M. Deviolaine, je lui fis tant d'amour que, avec l'appui de mon beau-frère, qu'il aimait beaucoup, j'obtins la permission non seulement de l'accompagner à la prochaine chasse, mais de tous les autres, du moins jusqu'à ce que l'abbé Grégoire me reproche et m'interdise mon plaisir par un veto semblable à celui qui coûta à Louis XVI. si chère.

CHAPITRE III

Sangliers et gardiens.— La balle de Robin-des-Bois.—Le charcutier.

Le rendez-vous du dimanche fut fixé à Saint-Hubert, un des lieux de rendez-vous les plus fréquentés et aussi l'un des plus beaux endroits de la forêt.

M. Deviolaine et moi arrivâmes ponctuellement à la minute près ; mais mon beau-frère, étant en voyage, n'avait pas pu venir.

Tous les autres se sont présentés au rendez-vous avec la ponctualité la plus exemplaire. Trois bêtes avaient été battues, deux jeunes et une truie sauvage.

Bien entendu, aucun gardien n'a manqué de demander à Bobino des nouvelles de son sanglier ; mais il n'en avait pas entendu parler, et il avait encore la bonne idée de porter la queue à sa boutonnière.

Nous avions trois sangliers à affronter. L'un venait du domaine de Berthelin, et les autres de celui de Choron et de Moinat.

Nous avons commencé par le plus proche, qui était un des jeunes ; il fut mis en déroute par Berthelin, mais avant qu'il ne franchisse l'anneau, Mildet le tua en lui mettant une balle en plein cœur à cinquante pas de distance.

Nous passâmes au second, dans la réserve de Choron ; c'était à une petite lieue de l'endroit où nous avons tué le premier. Choron nous conduisit d'abord, selon son habitude, à Maison-Neuve, pour prendre une goutte à boire et une bouchée ; puis nous avons repris notre chemin.

Le cercle était fait. J'ai été mis entre M. Deviolaine et François, le garçon qui avait décoré Bobino : puis est venu Moinat, et j'oublie qui est venu après Moinat.

Cette fois, nous avons dû nous occuper de la truie.

Choron entra dans le bosquet avec son sanglier, et cinq minutes plus tard la truie était chassée de son antre. Nous l'avons entendue venir, comme nous l'avions déjà fait, écrasant ses défenses les unes contre les autres. Elle passa la première devant M. Deviolaine, et il lui envoya deux coups de feu, mais il les manqua ; J'ai ensuite tiré sur elle avec mon arme ; mais comme c'était le premier sanglier sur lequel je tirais, je l'ai manqué moi aussi ; enfin, François tira à son tour, et la frappa en plein corps. Aussitôt le sanglier tourna à angle droit et, avec la rapidité de l'éclair, se précipita sur le tireur. François, qui était sûr de son objectif, tint bon et lui envoya un second coup presque à bout portant. Mais, à ce moment précis, au milieu de la fumée que le vent n'avait pas encore chassée, nous aperçumes François et le sanglier en une seule masse informe, et nous entendîmes un appel au secours. François était sur le dos, essayant vainement de dégainer son couteau de chasse, tandis que la truie affolée le fouillait avec ses défenses. Nous nous précipitâmes tous à son secours, mais nous n'avions pas fait plus de quelques pas qu'une voix impérieuse s'écria, qui arrêta même M. Deviolaine :

"Ne bouge pas !"

Nous nous sommes tous arrêtés net, silencieux, immobiles, là où nous étions, même si tous les yeux se tournaient vers la voix. Puis nous vîmes Moinat baisser le canon de son fusil en direction de l'horrible tas. Pendant un instant, le vieil homme parut transformé en statue de pierre ; puis il tira, et l'animal, touché au bas de l'épaule, roula à quelques pieds de sa victime accroupie.

"Merci, vieil ami !" dit François en se levant vivement ; "Si jamais tu as besoin de moi, je suis à toi pour la vie ou la mort !"

"Oh ! ça ne vaut pas tout ça", répondit Moinat en commençant tranquillement à recharger son arme.

Nous avons tous couru vers François : il avait une égratignure à la cuisse et une morsure au bras, mais c'était tout ; ce n'était rien en comparaison de ce qui aurait pu lui arriver si, au lieu d'avoir eu une rencontre avec une truie, c'avait été avec un verrat. Lorsque nous nous sommes assurés qu'il n'y avait rien de dangereux dans aucune de ses blessures, toutes nos exclamations se sont transformées en félicitations pour l'habileté de Moinat ; mais, comme ce n'était pas la première fois qu'il était le héros d'aventures pareilles, Moinat prit nos compliments comme s'il ne comprenait pas pourquoi nous accordions tant d'importance à une affaire aussi légère et si facile à mener à bien.

Après avoir consacré notre attention aux êtres humains, nous nous sommes ensuite tournés vers la bête.

Le sanglier avait reçu les deux balles de François, mais celle d'un coup large avait été plaquée contre sa cuisse, presque sans lui briser la peau ; l'autre, tiré de face, avait glissé sur son crâne, dans lequel il avait creusé une profonde blessure ; tandis que la balle de Moinat avait attrapé l'animal au creux de l'épaule et l'avait tué net.

Les chiens reçurent leur portion habituelle ; puis la bête fut mise sur les épaules de deux forestiers pour être transportée à la Maison-Neuve, comme les messagers de Moïse apportaient la grappe de raisin de la Terre Promise, et la chasse reprit comme si de rien n'était, sans aucune prévision. de l'événement bien plus terrible que celui que nous avons raconté et qui devait se produire avant la fin de la journée.

La troisième attaque eut lieu dans la réserve de Moinat, adjacente à celle où Bobino avait été décoré, trois jours auparavant : elle fut atteinte après trois quarts d'heure de marche. Les mêmes précautions furent prises que lors des battues précédentes ; un cercle se forma, et cette fois je fus placé entre M. Deviolaine et Berthelin ; puis, comme Moinat avait retrouvé la bête, ce fut à son tour de pénétrer dans l'enclos pour la déloger.

Les aboiements de son chien annoncèrent au bout de cinq minutes que le sanglier avait été mis en route.

Tout le monde était sur le qui-vive pour tirer dessus au passage, quand tout à coup nous entendîmes le bruit d'un coup de fusil, et, en même temps, je vis un morceau de roche, qui se trouvait à environ quarante pas de moi, éclater en éclats. ; puis j'ai entendu un cri de douleur à ma droite. Je tournai la tête et vis Berthelin accroché d'une main à une branche d'arbre, pressant l'autre contre son côté, d'où le sang jaillissait entre ses doigts. Peu à peu, il devint trop faible pour se tenir debout, se pencha en deux et tomba au sol avec un lourd gémissement.

"À l' aide !" J'ai pleuré; "Berthelin est blessé."

J'ai couru vers lui, suivi de M. Deviolaine, tandis que toute la file des chasseurs s'approchait rapidement de nous.

Berthelin avait perdu connaissance. Nous l'avons tenu dans nos bras, le sang coulant à flots d'une blessure à la hanche gauche : le ballon était logé dans son corps.

Nous étions tous debout autour du mourant, nous interrogeant des yeux pour savoir qui avait tiré le coup, lorsque nous vîmes Choron, torse nu, sortir du taillis, pâle comme un fantôme, tenant son fusil qui fumait encore, dans sa main, et criant :

"Blessé ! blessé ! Quelqu'un a-t-il dit que mon oncle était blessé ?"

Personne n'a répondu. Nous avons montré le mourant qui vomissait librement du sang.

Choron s'avança, les yeux hagards, la sueur perlant sur le front, les cheveux hérissés, et s'approcha du blessé ; il pâlit encore, si cela était possible, en le regardant ; puis il poussa un cri perçant, cassa la crosse de son fusil contre un arbre et jeta le canon à cinquante mètres.

Il tomba ensuite à genoux, implorant le mourant de lui pardonner, mais les yeux étaient déjà fermés pour toujours !

Ils improvisèrent promptement une civière et y déposèrent le blessé ; puis on le porta jusqu'à la maison de Moinat, qui n'était qu'à trois ou quatre cents pas du lieu de l'accident. Nous accompagnions tous la litière, ou plutôt nous suivions Choron, qui marchait de près après elle, les bras pendants, la tête baissée, sans voix, les yeux secs. Pendant ce temps , un des gardiens était monté sur le cheval de M. Deviolaine et était parti au grand galop chercher un médecin.

Le médecin arriva au bout d'une demi-heure, mais seulement pour dire ce que chacun savait de soi en voyant que Berthelin n'avait jamais repris connaissance, c'est-à-dire que la blessure était mortelle.

Sa femme ignorait toujours la nouvelle et il faudrait que quelqu'un la lui annonce. M. Deviolaine s'offrit pour porter le triste message et se leva pour quitter la maison.

Alors Choron se leva aussi, et s'approchant de lui :

« Monsieur Deviolaine, dit-il, je veux qu'il soit entendu que tant que je vivrai pauvre, ma chère femme ne manquera de rien ; et si elle veut venir vivre avec nous, elle sera traitée comme la mienne. mère."

— Oui, Choron, répondit M. Deviolaine le cœur plein ; "Certainement, je sais à quel point vous êtes un bon garçon au cœur sincère. Nous n'y pouvons rien. Chaque balle trouve sa place : ce n'est pas votre faute, c'était le destin."

" Oh ! *Monsieur l'inspecteur* " s'écria Choron, " répétez cela, vous ne savez pas à quel point vos paroles me réconfortent... Je crois que mon cœur va se briser. "

"Pleure, mon garçon, pleure bien, ça te fera du bien", dit M. Deviolaine.

"Oh ! mon Dieu ! mon Dieu !" s'écria le malheureux en éclatant en sanglots en se laissant tomber sur une chaise.

Rien ne m'émeut autant que de voir un homme grand et fort brisé par un profond chagrin.

La vue de Berthelin, luttant dans son agonie, le sang jaillissant de lui, m'émeut moins que la vue de Choron, luttant contre le désespoir et incapable de verser une larme.

Nous quittâmes cette chambre mortuaire l'un après l'autre, n'y laissant que le mourant, le médecin, Moinat et Choron.

Et dans la nuit Berthelin mourut.

Vous pouvez imaginer l'état d'esprit de ma mère lorsqu'elle a appris tout ce qui s'était passé, et le formidable discours qu'elle m'a fait sur des plans aléatoires. La balle de Choron aurait pu aussi bien m'atteindre que Berthelin, et alors *elle* aurait pleuré sur *mon* cadavre !

J'avais beaucoup à dire contre un tel raisonnement. Je lui ai dit que bien sûr tout était possible, mais que c'était le premier accident de ce genre, de mémoire d'homme, qui se produisait dans la forêt ; que le fait que cela se soit produit était une bonne raison pour que cela ne se reproduise pas avant un siècle environ ; que, dans ce délai, ceux qui ne seraient pas tués par les balles seraient tués par le redoutable chasseur que nous appelons le Temps. Bref, il n'y avait aucune raison pour que je ne fasse pas partie des parties de chasse à venir, comme j'en avais eu de celles qui étaient passées... Hélas ! ma pauvre mère n'avait pas de testament propre à mon égard. Je l'ai inquiétée jusqu'à ce qu'elle cède. Oh ! pauvre mère, la mienne ! le chasseur mortel devait te tuer avant ton heure, juste au moment où j'allais te rendre heureux et confortable en échange de tous les chagrins et inquiétudes que je t'avais causés !

Le jeudi suivant, je partais à la chasse malgré le terrible accident du dimanche.

Le rendez-vous était cette fois à *la Bruyère-aux-Loups* .

M. Deviolaine avait convoqué tout le monde sauf Choron, mais, convoqué ou non, Choron n'était pas homme à manquer à son devoir. Il arriva à la même heure que les autres ; mais il n'avait ni carabine ni mousquet.

"Le voilà!" dit M. Deviolaine ; "J'étais sûr qu'il reviendrait !"

Puis, se tournant vers lui, il dit :

"Pourquoi diable es-tu venu, Choron ?"

"Parce que je suis le gardien en chef, inspecteur."

"Mais je ne vous ai pas convoqué."

"Oui, j'ai compris et je vous remercie. Mais il ne faut pas. Je dois faire mon devoir avant tout. Dieu sait que j'aurais volontiers donné ma vie pour empêcher cela; mais, si je restais chez moi à me lamenter, , cela n'allégerait pas la terre sur son corps, le pauvre garçon... Et une chose me trouble terriblement, monsieur Deviolaine.

« Qu'y a-t-il, Choron ?

"Qu'il est mort sans me pardonner."

"Pourquoi vous aurait-il pardonné ? Il ne savait même pas que c'était vous qui aviez tiré le malheureux coup de feu."

"Non, il ne savait pas quand il allait mourir, mais il saura maintenant qu'il est au-dessus : on dit que les morts savent tout."

"Allons, allons, Choron, remonte le moral", dit M. Deviolaine.

" Rassurez-vous ! en effet ; le fait que je sois ici montre sûrement que je fais de mon mieux, *monsieur l'inspecteur* : mais j'aurais quand même souhaité qu'il me pardonne. "

Puis il se pencha et murmura à l'oreille de son chef : "Vous verrez qu'il m'arrivera quelque malheur, quelque mésaventure... M. Deviolaine... et parce que..."

"Et parce que?"

"Parce qu'il ne m'a pas pardonné."

"Ne sois pas idiot."

"Tu verras."

« Choron ! »

"Eh bien, c'est ce que je ressens."

— Très bien, gardez cela pour vous et tournons le sujet.

"Comme il vous plaira, *monsieur l'inspecteur.* "

"Pourquoi es-tu venu sans arme ?"

— Parce que, vous ne comprenez pas ? Je ne pourrais pas toucher une carabine ou un mousquet pour me sauver la vie, non pour me sauver la vie.

"Alors, comment proposez-vous de tuer un sanglier ?"

"Avec quoi dois-je le tuer ?"

Choron sortit un couteau de sa poche...

"Eh bien, je vais le tuer avec ça !"

M. Deviolaine haussa les épaules.

" Haussez les épaules à votre guise, monsieur Deviolaine, ce sera comme je vous le dis. Ces malheureux sangliers ont été la cause de la mort de mon oncle, et je n'aurais pas l'impression de les tuer si je le faisais avec une carabine ou un mousquet, mais avec mon couteau, c'est autre chose ! D'ailleurs, on n'égorge pas les cochons avec un couteau, et qu'est-ce qu'un sanglier sinon un cochon ?

— Eh bien, dit M. Deviolaine, qui savait qu'il n'aurait jamais le dernier mot, comme vous n'écouterez rien, il faut vous laisser aller à votre guise.

"Oui, oui; laissez-moi me débrouiller, *monsieur l'inspecteur* , et vous verrez!"

« À la chasse ! à la chasse, messieurs ! s'écria l'inspecteur.

Le sanglier était dans la réserve d'un nommé Lajeunesse, et nous l'attaquâmes bientôt, car le rendez-vous n'était qu'à cinq cents pas de l'antre.

Mais cette fois, bien que le sanglier, âgé de trois ans, ait été frappé quatre ou cinq fois, il nous a fait une belle danse, et ce n'est qu'après quatre ou cinq heures de poursuite qu'il a voulu se retourner sur les chiens.

Tout le monde sait que, aussi fatigué soit-il, au point de pouvoir à peine se tenir debout, toute fatigue est oubliée dès que le sanglier se détourne. Nous avions chassé en tout, compte tenu des tenants et des aboutissants, une dizaine de lieues. Mais aussitôt que nous reconnussions aux voix des chiens qu'ils étaient à proximité de l'animal, chacun de nous se réveilla et se mit à courir vers la direction d'où se faisaient entendre les aboiements.

Cela retentissait d'une jeune épinière de huit ou dix ans, c'est-à-dire d'un bosquet d'environ dix à douze pieds de haut, où se jouait le drame. À mesure que nous nous rapprochions, le bruit augmentait, et de temps en temps nous apercevions un chien projeté au-dessus des jeunes arbres par les défenses d'un animal, ses quatre pattes en l'air, hurlant follement, mais renouvelant l'attaque sur le sanglier dès qu'il touchait le sol. encore. Enfin nous arrivâmes dans une sorte de clairière : l'animal était coincé, comme dans une forteresse, par les branches d'un grand arbre qu'une tempête avait abattu. Vingt à trente chiens l'attaquaient en même temps ; une dizaine ou une douzaine d'entre eux ont été blessés, plusieurs ont eu le ventre déchiré. Mais, malgré leur gibier, ils ne remarquèrent pas leur douleur ; ils reprenaient le combat, les entrailles pendantes, les piétinant. C'était un spectacle magnifique et pourtant horrible !

"Allez, allez, Mildet ou Moinat, envoyez une balle à ce coquin ! Il y a bien assez de chiens tués, finissez-en."

— Hah ! que dites-vous, *monsieur l'inspecteur*, s'écria Choron ; un coup de fusil, un coup de fusil pour un porc ? Rien de tout cela ! Une coupure de couteau lui suffit, attendez et vous verrez.

Choron tira son couteau, se précipita sur le sanglier, dispersant les chiens, qui revinrent aussitôt à la charge, ne formant qu'une masse mouvante et hurlante. Pendant deux ou trois secondes, il nous fut impossible de distinguer quoi que ce soit ; puis, tout à coup, le sanglier fit une tentative frénétique pour s'élancer. Nous avions tous nos gâchettes prêtes, quand nous vîmes que l'animal reculait au lieu de s'enfuir. Choron se relevait et tenait la bête par ses deux pattes de derrière, comme il eût tenu une brouette, et s'y tenait, malgré toutes ses luttes, avec cette poigne de fer que nous lui connaissions si bien ; tandis que les chiens, volant de nouveau vers lui, le couvraient de leurs corps, jusqu'à ce que le tout ressemble à un tapis marbré et mouvant.

« Vas-y, Dumas ! cria M. Deviolaine. "C'est maintenant votre chance, cueillez vos premiers lauriers."

Je m'approchai du sanglier, qui redoubla d'efforts en me voyant arriver, et grinça des défenses en me regardant avec des yeux injectés de sang ; mais il fut cette fois pris dans un piège régulier, et aucun de ses efforts ne put le libérer.

J'ai mis le bout du canon de mon fusil dans son oreille et j'ai tiré.

Le choc fut si violent que l'animal s'arracha des mains de Choron, mais seulement pour rouler dix pas plus loin ; la balle, la ouate et la poudre lui étaient entrées dans la tête, et je lui avais littéralement explosé la cervelle.

Choron éclata de rire.

"Viens maintenant," dit-il. "Il reste encore du plaisir dans la vie !"

"Oui", dit M. Deviolaine, effrayé par ce qu'il venait de voir; "Mais si tu continues ainsi, mon garçon, tu n'en profiteras pas longtemps, je peux te le dire... Qu'as-tu fait à ta main ?"

" Oh ! ce n'est qu'une égratignure ; la peau du mendiant était si dure que mon couteau s'est tu. "

— Oui, et en te taisant, il t'a coupé le doigt, dit M. Deviolaine.

— Nettoyez, *monsieur l'inspecteur* , nettoyez ! Et Choron leva sa main droite, d'où avait disparu la première articulation de l'index.

Puis, sortant du silence que produisait ce spectacle, il dit en s'approchant de M. Deviolaine :

"C'est bien vrai, *monsieur l'inspecteur* , c'est le doigt avec lequel j'ai tué mon oncle..."

"Mais il faut soigner cette blessure, Choron."

"Prends soin de ça ? Bah ! ce n'est pas la peine d'en faire des histoires ! Si le vent s'y met, ça va vite guérir."

Et là-dessus, Choron rouvrit son couteau et dépeça la bête aussi froidement que si de rien n'était.

A la chasse suivante, au lieu d'un couteau, Choron apporta un poignard, en forme de baïonnette, avec une garde espagnole qui couvrait toute la main. Elle avait été réalisée à sa demande par son frère, qui était armurier à Villers-Cotterets. Ce poignard ne pouvait ni se briser, ni se plier, et, poussé par le poing de Choron, il pouvait pénétrer jusqu'au cœur d'un chêne. La même scène que je viens de décrire se reproduisit, mais cette fois le sanglier resta à sa place et fut égorgé comme un cochon domestique.

Il fit de même à toutes les autres chasses ; si bien que ses camarades commencèrent à le surnommer le charcutier.

Ce qui est extraordinaire, c'est que là où un autre homme que Choron aurait perdu la vie, Choron n'a pas eu la moindre égratignure !

On aurait pu dire qu'il avait coupé la seule partie vulnérable de son corps en se coupant le bout du doigt. Mais tout cela ne lui faisait pas oublier la mort de Berthelin ; il devenait de plus en plus mélancolique , et de temps en temps il disait à l'inspecteur :

" Vous verrez, monsieur Deviolaine, rien n'empêchera qu'il m'arrive un de ces jours quelque malheur ! "

Alors sa femme se plaignait de sa jalousie, confidentiellement auprès de ses amis.

« Un beau jour, dit-elle, ce misérable me tuera comme il a tué l'oncle Berthelin !

Dois-je terminer tout de suite la lamentable histoire de Choron ? Dois-je attendre que le dénouement ait lieu en temps voulu, en temps et lieu ?

Non, nous effacerons tout de suite la tache sanguinaire qui a marqué les premiers récits de ma jeunesse.

CHAPITRE IV

Chasse au loup – Petites villes – Mort tragique de Choron.

Cinq ou six années s'étaient écoulées depuis les événements que nous venons de raconter. J'avais quitté Villers-Cotterêts, et j'y étais revenu passer quelques jours chez ma bonne mère.

C'était au mois de décembre et le sol était entièrement recouvert de neige.

Ma mère m'a embrassé encore et encore. Ensuite, j'ai couru directement chez M. Deviolaine.

" Ah ! te voilà , mon garçon, " dit-il ; "Vous êtes arrivé juste à temps !"

"Une chasse au loup, n'est-ce pas ?"

"Exactement."

"Je pensais que ce serait le cas en regardant la neige, et je suis ravi de ne pas avoir eu tort de le penser."

" C'est vrai, nous avons eu des nouvelles de trois ou quatre de ces messieurs dans la forêt, et comme il y en a quelques-uns dans la réserve de Choron, je lui ai envoyé aujourd'hui l'ordre de les faire déterrer cette nuit, en l'avertissant que nous serons chez lui demain matin à sept heures.

« Il est toujours à Maison-Neuve ?

"Oui."

"Comment s'en sort le pauvre Choron ? Est-ce qu'il tue encore des sangliers à coups de baïonnette. "

"Oh ! les sangliers sont complètement exterminés, je ne crois pas qu'il en reste un seul dans la forêt. Il les a tous comptés."

"Est-ce que leur mort l'a réconforté ?"

" Mon Dieu, non ! comme vous le verrez ; le pauvre diable est plus triste et plus sombre que jamais : c'est un tout autre homme. J'ai assuré une pension à la veuve de Berthelin ; mais rien ne peut le guérir de son chagrin, il est frappé au cœur. De plus, il est devenu de plus en plus jaloux.

"Aussi injustifiable que jamais ?"

"La pauvre petite femme est un ange !"

" Ah ! alors c'est une monomanie ! Mais c'est quand même un de vos meilleurs gardiens, n'est-ce pas ? "

"Un des meilleurs."

"Il ne nous décevra pas de notre proie demain?"

"Vous pouvez en être sûr."

" C'est tout ce que nous voulons ; quant à sa folie, eh bien ! il faut laisser au temps la guérison. "

" Oh ! mon garçon , j'ai peur au contraire que le temps ne fasse qu'aggraver les choses ; et, à force de l'entendre répéter si souvent, j'ai commencé à croire qu'il lui arriverait quelque malheur. "

"Vraiment ? en est- on arrivé là ?"

— Oui, ma parole. J'ai tout fait pour lui ; je n'ai rien à me reprocher.

"Comment vont tous les autres ?"

"Capital."

« Mildet ? »

"Il coupe toujours les écureuils en deux avec une seule balle volante ; non pas lorsqu'ils grimpent le long de l'arbre, mais maintenant lorsqu'ils sautent d'un arbre à l'autre."

"Et son rival Moinat ?"

"Oh ! pauvre diable, tu ne sais pas ce qui lui est arrivé ?"

"A-t-il été tué lui aussi par un neveu ?"

"L'hiver dernier, alors qu'il était à la chasse au loup, son arme a éclaté et lui a arraché la main gauche."

"Comment diable un accident pareil est-il arrivé à un si vieux sportif ?"

"Alors qu'il sautait un fossé, la crosse de son arme a heurté le sol sans qu'il s'en aperçoive, et d'une manière ou d'une autre, l'arme a explosé."

"N'y avait-il aucun moyen de sauver une partie de sa main ?"

"Pas un doigt ! Lécosse a dû l'amputer à quelques centimètres du poignet."

« Ne peut-il plus chasser maintenant ?

— Oh ! oui ! nous avons tiré hier dans les marais de Coyolle, et il a tué dix-sept des dix-neuf bécassines que nous avons abattues.

"Comme c'est intelligent de sa part ! Je soupçonne que Bobino n'aurait pas frappé autant de personnes avec ses deux mains ? Cela me rappelle : qu'est-il devenu ?"

"Bobino ?"

"Oui."

"Il a fabriqué un sifflet avec la queue du sanglier pour appeler ses chiens, et il déclare qu'il ne se reposera jamais, ni dans ce monde ni dans l'autre, tant qu'il n'aura pas mis la main sur le reste de l'animal."

— Alors tout le monde va bien, à l'exception du pauvre Choron ?

"Il en est ainsi."

"Vous dites que le rendez-vous est à... ?"

— Demain, six heures précises, au bout de la grande avenue, pour que tout le monde puisse arriver à sept heures à la Maison-Neuve.

"Je serai là."

Et je quittai M. Deviolaine pour aller saluer tous mes anciens amis ; serrer la main des uns, embrasser les autres et souhaiter bonne chance à tous.

C'est une des plus belles fortunes de la vie que de naître dans une petite ville, où l'on connaît tous les habitants, et où chaque maisonnée vous garde en souvenir. Je sais que cela m'a toujours passionnément excité de rentrer chez moi, aujourd'hui encore, après trente années de travail et de lutte écoulées depuis mes débuts et après avoir retiré la fleur de fraîcheur des choses, dans ce pauvre petit hameau presque inconnu du monde. en général, dans lequel j'ai d'abord tendu les bras vers les fantaisies de la vie, des fantaisies qui semblaient couronnées d'auréoles et ornées de fleurs. Une demi-lieue avant d'arriver à la ville, je descends de voiture et je compte les arbres en parcourant le sentier. Je sais de quels arbres j'ai coupé des branches pour mes cerfs-volants, et ceux dans lesquels j'ai enterré mes flèches ou dans lesquels j'ai volé des nids d'oiseaux. Je m'assois les yeux fermés aux pieds de quelques-uns d'entre eux, et je me livre à d'agréables rêveries qui me ramènent vingt ans en arrière ; il y en a que j'aime comme de vieux amis, devant lesquels je m'incline en passant devant eux ; il y en a d'autres qui ont été plantés depuis mon départ, et ceux-là je passe indifféremment, comme avant des choses inconnues et sans importance. Mais quand j'arrive en ville, c'est une tout autre affaire. Le premier qui m'aperçoit pousse une exclamation et court à la porte de sa maison ; et chacun fait de même pendant que je traverse la ville. Puis, quand je suis passé, les gens du quartier se joignent à moi pour me saluer, parlent de moi, de mes escapades de jeunesse, de ma vie présente si loin de la leur, si pleine d'orages et de stress, qui se serait déroulée sans incident. et tranquillement si, comme eux, je m'étais arrêté dans la maison où je suis né ; puis, dix minutes après, mon arrivée fait parler de lui dans la ville, et il y a de la joie dans mon cœur et dans le cœur de deux ou trois mille personnes en plus.

On s'installe partout où l'on va, mais, à Paris, les rues changent de nom, augmentent ou diminuent de longueur, selon le caprice du chef géomètre. Si vous quittez Paris pendant dix ans, vous ne reconnaissez ni votre rue ni votre maison à votre retour .

Je me suis donc promis une grande fête avec tous les gardiens le lendemain, en l'honneur de mon retour.

Cette fête commençait à six heures du matin. J'ai vu les vieux visages, avec leurs barbes couvertes de givre ; car, comme je l'ai fait remarquer, il avait neigé pendant la nuit et il faisait horriblement froid ; nous nous serrâmes tous cordialement la main, puis nous partîmes pour la Maison-Neuve. Il faisait encore nuit.

Lorsque nous arrivâmes *au Saut-du-Serf* (appelé ainsi parce qu'un jour, alors que le duc d'Orléans chassait dans la forêt, un cerf avait sauté par-dessus le chemin qui était enserré entre deux bosquets), nous vîmes des traces de jour commencer. Le temps était capital pour la chasse : aucune neige n'était tombée depuis douze heures, rien ne nous empêchait donc de suivre le sentier ; si des loups avaient été chassés de leurs tanières, ils tomberaient certainement entre nos mains.

Nous avançons encore une demi-lieue plus loin, jusqu'à ce que nous apercevions le coin où Choron nous attendait habituellement. Il n'était pas là.

Une telle atteinte aux habitudes chez un homme aussi ponctuel dans ses engagements que Choron nous inquiétait. Nous accélérons le pas et nous rejoignons bientôt le chemin d'où nous apercevons la Maison-Neuve à environ un kilomètre de là.

Grâce au tapis de neige au sol, tous les objets étaient faciles à distinguer, même à une certaine distance. Nous avons vu la petite maison blanche à moitié enfouie dans les arbres ; nous vîmes une mince colonne de fumée qui, s'élevant de la cheminée, montait dans les airs ; nous vîmes aussi un cheval sans cavalier, sellé et bridé ; mais nous n'avons pas vu Choron.

Nous avons entendu les chiens pousser des hurlements lugubres, et c'est tout.

Nous nous regardâmes et secouâmes tristement la tête : notre instinct nous disait que quelque chose d'inhabituel s'était produit et nous accélérâmes le pas.

À mesure que nous nous rapprochions, rien ne changeait par rapport à notre première vision des choses.

Lorsque nous arrivâmes à cent pas de la maison, nous ralentissâmes inconsciemment le pas, sentant que nous étions sur le point de découvrir quelque terrible accident.

Nous nous arrêtâmes à cinquante pas de la maison.

« Il faut savoir de quoi il s'agit, dit M. Deviolaine ; alors nous repartons, silencieusement, le cœur anxieux, sans prononcer un mot.

À notre approche, le cheval tendit le cou vers nous et, les narines fumantes, hennissait.

Les chiens se précipitaient sur leurs chaînes, rongeant sauvagement pour être libérés de leur chenil.

A dix pas de la maison, nous aperçumes une tache de sang sur la neige, et un pistolet déchargé à proximité.

Une trace de sang partait de cet endroit vers la maison.

Nous avons crié : pas de réponse.

"Il faut entrer", dit l'inspecteur.

Nous entrâmes, et nous trouvâmes Choron étendu par terre, près de son lit, les couvertures encore serrées entre ses doigts joints.

Sur une petite table près de son lit se trouvaient deux bouteilles de vin blanc, l'une vide, l'autre ouverte et commencée. Il avait une grande blessure au côté gauche, que son chien préféré était en train de lécher.

Il était encore chaud et ne pouvait pas être mort depuis plus de dix minutes.

C'est ce qui s'était passé ; nous l'apprîmes le lendemain par un facteur d'un village voisin, qui avait presque vu ce qui s'était passé.

Nous avons parlé de la jalousie de Choron à l'égard de sa femme, et, bien que rien ne justifie cette jalousie, comme me l'avait dit l'inspecteur, elle s'était accrue avec le temps.

Il avait profité d'une belle lune pour partir à une heure du matin chasser quelques loups qu'il savait se trouver dans les environs.

Un quart d'heure après son départ, un messager vint annoncer à sa femme que son père était frappé d'apoplexie et demanda à la voir avant de mourir.

La pauvre femme se leva et partit aussitôt, sans pouvoir laisser savoir où elle allait ; ni elle ni le messager ne savaient écrire.

Lorsque Choron revint à cinq heures et trouva la maison vide, il tâta le lit et trouva qu'il était froid ; il a appelé sa femme, il a chassé partout ; elle avait disparu.

— Elle a donc profité de mon absence, dit Choron, pour aller chez son amant, et elle n'est pas encore revenue, pensant que je ne devrais pas rentrer si tôt. Elle m'a trompé, je la tuerai !

Il pensait savoir où la trouver, alors il décrocha ses pistolets à étui, les chargea, mit quatorze chevrotines dans l'un et dix-sept dans l'autre.

Les quatorze chevrotines ont été retrouvées dans le pistolet non déchargé et les dix-sept dans le corps de Choron.

Puis il sella son cheval, le sortit de l'écurie et le conduisit devant sa porte.

Il mit un des pistolets dans l'étui droit, et il s'ajustait parfaitement : mais l'étui gauche se trouvait être plus étroit, et il était difficile de mettre le pistolet à sa place, alors Choron essaya de le faire rentrer de force : il prit l'étui. dans une main et la crosse du pistolet dans l'autre main, et il poussa violemment le pistolet à sa place ; l'aiguillon a actionné la gâchette et l'arme a explosé.

Choron avait serré l'étui près de lui pour le maintenir stable, de sorte que toute la charge, plomb, ouate et poudre, pénétra dans son côté gauche, déchirant et brisant ses organes internes.

Le facteur, qui passait par hasard à ce moment-là, accourut au bruit du coup de feu. Choron était debout, appuyé contre sa selle.

« Mon Dieu, qu'avez-vous fait, monsieur Choron ? demanda le facteur.

- Mon bon Martineau, voilà ce que j'attendais, répondit Choron ; "J'ai tué mon oncle d'un coup de feu, et maintenant je me suis tué d'un coup de pistolet. Il est dit quelque part dans les Écritures que 'celui qui vit par l'épée périra par l'épée'."

— Vous êtes tué, vous, monsieur Choron ? s'écria le facteur ; "Il n'y a rien de grave chez toi."

Choron sourit et se retourna ; ses vêtements étaient roussis, son sang coulait à flots sur son pantalon, qui était entièrement teint en rouge.

"Oh mon Dieu!" s'écria le facteur en reculant. « Que puis-je faire pour vous ? Dois-je aller voir le médecin ?

"Le docteur, que diable pensez-vous qu'il puisse faire ?" répondit Choron.

Puis, d'une voix mélancolique, il ajouta : « Le médecin a-t-il empêché mon pauvre oncle Berthelin de mourir ?

— Laissez-moi au moins faire quelque chose, monsieur Choron.

"Va me chercher deux bouteilles de ma boisson rafraîchissante à la cave, et déchaîne pour moi Rocador."

Le facteur, qui prenait un verre de passage tous les matins avec Choron, prit la clef, descendit à la cave, prit deux bouteilles de vin blanc, déboucha le Rocador et revint.

Il trouva Choron, assis devant une table, en train d'écrire.

"Le voici", dit le facteur.

— Merci, mon ami, répondit Choron ; "posez les deux bouteilles sur la table de nuit, et vous feriez mieux de continuer votre propre travail."

— Mais, monsieur Choron, insista le facteur, dites-moi au moins comment cela s'est passé.

Choron réfléchit un moment ; puis, à voix basse, il murmura : « Peut-être vaudrait-il mieux que les gens sachent. Et, se tournant vers l'homme, il dit :

"Veux-tu y aller quand je t'aurai tout dit ?"

"Oui, monsieur Choron."

Puis il raconta « *la chose* » , comme disait le facteur, dans les moindres détails.

"Et maintenant que tu sais ce que tu voulais savoir, s'il te plaît, vas-y."

"Tu veux que j'y aille ?"

"Je fais."

"Vraiment?"

"Oui."

"Eh bien, au revoir."

"Au revoir."

Et le facteur partit, espérant de tout son cœur que Choron était blessé moins dangereusement qu'il ne le pensait ; car il pouvait difficilement croire qu'un homme capable de conserver sa présence d'esprit avec un tel sang-froid puisse être mortellement blessé.

Personne n'a jamais su ce qui s'était passé après le départ du facteur. Aucune créature humaine n'a aidé Choron dans cette heure sombre de son agonie mortelle : il luttait seul contre la mort.

Il avait probablement bu autant de vin des deux bouteilles qu'il en manquait ; puis il avait essayé de se relever sur son lit, mais ses forces lui manquaient et il tomba par terre en s'agrippant aux couvertures, dans quelle position il se trouvait lorsque nous le trouvâmes mort.

Un morceau de papier était sur la table : c'était le même sur lequel le facteur l'avait vu écrire en revenant de la cave à vin.

Sur ce papier étaient tracés d'une main encore ferme ces quelques lignes :

" M. L'INSPECTEUR, — Vous trouverez un des loups dans le bois Duquesnoy ; l'autre a décampé.

m'arriverait quelque malheur ... Bien cordialement,

"CHORON—Gardien en chef."

Ce que je disais tout à l'heure des petites villes et de leurs souvenirs agréables, on peut le dire encore plus justement à propos des souvenirs terribles.

Une telle catastrophe, survenue au faubourg Saint-Martin, dans la rue Poissonnière ou sur la place du Palais-Royal, aurait pu laisser une impression pendant une semaine, ou une quinzaine, ou un mois tout au plus.

Mais dans la petite ville de Villers-Cotterêts, sur la grande route qui mène à Soissons, qui passait à côté de la maison malheureuse elle-même, à travers les belles arches de feuillage vert faites de chênes et de hêtres, plantés des siècles auparavant, sous lesquelles les gardiens prennent leur repos silencieux. Ainsi, en parlant seulement à voix basse, l'événement que je viens d'enregistrer reste aujourd'hui dans les mémoires aussi vivement que s'il venait de se produire, et tout le monde vous le racontera comme je l'ai fait.

Hélas! pauvre Choron ! Quand je suis entré chez toi et que je t'ai vu pâlir, avec ces bouteilles à moitié vides à tes côtés et ton corps encore palpitant faiblement, ton chien léchant la plaie, je n'imaginais pas que je deviendrais un jour le biographe de ta vie obscure et tragique. la mort!

CHAPITRE V

Ma mère se rend compte que j'ai quinze ans et que *la marette* et *la pipée* ne me mèneront pas à un brillant avenir : j'entre dans le bureau de Moi. Mennesson, notaire, comme garçon de courses, sinon guttersnipe—Moi. Mennesson et ses commis—La Fontaine-Eau-Claire.

Si toutes ces parties de chasse me procuraient une existence des plus délicieuses, qui aurait pu se prolonger indéfiniment si j'avais possédé 20 000 livres de revenus, elles n'offraient pas d'avenir à un pauvre diable dont le patrimoine, malgré l'économie maternelle, fondait. jour après jour, d'une façon terrible.

J'avais quinze ans. Il était temps pour moi d'apprendre un métier et il a été décidé que je deviendrais avocat.

A cette époque, où un voile me cachait mon avenir, et où je n'avais encore éprouvé aucune de ces ambitions qui m'ont conduit depuis dans d'autres voies, toutes les professions, à l'exception de celle du sacerdoce, m'étaient également indifférentes.

Ma mère quitta la maison un beau matin et, traversant la place en diagonale, alla demander à son notaire s'il aurait la gentillesse de me prendre pour troisième commis.

Le notaire répondit qu'il serait très heureux de me recevoir, mais il lui semblait, sauf erreur, que je tenais trop à *la marette*, *à la pipée* et à la chasse, pour devenir jamais un élève assidu de Cujas et de Pothier. .

Ma mère poussa un soupir ; c'était probablement aussi son opinion, mais elle persista quand même, et l'avocat répondit :

— Très bien, ma chère madame Dumas, puisque cela vous fera tant de plaisir, envoyez-le-moi, et nous verrons.

Il fut donc décidé que j'irais chez maître Mennesson le lundi suivant ; les gens polis diraient en qualité de troisième commis, d'autres en qualité de garçon de courses ou de guttersnipe, *saute-ruisseau* , pour donner au grade son nom d'argot.

Cela m'a fait quelque peine de renoncer à ma douce indépendance ; mais cela fit un grand plaisir à ma mère lorsque je cédai à sa décision ; tous ses amis lui ont dit que c'était une très bonne ouverture pour moi ; Lafarge (vous vous souvenez du fils délicat et astucieux du chaudronnier qui habitait près de chez nous) s'était taillé une carrière brillante et lucrative dans le même métier ; l'idée que ma profession me procurerait un revenu de 12 000 ou 15 000 francs par an, et qu'alors je pourrais organiser en grande pompe des soirées de capture d'oiseaux, comme il l'avait fait, me prit tellement en fantaisie que... j'allai chez M. Mennesson. .

M. Mennesson serait alors un homme d'environ trente-cinq ans, de taille plutôt inférieure à la moyenne, trapu, robuste, bien proportionné dans toute sa silhouette, presque jusqu'à la massivité ; ses cheveux roux et courts, ses yeux perçants, sa bouche encline à la taquinerie. C'était un homme intelligent ; souvent court dans ses manières, toujours obstiné ; il était fanatique, voltairien et républicain, avant même que quiconque ait songé à devenir républicain.

Le poème de *la Pucelle* était sa lecture préférée ; il en connaissait par cœur des passages entiers et les répétait dans ses moments de bonne humeur ou après le dîner.

Bien entendu, il sélectionnait les passages les plus impies et les plus licencieux.

On me dit qu'il est devenu depuis, sans renoncer au républicanisme, extravagant religieux, et qu'il participe désormais aux processions, cierge à la main, alors qu'autrefois il gardait la tête couverte lors de leur passage.

Que Dieu ait pitié de son âme !

Deux membres de cette hiérarchie juridique se démarquent dans ma mémoire : le chef et les seconds greffiers.

Le premier s'appelait Niguet. C'était un jeune homme de vingt-six ou vingt-huit ans, fils d'avocat, petit-fils d'avocat, neveu d'avocat ; l'un de ces individus qui viennent au monde possédait l'équipement d'une écriture en forme d'araignée, une signature illisible et une formidable fioriture après celle-ci.

Le second était un garçon d'à peu près mon âge. Il était gros et à la peau jaune ; il avait le nez pointu ; il étudia dix ans pour devenir avocat et finit par devenir garde forestier.

Je n'ai jamais su s'il s'était jamais élevé au-dessus du grade de gardien commun, bien qu'il ait eu des relations influentes dans l'administration des terres forestières et trois ou quatre mille livres de revenus de la famille de sa mère.

Il s'appelait Cousin.

Mon apprentissage du droit était assez agréable. M. Mennesson n'était pas un mauvais garçon, pourvu qu'on ne dise pas devant lui du bien sur les prêtres, ni qu'on ne prononce un panégyrique sur les Bourbons.

Si quelqu'un le faisait, ses petits yeux gris brilleraient ; il s'emparerait d'un Ancien Testament ou d'une Histoire de France, ouvrirait l'Ancien Testament au Livre d'Ézéchiel, l'Histoire de France sous le règne d'Henri III, et commencerait à commenter l'un ou l'autre à la manière du *Citateur* de Pigault. Lebrun.

J'ai dit que j'étais entré chez M. Mennesson comme garçon de courses ; au début, le titre me causa un certain sentiment de honte ; mais je vis bientôt, au contraire, que le côté le plus agréable du métier de clerc d'avocat me revenait.

M. Mennesson rédigea de nombreux actes pour les paysans des villages voisins. Lorsque ces paysans ne pouvaient pas venir chez lui, je fus chargé d'aller chercher leurs signatures sur les actes chez eux. On m'a informé pendant la nuit de la direction dans laquelle je devais être envoyé le lendemain et j'ai fait mes plans en conséquence.

Si c'était pendant la saison de chasse, je prenais un excellent compagnon de route sous la forme de mon fusil ; si la saison était terminée, je passais la nuit et je tendais des pièges à oiseaux dans toutes les mares qui se trouvaient le long de mon parcours.

Dans les premiers temps, il était très rare que je ne ramène pas un lièvre ou quelques lapins ; dans le second, une demi-douzaine de grives, de merles ou de geais, et une vingtaine de rouges-gorges et autres petits oiseaux.

Un jour, mon employeur me prévint que je devais me rendre le lendemain à Crespy pour recueillir des renseignements sur un acte auprès de son confrère Me. Leroux.

Comme la distance était un peu plus longue que d'habitude (il y a trois lieues et demie de Villers-Cotterets à Crespy), j'engageai un boulanger, qui était client de M. Mennesson, et qui s'occupait de l'affaire que je faisais, pour me prêter son cheval.

C'était toujours un plaisir pour moi d'être à cheval, même si je ne montais qu'un cheval de boulanger.

Je pars le lendemain matin avec pour instruction de revenir le soir même, coûte que coûte.

Outre le plaisir de la balade, il y avait encore pour moi un autre attrait à Crespy ; Je devrais pouvoir revoir et revoir cette digne famille dont nous avions reçu l'hospitalité lors de l'invasion et aussi mes amis les de Longprés.

J'ai conté l'histoire de Mme de Longpré. Elle était la veuve d'un palefrenier de la chambre du roi Louis XV. Elle avait peu à peu vendu toute sa magnifique porcelaine, héritée de son mari. Son fils aîné était quartier-maître des chasseurs, un brave garçon en tous genres, mais qui tremblait de peur et se cachait sous le lit quand il y avait un orage.

Je partis en promettant de revenir le plus vite possible : et je tenai scrupuleusement parole.

Tout d'abord, j'ai rempli ma mission envers Moi. Leroux; puis, quand ce fut fini, j'ai commencé mes appels.

Je remontai à cheval à sept heures du soir et me mis en route pour rentrer chez moi.

C'était le mois de septembre. Les jours devenaient visiblement plus courts ; et comme le temps était maussade ce soir-là et qu'il pleuvait presque, il faisait déjà nuit lorsque je partis de Crespy et éperonnai mon cheval.

La route entre Villers-Cotterets et Crespy, ou plutôt de Crespy à Villers-Cotterets, pour être topographiquement précis dans nos descriptions, est presque une grande route, mais presque déserte par le trafic des affaires ; à mi-chemin entre Crespy et Villers-Cotterets, il rejoint la route nationale de Villers-Cotterets à Paris, décrivant un immense Y par sa divergence.

A un quart de lieue de Crespy, une portion de forêt, appelée bois du Tillet, s'étend jusqu'au bord du chemin, mais ne traverse pas l'autre côté.

Une lieue et demie plus loin, la route, jusqu'alors plate, débouche dans une espèce de ravin au fond duquel coule un ruisseau ; les flancs de ce ravin sont coupés à gauche par des carrières depuis longtemps désertes et inexploitées.

Le ruisseau a donné son nom au lieu-dit, qui s'appelle *la Fontaine-Eau-Claire.*

Plusieurs de ces carrières ouvrent leurs gueules sombres et profondes sur la route, et donnent au lieu un caractère solitaire et menaçant, qui inspire la terreur aux gens des campagnes.

Il y a des traditions appartenant à ce ravin de braquages et d'assassinats, liées à des époques obscures, il est vrai, mais qui se transmettent en distiques populaires, comme les traditions liées à la forêt de Bondy.

Nous nous contenterons de citer ce qui suit, qui, quoique assez pauvre en rimes, est un produit du lieu et n'est pas donné comme exemple de poésie :

A la Fontaine-Eau-Claire ,
Bois quand le jour est dans son clair."

La charmante vallée de Vauciennes traverse transversalement celle de la Fontaine-Eau-Claire, une demi-lieue plus loin ; cette vallée de Vauciennes conduit au moulin de Walue à Coyolle, au fond duquel serpente un ruisseau d'argent liquide aboutissant au marais remarquable où Moinat exerçait son art sur les écureuils avec M. Deviolaine.

La route descend ici avec une forte pente et monte au-delà avec une pente encore plus raide. Par temps de gel, ces deux collines sont la terreur des automobilistes, qui descendent l'une trop vite et ne savent pas monter l'autre.

Des attelages de bœufs sont stationnés dans le village exprès pour remplir le rôle de transporteurs.

Le sommet de la seconde colline, d'où on aperçoit Villers-Cotterets à environ une lieue, est couronné par un moulin à vent appartenant à M. Picot, qui doit d'ailleurs aussi une partie de la plaine de la Noue, de Coyolle et de Largny.

Ce moulin à vent joue un rôle important dans la suite de mon récit, car on aura compris que je n'ai pas décrit la route entre Villers-Cotterets et Crespy (route qui intéresserait peu mes lecteurs) par simple amour de la description. Le moulin est totalement isolé de toutes les autres habitations, il s'élève bien au-dessus de Vouffly, à près de trois kilomètres de Largny et à une lieue de Villers-Cotterets.

C'était donc la route que je suivis, au trot aussi rapide que le permettait mon cheval de boulanger, la route de Sa Majesté le roi Louis XVIII. résonnant lourdement sous ses sabots.

Vers huit heures, j'atteignis le quartier de la Fontaine-Eau-Claire.

J'ai déjà signalé que le temps était maussade ; la lune, dans son premier quartier, était enveloppée de gros nuages, qui couraient rapidement à travers le ciel, se terminant par des taches grisâtres, semblables à de l'écume.

J'avais de l'argent sur moi, je n'étais pas armé, j'avais à peine quinze ans ; les traditions de Fontaine-Eau-Claire étaient très présentes à mon esprit ; donc mon cœur battait légèrement.

A mi-chemin de la côte, je mis mon cheval au trot, et, à l'aide d'une branche de chêne que j'avais cueillie dans le bois de Tillet, je parvins à le faire passer du trot au galop.

J'ai franchi sans accident le lieu dangereux, la *malo sitio* , comme on dit en Espagne, et, bien qu'il fût derrière moi, j'ai décidé qu'il me fallait encore garder mon cheval au galop.

Je fus cependant obligé de ralentir son pas dans la pente raide et dans la montée de Vauciennes ; mais j'avais à peine franchi le sommet de la colline, que je le poussai de nouveau au galop à l'aide d'un coup de mon éperon et de quelques bons coups de bâton.

Tout autour de moi semblait endormi. Le paysage, plongé dans l'obscurité, n'était même pas rendu moins sombre par une lumière à l'horizon ou par une étoile filante ; pas même un chien n'aboyait, bruit qui eût indiqué la présence, dans le lointain invisible, d'une ferme, que je savais être là, et que mes yeux cherchaient en vain.

Le moulin à vent semblait endormi avec le reste de la nature ; ses voiles étaient raides et immobiles, et ressemblaient aux bras d'un squelette levé vers le ciel dans une attitude désespérée.

Seuls les arbres au bord de la route semblaient vivants ; ils se tordaient et gémissaient sous le vent, qui arrachait brutalement leurs feuilles et les envoyait s'envoler dans la plaine, comme des volées d'oiseaux au plumage sombre.

Tout à coup, mon cheval, qui se tenait au milieu de la route et galopait vite, s'écarta si violemment et si inopinément, qu'il me fit filer à quinze pas sur la route ; puis, au lieu de m'attendre, il repartit à toute vitesse, en reniflant bruyamment.

Je me relevai, abasourdi par ma chute, qui aurait pu être ma mort si, au lieu de tomber sur les trottoirs mouillés, j'étais tombé sur la route pavée elle-même.

Ma première pensée fut de courir après mon cheval, mais il était déjà allé si loin que j'ai décidé que cela ne servirait à rien. Puis, la curiosité m'envahit de savoir quel objet l'avait si terriblement effrayé.

Je me levai et chancelai sur la chaussée.

J'avais à peine fait quatre pas que j'aperçus un homme étendu de l'autre côté de la route. Je pensais que c'était quelque paysan ivre, et, me félicitant que mon cheval ne lui ait pas marché sur le corps, je me baissai pour l'aider à se relever.

Je lui touchai la main : elle était raide et glacée.

Je me levai, regardai autour de moi et crus apercevoir une forme humaine rampant dans le fossé, à une dizaine de pas de là.

Puis il me vint à l'esprit que l'homme immobile avait été assassiné et que la silhouette en mouvement était très probablement son meurtrier.

Je n'ai pas attendu pour pousser mes recherches plus loin. J'enjambai le cadavre, et je pris la route de Villers-Cotterêts à toute vitesse, comme l'avait fait mon cheval.

Sans m'arrêter, sans me retourner, essoufflé, je fis la dernière lieue de mon voyage en une dizaine de minutes, et j'arrivai chez ma mère haletant, couvert de boue et de sueur, au moment où le boulanger venait lui dire que son cheval était rentré à son écurie sans moi.

Ma mère était déjà terriblement alarmée, mais son inquiétude s'est considérablement accrue lorsqu'elle m'a aperçu.

Je l'ai prise à part et je lui ai tout raconté.

Ma mère m'a recommandé de ne pas dire un seul mot de ce que j'avais vu.

Elle pensait que si c'était vraiment un homme assassiné, il y aurait une enquête, une enquête à Soissons, des assises à Laon ; Je devrais être mêlé à tout cela et obligé de comparaître comme témoin à l'enquête et aux assises ; et cela entraînerait des dépenses, une perte de temps et des ennuis.

Ma mère m'excusa que j'étais très fatigué et alla elle-même chercher chez maître Leroux la réponse que j'avais apportée pour M. Mennesson, tandis que je me changeais entièrement. Mes sous-vêtements étaient saturés de transpiration, mon costume était couvert de boue.

La visite de ma mère à M. Mennesson fut brève. Elle avait hâte de revenir vers moi et de me demander de nouveaux détails.

Le retour du cheval sans son cavalier était imputé à une chute ordinaire, et comme il n'y avait rien d'extraordinaire dans un tel événement, les soupçons du boulanger ne furent pas éveillés.

Nous avons passé la moitié de la nuit sans fermer les yeux. Ma mère et moi dormions toujours dans la même chambre, et même nos lits étaient dans la même niche. Elle ne renonçait pas à poser des questions, et je ne me lassais pas de répéter sans cesse les mêmes détails, tant l'impression qu'ils m'avaient laissée était profonde.

Vers une heure, nous nous endormions ; mais cela ne nous empêchait pas de nous réveiller à sept heures du matin.

La ville entière était en émoi.

Un charretier de Villers-Cotterets, que j'avais croisé à mi-chemin de la colline de Vauciennes, avait croisé le cadavre, l'avait mis dans son chariot, l'avait amené en ville et avait signalé l'événement aux autorités.

CHAPITRE VI

Qui était l'assassin et qui était l'assassiné. Auguste Picot. L'égalité devant la loi. Derniers exploits de Marot. Son exécution.

Le corps a été transporté à l'hôpital, où il a été exposé à la vue, car ni le juge de paix, ni le maire, ni le chef de la police ne l'ont reconnu. J'avais très naturellement envie d'aller voir de jour l'objet de mes craintes de la veille. Ma mère m'a fait promettre de ne pas dire un mot, car elle savait que si je le promettais, je devrais tenir parole.

Le corps a été abrité sous un hangar et déposé sur une table.

C'était celui d'un jeune homme de quinze ou seize ans. Il était vêtu d'un pauvre costume de cotonnade bleue et d'une chemise grossière déchirée jusqu'à la taille, laissant la poitrine nue.

La blessure qui semblait avoir causé sa mort était une coupure transversale traversant le crâne, et elle semblait avoir été pratiquée par un instrument contondant.

Ses pieds et ses mains étaient nus. Ses pieds ressemblaient à ceux d'un homme habitué à beaucoup marcher ; ses mains étaient celles d'un ouvrier.

Au-delà de ces détails, il était, comme je l'ai dit, complètement inconnu dans notre région.

Deux jours se passèrent, pendant lesquels chacun discuta à loisir de l'événement ; puis, tout à coup, le bruit se répandit que l'assassin avait été arrêté.

Il était berger au service de M. Picot.

Et puis nous vîmes une foule se précipiter au coin de la rue de Largny, où un homme en blouse et menotté était amené entre deux gendarmes à cheval, armés d'épées.

Son visage était celui d'un paysan picard de la dernière classe, grossier et rusé.

Il fut emmené à la prison, et la porte se ferma derrière lui ; mais la foule continuait à assiéger la porte, bien qu'elle fût fermée. C'était un événement bien trop excitant pour ne pas impliquer toute la ville. Le magistrat commença l'enquête et, lors du premier interrogatoire, l'accusé nia tout.

Mais de terribles preuves furent apportées contre lui. Les bergers, comme on le sait, dorment dans des cabanes en rondins, à proximité de leurs bergeries.

La cabane de l'accusé, le jour où le meurtre avait eu lieu et la nuit qui suivit celle où le corps avait été découvert, n'était qu'à quelques centaines de pas de la grande route.

Des traces de sang avaient été trouvées sous un misérable matelas, sur la paille qui recouvrait le sol de la cabane.

En outre, le maillet avec lequel l'accusé enfonçait les pieux de ses bergeries était taché de sang sur un côté, et il semblait avoir été l'outil avec lequel le coup mortel avait été porté.

Malgré toutes ces preuves, l'accusé — qui s'appelait Marot —, comme nous l'avons dit, nia complètement l'accusation, et le magistrat et son greffier s'en allèrent sans pouvoir rien tirer de lui.

Mais vers onze heures du soir, il changea d'avis, appela le geôlier Sylvestre, qui se trouvait également à l'église, et le pria de faire venir le magistrat, car il avait des aveux à faire.

Le magistrat fit prévenir son greffier, et tous deux se rendirent au cachot de l'accusé.

Il n'a pas refusé de parler cette fois ; au contraire, il avait une assez longue histoire à raconter, qui aboutissait à une accusation de meurtre contre son maître Auguste Picot.

L'homme avait bâti dans la solitude de sa cellule une savante machination à l'aide de laquelle il espérait entraîner dans la complicité avec lui un homme trop influent pour avoir affaire à lui. Mais Marot racontera sa propre histoire.

Le jour du meurtre, un jeune homme se promenait sur la grande route, cherchant du travail, lorsqu'il aperçut Marot dans la plaine, occupé à déplacer son troupeau d'un endroit à un autre. Le jeune homme quitta la grande route et se dirigea droit vers le berger, au moment où celui-ci conduisait son dernier piquet.

Il raconta sa misérable histoire ; il disait qu'il n'avait pas d'argent pour s'acheter du pain, qu'il avait parcouru la ville sans rien manger, trop fier pour demander l'aumône ; mais, voyant que Marot était ouvrier, il avait osé venir demander un morceau de pain à un camarade.

Marot avait sorti de sa case quelques-uns de ces petits pains ronds et épais, comme les paysans distribuent chaque matin à leurs journaliers, et il partageait ce pain avec le vagabond qui s'asseyait à côté de lui.

Ils s'appuyèrent tous deux contre la cabane et commencèrent leur petit déjeuner, quand tout à coup — c'est Marot qui le raconte — Auguste Picot arriva à cheval au grand galop et cria rudement à son berger :

"Espèce de canaille, crois-tu que je te donne mon pain pour qu'il soit mangé par des mendiants et des vagabonds ?"

L'étranger était sur le point de répondre pour excuser le berger, lorsque Picot, dit son accusateur, poussa son cheval avec une telle brutalité que le jeune homme fut obligé de lever son bâton pour éviter d'être frappé aux pieds par le cheval. A ce mouvement de défense, le cheval de Picot fit volte-face, donna un coup de pied avec ses pattes arrière et frappa l'adolescent à la poitrine avec un de ses sabots.

Le jeune est tombé inconscient.

Picot alors, voyant qu'il était devenu un meurtrier involontaire, décida de le devenir dans l'intention : il transforma en crime un accident qu'il tenait à cacher. Il regarda autour de lui, il aperçut par terre le maillet avec lequel Marot venait de foncer dans les piquets de son bercail, et puis (s'il te plaît, comprends bien que cette version n'est pas la mienne, mais celle de l'accusé) il lui assène un violent coup de poing sur le côté. l'arrière de la tête, achevant le misérable vagabond, qui s'était seulement évanoui auparavant.

La mort a été presque instantanée.

Puis il offrit toutes sortes de pots-de-vin au berger s'il l'aidait à dissimuler le crime.

Le berger avait été assez faible pour se laisser toucher par les supplications de son maître : il consentit à cacher le corps dans sa cabane.

D'où les taches de sang sur la paille et le matelas.

Le soir venu, Picot revint à la cabane pour conduire le cadavre, à la faveur de l'obscurité, au moulin à vent dont il possédait la clé.

Les deux complices comptaient entrer, fermer la porte sur eux et sur le corps, creuser une fosse et y enterrer le malheureux vagabond.

Mais, comme ils traversaient la route, ils furent alarmés par le bruit d'un cheval venant au grand galop ; ils laissèrent tomber le corps de leurs mains et tous deux s'enfuirent pour se cacher.

Ils revinrent dix minutes plus tard ; mais le charretier avec sa charrette apparut au sommet de la colline de Vauriennes, et ils furent obligés de nouveau d'abandonner leur horrible travail.

Le charretier avait récupéré le cadavre et l'avait transporté, comme nous l'avons vu, à Villers-Cotterets. Tout espoir de cacher le crime avait disparu et toutes leurs pensées devaient être concentrées sur leur propre sécurité.

Marot avait été capturé et avait d'abord tenté de nier l'accusation ; mais, à la réflexion, il préférait avouer sa part passive au crime plutôt que de risquer sa vie en niant complètement toute complicité.

Nous verrons bientôt que la fable a été suffisamment savamment conçue pour nécessiter l'arrestation de Picot, même si elle n'a pas convaincu le juge.

Ainsi, le matin venu, tout le monde apprit l'accusation du berger et l'arrestation de son maître.

La nouvelle fit grand bruit : Picot n'était pas aimé ; c'était un jeune homme riche et beau, fort de physique, hautain d'allure, qualités et défauts qui sont fatals à la popularité dans une petite ville.

En fait, Picot n'avait jamais fait de mal à personne. Mais hélas! à la première nouvelle du malheur qui lui était arrivé, la moitié de la ville se rangea contre lui.

La famille Picot fut maudite par la malchance, et le Tout-Puissant leur fit payer très cher les richesses qu'Il leur accordait.

Quatre ans auparavant, Stanislas Picot, on s'en souvient, avait été tué lors d'une fusillade. Deux ans auparavant, la ferme avait été incendiée et aujourd'hui, le fils aîné est accusé de meurtre.

L'enquête fut activement poursuivie et il fut décidé qu'une visite serait effectuée le lendemain sur le lieu où avait eu lieu le meurtre : le procureur de la République était arrivé de Soissons.

Je me souviendrai toujours de l'effet terrible que me fit la vue de ce cortège qui traversait la grande place. Les autorités de la ville marchaient en tête, avec le représentant du roi ; Picot arrivait ensuite entre deux rangées de policiers, les uns devant, les autres derrière lui ; puis le berger entre deux autres rangées de policiers placés de la même manière ; ensuite, toute la ville suivait le cortège ou se tenait à leurs portes et à leurs fenêtres.

Ils marchaient tous vite, car il pleuvait. On parlait d'égalité devant la loi, et les juges avaient cru exécuter ce précepte en mettant les deux hommes à pied chacun exactement de même, avec un nombre égal de policiers pour les garder.

Mais ils avaient oublié l'impression différente que cela produirait sur deux natures si différentes, l'une appartenant à la tête et l'autre au pied de l'échelle sociale.

Assurément, l'homme au sommet de l'échelle a subi toutes les tortures de la situation.

L'autre homme était presque triomphant ; il avait, en quelques mots, ramené au même niveau que lui un homme qui, une semaine auparavant, se trouvait bien plus haut dans l'échelle sociale, un homme dont il avait mangé le pain, dont il était le domestique rémunéré et devant qui il ne parlait jamais. gardez le capuchon en main.

Ainsi, une lumière dégradée de satisfaction exultante irradiait du visage bas de l'homme.

En outre, il avait la sympathie des hommes de sa propre classe, qui le considéraient comme une victime, et même de certaines personnes envieuses et de rang supérieur.

L'expression de Picot était absolument impassible, même si l'on pouvait se rendre compte de la fureur, de la honte et de la fierté qui faisaient rage tumultueusement dans cette silhouette massive.

Non! La justice n'a pas été rendue équitablement à ces deux hommes, du fait même qu'ils ont été traités de la même manière.

Le lendemain, il y eut une autre cérémonie tout aussi lugubre : on procéda à l'exhumation du corps.

La plupart des discussions ont eu lieu à propos de la blessure meurtrie à la poitrine du jeune. Le berger affirmait que cela avait été causé par le coup de pied du cheval. Picot rétorqua que s'il avait été meurtri par un coup de pied de cheval et d'une jambe seulement, assez violent pour le faire s'évanouir, les marques du fer s'imprimeraient sur la poitrine, qui, bien que meurtrie, était plus probablement marquée par les sabots du berger que par le fer du cheval. Ils furent tous deux envoyés à la prison de Soissons et, au bout d'un mois, Picot fut remis en liberté, faute de preuves suffisantes contre lui.

Il retourna vers son peuple ; mais le coup avait été assez violent pour gâcher sa vie future. Il avait été fier auparavant, mais maintenant il est devenu misanthrope ; il s'enferma dans sa propriété, évita toutes les assemblées de jeunes gens de son âge, et finit par épouser la fille d'un policier, qui était sa maîtresse depuis quelque temps.

Sans doute, comme il y a en fin de compte une compensation à tout malheur immérité, la Providence l'avait conduit par des sentiers obscurs vers des voies plus simples et plus heureuses. Il avait une vraie joie, peut-être la plus profonde joie de ce monde, c'est que son père et sa pauvre mère, à laquelle il était dévoué, moururent près de lui dans une extrême vieillesse.

Le berger fut condamné à douze ou quinze ans de prison, je crois, pour *avoir volé les vêtements trouvés sur un mort.*

Étrange phrase, qui établissait qu'un crime avait été commis sans désigner de coupable !

Et voici quelques détails supplémentaires que j'ai reçus après le procès.

Le jeune homme que j'ai trouvé assassiné le 13 septembre 1816 s'appelait Félix-Adolphe-Joseph Billaudet ; il était le fils de François-Xavier-Léger Billaudet, greffier au *tribunal de première instance* de l'arrondissement de Strasbourg ; il est né à Strasbourg le 1er avril 1801, et avait donc, au moment de sa mort, quinze ans, six mois et douze jours.

Il était domestique de M. Maréchal, inspecteur forestier à Vervins, et avait sur lui, au moment de son assassinat, un passeport pour Paris, signé à Vervins, le 8 septembre 1816.

Il est probable que le père et la mère de ce pauvre garçon soient morts aujourd'hui, et je suis peut-être la seule personne au monde à se souvenir encore de lui, en remontant ainsi aux jours de ma jeunesse.

A sa sortie de prison, Marot retourne à la campagne et s'installe d'abord comme boucher dans le village de Vivières. Puis, paraît-il, les choses allèrent mal pour lui, et il se rendit dans un petit hameau appelé Chelles, situé à deux ou trois lieues de Villers-Cotterets.

Quelque temps après ce changement de résidence, sa femme mourut dans des circonstances mystérieuses et étranges. Tandis qu'elle puisait de l'eau dans un puits, elle s'appuya contre le support de la poulie, qui se brisa ; elle fut précipitée à trente pieds de profondeur dans le puits, où elle se noya.

Sa mort était alors considérée comme un accident.

Quelque temps après cette mort, le corps d'un jeune charretier fut retrouvé enterré à seulement un ou deux pieds de profondeur, entre Vivières et Chelles ; il semble avoir été assassiné par un coup de pistolet tiré à bout portant dans le dos.

Une enquête a été ouverte, mais aucun assassin n'a pu être retrouvé.

Finalement, quelque temps après, Marot lui-même se présenta devant le magistrat pour faire une déclaration concernant un nouvel événement qui venait de se produire. Un jeune peintre sur verre, venu lui demander l'hospitalité, faute d'argent pour un séjour à l'auberge (demande à laquelle il avait généreusement accédé), était mort dans la nuit d'une crise de coliques dans la grange, où on lui avait donné une botte de paille pour s'allonger.

Le jeune peintre a été dûment enterré.

Quelques jours après, les poules de Marot furent retrouvées mortes dans les cours et jardins voisins.

Ils semblaient avoir été empoisonnés.

Ces faits furent rassemblés et les soupçons commencèrent à s'éveiller.

Marot est arrêté. Son propre enfant a témoigné contre lui et a entraîné sa condamnation.

Le jeune peintre avait été empoisonné par une soupe dans laquelle Marot avait mis de l'arsenic.

Le jeune homme se plaignit que la soupe avait un drôle de goût ; Le fils de Marot en prit une cuillerée, la goûta et approuva l'avis du peintre.

"La soupe," répondit Marot, "a un drôle de goût parce qu'elle est faite avec de la tête de porc. Quant à toi, garçon gourmand," ajouta-t-il en adressant cette remarque particulièrement à son fils, "mange ta propre soupe, et laisse ce garçon manger." son... chaque chien a son plat.

Mais le goût de la soupe était si âcre que le jeune peintre en laissa la moitié. Le reste a été jeté au fumier ; les oiseaux en mangèrent et, poussés par la douleur, se dispersèrent à droite et à gauche, leur mort révélant l'empoisonnement.

Les accusations portées contre Marot étaient cette fois trop fortes pour qu'il puisse les nier.

Et, voyant qu'il n'y avait aucun espoir de salut face aux conséquences de son dernier crime, il avoua tous les autres.

Il avoua qu'il avait tué Billaudet, pour voler les six ou huit francs qu'il y avait sur lui.

Il avoua qu'il avait limé la vis qui retenait la poulie, afin que sa femme, qui allait agrandir sa famille, fût jetée dans le puits, où elle fut tuée, soit par chute, soit par noyade.

Il a avoué avoir abattu avec un pistolet le jeune charretier dont le corps avait été retrouvé entre Chelles et Vivières, afin de lui voler les trente francs qu'il venait de toucher.

Enfin, il avoua avoir empoisonné le jeune peintre sur verre, en mettant de l'arsenic dans son assiette, afin de lui voler douze francs.

Marot fut condamné à mort et exécuté à Beauvais en 1828 ou 1829.

CHAPITRE VII

Printemps à Villers-Cotterêts. Pentecôte. L'abbé Grégoire m'invite à danser avec sa nièce. Livres rouges. Le chevalier de Faublas. Laurence et Vittoria. Un dandy de 1818.

"Ô jeunesse ! printemps de la vie ! Ô printemps ! jeunesse de l'année !" C'est ce qu'a dit Métastase.

Nous sommes au début de mai 1818, et je devrais avoir seize ans au mois de juillet.

Le mois de mai, mois préféré de l'année, partout riche en beauté et en promesses, est encore plus beau et resplendissant à Villers-Cotterêts que partout ailleurs.

Il est difficile de se faire une idée de ce qu'était ce beau parc à cette époque et à cette époque de l'année : mon cœur pleure encore à cause de l'ordre de sa destruction donné par Louis-Philippe.

Le parc était simple et pourtant génial dans sa conception. Deux splendides étendues d'herbe, plutôt longues que larges, étaient attachées comme deux ailes à l'immense château qui dominait la pelouse verte : une extrémité touchait les murs du château, et l'autre rejoignait deux allées de gigantesques châtaigniers espagnols, qui formaient d'abord latéralement les deux côtés d'un grand carré, puis se rapprochèrent en diagonale jusqu'à se rencontrer presque, puis continuèrent à perte de vue, laissant entre leurs deux lignes un grand espace ouvert jusqu'à une lieue de la montagne de Vivières, qui se détachait sur le horizon lointain, avec ses flancs rouges en ruine touffetés d'ajoncs en fleurs jaunes.

Tout était sans vie, triste, solitaire et silencieux en hiver ; les oiseaux avaient migré vers des climats plus agréables ; il ne restait que les nids des freux, seuls et persistants propriétaires des plus hauts arbres de ce magnifique domaine. Il semblait que des hordes de sauvages avaient saccagé les terres et dévasté les forêts.

Cet état de désolation durait quatre mois de l'année ; mais au commencement d'avril l'herbe commença à pousser, bravant les gelées blanches qui, chaque matin, y étendaient un tapis argenté ; les bourgeons des arbres, qui avaient paru si nus, si désolés, si morts, commençaient à revêtir leur duvet velouté. Les oiseaux endormis — (où dorment les oiseaux ? on ne sait rien d' eux ; —) se réveillent, sautillent parmi les branches et commencent bientôt à construire leurs nids. Ainsi, chaque jour du mois et chaque heure de la journée apporte ses propres changements, dans le cadre du grand éveil de la

Nature. Châtaigniers, tilleuls et hêtres sont l'avant-garde du printemps. Les marguerites sont la vedette de la pelouse ; les renoncules brillent richement ; et les sauterelles gazouillent dans les hautes herbes. Les papillons, les fleurs volantes qui soufflent dans les airs, viennent embrasser les fleurs de la terre. De jolis enfants sortent de la ville avec leurs robes blanches et leurs rubans roses, et jouent sur l'herbe : tout bouge, et revit, et vit. Le printemps arrive avec le premier souffle de mai, et on croit sentir son toucher alors qu'elle passe dans les brumes matinales, secouant ses cheveux remplis de roses et ravivant le monde de son haleine douce et parfumée.

C'est à cette époque joyeuse de la renaissance que notre ville célébrait sa fête, une fête toujours somptueuse et charmante, car la nature se chargeait d'en défrayer les frais.

La fête, comme je crois l'avoir déjà dit, durait trois jours et tombait à la Pentecôte.

Pendant trois jours, le parc fut rempli de bruits agréables et de murmures joyeux, qui commençaient tôt le matin et ne s'éteignaient que tard dans la nuit. Pendant trois jours, les pauvres oublièrent leur misère et, ce qui est bien plus extraordinaire encore, les riches oublièrent leurs richesses. La ville entière était rassemblée dans le parc comme une grande famille, et, comme cette famille invitait toutes ses branches, parents, amis, connaissances, la population quadruplait. On venait de la Ferté-Milon, de Crespy, de Soissons, de Château-Thierry, de Compiègne, de Paris ! Chaque place dans les voitures était réservée quinze jours à l'avance : et toutes sortes d'autres moyens de transport étaient imaginés ; chevaux, fiacres, tilburys, charrettes postales arrivaient et se bousculaient dans les deux seuls hôtels du quartier, le *Dauphin* et la *Boule d'Or*. Pendant trois jours, la petite ville fut comme un corps plein de sang, dont le cœur battait dix fois plus vite qu'il ne le devrait. Mais dès le mercredi, elle commença à se séparer de son excédent, qui s'amenuisa peu à peu au cours des jours suivants, jusqu'à ce que tout reprenne peu à peu son aspect ordinaire. Les grands bois, troublés depuis trois jours jusque dans leurs plus épaisses profondeurs, retrouvèrent leur silence et leur solitude : les châtaigniers redevinrent habités par des oiseaux qui, volant entre leurs branches, répandaient une neige de fleurs. Enfin, la pelouse, foulée aux pieds et dépouillée de ses fleurs, reprit peu à peu, sous l'influence du soleil, et offrit une nouvelle fois une seconde récolte de pâquerettes et de renoncules aux mains dévastatrices des enfants.

Deux étrangers sont venus à l'agréable fête de la Pentecôte, cette année-là.

L'une était une nièce de l'abbé Grégoire, nommée Laurence — j'ai oublié son nom de famille.

L'autre était une de ses amies. Elle prétendit qu'elle était d'origine espagnole et qu'elle s'appelait Vittoria.

L'abbé m'avait annoncé sa venue. Un matin, il est entré chez nous et m'a fait très peur.

"Viens ici, mon garçon", m'a-t-il dit.

Et je suis allé vers lui, sans vraiment savoir ce qu'il allait me faire.

« Plus près, dit-il, beaucoup plus près encore ; vous savez que je suis myope... là, ça suffira.

Le pauvre abbé était vraiment aveugle comme une taupe.

"Tu sais danser, n'est-ce pas ?"

"Pourquoi me demandez-vous cela, monsieur l'abbé ?"

"Pourquoi ! tu ne te souviens pas que tu t'es accusé dans ton dernier aveu d'avoir été au théâtre, à l'opéra et à un bal ?"

Et en effet, dans un de ces examens de conscience qu'on vend tout imprimés, pour aider les mémoires vaines et récalcitrantes, j'avais lu que c'était un péché d'aller à une comédie, à l'opéra et à un bal ; ainsi, comme lors de mon voyage à Paris avec mon père, lorsque j'avais trois ans, j'avais vu *Paul et Virginie* joués à l'Opéra Comique ; comme j'allais depuis au théâtre, si par hasard des comédiens ambulants passaient par Villers-Cotterêts ; comme enfin j'avais été au bal chez Madame Deviolaine le jour de l'anniversaire d'une de ses filles, je m'étais naïvement accusé d'avoir commis ces trois péchés, au grand amusement du digne abbé Grégoire, qui, comme on le voit, avait révélé les secrets du confessionnal.

"Eh bien, oui, je sais danser", répondis-je, "mais pourquoi ?"

"Danse un *entrechat* pour moi."

L' *entrechat* était mon point fort. Les gens dansaient vraiment à l'époque où j'apprenais à danser : aujourd'hui ils se contentent de marcher ; ce qui est bien plus pratique... et bien plus facile à apprendre.

J'ai dansé quelques pas sur-le-champ.

"Bravo!" dit l'abbé. "Maintenant tu vas danser avec ma nièce, qui vient à la Pentecôte."

"Mais... je n'aime pas danser", répondis-je grossièrement.

" Bah ! il faut faire semblant, par politesse. "

" Ce n'est pas étonnant que ta cousine Cécile dise que tu es un ours dans les manières ", ajouta ma mère en haussant les épaules.

Cette accusation m'a fait réfléchir.

« Je vous demande pardon, monsieur l'abbé, lui dis-je ; "Je ferai exactement ce que tu veux."

« Très bien, dit l'abbé ; "et, pour faire connaissance avec nos visiteurs parisiens, venez déjeuner avec nous après la grand-messe du dimanche."

J'avais huit jours pour me préparer à mon office de cavalier-accompagnateur.

Durant ces huit jours, un événement important s'est produit.

Lorsque mon beau-frère a quitté Villers-Cotterets, il a laissé derrière lui une partie de sa bibliothèque.

Parmi ces livres, il y avait un ouvrage recouvert de papier rouge lisse, comprenant huit ou dix volumes environ. Mon beau-frère avait dit à ma mère :

"Vous pouvez le laisser tous les lire sauf celui-là."

Je jetai un coup d'œil furtif sur l'ouvrage, et décidai qu'au contraire ce serait celui-là même que je lirais.

J'ai attendu quelques jours après le départ de mon beau-frère, puis je me suis mis à la recherche des fameux livres rouges qu'il m'avait interdit de lire.

Mais, bien que j'aie retourné tous les livres, je n'ai pas pu mettre la main dessus et j'ai dû renoncer à la recherche.

Soudain, l'idée que je devais être le cavalier d'une demoiselle de vingt-deux ou vingt-quatre ans me fit fouiller dans ma garde-robe. Presque tous mes manteaux avaient des coudes rapiécés et la plupart de mes pantalons avaient des genoux reprisés.

Le seul costume présentable que j'avais était celui que j'avais porté lors de ma première communion : une culotte de nankin, un gilet en piqué blanc, un habit bleu clair à boutons dorés. Heureusement, tout avait été fait deux pouces trop long, de sorte que maintenant tout n'était qu'un pouce trop court.

Il y avait un grand coffre dans le grenier qui contenait des manteaux, des gilets et des culottes appartenant à mon grand-père, ainsi que des manteaux et des culottes appartenant à mon père : tous en très bon état.

Ces vêtements étaient destinés par ma mère à constituer ma garde-robe à mesure que je grandissais, et ils étaient protégés de la vermine par des bouteilles de *vétyver* et des sachets de camphre.

Je ne m'étais jamais soucié de ma toilette, et par conséquent je ne m'étais jamais mis en tête de visiter ce coffre.

Mais, promu par l'abbé, qui me considérait comme une danseuse dont il n'avait pas besoin de s'inquiéter, à la dignité d'écuyer de sa nièce, une idée nouvelle me vint à l'esprit.

Je me sentais saisi par l'envie d'avoir l'air intelligent.

Sans dire un mot à ma mère, car j'avais mes propres projets en tête, je montai au grenier ; Je m'y enfermai pour ne pas être dérangé dans mes recherches ; et puis j'ai ouvert le coffre.

Il contenait des vêtements assez à la mode pour satisfaire les goûts les plus exigeants : depuis un gilet de satin sculpté jusqu'à un gilet écarlate tressé d'or ; des culottes en rep aux pantalons en cuir.

Mais, plus important encore, au fond de cette mystérieuse presse, sous tous ces vêtements, se trouvaient les fameux volumes recouverts de papier rouge qu'il m'était si expressément interdit de lire.

J'ai immédiatement ouvert le premier qui m'est tombé entre les mains, et j'ai lu :

" *Aventures du Chevalier de Faublas.* "

Le titre ne m'apportait pas grand-chose, mais les gravures m'en apprirent un peu plus.

Une vingtaine de lignes que j'ai dévorées m'ont appris plus que les gravures.

Je rassemblai les quatre premiers volumes, que je cachai, soigneusement étalés sur ma poitrine, sur laquelle je boutonnai mon gilet ; et je suis tombé sur la pointe des pieds. J'ai suivi l'allée arrière de M. Lafarge plutôt que de passer devant la boutique, et j'ai gagné le parc en courant. Je me cachai dans l'une des parties les plus sombres et les plus reculées, où j'étais bien sûr de ne pas être dérangé, puis je me mis à lire.

Le hasard m'avait parfois mis entre les mains des livres obscènes.

Un colporteur ambulant, qui vendait ostensiblement des tableaux, mais qui cachait sous son manteau des publications interdites, traversait Villers-Cotterêts deux ou trois fois par an, boitillant péniblement sur deux jambes de bois, et se présentant comme un vieux soldat.

L'argent que j'avais réussi à extorquer à ma pauvre mère avait été plus d'une fois dépensé dans ces achats clandestins ; mais un sentiment de délicatesse qui m'était inné, et à cause duquel il n'y a pas quatre des six cents volumes que j'ai écrits que la plus scrupuleuse des mères ait besoin de cacher à sa fille, ce sentiment de délicatesse, pour lequel je donne grâce à Dieu, cela m'a toujours fait jeter loin de moi de tels livres à la dixième page ou à la deuxième image.

Mais il en était tout autrement avec *Faublas*. *Faublas* est, sans contredit, un mauvais livre au point de vue moral ; un roman délicieux au point de vue de la fantaisie ; un roman plein d'originalité, présentant des types variés, un peu exagérés sans doute, mais qui avaient leurs pendants au temps de Louis XV.

J'éprouvais donc pour *Faublas une attirance aussi grande* que j'avais éprouvé de la répugnance pour *Thérèse philosophe, Félicia ou mes fredaines* , ces sales élucubrations qui polluèrent obstinément la presse pendant toute la dernière partie du XVIIIe siècle.

A partir de ce moment, j'ai découvert ma vocation, que je n'avais jamais reconnue ni même soupçonnée jusqu'alors : je voulais devenir un deuxième Faublas.

Il est vrai que j'y ai vite renoncé, et cette idiotie n'a jamais été mise sur la liste des nombreux manquements dont on m'a reproché.

J'avais préparé une magnifique théorie toute faite de séduction, lorsque arriva dimanche de Pentecôte, et je fus présentée, vêtue de mon manteau bleu clair et de mes culottes en nankin, aux deux charmantes Parisiennes.

Mademoiselle Laurence était grande, mince, de taille élancée, et d'un caractère badin et indolent. Elle était blonde, de peau claire, et avait le goût gracieux d'une Parisienne : elle était, comme je l'ai dit, la nièce du bon abbé.

Mademoiselle Vittoria était pâle, grosse, légèrement piquée de variole, large de poitrine, larges de hanches, audacieuse d'allure, représentant exactement le type espagnol de Madrid, avec son teint blanc mort, ses yeux veloutés et sa taille souple.

Bien que je sache qu'il était de mon devoir, par le choix antérieur de M. Grégoire, d'accorder d'abord mon attention particulière à sa nièce, et bien que l'expression de douce candeur de son visage m'eût séduit dès le début, c'était à Mademoiselle Laurence que j'ai d'abord payé en cour.

C'est à elle que je lui ai offert mon bras pour une promenade dans le parc après le dîner.

Je ne cacherai pas que je m'ennuyais terriblement, et que j'ai donc dû me comporter très maladroitement et très ridiculement. D'ailleurs, mon apparence, qui convenait pour un enfant participant à sa première communion en 1816, était un peu excentrique pour un jeune homme faisant ses premiers pas dans le monde en 1818. Les culottes n'étaient alors portées que par des gens d'un certain âge. , qui appartenaient presque tous au siècle précédent, c'est ainsi que moi, presque un enfant encore, que personne n'aurait été surpris de voir avec un col rabattu, un gilet rond et une culotte fantaisie, j'étais habillé comme un vieillard, anachronisme qui faisait ressortir encore plus les charmes de la coquette demoiselle à mon bras. Elle savait bien que les moqueries dont on jetait sur son cavalier ne pouvaient l'atteindre, aussi gardait-elle une attitude aussi calme au milieu des sourires que nous rencontrions et des regards curieux qui nous suivaient, que les divinités de Virgile, qui passaient dans le au milieu des hommes, insensibles aux regards des hommes, parce qu'ils ne daignaient pas les remarquer. Mais c'était une autre affaire pour moi ; Je me sentais rougir tout le temps ; et, quand quelqu'un que je connaissais passait, au lieu de croiser fièrement son regard, je détournais simplement la tête.

Comme le cerf de la fable, j'ai découvert que j'avais de très mauvaises jambes.

Ma pauvre mère s'imaginait que, parce que j'étais l'héritier des culottes de mon père, j'avais aussi hérité de ses mollets.

Elles se sont développées depuis, il est vrai, mais elles constituent un luxe superflu à l'heure où l'on ne porte plus les culottes courtes.

Pire encore, la présence des deux inconnus faisait de moi un centre de curiosité. Mademoiselle Vittoria marchait immédiatement après nous, donnant le bras à la sœur de l'abbé, qui était une petite bossue, une très excellente ménagère pour son frère, mais dont la robe simple et la difformité de la taille se détachaient le plus visiblement sur l'élégante robe et l'ample taille voluptueuse de l'abbé. la femme espagnole.

De temps à autre, les deux jeunes filles échangeaient des regards, et, bien que je ne les surprenais pas, je sentais pour ainsi dire les sourires qui s'échangeaient entre elles ; des sourires qui me faisaient monter le sang aux tempes avec honte, car ils semblaient dire : « Oh ! mon cher ami, sur quel jardin d'ours sommes-nous tombés !

Un mot que j'ai entendu a accru ma confusion et l'a transformée en colère.

Un jeune Parisien employé depuis deux ou trois ans au Château, et qui était doué de toutes les qualités qui me manquaient, c'est-à-dire qu'il était blond, rose, potelé et habillé à la dernière mode, croisa notre route. , et nous regardait à travers une lunette suspendue à une petite chaîne en acier.

"Ah ah !" dit-il, voilà Dumas qui va encore à sa première communion, seulement il a changé son cierge.

Cette épigramme m'a frappé droit au cœur ; Je suis devenu blanc et j'ai failli laisser tomber le bras de mon compagnon. Elle a vu quel était mon problème , sans aucun doute, car elle a dit, faisant semblant de ne pas avoir entendu :

"Qui est le jeune homme qui vient de nous dépasser ?"

— C'est un certain M. Miaud, répondis-je, qui est employé à l'atelier.

Je dois avouer que je m'attardai avec délice sur ces derniers mots, espérant qu'ils pourraient modifier la bonne opinion que ma charmante compagne semblait avoir immédiatement formée de ce dandy.

" Ah ! comme c'est étrange ! " dit-elle; "J'aurais dû le prendre pour un Parisien."

"Par quoi?" J'ai demandé.

"Par son style vestimentaire."

Je suis sûr que la flèche n'a pas été tirée intentionnellement, mais, comme les flèches barbelées parthes, elle est néanmoins allée jusqu'au plus profond de mon cœur.

"Son style vestimentaire !" La tenue vestimentaire était donc une question des plus importantes ; grâce à lui et proportionnellement à son bon ou à son mauvais goût, on pouvait, du premier coup d'œil sur un homme, se faire une idée de son intelligence, de son esprit ou de son cœur.

Cette expression, « son style vestimentaire », éclaira d'un coup mon ignorance.

Il était en effet parfaitement habillé à la mode de 1818 : il portait un pantalon moulant, couleur café clair, des bottes repliées en forme de cœur sur le cou-de-pied, un gilet en peau de chamois à boutons dorés sculptés, un habit marron à un col montant. Dans la poche de son gilet se trouvait une lunette en or attachée à une fine chaîne d'acier, et une multitude de minuscules breloques et sceaux pendaient coquettement au porte-clés de son pantalon.

J'ai poussé un soupir et j'ai juré de m'habiller comme ça un jour, peu importe ce que cela me coûterait.

CHAPITRE VIII

Je saute le *Haha* — Une fente suit — Les deux paires de gants — Le quadrille — Le triomphe de Fourcade — Je ramasse les miettes — La valse — L'enfant devient un homme.

Nous avons suivi la promenade empruntée par tous les citadins et par tous les étrangers qui venaient visiter la ville : nous avons marché sous la grande et magnifique avenue de châtaigniers espagnols, tous chargés de fleurs, aussi pleins qu'ils pouvaient en contenir, jusqu'à un formidable saut de loup, creusé dans le sol, appelé *Haha* : sans doute le mot vient-il de l'exclamation qu'il produit chez les promeneurs ignorant sa position lorsqu'ils le rencontrent soudainement.

Je sentais que le moment était venu de retrouver un peu de ma dignité perdue.

J'étais, on s'en souvient, assez doué dans toutes sortes d'exercices physiques, et c'était surtout moi qui sautais.

« Voyez-vous ce fossé ? » Dis-je à ma compagne, en lui faisant remarquer que c'était quelque chose d'étonnant. "Eh bien, je peux sauter dessus."

"Vraiment?" dit-elle d'un air indifférent : "ça a l'air très large."

" Elle a quatorze pieds de largeur... Je puis vous dire que c'est plus que ce que M. Miaud peut faire. "

"Il aurait raison de ne pas essayer", dit-elle : "à quoi bon sauter ?"

J'ai été stupéfait par la réponse. Lorsque Pizarro conquérait le Pérou, un de ses lieutenants, à ce que j'avais lu, poursuivi par les indigènes, avait sauté par-dessus une petite rivière de 22 pieds de large, à l'aide de sa lance qu'il enfonçait dans le fond.

Je pensais que c'était un exploit merveilleux, et je rêvais depuis longtemps de la possibilité de réaliser un exploit similaire si jamais je me trouvais en grand péril.

Maintenant, j'étais parvenu à pouvoir sauter une distance de quatorze pieds, avec mes propres forces et sans l'aide d'aucune lance ; cet exploit d'agilité étonna mes camarades, deux ou trois seulement se proposant de rivaliser avec moi. Comment se fait-il donc que cette suggestion n'ait suscité aucun enthousiasme dans ma belle Parisienne ?

J'ai cru comprendre que son indifférence venait de son incrédulité.

"Tu verras", lui dis-je.

Et, sans attendre d'autres remarques de sa part, d'un bond qu'Auriol lui-même aurait pu envier, j'atteignis l'autre côté.

Mais Auriol faisait ses prouesses en pantalon large, tandis que moi je faisais les miennes en culotte serrée. Lorsque je descendis avec les genoux repliés, j'entendis un craquement inquiétant et il me sembla qu'il y avait une sensation d'air autour de mon arrière-train : j'avais éclaté le bas de mon pantalon.

Ce coup fut décisif ; Je ne pouvais pas ramener ma belle Parisienne au dancing, ni m'abandonner au moindre exercice chorégraphique avec elle, au milieu d'une pareille catastrophe ; Je ne pouvais pas lui dire ce qui m'était arrivé et lui demander de la quitter pendant une demi-heure. Je me décidai donc à prendre congé sans rien demander ; et je me mis en route, au pas de course, sans prononcer un seul mot, sans offrir la moindre explication. Je m'enfuis vers chez moi, qui était à plus d'une demi-lieue, à travers les promeneurs étonnés, qui me demandaient si ma fuite rapide à travers la foule était à cause d'un pari, ou si j'avais subitement perdu la raison.

Je suis rentré chez moi presque dans le même état que mon père était arrivé à Jérémie lorsqu'il avait croisé un alligator et s'était amusé à lui jeter des pierres.

Ma pauvre mère avait peur de voir dans quel état d'excitabilité j'étais. Haletant, sans voix, presque étouffé, je ne pouvais répondre à ses questions que par le geste irrespectueux que fait le Napolitain près du Vésuve lorsqu'il pense qu'il va entrer en éruption ; mais ma mère ne voyait dans ce geste que les faits réels de la cause, à savoir un appel à sa bonté pour réparer l'accident survenu.

Cinq minutes après, grâce à la rapidité d'une aiguille habituée à de telles réparations, la rupture de continuité était réparée.

J'avalai un grand verre de cidre, que nous préparions nous-mêmes avec des pommes séchées, et je repris ma course vers la pelouse aussi vite que je l'avais quittée.

Mais, si rapide que je fus, je ne parvins à arriver au dancing que dix minutes après mes deux Parisiens ; qui venaient de prendre place : Mademoiselle Vittoria allait danser avec Niguet, et Mademoiselle Laurence avec Miaud.

J'ai peint les chagrins imaginaires de Pitou dans cette situation même. Je n'avais qu'à les tirer de l'expérience réelle. Pendant tout ce quadrille, je n'ai jamais quitté des yeux la belle Laure, ainsi qu'on l'appelait en abrégé parmi ses amis intimes, à chaque sourire qu'elle échangeait avec sa compagne, une rougeur de colère et de honte me montait au front ; Il me semblait que j'étais le sujet de leur conversation, et que cette conversation n'était pas d'une nature très flatteuse pour mon amour-propre.

Le quadrille terminé, Miaud reconduisit Laure à sa place. Je m'approchai le plus possible du banc sur lequel étaient assises les deux Parisiennes, exquises et belles au milieu des jeunes filles les plus belles, les plus charmantes et les plus aristocratiques de notre campagne.

J'ai rencontré Miaud près du centre de l'espace que je devais traverser pour les atteindre.

"Voyez ce que c'est que de porter une culotte !" dit-il en passant devant moi, comme s'il se parlait à lui-même.

On devine que cette apostrophe ne faisait rien pour apaiser le sentiment d'antipathie que j'éprouvais à l'égard d'un homme que je considérais déjà comme un rival. Mais je savais quel ridicule je m'attirerais si je cherchais querelle à Miaud pour une pareille cause, et je continuai mon chemin.

« Me voici, Mademoiselle Laure », dis-je en m'arrêtant derrière mon Parisien.

" Ah ! ça va, " répondit-elle ; "En te voyant partir ainsi, j'ai pensé qu'il devait t'arriver un accident !"

La conversation avait pris au tout début une tournure des plus embarrassantes.

— En effet, mademoiselle, répondis-je en balbutiant, j'ai vu que...

" Que tu avais oublié tes gants, je l'ai bien compris. Tu n'aimais pas danser sans gants, et tu avais bien raison. "

J'ai baissé les yeux sur mes mains nues et je suis devenu violet. J'ai machinalement mis mes mains dans mes poches.

Hélas! Je n'avais pas de gants.

Je reculai et jetai un regard fou autour de moi.

A quatre pas de moi se tenait un jeune homme, nommé Fourcade, envoyé de Paris pour fonder et diriger une école lancastrienne à Villers-Cotterêts ; il était très occupé, essayant avec difficulté d'enfiler une paire de beaux gants neufs, qu'il avait évidemment achetés seulement un quart d'heure auparavant.

Fourcade était un charmant jeune homme qui, malgré notre différence d'âge, m'avait pris d'affection. Il appartenait autant au siècle qui venait de se terminer qu'à celui dans lequel nous étions entrés ; aussi, comme moi, portait-il un pantalon en nankin et un manteau bleu pâle.

Un tel lien de similitude entre nous m'aurait à lui seul donné confiance en Fourcade, si cette confiance n'existait pas déjà.

« Mon cher ami, dis-je, me rendrez-vous un immense service ?

"Qu'est-ce que c'est?"

"Donnez-moi vos gants."

"Mes gants ?"

"Oui, j'ai demandé à la demoiselle assise là, mademoiselle Laurence, de m'offrir une danse, et au moment où j'allais prendre ma place, je me suis aperçu que j'avais oublié mes gants. Vous comprenez la gêne de la situation ?"

" Mon cher garçon, je ne te dirai pas : " Tu as plus de chance que d'être amoureux ", car il me semble que tu es profondément amoureux ; mais je te dirai : " Mon cher ami, tu as de la chance. , car j'en ai deux paires avec moi.

Et il sortit de sa poche une seconde paire de gants, aussi neufs que les premiers, me tendant ceux sur lesquels il essayait de dessiner.

Un luxe aussi inouï m'étonnait.

"Pourquoi as-tu deux paires de gants ?" J'ai demandé.

"Parce que les premiers pourraient peut-être se fendre au fur et à mesure que je les enfilerai", répondit-il avec la plus grande naïveté et comme surpris que je lui pose une telle question.

Sa réponse m'a stupéfié ; elle m'a ouvert de telles perspectives d'extravagance inconnue de la vie ; il y avait effectivement des gens qui prenaient la précaution d'avoir deux paires de gants, alors qu'il y en avait d'autres qui n'avaient même pas songé à s'en munir d'une seule paire.

"Avez-vous un *vis-à-vis* ?" demandai-je à Fourcade.

"Non, je viens juste d'arriver."

"Veux-tu être à moi ?"

"Avec plaisir."

"Prenez place pour le quadrille !" s'écria le chef violoniste.

Je me suis précipité vers Laure et lui ai fièrement présenté ma main gantée.

Fourcade a invité sa voisine Vittoria et nous avons pris place.

Fourcade et moi étions les deux seuls à porter des culottes courtes au bal.

Nous faisions tous les deux nos débuts ; Fourcade était à peine depuis quinze jours à Villers-Cotterêts, et les bals en plein air ne commençaient qu'à la Pentecôte.

Ce rite solennel, ainsi que notre apparition tous deux en culottes courtes, attirèrent un nombre considérable de regards. Nos Parisiens eux-mêmes nous regardaient avec autant d'attention que les autres.

La danse commença.

J'ai dit que j'étais apte à tous les exercices physiques. J'avais eu un maître de danse comme j'avais eu un maître d'armes, par un heureux hasard ; mon maître de danse s'appelait Brezette, ancien caporal d'infanterie, oncle d'une des plus jolies filles de la ville, à laquelle je n'avais jusqu'alors prêté aucune attention.

Depuis, j'ai rattrapé le temps perdu et j'aurai l'occasion d'en parler plus d'une fois.

J'avais donc appris, pour mes trois francs par mois, une danse un peu farfelue, mais qui ne manquait pourtant ni d'adresse ni de puissance. Fourcade partit le premier ; Fourcade était l'un des meilleurs élèves de Vestris.

Je le répète, on dansait vraiment à cette époque, et tous les fioritures chorégraphiques qui passent aujourd'hui pour absurdes étaient alors considérées comme élégantes.

Aux premiers pas de Fourcade, il y eut un murmure d'admiration audible. Ceux qui ne dansaient pas se levaient pour le regarder ; tandis que les danseurs eux-mêmes allongeaient leurs *chasses-croisés* ou leurs *traversés*, pour saisir un *entrechat* ou un *flic-flac*. Les débuts de Fourcade furent un triomphe.

C'est à cette occasion que j'ai découvert que la nature m'avait doté du don d'assimilation. Lors du court *avant-deux* réalisé par mon *vis-à-vis*, je me suis rendu compte de la supériorité d'une telle danse sur la mienne. Je repérais parmi les scintillements compliqués de ses chevilles et les croisements et décroisements de ses jambes ces évolutions qui étaient à ma portée si elles étaient simplement exécutées, et, quand vint mon tour de prendre les devants, une rumeur bienveillante me parvint, dans la foulée. de l'immense succès de mon partenaire, que je faisais mieux que ce qu'on attendait de moi.

À partir de ce moment, je suis devenu fou de danse, et cette frénésie a duré jusqu'à ce qu'il devienne une mode pour les jeunes hommes de vingt-quatre ou vingt-cinq ans de déclarer qu'ils s'ennuyaient trop ou étaient trop occupés à penser à autre chose, pour participer à une telle fête. plaisir comme danser.

J'ai commencé par révéler les folies de mon enfance : le lecteur ne doit pas s'inquiéter, car je ne vais pas cacher celles de ma jeunesse ; Je serai plus courageux que Rousseau, qui n'avouait que ses vices.

En reconduisant ma partenaire à sa place, j'ai récolté les fruits de mon triomphe.

« Tu sais, tu danses très bien, me dit mon Parisien ; "où avez-vous appris?"

"Ici."

" Quoi ! ici à Villers-Cotterêts ? "

J'avais bien envie de répondre, comme la baronne de *la Fausse Agnès* , si profondément blessée par mon orgueil de ma ville natale : « Vous nous prenez donc pour des niais, les provinciaux ? mais je me contentai de répondre d'un ton un peu ricanant :

"Oui, ici à Villers-Cotterets;" ajoutant, de l'air d'un homme sûr de ses pouvoirs :

"Est-ce qu'il vous arrive de valser par hasard ?"

"Non, ça me donne le vertige; mais Vittoria là-bas adore valser." Je me tournai vers l'Espagnol.

« Si vous n'êtes pas fiancé pour la prochaine ? » J'ai dit.

"Non."

"Etes-vous enclin à vous aventurer ?"

Elle m'a regardé.

"Eh bien, certainement !" dit-elle en souriant.

On jouait une valse.

Si j'étais un bon danseur, j'étais excellent à la valse. L'Espagnole l'a découvert dès le premier tour que nous avons fait et elle s'y est livrée complètement, se sentant bien dirigée et ayant un bon partenaire.

"Tu valses très bien", dit-elle.

"Vous me flattez", répondis-je; "jusqu'ici je n'ai eu que des chaises pour valser."

"Chaises?" elle a demandé.

"Oui, j'ai appris à valser l'année de ma première communion, dis-je, et l'abbé Grégoire m'a défendu de valser avec les filles; alors mon maître de danse, croyant qu'il fallait vraiment que je tienne quelque chose dans mes bras, m'a donné un chaise ; j'ai ainsi pu prendre ma leçon sans péché. "

Mon partenaire s'est arrêté net ; Je pensais qu'elle s'étoufferait de rire.

"Tu es vraiment le garçon le plus drôle, je t'aime beaucoup", dit-elle, lorsqu'elle put retrouver sa faculté de parler... "Valsons encore."

Et nous replongeâmes dans le tourbillon qui nous entraînait avec lui.

C'était, comme je l'ai dit, la première fois que je dansais avec une femme ; c'était la première fois que je respirais l'haleine parfumée d'une femme, ou que je sentais ses cheveux toucher mes joues ; c'était la première fois que mes yeux étaient rivés sur des épaules nues ou que mon bras enserrait une taille ronde, ample et souple. J'ai poussé un soupir de joie frémissant.

"Eh bien ? qu'est -ce que tu as ?" » a demandé ma compagne en me regardant avec ses yeux espagnols, qui brillaient même à travers sa mantille de dentelle.

Je répondis, tandis que nous valsions sans arrêt : « Il est bien plus agréable de valser avec toi qu'avec une chaise.

Cette fois, elle s'est échappée de mes bras et est allée s'asseoir près de son amie.

"Eh bien, qu'est-ce qu'il y a ?" demanda Laurence.

"Oh ! ma chérie, il est tellement comique."

"C'est étrange qu'il ne m'ait pas frappé sous cet angle."

"C'est parce que tu n'as pas valsé avec lui", murmura-t-elle. "Je vous assure que je le trouve fascinant ! Allez," continua-t-elle en se plaçant d'elle-même sur mon bras, "encore un tour."

Je ne demandai pas mieux : et nous reprenâmes nos places.

Je n'en dirai pas plus sur ma propre réussite, mais mon partenaire a fait sensation. Sa silhouette souple et frémissante, habituée à des danses comme la cachucha et le fandango, parvenait à mettre dans la valse française un peu de l'énergie voluptueuse qui est si essentielle à la danse espagnole ; une certaine influence électrique semblait rayonner de son corps souple, semblable à celui d'un serpent ; elle avait acquis cette faculté des Andalous, qui aiment la valse pour elle-même ; qui sont si gracieuses parce qu'elles se laissent aller avec un abandon total, et qui sont si belles parce qu'elles ne pensent pas à leur beauté.

La musique s'est arrêtée ; nous restions toujours à nos places, moi, le front contracté, mes dents visibles à travers mes lèvres ouvertes, avec une expression ravie sur mon visage ; elle gracieuse, haletante, excitée.

Un immense changement m'envahissait : l'haleine, les cheveux et le parfum féminins avaient fait de moi un homme en quelques minutes.

"Allons-nous faire une autre valse ensemble ?" Je lui ai demandé.

"Autant que tu veux", répondit-elle en allant s'asseoir près de son amie, qui se pencha et lui murmura quelque chose à l'oreille. Je les ai à la fois écoutés et regardés.

" Allons, " dit Laure avec un sourire qui montrait quelque amusement dans sa remontrance, " ne m'enlevez pas mon écolier ; mon oncle me l'a donné, vous savez. "

— Non, répondit l'Espagnole en montrant ses dents blanches, aussi prêtes à mordre qu'à embrasser, mais il faudra me le prêter pour les valses. Je vous le rendrai pour les autres danses.

Derrière tout cela, je devinais un esprit de raillerie ; il était évident que je n'étais qu'un jouet insignifiant entre les mains de ces deux belles créatures, toutes deux si différentes dans leur style de beauté. Je n'étais qu'un volant qu'ils lançaient de bataille en bataille à leur guise, sans se soucier si la violence de leurs coups brisait quelques-unes de ses plumes.

J'avais beaucoup vieilli au cours des dix dernières minutes ; car ce n'était plus de la honte que j'éprouvais, cette fois c'était un sentiment de tristesse ; ce n'était pas une rougeur humide de confusion qui montait à mes tempes, mais une vive douleur qui faisait saigner mon cœur.

J'étais entré dans le deuxième cercle de la vie humaine ; J'ai souffert.

Et pourtant, malgré cette douleur, un hymne mystérieux, un chant inconnu, montait du fond de mon âme ; cet hymne exaltait la douleur et criait pour la première fois à l'enfant : « Courage ! tu es un homme !

La bénédiction dont je rêvais par-dessus tout était la solitude.

Les musiciens jouaient les premières mesures d'un quadrille ; tout le monde se leva pour prendre la main de son partenaire. Fourcade fit de la tête un signe interrogatif qui signifiait : « Seras-tu encore mon *vis-à-vis* ? Je répondis par un signe négatif, et comme les deux parisiennes allaient prendre place auprès de deux nouvelles danseuses, je m'en allai.

Je ne pourrais pas décrire ce qui m'est passé par la tête pendant l'heure que j'ai passée à rêver seule. Toute mon enfance a disparu ; comme les villes et les villages, les vallées et les montagnes, les lacs et les rivières disparaissent dans un tremblement de terre : le présent seul me restait, un immense chaos, éclairé par des éclairs intermittents qui ne rendaient compte ni du vide ni de ses détails : rien ne semblait assez précis pour saisir, que ce soit en ce qui concerne mon corps ou mon esprit. La seule chose réelle, incontestablement réelle, c'est que pendant le dernier quart d'heure j'étais tombé amoureux.

Avec qui?

Sans personne encore... mais avec Amour.

Je reviens au bout d'une heure.

"Vous êtes poli !" Vittoria m'a dit : "tu m'as demandé de valser avec toi, et puis tu t'en vas."

"C'est tout à fait vrai", répondis-je : "Je vous demande pardon, j'avais oublié."

"Vous êtes vraiment poli !"

J'ai souris.

"Je vous assure," dis-je, "ce n'était pas destiné à être impoli."

"Où es-tu donc allé ?"

"Voulez-vous savoir?"

"Il me semble que j'ai le droit de savoir."

"Regarde là," dis-je, "tu vois cette belle avenue sombre ?"

"Oui bien...?"

"Cela s'appelle l'avenue des *Soupirs* : je viens de là."

J'avais répondu avec la simplicité de mon cœur ; Je n'avais aucune intention d'être intelligent ou sentimental.

Ces deux défauts me sont apparus plus tard.

"Je ne t'ai pas dit à quel point il était charmant !" dit Vittoria à Laure.

Je ne comprenais pas comment ni pourquoi j'étais charmant ; alors, au lieu de remercier l'Espagnole du compliment qu'elle m'avait fait, je fis une grimace qui fut accueillie par des éclats de rire de la part des deux jeunes filles.

Je voulais retourner à mon Avenue des Soupirs, mais je n'en avais pas le courage ; J'étais déjà dans la condition des amants de Molière qui vont toujours jusqu'à la porte, mais qui ne se décident jamais à franchir le seuil.

On se préparait à nouveau pour le quadrille.

" Viens, dit Laure, ne fais pas la moue, jeune écolier ; je t'invite à danser cette fois... Acceptes-tu ? "

"Hélas! oui ", répondis-je.

"Pourquoi, hélas ?"

"Oui, j'entends."

Et je lui ai tendu la main. Le reste de la soirée et une partie de la nuit se passèrent en danses et en valses. Nous sommes rentrés chez nous à une heure du matin.

Niguet, qui était au-dessus de moi dans le cabinet d'avocat, reconduisit mademoiselle Vittoria chez elle ; J'ai dirigé Mademoiselle Laurence.

Les heures qui suivirent pendant le reste de cette nuit furent les plus agitées que j'aie jamais passées dans ma vie précédente.

FIN DU VOL. JE.